A
Modern English Grammar on Historical Principles

Part Ⅰ Sounds and Spellings

イェスペルセン
近代英語文法

Ⅰ

Otto Jespersen［著］
丸田忠雄［訳］

開拓社

訳者まえがき

本書は今や歴史的事象となっている近代英語の音体系の再構築と，綴字法との相互関係を網羅的に扱ったものである．Jespersen は読者に英語史，音声学，比較言語学の該博な知識要求するが，彼の言をまじめに受け取ると，ページを開くことすら躊躇してしまうが，実際には恐れるより当たって砕けろ式にページを括ると，英語のニッチで面白い情報があふれていることが分かり，大いに楽しむことができる．

話は飛ぶが，2023 年プロ野球シーズン，セリーグは阪神の優勝に終わったが，外国人助っ人にノイジーという選手が活躍した，綴りは Neuse なのに日本語のカナ表記はノイジーとは，この綴りと音の乖離はどういうことなのか．これは，この選手がドイツ系のアメリカ人のようで，自分の名前をドイツ語読みしていることから説明される．eu を /oi/ と読む語に Reuters（ロイター通信社）がある．これも Reuter がドイツ系の英国人であることから説明される．2.721 節で *surgeon*（外科医）の s が異化によるとの一文があり，大いに悩んだが，この語源を調べると F chirurgien，/ʧ/ と /ʤ/ はどちらも歯茎硬口蓋音で，前者を別種の歯茎音 s に転化したものであろう．またステーキは *steak* と綴るがどうして /steik/ と発音するかも，この語の語源に当たると氷解する（但し，*break*，*great*，*yea* については別の説明が必要）．語源に遡るとこの語は古ノルド語の *steik* に由来する．アメリカの都市 Chicago もシカゴと発音するが，これもかつてこの地を支配していたフランス人の綴りと読みから来ている．フランス語で ch は /ʃ/ と発音される．このようなわけで，手元に語源に当たれる辞書などを用意して読み進めると拙訳の理解の助けになるかもしれない．

もう 1 つ例を挙げると，13.9 でロンドン郊外テムズ川河畔の港町 Rotherhithe が挙げられているが，この地名も古い時代の地層を露出している．まず hithe は OE で港を表す．Jespersen は，この複合語を 15 世紀の下層民は /redrif/ と発音したと言う．ここに働いた音変化は th → d，th → f，さらに r の後での h の脱落等で説明される．

最後に，Jespersen MEG 全 7 巻の訳出を主幹された中村捷氏に感謝を申し上げたい．既刊 VI 巻と本巻の仕事で，東京理科大退職後の無為の日々に大きな刺激を与えてもらい，お陰で充実した日々を過ごすことができた．また VI 巻同様，校了に至るまで，開拓社の川田賢氏には編集の任に当たっていただき，感謝申し上げる．さらに東京理科大図書館には，退職後もオンライン版の OED を利用させていただき大いに助かった．本書はいわゆるオリジナルな研究書ではないので参考文献等は挙げないが，安井稔著『音声と綴字』（研究社英文法シリーズ 2）は挙げておきたい．さりげない記述の中に貴重な情報が散りばめられていて，大いに参考になった．

2024 年 10 月　　　　丸田 忠雄

A Modern English Grammar on Historical Principles

Otto Jespersen

Part I
Sounds and Spellings

序　文

この研究書では，英文法を，あるものは正しく，あるものは完全に誤っているとするような，硬直した独善的な指針の集合としてではなく，なにか生きていて，そして絶え間ない変動や波動を受けながら発展しているものとして，過去には基づいているが，常に将来の道筋に向け準備しているものとして，常に一貫しているのでもなく，完全でもなく，発展過程にあり，そして知覚可能なものとして，一語で言えば，人間のようなものとして，提示することを，私の企てとするものである．言語の本質は活動であり，その目的は，意思疎通をし，考えや感情を表現することである．人間は機械でないので，この活動中に，あちこちらの方向に注意を引かれるが，個々の場合に働いている，様々な引力すべての相体的強さを算定することは，いつも容易ではなく，可能ででもない．これらの所見の主意は，本巻におけるよりも，本巻の後続の巻に，もっと明瞭に見いだされるであろう．本巻では音声学と正書法のみを扱う．しかし本巻においてさえも，いかに各言語現象が必然的にぼんやりとした輪郭を描くか，そして，申し分のないほどはっきりした描写は，自然自体の中によりもむしろ，自然を解釈しようとする我々の不完全な試みの中に見いだされることが観察されるであろう．言語では，すべてが他のすべてと関連しているので，音を，その音が表そうとしている意味と切り離して，扱うことは不可能である．したがって，統語現象までも，本巻のあちこちで取り扱われるということが起こるのである．

私は，できる限り源（source）自体に遡ることを試みた，そして，又聞きの事実や理論は，できるだけ取り入れないようにした．もちろん，私は，先行者から影響を受けていないふりをする意図はない，事実は，彼らに多大な恩恵を負っているのである．しかし，私の研究方法の結果として，私は重要な情報を見落としたかもしれない──そして白状すると，私はこれまで勤勉な博士論文の読み手ではなかった──それにもかかわらず，私は，非常に重要な点については，何も見落としていないことを願っている．他方，史的英語音声学についてこれまで様々なことが記述されているにもかかわらず，私は時々未踏の地を踏みしめている感覚を楽しんだ．それは，特にV 章，IX 章においてであった．私はまた，昔の権威 Castro，Elphinston，Batchelor, Hill を利用したが，これらの研究は重要であるにもかかわらず，最近の研究では見逃されていたものである．私はまた，Hart の研究に含まれるきわめて貴重な音声分析と音声表記に，より正当な評価がなされるように，何がしかのことを成し遂げたと主張できるかもしれない．

私はもっぱら標準英語の音の議論に集中したが，これは，後続の巻で，方言の形態と方言の統語論にはほとんど言及しないことにしているのと同じ方針である．標準語が，英語のもっとも重要な形態であり，私には，その発達は，概して，方言の変化の影響は受けていないと思われるからである．さらに，完全な方言音声学を議論するには十分に時が熟していないとも思うのである．というのは，大きいものであれ，小さなものであれ，様々な本に集められているデータの非常に多くは，広範な一般化を行うには，信頼するに程遠いからである．

本書の番号付けは，10 進法の原理に従う新たな方式に基づいている．小数点前の数字は章を示し，その後の数字は節を示し，さらにその次の数字は下位節を示す．例えば，2.713 は，2 章（子音）の，第 7 節（シュー音）の，下位節 1（音 z）の，その下位節の 3 を意味する．下位の下位節は 3 つしかないので，2.713 の直後には 2.72 が来る．この方式にはいくつかの利点がある．もっと大規模な研究や要約（例えば，本書と同時期に出版された Danish “Storre engelsk grammatik”）は，本書と同じパラグラフ番号を持っているが，索引であれ，そのほかのところであれ，参照において，ページが意図されているのか，節が意図されているのかについて迷うことはない．つまり，章や小区分が本書と同じ体系の一部を形成しているので，例えば，Behaghel の “Heliand-Syntax” や，Brockelmann の “Vergl. Grammatik der Semitischen Sprachen”（§43 など）に見られるような，非標準的な（barbarious）番号付けを避けることができる．この方式の唯一の欠点は，著者がどこでも 9 つ以上の並行的な区分を使えないことである（但し 9 に続けて a，b などを用いるのは容易だが）．しかしこれは重大な問題ではない．というのは，著者が，原稿を書き直したり，その後の版で，区分の全体的枠組みを大きく変更することなく，新しいデータを挿入できるという容易さによって，この問題は相殺されるからである．

私は，書名を斜字体にすること，行末での語の分割，その他の植字上の正確さに，一貫性がないことを詫びなければならない．私は寛大な批評家が次の点に留意してくれるよう請わなければならない．つまり，本巻はデンマーク人によって書かれ，ドイツ人の植字工によって組まれたことを，そして，ドイツ人の植字工は，実際，全体的に見て，非常によくやってくれたのであった．

Gentofte, Kobenhavn（Copenhagen）, May 1909

O.J.

このフォトタイプ版では，誤植の訂正，文体的その他の変更がなされている．さらに多数の参照文献が追加されている．これらの変更の大部分は，Otto Jespersen 自身の文法書に由来するが，しかしすべての文献をあげるだけの余白を見出すことはできなかった―I 巻（p. 389）の索引への追加に注意.

Copenhagen, Dec. 1948.　　*Niels Haislund*

目　次

略号と記号

さらに昔の著者のリストを参照，1.34.

Beow. = Beowulf.
BJo. = Ben Jonson.
c. = century.
Ch. = Chaucer；著作のタイトル Skeat の版におけるように略されて
Cx. = Caxton, R = Reynard（Arber の復刻版）.
Dan. = Danish.
Di. = Dickens.
E = English.
ed. = edition.
EDD = J. Wright's English Dialect Dictionary.
EDG = Wright's English Dialect Grammar.
EE, EIE = Elizabethan English.
EEP = Ellis, Early English Pronunciation.
EPh = Englische Philologie（Storm, 1892）.
ESt = Englische Studien.
F = French.
Gr. = Gteek.
HES = Sweet's History of English Sounds.
Hy. = Hardy, L. = Life's Little Ironies.
König = G. Kflnig's Vers in Shaksperes Dramen.
Lat. = Latin.
ME = Middle English.
ll or Marl. = Marlowe.
Mal. = Malory
Ml = Milton
MLG = Middle Low German.
MLN = Modern Language Notes.
Mod = Modern.
NED = A New English Dictionary（The Oxford Dictionary）.
OE = Old English.
OF = Old French.
PE = Present English.
pron. = pronunciation.
p. t = past tense.
ptc. = participle.
Rhrs. = The Rehearsal, Arber's reprint.
sb = substantive.
Sc = Scotch.
Scn = Scandinavian.
Sh. = Shakespeare；タイトルの略は Schmidt の Shakespare-Lexicon に倣う
sp.-pron. = spelling-pronunciation.
StE = Standard English.
US = United States of America.
vb = verb.
Vg = vulgar.
> = となった.
< = に由来する.
～ = との類推で.
/ / 昔の発音.
[ ] 現在の発音.
= long. . = half-long.
= stress; , = half-stress（音節の前で，5.1）† 廃絶

各セクションへの補足

2.412. *Hamper*（14 世紀から）< *hanaper. ampersand* < *and*（&）*per se and* . *Banff* 現在 [bæmf]. *Pontefract* 現在 [pɔmfrit].

2.428. *Nice and warm*（ぬくぬくした），注意すべきは *bounden duty*（必ず果たすべき義務）はときに *bound and duty* と綴られる.

2.532. *Rochester* < OE *Hrofesceaster*，ME *Rovecestre, Rouchestre.*

2.537. *Navew* OF *naveau* はときに *naphew* と綴られる.

2.541. *Ferrule* あるいは ferrel < OF *virelle*；*fardingale* 7.21 < OF *verdugale.*

2.624. /þ/ は同化により失われた，例えば *Norfolk* and *Suffolk* OE *Norfþolc Sufþolc.*

3.212. *Knell* はおそらくケント形態ではなかろう．というのもそれは極めて初期に北部の記念碑に見られるからである．*bell* により影響を受けたものか？

3.7. *Broil* はおそらくその *oi* を *boil* からもつ．もっと古い形態は *brute* や *bruyle.*

3.97. *aun* をもつもう 1 つの英語の語は *Canterbury*，ME しばしば *Caunterbury*，OE *Canticarabyrig*．例えば *answer* でわれわれは *w* からの影響をもち，後者は消失した．現在 [æ] であって , [a·] ではない.

4.94. *Church-hill* ではなく *Churchill.*

5.73. *Incline* 実詞 [in'klain] あるいは ['inklain]，動詞 [in'klain].

5.75. *Instinct* 実詞 ['instinkt]，形容詞 [in'stinkt].

7.65. *Tuft*（すでに Ch A 555）< F *touffe.*

7.87. *Mac Gregor* [mə'gregə].

8.61. *Yis*(: *blis* や *this*) はすでに Chaucer に見られる.

9.73. Gill もまた /venter/ = *venture* と綴る.

9.811. 2 つの母音をもつ語尾 *-tieth* は OE *-tigeða* に対応するが，一方 ME のごく初期には *-tuðe*，*-tiðe* 形の形態が見られる.

12.22. これらの語の [ʃ] は，W 1653 によっても，W 1668 や P 1668 によっても認められていなかった．W 1653 は，*nation*，*potion*，*meditation*，*expatiate* において，/si/ を認めていたが，Ellis と彼の追従者は，彼は [ʃ] を認めていたと言う．[ʃ] は C 1685 によって非難されたが，Horn, *Untersuchungen* p. 76 は，Hodges 1644 と Mauger 1653 を引用する（このいずれも私は見たことがない）：Ellis 915 と Horn によって Van Dam と Stoffel からのものとして述べられている "Certaine grammar questions" は確実に年代を突き止めることができない.

12.32. Horn によると，[ʒ] は Hodges 1644 により認知されたと言う.

第Ⅰ章

序　論

1.1. 現在話されている英語と書かれた英語，すなわち音声と綴りの間の多くの不一致点の理由は主に以下の通りである：

（1）ローマンアルファベットの欠陥．このアルファベットは本質的に非体系的である．*p:b* の関係が *t*：*d* や *k*：*g* の関係と同じであることを示す何の符丁もない．一方，*m* と *n* は形が似ていて，一見似た音を表しているように見えるが，他の音の間に見られる類似性を示すものは何もない．いくつかの基本的な音は独立した文字をもたず，ぎこちなく表されなければならない，例えば英語の *sh*e の [ʃ]，英語の mea*s*ure の [ʒ]，英語の si*n*k の [ŋ] など．母音体系にはとくに欠陥があり，音量（quantity），強勢，音調（tone）を示す記号はない．他方，アルファベットには余剰的な面もある．とくに *c* と *q* を参照せよ．[ks] の音群には記号 x が存在するが，他の群には相当する記号はない．余剰性は，時代を経る中で発達してきた．例えば同じ文字にいくつかの形態が生じたが，それらには現在互いに非常に異なったものもある．例えば A a *A a*, G g *G g* など．

（2）その欠陥にもかかわらず，このアルファベットはある特定言語の音を，そこそこ正確に表示できたと思われる，ただし熟練した音声学者―正確にどんな音が表示されるべきかを知っており，既存の手段を目的に間に合うよう調整できる人々―によって体系的に用いられたならば，であるが．実際にはこのようなことはなく，ヨーロッパ語の最初の書き手はできの悪い学者で，自身の言語をでたらめに書き，彼らの間違いはしばしば引き続く世代に受け継がれ永続化された．

（3）アルファベットと綴り方は国から国へと継承され，そして学習者はしばしば，音体系が自国のものとは大きく異なる国々の綴りの慣習を模倣した．英国人は最初アイルランド人から綴り方を学んだ．彼らは OE 期，文字の形態と使用に影響を与えた．のちにノルマン人の写字生が，フランス語のいくつかの特異性をもたらした―フランス語からの借用語を綴る際にばかりでなく，自国の語を綴る場合にも．他の国々からの借用語もしばしば，それらの国々の慣用法にしたがい綴られた．そして古典語（ラテン語やラテン語綴りのギリシア語）の影響はことに強かった．しかしこのすべてで，一貫性はほとんどあるいはまったくなかった．そしてしばしば誤った語源観から生じた綴り字が英語に定着することになった．

(4) これらの様々な影響に比して，さらに強力なものが伝統であった．最初人々は自分の耳（あるいは好み）の他にはいかなる指針にも従わなかった．しかしまもなく，彼らは，他の人々 ― これらの人々の写本を彼らは模写した ― や，彼らの先生，年長者の綴り字を模倣し始めた．口語体は絶えず変化する傾向にあるので，より古い絶えた形式は，耳にされなくなってのちも長く書き続けられることになった．伝統的な綴りは，印刷術の発明以来ことに強力になってきた．多くの点で，近代英語の綴りは，この時代の頃に優勢だった発音を表している．それでも，綴りの変化も，その時代以来起こり続けてきたが，ただしこれらの変化は以前にくらべて取るに足らないものであった．そして好みや印刷上の利便などの理由に比べて，発音の変化によって要請されることは少なかった．概して，固有名は他の語よりも変化をより受けにくかった．

綴字(ていじ)法発達の重要な特徴は，次のようにまとめられるかもしれない：中世期は，一般的な傾向は，どこで見出されようと，同じ音を同じ方式で表示するという方向であったが，一方，同じ語は必ずしも同じようには綴られなかった．今日では，より大きな重きが，同じ語を常に同じように表示することに置かれている．一方，同じ音が，異なる語で異なったやり方で書かれることがあるかもしれない．

1.2. この発達を詳細に検討するのがこの巻の目的となる．まず，時の経過の中で，英語の音が受けてきた変化の跡をたどることにする．同時にこれらの変化のどれが英語の綴字法の変化を引き起こしたのか，どれが引き起こさなかったのか，他方どの綴字法の変化が，音声変化とは独立して導入されてきたのかを示す．私の出発点として，1400 年ごろの英語を取り上げることになる．この時代は Chaucer が没し，印刷術が導入される 80 年前に当たる．この頃の音体系は，まずその起源 ― 古英語，北欧語や古フランス語の音 ― と比較されることになる．古英語や北欧語，古フランス語の語の大部分を「標準化した」形態で提示するのはわれわれの目的に都合がよいであろう．というのも，われわれは，これらの言語の詳細な説明に関心があるのではないからである．古英語の形態は一般に West-Saxon のものである，そして北欧語の語は，ノルウェー文学やアイスランド文学から知られているものである（「古ノルド語」）．われわれの探究のこの基盤の記述は，4 章 ― II 子音，III 母音，IV 音量，V 強勢 ― を費やすことになる．この巻の残りは，その時期（1400 年頃）から 20 世紀までに起こってきた変化によって占められるであろう．

1.3. 昔の発音が確かめられるのに様々な方法がある．しかし常に留意すべきは，われわれがそこそこ確かに知っている唯一のものは，いま耳にしている英語だということである．他のすべては，推量である．そして過去の世紀，語に与えられた音について結論を導き出す際，われわれは常に現在の音の知識，そして眼前で，いや耳もとで，音が受けている変異によって導かれねばならない．われわれを助けるべく，音声学，すなわち言語音一般の科学に応援を求めなければならない．そして非常にしばしば，関連するにせよしないにせよ，他言語の発展との比較が英語の変化に光を投げかけるであろう．

1.31. 過去の発音を決定するのにわれわれがもつ手段の中で，最初に綴りがくる．より古い資料が検討されればされるほど，語の綴られ方という証拠が一般により信頼がおけるようになる．より最近の時期では，伝統的に固定された正書法からの逸脱がことに貴重である．明らかに，ある時期に，われわれが *rustle* に対して *russle* のような多くの綴り字を見出すとき（例えば Sh の 1623 年の二折版），当時 *t* は発音されたとは考えられない．多少文盲の人物の綴りはしばしばとても有益である．16，17 世紀には印刷された書物の綴りはすでにかなり固定していた．しかし私信や個人の書類では，人々は気まぐれに綴っていた．エリザベス女王自身は例えば，*deep* に *dipe*，*hearsay* に *hiresay*，*need* に *nid* や *nide*，*needful* に *nidful*，*speech* に *spiche*，*sweet* に *swit* などと綴っていた．その結果，/eː/ ── 通例 *e* あるいは *ee* と綴られた ── から [iː] への変化がすでに起こっていたことが示される．非常に多くのことが「逆元つづり字」（inverse spelling）から得られる．これは確立した正書法とその発音の間の現存する不調和が他の語に転移された綴りで，語源的には真のものとは言えない（7.51 を参照）．誰も，古い形式 *delit*，*delyt*（< OF *delit*）の代わりに *delight* と綴ることを，*light* の *gh* が黙字になるまで，考えつきさえしなかったであろう．Sh の二折版の綴り *solembe*（〈色が〉くすんだ）は，*comb* などにおける *b* も *solemn*，*damn* における *n* も，当時実際の発音から消失していたに違いないことを示している．

1.32. 第二に，詩人の詩作から多くの知識が得られるかも知れない．これはリズムによりアクセントの付け方，押韻により音，とくに母音を明らかにしてくれる．これはまた，現在と比べてより信頼のおける過去の世紀への道しるべである．というのも近代の詩人たちは年長の詩人たちが韻で用いた語を大いに押韻する傾向がある，一方，過去においては，詩人たちは自分の耳によってもっぱら導かれたからだ．Tennyson が *scant*，*pant*，*want* をまとめて押韻させることから，また非常に多くの現代の詩人たちにおける *move* : *love* から，誰もこれらの母音が同じであるとは推測しないであろう．しかし，視覚的な押韻は比較的最近発達したもので，その視覚的起源を探ると，以前は同じあるいは類似した音が現在は区別されるようになった ── 例えば *war* と *far* ── ことによっている．多くの場合，新たな押韻 ── 昔の詩人によっては用いられなかったが，ある特定の時期に始まるもの ── は，音変化を示している．Chaucer の韻は，概して非常に正確である．彼は，例えば，非常にしばしば *deef*（現在 *deaf* と綴られる）を *leef*（現在 *leaf*）と韻を踏ませる，しかしこれらの語は次の語のどれとも韻を踏むことが決して見られなかった：*leef*（*lief*，‘dear’（いとしい）），*theef*（*thief*），*mescheef*（*mischief*），*preef*（‘proof’）．後者の語は頻繁に対にされたのだが．ところで，最初の 2 語は OE の *ēa* をもっていた．一方，他の語は OE の

ēo あるいは F *ie*, *e* をもっていた．これと同様，*meene* (*mean*) OE *mǣnan* は *clene* (*clean*) OE *clǣne* と韻を踏むが，*keene* OE *cēne*，*queene* OE *cwēne*，*bitweene* OE *betwēonan*，*grene* OE *grēne*，*weene* OE *wēnan*，*seene*，*sheene* などとは踏まない．次の憶測はおそらく当たっているだろう，すなわち，OE で広母音であったものは，OE で狭母音だったものとは依然として異なっていた—但し，綴りはもはや両者を区別しない．

便利なことに，Chaucer の韻は，以下に収集され，一覧表にされてきた：H. Cromie, *Ryme-Index to Chaucer's Canterbury Tales*, London 1875; I. Marshall and L. Porter, *Ryme-Index to Chaucer's Minor Poems*, London 1889; W. W. Skeat, *Rime-Index to Chaucer's Troilus and Criseyde*, London 1891（すべてチョーサー教会の出版物に含まれる）．Shakespeare の韻（劇ではなく，詩中の）は，W. Viëtor, *Shakespeare's Pronunciation* (Marburg 1906) で入念に収集され，検討されてきた．

Ellis の偉大な著作（以下を見よ）はまた，多くの詩人の押韻実践について多くを含む．

1.33. 初期の発音についての 3 番目の情報源は，劇作家や他の著述家の地口や言葉遊び，聞き間違えについての付言などである．しかしながら，このように与えられた情報は常に注意深く利用されなければならない．

1.34. はるかにより大きな価値をもつものが過去の音声学者，文法家，綴り字改革者の著作に挙げられている情報である．英国人もいるし，自国民に英語の発音を説明したり，英語の音を自国語の音と比較する外国人もいる．概して，英語母語著者が外国人よりもより貴重な情報を提供するが，外国人の観察にはしばしば欠陥がある．これは英語への精通が不足していることや，皆がもつ外国語の音を正確に識別する困難から生ずるものである．後者の点は，徹底した音声訓練のみが克服（あるいは減ずることが）できるものである．

以下は，これらの権威のうちでもっとも重要な人たちのリストである．本書では略号が用いられる（著者の名のあとに年号が続く）．彼らの書物のタイトルを完全に提示することが必要であるとは考えられなかった．それらの大部分は Ellis, *Early English Pronunciation*, p. 31ff., そして Sweet, *History of English Sounds*, p. 204 に容易に見てとれる．私はとくに Ellis に用いられていないものにはその旨を示す．

P 1530 = Palsgrave, Lesclaircissement de la Langue Francoyse.
G 1532 (?) = Giles du Guez or du Wes, Introductorie.
S 1547 = Salisbury, Dictionary.
C 1555 = Cheke, De pronunciatione Graecae, etc.
S 1567 = Salisbury (same as 1547), Introduction.
S 1568 = T. Smith, De recta … scriptione.
H 1569 = Hart, Orthographie.
H 1570 = Hart, Methode. (Not Ellis). Hart の 2 著作からの完全な語のリスト他

は私の本：*John Hart's English. Pronunciation*（Heidelberg 1907, in *Anglistische Forschungen*）に挙げられている．

L 1570 = Levins, Manipulus.

B 1573 = Baret, Alvearie.

B 1580 = Bullokar, Booke at large. Cf. also Hauck, Systematische Lautlehre Bullokars（Vokalismus）.（Marburg 1906.）

M 1582 = Mulcaster, First Part of the Elementarie.

B 1586 = Bullokar, Bref Grammar for English.（Not Ellis）.

B 1588 = Bellot. The French Methode.（Not Ellis）.

G 1594 = P. G. [full name?] Grammatica Anglicana.（Not Ellis）.

C 1596, see C 1627.

E 1605 = Erondell, The French Garden,

H 1609 = Holyband, The French Littelton.

C 1611 = Cotgrave, Dictionarie.

F 1611 = Florio, World of Words.

G 1621 = A. Gill, Logonomia. Jiriczek 1903 により編集し直された（Quellen und Forschungen）．1619 の先行の版もまた利用された．

O 1622 = Oudin, Grammar Spanish and English.（Not Ellis）.

M 1622 = Mason, Grammaire Angloise. Brotanek により編集し直された（Halle 1905）.（Not Ellis）.

M 1623 = Minsheu, Spanish Grammar.（Not Ellis）.

A 1625 = Alphabet Anglois（著者不明）.（Not Ellis）.

G 1625 = Grammaire Angloise（著者不明）.（Not Ellis）.

C 1627 = Coote, English Schoole-Master 17th ed.；第 1 版は 1596 から始まるようだ（Not Ellis）.

B 1633 = Butler, English Grammar.

B 1634 = Butler（同）, Feminine Monarchy.

J 1640 = Ben Jonson, Grammar.（死後出版，彼は 1639 に没す）.

D 1640 = Daines, Orthoepia Anglicana.（Not Ellis）. 再版（Brotanek, 1908 による）はあまりに遅く出版されたので，本巻では用いることができなかったが，私は 1894 年原本を調べた．

W 1653 = Wallia, Grammatica Lingvuae Anglicanae.

B 1653 = Buxtorf, Epitome Grammatical Hebraeae.（Not Ellis）.

H 1662 = Howell, A New English Grammar.（Not Ellis）.

W 1668 = Wilkins, Essay towards a Real Ciiaracter.

P 1668 = Price, English Orthographia.

H 1669 = Holder, Elements of Speech.

C 1679 = Coles, Dictionary.

C 1685 = Cooper, Grammatica Linguae Anglicanae ed. J. D. Jones. 1911.

M 1688 = Miege, Great French Dictionary.

S 1699 = Strong, Englands perfect School-Master, 8 th ed. (Not Ellis. 私は2つある初版，1674(?) と 1676，を見たことがない．

J 1701 = Jones, Practical Phonography. E. Ekwall, 1907 (Neudrucke fruhneuengl. gramm. II) として編集し直された．"The New Art of Spelling" 1704 は同じ本である．

E 1704 = Expert Orthographist.

P 1710 = Short and easy Way for the Palatine.

D 1710 = Dyche, Guide.

L 1725 = Lediard, Grammatica Anglicana.

J 1764 = Johnston, Pronouncing and Spelling Dictionary. (Not Ellis).

E 1765 = Elpbinston, Principles of English Grammar (Not Ellis).

B 1766 = Buchanan, Essay.

F 1768 = B. Franklin, Scheme for a New Alphabet.

W 1775 = Walker, Dictionary … rhyming, spelling, and pronouncing.

S 1780 = Sheridan, Dictionary.

N 1784 = Nares, Elements of Orthoepy. (Not Ellis).

E 1787 = Elphinston (1765 の書物と同じ) Propriety ascertained. (Not Ellis).

E 1790 = Enfield, Pron. Dictionary.

W 1791 = Walker, Pron. Dictionary.

P 1803 = Pegge, Anecdotes of the English Language.

O 1806 = Odell, Essay on the Elements, Accents, & Prosody of the English Language.

B 1809 = Batchelor, Orthoepical Analysis. (Not Ellis).

H 1821 = Hill, Lecture on the Articulations of Speech, etc., Selections from the Papers of the late T. W. Hill (1860) に所収．(Not Ellis).

このリストを現代まで続ける必要はないであろう．それを続ければ，主に有名な(Smart 等による) 辞書や，さらにもっと貴重な現代の音声学者 (Bell, Ellis, Sweet, Miss Soatnes, Jeaffreson and Boensel, Lloyd, Rippmann, Edwards, Jones, Fahrken, and the Americans Grandgent, Hempl, その他) を含むことになろう．私が挙げたリストは完璧を装うものでない．例えば，ここにはあげてある外国の文法家はごく少数にすぎない (彼らのより完全なリストは Viëtor, *Aussprache des Englischen nach englisck-deutschen Grammatihen* (1886)，や Holthausen, *Die mglische Aussprache bis zum Jahre 1750 nach da'nischen u. schwedischen Zeugnissen* (1895, 1896) に見られる．また *Phmetische Studien* II, III を参照).

1.41. これらの著作に見いだされる情報は非常に異なる価値をもつ．16世紀のもっとも貴重な著者はSmithとHartであり，17世紀についてはGill，Butler，Wallis，WilkinsやCooper，18世紀ではJones，Elphinston，NaresやWalkerである．

1.42. これらの証拠を選り分けるのは非常に難しい仕事である．次のように仮定するのはきわめて重大な誤りとなろう，すなわち，かくかくの語の発音について古い文法書に見られるあらゆる詳細な注釈がまさしく正しいと．しかし，この仮定は非常にしばしば最近の書物や論文に見られる．われわれは，たえず，聞き間違え，不完全な一般化からの誤った規則の定立，綴り間違えや誤植の可能性を考慮に入れなければならない．これらの過去の著者たちは音声学をほとんど知らなかったし，音を表す文字を間違えがちであった．HartやWilkinsのように，言語音の組成について，そして音声表記法についての明確な考えをもっていた者は，非常に少数であった．彼らの著作には，あいまいで紛らわしい言いまわしがあふれている．彼らが，異なる言語の音を比べるとき，しばしば大いに誤っていることに驚いてはならない．これは現在でも，比較的よい学校，比較的よい教科書があるにもかかわらず，多くの高等教育を受けた人々によって，これらの問題について話したり書いたりするときに，犯されていることである．われわれは，これらの過去の文法家たちが現代の音声学を用いて自説を表現できないことを残念に思うが，非難することはできない．さらに言うと，彼らの目的は異なっていた：彼らの中には英語の発音を教えたい人もいたし，すでに発音を知っている者に伝統的な綴りを教えたい人もいた，また発音の標準を提起したい人もいた，さらには，英語の綴りを改革したいという人もいた．最後の集団にも，多くの意見の相違があった．Hartは，語源には考慮せず，純粋に表音的綴字法（phonetic spelling）を提案した．Bullokarは精巧な体系を考案し，そこでは様々な伝統的な正字法や文法的考察が，しばしば音自体よりも影響力をもっていた．Gillの綴字法はきわめて周到で，念入りに仕上げられたものであるが，純粋に音声学的ではない，というのは，彼は明らかに，音から逸脱し，語源の方により近づいていき，そしてときに同じ音の語を区別さえした．その上，彼の音声学の学識にもかかわらず，彼は正書法的には多くの点で保守派であった（一般に考えられているように，正音学的には保守派―過去の世代の発音を好む人々―ではない）．そしてこれらすべては，本書の目的にとっては，他の点では非常に有益な彼の書物の価値を減じてしまう（Hartについての拙著をみよ，p. 19ff.）．Butlerの*Feminine Monarchy*における綴字法，これをEllisは音声体系とみなすが，しかし実のところはまさに伝統的な綴字法に他ならない―は，少数の新たな文字，黙字の*e*に代わる文字，*see*の2つの*e*を密着して印字することなどによって，若干より音声学的にはなっているが，その結果，彼の*Grammar*に見られる，音についての所見が他の点でいかに貴重であったとしても，彼の綴字法で，発音の論点のうち解決できるものはごく少数に限られる（例えば[þ]と[ð]の区別）．

1.43 ほとんどの過去の著者が二重母音（diphthong）という言い方をする際，彼らはわれわれが二重母音と呼ぶものと，単母音で伝統的に2つの母音字であらわされるものを区別せずに，その語を用いる．逆に ‘single’（単一の）は，しばしば単一文字によって表されることを意味する（例えば Cheke 1555 では，彼が Ʊ と綴る二重母音について ‘simplex’（単一の）という言い方をする）．long（長）と short（短）のような用語に関して，同様の混乱が見られる．例えば，たいていの著者は，*ale* における *ā*，*be* における *ē*，*bite* における *ī*，*so* における *ō*，*due* における *ū* の，アルファベットの長音（alphabetical long sound）以外の長音を想像できない．*horse* の母音は，20 世紀初期に印刷された辞書では “short o”（短音の *o*）と表記されている，なぜなら *so* の長音の o とは異なるからだ．同様に，多くの著者は *ball*，*pass*，*cur* の母音の長さを認識できない．明らかに，取り扱いにくい論点—例えば *ale* と *so* における二重母音—について，「沈黙からの議論（arguments *ex silentio*)」《反証がないことを根拠に持論を展開すること》は，音声学や表音式綴りにこのような不完全な考えしかもっていない著者に依存するとき，妥当ではありえない（11.5 を見よ）．

1.44. 昔の「音声学者」の多くを解釈する時に慎重さが必要であるが，その一例として，私は Jones（1701）を挙げる，というのも彼の本は最近，Ekwall によって，細心の注意を払って編集され，300 ページ以上もの序論を，Jones の発音と関連している様々な問題に充てている．Jones は，常に次の定式文句を唱える：「いつ，かくかくの音がかくかくの方式で綴られたのか」．そして彼の編集者（Ekwall）はいかなる場合でもこれを，真の発音が 1701 年にはどうであったのかということを表すものと受け取った．そしてこれにより，彼は，その書物の様々な箇所で見られる多くの矛盾する陳述が存在することになり，多くの困難に巻き込まれことになった．今や，Jones の著作に長い間にわたり親しんできたことから—私も 1896 年以来一冊を所有してきた—私は以下の解釈に到りついたが，この解釈は諸問題をかなり単純化してくれる．つまり，Jones は本来音声学者ではなく，むしろ綴字法の教師である．彼が述べたいことは，単語の正しい綴りに関する，容易に見いだされる法則のセットである．それゆえ，無学な読者がいろいろな標題のもとで，その語を見つけられるように，様々な箇所で同じ語を取り上げるという苦労をした．しかしこれは，発音に真の違いがあることを意味するものではない，そして Ekwall は，Jones を，常に音と文字を注意深く区別する現代的な訓練を積んだ音声学者と思い描く性向があまりに強い．もし *chew* と *shew* が “*o*” と “*ow*” の双方の音のもとで見られる時，これは二重発音を示すものではなく，むしろ Jones が，彼の読者に用心せよと警告するのが適当と見なす2つの綴り字を示しているのである．Jones の p. 51f. *er* についての定式化は，それゆえ，私は単に次のことを意味すると理解する：その音から，*er* と書きたいと感じた場合でも，*doctor*，*factor*，*proctor*，*rector*，etc. では *or* と，*arbour*，*ardour* などでは *our* と，*accoutre* などでは *re* と，*construe* などでは *rue* と書きなさい．そして彼の *ur* についての規則 p. 117 は，同様に単に次のことを意味する：*ur* と書きたいと感じた場合でも，*Barbara* では *ar* と，*finger* などでは *er* と，*doctor*，*fatctor* などでは *or* と，*favour*，*labour* などでは *our* と，一定の語では *re*（*er*—*re* を見よ，というのはこれらは同じだからだ）と，*construe* では *rue* と綴りなさい ... そして p. 28 で，*ar* 音の項目で，いくつか同じ語 *anger*，*finger* などを見出す．この配列は経験のない字をつづる人にとっては全く拙いものではないが，しかし彼の言っていることからわれわれが引き出すことができる唯一の結論は，これらの音は当時，現在のように，自然な発音で，同じであったということで，Jones で 2，3 度見られた各語に 2，3 の発音がある，ということではない．Ekwall は，Jones のすべての陳述を，この過大評価の視点から説明しようと非常に苦労をしている．彼は（§380），*fagot* の末尾音節では [æ] が，*o* と [e] の中間段階であったと考えさえする．この語が Jones では *o* に加え *a* と *e* の項目で挙げられているからである—しかしこれはあいまい母音 [ə] の仮説でより容易に説明される：この音はときに *a* と，ときに *e* と綴られるので，Johns は両所で，この語を *-ot* 以外の他の形で綴るなと警告している．これはもちろん Jones の書物の価値に関していく分疑念となる，そして私は Ekwall が，信用できない英語で次のように表明する点にはまったく同意しない：「Jones は音声的区別に対して非常にすばらしい耳をもっていた」（§638）．

1.51. 科学的なやり方で最初に英語の音の歴史を扱った学者が Alexander J. Ellís だった．彼の偉大な業績 *On Early English Pronunciations*（I-IV 巻，1869-1874；V 巻，1889，は現存する方言の解説である）は，初めて収集された膨大な資料，さらには歴史的観点に加え音声学的観点からの多種多様な問題の検討ゆえに，きわめて価値の高いものである．彼は古い権威からの抜粋を印刷し，綴り字や押韻等を検討し，彼自身の個人的観察から 19 世紀の発音について，私たちに多くを語っている．彼の業績の欠点は明白なものもあり，またそんなに明瞭でないものもある．明白な欠点の中に，私は，体系の欠如があると考える．とくに研究の後半の部分で，この欠点が彼の言いたいことをしばしば非常に分かりにくくしている．Ellis は，新たな情報源を発見し続けた，そしてこれらやそこからの抜粋についての見解は，別の著者における細かな点についての詳しい注釈といった形をとって，しばしば唐突に述べられた．残念なことに，この著者は公約の索引を完成せずに亡くなり，その業績には索引が付けられず，容易に十分に活用されることはできないという結果になった．Ellis の著作の比較的不明瞭な欠点に，私が古い音声学の著者を検討することによってはじめて発見したものがある．彼の引用は常に信頼がおけるものとは限らなかったということである．彼はときに読者に警告せずに語を省いた，等々．しばしば彼は，引用元の著者—彼の抜粋は非常に徹底的であったので，興味深い点はすべて挙げられたかのように容易に想像できるほどだった — に見られる興味深い情報を見落とした．さらに悪いことに，古い音声学者の音声転写を印刷する際の決して弁護できない彼のやり方 — 彼ら自身の体系に従うことはせずに古字体（Ellis の体系）で印刷 — が挙げられる．Ellis はこのように，非常にしばしば，昔の著者の粗い転写にはまったく示されていない音の微妙な差異を導入する．これはとくに，彼の様々な世紀についてのアルファベット順の単語リスト（p. 881，1001，1072 ff.）にあてはまる，このリストでは，彼の典拠が，1つのこと，例えば母音の1つ，あるいは子音の1つの省略，を説明あるいは例示するためだけに，問題の語に言及するときでさえ，各語が完全に発音表記されているが，その単語の他の部分は，Ellis 自身の推測に過ぎない．しかし不幸なことに，これらの単語リストは Ellis の著作の中でもっとも容易に利用可能な部分である．これらは，したがって，他の研究者によって，この書物の他の部分よりもはるかに多く用いられてきた．その結果，最近の書物が，昔の音声学者の発音を表示するとして挙げたものの大部分が疑わしく思われるに違いない．余りにも多くの場合，これらの音声表記は Ellis からまるごと取られているので，過去の音声学者の発音について Ellis 自身の純粋に推測上の復元を提供したに過ぎない．この点に気が付いてのち，私は通例 Ellis の単語リストは放っておき，おもに音声学者や文法家からとった，私自身の写しや抜粋に頼った．ときに Ellis で正しく述べられている事柄を見落とすというリスクを冒してまでもそうした．

1.52　これは厳しい評価に見えるかもしれないが，わざわざ古書を検討し，それらを Ellis のリストと比較する人は誰でも私に同意するだろうと思う．私が意味することの一例を挙げるために，彼のリスト p. 1009 から *h* 語のいくつかを引用する．彼はそこで，Jones 1701 の発音として次の語を挙げた：*Hebrew*（ヘブライ語）Hee·briu，*hecatomb*（雄牛百頭のいけにえ）Hek·ætəm，*Hektor*（ヘクトル）Ek·tər，*hedge*（生垣）edzh，*Helen*（ヘレネー）El·en，*hemorrhoids*（痔）em·ərɔdz，*herb*（ハーブ）erb，Jerb. *heriot*（借地相続税）eriət，*hermit*（隠者）er·mit.　さてまず，母音は Ellis のものである．いずれにしても Jones のものではないことを述べなければならない．なぜ *hecatomb* と *heriot* が最終音節に [ə] をもつのか，あるいはなぜこれらが第一音節で [e] をもち，一方 Helen は [E] をもつのかまったくわからない．第二に，なぜ h（Ellis では H と表記された）を伴って挙げられる語，また伴わない語があるのかわからない，というのも問題の語はみな Jones の p. 43 のリストから引用されているからだ．そこでは彼はこれらの語を *Heber*，*Hebraism*，*hectical* と挙げているが，これらを Ellis はあえて引用していない．それは：「もし語頭で *e* と綴るか *he* と綴るかで躊躇したら，それらの前に母音を置くことによって答えを見出すことができる」という意味の規則によっているからである．言い換えると，Jones はここで2つの類の語，h をもつ語ともたない語，を挙げたのではなく，[h] の音は子音で終わる語のあとでは発音されないか不明瞭であると意味している．これはリスト *suo a=ha*，*o=ho*，*u=hu* を比較することによって明らかにされる．これらの形態は，Jones の意味していることに関して，疑いの余地を残さない．Ellis は *halleluiah*，*harbergeon*，*habiliment*，*haver-du-pois*，*hat*，*head* などを黙音の *h*（Jones p. 24）を伴った語を挙げた方がよかったのではないか．p. 80 の対応するリストの中で，Ellis は一部の語のみを取り上げている（*homage*，*holster*，*hosannah*，*host*，

Soho), そして黙音の *h* を伴う（*t* を伴う，の誤りか）'often' を加えている（この語は Jones にはない），一方彼は *homo-*, *hostess*, *hostler*, *hostile*, *houlet*, *hour*, *inkhorn* を除外している．そして p. 112 の対応するリスト（humble など）から，Ellis は一語すら取り入れていない．かくして，原理や体系ではなく，われわれは気まぐれと Ellis 自身の，多かれ少なかれ，理由のある推測を非常にしばしば見出すのである．

1.53. Ellis の後，このテーマは Henry Sweet によって，*History of English Sounds*（Oxford, 1888）で扱われた．これは，古・中英語の非常に貴重な研究であることに加えて，近代英語の音の歴史の賞賛すべきかつ体系的な説明を含んでいる．しかし残念なことに，彼は私がここで言及する他の著者の大部分と同様，過去の権威者に依るのではなく，あまりに Ellis に依拠しすぎている．Sweet はほとんどもっぱら，本来語（ゲルマン語）の語を扱っているが，*au*, *l* などのような多くの問題は，フランス語の要因を考慮に入れなければ適正に説明できない．

H. Kluge, *Geschichte der englischen Sprache*, in Paul's *Grundriss der germanischenPhilologie*（2d ed. Straeeburg 1899）．多くの点で価値があるが，1600 年ごろで議論が途絶える．

W. Viëtor, *Elemente der Phonetik*（5th ed. Leipzig 1904）は備考で，英語の音の歴史について短い要約を挙げている．

Wyld, *The Historical Study of the Mother Tongue*（London 1906）．

Kalnza, *Historische Grammatik der englischen Sprache*. 2d ed.（Berlin 1906）．

このテーマについて，これらの包括的な議論の他に，非常に多くの他の著作や短い論文が，特別な時期，特別な論点について非常に貴重な情報を提供する．これらの中で，私は以下で Viëtor *Shakespeare Phonology*（2vols. Marburg 1906），Franz *Orthographic, Lautgebung und Worfbildung in den Werken Shakespeare's*（Heidelberg 1905），そして Luick の様々な著作と論文のみに言及する．

1.61. このテーマの以下での議論のプランは，私の先行研究者のそれとは次の点でやや異なる．私は何世紀も通して，ある 1 つの音の運命を追いかけはせず，音体系全体に起こった変化を，できるだけ時代順に整頓する．さらに，私は音韻論と正書法を一緒に取り上げ，直近の時代に特別な強調を置く．あらゆる点で厳密に年代順に従うことは容易でもなく，実現可能でもないが，私の整理は，歴史的に同類の現象をまとめて提示し，それゆえ互いに光明を投ずるという利点をもつ．通例，OE *a* の変化は，*e* などの変化が論じられる前には取り上げられない．その結果は，例えば，長音 /e·/ の [i·] や /o·/ の [u·] への上昇は完全に異なる場所で論じられ，かくして，2 つの変化は実は同じ現象であること，すなわちある明確な時期に，すべての長音の中舌への上昇は他の母音の一般的な変化（高母音の二重母音化，低母音の中母音位置への上昇）と関連しているという事実を不鮮明する．時系列順は，多くの場所で，調音的に同じ現象をまとめることを可能にしてくれる．一方，それは，調音的に類似した過程が，たとえ同じ時期に起こっているとは限らない場合でも，まとめて議論するのに都合がいい．これは音変化の区分の自然な帰結である．つまり，音変化には，どの言語でもどの時期にも生ずる傾向のものがあったり（例えば同化（assimilation），音群で聞こえのよくない子音の省略など），他方，1つの特定の言語で特定の時期に限られるものもある（例えば，上で言及された *e*，*o* の上昇）．

1.62. 時系列的整理のもう1つの帰結は，ある変化が起こった時には同一であったが，別の時期には異なっていた音を，切れ切れに引き裂きはしないという点である．/iˑ/ から [ai] への二重母音化はもちろん，その起源にかかわらずどのような /iˑ/ にも作用した．しかし，一方，先行者の大部分の著作では，この現象は，OE *ī*，*find* では長く伸ばされた OE の短母音 *i*，OE *ȳ*，OE の短母音 *y*，北欧語の対応する音，そしてフランス語の *i* の見出しのもと，などの様々な所で言及される．フランス語や他の外国語が借用されたとき，その音は，対応する本来語の音と同じ発達の道筋にしたがう，それゆえこれらの音と同じ場所で議論されるべきである．こうしてわれわれは，よりよく，発達の大きな道筋を見てとることができ，もし別の観点から見れば，孤立した，不完全に理解された現象と見なされる変化過程の相互依存を追跡できるのである．かくしてこの巻の適切なタイトルは，Sweet の書物におけるように，「英語の音の歴史」(History of English Sounds）ではなく，「英語の音変化の歴史」(History of English Sound-Changes）となろう．

1.7. ここは，音変化がいかに起こるか，どの程度それらが「例外のない法則に従う」のか，類推の効果，等々について一般理論を述べる場所ではない．読者は音声科学に加えて，史的言語学，比較言語学の一般原理の予備的な知識をもっていることが想定されている．しかしながら，私は，いくつかの場所で，「保存的な」(preservative)，つまり「予防的な」(preventive) 類推について述べ，一般には認められてはいない新しい原理を導入しているので，ここで若干の説明を行うのは不適当ではないだろう．ある音を一定の方向に変化させる一般的傾向は，次の条件下で，いくつかの単語の場合を用いて，調べることができる：(同じ語でもあるいは別の語でも）密接に関連する他の形態が存在し，そこでその音が当該変化により影響を受けない環境下で存在するという条件である．たいていの語で，/r/ の前の短音の /e/ が /a/ になるとき，音群 /er/ は *earth* で不変化のままであるのは，1つは短母音，もう1つは長母音をもつ，2つの形態が並行して存在したからで，長母音の /eˑ/ は，/er/ > /ar/ の変化を受けなかった (6.46)．/aˑ/ が /æˑ/ や /ɛˑ/ へと前舌化したとき，*father* のような語は純粋な [aˑ] をを保った，というのはこれらの語はまた短音の /a/ ももっていたからであり，この音は純粋に後舌母音のまま留まった (10.67)．さらに /u/ に関する様々な現象を参照せよ (11.6)．変化過程全体はもっと徹底的に研究されねばならない．暫定的に，私は保守的類推（conservative analogy）についての私の所見（*Phonetische*

Grundfragen p. 146）と同じ考え方を形態論的現象に応用した興味深い議論（Hugo Pipping, *Zur theorie der analogiebildung*（in *Memoires de la Societe neophilologique a Helsingfors*, IV, 1906）をあげておく．

第 II 章

基盤的議論　子音

初期近代英語の子音は次の順序で論じられる：(1) b, p；(2) d, t；(3) g, k；(4) m, n, ŋ；(5) w, hw, v, f；(6) ð, þ；(7) z, s, ʒ, ʃ；(8) l, r；(9) j, c, x, h.

用例は，当該の音が生ずる様々な結合体を示すために配列される，まず語頭，次に語中，最後に語尾．記号 ‖ のあとに，同じように配列されたフランス語がくる．

/b/

2.11. 近代の [b] において聞かれる発音．*b* ないしは *bb* と綴られる．

OE の *b*（*bb*）や F *b* に対応する．例：*be*，*bring*，*blow* | *bramble*，*timber*，*comb*，*web* ‖ *beautee*，現在 *beauty* | *trouble*，*number*，*remember*．

英語の単語では，2 音 /mb/ の組み合わせは，comb，climb におけるように OE の *mb* に相当するか，あるいは，のちの発展形，例えば *bramble*（キイチゴ）OE *brǣ̄mel*，*slumber*（眠る）OE *slumerian* の *mb* である．後者では（/b/ の挿入は）軟口蓋が *ml*，*mr* の連結において一瞬早すぎる上昇をすることによる．さらに *number* F *nombre* < Lat. *numeru*(*m*) などにおけるフランス語の発展を参照．

少数の語で，*b* は OE *p* に相当する：*lobster*（ロブスター）OE *loppestre*（綴りにもかかわらず，/p/ がしばしば発音されたと考えられる，但し [b] が現在通例の音である）．*Cobweb*（くもの巣）の *cob* は OE（*ā̆ttor*）*coppe*（くも），*pebble*（小石），参照 OE *papol*（*stān*）（=*pebblestone*）．

これまでおそらく一度も発音されることがなかった語源上の *b* は，*bdellium*（【植】ブデリウム）に綴られている．

/b/ の音は常に不変のまま保たれてきている．しかしながら 7.5（mb > m）を見よ．

/p/

2.12. 近代の [p] にみられる発音．*p*（*pp*）と綴られる．

OE *p*（*pp*）と F *p* に対応する．

例：*pound*，*prick*，*plough*，*speed* | *open*，*happy*，*apple*，*gospel* | *ape*，*ship*，*sheep*，*cap*，*hemp*，*help*，*sharp* ‖ *pain*，*pray*，*place*，*spice* | *espy*，*appeal*，*pa-*

per，*companion*，*people*，*simple* | *lamp*.

語尾の *b* は *gossip*（うわさ話），OE *godsibb*，Ch. *gossib* では無声音であった.

purse（がま口）（F *bourse*，また *dispurse*（分散する）を参照）における *p* は *pouch*（ポーチ）や OE *pung*（財布），ME *punge*（同左）の影響によるものと思われる．*put* は F *bouter*（押す）と OE *potian*（押す）の混成かもしれない．*pudding* F *boudin* を参照，ここでも /u/ の前で /b/ の代わりに /p/.

音価をもたない語源上の *p* は，ギリシア語由来の語で，*s* の前で綴られる，例えば *psalm*（讃美歌），*psalter*（詩編）などのように，これらは ME ではしばしば *salme*，*salter* と綴られた．*p* は Daines 1640, *Orthoepia Anglicana* や他の初期の正音学者により黙字と言われている．同様に *t* の前で：*Ptolemy*（プトレマイオス）など．*ptisan*（麦茶），現在 [ˈtiz(ə)n, ˈtaiz(ə)n]　F *tisane*（薬用茶）参照．Daines 1640 には *Ptisand* や *Ptizon*，*Ptolomie* が挙げられており，*Tisand*，*Tolomie* と発音された．*ptarmigan*（ライチョウ）では，*pt* はこの語に見せかけのギリシア語の一面を与える：関連してゲール語の *tarmachan* は *termagant*（ガミガミ女）に由来すると言われている.

[p] 音はたいていの場合不変のまま保たれてきた．*-mpt* については 7.71 を見よ.

/d/

2.211.　現在みられる発音．*d* あるいは *dd* と綴られる.

OE *d*（*dd*）と F *d* に対応する.

例：*do*，*dream*，*dwell* | *body*，*bridle*，*thunder*，*elder*，*children* | *side*，*glad*，*deed*，*board*，*bold*，*bond* || *dame*，*dress* | *sudden*，*pardon*，*tender*，*soldier* ME *sodiour* | *void*，*round*，*chord*.

/ʤ/ については，2.73 を見よ.

2.212.　/d/ は *thunder* OE *þunor* で，*n* と *r* の間に挿入された（軟口蓋の早すぎる上昇によって）．フランス語の *tendre*（入札）< *teneru*(*m*) における挿入を参照．同様に OF では *d* が /z/ と /l/ の間に挿入された：Lat. *misculare*（混ぜる）> OF *mesler* /mezler/，cf. Mod F *méler* > *mezdler*，ここから z の消失で *medler* > E *meddle*，Lat. **mespilariu*(*m*) > OF *meslier*，E. *medlar*（カリン），そして /z/ と /r/ の間で：Lat. *sicera*（リンゴ酒）> **cizdre* > *cider*（Wycliffe *sither*，*syther*，*sidir*，*sydur*；*th* については 7.23）．さらに *l* と *r* の間で：Lat. *pulvere*(*m*)（粉）> /puldre/ > F *poudre*，ここから E *powder*.

2.213.　*quoth*（=said），OE *cwæþ* のほかに，16，17 世紀の一般の形態は *quod* だった．*d* は *said* による．次の対応に注意 *saith he* : *quoth he*=*said he* : *quod he*; *quoth* は，いわば三人称単数現在時制と理解されていて，新たな *d* 形の過去形が形成された.

次例で /d/ が /t/ に代わっている：*diamond* OF *diamant*，*jeopardy* OF *jeu parti*，*card* OF *carte*，*discard*（cf. *chart*，*part*）.

次の交替 *dreamed*：*dremt* や，*-d* 形の動詞の *-t* 形の過去形や過去分詞形（sent など）については VI 巻「形態論」を見よ.

初期の /d/ の大部分は変化しないままである，しかしながら 7.6，7.72，7.8 を参照.

/t/

2.22. 現在聞かれる発音．*t* あるいは *tt* と綴られる．

OE *t*（*tt*）あるいは F *t* に対応する．例：*tooth*，*tree*，*twist*，*stand*，*strong* | *water*，*better*，*after*，*written*，*kettle* | *hat*，*sit*，*meet*，*gift*，*most*，*might*，*hart*，*felt*，*hunt* || *turn*，*trouble*，*state*，*strange* | *city*，*matter*，*battle* ME *bataille* | *feat*，*feast*，*court*，*point*.

tapestry（タペストリー）F *tapisserie* における /t/ は，/s/ と顫動音 /r/ の間での閉鎖により発達した．OF *estre* < *essere* 参照.

弱変化動詞における /t/ の発達は，上（2.213）で簡単に言及したが，次の同音異義語を引き起こした：*felt* 実詞（感触）（OE *felt*）と（*feel* の）過去分詞；*guilt* 実詞（有罪）（OE *gylt*）と *gilt*（*gild* の）過去分詞（= gilded（金箔をきせた）；*cent* 実詞（セント），*scent* 実詞（匂い）（正式には *sent*，cf. F *sentir*（感じられる））と *sent*（*send* の）過去分詞.

以前の /þ/ の代わりの /t/ については，2.62 を見よ．/tʃ/ については 2.74 を見よ．/t/ のその後の変化については，7.6，7.73，7.8 を見よ．

/g/

2.311. 現在聞かれる発音．*g*，*gg*，*gu*，*gh* と綴られる．

OE *g*(*gg*) そして F *g* に対応する．

例：*go*，*geese*，*guest*，*ghost*，*grow*，*glass*，*gnaw* | *again*，*higger*，*anger*，*giggle* | *dog*，*beg*，*thing*，/þiŋg/，*bring* || *guide*，*govern*，*grace*，*glory* | *figure*，*eager ague*，*argue*，*single* | *vague*，*harangue*.

ゲルマン系の語の語頭で前舌母音前で，/g/ は少なくともある程度は北欧語の影響による．例えば *get*，*give* など（英語の *yet*，*yield* などにおける *y* を参照．2.91 を見よ）.

フランス語の語の中には，/g/ が最北の方言（ピカルディー方言）から到来したものがある．例えば *garden* で，この語では F 中央方言で *j* が用いられる．例えば *garter*（ガーター）は現在 F *jarretière*（cf. *k* 2.323）.

flagon（細口瓶）や *sugar*（砂糖）ME *sugre* では /g/ は F /k/ を表す：*flacon* や *sucre*，Burns では *sucker* が見られる．—*prig* や *smug* では，語尾で /g/ < /k/ が見られる．

OE 口蓋音 *g*（*cg*）は /ʤ/ になった，2.73，Sc や一部の北部方言を除く．これらの地域では *bridge*，*midge* などに対して *brig*，*mig* がみられる．

2.312.　綴り字．OE（アイルランド語）の文字 *g* の形態は ʒ だった．これは閉鎖音 /g/ や 2 つの開口音 /j, ɡ/（後者は後舌開口音，例えば Dan. *bage*（焼く）や *sage*（伝説）の一般的ドイツ語発音）を表示するのに用いられた．/g/ が /ʤ/ に発展した例もある．ノルマンフランス語の影響で，文字 *g* の大陸形が，フランス語に見られる 2 つの音価 /g/ と /ʤ/ に対して用いられるようになった．一方 ʒ 形の古い英語の文字が，ʒt という結合で，/c, x/ に対してばかりでなく，開口音 /j, ɡ/ にも用いられた．中世の終わりごろ，ʒ は用いられなくなり，*y* が /j/ に対して，*gh* が *ght* で，/c, x/ に対して綴られた．しかしながら，スコットランドでは，人々は ʒ と綴り続けた，そしてこの活字が通常の印刷所には存在しなかったので，z が代わりに使われた．この古い ʒ を保持している語の大部分で，英国人は現在一般にそれを [z] と読む，例えば少数の固有名で，*Menzies*，元来 /meŋiz/ あるいは /menjiz/，現在しばしば [menziz]，*Mackenzie*，元来 /məˈkenji/，現在は一般に [məˈkenzi]，*Dalziel*，Sc [ˈdi·(ə)l; deiˈel]，E1765 によれば /dɔ·jel/，現在しばしば，とくにイングランドで [ˈdælziˈel, dælˈzi·l]．さらに *Monzie*，*Drummelzier*，*Clunzie*．この z [z] は普通名詞にも見られ，これらでは，それはスコットランドの人々は，常に [j] と発音する：*capercailzie*（ヨーロッパオオライチョウ），*gaberlunzie*（浮浪乞食）（また *gaberlunyie* とも綴られる），*ulzie*（また ulyie ‘oil’ とも綴られる），*tuilzie*（また *tuilyie*, *toolyie* ‘quarrel’ とも綴られる）．同様にまたフランス語の動詞 *assoilzie* でも（Scott, Ivanh. 317 God assoilzie him（神は彼を許す））．

2.313.　フランス語では，*gu* は最初 /gw/ の結合を表すために綴られた．例えば *guant*，cf. Ital. *guanto*，*guarde*，*guerre* など．ピカルディー方言はここで /w/ をもっていた．そしてこの方言から *war* ME *werre*，*ward*，*warden* や *reward* のような英語の形態が借用された．しかし中央方言では，/g/ のあとの /w/ は発音で脱落した．そして一部の例では綴り字でも脱落した（*gant*，*garder* など）．*gu* の文字連結は，それが明白に音 /g/ を表すという目的を果たしている場合，すなわち *e* と *i* の前でのみ保持された．これはイングランドでも模倣された．*guise*，*guide*（これらはチョーサーの写本ではしばしば *gyse*，*gyde* と綴られた）のようなフランス語からの語ばかりでなく，多数の本来語 *guess*，*guest*，*guilt*，*guild*（実詞）においても，最後に *tongue* においてすらも模倣された．同様にラテン語の語 *plague* でも，これは 16 世紀（1551）には *plage* と綴られた．*Gu* 綴り ― 16 世紀中期以降は一般的であるが ― は，*e* や *i* の前で音 /g/ をもつ語でけっして普遍的にはならなかった．例えば *get*，*gild*，*give*，*begin* のような動詞で，*gu* の綴りを用いていれば，これらの形態と同じ語の別形態（*gat*，*got*，*gave* など）とをあまりに乖離させたことになったであろう ― *a* の前では，綴り *gu* は，[g] の音価をもって用いられる．例えば *guard*, *guarantee*（一方 *garrison*，*gallop* では *g* と綴られる）.

gu＝[gw] の例は 2.51 を見よ.

2.314. 文字 *g*，すなわち綴り *gh* の曖昧性を除去するもう 1 つの方法がある．これは Caxton により，非常に広範に用いられていて，彼がオランダ滞在中にその文字の連続に馴染んでいたことは明らかである（そこでは *gh* は摩擦音 *g* として用いられた）．Caxton は例えば，*plaghe*，*ghoos*（*goose*），*ghes*（*geese*）と綴る．17 世紀に到ってなお，*ghess*（Rehearsal 33）のような綴りが見られる．一方現在では，*gh* は *ghast*（*aghast*，*ghastly*）や *ghost*（*ghostly*）に保持されているのみである．

2.315. ラテン語における連結 *gn* は /ŋn/ を表した．これはフランス語では，*signe* におけるように，口蓋音 *n* [ɲ] となった．英語では，この綴りは保持されたが，通常の /n/ がフランス語の音に取って代わったので（2.432 を見よ），*g* は現在 *n* の前では単に黙字に過ぎない（*sign*，*deign* など）．*sovereign* では語源とは関係なく *gn* と綴られた．他方，ラテン語からの借用語では，*g* は *n* の前で発音された．例えば *signal* [ˈsignal]，*benignity* [biˈnigniti]．フランス語からの *benign* [biˈnain]，*ignorance* [ˈignərəns] など参照．

もっとも初期の /g/ は保持されてきた．しかしながら，7.53 参照.

/k/

2.321. 現在の発音．*k*，*c*，*ch*，*ck*，*q*，(qu)；*x* ＝ /ks/ と綴られる．

OE やフランス語の /k/ に対応する，これは様々に綴られる．

例：*can*，*kind*，*creep*，*climb*，*know*，*queen*，*skin*，*scratch* | *naked*，*thicker*，*bracken*，*six* | *seek*，*sick*，*brisk*，*bark*，*folk*，*stink* || *case*，*cure*，*cream*，*claim*，*quarter*，*squire* | *account*，*conquer*，*distinct*，*example* | *duke*. *remark*，*frank*.

2.322. 口蓋音 OE /k/ はきわめて初期に /tʃ/ となった．例えば cock と *chicken* の交替を見よ．/tʃ/ のさらなる例については，2.47 を見よ．*Seek* と *seech*（現在は *beseech* のみ）の間の交替は，H. C. Wyld により，開子音（open consonant）の前で，とくに縮約された二人称，三人称動詞：*sekst*，*sckþ* の /s/ や /þ/ の前で，/k/ が保持されることによって説明された（Contributions to the History of the English Gutturals, in Transactions of the Philol. Soc. 1899）．一方，不定詞 *seche*（＝seek）であり，ここからその後二重の水平化によって *seek* と *seechest* などが生じた．同様に他の動詞の /k/ も説明される：*work*，*think*，*speak*（cf. 名詞 *speech*）．VI 巻 12.5 で，*-k* 形の動詞と *-ch* 形の名詞の間で頻繁に見られる *bake*，*batch* のような交替に言及する．適例は *ake*（動詞）と *ache*（名詞）だった．後者は，16，17 世紀 /tʃ/ と発音され，これは正音学者によりはっきりと言及され，文字 *h* の名前 *ache* との頻繁な語呂合わせにより確認されている．のちに音 /k/ は類推的に動詞から名詞へと拡張された，一方

ache は動詞と名詞の両方に対する標準的な綴りとなった．F における同様の交替の名残が，F *estomac*（綴り *-ch* はギリシア語から）から入った [k] をもつ *stomach* と，[tʃ] をもつ *stomacher*（胸衣）に見られる．

2.323. F からの他の語には，/k/ が F 北端の方言によるものがある，一方 F 中央フランス語は *a* の前に *ch* をもつ：*catch* Lat. *captiare*（cf. 中央フランス語 *chasser*，これはのちに *chase* として借用された），*cattle*（cf. *chattel*），*carry*（cf. 中部フランス語 *charier*），*carpenter*（cf. 中央フランス語 *charpentier*）．*pocket*（cf. 中央フランス語 *pochette* そして英語 *poach*），*wicket*（cf. 中央フランス語 *guichet*）．*kennel*（cf. 中央フランス語 *chenil* < *chien*）．同様に *attack*（17 世紀より古くはない）は *attach* の二重語（doublet）である．

second（後援する）では，F は音 [g] をもつが，英語は [k] をもつ．おそらくはラテン語綴りの影響と思われる．この綴りはフランス語にも保存されている．

2.324. OE *sc* は /ʃ/ となったので，音群 /sk/ は借用語にのみ存在する：Scn *sky*，*skin*，F *scholar*，*risk*，*squire*，Dutch *skate*，Latin & Greek *scribe*，*scurrile*，*sceptic* [skeptik]．しかしながら，本来語 *ask* に注意せよ．ここでは *sk* は音位転換による，すなわち OE *axian* が *ascian* と交替している．形態 *ax*— これは S1699 が，*ask* と名詞 *ax* を同義として挙げているので，明らかに規則的な発音とみなしている—は，現在通俗的（すでに E 1787 の時点で）あるいは方言的である．OE *sk* については Weyhe, ESt. 39.161 参照．

/s/ の前で，元来の音 /x/ に対して，英語は /k/ をもつ：*buh-som* > buxom（豊満な）．同様に *hough-sinew*（飛節の腱）でも，ここから発音 [hok] が，*hough*（飛節）が独立して用いられるときに，この語にまでも及んだ．

2.325. 非強勢の位置でしばしば用いられる語で，/k/ が舌尖子音の前で脱落したものがある：*made* < *mak*(*e*)*de* や *ta'en*，*ta'ne* < *tak*(*e*)*n*．後者では，/k/ が，その動詞の他の形態からの類推で再導入された．短縮形は，現在，詩にのみ見られる，一方 16，17 世紀にはそれは通常の口語に属していた．

2.326. 綴り．OE では c は /k/ を表す唯一の記号で，/s/ や /ts/ の音価をもたなかった．しかしフランス語では，ラテン語の c＝/k/ が，子音と後舌母音の前で /k/ へと，そして前舌母音の前では /ts/ へと区別されるようになった，一方綴りはいかなる変化も受けなかった．のちに /ts/ は /s/ へと単純化された．これらの *c* の音価はイングランドに導入された．初期 ME で，/ts/ の音価をもつ *c* を見る．例えば *milce*＝OE *mildse miltse* 'mildness'．そしてのちに *c* は /s/ を表すために用いられた．その結果，前舌母音の前で /k/ を表すために *c* と綴ることが不可能になり，代わりに文字 *k* がより頻繁に用いられるようになった．同様に，*n* の前や語尾でもまたそうであっ

た．かなりの変動（例えば，*koude* と *coude* は，ME で ‘could’ に対して交互に現れた）ののち，以下のルールが最終的に得られた—記号 | の後の語はフランス語あるいはラテン語である：

c　*a* の前で：*can*，*calf*，*care* | *case*，*catch*，*carry.*
　o の前で：*corn*，*come* | *cars*，現在は *corpse*，*content*，*court.*
　u の前で：*cup*，*cut* | *cure.*
　r の前で：*creep*，*cringe* | *cream*，*cruel*，*secree*，現在 *secret.*
　l: の前で：*clean*，*cling* | *clecir*，*claim*，*class.*
　t の前で：(語頭にはない) — | *act*，*insect*，*distinct.*
k　*i* の前で：*kiss*，*king*，*kind* | *kickshaws.*
　e の前で：*keen*，*kettle*，*key* | *kerchief*，*kennel.*
　n の前で：*know*，*knight* |
　語尾で：*think*，*book*，*like* | *remark.*
q　*u* =/w/ の前で：*queen*，*quick* | *quarter*，*querele*，現在 *quarrel*，*quit.*

cow（メス牛）と *kine*（pl メス牛）間の相違に注目せよ．

語尾の位置では，非常にしばしば -c と綴られた：*duc*，*franc*．現在では *duke*，*frank* が優勢である．語尾の *-ic*（F *-ic*，*-ique*）では，綴り *-ic*，*ick*，*-ique* が長い間無差別に用いられた．現在 *-ic* が，用いられている（*music*，*public* など）が，強勢のある長音 [iˑ] をもつ最近の借用語を除く：*critique* [kri'tiˑk]（評論），これは古い借用語 *critic* ['kritik]（批評家）とは異なり，*physique* [fi'ziˑk]（体格），これは *physic* ['fizik]（薬）とは異なる．8.33 を参照．英語には *cheque*（為替）（米ではしばしば，イギリスではときに *check* と綴られる）と *check*（その他の意味）の間には最近綴り上の区別がなされている．

連続 /sk/ の綴りは同じ原理により制御される：

sc　*a* の前で：*scant*，*scare* | *scaffold*，(*e*)*scape.*
　o の前で：*score*，*scorn*，*scold* | *scout*，*scorch.*
　u の前で：*scum* | *scullion.* *Skull* は除く；*skulk* は *sculk* よりもよく見られる．
　r の前で：*screech*，*scrub*，*screw* | *scrivener.*
sk　*i*，*y* の前で，*y*：*skin*，*skill*，*sky*，*siskin* | *skiff.*
　e の前で：*skein*，*sketch.*
　語尾で：*bask*，*busk*，*ask* | *risk.*
squ（=/skw/）：*squeak* | *square*，*squirrel.*

kk の代わりに，*ck* と綴られる：*thick*（ME *thikke*，*þikke*），*sick*（ME *seek*），*cock*（ME *coc*，*cok* など）．*cc* は借用語にのみ見られる：*account*，*accuse*，*toccata*．そして以下のようなラテン語の語では [ks] の音価を伴って：*accent*，*accident*.

文字 *x* は /ks/ を表すのに用いられる，F や Lat. の語では（*sex*，*example*，*luxury* など），英語では（*six*，*fox*，*vixen*），そして語尾の *k*＋属格語尾 *s* を表す少数の場合で：*coxcomb*，†*cockscomb*，*coxwain* あるいは *cockswain*，そして短縮形の *cox*．この /ks/ はのちに [gz] となった場合もある（6.7）．

2.327. *qu* に関しては，この音結合は F から，現在のように [k] だけではなく，まだ /kw/ と発音されていた時期に借用された．かくして *quart*，*quit*，*requite* などは，いまだに過去のフランス語の *qu* の音価を保っている．そして *qu* は，フランス語が現在 *c* と綴るところでも見いだされることがある：*quail*（ウズラ）F *quaille*，ModF *caille*，*quire*，ME *quere* OF *qua*(*i*)*er*，ModF *cahier*，*quash* OF *quasser*，ModF *casser*，*square*，OF *es quare*，cf. ModF(*é*)*lcarré*，*squirrel*，OF *escuiruel*，ModF *écureuil*，*squadron*，ModF *escadron*．しかし最近の借用語のなかには，*qu* が [k] の音価とともに引き継がれてきたものがある：*critique*，*quarte*，*coquette*，*burlesque* など．そして一定の語においては，綴り *qu* が導入されているが，その音はこれまで /kw/ であったことがないものだ：*exchequer* ME *escheker* OF *esckekier* < Lat. *scaccarium*．*chequer* は現在 *checker* よりも普通である．*Quoin* は *coin* の異綴形であり，現在限られた専門的意味（建築や印刷等で）でのみ用いられている．通常の音は常に [koin] である．語源が不確かな *quoit*（輪投げの輪）は現在常にこう綴られる．*coit*（尻）は古い綴り（そして音，S1568）である．その綴り *qu* は 17 世紀に遡る．現在 [koit] や [kwoit] と発音される．

2.328. *Ch* は，*echo*，*anchor* のような主としてギリシャ語で，/k/ の学問的綴りである（*ache* については 2.322 を見よ．近代の名詞形における *ch* 綴りは，おそらく部分的に，当該語が Gk の *akhos* と関連しているという誤った考えによっていると思われる）．

同様に，*school*，*scholar* における /sk/ を表す *sch* も，これらの語は ME では *scole*，*scoler*．

/k/ のその後変化については，6.7(x)，7.74，12.3 を見よ．

/m/

2.411. 現在聞かれる発音．*m*（*mm*）と綴られる．

OE *m* や OF *m* に対応．この *m* はしばしば ModF で消失し，先行する母音の鼻音的発音に痕跡を残している．

例：*man*，*may*，*small*，*smell* | *hammer*，*comb*，*timber*，*empty*，*alms* ME *almesse* | *am*，*some*，*swimarm*，*elm* || *matter* | *family*，*embrace*，*assemble*，*simple*，*solemn*，*damn* | *sum*.

2.412. *Anthem* や *akimbo* における /m/ は 同化による，OE *antefn*，ME *in kenebowe*，*on kenbow*．また廃用の *vamhrace* と *vamplate* < (*a*)*vant*- と対照せよ．近代の *vamp*（靴のつま革）は ME *vaumpe*，*vauntpe*，F. *avant-pied* から．*Edin-*

burgh の地域的発音は /nb/ を /mb/ へと同化してきた，E 1787 “Embruch”，現在 “Embro”． 英語の発音は ['ed(i)nbərə]． さらに *Stamford* と *Stanford*，*Pomfret* と *Pontefract* を参照．

2.413. 語の末尾で Lat. *m* が F *n* になるので，英語には noun（Lat. *nomen*，OF *nan*，現在 *nom* と綴られる，但し [m] は発音されない）や *renown* がある．しかし Lat. *m* は語中で保たれたので（cf. F renommd），m を保持した形態も見られるが，これらは現在消失した：Cx R 85 *renomed*，Mal. 57 *renoume*，155 *renomed*，Ml はしばしば *renowmed*（e.g. T376），Sh Ro 1967 四折版 *renown'd* に続いて *renoumd*．

2.414. 換言すれば，語末の *m* は別な方法で説明されねばならない．*megrim*（14c. *mygrame* など）―これは F *migraine*（< *hemicrania*）から―，*buckram* < F *bouquerant*，そして *pilgrim* < *peregrine*(*m*)（F *pélerin*，It. *pllegrino*）では，*-m* は，語頭の閉鎖子音（*m*，*b*，*p*）のせいによる「離れた所での同化」によるのかもしれない．German と Scn *pilgrim* については Kluge, Stammbildungslehre der altgerm. dialekte p. IX を見よ．*perform* < OF *parfournir* では，英語でも語頭に *p* が見られるが，*form* という形態自体の影響があるということが十分な説明となる．しかし，以下の例では，そのような説明はまったく不可能である．それゆえわれわれは次の事実を述べることで満足しなければならない．すなわち，第一音節に強勢のあるいくつかの二音節語（dissyllable）の強勢のない末尾音節で，*-n* が *-m* に変化する：F *rançon* T（< *redemptione*(*m*)）> *ransom*，1350 には *m*，OF *randon* >*random*，m は 16 世紀から．OF *velin* > *venom*，ME *venin*，*venim*，OF *velin* > *vellum*，ME *velin*，*velim*，OF *jetteson*，*getaison* > *jetsam*，*m* は 16 世紀から，OF *floteson* > *flotsam*，*m* は 17 世紀から．同様に本来語の *seldom* OE と ME *selden*，おそらく *whilom* の *m* は，OE dat. pl. *hwīlurn* の直接の継続形ではないが，ME *hwilen* からの同種の最近の発展である．最後に *brimstone* < ME *brin-*. *bren-*，*bernston*.

/n/

2.421. 現在聞かれる発音．*n*（*nn*）と綴られる．

OE *n* や OF *n* つまり /ɲ/（口蓋音あるいは口蓋化した *n*）に対応する．OF *n* は ModF の発音でしばしば消失したが，先行する母音の鼻音的性質に痕跡をとどめている．

例：*no*，*name*，*snow*，*know*，*gnaw* | *ntany. honey*，*wonder*，*hundred*，*answer*，*land*，*find*，*Lent* | *man*，*moon*，*wine*，*horn*，*broken*，*token*，*iron* ‖ *noble*，*notice* | *enemy*，*honest* *dinner*，*dance*，*immense*，*amend*，*count*，*angel* | *plain*，*soun*，現在 *sound*（7.6）. *prison*，*solemn*（7.4）.

hnutu，*hncegan*，*hnappian* における OE *hn*（＝無声の *n* あるいはわたり音 ϵ 2-1,

Lehrbuch dev Pho. 6.6）は，ME 初期に *nut*，*neigh*，*nap* において /n/ となった．

2.422. *ant* や *scant* における *-nt* は同化による，OE *ǣmette*，Scn *skammt*；フランス語で，これらの語が英語に取り入れられる前に類似の過程が起こった ── Lat. *amita*(*m*) > OF *ante* E *aunt*，Lat. *comite*(*m*) > OF *conte* E *count* ── を参照．もう一方の語 *count*（数える）は OF *conte*（伯爵）からで，conte は現在 *compte* < Lat. *comput-* と綴られる．*accompt* は *account* の廃用の綴りで，*compter*（債務者用監獄），発音 [ˈkauntə] は *counter* の二重語に過ぎない．綴り *-mpt-* は誤って *control*（< OF contre-role（【史】観察用記録集））に拡張された，まるで後者が *computo* と関係しているかのように；かくして公式の綴り *comptroller*（監査官）には未だに *-mpt-* が残っているが，但しかなりの変動が見られる．── Lat. *-mps* は，OF *tens*（現在 F *temps* と綴られる）において同化した *-ns* を生み出した．E *tense* < *tempus*.

2.423. OF の口蓋音（あるいは口蓋化された）*n* /ɲ/，フランス語で *gn* と綴られる（2.315 見よ）は，英語で通常の /n/ が代わりに用いられた，この音の後ろに，母音が後続する場合には /j/ か /i/ が現れた．綴りにおいては，最初しばしば単なる n が綴られた（*deyne*（軽蔑））が，のちにフランス語を真似て *gn* が用いられた：*deign*，*reign*，*feign*，*sign*，*resign*，*ensign*，*campaign*．この *gn* は誤って *sovereign* や *foreign* にも適用された．*Poignant* [ˈpoinənt] や *champagne* [ʃæmˈpein] では，フランス語の綴りが完全に保たれてきた．さらに *Cologne*（ケルン），現在 [kəˈloun]，*Boulogne* [buˈloun]（ブルターニュ）；*crone* ? < F *carogne*；*frown* OF *fro*(*i*)*gnier* を参照．

vine（F *vigne*）や *line*（F *ligne*）では，*n* だけが綴られたので，これらの語はしたがってラテン語の形態により近いまま保たれている．*barren*（不毛の）（OF *baraigne*）では，フランス語形態はイギリス人の綴り手の念頭にはなかった．*join* や語尾 *-ain* では，二重母音の第二要素は口蓋音による：*mountain*，*Spain*，*Britain*，(*com*)*plain*，*attain*，*strain*，*gain*，*bargain*，*disdain*（これは英語の綴り手たちに，*deign* におけるように，*g* を挿入するよう F *didaigner* を十分に思い起こさせなかった）．

/nj, ni/ の例，これらは *ni* と綴られ，母音の前で語源的な *gn* を表す：*minion*，*onion*，*companion*．*companion* との類推が，ME *compaignie* の代わりに，綴り *company* を引き起こした．

ラテン語からのその後の借用語における /gn/ については 2.315 を見よ．

2.424. 英語の語における語尾の *-n* の消失は非常に複雑な過程である．OE 期に北部で始まり，ME 期に南方に拡大した．しかし *-n* は，（休止前の）厳密に語尾で，あるいは子音前に生じたときにのみ失われた．母音前では，これが同じ語中に現れているときにも，後続する語に現れているときにも，*n* は保持された．現在 *-n* で終わるほとんどの語は，*n* が母音により守られた何らかの屈折形態をもっていたので，類推は広範囲に及んだ．そして，当然，ほとんどの ME のテクストは，この点できわめて不規則な構図を呈する．一般的傾向がこれらの事柄を規制し，唯一の形式が各例に生き残るはずだったが，現代においてでさえ多くの揺らぎが存続している．

n あり，*n* なしの両形態が生き残っている例もある．これらの二重形態は，*an*（母音の前で用いられる）と *a*（子音の前で）において，依然として純粋な音声的変異形として用いられている．しかし他の語では，この相違は様々な統語的目的のために利用されてきた：*my mine*（OE *mīn*），*no none*（OE *nān*），*maid maiden*，*Lent lenten*（OE *mægden*，*lencten*）．分詞（*broken*，*broke*）や *open ope*，*morn morrow*，*eve even* などのような二重語に加え，これらは VI 巻で語尾 *-en* の項目で *-en* 形の形容詞と一緒に扱われることになろう．前置詞 *on* は，子音の前で *o*，*a* となった．形態 *o'* はしばしば，短縮された *of* と混同された．前置詞としての *a* は Swift（Why did you not set out a Monday? NED）になってようやく見いだされる．これはまた多くの結合形態に生き残っている：*abed*，*aboard*，*about*，*above*，*afoot*，*again*，*-st*，*ajar*，*alive*，*amid*，*apace*，*around*，*ashore*，*asleep*，*away*，*awry* その他．これらの中には，*on* が未だに用いられているものがある（*on board*，*on foot*，*on shore*）が，次のような例には当てはまらない，すなわち何らかの理由で，第二要素がもはや独立したものとは感じられない場合（*about*：この意味で *bout* は存在しない，*but* を参照，*again*，cf. *gainsay*，*alive*），あるいは複合語が別種の意味を発展させた場合（*away*）．この *a* は動詞的名詞や分詞の歴史で重要である（set the clock a going（時計を始動させる），ride a-hunting（狩猟に行く）など），VI 巻 *ing* の項目を見よ．*asleep* OE *on slæpe* のような結合形として，われわれは，*a-blaze*，*a-gaze*，*a-tingle* などのような一連の形態をもつ．これらは，VI 巻 7.5 でより詳細に取り扱われる．*twice a day*，*two pounds a week* などでは，*a* はもともと *on* であるが，現在は不定冠詞とされ，その見出しのもとで議論される．前置詞 *in* に同じ短縮が見られる：*i'faith*（Sh.，Sheridan など），この *i'* は 16，17 世紀に *th'*（the）の前でとくに頻出した．その後，それはよりまれになり，これらの位置以外のすべての位置への *n* の導入──これらの位置には *n* が常に存在するようになった（*in a* など）──は，綴りと学校教育に後押しされた類推による．当今，*i'th'* は詩的な擬古体としてのみ生き残っている（スコットランド方言や一部の北部方言を除いて），一方 *on* や *in* は前置詞や副詞として規則的に用いられている．さらに *handicap*（ハンディキャップ）< *hand-in-cap*（帽子の中に罰金を入れておいたくじ引き遊び）にも注意せよ．

2.425. *-n* をもつ形態のみが保持されてきた語の例：次のような名詞，*burthen* あるいは *burden*，*token*，*oven*，*heaven*，*weapon*（これらはすべて，*token(e)s* のように，屈折形に頻繁に生ずる）．次のような形容詞，例えば *open*，*fain*（しばしば ME *opene* などと屈折する）．数詞：*seven*（初期 ME は名詞前で規則的に *se(o)ve*，単独では *se(o)vene*），*nine*，*eleven*（*five* 参照，これは同様に独立形態である，一方 *fīf* は名詞前で用いられた）．

-*n* が脱落した語の例：次のような無屈折の語 *about*，*but*，*without*，*before*，*above*；屈折形（複数形など）でめったに用いられなかった名詞，例えば -*red* OE -*rǣden* 形の抽象名詞：*hatred*，*kindred*；動詞：不定形 *be*，*love*，複数形 *were*，*loved*（OE *lufedon lufeden*）．*haughty* OF *hautein* や *holly* OE *hole*(*g*)*n* では，*n* の消失後の語尾は，通常の語尾と一致するようになった（*hollin* が Sc では依然用いられている）．

-*n* の消失により，同音異義語がつくられた，例えば *Eve*（イブ）＝*eve*（晩）（OE *ǣfen*；廃用），*ground* 名詞（地面）と分詞（すり砕いた），*saw*（のこ）と *see* の過去形（pl.）．もう 1 つの同音異義語の類は，同じ語や語根の，以前は別個の形態が *n* が失われたとき類似したものになったもので，例えば *do* OE *dō* と *do* OE *dōn* 不定形あるいは複数主語の場合，*still*(*e*) 形容詞（静止した）と不定詞（静止させる），*saw* 名詞（のこ）と不定詞（のこで挽く）．この類の同音異義語は曖昧さを引き起こすことはないであろう．そして同形化は単に言語構造の好都合な単純化と考えることができる．

2.426. *a*（mother）と *an*（aunt）あるいは *my*（father）と *mine*（uncle）の共存，そして自然な音節の分割 *a|n aunt*，*mi|n uncle*（cf. Lehrb. d. Phon. §13.62; C 1627 は *an ox* の代わりに，*a nox* は俗語的であるという）の結果，語の分割に関する言語直感は多くの例で不確かなものとなった．その結果，語頭の *n* が失われたり，付加されるよく知られた語が見られる．次では *n* が失われている，*an adder* < *a nadder* OE *nædre*，*apron* OF *naperon*，*auger* 2.535，*umpire* OF *nompere*，*eyas* ME *nyas* OF *niais*，*ouch* OF *nouche*（Ch H. of F. 1350 nouchis，E 382 nowches）．次では *n* が付加されている，*a newt* < *an ewt* OE *efete*，*nickname* ME *ekename*，*awl* に対して 16，17 世紀 *nawl*，*uncle*（おじさん）に対して *nuncle*（Sh Lr で，道化のセリフ中で），*own* に対して *nown*（Roister 12 his nowne white sonne（彼自身のかわいい息子），cf. ibid. 21 my nowne Annot; Sc A 2.114 a cusin o' his nain），*nidiot*（Jack Straw ed. H. Schuth III. 2.48），*nobelisk*（通俗 19 世紀，Sketchley，Mrs. Brown on Cleopatra's Needle 29 a old ainshent nobbylisk（太古のオベリスク））．愛称の *Nan*，*Ned*，*Nell*，*Noll*，*Numps* は，(*mi*)*ne*＋*Ann*，*Ed*(ward)，*Ell*(en)，*Ol*(iver)，*Humph*(rey) に始まる．さらに *for the nonce* < *for then once*（*then* < OE *þæm*），これはかろうじて正書法にかなっているが，*n* の存在が，*once* が [w] を獲得するのを妨げてきた．

2.427. 同じ語に *n* ありと *n* なしの形態が共存することの重要な帰結は，はじめから *n* はもっていなかった語への，語尾の *n* の付加である．14 世紀から，*ofte*（OE *oft*）と共に *often* が見られる．Chaucer は，母音や *h* の前で，かなり規則的に *often* を用いるが，他の場所では *ofte* である；Gill 1621 は *oft* を用いるが，しかし *oftner*，*oftnest*，*oflntjmz*；*selde*(*n*) からの類推がこの語では強い．さらに *bedrid* OE *bedrida* 実詞と共に *bedridden*；*happen*，*listen*，*heighten*，*hearten*，*frighten* や他の動詞は，同様に，古い *hap*，*list*，*height*，*heart*，*fright* の拡張形である．別の場所で，私はもっと詳しくこの現象を論じ，いかに形容詞と同形の動詞の拡大が，形容詞から *-en* 形の動詞の広範な拡大を引き起こしたのかを明らかにするだろう：*broaden*，*blacken*，*moisten* など．注意すべきは，これらの例すべてで，非屈折の形式では *n-* なし語を用い，何かが付加されたときには必ず *n* あり語を用いる傾向である．Chaucer では常に *maid*（未婚の女），一方 *maidens*（＝maid）［＊*-en* は指小辞］；*maiden* はまた次の語にも，*maidenlike*，*maidenly*，*maidenhood*，*maiden speech*；*broke* と *broken*，*forbid* と *forbidden* のような過去分詞が見られるが，*-ly* 副詞では常に *brokenly*，*forbiddenly* である．同様に Shakespeare には次の動詞が見られる：*moist*（けっして *moisted* とはならない）と *moistened*，*short*（けっして *shorted* とはならない）と *shorten*，*shortened*，*shortening*，*hap*（1 回 *happ'd*）と *happen*，*happened* は 6 回，*length*（けっして *lengthed* や *lengthing* とはならない）と *lengthen*，*lengthened* は 4 回，*lengthening* は一度，*list*（けっして *listed* とはならない）と *listen*，*listened* は 2 回，*listening* はたびたび，*threat*（けっして *threated* とはならない）と *threaten*，*threatened* 11 回，*threatenest* 1 回，*threatening* しばしば，*threateningly* 1 回，*threatener* 1 回．

2.428. 次のような対の対応：

she is a maid—the maiden queen;
it is made of silk—a silken dress;
the door is ope—the open door;
the man is drunk—the drunken man

は，以下のような他の例にも及ぶ，

the man is old—in olden days (cf. oftentimes);
the gold is hid (OE *hȳded*)—the hidden gold;

現在 *hidden* は叙述的にも用いられる．

これは次の例における *and* も同時に説明するかもしれない：

the room is nice—it is nice and warm（今日は十分に暖かい），

ここで，*nice and* は一種の副詞と考えられる．*d* は発音されないので，挿入部は上と同じになる（/naisn/ の発音）．残念ながら，古い例は欠如している（NED *and* 4 の下での Shakespeare からの引用はまったく適切ではない）．近代英語の例は Storm, *Engl. Phil.* 691 に挙げられている（もっとも古いのは Swift から）．他には Carroll Looking-Gl. 6 : How nice and soft it sounds | Con. Doyle, Great Shadow 36 I wish your eyes would always flash like that, for it looks so nice and manly（いつもあなたの目がそのように輝いていればいいのにね．だって，とても男らしいんですもの（笹野史隆訳））| Tennyson 514 straänge and cowd. Cf. vol. II 15.29.

2.429. 語中において，/n/ の消失は，語尾よりもずっとまれである．*l* の前では，*eleven* OE *endlefan* や *along* OE *andlong* で初期に失われた．*Westminster*，*Elphinston*，*Robinson*，*Solandson*，*Edmondston* あるいは *Edmundston* は，*n* なしで通例発音された（また最後の 2 例では *d* なしで）．この所見は E 1765 と 1787 による．これらはまた /ŋ/ なしの *Livingstone* を記録している（さらに *Hutchinson* の異形としての *Hutcheson* を参照）．マンチェスター（Manchester）の近くの町 *Altrincham* は，「口語では，*Awtrigem*」と呼ばれている［?た］（De Quincey, Opium-eater 83）．これらすべてにおけるリズムは同じである，そして同じリズムの多くの語で（*maiden queen* などのリズムと比肩される），/n/ あるいは /ŋ/ が挿入されるので，ある時期に，中間音節において，鼻音あり発音となし発音間の変動があったという結論は謂れのないものではない：*Westminster* と共に *Westmister* が用いられたことから *messager* の他に *messenger* の使用に至った──*messager* は最終的には絶えた．

挿入された /n/ の主な例は：*messager*（Caxton ではまだ用いられていた）> *messenger*，*herbeger* > *harbinger*，*passager* > *passenger*，*porrager*（*potager*）> *porringer*，**wharfager* > *wharfinger*，*scavager* > *scavenger*；*stallanger* あるいは *stallinger*「鷹匠」< *stallage*，*ostreger* あるいは *austreger* > *ostringer*，*armiger* > *Arminger* 固有名．F *murager* > *murenger*，*cottager* > *cottinger* 16, 17 世紀，*papejay* > *popinjay*，*St. Leger* > 近代の発音 [selin(d)ʒə]．さらに ME *mokadowr*（プロバンス語の *moucado* < Lat *mucatore*(*m*)，Skeat，Mod. Lang. Rev. 2.60 を見よ）> *muckinder*「ハンカチ」(Ben Jonson と Beaumont and Fletcher に）そして古プロバンス語 *colador*（Lat. *colatorium*）> 15 世紀 *colyndore*，現在 *cullender*（水切り）(ibid.)．これらの挿入の大部分はおよそ 15 世紀に遡る，しかし /t/ 前では，同じ挿入が次のような最近の通俗形態にのみ見られる，*milintary*（婦人帽子屋の商品），*solentary*（一人ぼっちの），*skelinton*（骨格）．（次を見よ，Storm, Engl. Philol. 823, Bradley, *Modern Philol.* 1.203，Otto Jespersen, Est 31.239 (ibid, *Brummagem*（J 1764 "brúmijum"）= *Birmingham*（6.8））．Logeman, ESt 34.249，Ritter, *Archiv* 113.31, Luick, ibid. 114.76，Horn, *Unters. z. ne. lautgesch*. p. 63 f.　/ŋ/ の挿入については 2.432 参照．

のちの /n/ の消失については 7.1，7.4，7.74 を見よ．

/ŋ/

2.431. 現在 si*n*k などで聞かれる発音．*g*，*k*，*c*，*q*，*x* の前で *n* と綴られる．

OE /ŋ/ や OF /ŋ/ に該当する，後者は ModF で消失し，先行する母音の鼻音的性質に痕跡をとどめている．

例：*sing*，*sang*，*song. sung*，*length*，*finger*，*hunger*，*singing*，*think. thank*，*anchor*，*sunken* ‖ *languish*，*single*，*frank*，*conquer*，*conquest*，*anxious*，*distinct.*

初期の発音では，この音は /g/ や /k/ の前でのみ生じ，PE *sing* [siŋ]，当時は /siŋg/ と異なって，語尾に現れることはけっしてなかった；*singing*，現在 [siŋiŋ] は

当時 /siŋgiŋg/，7.5 参照.

2.432. /ɲ/ は次の語で，語中音節で挿入された，*nightingale* ME *nihtegale*，15–17 世紀，*Portugal* を表す *Portyngale* あるいは *Portingal*，*martingale* < *martigale*, *fardingale* < *fardigale*（また *farth-*）OF *verdugale*．この挿入は /n/ の挿入と類似している，2.429 を見よ，そこでは *Livingstone* が言及され，文献が引用されている．そこで Bradley は，*nightingale* における彼の発音は [-ng-] で，[-ŋg-] ではないという．しかしながら，音 [-ŋg-] は，Sweet や Soames によって与えられているが，より通常の発音に思われる．また 13.16 参照.

/w/

2.511. 現在聞かれる発音．*w* と綴られるが，*g*，*q* の後で，そしてロマンス語の語で *s* の後で，*u* と綴られる.

/w/ は OE *w* や OF *w*，特にフランス北部の *w* に相当する，一方 F 中央方言では *g*(*u*)；さらに場合によっては，OF /ɥ/(音節をなす *u*) あるいは母音前で *o*，*u*.

例：*water*，*win*，*wrong*，*sweet*，*twin*，*two*，*thwart*，*dwell*，*queen* | *answer* ‖ *werre* 現在 *war*（F 中央方言 *guerre*），*werreyour* 現在 *warrior*，*ward*，*William* | *languish*，*squire*，*persuade*，*assuage*. *quail* などについては，2.327，2.514 を見よ.

2.512. この音を表す OE の記号は ƿ だった（ルーン文字 ᚹ「ウェン（wœn)」)，これは大部分の近代の版で *w* と印字された．新しい文字 *w*—2 つの *v* の組合わ—がフランス語から借用された，そして 12 世紀から通例の形態となった．*v* はまた母音 *u* を表すために用いられたので（2.536)，その名前は ‘double *u*’ となり，現在 [ˈdʌblju] と発音される．ME 期に，しばしば *uu* とも綴られた．印刷術の初期の時代に，*vv* あるいは *VV* がたびたび用いられ，かくして例えば Shakespeare 1623 の二折版でも珍しくはなかった.

2.513. 母音のあとの *w*（*straw*，*sowle* 現在 *soul*）に関しては，二重母音（3.6 ff.）を見よ．*l* や *r* のあとでは，*w*—ここで OE は *g* /ɡ/ をもっていた—が頻繁に見られ，この音は円唇化した：*folwe* OE *folgian*，*wilwe* OE *wil*(*i*)*ge*，*belwe*(*s*) OE *belgas*，*halwe* OE *halgan*，*sorwe* OE *sorg*(*e*)，*morwe* OE *morgen*，*furwe*（溝）OE *furh*，*furg-*，*borwe* OE *borgian*. ここでは，ME *widwe* OE *widuwe*，*medwe* OE *mædwe*，*swalwe* OE *swealuwe* におけるように，*-we* は *-ow* になった：*follow* など，6.26 を見よ.

2.514. 以下の語では，/k，g/ のあとの /w/ は母音から発達した，そしてその母音は別の母音の前では非音節的になった：*quail*（だめになる)，OF *quailler*，ModF *coiller* < Lat *coagulare*，*quilt*（キルト），OF *cuilte* < Lat *culcita*，*quaint*（賢い），OF *coint* < Lat. *cognitu*(*m*)，*acquaint*（～に知らせる）OF acointier，*quince*（マルメロの実）もともとは †*coyn* の複数形 OF *c*(*o*)*in* < Lat. *cotoneu*(*m*)，*cydoneu*(*m*)，*quiver*（震える）OF *cuevre*，*coivre*，*quivre*，*squat*（しゃがむ）OF *esquautir* < *excoact*(*?*)，*squash*（押しつぶす）OF *esquacher* < *excoactare*，(*e*)*squire*（郷士）ME (*e*)*squiere* OF *escuyer* < Lat. *scutariu*(*m*)，*squirrel*（リス）OF *escuireuil* ModF *écureuil* < Lat *scuir-*（sciur- の代わりに，Gr *skiouros*）+ 語尾．OF *cuer* < Lat *choru*(*m*) では，半語源的綴り *choir* と *quire* の両方が見られる．音価 /kwi·r/ > [kwaiə]（3.124 参照）．──英語 /gw/ については 2.31 を見よ，/kw/ = ModF [k] については 2.32 を見よ．

2.515. *w* は今日に至る前に *so* OE *swā*，*also*（*alse*，*ase*）*as* OE *eallswā*，*such* OE *swylc*，*thong* OE *þwang*，*Canterbury* OE *Cantwarabyrig* で失われた．*sister* は OE *sweostor* に対応する北欧語の形態（*systir*）である．のちの *w* の消失については 7.3，12.8 を見よ．

/hw/

2.52. *witch* と which の発音を区別する人の発音で，*which* に聞かれる発音．

OE の *hw* に対応．13 世紀から *wh* と綴られる．

例：*what. when*，*who*，*wheel. while.* ──/w/ は無声子音の後では，十分に有声化されないので，*twin*，*quick*，*swell*，*persuade* などのような語もまたここでは /hw/ の例として挙げられるかもしれない．

Skeat が主張するのと異なって，語 *whit* は「*h* が間違った位置にある」*wight*，*wiht* ではありえない．これはエリザベス朝文学に頻繁に見られる，それゆえ変化 /hw > w/ 13.5 よりずっと前のことである．*whit* はおそらく *white* と関連しているのであろう，Dan. *hvid*，MLG *witte*（小さな銀の（白色の）硬貨）参照．

/v/

2.531. 現在聞かれる発音．*v* と綴られる（以前は *u* とも，以下を見よ）．

OE /v/，これは *f* と綴られる，とフランス語の *v* に対応する．

例：*vat* | *heavy*，*heaven*，*driven*，*evil*，*wives*，*over*，*silver*，*harvest*，*anvil* | *have*，*leave*，*twelve*，*wolves* ‖*vain*，*vein*，*very* | *revenge*，*cover*，*divers*，*Stephen*，*travel*，*marvel*，*envy* | *move*，*serve*.

2.532. /v/ は非常に多くの例で失われた，それは主に後続する子音との同化による：*had* ME *hadde* OE *hæfde*，*lady* ME *ladi*，以前は *lafdi* OE *hlæfdige*，*head*，OE *hēafod* の屈折形から：ある時期，屈折形は *heved*，（*hevdes*）*heddes* であった，*lammas* OE *hlafmæsse*，*woman* ME また *wimman* OE *wifman*，*leman* OE *leofmdn*, *gi'n*, 以前は口語，現在は *given* を表す通俗語，*se'nnight* [ˈsenit], 19 世紀の初期まで *sevennight* の代用として一般的．*Devonshire* は口語的では *v* なしで発音された，それ以来，動詞 *denshire*（芝草を剥ぎ取り燃やして土地を改良する［*この方法は Devonshire で始まった］）．J 1701 によれば，*Daventry* は "Dantry" あるいは "Daintry" と発音された，そしてこの町は土地の人により今でも [deintri] と呼ばれている．

Cavendish は [ˈkændiʃ] あるいは [ˈkævndiʃ] と発音される．*hath* OE *hæfþ*, *ease-dropper*（Sh. R3 V. 3.221）では ease- は eaves- を表す．*devil* の *v* のない形態は，例えば J 1701 によって言及されている（/del/ ときに /dil/）が，主に屈折形態に見られるが，また非屈折形態にも見いだされる．Shakespeare's Macb. I. 3.107 におそらく見出されるであろう．G 1621 は /di·l/ を北部のものと述べていて，そこではそれが今でも見られる．*marvel* に対する *marle* は BJo でよく見られる．*poor* はこの形容詞の屈折形態から由来したようだ，Ch. Ros. 6489 *pover* 参照，一方 6490 *alle pore folk*; *Poverty* では，*v* が保持されている．*ure*† F *œuvre*, ここから *inure*, *enure*（役立つ）．*manure*, 以前は *manour* F *manouvrer*（*manœuvre*（操作）はのちの借用語である），*curfew*, *-fu* OF *couvrefeu*, *kerchief* OF *couvrechef*, *ginger*（しょうが），最古の形態は *gingivere*. *Liverpool* の *v* なし形は J1701 やその他に見られる，Jones の Ekwall 版 §184 を見よ．さらに 7.76 参照．

2.533. 文に依存する二重語をもつ場合がある．*over*—*e* とその結果として *v* が保持されている—と共に，弱い文強勢に基づく別の形態があり，この場合には，*e* とそれに続いて *v* が脱落して，一般に *o'er* と，以前はまた *or*, *ore*, *o're* とも綴られた．同様に，*ever e're*, *never ne're*, *even e'en*. 短縮形態は最初は口語的であった（例えば Swift では依然としてそうだ），そしてその後詩的な口語的表現として用いられた．18 世紀にはそれらは丁寧な会話から消え，多少重々しい擬古体として詩においてのみ保たれた．最も初期の例はおそらく Chaucer にある思われる，そこでは韻律から，*Duch.*［*Chaucer『公爵夫人の書』］38, 73, 171, 198, 237, 247, 633, 634 などにその存在が示されているように見える．*ever* と共に *e'er* の使用は，*ere*（OE *ǣr*）との混同を引き起こした，とくに *or*（「…より前に」OE *ār*）と組み合わさった場合には．

2.534. 語末では，/v/ はまた，子音で始まる密接に結合する語の前で失われた．例えば，前置詞 *of* はしばしば *o'* となった．*o* の綴りは，早くも 1300 頃からときどき見られるので，おそらくは /f/ > /v/（6.52）の変化前だと思われる．一方これは 16 世紀になって初めて頻繁となる．エリザベス朝期の劇作家に多く見られる，とくに *the*（*th'*）の前で．のちに，それは，とにかく書き物でまれになった，但し一定数の連結は依然として存在する：*Will o' the wisp*（鬼火），*Jack o' lantern*（かぼちゃちょうちん），そしてとくに *o'clock*（時に）．詩では，*o'the*, *o'th'* は依然として用いられ

るが，一般の散文では用いられない．但し [əð(ə)] は，早口の話ことばで頻繁に耳にされるし，同様に *man-of-war*（軍艦）に [mænə'w·], *matter of fact* に [mætərə'fækt] や他の定句についても /v/ の音声的脱落が見られる．形態 *a*＝*of* については，9.225 を見よ．かくして *on* と *of* の弱形が同じなので，2 つの前置詞間の頻繁な混同が，程度の差こそあれ，通俗語で避けられなかった．例えば次を参照，BJo 3.154 a pox of her face（彼女の顔のあばた）| ibid. 160 a pox on him（彼の顔面の瘡あと）| Sterne 84 they led him a busy life on't（そのおかげで父はいそがしく立ち廻っていなければならないからです（朱牟田夏雄訳））| Congreve 201 That's the truth on't（それこそが真実だ）| Di Do 543 both on you（君たち双方）| Hardy L 167 and there's an end on't（そしてそれまでのことさ）．さらに *think of* 参照，以前は *think on* であった；*of a Sunday*（ある日曜日に），*of an errand*（使いに），ここでは *on* がより自然に思われる（Storm, Engl. Philol. 794ff. を参照）．

give については，しばしば *gi'* が見られる，例えば BJo 69 1. 2804 *Gi' you ioy*, とくに *me* の前で．E 1765 は，*give me* は「早口で *gimme* あるいは *gih-me* となった」と述べる．今でも通俗で ['gimi]. *have* はしばしば *ha'* あるいは *a*；不定詞形では，これは ME *han* から来ているかもしれないが，一方これはまた直説法でも見られる：BJo 18 1. 616 I ha' not past a two shillings（私は 2 シリングの額を超えなかった）| Rehearsal 35 Ha' you your part ready；不定詞形では，今でも口語において，例えば Pinero T 112 You could 'a told me that（君は僕にそのことを言うことができたのに）．──/v/ の消失によって，形容詞の語尾の中には（*jolif*, *hastif*, *tardif*；*v* に関しては，6.52 を参照）通常の語尾 -*y* に同化したものがあった：*jolly*, *hasty*, *tardy*. また次を参照，*massive* と併存する *massy*；*bailiff*, -*ive* と並存する *bailee*；*huswif* に対する *hussy*；*mastiff* については NED と Jones の Ekwall 版 §593 を見よ．

2.535. /v/ は，次において，消失したというよりは，母音の /u/ になったと思われる：*hawk* OE *hafoc*,（*n*）*auger*（木工ぎり）OE *nafogar*, *launder*† *lavender* OF *lavandier*, さらに *laundress*, *laundry*（そして *an* をもつ他の例，3.95 を見よ），*eschew*, *eschu* OF *eschive*, *sue* OF inf. *sivre*,（?*stew* OF *estuve*），*newt* OE *efete*, *skew* Dutch *scheef* MLG *scheew*. さらに *lord* OE *hlāford* を参照，ここでは /v/ は，この語が固有名の前で強勢なしに用いられたとき，縮約形における *r* が生じる前に脱落したと考えられる．

2.536. 綴り．OE /v/ は語中で *f* と綴られた（この音は語頭にも語尾にも生じなかった）．ときに *u* が見いだされる（Beow. 1799 *hliuade*）．A.D. 1000 年の後，フランス語の影響が *u* を急速に一般的なものにした．中世を通じて，*v* と *u* が同じ文字と見なされ，どちらも子音としてばかりでなく母音としても用いられた．語頭では *v* が綴られた（*vs*, *vain*），語中では *u* が用いられた（*queen*, *but*, *liue*）．語尾では /v/

の音が *e* の消失の後まで生じなかった（6.28）．このような慣例は，17 世紀まで続いた．かくして Shakespeare の 1623 年の二折版には，1 ページに次の綴りが見られる：*selues*，*haue*，*vs. loue*，*vse*，*giue*，*liu'd*，*vpon*，*aduantage*，*vnstanched*，*li-ues. euery*，*leaue*，*aboue*，*braue.*

16 世紀には，綴り字改革者たちは *v* 子音と *u* 母音の分離を採用し始めていた．これは最初にフランスの文法家 Meigret（1545）によって唱えられた．Hart（1569）は強力にこの改革を支持し，彼の表音表記（phonetic writing）においてそれを成し遂げたが，しかし Bullokar（1588）は彼の「表音」表記では，古い伝統を断ち切ることができなかった．Gill（1621）は，彼の改革した英語綴字法で，*use* における二重母音に，ローマン体 v を，そして子音の /v/ に対してはイタリック体の文字 *v* を用いた．

v 子音と *u* 母音（二重母音）の間の区別は 17 世紀に最終的に普及した．Milton の原版では，新たな体系が一貫して採用されている．しかし *v* と *u* は同じ文字であるという古い考えが完全に根絶されたのは 19 世紀になってからだった．Sheridan の辞書（1780）では，アルファベット順の配列は依然として，*va*，*ub*，*uc*，*ud*，*ve* など（ちょうど *j* と *i* の場合におけるように），したがって *vauntingly*，*vaward*，*ubiety* … *udder*，*veal* … *vexer*，*uglily*，*ugliness*，*ugly*，*vial* などのように配列されている．

2.537. ME 初期，綴り *neueu*（いとこ），*neuew*（同），*Steuen*（固有名），これらはフランス語の *neveu*，*Estivenne*（現在 *Étienne*）に由来する．しかしもっと後になって，人々は，ラテン語の語源（*nepos*，*Stephanus*）の知識を示すために，*ph* と書き始めた（*nepheiw*，*Stephen*），そして現在，正統の [ˈnevju] ではなく，[ˈnefju] と言い始める人も出てきている．

2.538. テームズ川の南で，OE の語頭の /f/ は 12 世紀に /v/ になった．（/þ/ から /ð/，そして /s/ から /z/ への並行的な変化を参照）*Ancrene Riwle*（1225，Morton の版）では，次の条件で音 /f/ が *f* と綴られるのを見出す，すなわち区切りのあとで，そして先行する語が無声の音で終わるときである，一方これ以外他の環境では，音 /v/ が *v* や *u* と綴られる（Jespersen, *Studier over engelske kasus* 1891 p. 173ff.），例えば þeos fondunges（この誘惑）：ilke uondunges（同じ誘惑），scheaweð forð（公表する）：sceau uorð（同左），þe ueorðe：þet feorðe（4 番目のもの），þe vifte：þet fifte（5 番目のもの），mine uoan（私の敵）：his foan，stinckinde ulesshes（肉体を貫く）：hwat fleschs．一定の重要性をもつ唯一の例外は，純粋に文字上の性質によるものである，すなわち 2 つの連続する *u* を避けるために *u* の前で *f* と綴ることである：*hore fule*（汚いバカ），*eche fur*．同じ規則が，但し同じ程度の一貫性をもつのではないが．同時期の他の南部写本にも見られる．その後有声音が，現存の南西部方言にみられるように，一般化した．

標準英語では，以下の語は，その語頭の *v* をこれらの方言のこの変化に負うている：*vat* OE *fæt*，*vixen* OE *fyxen*「雌キツネ」，*vane* OE *fana*，*vin*(*n*)*ewed* OE *finegod*.

/f/

2.541. 現在も聞かれる発音．*f* や *ph* と綴られる．

OE *f*（語頭，語尾，そして無声子音の近くで）や OF *f* に相当する．

例：*find*，*fire*，*free fly* | *after*，*oft* | *of*（*off*），*leaf*，*turf*，*half* || *face*，*fine*，*fruit*，*flame*，*sphere* | *defend*，*profit*，*prophet*，*palfrey* | *chief*，*pensif*（現在 *pensive*），*triumph*.

OE *f* は語中で有声化したので，/f/ は語中で本来語の母音間には，一部のまれな同化現象を除いて，現れない：*chaffer* OE **cēapfaru*，*Suffolk* OE *sūþfolc*. *offer* はラテン語（OE *offrian*「いけにえとして供える」）からの初期の借用語である；近代の意味「与える」では，これはフランス語から由来する．

音 /f, v/ は，OE の規則（語尾で無声，語中で有声）の結果，交替する：*wife wives*（15，16 世紀の *wiues* は，依然，属格複数形でも単数形でもある），*calf calves*，*leaf leavy*（現在 *leafy*），*half halve*（動詞）など，「形態論の巻」を見よ．*fif* と *five*（2.425 を見よ）間の交替は消滅した．しかし *f* は *fifth*（以前は *fift*），*fifteen*，*fifty* で，無声子音の前で見られる．同様に *twelfth*.

のちの /f/ から [v] への変化については 6.52 を見よ．

2.542. 綴り．初期の習慣はどこでも *f* と綴ることだった．しかし 14 世紀から *ph* が学問的な語で用いられ始めた：*philosophic*，*triumph* など．*fancy* はその *f* を保持したが，より学問的な形態はしばしば *ph* で綴られた：*phantasy*；近年 *phantasy*（白日夢）と *fantasy*（空想）はわずかに異なる意味で用いられる（NED を見よ）．*phrenzy* は *frenzy*（F *frénésie* < 後期ラテン語 *phrenesis*）とともに長く用いられた．*phantom* と *fantom* はどちらも用いられる．*ph* は *pheasant* でも用いられる（F *faisan*，Lat *phnsianus*），そしてときに *gulph*（湾）でも，より一般には *gulf*（F golfe）；さらに *bed-phere*（同衾者），BJo 3.182 (Merm. series；*fere* =「仲間」).

ギリシア起源の語で *th* の前で綴られる *ph* は，おそらく英語では自然に発音されることはけっしてなかった．D1640 は，はっきりと *tisick* を *phthisick* の発音と述べている．同様にまた E 1787 やのちの正音学者もそうである．同じく *phthisis*，*apophthegm* は現在 [ˈtizis, ˈtisis, ˈtaisis, ˈæpəþəm, -im]. しかしながら，強勢を受けた母音の後では，かつて /p/ が *ph* に対して発音された，例えば *diphthong*，*naphtha* におけるように，そして発音 [ˈdipþɔŋ, ˈnæpþə] は今でも耳にされる，但し [ˈdifþɔŋ, ˈnæfþə] がより一般的である．

/ð/

2.611. 現在 *that* に聞かれる発音．*th* と綴られる．
OE の ð に該当．
例：*feather*，*clothes*，*lieathen*，*worthy*，*bathe*.

2.612. /ð/ は *since* ME *siðenes* で，別の子音の前で失われている（/v/ の消失を参照，2.532），おそらく次でもまた，*hence thence whence* < Scn *heðen þeðen hweðen*＋*es*，*or* と *nor*． *whether* に対する *wher* は，これは早くも Ch. に見られ，エリザベス朝英語で頻繁になったが，消失した，そして，(*n*)*either*，*rather* の短縮形も同様であった．標準英語では，*with*（6.53 を参照）の /ð/ は，*the* の前を除き（同化する），省かれなかった．しかし Sc では，*wi* がよく見られる，たとえ母音の前であっても（*wi' a wintle*，Burns, *Halloween*；*wi't* 'with it' など）．

2.613. OE では，2つの記号 *ð* と *þ* が，2つの音，有声の /ð/ と無声の /þ/ を表すために無差別的に用いられた．その音は語頭と語尾で無声であった：*þanc*，*þsæt*，*þe*，*bæþ*，*wiþ* など，また2つの *þ* が語中に綴られているときにも：*moþþe*，一方，語中で二重化しないときには有声：*baðian*，*baðas* など．

2.614. *th* の綴りはおそらくフランスの写字生とともに始った．これは次第に本来語の文字に取って代わった，但し *þ* は15世紀まで一般に使用され続けた．ME の写本の中には *th* と *þ* の両方を用いるものがある，しかしながら，ときどき言われていることと異なって，両者を体系的に区別はしていない．例えば，無声の子音に *th* を，そして有声の子音に *þ* を用いるなど（Heuser ESt. 33.257 は誤って *th* は有声音を表し，*þ* は無声音を表す，と述べる）．私が理解できた限りでは，これらの写本は，われわれが中世の写字生たちからむしろ当然予期できることを行っている，すなわち *þ* を，少数の絶えず繰り返し生ずる（代名詞的）語に用いていて，これらの語では正字法的保守主義がきわめて自然である，一方他の場合ではほとんどすべてでその音が *thing* のように無声であろうと，*brother* におけるように有声であろうと，*th* が用いられた．かくして，綴り字は，発音に関しては何も示さない，そして *þu* などは当時依然として無声の音（6.53 を参照）をもっていた．*þ* は現在でも，古風な看板等に見られる，例えば *þ*^{e}＝*the*，*þ*^{t}＝*that*． 活字 *þ* は大部分の印刷所にはないので，類似の ye y^{t} がしばしば古い略語に置き換えられた，とくに完全な *that* などのスペースがないときに行末で．これは，17世紀になってさえ書物に見られ，近代の広告で模倣された（Y^{e} weary traveller（その疲れた旅行者）など）．当然，þ^{ou}＝*thou* は *you* と誤られがちであった．

/þ/

2.621. 現在 *thing* に聞かれる発音．*th* と綴られる．

OE の /þ/ や Scn の /þ/ に相当する．学問的語では，ギリシア語の *th.*

例：*think*，*thank*，*throw*，*thwart* | *bath*，*with*，*hath*，*oath*，*bringeth*，*forth* ‖ *thesis*，*theology* | *method.*

2.622. 本来ギリシア語の中には，（*th* ではなく）*t* を伴ってフランス語から借用されたものがある：ME *teater*，*apotecary*，*catolic*，*trone*．しかし文芸復興と共に，綴り *th* とその後に音 /þ/ が導入された．*apothecary*（薬剤師）は，つい最近の 18 世紀まで /t/ と発音された（さらに *author*，*Catherine*，7.24 参照）．Hart（1569）は次で /t/ と発音した，*orthography*，*parenthesis*，*sabbath*．*Thomas*，*thyme*（F *thym*），*Anthony*，*Thames* では，綴りのみが不規則である，一方近代の発音は ['toməs, taim, 'æntəni, temz]． OE *antefn*（< *antiphona*）は *anthem*，現在 ['ænþəm] となった．*t* と *th* の他の場合については，2.624，7.24，7.26 を見よ．

2.623. 古フランス語は，語中に，ラテン語の *d* や *t* に該当する /ð/ の音をもつ．1 つの語に，これが引き継がれている：ラテン語の *fide*(*m*) OF *feith*（また *feid feit* とも綴られる）E *faith*（現在は [þ] と発音，なぜなら語尾だから）．OF では，この音はついには消失し，同じ語ののちの形態 fei（現在 *foi*）が借用された（Ch はしばしば *fey*，Sh. Ro 665 *by my faie*，大部分の版は *faith*）．Sc では，語尾で，同じ音（現在は [þ]）の例が見られる，*-teth*，*-tith*，Lat *-tate*(*m*)：*dainteth*（美味），*daintith*（同），*poortith*（貧乏）（Burns），*bountith*（気前のよさ）（Scott）など．

2.624. 摩擦音のあと，/þ/ は，OE, ME で /t/ となった．この変化の痕跡は今でも見られる：OE *nosu* ‘nose’ + *þyrel* ‘hole’ > *nostril*（鼻孔）．OE（*þȳ*）*lǣs þe* > *lest*，以前はしばしば *least* と綴られた．抽象名詞の接尾辞 OE *-þ*(*u*) は同様に，摩擦音のあと *t* なる：OE *gesihþ gesiht* > *sight*，OE *hīehþu* > *height*（17 世紀にはしばしば類推的に *h*(*e*)*ighth*）．同様に *sleight* も．*drought*（干ばつ）は /t/ をもつ，というのは，それは /x/ のあとに続くからだ，ME 初期（Orrm）は *druhhþe*，一方 Sc では，/þ/ が類推的に導入された：*drouth*． 摩擦音で終わる数詞はその序数を *t* で形成した：*fift*，*sixt*，*twelft*，これらは 17 世紀まで通例の形態であった．それから類推的形態 *-th* が最初に綴られ，のちに発音された．この変化は語頭の音にさえ影響を及ぼした：*is this* > ME で *is tis*．最新の例は *Whats tis?*，Sh Ro 681 古い四折版，一方，二折版では *Whats this?*　また *Esther* を参照，現在 ['estə] あるいは（まれに）['esþə]；*calisthenics*（徒手体操）は一般に [kælis'teniks] と発音された，但し辞書は [-sþ-] のみ挙げる．

/þ/ は先行する /t/ に同化した：OE *æt þæm* > ME *atten*，*atte*，*æt þæm ende* > *at an end* 参照，ここでは *an* は不定冠詞と理解される，そして ME *at te laste* など >

at last（6.36 を見よ）. OE *æt þære byrig* > 固有名 *Atterbury*. *art þu* > *art te*, のちに疑問文で *art*（エリザベス朝演劇で *Art mad?* など), ここでは主語の統語的省略に見えるものは, 純粋に音声的な過程である. 同様に *dost thou* などに対して *dost* など.

Chatham などにおける *th* については, 13.63 を見よ. /þ/ > /ð/ については, 6.53 を見よ, /þ/ の消失については 7.76.

/z/

2.711. 現在 *zeal*, *rose* で聞かれる発音. *s* あるいは *z* と綴られる.

OE や F の /z/ に対応.

例：*hazy*, *thousand*, *risen*, *houses*, *husband* | *wisdom*, *hazel*, *gosling* | *wise*, *rise*, *graze* || *zeal*, *zero*, *easy*, *reason*, *occasion*, *azure*, measure, *dozen*, *crimson*, *palsy* | *ease*, *cause*, *accuse*, *advise*.

OE では *s* は（*þ* のように, 2.613）語中で有声音にはさまれると有声だったが, 他のところでは無声である. それゆえ *wise* における有声音は, 形容詞の屈折形（*wīsa* など）による. 無屈折の OE *wīs* は *[wais] となったであろう. 次例でも, 有声の /z/ の理由がわかる, *gosling*（ガチョウのひな), *gooseberry*（スグリ), *gozzard*（ガチョウの飼育者), 一方 *goose* OE *gōs* は /s/ をもつ.

2.712. 綴り. 文字 *z*（ギリシア語 ς）のそもそもの音価は /dz/ だった, そして OF 初期, *zele* のような語はおそらく依然としてそのように発音されていたであろう. OF 後期で, 最初の /d/ は脱落し, *z* が自由に *s* に対応する有声音の記号としなった, 後者においても, それは元来の /dz/ に戻ることはなかった. 英語では, *z* は次第に非常に多くの語—これらは以前には *s* をもって綴られていた—に拡大されてきた. 例えば ME *dosein*, *sese*, 現在 *dozen*, *seize*. さらに本来語では：OE *amasod*（Wulfetan）> *amaze*, OE *brēosa* ME *brese* > *breeze*, OE *freosan* ME *fresen* > *freeze*, ME *frosen* > *frozen*, ME *glasen* > *glaze*, ME *glasyer* > *glazier*, OE *dysig* > *dizzy*, ME *gase*（Ch E 1003 two MSS *gased*, four MSS *gazed*）> *gaze*, *haze*, *embezzle*, *grizzle*, *dazzle*, *puzzle*. 15, 16 世紀には, とくに *z* が好まれた.

suffice では, *c* は変則的な綴りである（ラテン語の *sufficere* に符合する). ME では規則的に *suffise*, これは /z/ をもつ Fr. *suffis-* から. この語は現在 [sə'fais]（Dan. Jones). *scissors* [sizəz] における二重の *s* は変則的である；OF *cisoires*, cf. *ciseau*. Linguistica p. 263ff. 参照.

2.713. フランス語の子音前の /z/ の消失は, 一般に, その音を含む語が英語に借用される前に生じた：OF *disner*（現在 *dîner*）> E *dinner*（ディナー), OF *disne*（現在 *dîne*）> *dine*（食事を取る), OF *blasme*（現在 *blâme*）> E *blame*（非難する), OF *esmeraude*（現在 *émeraude*）> E *emerald*（エメラルド）（*l* については 10.482 を見よ). OF *masle*（現在 *mâle*）> *male*（男）；さらに *meddle*（干渉する), 2.21 を参

照．この発音されない /z/ は *isle* /iːl/(島)，現在 [ail] で，*s* と綴られ続けられた．初期の頃，ときに *ile* と綴られた，例えば Milton Co. 21, 27．この綴りは類推的に，語源的には無関係の *island*（島），ME *iland*（また Milton Co. 50 でも），OE *iegland* や 1700 年頃 *aisle*（通路）に拡張された，後者はかつては *ele*, *ile*, *isle*, OF*ele*（現在 *aile*）；黙字の *s* はまた *mesne*（中間の），*demesne*（私有地），*Grosvenor* や *Carlisle*（姓としても，*Carlyle* と綴られる）に見られる．16, 17 世紀には *s* はまた次で黙字であった：*baptism*（洗礼）(H 1569, D 1640)，cf. F *baptême*；Daines はこう付け加える「*chrisme*（聖油）を cream と言う人もいる」．発音されるときは，*-sm* における *s*（*spasm*（痙攣），*Catholicism*（カトリック主義））は有声である，これは現在のベルギーやスイスの発音と一致する，一方標準フランス語は [-sm] をもつ．/zj/ > /ʒ/ については 12.2 を見よ．

/s/

2.721. 現在 *see*, *this* に聞かれる発音．*s*（*ss*）あるいは c（*sc*）と綴られる，*t* と綴られることはめったにない．/ks/ の連結はしばしば *x* と綴られる．

OE や OF *s* に対応する．

例：*soon*, *see*, *sleep*, *snake*, *svnm*, *speak*, *spring*, *split*, *stand*, *stream*, *skill* | *gossip*, *handsome*, *whisper*, *sister*, *answer*, *siskin*, *wasp*, *best*, *ask* | *less*, *mouse*, *mice*, *is*, *horse*, *else*, *pence*, *six* ‖ *sure*, *sire*, *slander*（OF *esclandre*），*spouse*, *sprain*, *stable*, *strange*, *scarce*, *scriveyn*, 現在 *scrivener*, *squire* | *assault*, *pursuit*, *passage*, *basin*, *nuisance*, *espy*, *beast*, *forest*, *mistress*, *escape*, *mission*, *nation*, *dropsy*, *proxy* (9.91 を見よ)，*parson* | *pass*, *pace*, *cease*, *riches*, *practice practise*, *scarce*, *false*, *sense*, *sex*．語中の OE s- は /z/ だったので（2.711 を見よ），語中の母音間の /s/ は一部の同化の例にのみ見られる：*Essex* < *East*＋*seax-*（＝Saxons），*Wessex*, *Sussex*（*Sūþ-*＋*Saxons*），*gossip*（うわさ話）< *godsibb*, *blossom*（花）< *blostm*．*answer* において，*s* は無声音である，というのもそれは，別の語の初めの音 (*and*＋*swerian*) であるからだ．

一種の異化 (dissimilation) により，/s/ は *surgeon*（外科医）で /tʃ/ を表す (Caxton R *surgyens*) F *chirurgien*.

2.722. 綴り．OF *c* はもともと /ts/ と発音された．そして文字 *c* は ME 初期，ときどきこの音価で用いられた (*blece milce*（慈悲を授ける）＝*bletse miltse*, OE *blēdsian milts*)．しかし *c* をもつフランス語が英語に借用されると，/ts/ はフランス語ですでに簡単化されていたか，さもなくば英語が /ts/ を /s/ に置き換えた．ともかく，標準英語では，*c* と通常の *s* の間の区分の痕跡は存在しない．語頭では，*c* が，フランス語や（ラテン語）の綴りに従って，一般に綴られた：*centre*, *city*, *cease*, *circle*．同様に *sc* も：*scene*, *sceptre*, *science* など．しかしときどき，語源が十分に明らかでないとき，種々の逸脱が見られる：OF *cerchier*（< *circare*, 現在 *cher-*

cher）は *search* と綴られる．*sent*（F *sentir*）に対して *scent*（かぎ分ける）と綴られる，これはこの語を *cent*（セント）や本来語の *sent*（送った）と区別するためである．*cinder*（OE *sinder*「スラグ」）は *c* で綴られる，その理由は，これが F *cendre* から由来したという誤解からである．*scissors*，2.712 を見よ；*scythe* は OE *sigiðe* から．語中では *s*，*ss*，*c* や *sc* が，語源にしたがってロマンス系の語で一般に分布している．しかし例外が見られる：*lesson* F *leçon*，*mason* F *maçon*，*sausage* F *saucisse*，*basin* F *bassin*，*obeisance* F *obeisance*，*palisade*（矢来）F *palissade*．最後に，しばしば *-se* が用いられる，ここではフランス語は *-sse*：*case*（箱）OF *casse*[1]，*cease* F *cesse*，*decease* F *decesse*（*décès* 名詞），*lease* F *laisse*，*grease* F *graisse*，*promise* F *promesse*（または ptc. *promis*），*chase* F *chasse*（OF *chace*）．フランス語が *-ce* をもつところでは，英語は一般に同じ綴りをもつ：*vice*，*face*，*space*，*trace*，*grace*，*piece*，*niece* など．しかし *-se* = /z/ と誤ることを避けるために，英語は *-ce* を非常に多くの語に導入してきた．これらの語は ME では *-s* で綴られ，フランス語では *-s*（*-se*）あるいは現在しばしば *-x*：*peace* | *paix*，*price* F *prix*，*vice*「万力」F *vis*，*voice* F *voix*，*palace* F *palais*，*pace* F *pas*（cf. *pass*），*dance* F *danse*，*fierce* F *fiers*（主格），*scarce* OF *escars*，*trace*「引き綱」F *traits*（pl.），*defence* 短縮された *fence* F *défense*，*offence*，*rejoice* OF *rejois*(*s*)*e*，*ace* F *as*，*lace* F *las*，*dice* F *des*，*deuce* OF *deus*，F *deux*，*juice* F *jus*，*advice* 以前は *avys* F *avis*，*choice* F *choix*，*source* F *sours*． *practice* 名詞と *practise* 動詞の違いは単に正書法上の違いに過ぎない．どちらも [ˈpræktis] と発音される．*gross* F *gros* と派生語 *grocer* 間の関係は綴りにより覆い隠されている．

綴り *-ce* は本来語にも適用された．これは語尾の *-s* が有声化してしまったあと（6.6 を見よ），誤解の余地なく無声音を示すためである：*ice* ME *is*，*icicle* ME *isicle* OE *īs* + *giecel*，*mice* OE *mȳs*，*lice* OE *lȳs*，*pence* ME *pens* OE *penigas*，*truce* ME *trewes*，*once* ME *ones*，*twice* ME *twies*，*thrice* ME *thries*，*hence* ME *hennes*，*thence*，*whence*，*since*，*fleece* OE *flēos*． これらの語の大部分は，かくして綴り字から，*-s* = /z/ をもつ他の語から（*pens*，*hens* など）区別される．

2.723. 語尾 *-tion*，*-tial*，*-tious*，*-tient*，*-tience*（*nation*，*exception*，*essential*，*ambitious*，*patient*. *patience* など）において，綴りは語源的である．OF は *-cioun* などをもっていた，そしてこの綴りはしばしば ME に見られた．ME と ModE 初期の音は /-sion, -sial, -siu(·)s, -sient, -siens/ だった，ここでは *i* は非音節主音的になる傾向にあった：/-sjon/ など．同じ語尾が次では異なって綴られた：*passion*，*mansion*，*suspicion*，*reflexion*，*special*，*gracious*，*ancient*，さらに *ocean*，*physician* など参照．9.87 を見よ．

---

[1] もう 1 つの *case*（Lat *casus*）では，フランス語の綴りに黙字の *e* が付加される．cf. *false*，6.28 を参照．

/s/ > /z/ については，6.6 を見よ．

/ʒ/

2.731.　現在 *pleasure* に聞かれる発音．ModE 初期，/ʒ/ は連結音 /ʤ/ にのみ見られ，*g*（*dg*）あるいは *j* と綴られた．それは OE（口蓋音）*g*（*eg*）や OF /ʤ/ に相当する，そして後者は ModF では [ʒ] となった．

例：*cudgel* | *edge*，*hedge*，*bridge*，*singe* ‖ *joy*，*Jew*，*journey*，*gentle*，*giant* | *major*，*legend*，*budget*. *suggest*. *angel*，*danger* | *age*，*siege*，*judge*，*budge*. *change*，*purge*.

2.732.　綴り．前母音前の /g/ が 英語とロマンス語で /ʤ/ へと発展すると，*g*（*ge*）が，/g/ ばかりでなくこの連結音を表す記号となった．短母音の後，*gg* が ME でしばしば綴られた，しかし *egge* が，/eʤ/ ばかりでなく /eg/ を表して，曖昧かもしれないので，*dg* が，二重の *g* の代わりに導入された（Caxton によって？）．これは現在，（*n* の後を除いて）その音をもつすべての本来語と，単母音の後で，いくつかのフランス語に見られるが，一定の不統一がある（*pledge*，*judge*，*lodge*，*budge*，以前はまた *colledge*，*priviledge*，Rehearsal 111 など）．長母音（あるいは二重母音）の後では，*d* を欠いて *-ge* と綴られる：*huge*，*age*，*siege*. フランス語の語源が十分に明らかな大部分の場合でも，現在，同様である：*allege*，*college*，*privilege*，*courage* など．*garbidge* は *garbage* の古風な形態である．*porridge* は *pottage* の異形である．

2.733.　/ʤ/ を綴るもう 1 つの方式は，ラテン語の /j/ がフランス語で /ʤ/ となった結果として（*jungere* > *joindre* など），*i*，*j* を用いることである．これらの *i*，*j* はまた，少数の語で，ラテン語の *g* で綴られた：*gaudia* > OF *ioie ioye*.　*u* と *v* の関係が，*i* と *j* にも見られるのである； これらはもともと同じ文字の 2 つの形態であった，どちらも子音と同時に母音としても用いられた．「丈の低い *i*」がより一般的な形態である，「丈の長い *i*」（I，j）は，最初単独で現れるときに用いられた（数詞の I（= one）や代名詞 *I*，OE *ic*），第二に文頭で（*Iune* など，それゆえ「頭文字として」I），第三に（j の形態で）語尾にあるとき（例えばしばしば数詞で iij = 3）．近代の母音 *i* と子音 *j* の区別は 16 世紀に始まったが，17 世紀の初めにはまだ成し遂げられていなかった：Shakespeare の 1623 の二折版はまだ *iealous*，*iudge* などを用いていた，しかし次の二折版（1632）と Milton の古い版は，現在のように，*jealous*，*judge* などをもつ．*i* と *j* は長く同じ字と見なされてきた点は辞書のアルファベット配列からも見て取れる．例えば Sheridan（1780）は次の見出し語をもつ：*I jabber … jay ice … idyl jealous … jews-harp if.* ── 文字 *j* の近代の名前：*ja*（*jay*）[ʤei] はその *a* を隣接する *k* に負っている．（j，k の順の k からの影響）

2.734. ‘prison’（刑務所）を表す語—ModF では *geôle*（Lat **gaveola*，これは *caveola*（小嚢）を表す）—は2つの形態で引き継がれた：F 北部方言は /g/ を伴って（cf. *garden*）：*gayole*，*gaole*，ここから綴り *gaol*，但し /g/ はもはや発音には存在しない，そして F 中央方言で /ʤ/ を伴って（cf. パリでは *jardin*）：*jayole*，*jayle*，ここから音 [ʤeil] と綴り *jail*．イングランドでは *gaol* が公式の綴りである，一方アメリカでは *jail*，そして後者は，通常の綴りで，英国でも一般的—*jest* は現在 *j* を伴って綴られる，というのも F *geste* からの由来が明らかではないからだ．同様に *jelly* F *gelée* も．

2.735. 初期の正音学者は，/ʒ/ を英語における単音として言及しない（但し Hart は，フランス語におけるそれを認識し，完全に正確に記述した）．にもかかわらず，われわれは次の例で，その音を，OF の口蓋化した *s*（2.743 を見よ）からの /ʃ/ に類似するものとみなしたい気になる：*leisure* ME *leyser* OF *leisir*，*pleasure* ME, OF *plaisir plesir*，*treasure* OF *trisor*．この場合には，*u* は /iu/ = /ʒ/ + 母音からの /i/- わたり音を表現したものであろう．一般に受け入れられている説明は，語尾 *-ure* が，例えば measure との類推で古い語尾に置き換わり，それから /z/ + /ju, iu/ の /j/ が /ʒ/ になったというものである，*pressure* における /sj/ > [ʃ] 参照，12.2．これが真の説明かもしれない，但し，接尾辞の変更を引き起こすに足るほどの（つまり /z/ + /j/）当該語間の心理的結びつきを理解するのは難しい．

/ʃ/

2.741. 現在 *shame* などに聞かれる発音．

OE *sc* や OF の口蓋化した *s* に対応する．よく見られる /tʃ/ の結合は OE の口蓋音の *c* や OF の /tʃ/ に対応する，この /tʃ/ は ModF では [ʃ] となった．のちのフランス語の借用語のおける [ʃ] については，14.74 を見よ．単音は *sh* と綴られる．音群 /tʃ/ は一般に *ch*（*tch*）と綴られる．OE の *scr-* > [ʃr-] や [skr-] については，NED *scr-* 1 を見よ．

/ʃ/ の例：*shake*，*sheep*，*shrift* | *bishop* | *wash*，*English*，*Welsh* ‖ *usher*，*cushion* | *cash*，*parish*，*punish*.

/tʃ/ の例：*child*，*cheap* | *kitchen*，*wretched* | *teach*，*much*，*stretch*，*Greenwich*，*church*，*milch*，*bench* ‖ *chaste*，*chief* | *achieve*，*bachelor*，*merchant*，*franchise*，*mischief* | *broach*，*catch*，*torch*，*branch*.

/k/ と /tʃ/ の交替については 2.322 を見よ．

2.742. *Shetland* では，/ʃ/ は /hj/ や /c/（ドイツ語 *ich* の音）から；ノルウェー語の名前は *Hjaltland* だった．Sarrazin (ESt. 22.330) は *she*（ME *scho sche*）を OE *hēo* > *heō hjō*（ME *ȝho* と綴られる）> /ʃō/ からと同じ方法で説明する．*she* の母音はおそらくこの形態と *sēo* > *sē* との融合によるものであろう，そして *he* による影響もあったと思われる．

/tʃ/ は *fetch* OE *fetian* や *orchard* OE *ortgeard* において，OE *t*+*j* を表している．

2.743. OF *s* の口蓋化は一般に *i* によって示された．この *i* はより後期のフランス語で，直前の母音と供に二重母音を形成した，これは現在 *ai* の場合には [ɛ] へと単純化された．例：*abash* OF *esbahisse*, *cash* OF *caisse*, *cashier* OF *caissier*, *lash* OF *laisse* | *ambush* OF *embuissier*, *anguish* OF *angoisse*, *brush* OF *broisse*, *bushel* OF *boissiel*, *crush* OF *croissier*, *cushion* OF *cuissin coissin*, *frush* OF *fruisse*, *parish* OF *paroisse*, *usher* OF *huissier* | *radish* OF *radis*, *finish* OF *finisse*, *punish* OF *punisse*，その他非常に多くの *-ish* 形の動詞．*nourish* < *nourisse* はこの /ʃ/ を保持してきたが，短い形態 *nurse* は /s/ をもつ．*puncheon* < OF *poinson* では，*n* と *s* の両方が口蓋化されたに違いない．*paunch* OF *pance* 現在 *panse*, *pinch* F *pince*（E *pincers* も参照），*launch* OF *lancer*, *push* F *pousser* < *pulsare*，そして *quash* OF *quasser* 現在 *casser* では，口蓋化を説明することは容易ではない．*fashion* ME *facioun* はフランス北部方言 *fachon*，中央フランス語 *façon* に由来する．2 つの異なる意味をもつ F *laisse* は，英語では *leash*（制御する）と *lease*（賃借する）になった：C1627 は *leash* を *lease* の通俗的発音としている．さらに *relish* ME *reles* < F *relais*, *reles*. *urchin* では口蓋音 /s/ が /r/ のあとで /tʃ/ となった：OF *eriçon* ModF *hérisson*（ハリネズミ）；Burns には古い意味 ‘hedgehog’（ハリネズミ）の *hurcheon* がある．通常の *peace* OF *pais* F *paix*（E *ea*＝AN で *ai* を表す *e*，3.615 を見よ）の代わりに，ときに *paishe* あるいは *pashe* が見られる（Roister D. 65, 73, 78）．最後に *Flushing*（(地名）フリシンゲン）＝Du *Vliessingen* に注意．しかし *rejoice* OF *rejo*(*u*)*isse* では，非口蓋音の /s/ である．

2.744. 短母音のあとで *chch* と綴る代わりに，ME で *cch* と綴るのが一般的であった．一方 Caxton 時代の後，*tch* が一部のフランス語ばかりでなく，本来語の語尾でも通例の綴りとなった：*fetch*（Caxton：*feche*, *fecche*, *fetche*），*itch*, *crutch*, *witch*, *Dutch*, *catch*. *tch* はまた以前は，現在 *ch* と綴られる語（*such*, *rich* など）でもときどき用いられた．

2.745. 語尾の /tʃ/ はときに弱音節で脱落した，最初は子音の前でのみ：ME *everych inn*, *every man*, OE *ǣfre*＋*ǣlc*（‘ever each’）．*I* OE *ic* も同様（ME *ich* はエリザベス王朝期の *chad* ‘I had’ などや Somerset 方言 *utch* に依然として見られる）．さらに *-lic* > *-ly* 参照，3.122 を見よ．*barley* OE *bærlic*（*bærlīc*）では，Scn *-lig* との混成 — これは形容詞的，副詞的 *-ly* を説明するために持ち出されるが — は論外である．

2.746. 地名の語尾 OE *-ceaster*（Lat. castrum（砦），-a）は 3 つの異なる形態をもち，それぞれ 3 つの厳格にはっきりとした地域に適用される．この純粋に地理学的分布は，私には，次の広く受け入れられた説を反証するように思われる．すなわち，これらの形態の 1 つで *c* はフランス語の発音による（Pabst, Morsbach, Luick）

というもの，というのもこの影響がなぜ他と比べて 1 つの地域にのみより強いのか説明できないからである．これらの形態は：

-caster，北部で；Cumberland で：*Muncaster*；Yorkshire で：*Tadcaster*，*Doncaster*；Lancashire で：*Lancaster*.

-cester，*-ceter*，Shropshire において：*Wroxeter*（NW）；Staffordshire：*Wttooxeter*（N），*Rocester*；Leicestershire：*Leicester*（NE）；Worcestershire：*Worcester*，*Alcester*；Northamptonshire：*Towcester*；Gloucestershire：*Gloucester*，*Frocester*（W），*Cirencester*；Oxfordshire：*Bicester*（SE）．文字 NW などはその地域のいちばん端の地点を示す．さらに Devonshire：*Exeter*，これは，おそらく *-chester* が予期されるかもしれない地区で；ここでの *c* [s] は，*Exanceaster*（OE 'Exeter'）で，同じ音が *ch* に先行し，後続もするという事実に依っていると考えられる．

-chester，*-cester* 地域をとり囲む地域で：Somerset：*Ilchester*；Dorsetshire：*Dorchester*；Oxfordshire：別の *Dorchester*（Oxford の 10 マイル南）；Hants：*Winchester*，*Silchester*，*Portchester*；Sussex：*Chichester*；Kent：*Rochester*；Essex：*Colchester*；Cambridgeshire：*Grantchester*；Cheshire：*Chester*；South Lancashire：*Manchester*；さらに Durham：*Lanchester*，*Chester le Street*；Northumberland：*Rochester*.

/l/

2.811. 現在 *lip*，*ell* に聞かれる発音．

OE *l*（*hl*，*wl*）そして OF *l* に相当．*l*（*ll*）と綴られる．

例：loud，*lamb*，*lord*，*blow*，*play*，*glow*，*clean*，*flesh*，*slay* | *follow*，*help*，*sold*，*salt*，*milk*，*half*，*halve*，*film*，*filth*，*also*，*kiln*，*world*，*English* | *fall*，*fell*，*sale*，*earl*，*apple*，*bridle* ‖ *large*，*blame*，*plenty*，*glory*，*close*，*flame* | *colour*，*sally*，*medley*，*calm*，*fake* | *veal*，*cruel*，*able*，*assemble*，*simple*，*meddle*，*trifle*.

2.812. OE *hl*（＝無声の *l* あるいはわたりの ϵ 2–1 を伴って）は ME 初期に *l* に変わった：OE *hlāford hladan hlēapan* > *lord lade leap* など．*wl* もまた *l* になった：*wlispian*（āwlyspian）> *lisp*.

2.813. /l/ が，/tʃ/ の前あるいは後で消失した語がある：OE *mycel wencel* > *much wench*，OE *hwilc*，*swilc*，*ǣlc* > *which*，*such*，*each*．OE *eallswa* 'also' の無強勢の形態では，/l/ は失われた：*alse* > *ase*，*as* /as/，現在 [æz, əz].

2.814. OF *l* あるいは ME *l* はしばしば，2 つの *r* をもつ語で元の *r* を表した（異化）：*paraveredu*(*m*) > *palfrei* E *palfrey*（乗用馬），*peregrinum* > E *pilgrim*（巡礼者），*purpur* > OF *pourple* E *purple*（紫色），*marmor* > *marble*（大理石），*laurariu*(*m*) > *laurel*（月桂樹）（ME でも *lorer*）.

2.815. /l/ が追加された語がある：OF *principe*, *participe*, *chronique*, *sillabe*, *mancipe* > E *principle*, *participle*, *chronicle*, *syllable*, *maunciple*. *-ic* 形形容詞に付加される *-al*, vol. VI 22.3 参照．われわれは，この付加を *article*, *people* などのような語からの類推によると考えるかもしれない．ModF では，*l* はしばしば無声でほとんど聞き取れないことがある．この発音と完全に有声な音との交替が，英国人に *l* をもつ形態と *l* のない形態の 2 つの形態を借用するよう促したかもしれない，そして続いて誤って，OF で *l* をもたなかった語に *l* を付加するように促したのかもしれない．この説明は，しかしながら，正しいとはいえない，というのもまず無声の発音は，実際には OF には遡れないことと，第二には，英語においては，*artic*, *peop* のような形態が見い出せるようには思われないからである．*philosopher* などにおける *r* を参照，2.826.

2.816. OF では，子音前の「うつろな（hollow）*l*」は，次の語が，英語に借用される前に /u/ になった：*sauf* 現在 *safe*, *sauve* 現在 *save*, *maugre*, *beauty*, *couch*, *powder*, *scout*（ModF *écouter* < Lat. *auscultare*），*stout*（OF *estout* < *stolt*），*cope*（OF *coper*, *couper*「ぶつかる」< *colper*；現在 *cope with*「殴り合いになる」「…と争う」でのみ）．多くの語で /l/ が再導入された：*fault*, *falcon*, *soldier*, *realm*, 10.48 を見よ．*caulk*, *calk*（コーキングを施す），OF *cauquer* では，*l* が綴られるが，発音はされない：[kɔ·k]. *l* が語尾のとき，OF は 2 つの形態をもっていた，1 つは母音や句切りの前で *l* 形で，もう 1 つは子音前で *-u* 形で，ModF *bel homme*, *beau champ* 参照．ModF では，一般に 1 つの形態のみが生き残った．英語は *l* 形態のみをもつ：*veal* OF *veel* ModF *veau*, *seal* OF *seel* ModF *sceau*, *morsel*, *mantle*, *novel*, *panel*, *vessel*, *bushel*, *fool*, *cruel*, *special*, 他 *-al* 形の形容詞．*beau* は，母音 [bou] からわかるように，最近の借用語である，昔の *beauty* 参照．*palm*, *psalm*, *false* はフランス語というよりむしろラテン語である．*portmanteau* は *mantle* よりもより新しい借用語の時代を表している．

2.817. OF の口蓋音（あるいは口蓋化した）*l*，音声学的には /λ/ は一般に，通常の英語の /l/ のもとに水平化（同一化）している：*cueille* > *cull*, *bataille* > ME *bataille* 現在 *battle*, *vitaille* > ME *vitaille*, のちに *vittles* 現在 *victuals* ['vitlz] と綴られる，*boteille* > *bottle*, cf. *butler*, *médaille* > *medal*, *travail* > *travel*, *merveille* > *mervel* 現在 *marvel*, *funeraille* > *funeral*, *counsel*, *towel*, *trammel*, *enamel*, *apparel*, *barrel*, *lentil*, *peril*, *gentle*, *trellis*.

語の中には，*i* が先行する母音と二重母音をなすものがある：*faille* > *fail*, *mail*, *assail*, *bail*, *bailiff*, *rail*, *avail*, *entail*, *retail*, *detail*, *entrails*, *boil*, *soil*, *spoil*（*despoil*, ModF *dépouiller*）.

母音の前で，/li/ あるいは /lj/ をもつ：*Guillaume* NorthF *W-* > *William*, *valiant*, *battalion*, *brilliant*, *pavilion*. 同様に，現在は失われた *e* の前でも：*saille* > *sally*, *rally*, *tally*, *sully*（cf. *soil*）, *family*. さらに *parsley*, ME *percely*（Ch A 4350）参照 < F *persil*.（*familiar* や *million* はフランス語と言うよりむしろラテン語；これらは ModF で口蓋音の *l* [j] をもたない.）

/l/ のその後の議論については，7.1，7.78, 84 を見よ.

/r/

2.821. 発音はおそらく現在よりもかなり顫音化（巻き舌で震え声）されていたであろう；これはまた，現在母音化している，あるいは消滅した位置，すなわち子音前と句切りの前でも，顫音的な舌尖子音だった.

OE *r* あるいは *hr* そして OF *r* に相当する．*r*（*rr*）と綴られる.

例：*ride*, *ring*, *bring*, *priest*, *spread*, *drive*, *tree*, *stream*, *green*, *creep*, *scream*, *wring*, *friend*, *three*, *shrive* | *errand*, *sorrow*, *bury*, *sharp*, *lord*, *short*, *lark*, *sterve* 現在 *starve*, *dwerf* 現在 *dwarf*, *arm*, *horn-*, *horse*, *burst* | *for*, *four*, *hammer*, *timber* ‖ *river*, *branch*, *pray*, *dragon*, *treason*. *strife*, *grace*, *cry*, *fruit* | *very*, *fury*, *warrior*, *country*, *destroy*, *secret*, *marble*, *harp*, *art*, *clerk*, *service*, *arm*, *turn*, *merchant*, *pearl*, *purse* | *war*, *poor*, *chamber*.

2.822. OE *hr*（＝無声の *r* あるいは わたりの ϵ 2–1 を伴って）は ME 初期に /r/ となった：OE *hring hrycg hræfn hrōf* > *ring ridge raven roof*.

2.823. *r* は *speak*, *speech* で，早くも 10 世紀には失われた：OE *specan spǣc* < *sprecan sprǣc*.

2.824. *r* の音位転換（metathesis）は，OE で非常に頻繁に起こった．West Saxon の形態 *þridda*, *þrittig*, *brid*, *twyrhta*, *worhte* に対応して，非常に初期にアングリア方言で，標準的な近代の形態になったものが見いだされる：*third*, *thirty*, *bird*, *wright*, *wrought*. さらに *nostril* OE *nospyrl*, *nosterle* 参照.

2.825. *t* と *d* のあと，OF は *l* ではなく，しばしば *r* を用いた．こうして次のような英語の語がみられる：*charter* < Lat. *cartula*, *chapter* F *chapitre* < Lat *capitulu*(*m*), *slander* OF *sclandre* < Lat *scandalum*.

OF *coronel* から，英語の *coronel* が生じた，これは現在では廃れた綴りであるが，近代の発音 [ˈkə·nəl] を説明する．17 世紀半ばから綴り *colonel* ― これはのちのフランス語の形態に一致する ― が *r* をもつ綴りに取って代わった.

2.826. /r/ が *philosopher* において付け加えられた（この語では，それは行為者名詞（nomen agentis）の語尾 *-er* かも知れない，例えば *scrivener*（代書人）ME *scriveyn*），そして *provender*（かいば）< OF *provende* で（? *lavender* < OF *lavende*

もしこれが *lavendula* からでなければ，Germ と Scn *lavendel* 参照；さらに次を参照 *charter* < OF *chartre* < Lat. *cartula*）．

2.827. OF は，次で口蓋音の（あるいは口蓋化した）*r* をもっていた：*glorie*，のちに *gloire*；これらで，英語は *-ry*（ME *-rie*）をもつ：*glory*，*story*，*memory*，（*carry* ?），*adversary*，*Gregory*.

以下での /r/ の議論については，7.79，7.85，11.1，13.2 を見よ．

/j/

2.911. 現在 *yes* に聞かれる発音．

OE（前舌広）g に対応する．*y* と綴られる．

例：*year*，*yesterday*，*yoke*，*young*.

2.912. /j/ の消失が OE *gif* > *if* で /i/ の前で起こった．OE *gyccean* ME *yicche* > *itch*（かゆい），*Gipeswīc* > *Ipswich*（地名，イプスウィッチ），*Gifelceaster* > *Ilchester*，*īs-gicel* > *icicle*．さらに接頭辞 *ge-* > *i*: *gewis* > *iwis*(*s*)，*genoh* > *enough*. *geclædd* > *yclad*.

you，*new* などにおける /j/ の発達については 3.8，11.78 を見よ．古い文字 ȝ については 2.312 を見よ．

2.913. かつて，語中には /j/ は存在しなかった，一方ある時期，次のような屈折形に /j/ がみられたようである：*higher*，*weighed* など．もう 1 つ別の /j/ が，音節的な /i/ を，大きな聞こえの母音の前で，非音節的な /j/ へと変える，常に存在する傾向によって生み出された，*Lehrbuch der Phonetik* §198, 200 参照．初期近代の詩人たちに，このようにして，次のような語における音節の数を減らす，継続的傾向が見られる：*companion*（2.423），*passion*，*nation*（2.723），*William*，*familiar*（2.817）．さらに 9.85，12.2f を見よ．

/ç/

2.92. ドイツ語 *ich* における *ch* の発音，実質上無声の /j/.

OE における同じ音に対応，OE では（前舌母音の後で）*h* と綴られた．ME，初期近代には一般に *gh* と綴られた．

例：*light*，*night*，*weight*，*high*.

ロマンス語には見られない．

/ç/ の消失については 10.1 を見よ．

/x/

2.931. ドイツ語 *ach* や Sc *loch* における *ch* の発音.

OE における同じ音に相当，OE では（後舌母音のあと）*h* と綴られ，ModE 初期に一般に *gh* と綴られた.

例：*daughter*，*laughter*，*brought* | *laugh*，*bough*，*enough*，*though*.

ロマンス語には存在しない（*caught* は *catched* の比較的最近の類推的な形成語である）.

2.932. OE の副詞 *nāwiht nōwiht*（'nothing'）では，/x/ は 13 世紀に，あるいはその前に消失した．Ch は *nat*，*not* を用いる．一方，それは実詞として用いられるときには同じ語で保持された：*naught nought.*

2.933. *laugh*，*enough* などの屈折形で，対応する有声音が存在したと想定しなければならない，しかしこの「円唇の /g/」は実質的に /w/ と同じであった，*folgian* > *folwe* 2.513 参照.

/xs/ > [ks] については 2.324 を見よ；/x/ の消失については 10.2 を見よ.

/h/

2.941. 現在 *hat* に聞かれる発音.

OE *h*（語頭）や OF *h* に対応する．*h* と綴られる.

例：*hard*，*help*，*house* | *behave* || *harness*，*haste*，*harbinger*，*heraud* 現在 *herald*，*hearse*，*hardy*.

2.942. OE *hit* で，/h/ は ME 期に失われた．そして一定期間 *hit* と *it* が見られた，後者は主に子音のあとで（cf. Cx R 76 Is it not ynough yet? hit hath ben ... | ibid. 28 I am sory for it, hit is to her grete shame | ibid. 84 hit sholde endure euer er it wold rote or wormes ahold hurte it | Mai 85 Be hit, as it be may)．16 世紀から，*it* が唯一の形態として確立した．近代スコットランド語は，*hit* を強調，*it* を弱形態として用いる．同様に *hem* は *em* へと短縮され，一般に *'em* と綴られ，未だに現存している（BJo により，しばしば *'hem* と綴られる，あたかも *t* が省略されたかのように）．のちの「*h* の脱落」については，以下 13.6 参照.

スコットランド語で /h/ が *us* に付加される：*huz*（Murray, Dial, of the Southern Counties p. 188)．この点は Mulcaster 1582 p. 136 で，あたかも標準的な発音であるかのように言及されている.

2.943. ラテン語の *h* はすべてのロマンス語で消滅した．OF では，それは常にではないが，ときにラテン語書法をまねて綴られた（cf. 現在 *on* < *homo*，一方 *homme* < *homine*(*m*))．しかし新たな /h/ が OF で，主にゲルマン系の語に導入さ

れ，これらの語の /h/ が英語で発音された（上の例を見よ）．フランス語ではこの「有音の h（h aspirée）」も現在は黙字である．

ME では，かなりの変動がこれらの語 ── ラテン語の *h* が OF ですでに黙字になっていた ── の綴りに見られる：*oost* と *hoost*（‘host’），(*h*)*oure*（‘hour’），(*h*)*armonye*（‘harmony’）など．この 2 つの綴りの併用が未だに *ostler*（馬丁）と *hostler*（同左）に見られる．NED を参照：「*hostler* は，*ostler* の異形として，通常は後者のように発音される，*h* と *t* は黙字．一方，*hosteler*（ホステル利用の旅行者）の意味で用いられると，両文字は現在通例発音されるだろう」．非語源的な *h* がしばしば付加される語があった：*habound*（‘abound’）F *abonder*，*preheminence*（‘pre-eminence’（卓越））（Rehearsal p. 111，Swift, Tub 19），*abhominable*（‘abominable’）（民間語源では，あたかも *ab homine* から）．しかしほとんどの語で，この綴りは近代期を通じて，ラテン語と一致している．

黙字の *h* はかくして一定数の語で綴られた．これらの中で，*heir*，*heiress*，*honour*（*honourable* も），*honest*，そして *hour* は，現在まで /h/ のない発音も保有し続けてきた．多くの他の語では *h* が初期の正音学者により黙字と指示されたが，綴りに従って発音する傾向が次第に強まってきた．例えば，ほんの少数を挙げると，M 1582 は，*humble*，*hoste*，*hostice*，*herb* で *h* を発音しない．B 1633 は，次で *h* を発音しない：*inherit*，*heretik*，*heresi*，*homely*，*hypocrit*，*hypocrisi*，*humble*； 一方，彼は *humiliti*，*horrible*，*hospital*，*hospitaliti* でそれを発音する．J 1764 は次で *h* を黙字とする：*heir*，*heiress*，*honest*，*honour*，*hostler*，*homage*，*hospital*，*hour*，*herb*，一方，*heredity*，*heritage*，*human*，*humane*，*humour*，*herbage*，*herbale* では発音する．E 1765 と 1787 は次で *h* を黙字とする：*heir*，*herb*，*honest*，*honour*，*homage*，*hospital*，*hostler*，*humble*，*Humphrey*，*Helen*，*heritage*，*heritor*，*hour*，*humor*，一方，*inherit*，*inheritance*，*inheritor*，*hereditary* では発音する．彼は，*h*umble と *h*ospital は誤った発音と言う．S 1780 は次の語のリストでは，*h* を黙字として用いられるとする：*heir*，*honest*，*honour*，*hospital*，*hostler*，*hour*，*humour*，*humble*，*humbles*．N 1784 は，同じリストに *herb* を加える，一方彼は *humble* については疑わしいと思っている．この語は 19 世紀のほぼ中頃までは /h/ なしで発音された．Dickens の *David Copperfield* での Uriah Heep は絶えず ’*umble* と言う，この形態は米南部で今でも一般的である．*herb* においては，E 1765, 1787 そして W 1791 は *h* を黙字とする．*herbage*（草）では，*h* は N 1784 では発音されるが，W 1791 ではそうでない．[əˑb] は，一方 [əˑbiʤ] はめったにない，優れた話し手から今でも耳にされる．E（1765 と 1787）は，*homage*，*Humfrey*，*Helen* で，*h* を省く唯一の著者である．*hermit*（隠者）（これと共に *eremite* も存在するが）では，*h* の綴りは 14 世紀，そしてその発音は 18 世紀に遡る．*humour* と *hotel* は現在，[h] を発音する教養人もいる，その他の人々は [h] を発音しない．*x* のあとでは，*h* はおそらく決して発音されたとことがなかったであろう：*exhaust*，*exhibit*，*exhibition* などは，現在 [igˈzɔˑst, igˈzibit, eksiˈbiʃən].

ラテン語やギリシア語から直接取り入れられた，あるいは学問的起源を示唆する語では，たとえ元来フランス語起源であっても，*h* は発音された：*heredity*（遺伝），*hero*，*heroism*，*hemisphere.* 同様に *hashish*（ハシーシ），*horde*，*hussar* のような外国からの語でも．—*Havana* はときどきスペイン語をまねて [əˈvænə] と発音される．

/h/ の消失については 13.6 を見よ．

第 III 章

基盤的議論　母音と二重母音

初期近代英語の母音と二重母音は次の順序で扱われる：(1) i；(2) e と ϵ；(3) a：(4) u；(5) o と ɔ；(6) æ·i, ɔ·u, ɔu；(7) ui と oi；(8) iu, ϵu, ϵau；(9) au. 長母音は対応する短母音の後で取り上げる．*y* は *i* のところで，*ø* は *e* のところで言及される．例はできる限り母音に後続する子音に従い配列される，子音は第 II 章におけるのと同じ順に取り上げられる．

/i/

3.1. 初期の長母音 /i·/ はおそらく狭母音であったと思われるが，短母音の /i/ が F *file* におけるように音量のない（thin）（狭い γ3）音，すなわち音声学的に [i] なのか，あるいは PE *fill* におけるように開口音の（broad）（広音の，γ4），すなわち音声学的には [ı] だったかを決定するのは難しい．初期の正音学者は，このような精密な区別に取り組まなかった．ウェールズ語の聖母賛歌（Hymn to the Virgin（1500 頃）や Salesbury（1567））は，2 つの短い *i* 音を区別しているようで，一方は狭く，他方（*y* で示された）は開口音だった．ただあまりに多くの重要性をウェールズ語の情報源に払うべきではない，というのも，通常のデンマークの学校の英語の発音が，一定の語（*bit*, *sick*）の英語の *i* がデンマーク語 *bidt*, *gik* の狭音 [i] と同じだと言うこと，そして他の語（*sing*, *will*, *thin*）では，Dan. *ingen*, *vil*, *fik*（調音位置の上がった狭い [e]）と同じだと言う事実を示すだけで，英語の発音に関してはほとんど何も立証しないからである．さらにこれら 2 つの出所は 2 つの *i* 音の分布においてかなりよく一致するが（Sweet HES §786 を見よ），Jones（1701, Wales 生まれ）とはまったく一致しない，Jones もまた 2 つの *i* を区別するようだが，彼はこの点では，非常に一貫せず矛盾している（Ekwall §218 ff. を見よ）．Johnston（1764）には「鋭い（sharp）i」が挙げられている，すなわち [ı]，これは強勢を受けた語末の音節，そして「語を始めるのに適してはいない 2 つの子音」の前に現れる．例えば *fin*, *skin*, *ring*, *sing*, *commit*, *omit*, *cinder*, *tinder*. 一方，「アクセントを受けた長母音の *e* で短く発音された音」，すなわち [i]，これは「語末以外の任意の音節における単一子音の前で」: *image*, *idiom*, *ability*, *civility*. さらに *king* で．この区別はおそらくスコットランド語法であろう．Sc では今でも短く音量のない [i] が一般的である．これはまた king にも見られる（Wyld. Hist. St. 134，但しそこで挙げられている理由 ― queen との関連 ― は Johnston のものと比べてより説得的とはほとんどいえない：その理由と言うのは，「語に壮大さを与える」というものである）．West Somerset の方言（Elworthy, 1875, p. 48, 53）には，狭音をもつものがある：[spid] ‘speed’, [ip] ‘heap’, [dip] ‘deep’, *winter* など．そして広音をもつものも：[blɪd] ‘bleed’, [ðɪŋ] ‘thing’, *drink*, *zick* など．他方，現在の標準発音はどこでも広母音をもつ，そして短音 /u/ との類推（3.4 を見よ）により，17 世紀の初めに，広音の /ɪ/ を一般的なものと考えて用いる．おそらく次のように考える学者たちは正しいと思われる，すなわち Cooper（1685）の対 *weal*（長）と *will*（短）を，後者の母音の広音的性質を示すものと解釈する：当時 *ea* は /eˑ/ から [iˑ] へと推移中であった．狭音の /i/ に対する彼の長音と短音の対は *meed* と *meet* である．

短音の /i/

3.111. 初期の短音の /i/ は規則的に OE の短音の *i* に対応する：*rib*, *ship*, *lid*, *bit*, *twig*, *quick*, *timber*, *in*, *drink*, *give*, *if*, *withy*, *smith*, *risen*, *this*, *fish*. *bitch*, *still*, *bird*, *night*. 強勢を受けない音節では：*English*, *evil*.

短化された OE *ī*: *fifteen*, *wisdom*, *bliss*. これらの語では，子音連続 / ft, zd, þs/ が短化を引き起こした．*Stiff* OE *stif* では，短化は満足のゆくようには説明されてこなかった．4.3 を参照．

Scn の短音の *i*: *window*, *skill*. *till*.

OE と Scn の *y* は高前円唇母音（短と長）を表していた，例えば Dan *sky*（ドイツ語の *ü*, Fr *u*）．しかしこの母音は ME 初期に非円唇されて，その結果は /i/ となった．しかしながら，ケント方言では，y は /e/ になった，以下 3.2 を見よ．/ʃ, ʧ, ʤ/ の前で，円唇母音は，多くの場合，後舌方向に引っ張られた，/u/ の項 3.42 を見よ．通常の短音 /i/ の例は：

OE 短音の *y*：*cripple*, *giddy*, *little*, *trim*, *din*, *inch*, *king*（OE *cy*(*ni*)*ng*），*think*（OE *þync*(*e*)*an*），*dizzy*（OE *dysig*），*kiss*, *list*, *bridge*, *kitchen*, *fill*, *thirst*, *gird*, *flight*.

短化された OE の長音 *y*：*hid*, *thimble*, *kith*, *wish*, *filth*

scn の短い y：*sister*.

3.112. 短音 /i/ はさらに 強勢のある音節で OF *i* に相当する：*equip*, *fig*, *brick*, *simple*, *prince*, *deliver*, *skiff*, *resist*, *bill.* 英語で強勢を受けたが，OF では受けない音節で：*city*, *vicar*, *image*, *vinegar*, *privy*, *prison*, *rigid*, *riches*（以前は *richesse*），*villain*, *mirror*. OF で強勢を受けたが，ME で強勢を受けなくなった音節で：*envy*, *melody*, *basin*, *service*, *punish*, *peril.* どちらの言語でも強勢されない音節で：*nation*, *precious*. さらに *companion*（2.423），*William*（2.817）， *glory* (2.827) 参照.

limn < *lumine* における /i/ は F *u* を表す, *brisk*—もしこれが本当に F *brusque* からであれば—においてもそうであるように.

3.113. 短音の /i/ は, 次の語で鼻音連続前で初期の /e/ に対して見られる, これらの中で最初の 2 語は古い綴りを保っている, 一方その他では i と綴られる：*England* [ˈiŋglənd] OE *Englaland*, *English* [ˈiŋgliʃ] OE *Englisc*, *think* OE *þencan*：人称動詞 *þencan* と非人称動詞 *þyncan* (*me þynceþ* > *methinks*) はこのようにして音として同一となった, *link* OE *hlence*, *string* OE *streng*, *wing* ME *weng* (Scn), (*fling*?), *mingle* cf. OE *mengan*, *linger* ME *lenger*, ink OF *enque*, *blink* ME *blenke(n)*, *sprinkle* ME *sprenkle*, *skink* Scn *skenkja*, *cringe* ME *crenge(n)*, *singe* OE *sengean*, *hinge* ME *henge*, *springe* OE *sprengean*, fringe OF *frenge*, *chimney* OF *cheminee*. *England* や *English* における短音の /i/ は多くの初期の正音学者によって言及されている (H 1569, G 1621, B 1633 など), そして現代ではこれ以外の発音が存在していたようにはみえない. この推移は, 短母音を長音化することが決してない子音連続の前でのみ起こったので, 長音の /e·/ や /i·/ が中間段階であったとする推定の根拠はまったくない. この変化は直接に /e/ > /i/ の変化だったに違いない. 通俗用法や米用法の *ingine* (e.g. Di Do 10) 'engine' も同じ変化を示す. 一方, この変化は /ŋ(g)þ/ の前では見られない：*length. strength*, また /nʧ/ の前でも同様：*bench*, *stench* など.

3.114. 英語にはまた一定の語で, *r* と舌尖子音の間で, /e/ に対して /i/ がある：OE *hreddan* > *rid*, OE *grennian* > *grin*, ME *gredil* > *griddle*, ME *gredyrne* > *gridiron*, ME *abregge* > *abridge*. 古い綴りは *pretty* に残っている, 発音は現在 [priti]. これは (Shakespeare の) *Pass. Pilgr.* の *ditty* と, そして Ben Jonson の *Volp*. III. 2 の *witty* と押韻する. /i/ は J1764, W1791 などで取り上げられている—これらの部類に *prithee*, ElE *prethee* (*pray thee* からの短縮形); *grit* OE *grēot*「砂」; *riddle(s)* OE *rǣdels* (cf. *read* 3.246) が含まれる. *radish* に見られる同様の音の上昇を参照, これは通俗的には *reddish* と発音された, N1784, W1791.

3.115. 英語には, ME の長音 *e* に対応する近代の /i/ の少数の例がある：*sick*, Cx *seke*, Ch *seek*. OE *sēoc*. 一方, 早くも Ancrene Riwle (1225) に *sic*, *sik*, *sicnesse* が, *e* をもつ形態と並んで見られる. もし *sic* がこれほど古くなかったら, その /i/ を, *sickness* における初期の /e·/ に由来する /i·/ の短化によるものとして説明できるかもしれない. *Nickname* < ME *an ekename* における短縮を参照. *bid* においては OE *beodan* と *biddan* の混成語である (cf. *forbid* Ch *forbede* OE *forbēodan*). *Silly* については 4.321 を見よ. しかし, このような説明は *hip(s)* OE *hēope* や *slick* (Ml, Chapman) = *sleek* には用いれない. さらに *strip* OE *strīepan* *strēpan*，そしておそらく *rick* OE *rēac* 参照．ランプの *wick*（芯）は OE *weoce* よりもむしろ *wice* から．

短音 /i/ から /j/ への推移については 2.913 参照．

長音の /i·/

3.121. 初期の長音の /i·/ は常に OE 長音 *i* に相当する：*by*，*gripe*，*wide*，*white*，*like*，*time. mine*，*alive*，*life*，*blithe*，*rise*，*ice*，*while*，*wire.*

長く伸ばされた OE *i*：*child*，*mild*，*wild*，*blind*，*find*，*wind*，*climb.*

OE の長音 *y*（短音の *y* と異なり非円唇）：*hide*，*kine*，*hive*，*hithe*（地名で「港」），*mice*，（*de*）*file*，*fire.*

長く伸ばされた OE *y*：*kind*，*mind.*

Scn 長音の *y*：*sky*，*mire.*

3.122. 長音の /i·/ はまた短音の OE *i*＋前舌開口の *g* からも生ずる，後者は実際上＝/j/，したがって /ij＝i·/：*tile* OE *tigele*，*stile* OE *stigol*，*nine* OE *nigon*，*Friday* OE *frigedæg*，*sty* OE stig，*twice thrice* OE *twiga þriga*＋*s*，*scythe* OE *sigde*，*bridle*（*s*） OE *brigdels*，*lieth* 三人称単数 OE *ligeþ*．同様に *y*＋*g* は /i·/ になった：*dry* OE *dryge*，lie「嘘」OE *lygc*，*rye* OE *ryge*，*buyeth* 三人称単数 OE *bygeþ*．弱強勢音節で，この /i·/ は再び短化された：*body* OE *bodig*，*holy* OE *hālig*，*twenty* OE *twentig*．同様に形容詞，副詞語尾 -ly（Scn *-ligr*，*-liga* が OE *-lie*，*-lice* と混合したもの *-c*，-ch 2.745 参照）．ここでも，しかしながら，母音はしばしば長音で，やがて二重母音になった（4.42）．

3.123. 長音の /e·/＋前舌開口の *g*，後者は実際上 /j/，も ME /i·/ をもたらした：OE *lēogan* > *lie lye* /li·ə/，現在 *lie* [lai]．OE *flēogan* > *fly* sb，OE *flēoge* > *fly* 実詞，ME（Orrm） *deȝenn*，おそらく Scn *deja* から（但し，学者の中には，これを OE で未記録の本来語と考える人もいる）> *die*，Scn *sløgr* > ME *sligh*（また *sleigh*）> *sly*，Scn *sløgþ* > ME slicht，ElE *slight*（Sh Mcb III. 5.26 slights: sprights），現在 [slait]．綴り *sleight* は，もう 1 つの形態が ME に存在していたことを示すように見える，この形態はもし生き残ったならば，[sleit] になったであろう．また *tithe* OE *teogeða* 参照．口蓋音の *h* の前でも，同じ発達が見られる：OE *þēoh* > *thigh* [þai]，これは，口蓋音が有声音で発せられた屈折形から始まったと考えられるかもしれない．しかし *t* の前では，そのような有声化が起こったとは考えられない：OE *leoht* > *liht light* など．*height* OE *hīehþu hēhþu hēahþu* では，発音 [heit] ―eight，weight，freight と押韻する，W 1775 によって言及された唯一の発音，但し，1791 年，彼は [hait] が最も一般的だと認める―は，まだ Ellis の時代（EEPI. 127 を見よ）に存在していた．通常の発音 [hait] は high からの類推によるかもしれない，頻繁に現れる初期の綴り *hight* を参照．また *highth* も生ずる，ここでは *-th*

が *-th* 形の他の名詞にならって再導入されている（Milton など）.

広母音 /ɛ·/ (OE *ēa* と *ǣ*) + *j* でさえ /i·/ という結果に至る : OE *dēag* > *dye*（実詞）, *dēagian*「色」> *dye*（動詞）, OE *ēage* > ME *ye* /i·ə/（Ch. などで）> Mod. [ai]. 綴り *eye* は異形に遡る，この異形が，もし口語で生き残っていたら，近代の [ei] となっていたであろう．綴り *eye* は多分，代名詞 *I* とはっきり異なるようにするために好まれた（但し，同じ綴りが *eyas*（巣びな）に見られ，これは常に /i·/ > [ai] をもっていた : ME *nyas* OF *niais*），あるいはあまりに短い書記形態を避けるために好まれたのであろう（4.96）. *either*, *neither* では，優勢な発音 [aiðə, naiðə] は，*eye* におけるように説明されるかもしれない，但しこの発音の初期の出典は J 1701 である．他に 3 つの発音が言及されている : S 1568 は二重母音を挙げていて，それは PE では *[eiðə] になったであろう．H 1569 は /eðer/ と /e·ðer/ をあげている．前者は現在 StE で消滅した（Shakespeare の *together*, *whether*, と押韻 Viëtor 参照，p. 40）．後者は [i·ðə] として生き残っている．Gill の表記（1621）はおそらく /æ·i/ を意味する，3.61，11.31. Luick（Unters. §341）は，これらの語の [ai] の発音は，Sc に始まったと考えるが，現存する Sc 方言はどれも現在 [ai] をもたない，この [ai] は現在イギリス南部で通例であるが，北部では概して [i·] が好まれる．―近代の名詞 *tie* は必ずしも OE *tēay* の直接の後継ではないが，動詞 *tie* < OE *tīegan*, *tēgan* に倣って作り直されたと思われる．しかしながら，OE *hēah*, *nēah* の屈折形から生じた *high*, *nigh* に注目せよ，そして以下 3.618 *key* などを見よ．

上で述べられた過程を通して，英語には 2 組の同音異義語の対がある : *die*（Scn）= *dye* と *lie*（嘘）OE *lēogan* = *lie*（横たわる）*licgan* の屈折形から．

3.124. 長音の /i·/ はフランス語やラテン語で頻出する．強勢のあるもの : *cry*, *hibe*, *type*, *guide*, *spite*, *crime*, *fine*, *vine*, *arrive*, *guise*, *vice*, *oblige*（8.33 を参照），*vile*, *desire*.　英語では強勢を受けるがフランス語では受けないもの : *lion*, *viscount*, *licence*, *tyrant*, *environ*.　/i·/ はしばしば第二強勢を受ける : *signify*, *sacrifice*, *enterprise*, *exile*, *empire*.　/i·/ は強勢のない英語の音節でまれである，ただし多くの学問的な語には見られる : *i*dentity, d*i*dactic.　語尾 *-ile* と *-ine*, そして *direct* のような語については，4.84, 4.86 を見よ．

3.125. *r* の前では，長前舌母音（/e·/ と /i·/）の間でかなりの重複が見られる．ME で /e·/ をもっていた語に /i·/ がみられるものがある : OE *brēr* > *briar*, OE *tēorian* > *tire*「疲れさせる」, ME *frere* OF *frere* > *friar*, ME *umpere*（*umpeere* は依然として Shakespeare 二折版 1623 に見られた）OF（*n*）*ompair* > *umpire*, ME *cayēr quair* F *cahier* OF *quayer* > *quire*, ME *acwere*(*n*) OF *acquerre* > *acquire*. 同様に *require*, *inquire*（Ch A 3166 *enquere*: *there*）. これら 3 語における *i* はある程度ラテン語形態によると思われる．ME *squiēr*(*e*) > *squire*, ME *enter* > *entire*, OF *cuer*（Lat *chorus*）からの ME *quer*(*e*) > *quire* [kwaiə]（cf. 2.514），これは現在

ラテン語形態に近づけて *choir* と綴られ，綴りから [koiə] とは発音されることはめったになかった．派生語 *chorister* は，以前は /kwiristə(r)/（W1791, Hyde Clarke 1879），あるいは /kwer-/（S1780, N1784）だった，しかし現在は [kɔristə] のみ．── 次の語では，*r* の後，/e·/ から /i·/ への同じ変化がある：*contrive* ME *contreve*, *trifle* ME *trefle* OF *treufle*（Mayhew, *Academy* ½ 1896）．

3.131. 綴り．OE *y* が，英国のより広範な地域で非円唇化して以来，南部の 1 つの地域が古い音を一定期間不変のまま保った．しかし，それをフランス語の綴りをまねて *u* あるいは *ui* を用いて綴った．例えば OE *hȳran* 'hire' は Ancrene Riwle に *huren*，そして名詞の OE *hȳr* は *hure* あるいは *huire* が見られる．これらの綴りの少数の生き残りは標準英語にまだ存在する：OE *bysig* > *busy* ['bizi]. OE *byrian* > *bury* ['beri] ── ケント方言の [e] を伴って，3.212 を見よ．OE *byldan* > *build*（4.222）．OE *gylt* > *guilt*，ここでは *u* は一般に *g* の「硬音性」を示す印と理解される．OE *bygeþ* 三人称単数 > *buyeth buys*.

3.132. 文字 *y* 自体は *i* の単なる正書法的変異体で，もっと正確には一種の二重の *i*（=*ii*）として用いられるようになった．*ee* と *oo* がしばしば見られる一方，ii は非常にまれである．*y* の字形は *i*+*j* を表すと考えられた．次を参照せよ：Dutch *spijt*＝もっと以前は *spyt*（オランダ語辞書では *ij* は *x* と *z* の間に配置される）そして F *essayer*＝*essai*＋*ier*. *July* はラテン語の属格 *Julii* にほかならない（後者は 18 世紀の終わりまで，デンマーク語，ドイツ語で用いられた）．

y の音が *i* の音と同じになった時，文字 /y·/ の名前（北欧語におけると同じように）はもはや有用でなくなり，他の名前が採用される必要があった（F *i grec*, Germ. *ypsilon* 参照）．Sheldon 氏は（*Harvard Studies in Philology* I 1892 p. 75ff. で），Gregory of Tours（ツールのグレゴリウス：フランク王国の歴史家，聖職者）に，その文字の名前として *wi* があることを指摘し，Y が OF の詩で，*jui*（*juif* の主格複数）と押韻すると指摘する．Y の形はおそらく V（=*u*）+I，すなわち V が I の上に乗っている形を表していると考えられ，かくしてその名前は /ui·/ > /wi/ > [wai] となった（Daines, 1640 には *wī* がある）．

3.133. 文字 y は一般に長音 /i·/ を表すために用いられた，たとえば Chaucer の一部の写本でかなりの一貫性をもって；さらに m，n の前後で i の代わりに y を用いる傾向があった（これは多すぎる i のストロークを避けるためだった）：*myght*, *nyght*, *drynke*, *skyn*. この慣行は，しかしながら，印刷術の発明を生き延びることができなかった．印刷術の最初の数世紀の間，多くの変動が見られた：Shakespeare の *Edward III*（1596）II. I. 112 の明白な例を見よ：For *sinne*, though *synne*, would not be so esteemd, But, rather, vertue *sin*, *synne* vertue deemd（というのも，罪は罪だが，罪と考えたくない．むしろ美徳が罪で，罪が美徳となればいい（河合祥一郎訳））．

3.134. しかしながら，綴りはだんだん安定してきた．近代の慣行の主要な原理は，*i* が語頭と語中で好まれ，*y* が語尾で好まれるというものである：*in*，*king*，*mind* | *fly*，*day*，*busy*，*lady*，*truly*，*money*．語尾の *ie* はしばしば 1700 年ごろまで保たれた：*crie*，*drie*，*anie*，*ladie*，*abilitie* など．これはとくにスコットランドで一般的であった，そこから，指小語の多くで *ie* と綴る慣行が生じた：*laddie*，*birdie*．とくに女性形：*auntie*（一方 *Willy*，*Dicky*）．*Freddy* は *Frederic* の愛称としてしばしば綴られた，そして *Freddie* は *Frederica* の愛称として．人々は，重い（heavy）（＝強勢のある，意味のある）語を 2 文字のみで綴ることを嫌ったので，通常のルールに反して，*rye*（タカの頭の病気）や *bye* で *e* が用いられた．後者は *by* より重い形態である（*by-the-by*（やがて）の代わりに，しばしば *by-the-bye*）．さらに *good-bye* 参照．

3.135. 屈折語尾と派生語尾の前で *y* は *i* に変化する：*happy happier happiest happily happiness*，*cry cries cried*（18 世紀初期には，規則的に *cry'd*，*carry'd*，*ty'd* など．これはアポストロフィによる）．*twenty twentieth*，*deny denial*，*bury burial*，*glory glorious glorify*，*duty dutiable*，*beauty beautiful*，*body bodiless bodily*．しかし *y* は，多少独立した語のように感じられる語尾の前では保たれる：*citywards*，*ladyship*，*ladylike*，*twentyfold*，*bodywise*，*juryman*．固有名は一般に複数形で *y* を保持する：two *Marys*（また *Mary's* とも綴られる）や three *Henrys*（あるいは *Henry's*，まれに *Henries*），*Carrys*（＝Carolines，Meredith Eg. 246）．教会は，多くの Canon *Wealthys*（人名）をもつ（Hall Caine, Christian 25）．同様にときにまれな語にも：*anniversarys*（Thackeray, Esm, 1.165; 一般に *-ries*），*none-so-prettys*（ヒカゲユキノシタ（植物））（Egerton, Keynotes 134）．

3.136. 小さな語は変化を受けない傾向がある：*shyness*．*slyness*（一方 *holiness* など），*dryly*，しかし *drily*，*shyly* も（Dickens, Christm. 28, Ward, Rob. Elsm. 178），*slyly*．*dryest* はときどき見られる（Ellis, Man and W. 187，Lecky, Democr. and Lib. I. 33）．

3.137. 別の母音のあと，*y* は一般に語尾の前で保たれる：*play plays played*，*boy boys*，*guy guys*，*coy coyly*．*lay*，*pay*，*say* の過去時制では，しかしながら，綴り *laid*，*paid*，*said* が広く用いられた．*staid* は *stayed* の形容詞形として用いられる（一方 *lays*，*pays*，*says*，*stays*）．*daily* は現在けっして *dayly* とは綴られない，そして *gaily* は *gayly* よりもより通例である．*-ey* で終わる語は以前（19 世紀の初めまで）*ey* を *-ie* へと変えた：*valley vallies*，*money monies monied*；現在 *valleys*，*moneys moneyed*．*story*「階」（OF *estoree* < *instaurata*）はしばしば，*story*「物語」と区別するために *storey* と綴られた（OF *istorie* < *historia*）：a *two-storied*（あるいはめったにないが *-reyed*）*house*（2 階建の家）．

i の連続を避けるために，*y* が *-ing* の前で保たれる：*trying*, *lying*. Caxton は *yi* の結合さえ避け，*lyenge*, *sayenge* などと綴った，ここで *ng* 前の *e* はおそらく純粋に正書法上のためである．*vie*＋*ing* は *vying* あるいは *vieing* と綴られた．2つの *y* は避けられる：形容詞の語尾 *y* をもつ *sky* は *skiey* と（Shelley p. 642）あるいは *skyey* と綴られる（Carlyle SR 102, Mrs. Browning, Aur. L. 269）．*clay* の形容詞は *clayey* である．また *holey*「穴だらけの」は *-ey* をもつ，というのは *holy* では多義的となるからであろう（神聖な）．またときに *horsey*（Mcrriman, Sowers 78, 一方，同書で *horsiest*, *horsiness*）．

3.138. 綴りにおける最近の区別化がある：*die*「死ぬ」*dies dying dier* − *dye*「染める」*dyes dyeing dyer*（一方 *lie*「ひれ伏す」は *lie*「嘘をつく」と同様に綴られる．しかしながら *lier* と *liar* 参照），*fly*「はえ」，pl. *flies*（動詞と同様）—*fly*「軽装馬車」，pl. *flys* あるいは *fly's*, *flies* はめったにない，古い語 *business*—多少なりとも具象的意味（商売）で，現在2音節で発音される ['biznis]，9.91 見よ—*busyness* 最近形成された語，抽象的な意味 'being busy'（忙しい状態）（"the issues, pleasures, busyness, importance, and immediacy of that life"（その人生の問題，喜び，多忙，重要性，そして緊急性）Stevenson Mem. and Port. 42）．また *busy-ness* と綴られ，['bizinis] と発音される．*holiday*（休日），*o* の短化（4.39）と意味の変化を伴って—*holyday*（聖日）（'holydays' or 'holidays', Ruskin, Crown of W. Ol. 50）．自分の家系の名前を一般的な Smith ではなく Smyth と書く家庭もある．ときに，発音さえ変わる [smaiþ]．さらに [smaið] も見られる．

3.139. さらに *y* がギリシア語系の語で綴られる：*nymph*, *system*, *synonym*, *lyre*, *hyacinth*, *hyena*, *psychology* など．同様にまた *rhyme* でも，あたかも *rhythm* と同語源であるかのように，一方前者は OE の *rim*「数，計算，勘定」から．綴り *rime* は—これは例えば Shakespeare 二折版 1623 に見られるが—最近いく人からの学者によって甦らせられた．

/e/

3.2. われわれは短音の /e/，長音で狭母音の /e·/，そして長音で広母音の /ϵ·/ を区別しなければならない．

短音の /e/

3.211. おそらく現在 *bet* に聞かれるような発音．OE の短音 /e/ や OF の *e* に規則的に対応し，ほとんど常に *e* と綴られる．

/e/＝OE *e*（また *r*＋子音の前での OE *eo*）の例：*ebb*, *step*, *bed*, *better*, *neck*, *stem*, *hen*, *length*, *wether*, *best*, *edge*, *fresh*, *fetch*, *ell*, *sterve* 現在 *starve*, *earth*, *ferry*.

/e/ は多くの語で短化された長音の *e* 音を表す，こうして次における OE *ē*（あるいはより以前の *ǣ*）: *kept*, *bled*, *fed*, *met*, *bless*. 次の OE *ēo* : *crept*, *stepfather*, *depth*, *leman*, *friendship*, *theft*, *tether*, *breast*. OE *ǣ* : *weapon*, *meadow*, *breadth*, *let*, *empty*, *cleanse*, *meant*, *lent*, *ever*, *every*, *left*（*leave* から），*less*, *flesh*, *health*, *errand*. OE *ēa*: *Edward*.

/e/ = Scn 短音 *e* : *kettle*, *egg*.

/e/ = 短化された Scn 長音の *e* : *fellow*. 短化された Scn *ei*: *them*（< ON *þeim*）.

3.212. ケント方言から /e/ = OE *y* を伴って標準英語に借用された語がある：*merry* OE *myrge*, *bury* OE *byrgean*（綴りについては 3.131 を見よ），*fledge* OE **flyege*, *hemlock* OE *hymlic*, *emberdays* OE *ymbrendagas*, *left*（「右」の反対）OE *lyft*, *knell* OE *cnyllan*, *shed* OE *scydd*. ―かくしてわれわれは，同音異義の *bury* と *berry*, *left* と *left* をもつ.

3.213. /e/ が *n* の前で /a/ と交替する語がある：*then* と *than* はもともと同じ語だった（OE *þanne*, *þœnne*, *þœnne*）. 初期の時代，この 2 つの語はしばしば無差別に用いられた. H 1569 は一般に，両方の意味で *ðen* を用いる，但し一回のみ ðan 'than'；G 1621 は *ðen* しか知らない. ElE では，*then* と *than* の分布はしばしば現代英語と逆である. Shakespeare は一度 *than* 'then' を *began* と押韻して用いた，一方 *then* を *men* とも押韻させた. B 1633 が多分，現在なされている区別を最初に主張した文法家だった. ―同様に *when* と *whan* も見られた（OE *hwœnne hwonne*）. 現在 *when* のみが生き残っている. OE *ǣnig* は ME で *any* と *eny* になった. 前者 /ani/ は初期の文法家によりしばしば記録された発音である，たとえば H 1569，一方後者 /eni/ が優勢になってきた. OE の *manig* は規則的に *many* /mani/ となり，H 1569 や G 1621 によりこのように発音された，そして依然として *manifold* [mænifould] でも，他方 *many* は現在常に [meni] と発音される. *e* は多分 OE の名詞 *menigeo* によっている，*a great many* 参照―また *Thames* [temz] 参照，OE *Temes* は *Tœmes* よりもより頻繁に.

OE *þerscan* は通例（音位転換で）thresh [þreʃ] となる. 一方，異形 *thrash* [þræʃ] も存在する.

OE における *wo-* と *weo-* 間の交替により，*Wednesday*, *welkin*（大空）の語頭で *we-* が見られる，これらはそれぞれ OE の *Wodnesdaeg* と *wolken* に対応する（Cf. 他方 *world*, *worth*, *worship* 参照）.

3.214. 非強勢音節で，曖昧な性質をもつ短音の *e* が ME でよく見られた，そこでは OE はより明確な音 *a*, *e*, *o*, *u* をもっていた：*eighte* OE *eahta*, *name* OE *nama*, *write(n)* OE *wrītan*, *smithes* OE *smiðas*, *alse* OE *ealswā*, *tunge* OE *tunge*, *harde* OE *hearde*, *smithes* OE *smiðes*, *written* OE *writen*, *naked* OE *na-*

cod, *harder* OE *heardor*, *luue* OE *lufu*. これらの弱い *e* の大部分は今日消失した, 6.1ff を見よ.

3.215. フランス語の強勢音節における短音の /e/ : *treble*, *accept*, *meddle*, *dette* 現在 *debt* と表記, *direct*, *sex*, *member*, *tent*, *sever*, *press*, *pledge*, *cell*, *verse*. 英語では強勢を受けるが, フランス語では受けない語 : *medal*, *metal mettle*, *second*, *emperor*, *gentle*, *levy*, *effort*, *present* adj, *vessel*, *legend*, *lecher*, *felon*, *peril*, *mercy*. フランス語では強勢を受けるが, 英語では受けない語 : *pite* 現在 *pity*, *closet*, *silent*, *richesse* 現在 *riches*, *countess*, *modest*, *chapel*, *castel* 現在 *castle*, *manner*, *scholer* 現在 *scholar*, *desert*. 両言語で強勢を受けない語 : *element* の中間の *e*, *event*, *resent* の最初の *e*.

3.216. 鼻音前の F *e* は E /e/ をもたらしてきた : *member*, *tent*, *tense* (OF *tens* 現在 *temps* と綴られる), *tench* (OF *tenche* 現在 *tanche*), *trench* (OF *trenche* 現在 *tranche*). 一方, 他の語は, F 中央方言での, この位置での *e* から [ã] への変化 (鼻音化) のあと, 引き継がれてきた, 但し [ã] は, 英語では (鼻音化せず)/a/ となった : *example* (*sample*), *standard*, *ambush*, *penance* ME *penaunce*, *annoy*, *anoint*, *language* ME *langage*, *pansy* OF *pensee*, *rampart*.

長音で狭母音の /e·/

3.221. 初期の長・狭音の /e·/ は通例 OE *ē* (また, 元来 *ǣ* だった *ē* も), OE (Anglian) *ē*, ゲルマン語の *au* (Westsaxon *ie*, *y*) の *i* ウムラウト, そして OE *ēo* に該当する. 例 : *he* OE *hē*, *bee* OE *bēo*, *knee* OE *cnēo* 主格, *creep* OE *crēopan*, *keep* OE *cēpan*, *cǣpan*, *sheep* OE *scēp* (*scǣp* と並んで), *feed* OE *fǣdan*, *need* OE *nēd*, WS *nīed*, *reed* OE *rēod*, *meet* OE *mǣtan*, *fleet* OE *flēot*, seek OE *sǣcan*, *deem* OE *dǣman*, *queen* OE *cwēn*, *green* OE *grǣne*, *fiend* OE *fēond*, *believe* OE (*ge*)*lēofan*, (*ge*)*līefan*, *thief* OE *þēof*, *seethe* OE *sēoðan*, *teeth* OE *tēþ*, *freeze* OE *frēosan*, *cheese* OE *cēse*, *geese* OE *gǣs*, *beseech* OE *besǣcean*, *feel* OE *fǣlan*, *wheel* OE *hwēol*, *here* OE *hēr*, *deer* OE *dēor*.

さらに, /e·/ は OE *e* の *ld* 前での長音化の結果でもある : *field* OE *feld*, *yield* OE *g*(*i*)*eldan*.

3.222. /e·/ はまた多くのフランス系の語にも見られる : *agree*, *degree*, *decree*, *achieve*, *grief*, *niece*, *siege*, *career*, *pier*.

長音で広母音の /ɛ·/

3.231. 長広母音 /ɛ·/ は, 通例 OE が *ǣ* (*i* ウムラウトした OE *ā*＝ゲルマン語の *ai*, Anglian と West Saxon の *ǣ*), あるいは *ēa* をもっていたところで見られる.

例：*sea* OE *sǣ*, *flea* OE *flēa*, *heap* OE *hēap*, *lead* v OE *lǣdan*, *lead* sb OE *lēad*, *bread* OE *brēad*, *heat* OE *hǣtan*, *great* OE *grēat*, *beacon* OE *bēacen*, *stream* OE *strēam*, *mean* OE *mǣnan*, *bean* OE *bēan*, *leave* vb OE *lǣfan*, *leave* sb OE *lēaf*(*e*), *leaf* OE *lēaf*, *heathen* OE *hǣðen*, *heath* OE *hǣþ*, *death* OE *dēaþ*, *least* OE *lǣst*, *east* OE *ēast*, *teach* OE *tǣcan*, *heal* OE *hǣlan*, *fear* OE *fǣr* *ear* OE *ēare*.

/ɛ·/ はまた，母音で終わる音節（開音節）で長くのばされる OE の短い *e* に相当する：*bead* OE *bedu*, *tread* OE *tredan*, *meat* OE *mete*, *eat* OE *etan*, *break* OE *brecan*, *weave* OE *wefan*, *bequeath* OE *bicweðan*, *besom* OE *besema*, *meal*「粗びき粉」OE *melu*, *bear* vb OE *beran*, *yaw* OE *pere*, *-u*.

/ɛ·/ はまた *these*（H 1569 *ðe·z*，同様に G 1621，B 1633 にも）にも見られた．起源については Anglia Beibl. 1905 p. 153, 168, 336 を見よ．

3.232.　F 系の語における /ɛ·/ の例―その位置に Anglo-Norman は *e* をもっていた，一方中央フランス語は *ei*, *ai*（以下 3.615 参照）をもっていた：*plead*, *treat*, *feat*, *defeat*, *feature*, *eager*, *meagre*, *eagle*, *ease*, *please*, *peace*, *grease*, *increase*, *lease*, *leash*.　*season* と *reason* では，フランス語の非強勢音節において同じ *ai* が見られる．*treason* では，これはもともと *a*+*i*（フランス語では現在 *trahison* と綴られる）．綴り *conceave*, *deceave*, *receave*—これらは 16，17 世紀一般的であった—は，音 /ɛ·/ を表す，これはまた一部の正音学者たちで言及されている（B 1633 “wee writ receiv’, and say raðer receav’”（われわれは *receiv*’ と表記するが，むしろ *receav*’ と発音する）），一方綴り *ei* に従って /e·/（16 世紀の /i·/）と発音した人もいる．*conceive* など /e·/ > /i·/ と発音，と *concei*(*p*)*t*, *recei*(*p*)*t*, /æ·i/ と発音，とを区別する人もいた，例えば Shakespeare（Viëtor §28 を見よ）．これは Webster の次の所見と一致する，アメリカ東部では当時 *conceive*, *conceipt* に “*conceeve*, *consate*” を用いた，と（Jones p. CI の Ekwall の版に引用されている）．—広母音の /ɛ·/ はまた *e* をもつフランス語の語に見られた：*veal* OF *veēl*, *seal* OF *seēl*, *reveal* OF *revele*, *appeal* OF *apele*, *beast* OF *beste*, *feast* OF *feste*, *cease* OF *cesse*, *preach* OE *preche*, *neat* OF *net*.

3.233.　/ɛ·/ はまた文字 *be*（B），*ce*（C）などの文字名に現れる音，そしてラテン語やギリシア語から直接借用された「学問的」語，例えば，*complete*, *extreme* では—これらはしばしば初期の時代 *compleate*, *extream* と綴られた—にも現れる音でもあった．B 1633 はそれを *Pharisee* やラテン語の *ae* や *oe* をもつ語にもあるとはっきりと指摘する．彼のあげた例は *Cesar*, *Egypt*, *female*, *phenix*.

3.234.　*Weak* における母音は難しい．OE *wāc* は通例は *woke となったはずである．Scn *veik* は ME *weik*, *waik* をもたらす，これらは ModE で **waik* [weik] と

なったであろう，*swain*（3.6）を参照．たいていの近代方言は，この Scn の語に対応する形態をもつ．同様の形態 *bleak* は，動詞 *bleach* OE *blǣcean* によるとして説明がつく，しかし同類の動詞 *wǣcean* は OE ではまれで，ME ではめったに見られない．したがって，結果的に，これは *weak* の母音を説明することはできない．*steak* では，不規則なのは綴りの方だけである．近代の発音 [steik] は，まさに Scn *steik* から予期されるものである（11.75）．

2つの長母音 e の区別

3.241. ME の綴りでは，2つの *e* の間にいかなる区別もなされず，これらは *e* あるいは *ee* と綴られた．但しわれわれは，押韻で区別されていたことから，それらが別々の音であることを完全に確信できる．さらにその韻の証拠が，1つには，2つの類の OE 母音または二重母音の区別と一致するし，他方，近代の初期の音声学者によって明白になされた区別とも一致するからである．Hart についての拙著におけるリスト，また Jones の Ekwall 版 §193f を見よ．16 世紀に正書法的区別がなされ始めたが，それによれば /e/ は *ee*，*ie* あるいは *ei* と綴られた，一方 /ɛ·/ は *ea* あるいは *e* .. *e* と綴られた．しかし，両者はときに *e* とも綴られたかもしれなしれない．多くの変動ののち（例えば *seege*，*seige* や *siege*，*greefe*，*greef* や Shakespeare における *grief*），今日依然として見られる綴りが各語に定着するようになった．新しい様式の綴りの起源は何であろうか？ *ie* は一般にフランス語の影響に帰される，そして実際，*ie* は，中央フランス語が *ie* をもっていて，一方 ME が Anglo-Norman 同様に，*e* をもっていた多くの語が見出される（*grief*，*piece*，*niece*，*brief*，*pier*，*fierce*，*pierce*，*relief*，*siege*，*cashier*，*grenadier*）．この他のフランス語で，*ie* が用いられるのは，F 中央方言が *e* を持つ場合（*achieve*，*chief*，*mischief*）であり，他方，*career*，*ear*，*arrears*（滞納金）＝F 中央方言 *carrière*，*arrière* がある．さらに，きわめて多くの本来語に *ie* が見られる：*field*，*yield*，*believe belief*，*thief thieve*，*lief*，*fiend*，*priest*，*bier*（この語の母音はおそらく F *bière* によって影響を受けていると思われる，というのも OE *bǣr* は /be·r/ ではなく /bɛ·r/ となったであろうからだ）．さらに，*ie* は *friend* や *sieve* にも綴られる，これらは現在 [frend, siv] である，しかしこれらは，以前は他の *ie* 語と同じ母音をもっていた（4.312，4.214 を見よ），そして *w*，*u* の前でも，例えば *view*，*lieu*，*adieu* で．

3.242. *ea* については，この近代の綴りは多くの語で OE のそれと一致する（*stream*，*bread* など）．しかし OE ではゲルマン語で *au* をもっていた語にのみ *ea* が見られた．ME 初期に *ea* が，これらの語ばかりか，OE *ǣ* についても見られた：Ancrene Riwle や Katharine group（13 世紀初期）における *meast* など．*ea* と *ǣ* の音は同じになった，そして一群の語で慣例の綴りが他の群にも拡大した．この慣行は，しかしながら，近代の綴りの出所ではありえない，というのも *ea* は 13 世紀後期から 15 世紀に非常にまれで，16 世紀中期にある程度再出現し始めただけだからである．Luick（Unters. p. 175）は次のように示唆する，すなわち，綴り *ea* が始まったのは，域内の方言が，当時，問題の音に，二重母音 /eə/ 発達させた地域であったと．

3.243. 私の説は新たな正書法と /e·/ の /i·/ への上昇（8.14）とを結び付けることである，この上昇は 2 つの音の隔たりをあまりに大きくしてそれらを同じ文字で簡便利に表記することができないようにさせた．*ie*，そして程度は低いが，*ei* は，—これらは *grief* などのフランス語の綴りから知られていたが—[i·] の便利な記号として理解された，というのはこの音は *bit* などにおける音ときわめて近かったからだが，一方，*ea* は，もっと広い母音を表すのに選ばれた，*oa*（3.53）を参照．これが方言的な二重母音と関係があったのかどうかは私には実のところ非常に疑わしい．*ea* が表記されるところでは，われわれは一般に初期の /ϵ·/ を推定できる，たとえこの音が，*bread*，*earth*，*heart* などにおけるように，現在異なっていても．

3.244. *r* の前で，/e·/ と /ϵ·/ の一定の重複がある（/e·/ と /i·/ の重複と同様 3.125）．Luick，*Unters.* p. 180 を参照．規則的に /e·/ をもつもの＝*ēo*：*steer*（去勢牛），*leer*（横目），*deer*（鹿）（*beer*（ビール））．/e·/ は次で *ea* と綴られる：*dreary* OE *drēorig*，*dear* OE *dēore*．/e·/ は次でも規則的：*hear* OE *hīeran*，*weary* OE *wērig*，*here* OE *hēr*．しかし /e·/ は *fear* OE *fǣr* や *year* OE *gēar* の発音としても挙げられているが，これらでは，/ϵ·/ が唯一の音だったと予期される（H 1569 は *fear* で ϵ· をもつ）．/ϵ·/ は次で規則的に見いだされる：*ear*，*sear*（あるいは *sere*），*near*，*tear* 実詞，これらはすべて OE *ēa* をもつ．/ϵ·/ は *spear* OE *spere*（そしておそらく *gear* で）でも規則的であるが，一方 *smear* OE *smīeran*，*shear* OE *scieran* では変則的である．フランス系の語では /e·/ をもつ：*appear*，*clear*，*rear*，*arrears*，*mere*，*peer*，*cheer*，一方，これらの一部に /ϵ·/ を予期されるかもしれない．おそらく /ϵ·/ は，ともかく *ea* と綴られたこれらすべての語で，本来語，外来語を問わず，可能な発音だった可能性が高い，たとえ初期の音声学者にいかなる肯定的証拠がないにせよ．

3.245. 綴り *ea* は *r* 以外の他の子音の前にも見られるかもしれない，但し音は /ϵ·/ であったとは考えられない：*cleave* ‘split’ OE *clēofan*，*cleave* ‘stick’ OE *clifian*，*seal* OE 屈折した *seole-*．*streak*：H 1569 は，/ϵ·/ ではなく /i·/ を用いて /stri·k/ と発音する．/i·/ は OE *i stricu*（cf. 4.214）の長音化であるかもしれないが，綴りは当時異例のものである．Luick，*Archiv* 107.327 によれば，*streak* はケント方言であるという．

3.246. *read* における母音は /ϵ·/ であった，これは OE *rǣdan* における *ǣ* から予期できる通りである．これは G 1621 によって *ea* に与えられた音価である．一方，/e·/ という別の発音が存在した，このためこの語はしばしば 15，16 世紀に *reede* と綴られた．H 1569 は，/ri·d/ ＜ /e·/ と発音し，Shakespeare や Fletcher の押韻は，同じ母音であることを示している，これはおそらく類推的に形成された語，*sped*：*speed*＝*re*(*a*)*d*：/re·d/ によると思われる．Hart についての拙著 p. 27 参照．これはまた，OE *rǣdels* の短化形が /e/ ではなく /i/ をもつ *riddle*(*s*) になったことを説明する．あるいはこの変化は *r*＋母音＋*d* によるのだろうか？ 3.114 を参照．

/ø/

3.25. ME MSS（3.242 で言及されたもの）には円唇中前舌母音 /ø/，*eo* と表記されるものもあった，Sweet HES § 655, 681，Bülbring, Bonner beitr. zur anglistik 15（1904），Anglia, Beibl. XVII（1906）p. 135 を見よ．この音はその後非円唇化し /e/ となった．もし私が間違っていなければ，これは，一定の語の現在の綴りに手がかりを与えてくれる：*people* F *peuple* OF *pueple*，ME は /pø·pl/ と発音した，のちに /pe·pl/，*jeopardy* F *jeu parti* 'divided play, uncertainty, risk'，ME /ʤøp·/，現在 [ˈʤepədi]．*o* は C 1627 により黙字とされた．*leopard* OF *leupard*，現在 [ˈlepəd]，*feoff* 現在 [fef]．おそらく２つの固有名でも，*Leopold*，以前は常に [lepəld] と発音された，現在は綴りにしたがいしばしば [liəpould]，そして *Leonard* は，また *Lennard* とも綴られる．*Yeoman* はもう１つの適切な例である，但しその語源はわかりにくく，ME の形態について何かを述べることは不可能である．B 1580 と J 1640 は /e·/ > [i·] と発音する．C 1627 は，*o* が黙字だという．J 1701 は /e, i·, ʌ/ を交替的発音として挙げる（また Ekwall §215 参照）．E 1787 は *o* を黙字とするが，W 1791 は現代英語 [joumən] におけるように *o* をもつ，これは，明らかに綴り字発音である．

/a/

3.31. 短音の /a/ は常に OE *æ* と *a* に対応する，また様々な子音の影響により West Saxon で *ea* に変わっていた *a* にも対応する．さらに鼻音の前で *o* と交替する *a* にも対応する．これら微細な音の差異は ― これらは注意深く OE の写字生により記録されたが ― 本巻が扱う音声的発展にはいかなる重要性ももっていない．OE 自体にとっても，これらの違いは，おそらく実際の発音においてそうだったより，紙の上でのほうがより重要に見える．次のような近代の朗読者を仮定してみよう：彼は *fæt* における *æ* を，フランス語 *patte* における（調音点が）前寄りの [a] として発音する，また *fatu* における *a* を英語 *father* における中寄りの（medium）[ᴀ] として発音する，さらに *mann*，*monn* における *a* や *o* をフランス語 *pâte* における（調音点が）うしろ寄りの [ɑ] として―おそらくわずかに鼻音化して発音する，*earm*，*eall* における *ea* を前寄りの [a]―その後に，ほとんど知覚できない中寄りの [ᴀ] が後続し，舌を窪ませて，[r, l] へと，わたる，そして *sceadu* の *ea* を前寄りの [a] として発音する ― あまりにも短くて，前舌子音から完全に中位の [ᴀ] へとわたる間ほとんど知覚できない ― おそらくこのような話者は，Ælfred と彼の同時代人の意図したものに，これらのいくつかの音を可能な限り異なるものとするよう主張する教授よりも，より近いであろう，そして彼は中英語，近代英語の発達を理解するのによりよい位置にいるであろう．（現代語の 3 つの *a* 音 [a, ʌ, ɑ] については拙著 *Lehrbuch der Phonetik* §162f. を見よ）

これらの OE の音に由来する初期の短音の /a/ の例：*crab* OE *crabba*, *apple* OE *æppel*, *cap* OE *cæppe*, *sad* OE *sæd adze* OE *adesa*, *shadow* OE *sceadwe*, *at* OE *æt*, *what* OE *hwæt*, *cat* OE *catt*, *back* OE *bæc*, *flax* OE *fleax*, *ham* OE *hamm*, *lamb* OE *lamb lomb*, *shamble(s)* OE *sc(e)amol*, *man* OE *mann monn*, *stand* OE *standan stondan*, *hang* OE *hangian hongian*, *thank* OE *þanc þonc*, *shank* OE *sc(e)anca sconca*, *staff* OE *stæf*, *after* OE *æfter*, *shaft* OE *sceaft*, *bath* OE *bæþ*, *ass* OE *assa*, *fast* OE *fæst*, *asp* OE *æspe*, *ash* OE *æsce*, *wash* OE *wæsc wascan*, *match* OE *mæcca*, *small* OE *smæl*, *palm* OE *palma*, *all* OE *eall*, *half* OE *healf*, *barley* OE *bærlic*, *hard* OE *heard*, *sharp* OE *scearp*.

短音の /a/ はまた OE *ā* と *ǣ* の短化から生じる：*clad* OE *clāð(o)de* > *clādde*, *lammas* OE *hlāfmæsse*, *an* (*a*) OE *ān*, *ask* OE *āxian* (*ǣscan*), *hallow* OE *hālgian*, *halloumass* OE *hālgamæsse* | *ladder* OE *hlǣder*, infl. *hlædre-*, *mad* OE (*ge*)*mǣd*(*e*)*d*, *adder* ME *nadder* OE *nǣdd*(*d*)*re*, *bladder* OE *blǣddre*, *fat* OE *fǣted* infl. *fǣtte*, *Stratford* OE *strǣte*+*ford*, *last* vb OE *lǣstan*.

この *ǣ* の短化と *e* から生じるもの（OE *ē* の短化）（3.211）との違いは時代の違いである．もし短化が非常に初期に起こったならば，*ǣ* は *æ* へとなり，しかるべく扱われた．短化がのちのであれば，*ǣ* が既に /ɛ·/ になっていて，その短化は /ɛ, e/ であった．

短音の /a/ はまた北欧語の *a* に相当する：*scab*, *hap*, *flat*, *leant. anger*, *cast*, *bask*, *calf*（ふくらはぎ）.

3.32. 強勢のある音節のフランス語の *a* に由来する短音の /a/：*act*, *lamp*, *tan*, *flank*.（*pass*, 10.67 を見よ）. *catch*, *calm*, *art*, *charge.* 英語では強勢を受けるが，フランス語では受けない場合：*abbess*, *cabin*, *chapel*, *matter*, *dragon*, *famine*, *manner*, *travel*, *passage*, *majesty*, *fashion*, *bachelor*, *valley*, *baron.* フランス語では強勢を受けて，英語では受けない場合：*comfortable*, *general*, *medal*, *coward*, *vicar.* 両言語で強勢を受けない場合：*malady* の 2 つ目の *a*, *battalion* の最初の *a*.

3.33. 短音の /a/ は初期の *au* に対しても，唇子音の前で見られる（F *au* < *al* から）：*scabbard* OF *escauberc*, *savage* OF *sauvage*, *salmon* OF *saumon*. *salmon* では，*l* は英語ではけっして発音されたことなかった．正音学者の中でもとりわけ，G 1621, J 1764, W 1791 は明確に *l* を黙字という．現在は [ˈsæmən]. 唇子音前での *au*＝/a·/ 3.37 を参照．—*Sausage* は *au* からの発音 /a/ をもつ対応形をもっていた．J 1764, S 1780, N 1784 は [æ] を *au* の発音として挙げる．W 1791 は [ɔ·] を教養

人が用いる用法，[æ] を通俗的用法としてあげる，そして [æ] は未だに通俗英語で見られる（Storm, EPh. 816），*sassinger* の形態においても．[a·] をもつ *sauce* については，10.82 参照．他の *a* や *au* については，3.9 を見よ．

長音 /a·/

3.34. 初期の長音 /a/ は，開音節で通例 OE *a*（*æ*, *ea*）に対応する，この音は ME で，OE *a* が /ɔ·/ になったあと長音化した：*ape* OE *apa*, *lade* OE *hladan*, *ladle* OE *hlædel*, *shade* OE *sceadu*, *hate* OE *halian*, *shake* OE *sceacan*, *snake* OE *snaca*, *acre* OE *æcer*, *name* OE *nama*, *shame* OE *sceamu*, *lane* OE *lane*, *knave* OE *cnafa*, *raven* OE *hræfen*, *shave* OE *scafan*, *bathe* OE *baðian*, *graze* OE *grasian*, *hazel* OE *hæsel*, *tale* OE *talu*, *ale* OE *ealu*.

/a·/ はまた北欧語で，開音節において元来短母音をもつ語にも：*gape*, *gate*, *take*, *same*, *scathe*, *snare*.

3.35. フランス語で，強勢のある音節での /a·/：*able*, *escape*, *fade*, *state*, *plague*, *blame*, *cave*, *face*, *chaste*, *age*, *ache*（あるいは *aitch*, 文字 *h* の名前の音），*male*, *declare*, *scarce*. 英語では強勢を受けるが，フランス語では受けない場合：*labour*, *vapour*, *nature*, *danger*, *nation*. フランス語では強勢を受けるが，英語では受けない場合：solace lamage（cf. 9.14）．*female* の長音の /a·/ は *femelle* のフランス語母音によるのではなく，*male* からの類推による．

3.36. 一部の初期の /a·/ の長音の音量は子音の消失の補填による：OE *hlǣfdige*, 最初 *fd* の連続による短化があり，ME *lafdi* > 初期の /la·di/ *lady*. OE *healfpennig* > 初期の /ha·peni/ 現在 [heip(ə)ni]，ここでは綴り *halfpenny*（半ペニー）には変化はない（この語は ME 後期，ときどき *f* なしに綴られた：*halpeny ale* Piers Pl., *halpens* Wycl.）．C1627 は *hafe* を *halfe* の堕落した発音だという．*Ralph*, 15, 16 世紀にしばしば *Rafe* と綴られたが，発音 [reif] < /ræ·f/ は未だに生き延びている，但し綴り字発音 [rælf] がしばしば耳にされる．

3.37. この変化は次のような例へと到る，すなわち初期の /a·/ が唇子音の前で初期の *au*（OF *au* < *al*）に由来する例である（cf. *savage* など，上の 3.33 や Luick, *Anglia* 16.497, 503 を見よ）：*babe*（もし語源 OF *baube* < Lat *balbu*(*m*) ‘stammering’（どもり）が正しければ），*mavis* OF *mauvis*, *save* OF *sauve*. 早くも Chaucer でこの語が *have*, *knave*, *shave*, *safe* OF *sauf* と押韻するのが見られる．ここで Chaucer は *au* をもつ，しかし彼の詩においてこの語が韻を踏んでいる現象は見られない．*chàfe* OF *chauffe*, *wafer* ONF *waufre*, F 中央方言 *gaufre*. 同じ /a·/ が *m* の前に見られる：*flame*, *chamber*, *cambric*, ここではそれは *al* に対応してはいないが，ME *flaum*(*b*)*e*, *chaumber* で *au* をもっていた．/ʤ/ や /nʤ/ の前でもまた，/a·/ < /au/

がみられる：*sage*（サルビア）OF *sauge* < *salvia*，*gauge* /ga·ʤ/ 現在 [geiʤ] ONF *gauge* 中央フランス語 *jauge*，*change* ME *chaunge*，*range*，*arrange*，*strange*，*angel*．英語では強勢を受けるが，フランス語では受けない場合：*danger*，*manger*，*stranger*，これらに /nsi/ 現在 /nʃ/ をもつ *ancient* が加えられなければならない．フランス語で強勢を受けるが，英語では受けない場合：*orange*，現在 [ɔrin(d)ʒ]，S 1547 により複数形 *oreintsys* と記される．/ʤ, nʤ, nsi/ の前で，おそらく初期の音として /a·/ ではなく，/æ·i/ を指摘すべきであろう．最終的な結果は同じである．

/u/

3.411. 初期の短音 /u/ の音質に関して，昔の正音学者は狭い *u* と開口音の *u* の区別をしない（*i* 3.1 を参照），そしてそれを無差別にフランス語の短音 *ou*（これは狭い）とドイツ語短音 *u*（これは現在（少なくとも北部で）開口音）と同一視する．しかし Florio は *bun*，*dug*，*flud*（＝*flood*?），*gud*（＝good），*rud*，*stud*，*tun* における *u* と，*honoro*，*mio*，*Dio*，*con*，*ogni*，*divotione* におけるイタリア語の狭い *o* を同一とするが，この同一視は開口音である証拠と考えられる，この音はまた，その音が [ʌ] に変わっていないところでは，現代英語にも見られる，11.6 を見よ．

3.412. 初期の短音 /u/ は規則的に OE 短音 *u* に相当する：*cup*，*mud*，*nut*，*buck*，*some*，*sun*，*sung*，*drunk*，*love*，*thus*，*lust*，*full*，*turtle*，*borough*.

短音の /u/ が短化された OE *ū* である語もある：*buxom*，*dust*，*husband*，*utter*，*utmost*，*us*，*but*．OE *ū* は /k/ の前で短化された：*duck* sb OE *dūce*，*duck* vb OE **dūcan*，*suck* OE *sūcan*，*puck* OE *pūca*．唇音の前での短化については 8.24 参照，/x/＝*f* 前での短化ついては 10.23 参照.

/u/ は北欧語の *u* に相当：*scrub*，*ugly*，*scull*.

/u/ は短化された北欧語の *ū*：*scum*，*busk*，*Thursday*.

3.42. 初期の /u/ が OE *y* に対応する場合がある，とくに /ʃ/ の近辺で：*shut* OE *scytian*，*shuttle* OE *scytel*，*thrush* OE *þrysce*，*blush* OE *blyscan*，*rush* sb OE *rysc*，*crutch* OE *cryce*，*clutch* OE *clyecean*，*much* OE *mycel*，*such* OE *swylc*．/ʤ/ の前で *cudgel* OE *cycgel*．同様におそらく *Dutch* でも，もともとは /y/，以前はしばしば *Duitch* と綴られた．B 1633 によれば，/dutʃ/ と /ditʃ/ のどちらも用いられていたという．一方 *trundle* は OE *tryndel* ではなくむしろドイツ語由来である．*stub* や *muck* は OE *stybb* や Scn *myki* からというよりは，母音変異のない北欧語からきたものである．*comely*（器量のよい），OE *cymlic*（ȳ?）は *come* へと牽引されてきた．

young OE *iung*（北部），WS *geong* と比較して，における /u/ にも注意.

3.43. /u/ 音は唇子音の近辺で他の母音の代わりに見られる．たとえば /r/ の前で非常にしばしば：*murther murder* OE *morðor sb*, *myrðran* vb, *word* OE *word*, *worm* OE *wyrm*, *work* OE *weorc* sb, *wyrcean* vb, *wort* OE *wyrt*, *worth* OE *weorþ*, *worthy* OE *wierþig wyrþig*, *worship* OE *weorþscipe*, *worse* OE *wiers wyrs*, *worry* OE *wyrgean*, *burthen burden* OE *byrðen*. おそらくまた *forth* も，初期の発音ではしばしば /u/ を伴って（ME *furth*）（H 1569，彼はまた *forþ* も；一方 G 1621 では /u·/）．これらの語の大部分における問題は次の事実により複雑になっている，すなわち PE /ə·/ は /ur/ に加え，初期の /er, ir/ の結果である，一方多くの語に関して初期の正音学者ははっきりと /u/ であると指摘する．動詞 *further* OE *fyrðran* では，/u/ はもちろん比較級 OE *furðor* から類推されたものである — *woman* /wuman/ 現在 [wumən] OE *wifman* ME *wimman* では，*w*+*m* は強力で後母音 /a/ の前で /i/ を /u/ へと（舌を）後ろに引くことができた（[wumən]），一方複数形の前母音 /e/ の前ではそうでなかった，結局現在 [wimin]，但し綴りは単数形に特有の *o* を伴って *women* と記される．— われわれはまた /m/ と /ŋ/ の間に /u/，現在 [ʌ]，をもつ：*among*, *-st* OE *ongemang*（H 1569 や G 1621 では *o* を伴って），*mongrel*, おそらく同じ語幹から，以前は *mungril* とも綴られた，そして *monger* OE *mangere*（G 1621 kosterd-*munger*），一方他の子音の後 OE *ang* は /oŋ/，現在 [ɔŋ]：*long*, *song*, *throng*. *month* などにおける PE [ʌ] については，11.64 参照．

sulky < OE (*a*)*solcen*（*solkennesse*, *solkee*+*nesse* と考えられる）では，/u/ は同義の *sullen* によるのだろうか？

3.441. 初期の短音の /u/ は OF /u/ に対応する，英仏両言語で強勢を受けるもの：*trouble*, *double*, *couple*,（*rut*? < *route*），*cover*, *suffer*, *budge*, *push*, *touch*, *incur*, *turn*, *purse*, *disturb*, *purple*, *turtle*, *scourge*. 英語では強勢を受けるが，フランス語では受けないもの：*supper*, *sudden*, *butler*（一方 *bottle*），*subtle* ME *sutil*, *plover*（OF *plouvier*），*govern*, *covet*, *covey*, *sovereign*, *cousin*, *cozen*, *dozen*, *custom*, *budget*, *butcher*, *gullet*, *colour*, *sullen*, *turret*, *current*, *courage*, *nourish*, *flourish*, *curlew*, *curfew*（F *couvre-feu*），*furnish*, *journey*, *burgess*, *purchase*, *purpose*, *purport*, *purloin*, *purlieu*（OF *povr-allee*, *lieu* との混合），*purvey*, *purview*, *purfle*（OF *pourfile*）．*courteous* や *courtesy* では，初期の発音は /ur/ — これは /ə·/ を生み出した，そして /u·r/ — これは /ɔ·/ となった — の両方をもっていた．フランス語で強勢を受け，英語では受けないもの：語尾 *-our*（*emperor*, *honour* など），*-ous*（*virtuous* など），後者は 16 世紀に 2 つの形態をもっていた，1 つは /-our/ < /u·r/ と /-ous/ < /-ous/ < /u·s/（第二強勢を伴って），そしてもう 1 つは /-ur, -us, -uz/ である．Hart の Pron. p. 43 を見よ．どちらの言語でも強勢のないもの：*jealousy*, *pursue*（1 番目の *u*）．

3.442. 初期の /u/ は鼻音の前でフランス語の *o* にも相当する，これは Anglo-French で /u/ になっていた（下記 /u·/ 3.47 参照）．両言語で強勢を受けるもの：*sum*, *number*, *bomb*, *encumber*, *fund*, *front*, *affront*, *plunge*, *sponge*, *trunk*, *uncle*. 英語では強勢を受けるが，フランス語では受けないもの：*stomach*, *dromedary*, *pomeroy*, *bombard*, *Lombardy*, *bombast*, *comfit*, *comfiture*, *comfort*, *compass*, *company*, *combat*, *comfrey*, *conduit*, *constable*, *conjure*, *country*, *abundance*, *money*, *onion*, *trunnion*, *donjon or dungeon*, *frontier*,（*monkey* < OF *monne* + *ki*(*n*)?）．これらに *comrade*, OF *camerade* が付け加えられる，これは一般的には接頭辞 *com-* を含むと考えられる．フランス語では強勢を受けるが，英語では受けないもの：*pardon*, *baron*, *lion*, *reason*, *season*, *prison*, *-ion*（*nation* など），これらすべては ME で頻繁に *-oun* と綴られた（*pardoun* など），これは /u/ あるいは /u·/ の発音を示す．どちらの言語でも強勢を受けないもの：*commit*, *command*, *contend*, *contain*, *condemn*, *concur* など ― *cony*, *coney* OF *conil* では，発音は /u/ > [ʌ] だった，19 世紀の中ごろまで *honey*, *money* と押韻した，この時期 [ˈkouni] が，（この語が廃れてしまってから）綴り字発音として用いられるようになった．この発音は「ある程度，通俗的であるという連想を避けたいという願望」（NED）により支持された．

一定数のこれらの語において，[ʌ] < /u/ の他に，現在の発音はまた [ɔ] をもつが，これは中央（あるいはそれ以降の）フランス語，あるいは綴りの影響によると思われるもの：*dromedary*, *bomb*, *bombard*, *Lombardy*, *bombast*, *combat*, *cmnfrey*, *constable*, *frontier*, *frontal*, *frontispiece*. [ɔ] のみが見られるもの：*common*, *accomplice*, *accomplish*, *comrade*（[ʌ]，19 世紀の中ごろまで），*homage*, *honour*, *honest*, *bonnet*, *astonish*, *contrary*, *conquer*, *conquest*. 語尾 *-ion*（*nation* など）において，初期の正音学者は一般に /u/ ではなく /o/ と記す（H 1569, G 1621）．

3.443. /u/ はまた他の少数の語でフランス語の *o* に対応する．唇子音のあと，これは上で言及された /u/ に類似する（3.43）：*puzzle* F *opposaille*, *putty* F *potée*,（*pudding*? < Welsh *poten*, 2.12 を参照）．さらに：*gulf* F *golfe*, *tuck* OF *estoc*, *truck* F *troque*, *drug* F *drogue*, *drugget* F *droguet*, *cutlet* ModF *côteleette*, 明らかに *cut* に同化．

3.444. われわれはまた，フランス語 /y/ に対応する /u/ をもつ，*u* と綴られ，少数の場合に強勢音節に現れる：*humble*, *just*, *bust*, *judge*, *purge*. もっとしばしば強勢のないフランス語音節に：*public*, *study*, *ducate*（初期の綴り *ducket* など），punish, ductless, surname, surplice. 両言語で非強勢のもの：*submit*, *supplant*, *success*, *suffice*, *sufficient*, *surprise*, *survive*. さらに次の点に注意せよ，ラテン語の伝統的な英語発音では ― これは主としてフランス語を模範にしているが ―，短音の *ŭ* が /u/ > [ʌ] になった，一方長音の /u/ は [ju·] となった ― /u/ は OF の二重

母音 *ue*，*ui* を表す，例えば *cull* OF *cueille*，*usher* OF (*h*)*uissier*.

/u·/

3.45. 長音の初期の /u·/ は規則的に OF *ū* に対応する：*cow* sb. *thou*，*stoup* 現在 *stoop*，*loud*，*out*，*roum* 現 在 *room*，*town*，*mouth*，*thousand*，*house*，*owl*，*shower*，*rough*.

長く伸ばされた OE *u*：(*doumb* 4.222 を見よ)，*hound*，*bound*，*found*，*pound*，*ground*，*sound*，*wound* ptc. (*mourn*，*bourn* 13.36).

Scn 長音の *ū*: *cow*「脅す」，*boun* (現在 *bound*)「向かって」.

3.46. 短音の OE *u*＋後舌開口の *g*，後者はこの位置では実際上＝/w/ だった，かくして /uw＝u·/：*fowl* OE *fugol*，*sow* OE *sugu*，*cowl* OE *cugele*. この *g* は長音の *ū* に吸収された：*bow* OE *būgan*，*drought* OE *drūgoþ*.

同様にまた *drown* < Scn **drugna* (＝*drukna*)，デンマーク語の方言 *drown* < **drogna* 参照.

さらに次に /u·/ < /o·ɡ/ (/i·/ < /e·j/ 3.123 を参照) がある：*bough*「枝」/bu·/，現在 [bau] OE *bōh*，屈折した *bōg*-，そして *slough*「ぬかるみ」/slu·/，現在 [slau] OE *sloh*，*plough* Scn *plōg*，*enow* (*enough* の複数形). これらの語すべてで，屈折形から着手しなければならない. 非屈折形の扱いは *enough* /iˈnux/ > /iˈnʌf/ 10.23 において示される.

3.47. 初期の長音 /u·/ は強勢音節において OF の *u* に対応する：*vow*，*allow*，*endow*，*powder*，*dout* 現在 *doubt* と綴られる. *scout*，*spouse*，*couch*，*hour*，*devour*，*gourde*，*court*，*course*，*source*. ――英語では強勢を受け，フランス語では受けないもの：*bowel*，*towel*，*tower*，*dower*，*dowry*，*coward*. *outrage* は民間語源的には *out* と関連付けられてきた，かくして *ou* /u·/――OF で強勢が置かれ，E では非強勢のもの：*-our*，*-ous* 上の 3.441 を見よ. ――長さは *r* の前で疑わしい場合がある：*court* など，13.36 参照.

われわれには鼻音前の /u·/ もある，これは中央フランス語の *o* (Anglo-French *u*) に対応する：*toumbe* 現在 *tomb* (8.23)，*crown*，以前は *coroune*，*noun*，*renown*，*soun* 現在 *sound* F *son*，*sound* vb F *sonder*，*bound*，*abound*，*round*，*found*，*profound*，*confound*，*surround* (*suronde* < Lat *unda*)，*count* F *conte*，*count* F 現在 *compte*，*account*，*fount*，*mount*，*amount*，*announce*，*pronounce*，*renounce*. 英語では強勢があり，フランス語ではないもの：*county*，*countess* (ここでは *count* との類推が *country* におけるのと同じ取り扱いを妨げてきた)，*countenance*，*counsel*，*mountain*，*fountain*，*bounty*.

/u/ の綴り（短音と長音）

3.481. OE では，母音 /u/ を表すために *u* が常に綴られた．しかしノルマン征服のあと，フランス語の影響がかなりの混乱を引き起こした．フランス語では，文字 *u* が子音 /v/ に用いられた，2.536 を見よ，そして様々な母音についても用いられた，これはラテン語長音の *ū* が前舌化され /y·/ に，あるいはいずれにせよ混合の /ü·/ になったことの結果である，一方ラテン語の *ŭ* や *ō* は 1 つの音に水平化（同一視）され，無差別的に *u*，*o*，*ou* と綴られた．英語では，*u* はその新しい子音音価 /v/ の他に，ときどき /y/ を表すためにも用いられた，3.131 を見よ，そしてもっと頻繁には新たな二重母音 /iu/ のためにも用いられた，3.8 を見よ，一方でその古くからの音価 /u/，/u·/ は保持していた．この混乱を回避するために，フランス語の 2 つの綴り *ou* と *o* が用いられた．前者は長音の /u·/ のためにもっともしばしば用いられたばかりか，多くの語で短音の /u/ にも用いられた．文字 *o* はそれだけでしばしば /u/ に用いられた，ときどき長音を表すためにも用いられたが，もっと頻繁には短音を表すために．Heuser が明らかにしたように（ESt 27.353，Midland のテキストについては，とくに p. 391ff. を見よ），ME のテキストの中には，開音節で，OE *u* に対してかなり規則的に *o* と綴るものがあった，一方閉音節では *u* を保持した，かくして Havelok では *ðoru*（＝thorough，through），*forw*（furrow），*boru*（borough），*sone*（son OE sunu），*wone*（OE wunian），*bole*（bull），一方 *un-*，*us*，*thus*，*ful*，*Lundone* など．とくに興味深い場合は *come*，*comes*，*comen* に対して命令形の *cum* である．Heuser はこれを真の音変化を示すものと解釈する，すなわち開音節の *u* が /o·/ へと長音化されたと．しかし ModE でわれわれはこれらのすべての例で /u/（現在 [u, ʌ] 11.6 を見よ）をもつので，私は，われわれはここで，対応する音声的違いのない純粋に文字的な手段をもつ（単に文字上のこと）という説明を示唆：閉音節で読み違えの確率は非常に小さかったが，開音節ではそれはかなりのものだった，例えば *sune* が /siunə/ と読まれる可能性もあった，cf. June，と /kium/ としての *cume* 参照，cf. *consume* など．この方式の綴りの生き残りは，3.482 に属するものを除いて，*thorough* と *borough* である．*Sune*（息子）OE *sunu* を表す *son* ME *sotie* と，*sun*（太陽）ME *sunne* OE *sunne* とを比較せよ．（sun と son は綴字上の区別）

3.482. もっと新しい年代の ME テキスト（Chaucer など）ではさらに広範に，/u/ を表して *o* が用いられるのを目にする，すなわち文字 *m*，*n*，*u*（*v*，*w*）のいずれかの近辺で．その理由はこれらの文字の（たて長の）筆致が同じであったこと，これらの筆跡の増加が，とくに *i* の上に点などが記されない時代に，解読をきわめてあいまいでむずかしいものにした（5 回の筆の跡が次のように読まれるかもしれない：*uni*，*nui*，*uui*（uvi あるいは wi），*iuu*（ivu あるいは iw），*mii*，*imi* など）．これは次の現在の綴りを説明する：*won*，*wonder*，*worry*，*woman*，*monk*，*monkey*，*sponge*，*ton*，*tongue*，*some*，*Somerset*，*honey*，*cover*，*above*，*love*（ME loue（＝luue））他多数．

wood や *wool* の *oo* については 4.216 を見よ.

3.49. かつての *v* の音価の生き残りは固有名 Leveson に見られる，この名の別の綴りは *Lewisson*，現在 [ˈl(j)uˑsn] と発音される．文字 *w*（"double u"）は /w/ の子音音価をもって綴られるばかりでなく（cf. 2.512），*a* 母音のあと単独 *u* の代わりとしても用いられた（以下 *aw*，*ew* 参照）．Mulcaster（1582 p. 117）が明確に述べているように，綴り *ou* は母音の前で避けられねばならない，というのは *u* はそこで /v/ を表すと考えられるからだ．こうして次の綴りが得られる：*coward*（cf. *couer*=*cover*），*vowel*，*dower*（cf. *Douer*=*Dover*），*power*（cf. *pouerte*=*poverty*），*shower*，*bowed*，*louring*. 長い変動期の後，現在の *ou* と *ow* の分布が落ち着いた，この安定は音には考慮を払わず，一般に次の慣用をもつ：

ow 語尾に：*cow*，*know*; thou を除く，
ow 母音 *a* の前，上を見よ，
ow *l* の前で：*owl*，*howl*，*bowl*（一方 soul），
ow 語末の n の前で：*town*，*known*（一方 *noun*），
ow と *ou*—*d* の前で：*crowd*，*loud*，*powder*，
ou 他の大部分のケースで：*house*，*sour*，*nourish*，*stout*，*bought* など．さらに *-nd* の前で：*hound*，*sound* など．

この規則の恣意性は *noun*（*pronoun*）と *renown* の間の対照に見られる，どちらももちろん語源的に同じである．最近の区別が *flower* と *flour*「穀粉」の間の綴りに見られる，後者は元来 *flower* の特別の意味（「最良の部分」）に他ならない．そして名詞 *fowl* と形容詞 *foul* の間にも見られ，これらは音は同じだが，他のすべての点で異なる（OE *fugol*，*fūl*），一方 *bow* [bau] と *bow* [bou] や *row* [rau]（口げんか）と *row* [rou]（列）の間の綴りではいかなる区別もなされなかった．

挙げられた例から，次の事実により事態は複雑になるようだ，すなわち同じ母音が元来異なる音を表し，元来同じ音がその後異なる発達をした．例えば：

ow＝初期の /uˑ/，現在 [au]：*now*，*cow*，*tower* など．
ow＝初期の /ɔˑu/，現在 [ou]：*know*，*known*，*grow* など．
ou＝初期の /uˑ/，現在 [au]：*thou*，*house*，*county*，*plough* など．
ou＝初期の /ɔu/, /x/ の前で，現在 /ɔˑ/：*thought* など．
ou＝初期の /ɔˑu/，現在 [ou]：*soul*.
ou＝初期の /u/，現在 [ʌ]：*nourish*，*country*，（*tough*）など．
ou＝初期の /uˑ/，現在 [u]：*could*.

/o/

3.5. *e* と同様に，短音の /o/，長音で狭い /oˑ/（*γ*5）と長音で唇が開いた /ɔˑ/（*γ*7）を区別しなければならない．

3.511. 短音の *o*— 初期の発音ではおそらく現代の *got* にみられる低円唇後広音ほどは「唇が開いて」はいず，むしろ *gott* におけるドイツ語の *o*— は，OE の短音の *o* に対応する：*cobweb*, *hop*, *god*, *pot*, *dog*, *cock*, *from*, *on*, *song*, *oft*, *moth*, *gospel*, *follow*, *folk*, *morroiv*, *corn*, *short*.

/o/ は短化された OE *ō* である，例えば *soft* OE adv *sōfte*, *fodder* OE 屈折した *fōdre-*, *blossom* OE *blōstm*.

/o/ は *ng* の前で：*long*, *song*, *strong*, *throng*, *th*(*w*)*ong*, これらに北欧語の *wrong* が加えられるかもしれない．通説では OE *a* が *ng* の前で長化され（*mb* の前の長化 *camb* > *comb* 参照 4.221），それから ME 初期，他の *ā* と同様 /ɔ·/ へと変化し，その後短化した．しかしながら，これは非常に疑わしい，というのも *ng* の前では何の母音であれ長化の信頼できる証拠はないからである．OE は綴り *-ang* に加え *-ong* をもっていた（cf. *mann*, *monn* 3.31）．そして，われわれは *-ang* /aŋg/ から短母音 /oŋg/ を伴う *-ong* への直接の変化を仮定できるであろう．他の鼻音の前では，*-nk* の前と同様，*a* は標準英語で保持された，但し唯一の例外は *from* と *on* < OE *from fram*, *on an*（非強勢の形態 ?）.

短音の /o/, 北欧語の *o* から：*odd*, *rotten*, *aloft*,（? *cross*）.

3.512. 短音の /o/ は OF *o* に対応する．強勢音節で：*proper*, *trot*, *mock*, *offer*,（*apostle*）, *lodge*, *port*. 英語で強勢を受け，フランス語では受けないもの：*pocket*, *honour* など（3.442 を見よ），*office*,（*h*）*ostler*, *jolly*, *foreign*. 英語では非強勢，フランス語では強勢されるもの：*nation* など．3.442 を見よ．

少数の語で短音の /o/ はフランス語の *ou* に対応する：*novel* F *nouvelle*, *costume*（cf. *custom*）.（綴り字発音 ?）

3.521. 長音で狭い /o·/ は通例 OE *ō* に対応する．*shoe*, *to*, *too*, *brood*, *good*, *flood*, *root*, *foot*, *book*, *doom*, *soon*, *glove*, *hoof*, *other*, *sooth*, *ousel*（*ouzel*, 以前は *oozel* と表記）, *goose*, *tool*, *floor*, *swore*. *g*, *h* 前での OE *ō* については 3.46 を見よ．

長音で狭い /o·/ は OE *o*（*old*, *should*, *would*）の長音化である．

/o·/（*shoot* など）については 3.602 を見よ．

長音の /o·/ は Scn *ō* に対応する：*root*, *took*, *bloom*, *boon*「願い事，恩恵」, *booth*. また例外的に Scn *ou*, *au*：*loose*.

3.522. 長音で狭い /o·/ は w と唇子音の間で OE *ā* に対応する：swoop /swo·p/ OE *swāpan*, *womb* /wo·mb/ OE *wamb*, *whom* /hwo·m/ OE *hwām*. しかし /o·/ はまた two /two·/ OE twa や who /hwo·/, *whose* /hwo·z/ にも見られる，これらでは唇子音は後続しない．おそらく w の無声性がこれらの例での変化を説明する，Mansion, *Arehiv f. d. st. n. spr.* 120 p. 156 を見よ．この w はまた *woo* /wo·/ OE *wōgian* ME *wowe*(*n*) や *swoon* /swo·n/ OE *swōgen* において，/ɔ·u/（あるいは /u·/, 3.46）ではなく /o·/ であることを説明する．ElE はまた，二重母音が /u·/ から生じ，sound と押韻する *swoun*(*d*)，3.46 を参照，と *w* のない形式をもつ．

狭い /o·/ が，接尾辞 *-hood*（*childhood* など）OE *-hād* に，弱強勢のため，/ɔ·/ の代わりに見られる．

Hempl（*Journ. of Germ. Philol.* I. 14）は *who* における /o·/ をそれが文強勢なしで頻繁に使用されることから説明する．Luick（*Unters.* 76）は *woo*，*swoon* についてここで試みられた説明とは異なる説明をする．

3.523. 長音の狭い /o·/ は（唇子音の近辺に）少数の OF の語で見られる：*boot*, *mood*（文法用語），*move*，*prove*，*proof*，*fool*，*poor*. ―フランス語の *-oon*，例えば *balloon* については 8.36 を見よ．

/ɔ·/

3.531. おそらく ME における長音の唇が開いた /ɔ·/ は PE *law* のような音をもっていた，これは次第により狭くなった．初期近代にそれはデンマーク語の *å*（*gås*）あるいはドイツ語 *gott* の *o* に対応する長母音のようなものであったかも知れない（これらの音については *Lehrbuch d. Phon.* §9.7, 9.8, *Fonetik* (Danish ed.) §349f. を見よ）．規則的に OE *ā* に対応する音：*toe*，*foe*，*no*，*so*，*go*，*mo moe*（副詞，*more* の複数形として用いられた），*woe*，*sloe*，*roe*，*doe*，*soap*，*pope*，*rope*，*grope*，*road* sb，*rode* p.t.，*abode*，*broad*，*wood*，*bad*，*goad*，*toad*，*boat*，*goat*，*oat*(*s*)，*smote*，*wrote*，(*hot*)，*oak*，*stroke*，*token*，*oakum*，*broke*，*spoke* sb，*woke*，*home*，*foam*，*loam*，*roam*，*one*，*only*，*alone*，*atone*，*none*，*once*，*bone*，*gone*，*stone*，*moan*，*groan*，*loan*，*drone*，*clover*，*grove*，*drove*，*loaf*，*clothe*，*loathe*，*both*（? Scn），*cloth*，*oath*，*loth*，*wroth*，*those*，*arose*，*ghost*，*most*，*holy*，*hole* 現在 *whole*，*dole*，*goal* (OE *gal*?)，*pole*，*mole* 'mark on body'，*more*，*sore*，*oar*，*boar*，*hoar*，*lore*，*roar*，(*lord*).

so /o·/，現在 [ou] と *two* /o·/，現在 [u·] との間の違いは，*so* がその *w* を初期に失ったこと，一方 *two* の *w* は消滅する前に母音を変えたことによる，3.522 と 7.3 を見よ．

長音の /ɔ·/ は *fro* における Scn の *ā* に対応する，おそらく *both* においても対応する，もしこれが本来語の語でなければ．

3.532. 長音で広母音の /ɔ·/ はまた OE 短音の *a*（*ea*）が *ld* の前で長音化された音も表す：*old*，*cold*，*bold*，*hold*，*sold*，*told*，*fold.* 同様に *mb* の前でも，*comb* や *clomb*.

3.533. さらに長音で広母音の /ɔ·/ は OE 短音の *o* が開音節で長音化されたものである：*hope*，*open*，*throat*，*float*，(*groat*?)，*mote*，*bode* OE *bodian*，*smoke*，*yoke* OE infl. *geocu*，*broke*(*n*)，*spoken*，*soak*，*cove*，*stove*，*over*，*cloven*，*nose*，*hose*，*chosen*，*coal* OE *colu* 複数形．そして他の屈折形，*hole* OE infl. *hole-*，*foal*，*sole*，*shoal*，*stolen*，(*be*)*fore*，*born*(*e*)，*forlorn*，*frore*，(?*door*)，*bore*「穴をあける」，(*shore*?)，*snore*. ── この /o·/ は Chaucer では依然 /ɔ·/ < OE *ā* とは異なっていた，Skeat 版 vol. VI p. XXI を見よ，但し Chaucer はときに *more* (māra)：*before* (biforan) を押韻させる．Lydgate ではこれらは完全に同一になったようである，しかし 2 音の違いは未だに South Yorkshire や South Lancashire で保持されている．

3.534. Long /ɔ·/ はさらに強勢音節で OF *o* に対応する：*lobe*，*robe*，*noble*，*sober*，*ode*，*coat*，*note*，*rogue*，*cloak*，*trone* 現在 *throne*，*rose*，*suppose*，*close*，*gross*，*coast*，*roast*，*toast*，*host*，*poach*，*coach*，*broach*=*brooch*，*reproach*，*approach*，*sole*「一人で」，*sole*「ヒラメ」，*store*，*restore*，*implore*，*story* OF *istorie*，*-oire*. 英語では強勢を受け，フランス語では受けないもの：*poet*，*broker*，*hostage*，*crosier*，*sojourn*，*story* あるいは *storey* OF *estoree*，*glorious*.（フランス語で強勢を受け，英語では受けないもの：*memory* はおそらく英語で，強勢の移動後短期間長母音をもっていた，しかし *o* はまもなく短化した.）

3.54. 綴り．ME 期を通して，*o* が，短音 /o/ の通例の綴りばかりでなく両方の長音（o· と ɔ·）の綴りでもあった，*oo* がときに音調を示すために用いられた．綴り *oa* が 13 世紀に長広母音を表すために見られた（*ea* をもっていたのと同じテキストに，3.242）．以後の世紀には *oa* はきわめてまれである（例えばこれは Caxton にはみられない），しかし 16 世紀の終わりにかけてより一般的になり始めた．17 世紀には，*oa* の使用は現在の程度に達した，しかしながら多くの語が長い間変動した（*cloath*，*cloathe*，*broath*，*shoar*，*choack* ── これらは Defoe's Rob. Crusoe 1719 から）．

oa を採用する理由は *ea* の場合（3.241，8.14）と同じであった．*oa* と *o* の使用における一貫性の欠如は豊富に見られる．それらはすぐ上で挙げられたリストを一瞥して見てとれる．*oa* はけっして語尾には用いられなかった，それゆえ *foe* など（但し一語において *oe* は口の開きが狭い音をあらわす：*shoe*）．*ea* と同様，Luick（*Unters.* p. 175）は，おそらくこの綴りは，その方言に二重母音 /oə/ をもっていた地域（北部，内陸部北部）に始まったという，そしてこれが *oa* になったのかもしれない．── 2 つの例で，*oa* は，元来 1 つのもので，常に同じ音を保存してきた複数の語を綴る際に区別立てをするために用いられた：*broach* と *brooch*，そして *coarse* と *course*（*coarse cloth* 正確には「通常の輪奈の布」），cf. 3.47.

二重母音

3.601. ここで二重母音を論ずる前に — この音は，ME では，主に母音と有声の開口的な子音（*w*，*g*）の組み合わせによって生じた — これらはみな二重母音としては消滅したが，OE の二重母音について，若干述べておかなければならない．優勢な要素は短母音として残って，従的な要素は消失した．たとえば，*ēa* は /e·/ 3.221，そして ēo は /e·/ となった 3.221．出所はどうであれ短い *ea* は *a* となった，例えば *eall* > *all*，*sceamle-* > *shamble(s)*，*sceamu* > *shame*（3.34 を見よ）．その「短い *eo*」は実際は 2 つの別個の二重母音だった．それは長音化についてはうつろな（hollow）要素によって変化し，ME で *e* となった（あるいは *e* のままだった）*e* : *heorte* > *herk*，あるいは前舌要素の後で変化し，ME で *o* になった（あるいは *o* に留まった）*o* : *sceort* > *short* のいずれかであった；同様に *geoc*（>**juka*）；ここで *o* は屈折形で長音化した，したがって ME /jɔ·ke/ > Mod *yoke* [jouk]．同様に *sceōh* の *eō* は単なる長音の *ō* で，*sc* のため前舌わたり音（*e*）が先行しているものである．ME では（屈折形態における *h* の消失で）規則的に /ʃo·/ > Mod *shoe* [ʃu·]; OE *sceōc* > *shook*．また OE *scieran* 参照，ここの *i* は *sc* による，> *shear*.

3.602. しかしいくつかの語では，OE の二重母音の第一要素が，本来先行する口蓋音によるものではないにもかかわらず，そのように扱われ，第一要素が口蓋子音に吸収され，強勢が，いわば，第二要素に移動した．大部分の例で，2 つの形態が一定期間併存した．たとえば OE *scēotan* > ME *shete*（Chaucer など，現在廃語）と *shote* /ʃo·tə/，現在 *shoot* [ʃu·t]，OE *cēosan* > *chese*（Ch. など）と **ceōsan* > *ch(i)oose*: /o·/ >[u·] への変化のあと，この *ioo* は /iu/ と見分けがつかなくなった，それ以来 16，17 世紀の頻繁な綴りは *chuse*; G1621 は *v* を用いて *chvz* と綴る，この *v* は *vz*＝'use' のように彼の /iu/ を表す記号である，OE *acēocan* は ME *acheke(n)* や *achoken* になった，そこから Mod *choke*（但し **chook* が予期されるかもしれない）．OE *cēowan* > *chew* 現在 [tʃu·]（*ēow* > /iu/ については 3.812 を見よ，/i/ の消失については 13.76 を見よ）そして *c(e)ōwan* > *chow*，以前は一般的だが，現在は Sc や北部方言に限られる（別の形態 *chaw* については NED を見よ）．OE *scēawian* > *shew* /ʃeu/（H 1569，G 1621），現在は口語で絶えた，但し綴りは依然としてしばしば用いられる，そして *sc(e)āwian* > *show*（H 1569 /ʃio·/ も），現在 [ʃou]；大部分の 17，18 世紀の正音学者はこの語で *ew*＝*ow* あるいは「長音の *o*」と示す．OE *cēap* は規則的に cheap /ʧɛ·p/ > [tʃi·p] となる．しかし次の 2 つの複合語 *chapman* と *chaffer*（**cēapfaru*）では *c(e)ap-* が見られる．/j/ の後でも同様：OE *gēar* 規則的に > *year*，一方 *gēara g(e)āra* > *yore* となる．OE *geolca* は規則的に > *yelk* となる，しかしまた *g(e)olca* > *yolk*，現在認知されている形態 [jouk]．C 1627 は *yelk* を *yolk* を表す通俗形態として挙げる，そして D 1640 はこう言う，「卵黄（yolke)，これを人々は一般に *yelke* と呼ぶ」．しかし OE *gēa* > *yea*；現存する発音 [jei] は *nay* との類推によるもので，11.75，**geā* によるものでない．

3.603.　昔の二重母音の類似の変化は次の少数の例にも見られる，それらでは前舌の子音があることでそれを説明することはできない：OE *lēosan* > ME *lese*(*n*)(Ch., Roister Doister)，そして *lose*，現在 [lu·z] (cf. *cēosan*)；ここでは形容詞 *loose* の影響が説明に援用される．OE *scrēawa* > *shrew* /ʃriu/，現在 [ʃru·]，13.71 を参照，一方 *shrow* も，これは Shakespeare 二折版の綴りである．彼の押韻は対応する発音を示す，この発音は Ellis, EEP III p. 960 によれば，未だに見られるという．*Scrēawesbyrig* > *Shrewsbury*，当然ながら 2 つの発音 [ʃru·zbəri] と [ʃrouzbəri]，これら 2 つとも生き延びている．OE *strēawian* あるいは *strēowian* > *strew* /striu/ あるいは *straw* /strɔ·u/.　両形ともまだ用いられており，[stru·, strou] と発音される．さらに次を参照，OE *sīwian siowian*，ME *sewe sowe*，現在 *sew* と綴られるが [sou] と発音 (*hēo* における二重母音の変化の可能性については，2.742 を見よ)．

/æ·i/

3.61.　ME 期の終わりにかけて，2 つのそれまで異なる二重母音であった *ai* (*ay*) と *ei* (*ey*) が混同され 1 つの /æ·i/ あるいは /æi/ になった，おそらく最初の要素が半長である．古い相違は依然ある程度綴りに見られる，但し非常に多くの *ey* (*wey*, *pley*, *cley*, *hey* その他) が現在 *ay* へと変わった．*gray* の綴りは完全には *grey* に置き換えられてはこなかった，そして近年，2 つの綴りを異なる色合いに割り振る試みさえなされてきた：「*gray* は白と青の混合色に用いられる用語である．*grey* は色彩科学者の間では白と黒による混合色を意味する」(Standage, Academy⅔ 1901 に示されている)．これはもちろん完全に人為的である．—ME の *ai* と *ei* の区別はここでわれわれの関心事ではないので，ME の *ai* と *ei* を 1 つの近代英語の二重母音として扱う．この二重母音の音価はおそらく /æ·/ (PE *had* の長音) でゆっくり /i/ の方向にわたるものだった．*i* や *y* をもつ綴りについては，3.137 を見よ．

3.611.　/æ·i/ の第一の起源は OE *æg* (ここで文字 *g* は前舌開口的な子音，実質的には /j/ を表した)：*day* OE *dæg*，*maid*(*en*) OE *mægden*，*said* OE *sægd*(*e*)，*again* OE *ongægn*，*against* OE *ongægn*+*es*+*t*，*brain* OE *brægen*，*wain* OE *wægn*，*slain OE* (*ge*)*slægen*，*daisy* OE *dæges*+*ēage*，*nail* OE *nægel*，*snail* OE *snægel*，*tail* OE *tægel*.　おそらくこれらに次が加えられねばならない，*eight* OE (Angl) *æhta* (*WS eahta*) と *neighbour* OE *nēahgebūr*.

3.612.　/æ·i/ の第二の起源は OE e+同じ前舌開口の *g*：*play OE plega*，*plegian*，*lay*(*eth*) OE *leg*(*eþ*)，*laid* OE *legde*，*braid* OE *bregdan*，*saith* OE *segþ*，かくして *say* inf，*twain* OE *twegen*，*lain* OE (*ge*)*legen*，*chilblain* の *blain* OE *blegen*，*sail* OE *segel*，*ail* OE *eglan*，*lair* OE *leger*.　同じ語形変化表に見られる 2 つの母音 OE *segþ* と *sægde* は，それゆえ水平化された (同じになった)，一方第三の語幹が *secgan* などに見られるが，完全に消失した．

3.613. /æ·i/ の第三の起源は OE の長音の *ǣ+g*：*grey gray* OE *grǣg*，*clay* OE *clǣg*，*whey* OE *hwǣg*，*stair* OE *stǣger*.

3.614. /æ·i/ の第四の起源は Scn *ei* である：*they*，*aye*，*bait*，*swain*，*raise*，*their.*

3.615. 五番目の起源は OF の二重母音 *ai* と二音節の *a+i* である：*pay*，*gay*，*delay*，*jay*，*ray*，*array*，*aid*，*await*，*claim*，*vain*，*plain*，*grain*，*train*，*chain*，*gain*，*complain*，*saint*，*plaint*，*plaice*，*maister* 現在 *master mister*，*mail*「鎖かたびら」，*rail*，*assail*，*avail*，*mayor* (*maire*)，*pair*，*chair*. フランス語では強勢を受けるが，英語では受けないもの：*abbay*，*veray* 現在 *very*，*certain*，*chaplain*，*suddain* 現在 *sudden*，*sullain* 現在 *sullen*，*villain*，*forain* 現在 *foreign*，*sovrain* 現在 *sovereign*，*fountain*，*mountain*，*bargain*，*barain* 現在 *barren*，*travail* 現在また *travel*，*bataille* 現在 *battle*，*vitailes later tittles*，(*e*)*spousaile* 現在 (*e*)*spousal*，*arrivail* 現在 *arrival*，*feicaile* 現在 *fuel*，*towaile* 現在 *towel*，*entrails*，*vicaire* 現在 *vicar.* どちらの言語でも強勢を受けないもの：*ven*(*a*)*ison.*

3.616. /æ·i/ の六番目の起源は OF *ei*（あるいは e+i）：*survey*，*convey*，*fray*，*affray*，*display* (OF *displeier* < *displicare*，英語では *play* の複合語と考えられる)，*prey*，*pray*，*obey*，*strait*，*rein*，*pain*，*vein*，*attain*，*reign*，*feign*，*constrain*，*paint*，*faint*，*deign*，*disdain*，*faith*，*praise*，*veil*，*heir*，*fair 'market'*，*despair.* 英語では強勢を受けるが，フランス語では受けないもの：*dainty*，(*leisir* 現在 *leisure*)．フランス語では強勢を受けるが，英語では受けないもの：*money*，*lamprey*，*doseine* 現在 *dozen*，*harneis* 現在 *harness*，*burgeis* 現在 *burgess*，*counseil* 現在 *counsel*，*merveyle* 現在 *marvel*，*appareil* 現在 *apparel*，*boteile* 現在 *bottle*. この *ei* は語尾 Anglo-Fr. *-tie.* = 中央フランス語 *-ée*，Lat.*-oto* にも見られた：*counlrey* 現在 *country*，*valley*，*medley*，*motley*，*entrey* 現在 *entry*，*alley*，*assembly*，*journey*，*chimney*，*army.*

3.617. 以下の同音異義語は，異なる音が /æ·i/ へと一体化することによって生み出された：*air* OF *air* と *heir* OF *heir*，*fain* OE *fægen* と *feign* ME *feine* OF *feigne*，*fair*「見目うるわしい」OE *fæger* と *fair* OF *feire*（近代の *foire*），*hail* OE *hægel* と *hail* Scn *heil*，*hay*「干し草」OE *hēg*（以下を見よ）と *hay*「生垣」OE *hege F haie* と混成した，*lay* adj OF *lai, lay* vb OE *legep* の語幹，と *lay* p.t. OE *læg*，*may* OE *mæg* と *May* OF *mai*，*main* OE *mægen* と OF *maine*，Scn *megin* と混成，*nay* Scn *nei* と *neigh* OE *hnǣgan*，*rain* OE *regen, rein* OF *reine* (*mod. rêne*) と *reign* OF *reigne*，*vain* OF *vain* と *vein OF weine*，*way* OE *weg, wey*「重いもの」OE *wǣge*，と *weigh* OE *wegen* (cf. sb. *wǣg*)．現在 *bay* と綴られる様々な語（「小

果実」,「入江」,「奥まった所」,「吠え声」,「赤茶色」）は OF ですでに多少同音異義的であった，ちょうど *pray* OF *preier*（mod. *prier*）と *prey* OF *preie*（mod. *proie*）がそうであったように．

3.618. この二重母音 /æ·i/ と長化した短母音 /ϵ·, e·, i·/ の間には一定の重複がある．*sleight*, *height*, *eye* や *either* はすでに言及した（3.123）．OE（Angl）*hēg*（WS *hīeg*）については，[hi·] や [hai] が予期されうるが，実際には *hay* [hei] である．OE *cǣg* は *key* になった，これは 1700 年頃まで規則的に *grey* OE *grǣg* と押韻するよう発音された，しかし現在 [ki·]，あたかも /ke·/ あるいは /kϵ·/ からのように．同様に *quay* OF *caie*，これを Swift と Tennyson は *day* と押韻させるが，現在は [ki·]，*Torquay* [tɔ·ˈki·].（これは /k/ のせいか？）母音のあとに /k/ をもつ．*bleak*, *weak* 3.234 を参照，NED は key においてスコットランドの影響があるとするが，Luick（*Unters.* §339）はこの母音を北西部の，あるいはおそらく中西部方言によるとする傾向にある．また OF *pleit* の様々な形態にも注意：現在これは *plait* と綴られるが，発音は [plæt] あるいは [pli·t]，これらの音は廃用の綴り *plat* と *pleit* に対応している．同様の重複は 3.232 で言及した /ϵ·/ = F *ai* の例にも見られる．それらは一般にアングロノルマン方言に特有とされる．

/æ·i/ のこれ以降の議論については 11.3 と 11.4 を見よ．

/ɔ·u/

3.62. この二重母音は 2 つの要素からなる，第一の要素は後舌円唇長母音（ME /ɔ·/，これは OE *ā* あるいは Scn *ā* から，あるいは開音節の OE *o* に由来，あるいは ME /o·/，これは OE *ō* に由来，この音はこの組み合わせで，どこよりもより広母音的である）である，そして第二要素は後舌円唇子音（*w* あるいは後舌開口的な *g*，これは円唇化していった）である．綴り *ow*, *ou* については，3.49 を見よ．

3.621. かくしてこれはまず OE *āw* に対応する：*know* OE *cnāwan*, *throw* OE *þrāwan*, *sow* OE *sawān*, *mow* OE *māwan*, *blow*（「風が吹く」の意で）OE *blāwan*, *crow* vb OE *crāwan*, *crow* sb OE *crāwe*, *snow* OE *snāw*, *slow* OE *slāw*, *row* OE *rāw*, *soul* OE *sāwol sāwle*.

さらに OE *āg* に対応する：*dough* OE *dāg*, *own* OE *āgen*. そして Scn *āg*：*low* adj. Scn *lāg*.

3.622. 開音節おける OE *o*+*g* からの /ɔ·u/ がある：*bow*「射る」OE *boga*, *flown* ptc. OE（*ge*）*flogen*.

3.623. 最後に，/ɔ·u/ は OE ōw から：*blow*「花が咲く」OE *blōwan*, *flow* OE *flōwan*, *glow* OE *glōwan*, *grow* OE *gōwan*, *low*「モーと鳴く」OE hlōwan, row

「船を漕ぐ」OE *rōwan*, *stow* OE **stōwan*.（*woo*, *swoon* については 3.522 を見よ.）

3.624. この二重母音の起源は最初の要素が全ての例で長音になりそうであることが見てとれる．また H 1570 でもそのように認識されている，彼は /bo·u, mo·u, so·ul/ と表記している，そして G 1621 は /blo·un, gro·u, kno·u, so·u/ などと表記している．PE では，[no·u, o·un, bo·u, flo·u] などである．こうしてわれわれは，おそらく第一要素が比較的わずかに上昇したことを除いて，ME 期以来いかなる変化も仮定する必要がない，一方発音器官のゆっくりとした運動は概して不変のままだった（Hart についての拙著 p. 33ff., *ay* と *ow* の項を見よ）．

/ɔu/

3.63. これは，ここで暫定的に先行の二重母音の変種として挙げておくことができる．これは /x/ の前でのみ生ずる．これは *ht* の前での OE *o* に対応する：*wrought* OE *wrohte*（*worhte*），*bought* OE *bohte*. また，これは子音群 ht の前で短化された OE *ō* にも対応する：*brought* OE *brōhte*, *sought* OE *sōhte*, *thought OE þōhte* と名詞（*ge*)*þōht*, *doughter* 現在 *daughter OE dohtor*. 同様に OE *ā* で ME 短化された /ɔ·/：*ought* OE *āhte*. OE（*n*)*āwiht* と（*n*)ō*wiht* は結合して，その結果，（*n*)*aught* と（*n*)*ought* で見分けがつかないほどに混乱している．

/oi, o·i, ui, u·i, iui/

3.7. これらの二重母音は借用語にのみ見出される；今日われわれは常に *oi*, *oy* をもち，[oi] もっと正確には [ɔ(·)i] と発音する：通俗語はしばしば [ai] をもつ，11.5 を参照．これらの二重母音の初期の歴史は不明である．Luick のこれらを分離する試み（Anglia 14.294）はうまくいっていない，と言うのも，実のところ Bullokar の明らかでない表記の誤った解釈に基づいているからだ（Hauck, *System, lautl. Bullokars* を見よ）．私は，初期の権威 Hart 1569, 1570（H），Mulcaster 1582（M），私は Bullokar 1588（B），Gill 1621（G）に表記されている語のアルファベット順のリストに補足説明を加え，各々の二重母音の起源をローマ数字を用いて加えることにする：I = Latin au + i; II = Lat ŏ + i; III Lat *o* あるいは ŭ + i; IV late F oi = earlier F ei; V 他の出所：

annoy II M /oi/, *anoint* III M /ui/, *appoint* III M /ui/, G /ui/, *assoil* II G /oi/, *avoid* II MBG /oi/, *boil* III G /u·i/, *boistious* VB /oi/, *boy*（12.64）VH /ue·/, MB /oi/, G /uoi, boreal, oi/. cf. Butler 1633：「*toy* の *oi* をわれわれは *woë* と発音する（フランス人が発音するように）：というのも彼らが *bois*, *soit*, *droit* と表記する一方で，彼らは *biooes*, *swoet*, *drwoet* と言うからだ」, *broil* III?「大騒ぎ」G /oi, u·i/,「あぶる」G /u·i/, *buoy*（12.64）III? H /uei/, B G /u·i/, *choice* I H /oi/, *coif* III B /oi/, *enjoy* I M G /oi/, *foil* II M /ui/, G /u·i/, *foin* III G /u·i/, *hoise*（現在 *hoist*）V H /oi/, *hoy*「小舟」V H /uei/, *join* III H /iui/, M /ui/, B /oi/, G /iui, oi, u·i/, *jotnt* III M /ui/, B /oi/, G /u·i/, *joist* V（OF *giste*）B /iui/, *joy* I MBG /oi/, *loiter* V B /oi/, *loyal* IV G /oi/, *moist* III G /oi/, *noise* I B /oi/, *noyous* II G /oi/, *oil* II G /oi/, ointment III B /oi/, *oyster* II H /oi/, *point* III G /u·i/, *rejoice* I G /oi/, *royal* IV G /oi/, *soil*（= F 'seuil'）II G /iui, oi/, soil（= F 'souiller'）III G /oi, u·i, iui/, *spoil* II B /oi/, G /u·i/, *toil* III MB /u·i/, G /oi, u·i, iui/, *toy* V MG /oi/, *voice* III H /oi, oï/, BG /oi/, *void* II BG /oi/. 私はここで他の人たちが /yi/ と記しているものを /iui/ と表記した，3.819 を見よ．したがって I 類と IV 類は常に /oi/ となる，他は多かれ少なかれ不確かである．この問題全体についてはさらに Jones の Ekwall 版 §361, 363, 366, 369 を参照．次の点に留意する必要がある，すなわち，F *oi* は次の定型句の伝統的な発音で未だに [oi] である，"Le Roy le vault"（王はそれを望んでいる：フランス王が法案に裁可を下した時の決まり文句）．また Sh R2 V. 3.119 参照．—Gill /iui/, *u* あるいは *ii* に対しての誤植？

/iu/

3.811. この二重母音の第一の起源は OE *ī* + *w* である：*Tuesday* OE *Tīwesdæg*, *steward*（*stuard*）OE *stīgweard*, *spew* OE *spiwan*, *yew* ME *iwe ewe* OE *īw ēow*, *hue* OE *hīw hēow*, 14 世紀から *hu* と綴られる（NED）．

3.812. /iu/ の第二の起源（これは第一の起源と区別するのは必ずしも容易ではない）は OE *ēo* + *w* である：*ewe* OE *ēow*, *you* OE *ēow*, *true* OE *trēow*, *new* OE *nēow*, *blew* OE *blēow*, *knew* OE *knēow*, *threw* OE *þrēow*, *chew* OE *cēowan*, *brew* OE *brēowan*, *rue* OE *rēowan*, *truth* OE *trēowðe*, *truce* ME *trewes*, *your* OE *ēower*. これらに次が加えられるかもしれない：*leeward*, 現在 [l(j)u(·)əd] この他により文語的な ['li·wəd], cf. *steward*；そして *youth* OE *geogoþ*(*iugoþ*), ここでは（円唇）開口後舌の *g* は実質上 = /w/.

3.813. 第三の起源は F *iu*, *ieu* である（*ie* はラテン語の短音の *e* から，これは一般に英語では長音の狭い *e* として扱われている，3.222 を見よ）：*rule* ME *riwle* OF *ri*(*e*)*ule* Lat *regula*; 綴り *rule* は 1500 年，おそらくそれ以前から一般的であった．*Jew*, *adieu*, *lieu*, *Hebreiw*, *Andrew*, *Ma*(*t*)*thew*, *Bartholomew*. —blue では /iu/ は F *eu* から．ME では一般に *bleu* あるいは *blew* と綴られた．綴り *blue* は「16–17 世紀にはほとんど知られていなかった．それはフランス語の影響（？）のもと 1700 年以降になって初めて一般的になった」（NED）．

3.814. 第四の起源は F 非強勢の *e* + 強勢の *ū* である：*due* ME また *dewe* OF *dëu* Lat **debūtu*(*m*), 現在 F *dû*, *sure* OF *sëur* Lat *securu*(*m*), 現在 F *sûr*, *view* OF *vēue* Lat *veduta*, *crew* OF *crëue*.

3.815. 第五の起源は F *u*，現在 [y·] < Lat *ū* である．両言語で強勢を受ける：*glue*，*mew* OF *mue*，*cube*，*rude*，*allude*，*conclude*，*lute*，*refute*，*bugle*，*duke*，*fume*，*use* v，*refuse* v，*confuse*，*accuse*，*excuse*，*use* sb，*juice* OF *jus*，*dure*，*pure*，*cure*，*conjure*．英語では強勢を受けるが，フランス語では受けないもの：*cruel*，*newel* OF *nual*，*ruin*，*rumour*，*humour*，*union*，*funeral*，*usage*，*usury*，*confusion*，*tulip*，*curious*，*jury*，*surety*，*purity*．フランス語では強勢を受けるが，英語では受けないもの：*vertue* 現在 *virtue*，*ague*，*pedigrue* 現在 *-gree* OF *pied de grue*，*issue*，*minute*，*fortune*，*refuse* s，*deluge*，*figure*，(*a*)*dventure*，*nature*，*creature*，*measure*，*conjure*．両言語で強勢を受けないもの：*ambiguous*，*humility*，*usurer* の中間の *u*，*natural*，*adventurous*．言及された語の中には，フランス語というよりは直接ラテン語からとられたものがある．Latin *u*（短音あるいは長音）を開音節で /iu/ と発音するのが習慣となった．それゆえ *mutilate*，*cumulate*，*tunic* など．

3.816. /iu/ の 6 番目の起源はフランス語の短音節の *ui* である（*ruin* のように，別の音節に属する *u* と *i* とは異なる）：*fruit*，*suit*，*bruit*，*June* OF *juin*，*pew* ME また *puwe* とも綴られる OF *puye* Lat *podia*．英語では強勢を受けるが，フランス語では受けない：*puny*（法律用語として未だに *puisne* と綴られる）OF *puis né*，*nuisance*．両言語で強勢を受けない：*July* OF *juillet*（*-y* はむしろ Lat *-ii* から，3.132 を見よ）．OF *ui* を表す /ui, oi/ については 3.7 を見よ．

3.817. 第七の起源は /i/ + 本来の *v* から，2.535 を参照．次の例のみ，*eschew*，*eschu* OF *eschive* と *sue* ME *sewe* OF *sivre* inf.—/iu/ は次例で単数 *rescue* ME *rescowe* OF *rescou-*，*tune* F *ton*，*sinew* OE *sinu*．*leisure*，*pleasure*，*treasure* については 2.735 を見よ．

3.818. ModE 期全体におけるこれら様々な起源から帰結する音の同一性は，第一に，初期の音声学者の誰もそれらを区別していない事実よって示される．F からの語における *u* の音が F [y] と同じであるかのように話す著者でさえ，同じ音を本来語に与えている：S 1568 は，例えば，duk (duke)，du (due) などと同じリストに，*υ* をもつ（taxus = yew（イチイ）），n*υ* (new)，sl*υ* (slew)，tr*υ* (true) をあげている．M 1582 は同様に *new*，*true*，*vertue* の音を，そして G 1621 は *use* や *new* などの音を同一と見なしている．

第二に，綴りが継続的に混同された，すなわち *u*(*e*) が次のような本来語にも用いられたという事実によって：*Tuesday* (ME *Tiwesdai*, Stratmann-Bradley を見よ．15 世紀のロンドン文書 (Lekebusch を見よ）では *Tuesday*，これは *Tywes-*，*Teuis-*，*Twes-* よりもより頻度が高かった)，*hue*，*run*，*true*（14，15 世紀からのロンドンの文書では *true truly*, Morsbach, Schriftspr. 75）など，そして逆に *ew* (*iew*)，これらの綴りを公式に保持してきた語のみを挙げると，次のようなフランス語の単語に：*view*， *pew*, *mew* など．同様に *ui* が *juice* OF *jus* や *sluice OF escluse*（*esclus*?）に，そして *u* が *puny* OF *puis-ne* に導入された．14 世紀に現れ始めた，以前の *vertu*, *cruel* に対する *vertew*, *crewel* のような綴りから，Nicol と Sweet は，/y·/ は語尾や母音の前で（他の位置ではなく）当時 /eu/ になったと推測した．しかしこれは単なる正書法の変化と考えるのがより妥当である，その理由は Mulcaster の言葉から見ることができる（1582 p. 116），「小文字の *u* のむき出し感を避けるために，語末ではわれわれはこれらの語尾を二重母音 *ew* と記したものだ，例えば *new*, *trew*, *vertew*」．英語における初期の F *eu* と F *u* の合体は Bokenam の韻や綴りから明らかだ：（*sure* : *endure*, *dure*, *disfigure* ; *ensure* : *scripture*, ESt. 8.243 を見よ）．

本来語の音とフランス語の音が同じになることで，次のような同音異義性が生じた：*hue*「色合い」と *hue*「叫び声」OF *hue*, *blew* と *blue*, *crewel*（起源不詳）と *cruel*. OE *cliwen* では綴りが変更されてきた，すなわち，現在は *clew*「糸玉」と *clue*「手がかり」と綴られる．

3.819. ME と初期 ModE は，*duke* などのような語で，フランス語の音 /y/ をもっていたという説は正しいはずがない．この説の唯一の重要な論拠は，初期の一部の音声学者たちによる F と E における音の同一視である．しかし彼らの言い回しはあまりに曖昧で，その言語音の一般的知識もあまりに欠陥があり，彼らの見解は，他の同時代の権威に見られる，それと反対の明瞭な陳述に直面すると，重要視はできない．同時代の権威達は通例，音について最上の一般知識をもっているか，フランス語の音にもっとも精通している人たちである（Hart についての拙著を見よ，p. 48ff.）．Luick の仮説，すなわち，発音 /y/ と /iu/ は共存していて，前者は上流階級，後者は下層階級に属していた，は一片の証拠によっても支持されない．

さらに以下の議論は音 /iu/ の支持を示す：もしわれわれが，/i·/ と /u·/ が [ai, au] に二重母音化されたときに，仮に /y·/ をもっていたとしたら，われわれは /y·/ の，オランダ語 *ui* あるいはドイツ語 *äu* ようなものへの，同様の二重母音化をもっていたはずである，これら 2 言語における発達を参照（H. Moller, ESt. 8.242）．— さらに：/iu/ は次の語の [ʃ, ʒ] の発達を説明するのに必要と思われる：*sure*, *sugar*, *pressure*, *measure* など，ちょうど *impression*, *vision* などにおけるのと同じように．もし仮に /y/ が洗練された発音であったなら，われわれは /s, z/ が，少なくとも上流階級の発音において不変化のまま留まったと予期しただろう．*measure* に対する方言的発音 [mezə] や *nature* に対する通俗的な [neitə] が，Luick によれば，むしろ [ʒ, ʧ] が予期される階級で見られる．さらに，これらは必ずしも *u* = /y/ を前提としない．9.33 を参照．— 音量の章（4.63, 4.73, 4.75）で，われわれはまたこの *u* が全ての点で，短母音，とくに高母音が，規則的に短化される場合に短化されることはなく，二重母音と一致するのを見る．/y/ は当然 /i/ の運命にしたがうと予期されるであろう，/y/ は /i/ とは，円唇化の点でのみ異なるから，当然 /i/ と同じ運命に従うと予測される（Luick 参照，彼は自ら，*u* はこの点で他の母音とは異なる取扱いを受けていることに気付いた，*Anglia* 30 p. 29, 30, 49）．―最後に，/y/ 説は，*new*，*yew* などのような語は最初二重母音をもっていて，それから一定期間短母音であって（Smith 1568 など上を参照），その後再び二重母音になったという仮説を必要とする．かくして，あらゆる点で，英語における上で言及されたあらゆる音の同一性から，そして多くの初期の用例の語からの，自然な推論，すなわちこの音は /iu/ タイプの二重母音だった，が確認される．しかしながらこの二重母音の正確な発音を指摘することは難しい．強勢は第一要素から第二要素に推移したに違いない，但し二重母音は，おそらく，かなりの間揺れ動く，あるいは平板強勢の二重母音だった（水平二重母音 (schwebender diphthong)）であろう，ここではこれら 2 音ではどちらの要素も優位ではない．これは未だに「アメリカで耳にされる，一方イギリスでは後者の要素が長く伸ばされ，明確に音節の「頂点」(top) [ju·, juw] である．次のような Shakespeare の韻，*you* : *do*，*suing* : *wooing*，*abuse it* : *lose it*（但し一般には /iu/ 語は互いにのみ押韻する）や Fletcher の韻，*you* : *thereto* は，彼らの時代に，少なくともときに，第二要素がすでに優勢で，長く伸ばされていたことを指摘するように思われる．

奇妙な綴りが *periwig*（かつら）に見られる，これは 16 世紀の初めに F *perruquc* から借用され，E *peruke* とも綴られていた．おそらく *iwi* は音 /iw/ のぎこちない表現に他ならない．1701 年に Jones はこう言う，これは «pereeg» と発音された，そうならば，これは *minute* /miniut/ > [minit] などのような場合に似ている，9.332 を見よ．もしそうならば，[periwig] は綴り字発音と見なしてよいかもしれない．

/ɛu/ あるいは /ɛ·u/

3.821. この二重母音，これは初期近代の間中 /iu/ とは区別されていたが，その主要な出所は広母音の ME /ɛ·/＝OE *ēa* あるいは *ǣ*＋*w* であった：*few* OE *fēawe*，*dew* OE *dēaw*，*hew* OE *hēawan*，*thews* OE *þeawas*，*mew*「カモメ」OE *mǣw*，また OE *meau* と綴られる，*lewd* OE *lǣwed*. *shew show*，*strew strow*，*shrew shrow*，*Shrewsbury* については 3.603 を見よ．これらに *a newt* OE *an efete*，(?) *skew* Dutch *scheef* を加える必要がある，2.535 参照．

3.822. 同じ二重母音が，*eu* を伴う後期フランス語からの借用語（すなわち 1400 年頃借用されたもの）に，そしてラテン語，ギリシア語起源の語，に見られる：*feud*，*deuce*，*pewter neuter*，*Europe*，*pseudonym*. F 語の中には，ModE 初期の発音に，/iu/ と /eu/ のどちらも見られるものがあった：*neveu* 現在 *nephew*，*courfeu* 現在 *curfew*，*lure*，以前はまた *lewre*，F *leurre*.

3.823. /ɛu/ の最初の要素 /ɛ/ が初期近代に依然として長音であったか，あるいはすでに短化されていたかは不確かである．G 1621 は /feu/ と /fe·u/ をもつ．ともかく，この二重母音は /ɛ·/ の運命にしたがう，以下 11.78 を見よ．ときに外国の /ø/ 音が，初期のイギリスの音声学者により，/ɛu/ と同一視される，/y/ が /iu/ と考えられたと同様に，例えば H 1569（ドイツ語の *ö* とさらにおそらく F *eu*（*cieux* や *ceux*）も）．そして B 1588 は，イギリス人にフランス語の *eu* を E *ew* と発音するように教える，例えば *feu*，*ieune*＝*Few*，*Iewne*．イングランドやアメリカの通常の非音声学的な学校発音においては，昔のやり方をそのまま受け継いで，F *eu* は [ju·] をまねて発音された．

3.824. OF *ue*（Lat. ŏ）の扱いは様々である，*demur* < OF *demuere*（あるいは inf. *demorer* の非強勢の形態から？）参照），*choir* < OF *cuer*（3.125 を見よ），*people*（3.25）．ME *preve mece* は強勢のある *ue* 形態から，一方 *prove move* は非強勢の *o* 形態から，*kerchief* や *curfew* はおそらく *couvrir* の *o* 形態ではなく *ue-* 形態から．

/ɛau/

3.83. この三重母音はごく少数の語に見られる：*beauty* OF *beaute*，*ewer* OF *eawer ewer* Lat *aquarium*，*sewer* OF *seuwiere* Lat **exaquaria*，?*mew*（猫のように「ニャー」），以前はまた *miau meau*．この三重母音は H 1569 の音声記述で，三重母音として認められている：*beautifi*，*eaur*（しかし *mieu* は違う）．しかしそれはまもなく /ɛ·u/ に簡単化され，二重母音になったようだ．例えば G 1621 は /e·uer/ = ewer をもつ．D 1640 は *beauty* と *Beaumont* を *dew*，*few*，*fewer*（そして *ewe*「雌羊」）と共にラテン語の *eu* を伴う *ew* 語とみなし，*new*，*lieu*，*adieu*，*view* におけるような「*u* 単独」とは異なると考える．*Beaumont* は現在フランス語化されて [ˈboumənt] となっている．*Beaufort* はかつて *beauty* におけるように [ˈbju·-] だった（/ɛ·u/ < /ɛau/），一方現在は [ˈboufət]． 他の *Beau-* 形の語には難しいものがある：*Beauchamp*，*De Beauvoir* 現在 [ˈbi·ʧəm, dəˈbi·və]――[i·] は明らかに初期の /ɛ·/ から．同じ発達は ME *reaume* OF *reiaume* Lat **regal*(*i*)*men* にも見られる．H 1569 では /re·m/（e·＝ɛ·），Ben Jonson によって，明らかにこう発音された＝*ream* of paper（480 枚の紙）（彼の Hum. V. 1, 1. 2829 の Euery Man で）．のちに *realm* と綴られ，その後綴りに影響されて [relm] と発音された．Luick は /re·m/ を唇子音前で二重母音の最後の要素 /u/ の消失により生じたと説明する，そして次の 2 語を比較している，ME *fleume fleme* < *fleume* Lat Gr *phlegma*，現在 [flem]――学術風に *phlegm*（痰）と綴られる，そして *jeopardy*（危機）（*Anglia* 16.497ff.）．

/au/

3.91. 二重母音 /au/ は，第一に，OE *a*＋*w* に対応する：*thaw* OE *þawian*，*straw* OE inflect，*straw-*(nom. *strēa* は **strea* となったであろう，*strēaw* は *strew* となったであろう)，*raw* OE *hrēaw*，*claw* OE infl. *claw-*，*awl* OE *awul*.

3.92. 第二に，/au/ は OE *a*＋*g* から生じたもの．*g* は円唇化した後舌開口子音を表し，事実上＝/w/ あるいは /u/ であった：*haw* OE *haga*，*gnaw* OE *gnagan*， *maw* OE *maga*, *saw* sb OE *saga sagu*, *draw* OE *dragan*, *dawn* OE *dagnian*, *fawn*「おもねる」OE *fagnian*「喜ぶ」. 北欧語でも同じ：*law* OE と Scn *lagu*, *awe* Scn *age*, *flaw* Scn *flaga*. これらにロマンス語の 2 語が加えられる，*Magdalen*(*e*) OF *Magdalene* —*Magdalen*(*e*) *College*（Oxford と Cambridge にあるカレッジ）[mɔ·dlin] < /au/ と発音した．普通の形容詞 *maudlin* 参照，これは同語の異綴に過ぎない，そして愛称形は Maud—それと *emeraud* 現在 *emerald* < Lat *smaragdu-*.

3.93. 第三に，/au/ は OE *a*（*ea*）に対応する，これはまた *h*，とくに *ht* の前で（短化された）*ā* や *ǣ* に対応する．ここで *h* は，すぐ上で言及され，同じく円唇化した *g* に対応する無声の子音を表す：*faughte* 現在 *fought* OE *feaht*, *laughter* OE *hleahtor*, *laugh* OE **hleahhan*（WS *hliehhan*）| *ought* OE *ā*(*wi*)*ht*, *naught* OE *nā* (*wi*)*ht* | *taught* OE *tǣhte*. これらに北欧語の語が同化した：*draught*, *slaughter*（cf. OE *sleaht*）.

3.94. 第四に，/au/ は OF *a*＋すぐ隣の音節の /u/(/un/＝F *on* については 3.442 を見よ）の ME での組み合わせである：*brawn* OF *braon braoun* < **bradone*(*m*), *pawn*「チェスのポーン」OF *paon* ModF *pion*, *fawn* OF *faon*, *lawn*「紗（しや）(布)」—Laon という町の名から．

3.95. 第五に，/au/ は様々な起源の語に見られる /a/＋/v/（2.535 参照）の ME での結合である：*an auger* OE *an nafogar*, *hawk* OE *hafoc* | *crawl* Scn *krafla*, *awkward* Scn *avakt*＋*þvart*(?) | *saunter* OF *s'aventure*, *laundry* OF *lavendrie*, *laundress*.（これら 3 語において *au* は 3.97 におけるように鼻音によるものかもしれない）

3.96. 第六に，/au/ は OF の二重母音 *au* に対応する，これ自体は様々な起源から由来する．それは半学問的語のいくつかに見られるラテン語の *au* に当たる（通俗語では *au* は F *o* になった）：*applaud*, *fraud*, *cause*, *because*, *clause*, *pause*, *exhaust*, *Paul*. 英語では強勢を受け，フランス語では受けないもの：*autumn*, *autour* 現在 *author*, *August*, *caution*, *laurel*. どちらの言語でも強勢を受けないもの：*audacious*, *autorite* 現在 *authority*, *august* adj. これらの多くは直接ラテン語から借用されたのかもしれない．疑いの余地なくラテン語は，とりわけ，*laud*, *nausea*, *aurora*, *pauper*.

ME *au*＝OF *au* は，他の語では，初期の *al* に相当する（子音の前で）：*daub* OF *daube dalbe* < Lat **de-alb-*, *faut* 現在 *fault*, *hautain* 現在 *haughty*, *mauger*, *faucon* 現在 *falcon*, *baume* 現在 *balm*, *jaunice* 現在 *jaundice* OF *jaunisse jalnice*, *sauf* 現在 *safe*（3.37），*sauce* Lat *salsa*, *heraud* 現在 *herald*. これらの一部への *l* の再導入については，10.48 を見よ．—*Paw* の最古の形態は OF *poe* からの *powe* である．*aw* は *claw* からの影響による．

3.97. 第七に，初期の /au/ は多くのフランス語の語で鼻音の前に現れる．*au* はアングロフランス語でも綴られるので，これはフランス語の鼻音化した *a* を書いたり，発音したりする，英語のぎこちないやり方ではありえない，むしろ真の二重母音 /au/ に違いなく，Hart のような権威の表音式綴りによっても指摘されている．多くの語で綴り *au* は今日まで見られる（*aunt*, *haunt*, *Maundy Thursday* など，10.55）．*aw* は *pawn*「かけて誓う」，*lawn* 以前は *launde*, *spawn*, *tawny* に見られる．しかし大部分の語で *a* のみが現在綴られる，例えば古い綴りで挙げられた以下の語において：*flaum(b)e*, *chaumber*, *caumbrk:*, *laump*, *chaumpion*, *saumple (en-)*, *exaumple*, *commaund*, そして他の *-maund* 形の語，*slaunder* OF *esclandre*, *Alexaunder*（未だに用いられている *Saunders* 参照），*chaundler*, *Flounders*, *graunt*, *plaunt*, *advauntage*, *servaunt*, *chaunce*, *auncester*, *raunsom*, *distaunce*, *vengeaunce*, *braunch*, *fraunchise.*

これらに対して，一つの英語の語 *aunswer* が加えられねばならない，この形態はしばしば ME で，OE *andswaru.* *u* は，実際に発音された（H 1569 を見よ）が，おそらく後続する *w* のせいによるものと考えられる．

/a/ + 英語の /l/ からの /au/ については 10.3 を見よ．

3.98. PE の発音から見て，1 つの初期の /au/ ではなく，2 つの異なる二重母音があると考えたくなるかもしれない，1 つは最初の 6 つの類よりなるもので，より円唇化あるいは（調音点が）うしろ寄りの第一要素をもつ，というのはそれは PE の [ɔ·] になったからである，そしてもう 1 つは 7 番目の類からなり，最初の要素として [æ] あるいは類似の音をもつ，というのはそれは PE [æ] あるいは [a·] となったからである．しかし詳しく調べてみると，そのような簡潔な区分は実際の事実から是認されないことがわかる．初期の音声学者で，たとえいかに，音 /au/, /a/, /a·/ の分布において異なっていても，そのような *au* の二重の発音に言及したものはいない．一般に [ɔ·] を生み出す類の語には PE [a·] をもつものがある：*laughter* 他（3.93），*saunter*, *laundress*（3.95），*jaundice*（3.96）．逆に 7 番目の類の語には [ɔ·] をもつものがある；確かに，これは，一定の語 haunt, paunch などにおいては，[a·] ではなく，最近の綴り字発音をもつとして説明できるかもしれないが，これは，これまで [a·] をもったことがない *tawny*, *spawn*, *pawn*, *lawn* には当てはまらない．これらの例はまた，鼻音前の *au* が，*n* が語尾あるいは語中であるかに応じて，異なって扱われたという規則を確立することができないことも示している．

もし仮に 2 つの /au/ 二重母音があったならば，われわれはまた，唇音の前で /u/ 要素が失われるケース（Luick's rule, 3.33, 3.37）で異なる論を予期したことであろう．しかし実際には，*au* < F *al* をもつ *sauf* と *sauve* からの *safe* と *save* は，*au* をもつ *chaumber* からの *chamber* と，鼻音のせいにより，同じ母音をもっている．他方，/u/ が失われないときは，2 つの種に特有の 2 つの発達を見出す，つまり，（*au* < *al*）をもつ *daub* [dɔ·b] と，鼻音前に *au* をもつ *example*, *sample* [igˈza·mpl, sæmpl, sa·mpl]．一般に容認された説では，現在の発音の根底にあるのはこの *au* である．

3.991. 私が考える解決案は次の通り．その起源にかかわらず，唯一の /au/ があった，そしてこれが常に，どこでも [ɔ·] となった．

また次の事実が仮になかったなら，鼻音前での *au* のすべての例（3.97）が [ɔ·] をもっていたであろう，すなわち，この *au* がアングロフランス語の特殊な発達であって，またイギリス人が絶えず大陸フランス語との接触をもっていた，そして当然ながら次第に標準的と認められてきたフランス語の発音が，アングロフランス語が衰えるにつれて，重要性を増していった．この結果，Stratford-atte-Bowe の流儀（イングランド訛りのフランス語）がパリのフランス語とはあまりにかけ離れていたときに，多くの語がやがて，作り直された，あるいは—結局は同じことになるのだが—それらはよりフランス語風の形態で再借用された．大陸フランス語の *am*，*an* はケースバイケースで /am, an/ あるいは /a·m, a·n/ として模倣された．多くの語で，2 つの形態，/u/ ありと /u/ なし形，が無差別に何世紀もの間用いられた（cf. Hart and Gill 10.68），そしてついには 1 つの形態，一般に標準的な，すなわちパリ人のフランス語と一致するもの，が成功をおさめた．この点は *grand* のような語にはっきり見てとれる．これは最初 AF 形態 *graunt*（*t* は語末で OF の *d* を表す）で，そしてのちに大陸形態 *grand* で取り入れられた．両形は長い間ともに用いられたが，ついには後者が優勢な発音になった．*Angle*，*change*，*chamber*，*cambric* などでは，/a·/ が優勢な発音となり，PE [ei] を生み出した．*danger* では音ばかりでなく意味も，のちのフランス語の用法にしたがって作り直された．/a/ > [æ] をもつ語もあるし，多くの語で /a/ と /a·/ の変動がある，その結果は 10.67f. に述べられている．*Jamb* の *au* 形態は方言 [ʤɔ·m] に生き延びているが，標準英語では [ʤæm] である．

3.992. 私にはこの説の決定的な証拠は次のような語の取り扱いにあると思われる．これらの語は何らかの理由で標準フランス語形態から隔離され，それゆえ再度特徴づけられることはなかった．それらは一律に /au/ > [ɔ·] を示す．形容詞 *tawny* < AF *tauné* はすでに意味「茶色がかった」を獲得していた，そしてもはやフランス語の動詞 *tanner* に属しているとは感じられなかった．しかしそのフランス語に一致する意味で，現在，われわれは *tan* [tæn]（小麦色）をもつ．（*pawnbroker* や *pawnshop* とともに）*pawn* は英語で広範囲の使用を獲得していた，一方フランス語では法律用語 *pan*(*n*)*er*「逮捕する，差し押さえを行う」は用いられなくなり，もはや英語の語に影響を及ぼすことはできなくなった．*spawn*（産卵する）の意味は英語であまりにも特殊で F *espandre*「展開する」を思い起こさせることはない．*Laund*(*e*)，とくに *d* なし形 *lawn*「林間の空き地，芝地」は，同様に F *lande* とは遠くかけ離れたものになった，そして同じことが F *panse*（太鼓腹）との関係で *paunch* にも言える．

第 IV 章

基盤的議論　音量

4.11. 言語史において，音量ほど不安定なものはないこと，また非常に多くの要因，特に強勢，文中の位置，同じあるいは関連する語の異形からの類推など，が発せられた音の長さに影響を及ぼすということに留意しておく必要がある．それゆえ，この章で扱うすべてを非常に明確な規則に帰することは不可能である．また，われわれはここで，15 世紀の音量を扱っているということを常に心に留めておかねばならない，これはしばしば現代のそれと大きく異なるからだ：初期の長母音，例えば /i·/ は，二重母音化され [ai] となった，多くの短母音は長化された，例えば *sir*，*alms*，そして長母音の中には短化されたものもあった，例えば *death*，*none* など．これらの変化が以下の章で扱われる．

4.12. Luick により独創的な試みがなされ，英語の歴史で生じたもっとも重要な音量変化を 1 つの公式で表すことができるようになった (Anglia XX. 335ff.)．彼によれば，強勢音節の長さを標準の長さへと減ずる一般的傾向があるという．すなわち一音節の語では，短母音 + 長音の子音（あるいは 2 つの子音），あるいは長母音 + 短音の子音，2 音節の単語では，短母音 + 短子音，あるいは子音なしで長母音，そして 3 音節の語では，子音なしで短母音へと減ずる．この説には疑いなくいくぶんかの真実が含まれているが，あまりにも厳密に考えすぎてはいけない．それに Luick は，偏見のない音声学者にはほとんど受け入れがたいきわめて不自然な主張をしないかぎり，自分の公式を普遍的に適用することができない．彼はまず，Sievers の音節理論を受け入れる，それによれば，ドイツ語の *alle* や E *city* のような語は，2 つの聞こえ度のよい音節からなるが，ただ 1 呼気の音節をなすとしている．Luick によれば，この後者の類の音節が重要である；彼は，これが *heaven* [hevn]，*body*，*better* [betə] における短母音が，単音節の通常の音量，つまり，短母音 + 短音の子音あるいは母音，をもつことを説明するという (p. 344)．しかし実際には，これらの語の語末の音は，通常の短音の子音よりも長い．そして語 *severity* (p. 352) は，*-veri-* を 2 音節と見なすと容易に説明できるが，Luick にかなりの問題を与える，なぜなら彼は *-veri-* を 1 音節と見るからだ，というのも，そのような長い音節は，彼によれば，あまりにも重く *-ty* によって後続されることはできないという．したがって，Sievers の理論は，それ自体はきわめて不自然なもので，実際 Luick を支持することはない．

第二に，Luick は，*mb*，*nd*，*ld*，*rd*，*lt* のような子音連続の前での長化を説明するために，次の説をでっち上げた，すなわちこれらの連続の各々は 1 つの子音のようにふるまう（音量的に子音と同一視される), 345, 348). 彼は, *mb* (軟口蓋のみの動き) と *mt* (唇, 舌, 軟口蓋の動き) との間のわたりを比較することによってこれを正当化しようとした. しかし子音の音量はわたりと同じ, あるいはもっぱらわたりに依存するのであろうか?? そして3つの器官の同時の運動が1器官のみの運動よりも必然的により多くの時間がかかるというのは確かなのだろうか?? さらに, p. 349 に, *cast*, *cost*, *task*, *grasp*, *craft*, *soft* における長化がこれらの子音連続も音量的に1つの子音と同等であるとすることによって, 同じように説明されている. ここでのわたりは確かに *mb* などよりもより複合的であるので, 音連続が単一音と同等と考える可能性がどこで止まるのか分からず, 一方, 次の問いの答えも見えない:なぜ, *west*, *disc*, *lisp*, *left* などでは母音が長化されないのか, ここでは同じ子音連続が見られるのに? そしてなぜ *dust* では *ū* が短化されたのか?

それぞれの音節には決まった数の音があるという規則を確立したい学者にとって, もし彼が勝手に, どの点からみても2音節であるものを1音節とみなすことができ, 他方, *mb* や *st* を1音と見なし, *mt* を2音とみなすことができるならば, それはきっと事を容易にしてくれるだろう. しかし凡人にとっては, 協和性が劣るがより健全な基盤に基づく思考様式の方が, 真の科学の発展により貢献するように思われる.

このように私は, Luick の論文の多くに同意しない, 一方で, 彼が比較的うまくやったと思われる点については, 私は喜んで受け入れたい.

4.13. 概して, OE の長母音と短母音はそのまま保たれてきた. 例については, 上の各母音の項を見よ. 例えば, 不規則変化 (母音交替) 動詞の不定形における長母音と過去分詞における短母音の違いは OE に遡る:*drive* /dri·v/, 現在 [draiv] OE *drīfan*, 一方 *driven* [drivn] OE *drifen*.

4.14. 以下の頁では一度ならず, 高母音 [i] と [u] が短音を好み, 低母音, とくに [a] は長音を好むという原理に出会うことであろう. (4.212, 4.217, 4.52, 4.62, 4.722, 4.723, 4.74, 9.14 を見よ) これは必ずしもわれわれを驚かすものではない, Ernst A. Meyer (Englische lautdauer, Uppsala und Leipzig 1903) によってとられた正確な測定値の後では;この測定値には, PE の音量を扱う際に, 参照する機会があろう.

長化

4.211. 短母音は ME 初期には開音節で長化された. 例は上での各母音の項で.

この変化によって生み出された同音異義語:*hole* (穴), OE 屈折形 *hole* = *whole* (健康な), OE *hāl*, *meal*「粗びき粉」OE *melu* = *meal*「食事」OE *mǣl*.

throat OE *þrotu* における長化された /ɔ·/ と *throttle* における短音の違いに注意せよ.

4.212. 開音節での短音 /i/ と /u/ の長化は非常に難しい問題を提起する, これらについては近年多くの事が述べられてきた. 非常に明確な結論には至ってはこなかったので, そして論争が近代英語音よりも中英語音のほうを扱うので, ここでは問題全体を取り上げる必要はなく，このテーマについての最近の議論へのいくつかの参照で満足したい，すなわち Luick, *Untersuchungen* p. 209ff., Heuser, *ESt*. 27 353ff., Luick, *Studien zur engl. lautgesch*. 1903, Sarrazin（かねてこのテーマについて著述があった）*Anglia* Beibl. 16.34ff.（1905), cf. Luick ibid. 151ff., Schröer, *ESt*. 38.55, Kruisinga, *Litbl. f. germ. a. rom. philol*. 28.274, Luick, *Anglia* Beibl. 19.13ff.（1908).

4.213. 昔の説，すなわち，/i/ と /u/ は開音節で短音のままであった，はこれらの著者たちによって放棄されてきた，彼らはこれらの母音が /e·, o·/ へ長化したと考える点で一致するが，彼らは，どのような条件下で，そしてどの時点で，変化が生じたのかについては異なるし，依然として短音の [i, u] がみられる形態の説明についても異なる．古い説は，しかしながら，大部分は正しいようである．上で，u, 3.481 の所で，新しい説を証明するために挙げられる綴りの中には別な風に解釈されることを見た．例えば，*borough* などにおける初期近代の /u/ は OE *u* のとぎれない連続とみられ，/u/ > /u·/ > /o·/ > /u·/ > /u/ のような連続の中をさまよったものではない．さらに *ponysh* ‘punish’, *cosyn* ‘cousin’ のような ME の綴りを参照，これらの語はかつて /o·/ をもったとは考えられない．知られているすべての事実は，次の説と一致するように思われる，すなわち，開音節で母音を長化する傾向は，高母音の場合に，他の場合と比べてより弱い（4.14）こと，それゆえ /i/ と /u/ の長化は，他の母音に比べてよりのちの時代に，より不規則的に起こったこと．その結果は，初期近代の /i·/ と /u·/ であった，これらはけっして /e·/ と /o·/ になる必要はなかった，もっともこれらは（/e·/ と /o·/ が上昇のあと）*ee*, *oo* と綴られたが．

4.214. 少数の長化の例は以下の通り：

/i/：*glede*, OE *glida glioda*「トビ」, *Weet*（知る）OE *witan* また *wit*, H 1569 *tu ui·t* あるいは *tu uit*, 現在 [wit] のみ，*week* OE *wicu*, *weevil* OE *wifel*, *evil* OE *yfel*, *beetle* OE *bitela*, *speer* OE *spyrian*（E よりは Sc で），おそらく *creek* ME *crike* や *creke*, また *crick*, これは米の諸地域で「小川」の意で一般的な発音である（*Streak* 3.245).

give, *live*, *sieve* は現在短音の [i] をもつ，しかし以前は長母音ももっていた：Hart 1569 は *gi·v* と *giv*（一方 *givn*, *giver* は常に短音），*li·v*（一方 *living*）をもつ．*sieve*（ふるい）では，綴りは母音が長音であったに違いないことを示している．F *esteem*, *redeem* もまた例証として挙げられてきたが，おそらく異なった風に説明されるに違いない，8.33 を見よ．

4.215. 短音の [i] は以下に見られる

bill, *bit*, *did*, *dm*, *din*, *grip*, *hip*, OE *hype*「大腿部の上部」,（*nim*), *pith*, *quid*, *rim*, *shin*, *spit*, *stitch*, *witchelm*. さらに *hither*, *thither*, *wither*, *OE hid-*

er, *þider*, *hwider.*

さらに非常に多くの分詞で：

abidden, *bestridden*, *bidden*, *bitten*, *chidden*, *driven*, *given*, *hidden*, *ridden*, *risen*, *riven*, *shitten*, *shriven*, *smitten*, *stricken*, *striven*, *urritten.* Schröer（1. c. 63）は，これらすべては *-en* を欠く短い形態によると考える，それらの形態では，閉音節にあるので短母音が保たれた（*riz* など）．しかし，この類推は *i* 動詞においてのみ強力に見られたにちがいなく，他方，他の動詞ではその母音が長化したというのは奇妙に思われる（*broken*, *shaken*, *awaken*）．

4.216. /u/：door OE *duru*，初期近代 /du·r/，これは [dɔ·(ə)] となった，cf. 13.36. これは，ElE が長（半長？）母音をもつ唯一の例である，そして当時 *door* は OE *dor*，pl は *duru* ではなく *doru*，あるいは両者の混成であるかもしれない．他のすべての例で，われわれは現在短音をもつ，そしてこれはけっして長化されることはなかったと思う．しかし，2 語で初期近代の長化の証拠が見られる：*above* について，H 1569 は /abuv/ に加え /abu·v/ をもつ，そして *love* について S 1568 と H 1569 は /lu·v/ をもつ．現在は [aˈbʌv, lʌv] のみ．次例でのみ，近代期，短音の発音だけが知られている：*bull* ME *bule*（Scn），*butter* OE *butere*，*come* OE *cuman*，*crumb* OE *cruma*（OE *ū*?），*honey* OE *hunig*，*numb* OE *numen*，*nut* OE *hnutu*，*ruddy* OE *rudig*，*shun* OE *scunian*，*son* OE *sunu*，*stun* OE *stunian*，*spur* OE *spura*，*summer* OE *sumor*，OE *hulu* > *hull*，しかし Sc は [hyl, høl] ME *hoole* をもつ．*Honey* や *summer* の短音の /u/ を説明するために，屈折形態の影響がときどき用いられてきた．しかしこれらの形態は *honey* の場合，よくあることではなかった，また *summer* では，われわれが実際に見出す形態ではなく，むしろ **sumber* を作り出したことであろう．*Wood* OE *wud* については，綴り *oo* は長さを示しているように見えるだろう，しかしこれは他の証拠により証明されてはいない；さらにこの結論は確かなものではない，なぜなら閉音節に短音の *u* がある *wool* OE *wull*，*wulle* もまた見られるからである．*oo* はしたがって，*w* のあとで，音量にかかわらず単に母音 /u/ を意味するようである，そして最初は ME *wod* ‘mad’ や *wol* ‘will’ との誤解を避けるために綴られたと考えられる．

v の前での比較的多数の長音に注目せよ：*weevil*, *evil*, *give*, *live*, *sieve*, *above*, *love.*

4.217. 開音節での長化はしばしば主格の音量と屈折形態の音量の相違を引き起こした．一般に 1 つの形態，しばしば主格，のみが生き残ってきた，しかし次の語では屈折形態が生き残った：*whale* は，OE 主格 *hwæl* ではなく ― これは **whal* あるいは **whall*（cf. *small*）となったであろう ― 屈折形（pl. *hwalas* など）を反映している．さらに *blade* OE 不定形 *blade-*，*dale*，*grave*，*crane. bead*，*seal*（動物），*cole* cf. *collier*，*colliery* や *collow* ここでは短音が保存されている，*hole*，*mote*， *yoke*，*bode*（北部方言では「つけ値」）．同様に次の形容詞でも屈折形態が優勢となった：*bare*，*late*，*tame*，*lame*，（*same*）．これらはみな /a/ をもつ，その /a/ の性質が屈折形を保持する傾向を強化してきたという点に留意する価値がある，4.14 を参照．

4.218. もう 1 つのタイプの語では逆に，主格形態の母音が開音節にあるとき長化される，一方屈折形態では子音連続が長化を妨げる．次では両形が生き延びてきた：*game* OE *gamen* や *gammon* OE 屈折形 *gamne-*，*shade* OE *sceadu* や *shadow* OE 屈折形 *sceadwe-*. 廃用の形容詞 *yare*（Sh. など）は OE 主格 *gearu* からきているが，*narrow* は不定形 *narwe-* を表す．OE *sadol*，sadle- の屈折形では，近代の形態は，もし主格を反映するならば，長母音をもったことであろう：**sadle* ['seidl]，しかし現存する形態 *saddle* は屈折形態から始まった．同様に *kettle*，*shackle*，*copper*，*feather*，*leather*，*weather*，*fetter*，*otter*，*tetter*，*wether*，*heaven*，その他（Koeppel, Archiv 104.55ff. を見よ）．これらの多くで，長音の形態が確かに，短音の形態と共に長期間存在した．語中の綴り *ea* が長音 /ϵ·/ を示すものがある．*father* ME /fa·der/ 属格 /fadres/，*water* ME /wa·ter/ 属格 /watres/，*heaven* ME /hϵ·ven/ 属格 /hevnes/ では，初期の音声学者が述べているように，2 つの発音，/fa·ðr/ と /faðr/ 等々，見られる．最初の 2 語の現在の形態の発達については，10.67 を見よ．

短母音は次の屈折形にも保持されている：*body*，OE *bod*（*i*）*ge-* > *bodje-*，*ready* などを参照，そして *many* OE *man*（*i*）*ge-*.

4.219. *For* の *o* は短音のまま留まったが，次のような複合語で長化された：*before* OE *beforan*，*therefore*，*wherefore*，*tofore*，*foresee* など．しかし違いは PE ではなくなった，13.353 を見よ．

4.221. OE 期の終わりにかけて，ld，nd，mb の連続の前で長化する母音があった（すべての母音ではない）．しかしこれらのグループの後に第 3 の子音が後続するとき，短母音が保持された．これは，例えば，*child* /tʃi·ld/ 現在 [tʃaild]，一方 *children* [tʃildrən]，*wild* [waild] 一方 *wilderness*，*bewilder*，*old* ME /ɔ·ld/ 現在 [ould]，一方 *alderman* ME /ald-/，*bold*，*cold*，*hold*，*told*（3.532），*hind* [haind]，*behind* そして類推的に *hindmost*，他方で次を参照，*hinder*，*hindrance*，*grind* [graind]，*grindstone* 以前は常に /grinstən/，現在は一般に類推により [graindstoun]，*wind* vb OE windan 常に /i·/，現在 [ai]．名詞 *wind* OE *wind* はかつて /i·/ > [ai] をもっていた，そしてこの発音は今でもに詩の朗読で耳にされ，アイルランドでは日常的に用いられる．現在行き渡っている，単母音 [i] を持つ形式は，*windmill*，*window* などのような頻繁に見られる複合語によるものと思われる．S 1568 は "uïnd"（> [waind]）と "uind" の両方を認めている；S 1780 では，[ai] と [i] の両方があるが，*windy*，*windiness*，*window*，*windward* では，[i] のみである，これはちょうど他の *wind* から *windlass* = /winləs/，現在 ['windləs] を持っているのと同じである；W 1775 は短

い i を持っている，そして 1791 では，これは恐らく *windmill*，*windward* のような複合語に始まるだろうと述べている．彼は辞書で wind 自体に短いあるいは長い i を与えているが，複合語ではすべてに短い i を与えている，ただし，*windpipe* を除く，これには長いあるいは短い i を与えている．E 1787 は，普通の発音では /i/ を，厳粛な発音では /ai/ を与えている．*found* /fu'nd/ 現在 [found] OE *funden*，*hound* OE *hund*，しかし *hundred*，*thunder* など，*climb* /kli'mb/ 現在 [klaim]，しかし *timber*，*thimbte* など，*comb* OE *cam*，*womb* [wu·m] OE wamb.

4.222. 満足に説明されてこなかった例外や特有性がある．*Build* OE **byldan*：[baild] が予期されよう．実際のところ，対応する形態は G 1625 や G 1621 に与えられている，後者はさらに /bi·ld/ や /bild/ も挙げている．現在最後の形態のみが存在する．これはおそらく built からの類推によるものだろう，但しこの形態はそう古いものではない．*gild* OE *gyldan*.（*held* OE *hēold* は同様に短母音を示すが，もともとの母音は長母音である）．―*gold* では，長化された OE *o* が ME /o·/ と Mod [u·] を当然もたらすだろう：これは実際前世紀の権威者たちによって与えられてきた形態である．しかし *goldsmith* などのような複合語では，/o/ は短音のままとどまり，/ol/ は規則的に [oul] となる，このように現在の発音が説明される（10.33）．Shakespeare はこの語（Merch. II. 7.66）を *told*，*sold*，*behold* と押韻させる，これらすべてが昔の /ɔ·/ をもつ語である．E 1787 は /u·/ を挙げた．J 1764 や W1775, 1791 は両方の発音をもつ，後者は [gu·ld] を通俗とするが，「韻文や厳粛な言語では，とくに聖書では，常に old と押韻するのが当然だった」．― 近代の比較級，例えば [ai] をもつ *milder*，*wilder* は，もちろん，原形からの新しく作られた形態である．―mb の前では *lamb*（ここで短音性は Holthausen その他により pl. OE *lambru* のちに *lambren* によると説明されている，しかしこの形式がかつて単数形に打ち勝つほど十分に頻繁であったかどうかは疑わしい），さらに *dumb* [dʌm] < /dum/，一方 ME *doumb* は長母音を示しているように思われる（また thumb における短母音を参照，8.24）．

nd の前で /e/ は長化されたことはなかった：*bend*，*end*，*rend*，*send*，*wend*，但し *ld* の前では長化された：*field*，*shield*，*toield*，*yield*. 同様に *a* は次で短音：*brand*，*hand*，*land*，*sand*，*stand*，*strand*，*wand*，他方 *ld* の前で /ɔ·/ となった：*old* など．さらに *bond*，*beyond* における /o/ も参照．

ng の前で，ME 初期の綴りに長音を示すものがある，一方これらで，標準英語は常に短母音をもっていたようだ：*thing*，*ring*，*sing*，*long*（3.511 を見よ），*young*，*tongue.*

4.223. *r* 連結の前で長化がみられる，これは Orrm の綴り *bord* と *hord*（単一の r）のみならず，のちの綴り *board* と *hoard* によっても示される．Orrm は *hirde* と *hirrde* の両形態をもつ，のちに *herd*（家畜の番人）（*shepherd*）も，おそらく音長かどうかで変動する（6.46）．*rn* の前で標準英語は短母音をもつ：*horn*，*corn*（但し Orrm では長音の *o*），*bern* > *barn*（Orrm は短母音：*berrne*），さらに *rs* の前で：*hors*（Orrm では *horrs*），*rt* の前で：*hurt*（Orrm では *hirrtenn*），*hert* > *hart*，*heart*（Orrm は *heorrte* あるいは *herrte*），*rk* の前で：*hearken*（Orrm では *herrcnenn*），*work*（Orrm では *wirrkenn*）．*r* 結合をもつ多くの単語で，音量はおそらく数世紀の間不安定だった．6.46，13.34，13.36 を参照．

短化

4.31. 一定の子音連続の前で古い長母音が短化した．例は上で様々な母音に充てられた段落で挙げられた．ここでは私は，短化の結果，現在異なる母音をもつようになったもののみに言及する．注意すべきは，短化を引き起こす子音連続はときに二重子音である，その場合には原因はもはや明らかでない：*hid* OE *hydde* > *hydde*，cf. *hide* OE *hydan*；*led*，*read* など．

4.311. /i/：*hid*，上を見よ．*thrift*：*thrive*，*width*：*wide*，*bliss*：*blithe*，*filth* OE *fȳlþu*，*foul* OE *fūl*. *Christendom*，*christen*，/i/ をもつ *Christian*：/i·/ > [ai] をもつ Christ，*fifth*：*five*（*ninth* は *nine* と同じ母音をもつ新語である）．*whitster*（廃用）：*white*.

4.312. /e/： *left*：*leave*，*bereft*：*bereave*，*read* [red] OE *rǣdde*：*read* [ri·d] OE *rǣdan*，*led*：*lead* v.，*bled*：*bleed*，*fed*：*feed*，*sped*：*speed*，*bred*：*breed*，(*pled*，現在 *pleaded*：*plead*)，*dealt*，*dreamt*，*meant*，*leant*，*leapt*：*deal*，*dream*（現在部分的に類似した作り直しで：*dreamed* [dri·md] など），*mean*，*lean*，*leap*，*crept*，*felt*，*kept*，*knelt*，*slept*，*swept*，*wept*：*creep*，*feel*，*keep*，*kneel*，*sleep*，*sweep*，*weep*，*theft*：*thief*，*depth*：*deep*，*stealth*：*steal*，*health*：*heal*，*wealth*：*weal*（また *breadth* 参照），*cleanse*，*cleanly* adj.：*clean*（一方副詞 *cleanly* が [i·] を用いて作り直された），ときに短化した *clenness* が見られる（Bale, Three Lawes, 54），*seamster* あるいは *sempster*，*seamstress* あるいは *sempstress*：*seam*，*beckon* ME *becn(i)en* OE *bēacnian*：*beacon* OE *beacen*，*erst*，*early*：ere. *great* の比較級は ME *gretter*，H 1569 /greter/，現在類推的に *greater*. *brethren* では，われわれは現在短音の [e] をもつ，同様に G 1621 でも，一方 H 1570 は /bri·ðrn/，OE (Rushw. Gl.) *broeþre* 参照．

/e/ は *against* [ə'genst] における /æ·i/ の短化である，これは *-nst* 子音連続により引き起こされる．H 1569 には /age·n/（e·＝/æ·i/）が見られる，一方，/agenst/ は /age·nst/ よりもより頻繁に見られる．G 1621 は /agenst/ を通常の口語形態と見なすが，他方 /against/ はときどき朗読で用いられる気取った形態だという，しかし彼は /again/ だけを用いる．のちにこの 2 語は互いに影響し合って，現在は [ə'gein] と [ə'gen]，[ə'geinst] と [ə'genst] は丁寧体である．W 1791 では ‘agen, agenst’ が見られる．現在休止の前で [ə'gein] を，文中で [ə'gen] 用いる人がいるようである．—[e] はまた Leicester [lestə] で /æ·i/ の短化である，すでに J1701 により言及されたものである．

現在 *friend* OE *frēond* に見られる短音の [e] は *friendship*, *friendly* からの類推によるに違いない，/e/ が通常の短音である．*friend* では，B 1633 に，初期の /i·/（< /e·/）が見られる，一方 D1640, J1764, W 1775,1791 などでは短音の /e/，そして G 1621 その他では短音の /i/ である，これは /e·/ > /i·/ の変化に続いて起こった短化による．*fiend* OE *fēond* 参照，これはその母音を保った，というのもそれに影響を与えるいかなる派生語も見られなかったからである．

4.313. /a/ : *hallow* OE *hālgian* : *holy*, *clad* OE *clāðde cladde* : *clothe*. 同様に *Hallowe'en* や *Hallowmas* < OE 属格 pl. *halga*. さらにおそらく *ramble* : *roam*.

4.314. /u/ : *Southern* 現在 [sʌðən], *southerly*. W 1791 は [au] と [ʌ] 両方をもつ，後者は一種の専門的な海事的発音として : *South* /su·þ/ > [sauþ], *utter*, *utmost* : *out* ; *outer* や *outmost* は最近の再形成である．

4.321. 開音節で長化された短母音と同様，ここでもしばしば，長母音を保持する主格と子音連続の前で長母音が短化された屈折形の間でのせめぎ合いを見る．両形が次で生き延びた : *mead* OE nom. *mǣd* や *meadow* OE infl. *mǣdwe*. OE *dēofol* は規則的に /de·vil/ > /di·v(i)l/ となった，これは S 1568 その他によって与えられている発音である（また近代方言に見いだされる），一方優勢な形態，現在 [devl]，は屈折形 OE *deofles* などに由来する．B 1633 p. 12 は短化された /i·/ をもつ /divil/ を挙げる．*diuel*(*l*) はよく見られる初期の綴りである．屈折形の短母音は次に見られる : *chicken* OE infl. *cīcne-*, *fodder* OE infl. *fddre-*, *lather* OE infl. *leaffre-*, *weapon* OE infl. *wǣpne-*, *thimble* OE infl. *þȳmle-*, *little* OE infl. *lȳtle-*（Koeppel, Archiv 104.51 を見よ）．しかし換言すると，主格の長母音が優勢であった : *token*, *beacon*. *needle*, *housel*. bosom [buz(ə)m]（11.67）では，短化は /o·/ > [u·] の変化より後である．古い短化の場合には *[bɔzm] となっていたであろう．

4.322. また OE -ig 形の屈折形態に短化の例が見られる，この語尾は母音の前で /j/ になった : *ready* [redi] OE infl. *rǣd*(*i*)*ge-*, *any* OE *ǣn*(*i*)*ge-*, *sorry* OE *sār*(*i*)*ge-*，これは /a·/ > /ɔ·/ のあと短化した，*silly* OE *sǣlig* は [i] のため近年短化したように見える．名詞 *ivy* OE *īfig* では，主格の音長が保持されている，方言の [ivi] では，屈折形の短化が見られる．長母音をもつ名詞を想起させる形容詞は短化を示さない : *sleepy*, *stony*, *icy*, *Holy* もまた [ou] < OE *ā* をもつが，短化形態 /holli/ が H 1570 により挙げられている，下記の複合語を参照．

4.323. 比較語尾 *-re* の前で，ME においてしばしば短化が見られた．例えば *utter*（4.314）．初期の使用では *gretter*（Caxton）もある，H 1569 では短音 /e/ をもつ /greter/．ME では同様に原級の *hoot* /hɔ·t/ OE *hāt*，16 世紀にはしばしば *hoat* と綴られた，比較級 *hotter*．PE *hot* [hɔt] はこの比較級によるかもしれない．さらに *latter* OE *lætra* と比較せよ，ここでは短母音が *tr* のせいで保持されてきた，*late* における長音化を参照．*later* は 16 世紀に遡る新造語である．

4.33. 強勢音節の後に 2 つ以上の弱音節が続くと，その母音が短化する強い傾向がある（3 音節規則）．その理由は心理的なものである．話し手は，長い音の連続を「立て続けに」発音しなければならないことを意識すると，彼の運動を加速する（*Lehrbuch der Phon.* §12.22 を見よ，ここではこの原理の他の適用例が見られる）．これが次の短化を説明する：OE *ǣrende* > *errand*，*ǣmette* > *emmet*，OE *ǣmerge* > *ember(s)*，OE *slūmerian* > *slumber*，Scn *fēlagi* > *fellow*．*herring* OE *hǣring* の短化は，加えて *Rhenish*，*Spanish* でのそれも，さらに *gannet* < OE *ganot* や *provost* OE *profost* での短母音の保持も，Luick により，屈折した 3 音節形態から説明される（*hǣringas* など）．また F や Lat の語 4.71 を参照．

4.34. ここで，もっとも重要な短化の例――複合語（ここでいう「複合語」とはもっとも広い意味のもの）の最初の部分に生起するもの――を，子音重複によるもの（4.31 参照）と 3 音節語によるもの（4.33）を分けずに，1 つのリストにまとめることは適切であろう：多くの語で両原因が同時に起こってきたからである．早くも『オルムルム』（Orrmulum）に，例えば *lic* ʻlikeʼ 一方 liccness，*fif* 一方 *fifftiȝ*，*gresess* 一方 *gresshoppe*，*ald* 一方 *allderrmann*，*grund* 一方 *grunndwall*（これらでは母音の短音性は二重子音によって示される）．非常に多くのケースで，作り直しが起こり，短音の典型的な例は，複合語の意味が構成要素の意味と乖離してしまっているところで見られる．

4.35. /iː/ : /i/ > /ai/ への変化前に，短音化された /i·/ : *fifty*，*fifteen* : *five*．*fippence*（Ellis，Mips Soames，そして大抵の初期の正音学者）は現在 *fivepence* に取って変わられている．*wisdom* : *wise*．*Whitsunday*，*Whitmonday*，*whitleather*，*Whitby*，*Whitchurch*，*Whitcombe*，*Whitfield*（また *Whitefield*），*Whitman*，*Whit(t)aker*，*Whitworth*，*whilling* : *white*．地名の中には，古い発音 [i] が現在綴り字発音 [ai] に取って代わられたものもある：*Whitehaven*，*Whitelocke*．*Whitechapel*，*Whitefriars*，*Whitehall*，加えて *whitecap*，*whitelead* ではおそらく短母音はかつて存在したことがなかった．その他でも．*Christmas* : *Christ*，*criss-cross*，元来 *Christ-cross*，*Michaelmas* [ˈmikəlməs] : *Michael* [ˈmaikəl]，*women* : *wife*（3.43），*vineyard* [vinjəd] : *vine*，*linseed*，†*lincloth* : *line*，*grindstone* [grinstən]，現在再構成され [graindstoun] : *grind*（cf. 4.221），*Swinton*，*Swinburne*，*Sivinford* : *swine*（個人名

Sveinn に由来したものでなければ)，*Tynemouth* [tinməþ]，現在また [tain-]：*Tyne*. *Windhill*, *Windham*, *windmill* など，cf. wind（4.221 を見よ)，*spikenard*，短音の *i* をもつ E 1787，通例 ['spiknəd]，一方一般には次のように再編された ['spaikna·d]，*shiref shireve*，現在 *sherif* OE *scīrgerēfa*：*shire*. ここでわれわれは多分 *stiff* の説明を得る．OE は *stif* をもっていた，しかし /i·/ は *stiffness*, *stiffly* で短化されたのであろう，そしてそれが形容詞自体にも影響を及ぼしたと考えられる．さらに *stirrup* OE *stīgrāp* にも注目．*Guildhall* の短母音は *guild* 自体に影響を及ぼした．逆に W 1791 は *Guildhall* の [ai] を通俗と言う．

/i/ は，/e·/ > [i·]，の変化のあと，[i·] から短化したもの：*threepence* ['þripəns]：*three*，以下の /e/ を見よ．E 1765 は "thruppence，ときに thrippence" を挙げる，前者は twopence からの類推によるに違いない．1787 で彼は "thrippence" のみを挙げる．*Greenwich* /gri(·)nwitʃ, -ʤ/，現在 ['griniʤ]：*green*, *steelyard*，古い辞書は /'stiljəd/，比較的新しい辞書では ['sti·lja·(ə)d]：*steel*. *Smithfield* は †adj. ME *smēðe* 'smooth' から．W 1791 は *chizcake* を *cheesecake* の通俗的発音として挙げる．

4.36. /e/ は短化した /e·/ あるいは /ϵ·/：*friendship* 4.312, *threepence* [þrepəns] 現在 [þripəns] よりも通俗的と考えられている．*shepherd*：*sheep*, *derling*，のちに *darling*（6.4）：*dear*, *mermaid*, *merman*：†*meer*(*e*), *lem*(*m*)*an*：*lief*, *breakfast* [brekfəst]：*break*, *Beaconsfield*，地域的な発音 [bek(ə)nzfi·ld]，通常の [bi·-] は綴りによる．さらに *heifer* [hefə] OE *heahfore* < *heah*? 'high'．15 世紀に *heffre* が見られる．以下の語では短化の発音は消失した：E 1765（そして 1787）や W 1791 は 'ferful' = 'terrible' を挙げる，しかし「小心な」(timorous) を意味する場合には *ē* を伴って．E 1787 も次で短音の *e* をもつ：*therefore*, *wherefore*, *cheerful*, *leapyear*，船乗りの発音 *neaptide* で，*chezcake* 'cheesecake' で，*Grenfield* や *Grenwich* (Grennich) で．W1791 は *cheerful* で両方の発音をもつ．S 1780 は次で /e/ を挙げる，英語として：*cheerful*, *fearful*, *wherefore*, *therefore*，一方アイルランド英語では /iə/. これらすべてで，現在再編成が見られる．

/e/ は短化された /æ·i/ である．*Maidstone* ['medstən]，現在の発音は一般に，綴り ['meidstən] から，あるいはその類推で．17, 18 世紀には，*neighbour* OE *nēahgebure* はしばしば /nebər/ だった，現在は [neibə].

/e/ は，*waistcoat* では，/a·/ からの /ϵ·/ あるいは /ϵ·i/ の短化である（*waist* については 11.32 を見よ)，J 1764 /wes-/，現在 [weskət]，一方綴り字発音 [weistkout] がときに用いられる，特に婦人によって．

4.37. /a/，短化された OE *ǣ*：*Stratford*：*street*.

/a/，短化された OE *ā*：*lammas* OE *hlūfmæsse*：*loaf*, *tadpole*：*toad*, *Halliwell*, *halibut*, *halidom*：*holy*（また 4.39 /o/ の項を見よ)，*Bradford*, *Bradlaugh*, *Brad-*

field : *broad*, *Stanford* (*Stamford*), *Stanhope* [ˈstænəp, ˈstænhoup] : *stone*.

/a/ は短化された ME /aˑ/ である : *marigold* [ˈmærigould] : *Mary*. 同様に *Maryland* の米式発音でも，さらに *Marylebone* [ˈmæribən, -boun]. *cranberry* では（そして *Craribourne*, *Cranford*, *Cranbrook* のような地名も，もし語源的に関連しているならば）われわれは長化しない OE *cran* をもつ，*crane* 4.217 を参照．さらに *Yarmouth* : *Yare* に注意．*Shakespeare* はかつて，短音の *a* をもって発音された，*Shaxpere* などのような綴りを参照．E 1787 でも同様．現在再構成され（綴り字発音）[ˈʃeikepiə]. E 1787 にはまた，短音の a をもつ *barfoot*, *farwel* も見られる．現在 [bɛˑəfut, fɛˑəwel].

4.38. /u/, 短化された OE *ū* : *husband*, *huswife*, *hustings* : *house*. 語源的意味で，*housewife* [ˈhauswaif]（主婦）は再構成された，一方「裁縫道具入れ」の意味では，短縮形態 *huswife* [ˈhʌzwaif], *hussif* [ˈhʌzif] が持続できた（現在はほぼ絶えた．The. Hog. 68 huswife, completely furnished with needles（裁縫道具入れ，それは十分に針が備え付けられていた），などを参照）．もっと短縮された *hussy* [ˈhʌzi] は「身持ちの悪い女」を意味し，今や複合語とは感じられていない．*Southwark* [ˈsʌðək], 現在 [ˈsauþwɔˑk] とも，*Southwell* [ˈsʌðəl], 現在一般に [ˈsauþwəl], *Southwick* [ˈsʌðik], 現在 [sauþwik] とも，*Surrey*, *Suffolk*, *Sutton* : *South*. E 1787 は *Southgate* を [suð-] や [sauþ-] として挙げる，現在は常に後者．

/u/ は短化された ModE /uˑ/, /oˑ/>/uˑ/ の変化の後で : *twopence* [ˈtʌpəns] : *two*, *futtock* おそらく < **foothook*, *Monday* : *moon*. E 1787 は *spoonful* を実質上 ‘spunfool’ と言う，この発音は現在絶えた．これらでは，短化は /u/ > [ʌ] の変化の前に起こった（つまり，uˑ > u > ʌ）．*gooseberry* [ˈguzbəri]（スグリ）では，短化はこの変化の後に起こった．（したがって，u）[u] については 11.67 参照．

/u/, 短化された /iu/ : *Jutland* : *Jute*.

4.39. /o/, /oˑ/ > /uˑ/ の変化前に短化された /oˑ/ : *gospel*（OE *gōdspell*, おそらく OE 期 *gōd* ‘good’ ではなく *god* と関連していた），*gosling*, *goshawk* : *goose*. また *gozzard* < *gōsherde*; 作り直された形態 *gooseherd*.（*goldsmith* については 4.222 参照．）

/o/, 短化された ME /ɔˑ/, これは開放音節で OE *o* から : *nostril* OE *nosþyrel*（あるいは o は常に短い）: *nose*, *forehead*（E 1787 forred）: *fore*, 4.219, 13.64 を見よ．OE *ā* から : *holiday*, *Holywell*, *Holyrood*, *Holyhead* : *holy*. 同様に（以前は）一般的な発音 *halibut*, *halimass* でも．近代の再構成は，*holiday* [ˈhɔlid(e)i]「休日」(3.138) と区別されて，*holyday* [ˈhoulidei]「聖日」で見られる．*roband* [ˈroband] あるいは *robbin* は船員用語 < *rope* + *band*, *bonfire* : *bone*. *oatmeal* の短化発音は (E 1787, W 1791「ときに」) は現在完全に廃用．

/o/, 短化した /oˑu/ : *rowlock*, 発音 [rɔlək]（また [ˈrʌlək], 綴り *rullock* を参照，

そして再編成された発音 ['roulɔk]). *row*, *forty* : *four*, 元来 *fēower*, *Gloucester*, 現在 [glɔstə], 16 世紀には *Gloster* と綴られた. *knowledge* [nɔlidʒ] : *know*.

knowledge では, H 1569 は長音と短音どちらの発音ももつ, 一方 G 1621 は二重母音のみ. E 1787 は短音の *o* をもつ. W 1791 は長音の *o* は 説教壇や法廷での近年の発音と言う, 一方議会, 舞台, 国民一般はそれに反対する. 現在は [nɔlidʒ] または [nɔledʒ] が優勢な発音である, 一方 [nou-] はときに厳粛な発音で用いられる. Alford, *The Queen's English*, p. 49 はこう言う:「私は次のような聖職者を知っている, 彼らは *knowledge* について話すとき, 皆と同様 *knolledge* と発音する : しかし彼らは教会では常に *know-ledge* と言う」. 彼はそれを直ちにきっぱりと捨て去るべき気取った態度と言う. 同様に Bernard Shaw の *Candida*, p. 87 では, 若い聖職者がこう問われている,「なぜ君は教会では "knoaledge" と言い, 一方で私的な会話では常に "knolledge" と言うのかね ?」そして Tennyson's Life by his son (Tauchn. ed. 3.199) で, Lecky はこう書く :「Tennyson はかつて私が "knowledge" を, 現在は通常のやり方で発音したことをとがめ, "know" の完全な音が発せられなければならないと主張した. 私は Swift のアイルランド議会についての一節を引用して抗弁した :

"Not a bow-shot from the college,
Half the world from sense and knowledge" [＊college と knowledge の押韻]

さらに ibid. 4.136 参照 :「Jowett は彼の発音 "knowledge" を私 [長音の o] から得た」, そして Byron DJ 2.136 で knowledge : college.

語には様々な時期に短化し様々な結果に至ったものがあることが見てとれる : *Halliwell*, *Holy well* ; *gosling*, *gooseberry*.

強勢の影響

4.4. 音量は強勢にも依存する. 強勢のない音節では常に母音を短音化する強い傾向がある. まずこれは多くの複合語, 特にもはや複合語とは感じられていないものの二番目の (弱い) 要素に見られる. というのも (複合語の一部の) 要素であるという意識がまだ消えていないところでは, 一般に再構成が起こるからである. 例は :

4.411. /i/, 短化した OE と ME /i·/ : *houswif* など 4.38 を見よ. *midwife*, 18, 19 世紀しばしば ['midif, 'midwif], S 1780 その他は ['midwaif] をもつ, 一方 ['midwifri], W 1791 [midwif] は通俗的. Knowles 1845 は ['mid(w)if] や [-waif] をもつ, 後者の (再構成された) 発音は現在優勢なものである. *daisy* (デージー) OE *dæges ēage* 'day's eye', *sennit* (雑索), se'nnit (現在廃用). また以前は *fortnight* /-nit/ をもつ. S 1780 と W 1791 は *sennĭt*, 一方 *fortnĭght* をもつ. *shire* : *Cheshire*, Gloucestershire /-ʃir/, のちに /ʃiə/, 現在通例 [-ʃə], のような複合語で. 独立した語としての *shire* は頻繁には用いられない, そして複合語に特有な発音が, その語自体においても早々に優勢となった. B 1633 はこう言う, *shire* は南部地域で 'sheer' と発音される, E 1787 (I p. 228) は 'shere' を唯一の発音だとし, 綴りについては説明がつかないと言う. 19 世紀の大部分の発音辞典は [ʃiə] と [ʃaiə] の両方を挙げるが, 前者がより通用していると言う. Daniel Jones は *shire* [ʃaiə] と *-shire*

[-ʃiə, -ʃə] をもつ．アメリカ人は単独でもイギリスの州名でも [ʃaiə] と言う，ただし彼らは彼ら自身の *New Hampshire* をもっていて，これを彼らは [nu· ˈhæm(p)ʃə] と発音する．スコットランドの人々は [ʃaiər]，[faif-ʃaiər] などと言う．―*otherwise* は 18 世紀 /-wiz/，S 1780，一方 W 1791 はこの発音をためらう（彼の著書 §140 と 152 を見よ），現在は常に [-waiz].

garlic OE *gārlēac* では，/i/ は /i·/ < /ɛ·/ の変化 /i·/ の短化したものと思われる．*leek* 参照.

Durham や *-ham* 形の他の地名における，OE *-hām* : *home*，/a/，現在 [ə]，9.211 を見よ，は短化した /a·/ である：*madam* [mædəm]，*beldam*(*e*) [ˈbeldəm] : *dame*．そして *purchase* : *chase*，*surface* : *face* については 9.142 を見よ．*stirrup* OE *stigrāp* では，*rope* OE *rap* 参照，第二母音が不明瞭であることは綴りに影響を及ぼすほど古い.

4.412. /o/，現在 [ə]，は短化した /ɔ·/ である：*brimstone* [ˈbrimstən]（硫黄）: *Whetstone* の *stone*； *Whetstone* では発音は [-stən]，一方，普通名詞の *whetstone*（砥石）では [ˈhwetstoun] への再構成がしばしば起こる，さらに *grindstone* も 4.35 参照，*waistcoat* 4.36 参照，*petticoat* は [ˈpetikət] あるいは [-kout]（一方 *wainscot* [ˈwe(i)nskət]（羽目板）は *coat* と複合語化されたものではない，オランダ語 *wagenschot* であり，16 世紀 *waynskott* と綴られた）.

/o/，現在 [ə]，は短化した /o·/，例えば cupboard で，現在 [ˈkʌbəd]，cf. J 1701 ‘cubberd’.

/u/，現在 [ə]，は，以下において短化した /u·/ である，*-ton* OE *tūn* をもつ無数の名称において，cf. *town* : *Eaton*，*Clifton* など，*-don* OE *dūn* 形で，cf. *down* : *Swindon*，*Maldon* など，そして *-mouth* OE *-mūða* 形で，cf. *mouth* : *Portsmouth*，*Exmouth* など．*workhouse*，現在 [wə·khaus]，では再構成が見られるが，*workus* [ˈwə·kəs] が通俗的な発音である（例えば Sketchley, Mrs. Brown on Cleopatra’s Needle p. 19）.

4.42. 同様の短化が多くの接尾辞でも起こった：OE *-ig* は -y [i] となった，OE *-līc* や Scn -līg は *-ly* に変わった，現在は常に [-li]，一方以前はしばしば /li·/ > /lai/．H1569 は /-li/ と /-lei/ の両方を挙げる，同様に G 1621 も，そして 16，17 世紀の詩人による多くの押韻も同じ発音を示す，これは実際の発音と言うよりは文学的伝統のせいによる．OE *-lēas* は *-less* となる，OE *-dōm* は *-dom*，16 世紀 /dum/ となる，現在 [-dəm]，*doom* における長母音参照．OE *-hād* は *-hood* [-hud] になった，*-lāc* は -lock になった，例えば *wedlock*，*kindred* などにおける *-red* を *-rǣden* と比較せよ，さらに *knowledge* の *-ledge* を *-lǣcan* と比較せよ．さらに F の接尾辞での短化もある：*-ous* や *-our* は，H 1569 や他の初期の権威者たちによって，ときに /ou/ < /u·/ と発音された，そしてときに /u/ を用いて発音された，*prisoun* などにお

ける *-oun* は一般に ME では長音だった．現在短音形態 [-əs, -ə, -ən] のみが生き残っている．

4.431. 母音は弱文強勢をもつ語では短化される：*yes*, *sir* や *Sir Thomas* のような位置から *sir* /sir/, 現在 [sə], cf. *sire* /si·r/ 現在 [saiə]. 新しい全強勢形態 [sə·] が現在弱強勢の *sir* から発達した．*by* と *my* は弱強勢の場合は /bi, mi/. [bi] は *because*, *beside*（さらに *beset* などを参照）に今でも見られる．O 1806 p. 48 は *to learn by heart*, *to speak by rote*, *to march by night* に /bi/ をもっていた．現在完全形 [bai] < /bi·/ が，ほとんど常に，教養のある談話で用いられる．O 1806 によれば *my* は次の句で /mi/ だった：*upon my word*, *it's my own*, *I take my leave*. 現在 [mi] が [bi] よりもよく用いられる，とくに役者から影響を受けて，但し日常会話では [mai] がほぼ常に耳にされる．アイルランド人はしばしば [mi] と言う．── *been*（8.32 参照）は 1420 年ごろ /bin/ と短化された，そして *bynne*（NED）と綴られた．H 1569 と多くののちの正音学者は /bin/ を挙げる．現在広音の [ɪ] をもつ [bɪn] と狭音の [i] をもつ [bin] の両方が耳にされる，後者は [bi·n, bijn] の最近の短化である．同様に *be*, *he*, *me*, *she*, *we* はしばしばその母音が短化される．H 1569 は明らかに通常の /hi, mi/ などと強勢のある /hi·, mi·/ とを区別する，但し常に /bi/ と記す．Milton の詩では，強勢のある形態は *hee*, *wee*, *mee* と綴られ，非強勢の形態は *he*, *we*, *me* と綴られる．彼はまた *their* の非強勢の形態として *thir* をもつ．

4.432. *have* は強勢を受けると /ha·v/, 非強勢だと /hav/. 例えば H 1569 で．現在前者の発音は次を除いて消失した：*behave* [bi'heiv] や通俗的な（*h*)*aint*, これは *have not* を表す．have の短音性は，1 つには *has*（*hath*）や *had* の影響によるのかもしれない．*are* も同様に 2 つの形態をもつ，/a·r/, これが生き残っていたら [ɛ·ə] になったであろう（通俗的な *ain't*＝*are not* 参照），そして /ar/, これは PE [a·ə] に該当する，新たな全強勢の形態と，[a] あるいは [ə]（*we're*, *they're* などで）によって代表される．C 1679 や S 1699 は *are*＝*air*＝*heir* を挙げる，そして Dryden（V. 137）は，次を押韻させる *are*：*pair*, 一方 D 1640 はこう言う，*are*,「これは短音で *ar* とのみ発音される」．同様に Walker も．上で *sir* と並行して，*dame* の弱強勢の異形として *dam* を見た（上の *madam*, *beldam* 参照）．'mother' の意味で，以前は *dame* であった，現在は *dam*.

OE *wǣron* は *were* /wɛ·r/ になった，これは [wɛ·ə] として生き残っている，一方短化形態 /wer/ は [wə] になった，ここから新たな全強勢の [wə·] が発達した．W1791 は，*were* が *prefer* と押韻すると言う．

4.433. OE *tō* は *too* や *to* になった，以前は強勢に従って区別された（Defoe, Rob. Cr. 1719 p. 36: "they very kindly brought *too*"（親切にも（我々がおいつくのを）待ってくれた（平井正穂訳)), 271 "work the boat too and again"（舟を操りながらいっ

たりきたりする（平井正穂訳）），これらは現在 *to* と綴られるだろう），現在両者は区別され：*too*＝「また，あまりにも」，*to* は前置詞．発音は too と強勢をもつ to に [tu·]，強勢のない to に [tə]，9.82 を見よ．—*John* における短化（Ch. では /ɔ·/ を伴って）は姓名などの前の位置による，一方 *Jones*（元来属格）は長母音を保ってきた．

4.434. *but*，cf. *about*，や *us* に短音の /u/ が見られる（現在 [ʌ, ə]），後者では全強勢の形態 /u·s/ > *[aus] は消滅した．*Your* では [ju(·)ə] と [jɔ·(ə)] のどちらも全強勢の音を表す（13.37），そして [jə] は弱強勢 /juə/ から，これは J 1701 により言及されている．/jar/ 参照，G 1621 により軟弱な発音とされている．

ロマンス語の語

4.51. F や Lat の借用語の音量は多くの困難を呈する，そして最新の試み（Heck, *Anglia* 29, and Luick, ibd. 30）でもすべての問題を解決したと言うことはできない．OF の音量についてはほとんど知られていない．多くの語に関して，F から取り入れられたのか，直接 Lat から入ってきたのかわからない．Lat 系の語では，決定的であるのは古典的音量ではなく，独自のルールに従う英語の学校発音である．多くの語で，われわれは，長母音をもつものであれ，短母音をもつものであれ，発音は，たとえこれらの 1 つのみが生き残ったにせよ，一定期間優勢であったと想定しなければならない．まず英語で強勢の移動がない語を取り上げてみる，そしてこれらの中で，まず最初に（4.52），F の借用語，主に単音節語で，F と同じ音節に強勢が置かれているものを扱う．これらは Luick の論文では議論されてなかったものである．

4.52. 語は，母音に後続する子音にしたがって，配列する．各下位区分では，区分記号 | 前に与えられている語は Behrens の最古の借用語のリスト（Franz. Studien V. 2 p. 10ff.）に見いだされるものである（| 記号後の語にも同じくらい古いものがある）．古い二重母音を含む語（鼻音前の *au* や /iu/＝F *u* を含む）はリストから排除した，このリストは完璧さを主張するものではない．—いかなる確固たる規則もこれらのリストからは導き出せないように思われる．子音連続の中には短母音のみを許すものがある：/kt, ks, mp, ntʃ, ŋk/．長母音も短母音も受け入れる子音あるいは子音群の中には /a/ を長音に，/i, u/ を短音にするする傾向の明らかな兆候を示すものがある，例えば /bl, pi, t, g, ndʒ, st, dʒ/．私のリストで，F 語で，長音化を許す子音の前で短音の /a/ を持つ例は次に限られる：*catch*，*attach*，*mass*，そして *ball*（*a*＋*r* を除いて）．そのリストには PE [a·] をもつ語は含まれない，10.5 のリストと 10.67 で挙げられた変動する音量からの説明を見よ．

語尾　長音：　*cry*，*degree*，（*e*）*spy* | *vow*
/b/　長音：*robe*
　　短音：*rob*（4.81 を見よ）|

/bl/ 長音：*cable*, (*feeble*), *noble*, *stable*, *table* | *able*.
短音：*trouble* | *double*, *treble*.
/br/ 長音：| *sober*.
/p/ 長音：*cape*, *escape* | *drape*.
/pl/ 長音：(*people*) | *Naples*, *staple*.
短音：*couple* | *supple*.
/pr/ 短音：| *proper*.
/d/ 長音：| *fade*, *mood*.
/t/ 長音：*delit* 現在 *delight*, *doubt*, (*e*)*state*, *note*, *quite*, *plate* | *boot*, *coat*, *fate*, *moat*, *neat*, *repeat*. *requite*, *rite*. *rout*, *scout*.
短音：*debt* | *jet*, *quit*, *regret*, *rut*, *trot*.
/tr/ 短音：*letter* |
/g/ 長音：| *plague*, *rogue*, *vague*.
短音：*fig* |
/k/ 長音：*beak*, *cloak*, *pike* | *lake*.
短音：| *mock*, *shock*.
/kl/ 短音：| *buckle*.
/kt/ (F というより Lat) 短音：| *act*, *fact*, *sect*.
/ks/ (おそらく Lat) 短音：| *fix*, *mixt* (その後 *mix*), *sex*.
/kr/ 長音：*sacre*, その後 *sacred* |
/m/ 長音：*blame*, *dame*, *fame*, *prime* |
短音：gem (OE *gim* の影響を受けたか？) |
/mb/ 長音：*chamber*, *tomb* |
短音：*humble* | *cumber*, *number*, (*as-*, *re-*) *semble*, *tremble*.
/mp/ 短音：*simple*, *tempt* | *temple*.
/n/ 長音：*fine*, *sign* | *croum*, *divine*, *line*, *noun*, *soun*(*d*), *t*(*h*)*rone*, *vine*. —*Cologne*, *crone* (2.423).
短音：*gin* (*engine*) |
/nd/ 短音：*amend*, *defend*, *tender* |
/nt/ 長音：|(*ac*)*count*, *mount*, *pint*.
短音：*consent*, *gent*, *rent* | *assent*, *event*, *font*, *front*, *tint*.
/ns/ 長音：|(*an-*, *de-*, *pro-*)*nounce*.
短音：*prince* | (*de-*, *of-*)*fence*, *immense*, *pretence*, *sense*.
/ndʒ/ 長音：*angel*, *change*, *range* | *grange*, *lounge*, *strange*.
短音：*sponge* | (*a-*, *con-*, *re-*)*stringe*, *avenge*, *fringe*, *plunge*.
/ntʃ/ 短音：| *tench*, *trench*, (*pinch*).
/ŋk/ 短音：| *blank*, *flank*, *frank*, *monk*, *plank*, *tank*, *trunk*, *uncle*.
/v/ 長音：*arrive*, *cave*, *move*, *prove* | *brave*.

/vr/　短音：*cover* |
/f/　長音：(*brief*，*grief*，*relief*)，*strife* | (*chief*).
　短音：| *stuff*.
/fr/　短音：*suffer* |
/z/　長音：*guise*，*spouse* | *advise*.
/s/（と *c*＝OF /ts/）長音：*case*, *grace*, *pace*, *price*, *spice* | *ace*, *advice*, *base*, *brace*，*cease*，*chase*，*close*，*crease*，*face*，*gross*，*lace*，*mace*，*nice*，*slice*，*trace*，*vice*（＝F *vis* と *vice*）.
　短音：*press*（以前はしばしば長音）| *distress*，*dress*，*mass*，*profess*，*success*，*tress*.
/st/　長音：*beast*，*chaste*，*feast*，*waste* | *coast*，*haste*，*host*，*paste*，*priest*. *taste*，*toast*.　さらに *Christ* で，これはこの形態でおそらく F からの借用語と見なさるに違いない.
　短音：| *bust*，*just*，*quest*，*rest*，*test*.
/stl/　短音：*apostle*，*epistle* |
/ʤ/　長音：*age*：*cage* | (*en*)*gage*，*rage*.
　短音：*judge*，*lodge* | *allege*，*budge*，*pledge*.
/tʃ/　長音：*brooch*＝*broach*，*preach* | *ache*（文字 H），*coach*，*couch*，*vouch*.
　短音：catch | *attach*，*touch*.
/l/　長音：*fool*，*guile*，*male*，現在 *mail* と綴られる | *appeal*，*bale* ‘bundle’（俵），*conceal*，*file*，*isle*，*pale*，*reveal*，*stale*（OF *estale* 現在 *étale*（静止した）），*vale*，*veal*，*vile*.
　短音：*ball*，*roll* |
/lt/　短音：| *result*.
/lʤ/　短音：| *divulge*，*indulge*.
/r/　長音：*attire*，*cheer*，*desire*，*flower*，*hour*，*ire*，*lyre*，*sire*，*tower* | *clear*，*rare*.
　短音：*war* | *bar*.
/rp/　短音：*purpre* 現在 *purple* |
/rd/　長音：| *gourd*.
　短音：*order* | *accord*.
/rt/　長音：*court* |
　短音：*cartes*, *hurt* | *art*, *avert*, *desert*, *dessert*, *exert*, *pert* (*apert*), *part*.
/rk/　短音：| *clerk*，*mark*，*pork*.
/rm/　短音：*arm*，*form*（別の意味で長音，13.353 を見よ），*term* | *charm*，*germ*.
/rn/　短音：*turn* | *adjourn*，*scorn*.
/rv/　短音：*serve* |
/rf/　短音：| *serf*.

/rs/　長音：| *course* = *coarse*, *pierce*, *scarce*, *source*.
　　　短音：*corse*（現在 *corpse*），*diverse*, *purse* | verse.
/rʤ/　長音：*forge* |
　　　短音：*charge*, *large* | *barge*, *gorge*, *marge*, *purge*, *scourge*.
/rtʃ/　長音：| *porch*.
/rl/　短音：| *pearl*.
/ri/　長音：*story*, *glory* | .

多くのこれら *r* 連結の多くの前では，おそらく短母音と長母音で非常に多くの変動があった，*form* の二様の発音参照（13.353），そして 6.46，13.34，13.36 を見よ．さらに *pass* と *pace* のようなケースを参照，10.67．おそらく多くの *r* 連結の前では半長音の母音だったと主張するのが賢明であろう．

4.53. Lat（や Gk）からの二音節語――これらは英語では強勢移動はないが――は，通常の学校発音で，もっていた音量，すなわちラテン語の音量に関わりなく，開音節での音の長さ，を保持する，例えば *basis*, *crisis*, *demon*, *focus*, *genus*, *hero*, *miser odour*, *Satan*, *thesis*. *Pathos* は一般に [ˈpeiþɔs]，一方 Sweet によればまた [ˈpæþɔs]. *docile* は以前 [dɔsil] だった，これは F の借用語では自然であった．現在は [dousail] も，これは綴りによるものに違いない．*dolour* は，現在は Lat. から入ったものは常に [doulə]，以前には F から入ったものもあって，それは短音であった，Shakespeare における *dollar* とのダジャレを参照（*dolour*（嘆き）[dálə] と *dollar*）．閉音節では，他方，学校文法は短母音をもっていた：*rector*, *appendix*, *sulphur*.

4.54. *-nt* 形の分詞形の語では，音の長さは（学校発音の）ラテン語の主格によるか，あるいは斜格によると思われる，後者では母音は強勢音節の前に置かれた（4.66）：*adherent*, *agent*, *cadent*, *component*, *decent*, *frequent*, *latent*, *parent*, *potent*, *recent*, *regent*, *silent*, *student*, *transparent*, *vacant*. 他方，次の F 借用語と比較せよ：*arrant*（この上ない）（*err-*），*current*, *gallant*, *present*, *tenant*（4.61）. *apparent* では，2つの原理（主格か斜格か）のせめぎ合いが今でも生き残っている．patent は実のところ 2 つの語である，*letters patent*（専売特許証）などにおける（平俗的な）F [pæt(ə)nt]（特許の），そしてラテン語（学問的）[peitənt] ‘manifest’（明白な）．この区別はほとんどの辞書で認定されていないが，一般にアメリカ（Hempl）でもイギリスでも守られている．分詞からは，また，次のような派生語で長母音が見られる：*silence*, *vacancy*, *decency*, これらはまた 4.66 における原理からも説明されるかもしれない．

4.61. 次に E の強勢が語尾から 2 番目の音節に移動する語を見てみよう．この音節は，強勢が移る前は E で短母音をもっていた（おそらく F の多くの場合でそうであったように）．したがって，一般に，ModE でも短母音が見られる．ここでは E

における語末の音に従って語を列挙する．これにより語における，同じ語尾をもつ語に関する一般的な一致を示す．（*decade* のように，のちの時代に属する語の中には，E で F と同じ音節におそらくけっして強勢をもたなかったものがある，これらは借用されると直ちに，より以前の借用語と同様に扱われたのである．）

/b/：　*cherub*（智天使）.

/p/：　*gallop*，*syrup*.

/d/：　*ballad*，*decade*，*method*，*salad*，*synod*（cf. *-id* 4.75），— *herald*，*ribald*（以前は *-aud*）.

/t/：　*ducat*（15–17 世紀にはしばしば *ducket*(*te*)，*duckat*(*e*)，*duccat*(*e*) と綴られた），*frigate*，*legate*，*palate*，*prelate*，*claret*，*closet*，*comet*，*covet*，(*credit*)，(*decrepit*)，*gibbet*，*gullet*，*packet*，*pellet*（F *pelote*），*picket*，*pocket*，*prophet*，*puppet*，*ticket*，*valet*，*wicket*，*digit*，*habit*，*liermit*，*inherit*，*merit*，*profit*，*spirit*，*bigot*，*carrot*，*faggot*，*parrot*，*zealot*，*minute*，*tribute*.　さらに *petty* < F *petit* 参照，これには通常の形容詞語尾 -y が転用されている，あるいはもしかして F で *t* の消失のあと借用されたのかもしれない（? *puppy* < *poupet*，*puppet* の二重語）.

/k/：　*havoc*（大荒れ）（AF *havok*，OF *havot*），*relic*，*stomach*，*traffic*.　*-ic* 形の語については 4.75 を見よ．

/m/：　*madam*，*atom*，*volume*，(*Adam*).

/mn/：　*column*，*solemn*.

/n/：　*dozen*，*foreign*，*leaven*，*mizzen*，*patten*，*sudden*，*sullen*，*cabin*，*cousin*，*famine*，*imagine*，*Latin*，*resin*，*Robin*，*rosin*，*villain*，*cushion*（< *coussin*），*baron*，*button*，*cannon*，*canon*，*common*，*dragon*，*fashion*，*felon*，*flagon*，*gallon*，*glutton*，*heron*，*lemon*，*lesson*，*melon*，*mutton*，*onion*，*pigeon*，*prison*，*ribbon*，*summon*.

/nd/：　*brigand*，*legend*（また Lat から長音）.

/nʤ/：　*challenge*，*lozenge*，*syringe*.

/nt/：　*pedant*，*pleasant*，*talent*，*tenant*（*pageant*，*peasant*，*pheasant* はもともと *t* をもっていなかった，7.6 を見よ）．*-nt* 形の他の例については 4.54 参照.

/ns/：　*balance*，*Florence*，*penance*，*pittance*，*presence*.

/v/：　*olive*.

/f/：　*seraph*.

/z/：　*cherries*，現在 *cherry*.

/s/：　*Alice*，*Calais*，*duchess*，*Horace*，*jealous*，*malice*，*menace*，*novice*，*palace*，*Paris*，*promise*，*riches*，*solace*，*Venice*，*zealous*.

/st/：　*honest*，*forest*，*modest*.

/sk/： *damask*.

/ʤ/： *adage*, *college*, *courage*, *damage*, *forage*, *homage*, *image*, *manage*, *pillage*, *ravage*, *refuge*, *village*, *visage*.

/ʃ/： *banish*, *blemish*, *cherish*, *diminish*, *establish*, *famish*, *finish*, *flourish*, *lavish*, *nourish*, *parish*, *perish*, *polish*, *punish*, *radish*, *vanish*.

/l/： *coral*, *medal*, *moral*, *barrel*, *battle*, *bottle*, *bushel*, *cattle*, *chisel*, *fennel*, *gravel*, *metal* = *mettle*, *model*, *novel*, *panel*, *rebel*, *revel*, *trammel*, *travel*, *vittle*（*victuals*）, *agile*, *cavil* : *civil*, *docile*（4.53）,（*facile*, *fragile*, *gracile*）, *peril*, *ferrule*（さらに *ferrel*, *OF virelle*）.

/r/： *banner*, *butcher*, *cellar*, *consider*, *cover*, *dinner*, *exchequer*（*checker*）, *grammar*, *lecher*, *manner*, *matter*, *pillar*, *primer*, *Roger*,（*scholar*）, *sever*, *supper*, *usher*, *vicar*, *clamour*, *colour*, *endeavour*, *honour*, *horror*, *liquor*, *manor*, *mirror*, *rigour*, *tenor*, *terror*, *vigour*, *visor*, *figure*, *measure*, *pleasure*, *tenure*, *treasure*.

/rd/： *gizzard*, *hazard*, *leopard*, *lizard*, *placard*, *poniard*, *record* sb, *renard*,（*vizard* は元来ここには属さない）.

/rt/： *desert*, *Robert*.

/rn/： *cavern*, *govern*, *modern*, *tavern*,（*pattern* < *patron*）.

母音： *city.con*（*e*）*y* [ˈkʌni]（現在また [ˈkouni] 3.442）, *copy*, *duchy*, *jetty*, *jockey*, *levy*, *levee*, *lily*, *money*,（*petty*）, *pity*, *privy*, *study*, *tarry*, *valley*, *very*, *volley*, *nephew*, *continue*, *value*.

4.62. この位置での短音性の規則の例外はまれである．*a* が長音化する傾向が見られる語がいくつかある：*bacon*, *basin*, *blazon*, *mason*（以前はまた *masson*, ここから短母音 *a* を伴う固有名 Masson）, *label*, *cater*（*catour*, *acatour*）, *laver*（OF *laveoir*）, *razor*（長母音は動詞 *rase* によるかもしれない）, *paper*, *favour*, *flavour*, *labour*, *savour*, *tabor*, *vapour*, *azure*（現在しばしば短母音 *a* を伴って）, *nature*, *ague*（OF *ague* < Lat. *acuta*）, *navew*, また *naphew* [ˈneivju] と綴られる（OF *naveau*）. -our 形の語では，長母音はまた Lat. の主格によるものと思われる（4.53 参照）．長音の a は次の子音群の連続の前でも見られた：*danger*, *stranger*, *ancient*.（*apron* は元来 3 音節語であった：*naperon* 4.74）.

4.63. さらに英語は一般に，OF が二重母音をもつところで長母音をもつ：*season*, *reason*, *feature*（みな F *ai* を伴っている）, *beauty*. 同様に /iu/ = F *u* を伴う語でも：*duty*, *humour*, *rumour*, *usage*, *tulip*. しかしながら，短音の /e/ を伴う *pleasant*, *pleasure* に注意．母音 + 母音をもつ語については，4.65 を見よ．

4.64. 他の例外には明らかに類推によるものもある：*notice* ~ *note*，*famous* ~ *fame*，*dotage* ~ *dote*，*decisive* ~ *decide*，*arrival* ~ *arrive*，*recital* ~ *recite*，*fatal* ~ *fate*，*ducal* ~ *duke*，（*pastry* ~ *paste*）．*lever*，*broker*，*louver* は無数の -*er* 形の本来語に同化した．これらはまた，おそらく以前は短母音をもって発音されていたであろう，*brogger* や *luffer* のような綴りを参照．唯一の残存する例外は *environ* である，しかし中間の音節への強勢は最近のものである．名詞は，[enˈvairən] と並んで，未だに [ˈenviron] と発音される．

4.65. もう 1 つ別の母音の直前にある強勢母音は常に長音である：/i/：*diet*，*quiet*，*bias*，*dial*，*vial*，*viol*，*lion*，*giant*，*riot*，*trial*，*science*，*diamond*，*violet*，*violin*，*violent*，*-ce*，*diary*，*variety*，*society*．— /e·/：*idea*，*ideal*，*real*，*theatre*，*creature*（9.93）．— /a·/：*chaos*．— /u·/：*power*，*towel*，*bowel*，*coward*，*dow*(*e*)*r*，*-ry*，*vowel*（これは H 1569 によれば，[vauəl] ではなく PE *[vouəl] を生み出したであろう母音をもっていた）．— /o·/：*poet*，*poetry*，*po*(*e*)*sy*．— /iu·/：*cruet*，*cruel*，*fuel*，*ruin*．— この規則は F 借用語に加え，Lat.（Gk）の借用語にも当てはまり，3 音節規則により破られることはない．また *vehement*, *vehicle* における /e·/ を参照，ここでは *h* はカウントされない．また ME *crie*(*n*)inf. > Mod *cry* などのような形態を参照．

4.66. 学校発音では，強勢音節直前の Lat. 母音は長音にされた；そしてこの音量は，たとえ強勢が移動しても，E でも保持された．かくしてこのような語では長母音をもつ：*licence*（*lī*ˈ*centia*），*silence*（4.54 参照），*moment*，*libel*，*idol*，*idyl*(*l*)，*April*，*secret*，*pirate*，*private*，（*climate*），*finite*，*matron*，*patron*（cf. *pattern*：*patronize* 短音か，3 音節か長音，~ *patron*），*tyrant*，*future*，*dative*，*motive*，*native*，*secretive*，*librarian*（ここからまた *library*），*ironical*（ここからおそらく *irony*），*pagan*（異教徒），そして -*al* 形の多数の形容詞：*equal*，*final*，*legal*，*local*，*natal*，*naval*，*oral*，*penal*，*total*，*venal*，*vocal*，そして -*able* 形の 2 語：*capable*，*placable*（一方 -*ble* の語には 3 音節規則に従うものもある，4.71 を見よ）．

4.71. 強勢が語の終わりから第三（あるいは第四）音節にあるときには，母音は短音である（3 音節規則）（cf. 4.33）．ここで F と Lat. の語を分ける必要性はないし，実行可能でもない．私は例を語尾に従い整理する：

-tude：*beatitude*，*gratitude*，*habitude*，*latitude*，*solitude*．— -*d* では：*pyramid*.

-ge：*equipage*（従者つきの馬車），*heritage*，*privilege*，*sacrilege*．18 世紀，19 世紀の初期での *parentage*（血統）は短音の *a* [æ] をもっていた，しかし現在は「長音の a [ɛ·ə]」をもつ，~ *parent*.

-ate：*anticipate*，*agitate*，（*chocolate*），*iterate*，*mitigate*，*propagate*，*situ-*

ate, *stipulate*.

-*ite*: *definite*, *eremite*, *hypocrite*, *parasite*, *recondite*, *satellite*. 唯一の例外：*favourite* [feivərit] ∾ *favour*.
他の -*t* 形の語：*benefit*, *cabinet*, *idiot*, *coronet*.

-*m*: *stratagem*, *anagram*, *epigram*, *monogram*, *apothegm*, *paradigm*.

-*n*: *benison*, *cilizen*, *comparison*, *denizen*, *garrison*, *orison*, *phenomenon*, *skeleton*, *carabine*, *genuine*, *heroine*, *medicine*, *peregrine*.

-*nt*: *beneficent*, *benevolent*, *elegant*, *eminent*, *magnificent*, *omnipotent*, *opulent*, *penitent*, *petulant*, *precedent*, *president*, *reverent*, *virulent*, *impediment*, *monument*. *tenement*.

-*ns*: *beneficence*（慈善）など，先行のリスト参照.

-*z*: *catechize*（詰問する），*criticize*, *recognize*, *tyrannize* など. ――一部，e.g. *equalize* や *penalize*（*authorize*），は語根語の長母音をもつ.

-*zm*: *criticism*, *ego*(*t*)*ism*, *fanaticism*, *heroism*. ―*fatalism* と *paganism* は長母音をもつ，∾ *fatal*, *pagan*.

-*s*: *analysis*, *chrysalis*, *sarcophagus*（石棺）.

-*ous*: *analogous*, *fabulous*, *felicitous*, *frivolous*, *generous*, *tremulous*, *unanimous*.

-*st*: *analyst*, *anatomist*, *ego*(*t*)*ist*. *dramatist* はしばしば，*fatalist*（宿命論者）は常に，語根語の母音をもつ.

-(*a*)*l*: *animal*, *artificial*, *criminal*, *chronical*, -*cle*, *filial*, *general*, *liberal*, *miracle*, *oracle*, *national*, *natural*, *pedestal citadel*. 類推による長音，近代の（主に学問的な）語にのみ見られる：*occasional*（E 1787 では短音の *a* をもつ），*congregational*, *conversational*, *denominational*, *educational*, *sensational*, *devotional*, *notional*.

-*ble*: *abominable*, *arable*, *horrible*, *probable*, *sanable*, *tenable*, *visible*. 廃語の *notable* は短音の o をもち，「注意深い，倹約な」を意味した（Storm, Engl. Philol. 933 を見よ）. 近代の *notable* は [ou] をもつ ∾ note. また *advisable*, *blamable*, *definable*, *favourable*, 他類推的音長をもつもの参照. Cf. 4.66.

-*r*: *hanister*, *character*, *competitor*, *coroner*, *lavender*, *register*, *titular*, *vinegar*.

-*ty*: *audacity*, *cavity*, *charity*, *quality*, *polity*, *vanity*, *austerity*, *severity*, *sincerity*, *hability*, *iniquity*, *trinity*, *authority*, *curiosity*, *ferocity*, *mediocrity*, etc., *penalty*, *liberty*, *property*. 例外はまれであるが，明らかに類推によるものである：*nicety*（まれだがさらに，*dissyllabic*），*scarcity*, *rarity*：歴史的発音 [ræriti] は，Hood の *Bridge of Sighs* で *charity* と押韻する. 現在はしばしば [rɛ·əriti] ∾ *rare*；[rɛ·əriti]「滅多

にないこと，珍しいもの」と [ræriti]「（空気の）希薄さ」とを区別する人もいる．

-*cy*：　*democracy*, *legacy*, *policy*, *prophecy*, *supremacy*. *piracy*, 現在 ['pairəsi] ∼ pirate, *Decency* [di·sənsi]（4.54）．

-*ry*：　*cavalry*, *celery*, *gallery*, *heraldry*, *memory*, *salary*, *treachery*, *sanitary*, *necessary*. 類推による長音：*rosary*, *notary*, *primary*,（*drapery*, *bravery*, *popery*），*savoury*.（植物名 *savory*, OF *savorée* < *satureia* も長母音をもつ，おそらくは *a* だからだ）．

-*dy*：　*comedy*, *malady*, *melody*, *parody*, *remedy*, *tragedy*.

-*fy*：　*pacify*, *qualify*, *specify*.

-*y* 形のその他：*agony*, *analogy*, *family*, *Italy*, *tyranny*（専制政治）| *ceremony*.

4.721.　子音が元来別の音節の 2 つの弱強勢母音の後に来るとき，先行する強勢母音は，E で長母音である，2 つの母音がその後 1 つになろうと，[j]＋母音に変化しようと，あるいは，そのまま持続しようと同じである：*Mary* OF *Marie*（しかしながら，ののしりことばとしての *marry* や *marry* < OF *marie* vb 参照）．*Sophy*《< Soph*ia*》，*vary*, *amiable*, *baronial*, *colonial*, *matrimonial*, *various*, *nefarious*, *serious*, *previous*, *tedious*, *ingenious*, *abstemious*, *symphonious*, *sagacious*, *rapacious*, *audacious*, *spacious*, *precocious*, *ferocious*, *immediate*, *nation*, *completion*, *lotion* など，-*tion* 形で，*evasion*, *adhesion*, *explosion* など，-*sion* 形で，*Venetian*, *region*, *radiant*, -*ce*, *patient*, -*ce*, *orient*, *social*, *material*, *Oriel*, *interior*, *superior*, *senior*, *area*. *Prussia* の民間発音は /iu/ をもっていた，これは現在 /j/ の消失ののち，通俗的な [pruʃə] となった，現在 ‘Prooshia’ と綴られる，一方 /prusia/ > [prʌʃə] は学術的な形態である．*Chariot* と *clarion* は，廃用の同義の *charet*（F *charrette*）と *clarine* の短音の *a* を引き継いだが，前者は後者と混同された．

4.722.　/i/ はこの位置で長化されなかった：*Lydia*, *vicious*, *pernicious*, *propitious*, *perfidious*, *hideous*, *religious*. *perdition condition*, *vision*, *opinion*, *million*. *Judicial*, *official*.　また短音の /e/ が見られる語がある：*precious*, *special*, *discretion*.

4.723.　短音の /a/ を伴う *companion* のような語は，4.721 における法則の例外ではない，というのもこの /i/ は OF では独立した音節ではないからである：/ni, nj/ は OF の口蓋音 *n* を表す（2.423）．次でも同様：*onion* [ʌnjən], *poniard* [pənjəd], *Spaniard*, *spaniel*, そして OF 口蓋音 *l* を伴って（2.813）*battalion* [bətæljən], *valiant* [væljənt]．*warrior* は短音の /a/ をもっていたが，現在は [ɔ] をもつ，というの

は ME では *warreyour* だったからだ，これには通常の 3 音節語ルールが適用される．*barrier* や *ferrier*，現在 *farrier*，は *i*＋独立した *e* をもっていなかった．前者は ME /ba'reˑr/ だった，これは AF *barreer* から，/eˑ/ は /iˑ/ となった，後者は *ie* と綴られる（8.32），そして *r* の前では [iə] となった（13.33）．*ferrier* は OF の二重母音 *ie* をもっていた．同様に /iu/＝OF *u* は先行する母音を長音にしない．それゆえ次で短母音が見られる：*minute tribute*，*volume*，*tribune*，*lettuce*，*deluge*，*schedule*，*figure*，*measure*，*stature*，*tenure*，*soluble*，*voluble*. *enclosure*，*exposure*，*seizure* では類推による音長《長音》が見られる．*future* は学問的（4.66 を見よ），*nature* はおそらく同じ理由で，あるいは *a* から，長母音をもつ（4.14）．*azure* は，*a* のため変動したが，現在は一般に長音の *a* をもつ．*leisure*，*pleasure*，*treasure* は元来 *u* をもっていなかった．これらはみな第一音節に長母音をもっていた（かもしれない）（*leisure* は二重母音），しかし現在は短音の [e]．*leisure* はしかしながら未だにときどき [liˑʒə] となる．E 1787 は長音の *e* は気取っていると考えた，一方 W 1791 は長母音を好んだ．Sweet では例外的な形態 [liʒə] をもつ，これは 2 つの形態の折衷形である．

4.73. 3 音節規則（4.33，4.71）は /iu/＝F *u*（あるいは Lat. *u*）にはあてはまらない：credulity [kri'djuˑliti]，*importunity*，*community*，*obscurity*，*security*，*lunacy*，*mutual*，*usual*（これら 2 語は 4.72 に該当する）．*lunary*，*scrutiny*，*scrutinize*，*rudiment*（基本）．

4.74. 他所では扱っていない 3 音節規則の例外は次のみ：*ivory*（最古の形態は，しかしながら，ivor，*yvor*，*yvere* < OF *ivoire*，そして G 1621 は /ivorei/ をもつ）．*napery*，(*n*)*aperon*，現在 *apron*—これらは *ā* をもつ，4.62 を参照－そして *irony*，*library*，これらの /iˑ/ はおそらく *ironical* と *librarian* から（cf. 4.66）．

4.75. 次のような語は非常に最近のものなので，F の強勢—のちに移動した—をもって借用されたことはありえない：*acid*《1626, OED》，*arid*，*frigid*，*insipid*，*liquid*，*livid*，*rabid*，*rapid*，*rigid*，*solid*，*tepid*，*timid*，*vivid*，*tacit*. これらはむしろ Lat. の語で，短母音はラテン語形態 *acidus* などから 3 音節規則で説明されるに違いない（Luick, Anglia 30.40）．*Fetid* は *fœtid* とも綴られた，それゆえ 2 つの発音 [fetid, fiˑtid]．同様に *-ic* 形の形容詞（そして実詞）：*civic*，*comic*，*conic*，*critic*，*epic*，*erratic*，*logic*，*magic*，*mimic*，*physic*，*polemic*，*systematic*，*tonic*，これらの中には *-ical* 形が短音性に対して共同して働く原因だったと思われる．さらにはおそらく：*agile*，*facile*，*fragile*，*gracile*. —ここでもまた一種の例外として /iu/ に出会う：*lucid* [ljuˑsid]，*stupid* [stjuˑpid]，*lurid* [ljuərid]．

4.81. 上で挙げた規則は，どうして非常に多くの語がそれらの語根語とは異なる別の音量をもつのかを説明する．例は（現在の発音．ダッシュ記号前のものは 4.51

に分類される):

dine [dain]—*dinner* [dinə] 4.61.

line [lain]—*lineal* [liniəl], *liniar* [liniə], *lineage* [liniidʒ], *lineament* [liniəmənt] 4.71, 4.722.

crime [kraim]—*criminal* [kriminəl] 4.71.

vice [vais]—*vicious* [viʃəs] 4.722.

vine [vain]—*vinegar* [vinigə] 4.71.

vile [vail]—*vilify* [vilifai] 4.71.

indite, *endite*, 現在 *indict* [in'dait] と綴られる—*ditty* [diti] 4.61.

please [pli·z]—*pleasant* [plezənt], *pleasure* [pleʒə] 4.61, 4.723.

zeal [zi·l]—*zealous* [zeləs] 4.61.

Spain [spein]—*Spaniard* [spænjəd], *Spanish* [spæiniʃ] 4.61, 4.723.

vain [vein]—*vanity* [væniti] 4.71.

pale [peil]—*pallor* [pælə], *pallid* [pælid] 4.61, 4.53.

vale [veil]—*valley* [væli] 4.61.

chaste [tʃeist]—*chastity* [tʃæstiti] 4.71.

compare [kəm'pɛ·ə]—*comparison* [kəm'pærisən] 4.71.

abound [ə'bannd]—*abundance* [ə'bʌndəns] 4.61.

flour flower [flauə]—*flourish* [flʌriʃ] 4.61.

tower [tauə]—*turret* [tʌrit] 4.61.

court [kɔ·t]—*courtesy* [kə·tisi] 4.71；また [ɔ·].

fool [fu·l]—*folly* [fɔli] 4.61.

Robe [roub] と *rob* [rɔb] の違いはおそらく，後者が *robber*（OF *robeour*）と *robbery*（OF *roberie*）からの逆成によることで説明されるかもしれない.

4.82. 語の中には一部は F から，一部は Lat. から借用されたものがあるので，英語では結果的に 2 つの音量を獲得した，これは次の例に今でも見られる：*legend* [ledʒənd] 4.61 と [li·dʒənd] 4.66, *epoch* [epək] と [i·pək, -ɔk], *fabric* [fæbrik] と [feibrik], *-nt* 4.54 を参照．名詞 *process*, *progress*, *protest* では，[ɔ] 4.61 と [ou] のどちらも見られる．後者は部分的には Lat. に，4.66，部分的には動詞，そこでは *protonic* のように *pro-* が [prou] である，との類推によるものと考えられる：[prou'si·d, prou'gres, prou'test]. *pilote* [pailət]（水先案内人）はおそらく F *pilote* ではなく，Dutch *pijlot* から取り入れられた.

4.83. 非強勢音節で短音化する傾向は当然 F や Lat. の語にも当てはまる，これはすでに 4.4 で例証された．これは *famous* 4.64 に対して *infamous* [infəmas] の短音の /a/，そして *finite* [fainait] に対する *infinite* [infinit] の語中の短音の /i/ を説明する．非強勢の長音 /a/（4.14 によれば長音）のいくつかの例は，9.14 で言及される.

4.84. しかしながら，非強勢の母音の中には，特に学問的語には，長音あるいはおそらく長音のものがある．たとえば，次のような語尾で：

-ile：民間の発音は明らかに [il]，これは W 1795 により唯一の発音と指摘されている：*servile*, *hostile*, *juvenile*, *mercantile*, *puerile* など，彼の例外は次に限られる：*exile*, *edile*, と（躊躇をもって）*infantile*（幼児の）．今日 *fertile*（肥沃な）には [fə·til] と [fə·tail] のどちらも，*servile* には [sə·vil] と [sə·vail] のどちらもが耳にされるかもしれないが，学校の先生は [-ail] を好むと思われる．この発音は長い語では完全に優勢である，そのような語では語尾が第二強勢を受ける：*infantile* [infəntail] など．同様に常に *chamomile* [kæməmail]（キク科カミツレ），*crocodile* [krɔkədail]. *exile* [eksail] では語末強勢動詞《[ig'zail]》からの影響がまさったと思われる．

-ine は一般語で [in]：*feminine* [feminin]，*heroine* [herouin]，*medicine* [medsin]，学問語で [ain]：*feline* [fi·lain]． 揺れが見られるものもある，例えば *genuine* [ʤenjuin, -ain].

-ite 一般に [ait]：*appetite* [æpitait]，*Jacobite*, *finite*. 一方 *definite*, *infinite*, *favourite*, *granite*, *hypocrite*, *opposite*, *requisite* のような一般語は [it] である．

4.85. 第二強勢をもつ語尾には常に長母音が見られる，特に動詞（5.68）:

-fy： *fortify* [fɔ·tifai]，*crucify* など．

-ply： *multiply* [mʌltiplai].

-ise, *-ize*, *-yze*： *exercise* [eksəsaiz], *sacrifice* [sækrifais], *idealize* [ai'diəlaiz], *fertilize*, *analyze*.

prophesy [prɔfisai]（予言する），名詞 *prophecy* [prɔfisi]（予言）参照．

-y が初期の *e*(*ee*)，8.31，に対応する場合でさえ，それはときに綴り字発音により [ai] となるかもしれない．Beaumont and Fletcher はしばしば *loyaltie*, *destiny*, *honesty* を *die*, *deny*, *fly*（II. 392, 393, 394）と押韻させる．

4.86. 強勢音節の直前の非強勢音節の終わりにくる母音は Lat. の伝統的な発音で長音である（4.66）．これらの事例では，それ故，英語には，この長音と非強勢音節での短音性への一般的傾向との間のせめぎ合いがある．しかし明らかに F から引き継がれた語には，後者の一般的傾向が常に顕著に見られる．

a：*chaotic* [kei'ɔtik]（∼ *chaos*）で長音．次で短音 *paternal* [pə'tə·nəl]，*fraternity*, *familiar*, *parental* など．

e：現在常に [i]（例えば E の語で：*between* など）．これは初期の /e/ とのちに短化する長音の /e·/ > [i·] の両方の結果であろう：*decision*, *decisive*, *evolve*, *reverse*, *reserve*, *preliminary*, *preserve*, *selection* など．

i, *y*：[di-] は *di-* のより自然で広く行き渡った発達である．これは次のような日常的な語に見られる唯一の発音である：*divide*, *diminish*, *division*. しかしながら，言い換えれば，以下の語では，[di] が W 1791 により認められた唯一の発音であっ

たが，現在では [dai-] がより「洗練された」発音と見なされはじめている：*direct*, *digression*, *digest*, *divest*, *dilute* など．*physician* では，[fi-] が唯一耳にされるが，学問的な語 ── 例えば *biography*（伝記），*biology*, *chirography*, *psychology* ── では [ai] が好まれる．*mythology* では，[mi] が，*myth* [miþ] があることにより，優勢である．*Tyrannical*, *privation*, *finance* 他では，[i] も [ai] も耳にされる．*minority*, *vitality*, *finality*, *civilization*（三番目の *i*），*stylistic* では，明らかに *minor*, *vital*, *final*, *civilize*, *style* からの類推により [ai] が次第に頻繁に用いられている，一方 *idiotic*（二番目の *i*）では *idiot* からの類推が [ai] を不可能にしている．

o：*polite* [pəˈlait] < /po/. *political*, *profane*, *professor*, *procession* など，9.224 を見よ．

u：常に [ju·]，但し多少なりとも短化した [u]：cupidity, *stupidity*, *municipal*, *museum* など．

子音

4.87. 子音の音量は初期近代期においてはやや不確かである．昔の，2 つの母音間の単独（短い）子音と二重子音（長音の）との区別は，例えば OE *sunu* ‘sun’ と *sunne* ‘sun’ において，Chaucer の言語では依然として維持された．2 つの語は，当時 *sone* と *sonne* と綴られ，/sunə/ と /sunnə/ と発音されていて，互いに押韻することはない．*sone* は *wone*（OE *wunian* と 実 詞（*ge*)*wuna*；A335, B1649, G38, G3321）とのみ押韻し，そして *sonne* は *bigonne*, *wonne*, *yronne* ptc, *konne*（*we konne* ‘we can’ D 2114）と押韻した．この区別はおそらく，15 世紀に，非強勢の *e* の消失と共に，放棄されたと思われる（6.1）．

綴り

4.91. 社会的に認められた綴りにおいて，音量は，これまで十分に，一貫して表現されてこなかった．OE では，長母音はしばしば，しかし常にというわけではないが，´ や ^ で示された．ME では，これはやめられたが，母音字が長さを表すためにしばしば重複された．のちに，もともと長音や二重の子音を表すために用いられた子音字の重複が，その意義を失った（4.87），そして単に先行する母音が短音であることの印と見なされるようになった．しかしこれは一貫して用いられることはなく，のちの用法では，この方式と母音の重複は共に，多くの音変化の結果として，次第に実際の発音と乖離するようになった，その結果，現在，通常の綴りは，音量を示す非常に信頼のおけない指針となってしまっている．英語では現在，

1. 長母音（二重母音），単独で綴られ：*far* [fa·ə], *me* [mi·], *I* [ai], *machine* [məˈʃi·nl, *so* [sou], *use* [ju·z] など．
2. 長母音（二重母音），単独で綴られ，2 つの子音あるいは子音群をしたがえる：*staff* [sta·f], ball [bɔ·l], *roll* [roul], *dance* [da·ns] など．
3. 長母音（二重母音），重複して，あるいは 2 つの母音を用いて綴られる：*baa*

[ba·], *feel* [fi·l], *meal* [mi·l], *grief* [gri·f], *foal* [foul], *foe* [fou], *soul* [soul] *brooch* [broutʃ], *too* [tu·], *shoe* [ʃu·] など.

4. 短母音，単独で綴られる：*sat* [sæt], *set* [set], *sit* [sit], *sot* [sɔt], *but* [bʌt] など.
5. 短母音，単独で綴られ，二重子音あるいは子音連続をしたがえる：*black* [blæk], *blank* [blæŋk], *mass* [mæs], *sent* [sent], *mess* [mes], *mint* [mint], *miss* [mis], *romp* [romp], *hollow* [holou], *lump* [lʌmp], *fuss* [fʌs] など.
6. 短母音，重複して，あるいは2つの母音を用いて綴られる：*breeches* [britʃiz], *lead* 実詞 [led], *foot* [fut], *blood* [blʌd] など.

4.92. 次の正書法の規則が，綴りが固定されつつあったときに用いられた：

a は *baa* 以外けっして重複しなかった.

e はしばしば重複した，とくに狭母音の類を示すために（3.22, 8.14）：*three*, *feel* など.

i は重複しなかった．*ii* の代わりに *y* が用いられた（3.132）.

o はしばしば重複した，とくに狭母音を表すために（3.52, 8.54, 8.14）．*v*(*u*) や *w* の前ではけっして重複しなかった.

u はけっして重複しなかった，というのは *uu* は *w* あるいは /uv, vu/ と読まれることになるからである．*uu* の代わりに，3.48f. で言及された曖昧性にもかかわらず，*ou* あるいは *ow* が綴られた.

一種の重複として，次の結合が用いられた：*ie*（3.241, 8.14），*ea*（3.242, 8.14），や *oa*（3.54, 8.14），例えば *yield*, *sea*, *broad*.

文字 *u* は語末にはけっして用いられなかった．*glue*, *continue*, *value* など（*view* など）．しかし母音の後では，語末に用いることができる：*beau*, *lieu*, *bureau*，しかしこれは主に最近の借用語である.

4.93. 語尾では，もっぱら次の子音が頻繁に重複する：

f：*staff*, *stuff*, *skiff* など.

ck と綴られる *k*：*thick*, *lack*, *lock*, *luck* など.

l：*ball*, *roll*, *fell* など.

s：*hiss*, *kiss*, *glass*, *moss* など.

語末の *cc*, *hh*, *jj*, *kk*, *mm*, *pp*, *qq*, *vv*, *xx*, *yy* は見られない．同じ位置で *bb*, *dd*, *gg*, *nn*, *rr*, *tt* は4.96で言及された場合でのみ見られる，*zz* は *buzz* においてのみ．*th* はけっして重複しない．*tch* は *ch*（と *g*(*e*) ＝/ʤ/ の *dge*）の一種の重複である.

複合語には単独の *l* が用いられるものがある：*full* は *awful*, *fulfill*（4.95），（また *fulfil* とも綴られる）．*all* は *always*, *almost*, *al*(*l*)*mighty* で *al* となる，さらに次を参照，*offal*, *Christmas*, *Lammas*, *gospel*, *until*. 17, 18世紀には，この規則は

recal に拡張された，現在は *recall*，など．

4.94. 語中では，ほとんどの子音は，元来短音の強勢母音と非強勢母音の間で重複する：

bb：　*dubbing*，*lubber* など．
dd：　*budding*，*pudding*，*ladder* など．
ff：　*offer. traffic*.
gg：　*lagging*，*dogged* など．
kk を表す *ck*：*thicker*，*lacking*，*wicked* など．
ll：　*selling*，*seller*，*cellar* など．
mm：*humming*，*hammer* など．
nn：　*sinning*，*inner*，*banner* など．
pp：　*hopping*，*whipper*，*coppey* など．
rr：　*erring*，*error* など．
ss：　*missing*，*kisser* など．
tt：　*fitting*，*filter* など．

同じ重複が *-ed* の前でも見られる，その母音は現在消失している：*dubbed*，*lagged*，*lacked*，*knelled*，*hummed*，*sinned*，*hopped*，*erred*，*missed*.

-able の前では *t* は必ずしも重複しない：*unforget*(*t*)*able*.

重複 *v* の唯一の例は（これは以前は *v*，*u*，*w* の関係から不可能であった）近代の navvy（作業員）< *navigator*. *navy* との混同を避けるためこのように綴られる．

明かな重複が，語源では重複するにもかかわらず，避けられるものがある：*eighthth* [eitþ] を表す *eighth*，*South-hampton* を表す *Southampton* [sauˈþæmtən]，*Northampton*，*Northumberland*，さらに *full* + *ly* を表す *fully* 参照．

4.95. 弱強勢母音のあとでは子音重複はまれである．それゆえ，子音は語尾 *-ful* では重複しない（*awful*，*needful* など），cf. *full*. また *cruel*，*travel* でもそうである．語尾 *-ing*，*-ed* や -er の前では，したがって次例のように重複はない：*balloted*，*balloting*，*cricketing*，*coroneted*，*gossiped*，*gossiping*，*gossiper*，*chirruping*.

しかしながら，*l* は次の語尾の前で重複する：*travelled*，*travelling*，*traveller*，*levelled*. *crueller*，*cruellest*，一方 *parelleled*，*paralleling* は常にこう綴られる．*p* は次では重複する：*worshipped*，*worshipper*，*worshipping*；*handicapped* など；*kidnapped* など（アメリカ人は *kidnaper* と綴るが，これはイギリス人には [kidneipə] あるいは [-nəpə] という発音を示唆するであろう）．*s* はときに重複する：*focused* あるいは *focussed*. 一般に *biassed*；*hocus*（だます）は常に *hocussed* であるようである．*g* は *zigzagging*，*zigzaggy* で重複する．*magic* は次を形成する：*magicked*，*magicking*，*traffic trafficking*，*picnic picknicking*，*panic panicky* など．

4.96. もう1つの正書法の規則は短すぎる語を避ける傾向だった．1，2文字の語は許容されない，但し少数の絶えず繰り返し生ずる（主に文法機能の）ものは除く：*a*，*I*，*am*，*an*，*on*，*at*. *it*，*us*，*is*，*or*，*up*，*if*，*of*，*be*，*he*，*me*，*we*，*ye*，*do*，*go*，*lo*，*no*，*so*，*to*，（*wo* あるいは *woe*），*by*，*my*.

2文字で通常綴られたであろう他の語すべてには，3番目の文字が加えられた．次のように子音が加えられるもの：*ebb*，*add*，*egg*，*Ann*，*inn*，*err*—擬音 *burr*，*purr*，*whirr* を除けば，これらは英語における語末の *bb*，*dd*，*gg*，*nn*，*rr* の唯一の例である—あるいは *e* が加えられるもの (6.287)：*see*，*doe*，*foe*，*roe*，*toe*，*die*，*lie*，*tie*，*vie*，*rye*，（*bye*，*eye*），*cue*，*due*，*rue*，*sue*.

4.97. 語を区別するために重複綴りが用いられるケースがある：*too to*（元来同じ語），*bee be*，*butt but*，*nett net*，*buss*「キス」*bus*「バス」，*inn in*.

17世紀には，強調の *hee*，*mee*，*wee* と非強調の *he*，*me*，*we* の間で区別がなされた (Milton)．

第 V 章

強　勢

5.1. 以下の略号は本章で，語（語強勢）あるいは語群（文強勢）での強勢の位置を示すために用いられる．

A = 類推．

C = 対照（V の下位区分：V = 価値（下記参照））．

H = 重さ（heaviness），すなわち強勢は，弱音節（light syllables）ではなく，「重い（heavy）」音節（長母音，あるいは短母音 + 複数の子音をもつ音節）に引き付けられるという原理．

R = リズム．

T = 伝統，すなわち保守性．

U = 結合．

V = 価値，すなわち該当要素の心理的な重要性．

ときにこれらの原理の二, 三が一緒に働いて，強勢を 1 つの音節に引きつけるが，しかしこれらの間で対立を見ることもある．注意すべきことは，伝統的な強勢は既に，価値，リズムなどにより，われわれ時代の始まる前にほとんど決定されていたこと，そしてある世代にとって，伝統的な強勢と対照的に，リズム強勢あるいは価値強勢であるものが，後続の世代にとっては，すでに伝統的強勢になってしまったものもある，そして以前の伝統はやがて忘れ去られてしまうこと，である．

全強勢は音節前で ˈ(上)，半強勢は ˌ(下) で標示される：*ˌrepreˈsent*，*ˈagriˌculture*，*ˌagriˈcultural* など．さらにときどき数字が用いられる

4 = 全強勢

3 = 強い半（中）強勢

2 = 弱い半（中）強勢

1 = 無強勢

価値強勢

5.21. 陳述の比較的重要な部分は強調される，つまり強勢を受ける，一方比較的重要でない部分は力を込めずに発音される．この原理は文強勢の主要な決定要因で，

ときに長い語の連続を弱音節で発音させて，二,三の重要な点を際立って鮮明にする．“When I was in 'Italy, I used to 'dine at a 'restaurant”. この文で，“Italy” と “restaurant” は，強強勢を受け，一方 “dine” は中強勢をもち，残りは弱強勢を受ける．たいていの語連続の中で，必然的に弱強勢な語として，次のものが挙げられねばならない：多くの代名詞，例えば *I*, *me*, *you*, *he*, *it* など，冠詞 *the* と *a*(*n*)，助動詞 *be*, *have*, *will*, *shall*, しばしば *can*, *may*, *must*, *do*（とくに疑問文で），大部分の前置詞，*in*, *at*, *by* など，多くの接続詞，*and*, *or*, *that*, *if*. 他方，大部分の実詞，形容詞，動詞は，*who*, *both*, *this*, *that* などのような代名詞と共に，談話の目的にとって非常に貴重な内容を表すので，一般に全強勢あるいは少なくとも中強勢をもつ．

5.22. 価値強勢はさらに，語の音節のうちどれが相対的に最も強い強勢を受けることになるのかを決定する．英語の本来語では，主要な概念は一般に第一音節に含まれている，その後にはしばしば 1 つあるいはそれ以上の音節をしたがえていて，それは主要な概念の従的な修飾内容を表す，したがって，大部分の英語の語は第一音節に強勢が置かれる：*'wishes*, *'baking*, *'baker*, *'daily*；同様に多くの複合語でも：*'housekeeper*, *'godson*, *'footstep*, *'leapyear*, *'postman*, *'waistcoat*, *'husband*, *'statesman*, *'daisy*（元来 *dayes-ye* ‘day’s eye’），*'holiday*, *'bedroom*, *'bedstead*, *'teatime*, *'twelvemonth*, *'tombstone*, *'Gloucester*, *'Gloucestershire* など．

5.23. 語末音節の強勢の大部分の例もまた価値強勢と同じ原理で説明できる：まず，前置詞＋名詞よりなる副詞の複合語：*to'day*, *a'shore* (on shore), *a'new*（もともと of new), *be'side* (by side), *a'mong*, *for'sooth*, *in'deed*：これらは単一語というより句である（であった）；第二に，一定の弱強勢の接頭辞で始まる語：*a'rise*, *be'gin*, *be'lief* (*be-* は *by* の弱形), *for'give*, *for'get*, *mis'take*, *un'tie* (*un* OE *on*, もともと *and-*)；また古い接頭辞 ge- を参照，これらは *e'nough* や廃用の過去分詞 *y'clept* に見られる．

5.24. 価値強勢の下位区分が対照強勢である，例えば次の文に見られる：“This is 'his book, not 'hers”. “Pitt was more eloquent than Fox ; the latter never wanted *a* ['ei] word, but Pitt never wanted *the* ['ði·] word”（ピットはフィクスより雄弁であった．後者はことばに不足することはなかったが，ピットは的確なことばに不足することがなかった）．対照を強調するために，通常は弱強勢である音節にさえ強勢を置く，例えば “not *fi'shes*, but *fi'shers*”（魚ではなく漁師だ）．*thirty* と *thirteen*, *seventy* と *seventeen* などの間の誤りを避ける必要性のため，*-teen* 語に語末音節の強勢や平板強勢を置くことが慣習的なものになってきている：ˌ*thir'teen* あるいは *'thir'teen* など．初期の例は Marlowe Tb 1107 Besides fifteene contributorie kings（15 の属国の王の他に）．（一方，以下の 5.44 参照．）

結合強勢

5.311.　結合強勢は，一般には切り離されていると感じられる2つの要素を結合する．すでに見た強勢群の中で，最強の強勢も異なる要素を結合する働きをする，したがって価値強勢も一種の結合強勢でもある．しかし典型的な結合強勢は最終音節あるいは語群の最終要素に置かれるものである：最初の音節（群）は，結合された全体の単に一部をなすことを示すために，不明瞭に発音される．結合強勢は副詞や前置詞を伴う複合語などに見られる：*u'pon*（*up'on*），*through'out*，*from 'out*，*'from-be'hind*，*more'over*，*neverthe'less. notwith'standing*，*hence'forward*（同様に形容詞 *straight'forward* も），*head'foremost*，*as 'if*，*where'as*，*in'side*（しかし対照が示されると：*'inside* と *'outside*；バスの車掌はしばしばこう言う“No room in'side”（車内の席に空きはありません），したがって結合強勢とリズム強勢は対照強勢よりも強い）．同様に *hence'forth*，*hither'to*，但し一定の変動はあるが．Lowell（Collect. Poems 212）によれば，米ニューイングランド人は一般に，いずれにしても文末で，*after'wurds* のように強勢を置く；この語は一般に *'after* に価値強勢をもつ．*A'lone*（以前は *al'one*）はおそらく結合強勢の例であろう．さらに *al'mighty* も，これは，頭韻からわかる通り，OE では *eall* に主強勢をもっていた．動詞では，語末音節の強勢が見られる，例えば *ful'fill*，*ill'treat* 他．複合名詞では，これはまれである．*mankind* では，他の複合語では非常に強い効果をもち第一要素に強勢を置く，価値と対照が，影響力をもってこなかった，というのは，これが *kind* をもつ唯一の複合語だからである（*womankind* は最近のもので，正しくは，*mankind* とは平行関係になるものではない）．さらに多くの地名：*Torquay* [tɔ·'ki·]，*New 'York*，*New'haven*，*Bos'castle*，*Scaw'fell*，*Stoke 'Newington*，*Sou'thampton*，*East 'India*，*Great 'Britain* など．ときに，もちろん，*'East India*（C）も見られる．Hempl によれば，*Newfoundland* は土地のことばで *'land* に強勢が置かれる（結合強勢），一方，離れた地の人々は *New'foundland*（米国）あるいは *'Newfoundland*（イギリス）と言う．スコットランドの地名 *Stonehaven* は地元では語末強勢であるが，イングランドでは第一音節に強勢を置く（Rudmose-Brown, Versification 32）．地名で，次のような頻繁に見られる語尾をもつ語は，当然，第一要素が強勢される（V，C）：*Upton*，*Neioton*，*Edinburgh*，*Peterborough*，*Canterbury*，*Exmouth*，*Bournemouth*，*Portsmouth*，*Lancaster*，*Winchester*，*Dorchester* など．さらに結合強勢の例に：*who'ever*，*when'ever* など；*what the 'dickens*；*each 'other*，*one a'nother*；*somebody 'else*；*good 'morning*，*good-'bye*；*Mr. 'Brown*，*Dr. 'Johnson*，*St. 'John*；*not a 'bit*；*cup and 'saucer*，*knife and 'fork*，そして複合語の多くで：*bill-of-'fare*，*mother-of-'pearl*，*point of 'view*，*matter of 'fact*，*cat-o'-'nine-tails*，*Member of 'Parliament*，*Secretary of 'State*，*the Isle of 'Wight*. 特に注意すべきは *a maid of 'honour*（女官：1つの概念），一方 *'maid of 'honour*（花嫁に付き添う未婚女性：2つの概念）．

5.312. 語末音節の強勢は，しばしば，複合語の後部が複合語自体，あるいは前部よりもともかく長いときに見られる，*archiˈbishopric*（一方 *ˈarchˈbishop*）. *Ash ˈWednesday*, *North ˈWestern*（一方 *ˈNorthˈWest*），*South ˈEastern*（一方 *ˈSouth ˈEast*）. さらに *a ˈlong ˈdistance*, 一方 *a long ˈdistance jumper*（*long* には十分な強勢は置かれない）に注意せよ．さらに *a cat and ˈdog life* ; *a cat-o'-ˈnine-tails* も．ここでは強勢音節が1つ，あるいは2つ以上の音節を従えているので，言ってみれば，中心部が全体をまとめているのである．

5.32.（前方強勢，末尾強勢に関して）アクセント上の従属関係の意味合いは，上で挙げられた複合語において明確に見られる；それらの多くで，一方あるいは両方が音声的に変化を受ける，とくに 4.34ff., 4.41 を参照．*-man* は *postman* などで [-mən] になり 9.212, *forecastle* は [fouksl] となる 9.91. しかしたとえ，各部がはっきりと見分けがついても，内容の統一性が明確に感じられ，非常にしばしば，複合語の意味が部分の意味から導き出せないほど特殊化することがある，例えば，多くの自然物の名前で：*ˈblackbird*, *ˈladybird*, *ˈgoldfish*, *ˈjellyfish*, *ˈdogrose*, *ˈpineapple*, *ˈnightshade*, *ˈdogtooth*, *ˈrainbow*. さらに次を参照，*ˈworkhouse*, *ˈwoodcut*, *ˈnewspaper*, *ˈyellowback*.

5.33. 一方，新たな種の複合語 ― 各部がより独立的 ― が ModE で現れた．統一性は壊れ，そして2つの部分が話し手に（ほぼ）同等の価値をもつので，われわれは平板強勢をもつことになった．この種に気付いたもっとも古いものは G1621 である，これによれば（p. 133）*church-yard*（境内），*outrun*, *outrage* のような語は「どこでもアクセントを受ける（accentum vtrobiuis recipiant）」という，一方，直前のページで彼は *ˈsackcloth*（袋地）ではなく *sackˈcloth* を，容認される詩的なアクセントと言う．E 1765 は *gold-watch*（金時計），*sea-side*, *un-chaste*（身持ちの悪い）において，強勢移動，すなわち，「たとえ動かされなくても，両端でほぼ同じにされた強勢」に言及する（I p. 162），一方，別の場所で（171, cf. 216）彼は次の間の区別を行った：*country-man*「同国人」，*copper-plate*「銅板」―第一，第二要素とも強勢される，そして *countryman*「いなか者」，*copperplate*「銅板刷り」―第一要素に強い強勢．しかし19世紀になって初めて，この現象が深く研究された―換言すると，19世紀までは，それは十分には議論されてはいなかったのだろうか？ Sweet, *Transact, of Philol. Soc.* 1880-1, Proceedings p. 4ff., *New Engl. Grammar* §889ff. による詳細な規則を見よ．

5.34. しかしながら，個々の発音はこの点ではかなり変動する点に留意するべきである，そして ― 重要な点であるが ― 「平板強勢」は実は「不安定な平衡」（unstable equibrium）で，その結果，非常にしばしば，理論上の完全に同等の強勢ではなく，われわれは前部強勢か後部強勢のいずれかをもつ．ときにこれは価値によって決定される．例えば ˈplum ˌpudding が ˈrice ˌpudding と，あるいは ˈhead ˌmaster（校長）が他の職員と対比される時にはそうである，5.44 を見よ．この但し書きのもとで，わたしは PE の平板強勢にとりかかるが，Sweet や他の規則に従い，それらを分類することはしない：*ˈlead ˈpencil*，*ˈgold ˈcoin*（一方 *ˈgoldsmith*）．*ˈplumˈpudding*，*ˈminceˈpie*，*ˈginger ˈbeer*，*ˈoak ˈtree*，*ˈflint ˈstone*，*ˈarm ˈchair*，*ˈtooth ˈbrush*，*ˈpost ˈoffice*，*ˈspring ˈtime*，*ˈground ˈfloor*，*ˈfireˈside*，*ˈcountry ˈtown*，*ˈback ˈgarden*，*ˈdown ˈstairs*，*ˈparish ˈchurch*，*ˈLord ˈMayor*，*ˈcourt-ˈmartial*（軍法会議）．*ˈeasy ˈchair*，*ˈHigh ˈChurch*，*ˈKing's ˈCollege*，the *ˈGlobe ˈTheatre*，*ˈweekˈend*，*ˈsquare ˈmile*，*ˈpost ˈhaste*，*ˈeye ˈwitness*，*ˈhead ˈmaster*，*ˈheadˈquarters*，*ˈcock ˈpheasant*（雄雉），*ˈtomˈcat*（雄猫），*ˈCheapˈside*，*St. ˈJohn's ˈWood*，*ˈGuildˈhall*，*ˈWhiteˈhall*，*ˈNewˈcasile*，*ˈGravesˈend*，*ˈoldˈfashioned*，*ˈopen-ˈminded*，*ˈdownˈhearted*，*ˈbyˈgone*，(not)*ˈover ˈstrong*.

5.35. 強勢に関して，ときに区別がなされる，例えば *ˈglass ˈcase*（ガラス製のケース）と *ˈglasscase*（ガラス器具（コップ類など）の入れ物）；さらに a *ˈstrongbox*（金庫）と a *ˈstrong ˈbox*（頑丈な箱），a *blackbird*（クロウタドリ）と a *ˈblack ˈbird*（黒い鳥）．接頭辞 *mis* と *un*（否定），これらは以前弱強勢をもっていた（*misˈtake* では依然として常に）は，次第に強く強勢を受けるようになり，独立した要素と感じられた，例えば (ˈ)*misˈread*，(ˈ)*misˈstate*. (ˈ)*unˈsuitable*.　次の 2 つの違いに注意せよ：ˈunˈcovered「覆いのない」と unˈcovered「覆いを取られた」（後者は < OE *on-*）．動詞＋副詞の結合，例えば *take in*，*lead on*，*show off*，*grown up* などは，以前は末尾強勢をもっていた，そしてしばしば依然としてもっている，しかし次第に平板強勢に移行しつつある．複合語ではない（ともかく直感的にそうではない）少数の語もそうである：*ˈCarˈlisle*＝*ˈCarˈlyle*，*ˈChiˈnese*，*ˈBerˈlin*.　平板強勢の発展の文法的な帰結については *Growth and Stricture*. §182 を見よ．これらは，この文法書ののちの巻（vol. VI 8.1_6）でもっと詳しく論じられる．

5.36. 前部強勢の Street をもつ名前と，平板強勢の Road もつ名前の違いは（ˈOxford Street，ˈCannon Street，ˈUxbridge ˈRoad，ˈBanbury ˈRoad）はおそらく次の事実による，すなわち，前者はまったくありきたりで，通りはしばしば互いに対照されるので，第一要素が強勢される，一方，後者は（元来）Uxbridge などに実際に到る道を示すので，両要素とも重要と感じられる．平板強勢は，*Place*，*Square*，*Crescent* などをもつ地名にも規則的である，これはおそらく *Grosvenor Place* はしばしば *Grosvenor Square*，*Grosvenor Terrace* などと対照されるからだ．

5.37. 目的語をもつ動詞の複合語は一般に前部強勢をもつ：*ˈbreakfast* [ˈbrekfsst]，*ˈbreakwater* [ˈbreik wɔ·tə]，*ˈmakeshift*，*ˈpickpocket*，*ˈpasstime*（*ˈhangman*，*ˈShakespeare*）．一方，各要素がより独立的に感じられるまれなものの中には平板強

勢や変わりやすい強勢が見られる：'*lack*-'*lustre*（つやのない，くすんだ），'*do*-'*nothing*（何もしない，怠惰な：怠け者），'*know*-'*nothing*（無知な人）.

リズム強勢

5.41. いくつかの強強勢音節あるいは弱強勢音節を連続的に発音するよりは，強強勢音節と弱強勢音節を交互に発音する方が容易である．したがって，上で挙げられた "when I was in Italy" のような文では，*I* が *when* と *was* よりは少し強い強勢を受ける，こうして 1211412 のパターンとなる，*Italy* の -*ly* もまた中間の音節よりも若干強い．*upon*，*among* などのような前置詞の第一音節はしばしば強勢のある音節の前で強められる，例えば，Chaucer LGW 216 'upon 'that | 1195 'upon 'coursers（一方 1204 up'on a 'courser)，そして近代期から Keats Hyp. 45 The other 'upon 'Saturn's bended neck（もう片方の手はサタンの折れた首の上に）| Wordsw. Prel. 5.146 Protracted 'among 'endless solitudes（果てしない寂寥（せきりょう）をさまよって）| Morris Earthly Par. 116 And in a while part 'into Styx doth glide, And part in'to Co'cytus runs away（しばらくして一部は黄泉の川へ滑落し，もう一部は嘆きの川へ走り去るんじゃ（森松健介訳））| Sh R3 V. 3.39 If 'without 'perill it be possible（危険を冒さずにすむようなら（福田恆存訳））| Shelley Adon. 45 a spirit 'without 'spot | Tennyson 68 That 'without 'help I cannot last till morn. *towards* は 2 つの形態をもつ，*to*'*wards*，現在 [tə'wɔdz]，また [tu'wɔ·dz] と [twɔ·dz] も，cf. Sh. Merch. V. 1.5 And sigh'd his soule toward the 'Grecian tents, and '*towards*（切ない心の溜息を，ギリシアの陣営に，そのクレシダの枕辺に，そっと送ってよこしたのは（福田恆存訳）)，同書 IV. 1. 457 Fly 'toward 'Belmont（ベルモントに飛び立つ)，現在 [touədz]，しかし一般に単音節 [tɔ·dz] になっている，すでに例えば Sh. Merch. IV. 1. 403 I must away this 'night toward 'Padua（今夜はパデュアに参らねばなりませんので（福田恆存訳））に見られる．さらに *thorough* OE *þurh*，ME *þurh*，*þurȝ*，*þurw*，*þoruh*，*þoru*，*þorouȝ* に注目せよ．ModE の 2 つの形態 '*thorough* と *tho*'*rough* > *through*，最初は無差別に用いられた：G 1621 *thuro* あるいは *throuh*. Dyche, *Guide to Engl. Tongue* 1710 *through* は *throo* あるいは *thúrro* と発音された．Sh. Mids. II. 1. 3 thorough bush, thorough brier（二折版では，韻律にもかかわらず *through* と発音された；他の例については Sh.-lex. を見よ)．現在 2 つの形態は区別されている：*through* [þru·] は前置詞．*thorough* ['þʌrə, -ou] は形容詞，かくして強勢のある名詞の前に置かれ，*thoroughfare*，*thorough-going* や他少数の複合語，そして副詞 *thoroughly* で用いられた（Shakesp.，Ben Jonson，Milton などでは *throughly* も）.

5.42. リズムによる強勢移動の他の例：Ch. B 948 Som'tyme west, and 'somtym north and south, And 'somtym est（*sometimes* は未だに変動強勢をもっている）. to walk up'hill, it is 'uphill work, an 'upright stone, bolt up'right, he rushed down'hill, a 'downhill rush, he went (')down'stairs, the 'downstairs rooms, downright（同様に），we met half'way，a 'halfway house（どっちつかずの物，妥協の産物）．さらに *overhead*，*overland*，*oversea*，*overnight*． this *after'noon*，'afternoon tea，通例 *for'lorn*，一方 Marl. Jew 416 Thy fatall birth-day，'forlorne Barabas（お前の生まれた日を，見捨てられたバラバス）． Sh. Sonn. 33 And from the 'forlorn world his visage hide（とまどう世間から玉顔をおしかくすと（高松雄一訳））．Wordsw. Prel. 5.241 in 'forlorn servitude（わびしき服役に（野坂穰訳））. Keats Hyp. 2.35 upon a 'forlorn moor（わびしい荒野で）．否定の *un-* はもともと非強勢である，一方 Sh. Lr. III. 4.30 your houselesse heads and 'vnfed sides（頭を隠す家もなく，飢えた腹を抱え（松岡和子訳））（他の例については Schmidt，Sh.-lex. 1415 を見よ）．Morris Earthly Par. 114 with gentle eyes, and 'unmoved smile（優しげな眼と，冷静な笑顔で）．Fuhrken, Phon. Reader II. 23 [ði'ʌnpeid det…li·v ðə 'det ʌn'peid]（＝the unpaid debt … live the debt unpaid）．現在，Sweet によれば，否定の un- をもつ語は平板強勢をもつという．たいていの辞書は un- に常に弱強勢が置かれるとする．Cf. 5.35. Keats Hyp. 2.238 That it enforc'd me to bid sad fare'well To all my empire：'farewell sad I took（その結果，それは私に，私の全帝国に悲しい別れの挨拶を述べるよう強いた：わたしは悲しい別れを告げた）．一般に '*midnight*，一方 Sh. R3 V. 3.180 dead mid'night（真夜中）．

リズム強勢移動はおそらく Elphinston によってはじめて観察された（cf. 5.33）．彼はこう言う（1765，vol. I. 163）：「2 音節の複合語 *almost*，*sometimes*，*forthwith*，*upon*，*into*，*unto* そして *until* は，当然のことながら後部に強勢があるが，強勢をもつ音節をしたがえる場合には前部が強められることがある．例えば *here*，*there* や *where* の古い 2 音節の複合語がそうである．*hereby*，*therein*，*whereas*，など．一方 *therefore* や *wherefore* はもはやいかなる時もその後部を強めることはない」これらの中で，*almost* が現在ほとんど常に前部強勢である．*alway*（*always*）を参照，ここでは後部強勢が同様に古風である．

5.43. OE *endlefon* は現在常に *e'leven* [i'levn] である．この移動はおそらく，まず e'leven 'men のような語群で引き起こされた，さらに数の数え上げでも：'*ten e'leven 'twelve*. Chaucer は *For 'eleven* (*elven*) *foot* (I 6) をもつ，一方『薔薇物語』で Chaucer が担当しない部分では *Th*(*e*) *e'leven thousand maydens dere*（一万一千名の敬愛する処女（境田進訳））が見られる．

Trafalgar はかつて第一音節と最終音節のいずれかに強勢をもっていた，例えば Oscar Wilde の詩では依然として "The wind-swept heights of 'Trafal'gar"（トラファルガーの吹きさらしの高台）．一方現在は一般に [trə'fælgə]． これは *Tra'falgar 'Square* の韻律によるものなのだろうか？ これは現在おそらく戦場の地名よりもよく知られている．

5.44. 非常にしばしば，他の結果では強強勢をもつ語や音節のリズム上の弱化を見かける．リズムは平板（even）強勢さえも変える点で非常に強力である（5.34）：'*church 'yard*，一方 *St. 'Pauls Church'yard*，the '*churchyard 'wall*，'*Chi'nese*，一

方 *he couldn't 'speak Chi'nese, a 'Chinese 'man* (Sweet). *'mince 'pies*（ミンスパイ（クリスマス用の菓子）），一方 *how 'many mince 'pies, 'High 'German*，一方 *'Modern High 'German, 'King's 'College*，一方 *'Kings ˌCollege 'London, 'square 'mile*，一方 *two 'thousand square 'miles, St. 'John's 'Wood*，一方 *a St. 'John's Wood 'train, 'High 'Church*，一方 *a 'High ˌChurch 'man, the 'West 'Indies*，一方 *the 'British West 'Indies, 'ten 'years*，一方 *'ten years 'old, 'coat 'tails*，一方 *'coat ˌtail 'pocket.* (How old is she?) *Just fif'teen, 'fifteen 'years* (Chaucer はすでに *de'grees fif'tene* を用いている，B 4047)，*'good old 'dog, 'poor little 'thing!*

5.45. 第二強勢が，複合語の最後の語の，第一音節から第二音節へリズム上移動するのはエリザベス朝英語によく見られる，例えば，Sh. Merch. II. 4.4. We have not spoke vs yet of 'torch-beaˌrers（炬火持ちも決めていないのだ（福田恆存訳））（Shakespeare でこの語が生ずる5つの例で同様），*'quicksilˌver* (Sh.Hml. 1.5.66)，*'eaves-dropˌper* (R 3 V. 3.221)，*'housekeepˌper* (Macb. Ill 1.97)，*'blood-suˌckers* (ibd. III. 3.6)，*'bedfelˌlow* (Ado IV. 1.151)，*'madwoˌman* (Merch. IV. 1.444). これは最近の詩では一般に避けられる，しかし Morris Earthly Par. 110 The water-hen, the lustred *'kingfiˌsher*（バンやつやのあるカワセミ）参照．そしてときに *Longfellow, a young fellow* も同じように強勢を受けるのが耳にされる (412)．さらにときどき出会う "justified in *'so doˌing*" 参照．―*Whitsunday* は [hwit'sʌnd(e)i] (U) あるいはより頻繁にリズムのある ['hwitsən'dei] のいずれか．― また次を参照 *handkerchief* ['hæŋkəʧif]，*ker* よりも *chief* にわずかに強い強勢が置かれる，一方 *kerchief* ['kə·ʧif].

5.46. リズムは，2つの本来弱強勢の語の最初のものが2番目のものよりも若干強い強勢をもつ理由のように思われるかもしれない；例えば，どちらも強調されていない場合の代名詞前の前置詞：*Who is ˌwith her?* (21)，*looking ˌat us* [æt əs]（明瞭な母音を伴って，一方もし us が強調的であれば：[ət 'ʌs]），*conscious ˌof it* [ˌɔv it]（一方：conscious of that [əv 'ðæt]），*I freed him ˌfrom it* [ˌfrɔm it]，*that is better for him* [ˌfɔr im]（一方強調が伴うと [fə 'him]）．しかしながら同じアクセント配置が，強く強勢された語のあとでも見られる：*close to us* ['klous ˌtu(w)əs, 421]，*he looks at us, that is good for him* など，そしてこれは他のゲルマン諸語でもまた見られるので，なにかリズム以外の理由があるのかもしれない．さらに *not* の前の動詞への強勢を参照，これは *isn't, don't, shan't* などを引き起こす．

ロマンス語系の語

5.51. フランス語の強勢は当然ながら保持され，（短音節語は除いて）第一音節に置かれる：*circle, able, supple, angel* (OF *angele*，現在 F *ange*)，*centre, fibre, master, suffer, proper, glory, story, study.*

5.52. 2音節以上の大部分の語では，しかしながら，F語の強勢は英語では移動された．これは，きわめて一般的に，もっぱら本来語に対する類推による（同様に Sweet の New Engl. Gr. §786 でさえも）．もしこれが働いている唯一の力であったならば，実際目にするよりもはるかに広範囲にわたるF語の強勢移動をもったことであろう，そして次に見られるような多様性はもたなかったであろう：*com'pare*, *com'parison*, *'comparable*；*'solid*, *so'lidity*, *soli'darity*；*'pacify*, *pa'cific* など．William Archer は，英語における一見恣意的な強勢付与の長いリストのあと（*America To-Day*, p. 193），続けてこう言う，「一方，われわれの例のリストが長くなるにつれ，われわれのアクセント付与がより気まぐれのように思われ，より明白に偶然の要因の影響を受けるように思われる．この問題には一貫した，あるいは合理的な原理の痕跡はほとんどない」．以下の頁の目的は，次の点を明らかにすることである，すなわち原理はあり，「気まぐれ」は単に，原理は1つに限らず，いくつかの原理が時々互いに衝突し合っているという事実の当然の帰結である．これらの原理は，われわれが既に本来要素の取り扱いにおいて出会ったものに外ならない．2音節語がまず議論され，その後3音節語，4音節語に移る．

2音節語

5.53. リズムが，非常に多くの2音節語でフランス語のアクセントの移動を説明する，これらは慣習的に，強く強勢された語の前に付加詞として現れる．そして，非常にしばしば変動が何世紀にも亘って継続しているのが見られる．Chaucer は多くの語で語末強勢をもっていた，但しそれらが強勢音節に先行する場合は除く，例えば *co'syn*（cousin），一方 *'cosyn 'myn*；*felici'te par'fit*, 一方 *a 'verray 'parfit 'gentil knight*；*se'cere*（secret），一方 *'secre 'wyse*；*'divers 'art*, 一方 *di'vers fi'gures*（D 1486）．Shakespeare では，*complete* は語末音節の強勢をもつ，但し第一音節に強勢が置かれた名詞の前は除く，そして同じ規則は他でも見られる，例えば Marlowe T 1200 for 'complet 'armour fit（甲冑一揃いを着けるに相応しく（千葉孝夫訳））（cf. ibd. 2325）．Faustus 858 one 'compleate 'yeare. Milton Comas 421 clad in compleat steel（完全な武器で身をかため）．現在は常に [kəm'pli·t]. Sh では強勢音節の前で 'extreme が見られる：Sh. Lucr. 230, LL. V. 2.750, Lr. IV. 6.26, Marl. Jew 377, 391, 419, 2138, 一方 ex'treme Sh. Sonn. 129（2回）．Sh からの多数の同類の例については Schmidt の Lexicon 1413ff. を見よ，さらに次が付け加えられるかもしれない，Cymb. 1.7.159 her *'assur'd* credit（信じきっていいはずだ（小田島雄志訳）），R3III. 7.234 *'impure* blots（忌まわしいしみ（小田島雄志訳））．他の詩人から，わたしは次を引用する：Milton PL 1. 406 the *'obscene* dread. Shelley Adon. 28 the 'obscene ravens. Milt. PL 1.735 the *'supreme* king. 2.132 with *'obscure* wing. Shelley Cenci V. 4.115 Come, 'obscure Death（一方 ibid. V. 2.40 When some ob'scure and trembling slave）．Shelley Epipa. 10 my *'adored* nightingale. Byron Sardan. II. 1.392 a *'despised* monarch. Whittier 438 an *occult* hint. これらの形容詞すべてで

（例えば *serene*，*perplexed*，*confused* など，これらについてもわたしはリズムによる移動の用例をもっている），通常の発音は，一般に 5.59 で示される理由で，もとの語末音節の強勢を保持している．*Contrite*，*ingrain*，*inverse* では，依然として変動がある（hearts con'trite，'contrite hearts；常に in'versely）．

5.54. 4つの形容詞で現在分化が見られる：Shakespeare は *antick* あるいは *antique* と綴る，意味に関係なく常に第一音節に強勢を置く．現在 *'antic* ['æntik]「怪奇な」，そして *an'tique* [æn'ti·k]「古代の」，後者は近年フランス語から再借入されたに違いない．詩人はときに *antique* に前部強勢を用いる：Byron Ch. H. IV. 88 a monument of 'antique 'art. Keats Hyp. III. 51 'antique 'mien. *humane* は Shakespeare では常にこう綴られた，一般にリズム上の前部強勢でもって，そして意味の区別はない．cf. Defoe's Rob. Cr. 1719（ここでは強勢は見られない）104 out of the reach of humane kind（人間の世界から完全にたち切られ（平井正穂訳））| 107 creatures, wild and tame, humane and brutal（生き物，野生のものであれ，飼いならされたものであれ，人間であれ動物であれ）| 195 their inhumane feastings … inhuman, hellish brutality … the degeneracy of humane nature（彼らの残酷な楽しみ … 冷酷凶悪な残忍性 … 人間性の堕落）| 196 the wretched inhuman custom（下等な非人間的慣習）．しかし 18 世紀に現在の区分が成し遂げられた：*human* ['hju·mən]「人間的な，人間特有の」，そして *humane* [hju'mein]「人情のある」．同様にまた *urban* ['ə·bən]「都市の」，*urbane* [ə·'bein]「洗練された」．S 1780 はどちらの形容詞ももっていない．4 番目の形容詞でも，同様な分化が見られる，この場合 s > z への付加的な変化を伴う（6.62 を見よ）：*divers* ['daivəz]「いくつかの」と *diverse* [d(a)i'və·s]，まれに ['daivə·s]「様々な」

5.55. これと違って，非強勢の音節が，強勢を置かれて，明確に対照をもたらすことがある，例えば "not '*oppose*, but '*suppose*", "If on the one hand speech gives '*expression* to ideas, on the other hand it receives '*impressions* from them" (Romanes)（一方で，ことばは概念に表現を与え，他方，ことばは概念から印象を受け取る），'*increase* and '*decrease*. 同様に，われわれは次の点を想像しなければならない，すなわち *real*，*formal*，*object*，*subject* や 100 もの同様な語が，通常，最終音節に強勢を受けていた時代に，これらは非常にしばしば互いに対比されていたので，近代のアクセント配置が次第に慣習的になってきた．これが次のアクセントを説明する：'*January*，'*February*，'*cavalry*，'*infantry*，'*primary*，'*orient*，その他．ここに *access* も属する，この語は長期の不安定な時期を経て（NED を見よ）現在一般に ['ækses]，不安定であった理由は語末音節の強勢（5.59 にしたがう）はこの語を *excess* から十分に区別しなかったことである．

5.56. 多くの語で最初の音節の意味はアクセントを引き寄せるのにとても重要

だった，たとえその語が他の語と対比されていなくても．かくして，前部強勢が，話者に，本来語の非強勢の接尾辞を想起させる，多くの意味のない音節で終わる非常に多くの語で，次第に規則となった，例えば

-in, *-ain*, *-on*：*cousin*, *basin*, *ruin*, *fountain*, *mountain*, *certain*, *dragon*, *mason*, *reason* など．

-ish：*punish*, *finish*, *banish*, *relish* など．

-er, *-ar*, *-or*, *-our*：*barber*, *danger. grammar*, *error*, *honour* など．

-ee, *-ie*, のちに *-y*：*country*（昔の *coun'tree* はバラッド様式に保持されている）．*pansy*, *copy* など．

-ant, *-ent*：*constant*, *present* など．

-ond, *-end*：*second*, *legend* など．

他の同類の語尾の例については，4.61 のリストを見てほしい．

5.57. *-ate* 形の2音節語動詞は，第一音節がアクセントを受けないときには末尾強勢（end stress）を保持する：*cre'ate*, *lo'cate*, しかしそうでなければ強勢を移動する：*'frustrate*, *'pulsate*, *'stagnate*, *'vibrate*. *Dictate*, *narrate*, *vacate* は両方のやり方で強勢を受ける．名詞 *'legate*, *'mandate* 参照．

5.58. *-ess* 形の語は前部強勢をもつ（V）：'duchess, *'negress*, *'lioness* など．しかし *princess* は非常にしばしば *prince* と対照される（the Prince and Princess of Wales）ので，頻繁に ['prinses, -is] の他に [prin'ses] となる．Tennyson の詩（*The Princess*）では，それは全体を通して前部強勢をもつ．

5.59. 末尾強勢（end stress）は，いかなる特別な原因も強勢を移動させなかった F（そしてラテン語の）語すべてで保持された（T），とくに本来語の末尾強勢（end stress）の語に似ている語のすべてにおいて．例えば，次の形態で始まる非常に多くの語で：

a-（本来語の *adown*, *arise* などを参照），あるいは *ab-*, *ad-*, *af-* など：*affair*, *appear*, *appeal*, *assail*, *assault*, *assure*, *attack*, *attest*, *advance*, *address*, *accuse*, *accept*, *allow*, *array*, *amount*, *announce*.

con-, *com-*：*contemn*, *content. connect. compel. complete*, *compare*. 例外：*contact*（さらに concert 参照，5.73）．

de-（本来語の *be-* 参照）：*declare*, *deliver*, *desire*, *decay*, *describe*, *devoid*, *devote*, *denounce*.

dis-：*disarm*, *dissolve*, *discreet*, *dispute*, *dismiss*, *disturb*.

e-（本来語の *enough* 参照）：*espy*, *escape*, *estate*.

en-, *in-*, *em-*, *im-*：*inquire*, *insist*, *endure*, *engage*, *enjoin*, *entitle*, *impel*, *imply*, *improve*, *embark*. ―*inert*, *insane*, *improper*.

ex-：*expect*, *exist*, *extend*, *excuse*.
per-：*permit*, *pervert*, *perform*.
pre-：*prepare*, *pretend*, *prefer*, *predict*.
pro-：*propose*, *procede*, *produce*, *protect*, *protest*.
re-：*resist*, *refuse*, *resemble*, *respect*, *reveal*, *revenge*, *review*.
sub-, *sup-*, *sus-* など：*subscribe*, *succeed*, *success*, *supplant*, *support*, *suppose*, *suspect*. さらに *surround*, *survive*, *supreme* 参照.
trans-：*transform*, *transact*.

さらに同様の構造をもつ他の語も参照：*lament*, *polite*, *possess*, *severe*, *seduce*, *select*, *unite*, *omit*, *obscure*, *oppress*, *career*, *caress*. ―*Crown* ME *coroune* < F *couronne* では，その語が単音節語になったのち，強勢が移動されることはもちろんできなかった（Chaucer では *crown* と *coroun*(*e*)，これらは区別されているのか？）．さらに *spi'rit* > *spri·t* 参照，後者はしばしば *sprite* や *spright*（*sprightly*）と綴られる．

a'lly [a'lai]. < F *allie*（*r*）と *'rally* ['ræli] の間の違いは次の事実によるものと思われる，すなわち，前者は弱強勢の接頭辞にしばしば見られる音節で始まるが，後者はそうでない．―*con'tents* はおそらく *'contents* より普通に用いられる（cf. *con'tain*），一方われわれは常に *'contents-bill*（R）をもつ．―*contrary*（< *con'trarie*, *-aire*）は「いこじな」という通俗的な意味で，かつての強勢を保持してきた（現在は通俗語の翻訳でしばしば *contrairy* と綴られる），さらに *con'trarious*（R）も参照．別の意味では *'contrary* はおそらく Lat. *'contra* による．リズム強勢による *con'trarily* や *con'trariness* は教養あることば遣いで長く保持されてきた，例えば con'trariwise は依然として維持されていると同様に．

3音節語など

5.61. 強勢の前で2つ以上の音節をもつFの語は，リズムによる第二強勢をもっていた．Chaucer の韻文では2つのアクセントのいずれがより強いか知るのは不可能である，C.T. の冒頭での以下の例を見よ：*'melo'dye*, *'pilgrim'mage*, *'hostel'rye*, *'compa'nye*, *'aven'ture*, *con'dici'oun*, *'chival'rye*, *'curtei'sye*, *'naci'oun*, *'viley'nie*, *'bache'ler*.（詩行の終わりでは末尾強勢がよりありそうだ）．やがて（一般に16世紀以前），本来の強勢が弱まった，というのは，語末が語でもっとも重要でない部分と感じられたからだ．たいていの長いロマンス系の語の近代のアクセント付与は，かくして一種の価値強勢である，そこではリズムが，始めの音節のどれが強勢の位置として好ましいかを決定した．

5.62. われわれはこの点を以下の語尾をもつ語で見てみることにする：
-ion（Ch. 2音節で *-ioun*；リズム強勢は，この接尾辞や以下に示す接尾辞をもつ語で，/i/ が非音節主音的になる前に始まった）：*con'dici,oun* /kon'disi,u·n/

で，*/ˈkondiˌsju·n/ ではない，現在 [kənˈdiʃən]，*ˈnation*，*coˈllision*，*diˈffusion*，*diˈmension*，*exˈtension*，*poˈssession*，*compreˈhension*，*qualifyˈcation*．さらに：*comˈparison*，*ˈgarrison*，ˈbenison．9.87 を参照．

-ian：*liˈbrarian*，*ˈguardian*，*muˈsician*，*hiˈstorian*．

-ean：*Mediteˈrranean*，*Hyperˈborean*．一方 *Euroˈpean*（おそらく〜*Europe*，ここから **Euˈropean* はあまりに音声的にかけ離れたものになろう，あるいは *Euroˈpean ˈtowns* などにおけるリズムから），*pygˈmean*，*Epicuˈrean*．

-ial：*ˈspecial*，*ˈgenial*，*imˈperial*，*controˈversial*，*matriˈmonial*，*presiˈdential*，*artiˈficial*，*inˈdustrial*，*maˈterial*．

-al（その他）：R：*ˈradical*，*ˈcritical*，*ˈdoctrinal*，*oˈriginal*，*indiˈvidual*，*inteˈllectual*，*meˈdicinal*，*diˈagonal*．類推が多くの語で強力である：*ˈnational*，*eduˈcational*，*proˈvisional*，*ˈspiritual*（一方 Byron は *ˈunspiˈritual* をもつ，Ch. H. IV. 125）．同様に動詞派生の *-al* 形（もともと *-aille*）の名詞にも：*aˈrrival*，*reˈfusal*，*proˈposal*，*reˈhearsal*，*reˈcital* など．*uniˈversal*，*fundaˈmental*，*monuˈmental*，*inciˈdental* では古い形態 *ˌuniˈverse*，*fundaˈment* など（あるいはより最近の ˈuniˌverse などからの類推かも）からの類推が見られる．リズム強勢的な **uˈniversal* などは名詞からあまりにも乖離するだろう．さらに強勢は最も大きい音節に置かれる．後者の理由が次を説明すると思われる：*inˈternal*，*exˈternal*（V，C にもかかわらずこうである），*eˈternal*（以前は *eˈterne*），*paˈternal*，*inˈfernal*，*triˈumphal*，*paˈrental*，*diˈurnal*（以前はまた *ˈdiurnal* R），しかしながらこれらの中には，類推も同時に起こっていたものがある（*eˈternity*，*paˈternity*，*triˈumph* vb†）．

-ate（語尾に第二強勢をもつ動詞：[-eit]，それのない詞と形容詞：[-et, -it]）：*separate* [ˈsepəˌreit] v.，[ˈsep(ə)ret, -it] adj. *ˈaccurate*，*ˈadequate*，*ˈestimate*，*conˈsiderate*，*doˈmesticate*，*inˈtoxicate*，*soˈphisticate*，*iˈnitiate*，*aˈdulterate*．語尾の前の重音節がおそらく，次のような以前優勢だったアクセント配置の理由であろう：*comˈpensate*，*conˈcentrate*，*conˈtemplate*（Byron Ch. H. III. 11，Tennyson In Mem. 118）），*deˈmonstrate*，*eˈnervate*，*ilˈlustrate*，そして *inˈculcate*，これらでは，現在，リズム強勢 ˈcompensate などがより普通である，おそらく ˌcompenˈsation などからの類推によるのであろう．注意すべきは *remonstrate*（諫言する）はその強勢を *mon* に保っている：この場合，通常の名詞は *reˈmonstrance* で，*remonstration* はあまりにまれで影響力を発揮することはできない．*depurate*（浄化する）は [diˈpjuəreit]（〜*pure*）か [ˈdepjureit]（R）のいずれかである．*defalcate*（横領する）と *confiscate*（押収する）も，強勢を重い第二音節に置くか第一音節におく（R，A）かで変動する．

-at：R *secreˈtariat*，*proleˈtariat*，*ˈdemocrat*．*aristocrat* はリズム強勢的には [əˈristəkræt]，一方 *aristocracy* [ˌæriˈstɔkrasi] からの類推が [ˈæristəkræt] をよく見られる発音にしている（*capitalist* 5.66 を参照）．同様の変動が *aristocratic* [əˌristəˈkrætik, ˌæristəˈkrætik] にも見られる．

5.63. *-fy*（語尾に中位強勢）: *i'denti͵fy*, *'edify*, *per'sonify*, *di'versify*. 同様に *'occupy* でも.

-ty : *'verity*, *no'bility*, *proba'bility*, *va'riety*, *an'xiety*, *'deputy*, *'certainty*, *e'quality*, *se'curity*, *co'mmunity*, *se'renity*.

-cy, *-sy* : *ari'stocracy*, *de'mocracy*, *'fantasy*, *'leprosy*, *a'postasy*.

-y 形の他の語 : *'tyranny*, *'calumny*, *mo'notony*, *a'nalogy*, *physi'ology*, *phi'losophy*, *'atrophy*, *po'lygamy*, *physi'ognomy*, *Deute'ronomy*, *a'cademy*, *cos'mogony*, *mo'notony*. ── 同様に : *a'postrophe*, *ca'tastrophe*, *-e* の音は *y* [-i] と同じ，そして 19 世紀の中頃，*balcony* はこれらの語に同化し，['bælkəni] となった，これは以前 [bæl'kouni] < It. *batcone* だった.

同様に *-ry* 形の語も，これらでは語尾は F の強勢母音を表している : *dis'covery*, *ar'tillery*（火砲），*'industry*, *ge'ometry*（幾何学）.

しかしながら，-y 形の語に中には語尾から 3 番目の音節に強勢のないものがある. 第一に，-y が強勢のある F 母音を表さない語は，語尾から 4 番目の音節にリズム強勢をもつ，例えば *military*, OF *mili'tarie*（のちに *-taire*），ME *͵mili'tary*, 現在 'military ['militəri]. 他の例に，*'solitary*, *'necessary*, *au'xiliary*, *'secondary*, *'voluntary*, *'adversary*, *'antiquary*, *vo'cabulary*, *a'ccustomary*, *'dromedary*. *con'temporary*, *'cemetery*, *'monastery*, *'presbytery*, *'dormitory*, *'promontory*, *'accessory*, *'desultory*, *inter'rogatory*, *'peremptory*, *pre'paratory*. 注意すべきは，これらすべてで，米語はもともと強勢の置かれた母音に明白な第二強勢をもつ : ['mili͵teri, 'dɔ·(r)mi͵tɔri]，一方イギリスでは，音は [-t(ə)ri]. S 1780 はこう述べる，*-ory* は常に *-urry*, i.e. [əri] と綴られたかのように発音される（9.77 を参照）. 同じ語尾をもつものに，強勢が語尾からさらに取り除かれさえするものがある : *'ambulatory*, *'obligatory*, *'deprecatory*（~ *'deprecate*），*'dictionary*（~ *'diction*）. 一方 *-ary*, *-ory* に先行する音節に類推的な強勢が置かれるものもある，とくにそれが重い音節の場合には : *dis'pensary*（∾ *dis|pense*），*parlia'mentary*（∾ *'parlia͵ment*），*rudi'mentary*, *com'pulsory*（∾ *compulsion*），*i'llusory*, *contra'dictory*（∾ *contra'dict*），（*anni'versary*, ? ∾ †*anni'verse*, *-'versal*）. *exemplary* は現在第一音節（R）か第二音節（A）のいずれかに強勢が置かれる.（*'memory* や *'history* < OF *me'morie*, *hi'storie* のような語は，現在もともと強勢のある *-'rie* と区別できなくなっている）.

第二に，*-y*＝もともと *-'ie* 形の多くの語は類推的に影響を受けている : *'allegory*（諷喩）（∾ *͵alle'gorical*），*'category*（∾ *͵cate'gorical*），*'ceremony*（∾ *͵cere'monious*），*'ignominy*（∾ *͵igno'minious*），*'matrimony*（∾ *͵matri'monial*），*'controversy*（∾ *͵contro'versial*），*'epilepsy*（∾ *͵epi'leptic*）. これらの多くで，ラテン語形態が一定の役割を果たしてきたと思われる : *͵contro'versia*（異論のある）など. 同じ強勢が *-cy* 形の無数の語に見られ，その大部分は *-ce* 形の異形をもつ : *'excellency*（∾ *'excellence* や *'excellent*），*sig'nificancy*, *'arrogancy*, *'presidency*, *'necroman-*

cy（〜† *necromance*, *necro'mantic*）. *-ate* 形の名詞や形容詞に対応する *-acy* 形の語：*'accuracy*（〜 *'accurate*）, *delicacy*（Ch. *de'lica'cye*, 〜 *'delicate*）, *'intimacy*, *'obduracy*, con'federacy, *le'gitimacy*, *'magistracy*, *'relevancy*（〜 *'relevant*）. —*melancholy* 以前は *me'lancho'ly*（あるいは -ˌ*ly*）, 現在 *'melanˌcholy* 〜 ˌ*melan'cholic*, -*'cholious*. —*a'ssembly*（< *assem blée*）〜 *a'ssemble*. *telegraphy* は [ti'legrəfi]（R）あるいは（よりまれに）['teligræfi]（A）.

5.64. *-ure*：R *'signature*, *dis'comfiture*, *'sepulture*, *'miniature*. 一方ほとんどの語は類推的強勢をもつ：*en'closure*（〜 *en'close*）, *dis'closure*, *com'posure*, *inter'mixture*, *a'bbreviature*, *'architecture*, *'legislature*, *'temperature*（〜 *'temperate*）, *'literature*（〜 *'literate*, あるいはこれは, *e* が語中音消失を受けたあとのリズム強勢なのかもしれない）. *nomenclature* は変動する：[no'menklətʃə, 'noumen'kleitʃə]. *ad'venture*（Chaucer の *'aven'ture* 参照）はおそらく, *ad'ventuˌrous* からの影響と相まって, 語頭母音消失の *venture* によると思われる. *'caricature*（あるいはとくに動詞で ˌ*carica'ture*）は確実にイタリア語の強勢 ˌ*carica'tura*（これはこれで ˌ*cari'care*, *'carico* により決定された）による.

-ant, *-ent*, *-ance*, *-ence*：R *'arrogant*, *-ce*, *'elegant*, *-ce*, *sig'nificant*, *-ce*, *'protestant*, *ex'travagant*, *-ce*, *'tolerant*, *-ce*, *'circumstance*, *be'nevolent*, *-ce* *'innocent*, *-ce*, *mag'nificent*, *-ce*, *om'nipotent*, *-ce*, *'radiant*, *-ce*, *e'quivalent*, *de'ficient*, *-ce*, *ex'perience*, *o'bedient*, *-ce*, *'recreant*. 類推的な強勢は頻繁に見られる：*a'cquaintance*, *ad'herent*, *-ce*, *ad'mittance*, *a'lliance*, *a'llowance*, *a'nnoyance*, *a'pparent*, *a'ppearance*, *a'ssistant*, *-ce*, *a'ssurance*, *de'fiance*, *en'cumbrant*, *-ce*, *im'portant*, *-ce*, *ob'servant*（一方 Shakesp. *'obs*. R）, *o'pponent*（〜 *o'ppose*）, *re'semblance*, 他（中には, 例えば *apparent*, *opponent* におけるように, 強勢が *-ns* 形のラテン語の主格によるものと思われるものがある, 4.54）. 重い音節はしばしばこれらの語尾の前で強勢を受けた：*con'cordant*, *-ce*（Chaucer の *a'cordaunt* A 37, 現在 *a'ccording* 参照）, *a'bundant*, *-ce*, *tri'umphant*（動詞 *tri'umph* における廃用の強勢参照）, *in'cumbent*, *in'dulgent*, *-ce*；ここでもラテン語の主格 *-ns* に注目せよ：*con'cordance* など. ラテン語の主格はまた -scent 前の強勢を説明する, *ado'lescent*（ここから類推的に *ado'lescence*）, *conva'lescent*, *-ce*, *ex'crescent*, *-ce*, *effer'vescent*, *-ce*, *qui'escent*, *-ce*, これらはみな学問的語で, 比較的最近のものである, 一方 *con'cupiscent*, *-ce* は昔からの語である. Shakespeare（As IIL 2.147）での *quintessence* は強勢 413,（R）をもっていた. 現在 *essence* との類推で [kwint'esəns]. —*conversant* 現在 ['kɔnvəsənt], 18 世紀には *con'versant*.

-ment：R *'tenement*, *'testament*, *'sentiment*, *me'dicament*, *pre'dicament*. これは多くの語で語根語に符合する：*a'stonishment*, *e'stablishment*, *em'barrassment* など. しかし類推がリズム規則よりも強い：*ad'vancement*, *a'mendment*, *co'mmandment*, *em'ployment* など. *ad'vertisement* [əd'vəˑtizmənt]（R）が通例の形

態であるが，類推的な [ædvə·taizmənt] がアメリカでよく見られる．

-ize：R *'authorize*, *'emphasize*, *'realize*, *'sympathize*, *a'postrophize*, *mo'nopolize*. Scotland では *-ize* に強勢をおくことは依然として通常のことである：*rea'lize*, *sympa'thize*. 類推的強勢が次に見られる，*'characterize*, *'naturalize*, *fa'miliarize*.（2 音節語 *baptize* は末尾強勢を保持してきた．さらに *chas'tise* 参照，一方 Shakespeare は *'chastise* をもつ）．

5.65. *-ous*：R *'frivolous*, *a'nomalous*, *u'nanimous*, *a'nonymous*, *con'spicuous*, *vi'viparous*, *'hideous*（*e* と *i* は *-ous* の前で完全な音節と見なされる），*instan'taneous*, *vic'torious*, *de'licious*, *perti'nacious*, *cou'rageous*, *advan*'tageous, ou'*trageous*. 一方次で語末から 2 番目の音節に強勢をもつ，*so'norous*, *tre'mendous*, *stu'pendous*, *con'cinnous*, これらは，あたかも E の語尾 *-ous* によって派生したかのように綴られるにもかかわらず，おそらくラテン語の主格，*sonorus*, *tremendus* などにほかならない．さらに *e'normous* は，古い *e'norm* の拡張形．―注目すべきは *-ose* 形の形容詞：*jocose*, *morose*, *verbose* 他は近年の借用語である，これらはラテン語の強勢：['*ous*] を保持している．

-ive：R *'negative*, *'substantive*, *in'dicative*, *inter'rogative*, *al'ternative*, *com'parative*, *de'finitive*, *con'templative*, *re'storative*. 一方，先行する音節に類推的強勢が見られる：*co'mmunicative*（∾ *co'mmuncate*），*sig'nificative*, *a'ccumulative*, *ad'ministrative*, *i'maginative*, *re'munerative*, *'vindicative*（一方 Shakespeare の *vin'dicative* は以前として見られるが，現在まれ）．*demonstrative* は一般に [di'mɔnstrətiv]，また類推的に ['demənstreitiv] も（Muret による意味の区別は他の辞書では認められていない）．語末から 2 番目の音節への類推的強勢：*a'ttentive*, *a'ssertive*, *a'ttractive*, *co'llective*, *di'gestive*, *in'structive*, *pre'sumptive*, *pro'tective*, *re'sponsive*, *re'strictive*, *re'tentive* など（これらすべてで強勢音節は重い音節でもある），さらに *-sive* 形のすべての形容詞：*con'vulsive*（∾ *con'vulse*, *-sion*），*de'cisive*（∾ *decide*, *decision*），*de'fensive*, *de'risive*, *e'vasive*, *per'suasive*, *suc'cessive*（Sh リズム的に *'successive*）など．*recitative* [resitə'ti·v] は F からの近年の借用語．長音の [i·] に注目．

5.66. *-able*, *-ible*, *-uble*：R *a'bolishable*, *'amicable*,（*in*）*'comparable*, *con'siderable*,（*in*）*de'fatigdble*, *'despicable*, *dis'criminable*,（*in*）*'estimable*, *'lamentable*,（*'perdurable*, Sh.），*'preferable*, *'referable*, *re'mediable*,（*ir*）*'reparable*, *'propagable*, *'violable*―語根語と強勢が一致するものもあり，一致しないものもある．しかし多くの語で，類推がリズムにまさる：*a'greeable*, *com'binable*, *de'finable*, *de'plorable*, *de'rivable*, *'disciplinable*, *re'markable*,（*ir*）*re'sistible*, *re'sponsible*,（*in*）*su'pportable*, *su'blimable*. 多くの語で，2 つの原理の間で葛藤があった：*'acceptable*（Shakesp. Sonn. 4.12 ほか多くの詩人で，S 1789）今でも祈祷書

の朗読で，一方これ以外では *ac'ceptable*（Walker によりすでに認められている），*'commendable*（Shakesp.，一箇所を除いて，N 1784），現在 *co'mmendable*，S 1789 では揺れている，*'computable* あるいは *com'p-*，S 1789 では後者のみ，*'detestable*（Spenser，Sh.）現在 de't-，（例えば Milton），*(in)'dissoluble*（Shakesp. McbIII. 1.17，SI789）あるいは *di'ssoluble*，*'disputable*（N 1784，S 1789）あるいは *dis'p-*，*'perfectible* あるいは *per'f-*，*(ir)recognizable* [ri'kɔgnizəbl] あるいは [rekəg'naizəbl]，*(ir)refutable* 一般に [ri'fju·təbl]，まれに ['refutəbl]，*(ir)respirable* ['respirəbl, ri'spairəbl]，*respectable* [ri'spektəbl]，しかし Walker は *'resp-* も頻繁に見られるという．*(ir)revocable* はほぼ常に ['revəkəbl]，一方 [ri'voukəbl] もときどき耳にされる．*admirable* のような頻繁に生起する語ですら，ときに [ad'mairəbl] のように改められて発音される．*in'estimable* ではなく "inesteemable" は通俗的（Vachell H 109 を見よ）．E 1765（I. 169）は：「文字通りの意味」の *com'parable*（上掲），*ac'ceptable* と「比喩的な意味」の *'comparable*，*'acceptable* の区別を確立した．"So a thing may be acceptable by a man, that is far from being 'acceptable to him"（前置詞に注意）（モノは人に受け入れれるかもしれないが，人にとって決して満足のいくものではない）．*de'monstrable* は昔の *demonstrate* の強勢で用いられる．*(in) com'patible* は非強勢の *com-* が高頻度で現われることによると思われる．同様に *de'lectable* と *re'frangible* は前接辞と第二音節の「重さ」のせいによる．（元来の強勢は今でも Milton の *vo'lubil*（舌のよく回る），PL 4.594）に見られる．—最後に *'participle* を参照．

-ist：R *'satirist*，*'bigamist*，*'egoist*，*e'vangelist*，*archæ'ologist*，*mo'nopolisit*，*ven'triloquist*.　次では類推的強勢：*'positivist*，*'rationalist*，*'mineralist* ほか．ほとんどの辞書で *pianist* は [pi'ænist]（A），一方 NED は現在通常の形態 ['piənist]（R）をもつ．*capitalist* はどの辞書でも ['kæpitəlist]（A），一方教養のある人で [kə'pitəlist]（R）と言う人も増えている．*telegraphist* は ['teligra·fist]（A）よりもより頻繁には [ti'legrəfist]（R）．

-ism：R *'magnetism*，*'criticism*，*fa'naticism*. 類推的強勢（*-ist* と同様に）：*'positivism*，*'rationalism*，*'puritanism*.

-ic：R *'rhetoric*，*'heretic*，*'politic*，*'catholic*，*'choleric*，*'lunatic*，*a'rithmetic*. 一方大部分の語では語末から 2 番目の音節が強勢される．これはおそらく，ラテン語の主格により支持される *-ical* や *-icism* 形の形態によるものであろう：*aca'demicus* など．注意すべきは上で挙げた語は，*-al* が付加されると強勢を移動する：*rhe'torical*，*he'retical*，*po'litical*，*ca'tholical*(†)，*cho'lerical*，*lu'natical*，*arith'metical*.　同様に次の語が見られる，*aca'demic(al)*，*mag'netic(al)*，*syste'matic(al)*，*his'toric(al)*，*me'chanic*，*or'ganic*，*do'mestic*，*te'rrific* など．スコットランド語は *lu'natic*，*arith'metic* をもつ．N 1784 は *'phlegmatic*，*'pleuritic*，*'schismatic*，*'splenetic* を挙げた，これらは，現在，語末から 2 番目の音節に強勢がある．彼は Shakespeare の *'rheumatic*，これは当時すでに *rheu'matic* になっていた，

と Dryden の *a'postolic* を挙げる．

-ac：R *de'moniac*, *a'mmoniac*, *si'moniac*, *hypo'condriac*, *mono'maniac*. 注意すべきは *-al* の付加は強勢を変える（音声的特徴全体も）：[di'mounjək, -niæk：di·mo'naiəkl；mɔno'meinjək, -iæk：mɔnomə'naiəkl].

-ar, *-er*, *-or*：R *par'ticular*, *'popular*, *perpen'dicular*, *spec'tacular*, *'officer*, *'carpenter*, *'mariner*, *'character*, *'lavender*, *'emperor*, *'bachelor*, *pro'prietor*, *so'licitor*, *inter'locutor*（18 世紀の正音学者の中には：-*'cutor*），*su'perior*. 類推的強勢は非常によく見られる：*co'mmander*, *pre'tender*, *cre'ator*, *po'ssessor*, *pro'fessor*, *de'meanour*, *'pacifier*, *in'telligencer*, *ne'gotiator*, *'ventilator*, *'persecutor*. spec'tator と te'stator はラテン語の強勢をもつ．*confessor* については *'con-* への強勢が以前は一般的であった（Shakesp., Pope, Walker, など）．19 世紀の中期に *'confessor*「告解を聞く司祭」と *con'fessor*「告白者」とを区別する人がいた（例えば Ellis, Plea for Phon. SpeJl. 1848）．現在両者の意味で [kən'fesə]. *successor*：Ch. E 138 *'succe'ssour*；Sh., Milton, Dryden, Sam. Johnson；19 世紀には Bulwer Lytton *'successor*（Flugel, *Dict.* を見よ），しかし現在は類推的に *suc'cessor*. —通俗語 *conjurer*(*-or*)「魔法使い，手品師」はリズム強勢をもつ ['kʌnʤərə]，これは対応する意味をもつ動詞「魔法の力で影響を及ぼす，魔法を使ったかのように知らせる」にも影響した，['kʌnʤə]；しかしもっと学問的な動詞「嘆願する」は [kən'ʤuə]，そして対応する辞書の見出し語 *conjurer* は [kən'ʤuərə]. *telegrapher* は，上掲の *telegraphist* と同様に変動する．

5.67. 3 音節語の第一音節にリズム強勢を置く傾向は，その音節が通常の接頭辞で，重要でないと感じられる場合には，しばしば打ち消される．こうして次をもつ *de'velop*（∾ *de'velopˌment*），*de'termine*（∾ *de'termi'nation*），*ex'tinguish*（∾ *ex'tinguishment*, *ex'tinct*, *ex'tinction*），*con'sider*（∾ *conˌside'ration*），*en'viron*, *con'tinue*. さらに 17 世紀に，re'tinue, re'venue, im'portune, per'sever,（per'severance），現在 ['retinju, 'revinju, impɔ·'tju·n, pə·si'viə, pɔ·si'viərəns]. *recondite* は現在 [ri'kɔnd(a)it] よりもより頻繁に ['rekəndəit]. リズム強勢が次の語で優勢となった，*definite*, *infinite* ['definit, 'infinit]，というのは *finite* ['fainait] は上の 2 語よりはまれで，これらの意味はさらに *finite* の意味とはあまりにかけ離れて関連語とは感じられなかったからだ．recollect, recommend のような語では，第一音節は弱半強勢のみをもつ，一方 reconcile では，全強勢をもつ（以前は *re'concile* も e.g. Byron, Cain I. 1.169）．現在，*re-* が「再び（again）」という意味をもって語に付加されると，それは強勢を受け [ri·] と発音される，かくして次の区別がなされる，*recollect* ['ri·kə'lekt]「再び集める」と [rekə'lekt]「思い出す」．同様に *recreate* ['rekrieit]「気晴らしをさせる」と ['ri·kri'eit]「造り直す」．さらに *reform* [ri'fɔ·m]「改革する」：['ri·'fɔ·m]「再び作る」，*recover* [ri'kʌvə]「取り戻す」：['ri·'kʌvə]「再びおおう」，他参照．—*in'terpret* [in'tə·prit] の強勢は *interpretation* の類推による．

5.68. リズムは一般に長い語で第二強勢の位置を決定する：*in*ˌ*compre*ˌ*hensi*ˈ*bili*(ˌ)*ty*，*re*ˌ*sponsi*ˈ*bility*，ˌ*hypo*ˈ*condriac*，ˌ*incon*ˈ*venience*．しかし一定の接頭辞で，第一音節が第二音節よりも強く発音される：ˌ*antispas*ˈ*modical*（一方 *an*ˈ*tipathy* を参照，これは比較的非学問的）．ˌ*superex*ˈ*crescence*（cf. *su*ˈ*perfluous*）．Walker は細部に立ち入りこう述べる，"It is a direct demonstration of the Copernican system"（それはコペルニクス説の直截な証明である）で，音節 *dem-* は "It is a demonstration …" におけるのと同じ第二強勢はもたない，と．（direct の影響）

強勢は名詞と動詞を区別する

5.71. 非常に多くの場合，名詞類（実詞と形容詞）は前部強勢，対応する動詞は末尾強勢をもつ．これは本来語では次の事実に由来すると思われる，すなわち先史アーリア諸語では，前置詞＋名詞の複合語は前置詞＋動詞の複合語よりずっと古い，というのも後者はヴェーダやホメロスにはまだ見られないからである．それゆえ，ゲルマン語の強勢移動が起こった時，それは名詞複合語にのみ影響を及ぼした，そしてのちに動詞複合語が形成されたとき，それらは主要語，すなわち最後の要素に価値強勢を受けた（Joh. Schmidt, *Kuhn's Zeitschr*. 26.257，Streitberg, *Urgerm. Gr.* 167）．それゆえ，OE で，名詞と動詞で異なる形態の接頭辞がある，例えば ˈ*andgiet*（理解），*on*ˈ*gietan*（理解する），ˈ*æfþunca*（立腹）．*of*ˈ*þyncan*（怒らせる），ˈ*orþanc*（巧妙）*ā*ˈ*þencan*（思い付く）など．この違いは消失したが，アクセントの違いは多くの語で残り，そればかりか類推的に新たな例にまで広がった，もっとも，水平化されたものもある．例えば OE ˈ*andswaru* sb（返答）と *an*(*d*)ˈ*swarian*，*an*(*d*)ˈ*swerian* vb. は一様に ˈ*answer* となった．

次例は ModE における強勢の対照の主要な例で，この区別立てが完全にあるいはほぼ完全に失われたものには，それぞれ † と (†) でマークされている．

確かでないものも含まれる．

本来語

（本来語の要素を 1 つでも含む語も含める）

5.72. *blackmail* sb. [ˈblækˈmeil] ないしは [ˈblækˌmeil]. vb. [ˌblækˈmeil].

(*dislike* sb. ときに [ˈdislaik]，一般には vb として [disˈlaik]).

(*farewell* [ˈfɛ·əwel] adj.：a farewell dinner，5.42 を見よ．間投詞としてはどちらの音節も強勢される；まれ vb. [fɛ·əˈwel]).

forecast sb. [ˈfɔ·əka·st]，vb. [fɔ·əˈka·st].

foreshadow sb. [ˈfɔ·əʃædou]，vb. [fɔ·əˈʃædou].

foretaste sb. [ˈfɔ·əteist]，vb. [fɔ·əˈteist].

gainsay sb. [ˈgeinsei]，vb. [geinˈsei]，但しまた [ˈgeinsei]，かくして一般に [ˈgeinseiiŋ].

(*humdrum* sb. [ˈhʌmˌdrʌm]，vb. ときに [hʌmˈdrʌm]).

inflow sb. [ˈinflou], vb. [inˈflou].

inlaik Sc sb. [ˈinleik]「不足」, vb. [inˈleik]「欠く」.

inlay sb. [ˈinlei] ないしは [inˈlei], vb. [inˈlei].

inset sb. [ˈinset], vb. [inˈset].

masthead sb. [ˈma·stˈhed] (檣頭(しょうとう)), vb. しばしば [ma·stˈhed].

offset sb. [ˈɔ·fset], vb. [ɔ·fˈset] ないしは [ˈɔ·fset].

同様にまた *out-* 形でも；しかし vb. *outline* は実詞同様 [ˈautlain]；*outlive* は一般に [autˈliv], しかしときに [ˈautliv]；*outlying* は平板ないしは変動強勢をもつ.

overbalance sb. [ˈouvəbæləns], vb. [ouvəˈbæləns].

また同様に *overcharge*, *-flow*, *-haul*, *-joy*, *-match*, *-throw*, *-turn*, *-work*.

surname sb. [ˈsə·neim], vb. [səˈneim].

undercut sb. [ˈʌndəkʌt], vb. [ʌndəˈkʌt]. 同様に *under-* の他の形態も (*-dose*, *-dress*, *-line*, *-play*, *-rate*, *-study*, *-value*), 但し変動も大いにある.

undress sb. [ˈʌndres], vb. [ʌnˈdres]. 同様に欠性の意味の un- をもつ他の形態, 一定の変動がある. 否定の un- については 5.42 を見よ (ˈ*unsteady* adj., *un*ˈ*steady* vb.).

upset sb. [ˈʌpset], vb. [ʌpˈset]. Dan. Jones における唯一の形態は [ʌpˈset] sb. & vb.

upstart sb. [ˈʌpsta·t], vb. [ʌpˈsta·t].

2 音節のロマンス系の語

5.73. 以下の語では動詞は F の強勢を保持してきた, 一方実詞 (ないしは形容詞) はそれを移動した. これは 1 つには上で考察した本来語の語からの類推によることと, また 1 つには, 動詞は *-ing* のような非強勢の語尾をしばしばもっていたという事実によると思われる. 動詞はしばしば文末に生起すること, したがってリズム的な前部強勢を引き起こす可能性のある語が後続しないこと, が強勢の区別に貢献したかもしれない, しかしこれら 3 つの理由はここでの現象の拡張を説明するのに十分だと考えるには難しいように思われる. 強勢の区別がなくなった例が多くあり, 最近発達したものもある.

abject sb. [ˈæbdʒekt, -ikt], vb. まれ [æbˈdʒekt, əb-].

absent adj. [ˈæbsənt], vb. [æbˈsent, əb-].

abstract sb. adj. [ˈæbstrækt], vb. [æbˈstrækt, əb-].

accent sb. [ˈæksənt], vb. [ækˈsent, ək-].

affix sb. [ˈæfiks], vb. [æˈfiks, əˈf-].

†*ally* sb. 17 世紀には第一音節にときどき強勢が置かれた. Walker, *General Idea* 1774 はこう言う, *ally* と *survey* は最近まで末尾音節に強勢が置かれたが, 現在は第一音節. 現在, 辞書は, sb. にも vb. にも [əˈlai] を与えるが, sb. には [ˈæˌlai] も可能な発音である.

†*ambush*，現在 sb. でも vb. でも [ˈæmbuʃ]，一方動詞は 17 世紀に末尾強勢をもっていた．

aspect sb. [ˈæspekt]，vb.（まれ）[æˈspekt]；Sh（Lr. II. 2.112）や Milton（PL. 2.301）では実詞は末尾強勢をもっていた．

†*assign*（Nares）；実詞は現在廃用，あるいは，(「譲渡人」の意味で）動詞同様末尾強勢 [əˈsain] をもつ．

augment sb. [ˈɔ·gmənt]，vb. [ɔ·gˈment].

(*august* sb. [ˈɔ·gəst]，vb. は Ellis によれば末尾強勢，一方 NED には [ˈɔ·gəst]「結実させる」のみ挙げられている．形容詞は [ɔ·ˈgʌst]).

bombard sb.（まれ）[ˈbɔmba·d. ˈbʌm-]，vb. [bɔmˈba·d，bɔm-].

†*captive* sb. adj. [ˈkæptiv]，次では動詞は末尾強勢，Spenser, FQ H. 4.16, 5.27, 7.15，そして Milton Sams. 33,694；一方 Shakespeare や Dryden は，現在の [ˈkæptiv] 同様，前部強勢をもつ．

(†)*cement* sb. Nares，Smart，Ellis では前部強勢；現在，動詞同様，ほぼ常に [siˈment].

(*certain* adj. [ˈsə·t(i)n]，vb. *ascertain* [æsəˈtein]).

colleague sb. [ˈkɔli·g]，vb. [kəˈli·g]—元来２つの異なる語だった．

collect sb. [ˈkɔlekt]，vb. [kəˈlekt].

(†)*comment* sb. [ˈkɔment]，vb. Spenser，Ellis やスコットランド語で末尾強勢，一方，一般には実詞と同じ；同様に Sh. Ven. 714，Tennys. Becket II. 2.

commerce sb. [ˈkɔməs]，一方 Sh. Troil. では２度末尾強勢；vb. [kəˈmə·s]，一方 Milton の Pens. 39 では前部強勢.

(†)*commune* sb. [ˈkɔmju·n]，vb. [kəˈmju·n] と [ˈkɔmju·n]，NED を見よ．

compact sb. [ˈkɔmpækt]，Sh. は末尾強勢，vb. [kəmˈpækt] (adj. [kəmˈpækt]).

complex sb. adj. [ˈkɔmpleks]，vb.（まれ）[kəmˈpleks].

complot sb. [ˈkɔmplɔt]，ときに末尾強勢；vb. [kəmˈplɔt]．まれ．

comport sb. [ˈkɔmpɔ·t]，vb. [kəmˈpɔ·t].

compound sb. [ˈkɔmpaund]，vb. [kəmˈpaund].

compress sb. [ˈkɔmpres]，vb. [kəmˈpres].

concert sb. [ˈkɔnsət]，vb. [kənˈsə·t].

concord sb. [ˈkɔnkɔ·d, ˈkɔŋ-]，vb. [kənˈkɔ·d].

concrete sb. adj. [ˈkɔnkri·t, ˈkɔŋ-]，vb. [kənˈkri·t].

conduct sb. [ˈkɔndəkt, -ʌkt]，vb. [kənˈdʌkt].

confect sb. [ˈkɔnfekt]，vb.（まれ）[kənˈfekt].

confine sb. [ˈkɔnfain]，また末尾強勢；vb. [kənˈfain].

conflict sb. [ˈkɔnflikt]，vb. [kənˈflikt].

congress sb. [ˈkɔŋgres, ˈkɔn-], vb. [kənˈgres]「集会する」; 新しい動詞 [ˈkɔŋgres]「会議に出席する」がある．

conscript sb. ['kɔnskript], vb. [kən'skript].

(†)*conserve* sb. Nares, Ellis, Drayton (Encycl. Dict. から引用), Cleveland 1651 と Dobson 1883 (NED) は前部強勢, 現在は動詞同様 [kən'sə·v].

consort sb. ['kɔnsɔ·t], 一方 Spenser, Shakesp., Milton は末尾強勢; vb. [kən'sɔ·t].

consult sb. (まれ) ['kɔnsʌlt], 一方 Milton, Dryden は末尾強勢 (Nares から引用); vb. [kən'sʌlt].

contest sb. ['kɔntest], 一方 Milton は末尾強勢; vb. [kən'test].

context sb. ['kɔntekst], vb. (廃絶) [kən'tekst].

contract sb. ['kɔntrækt], 一方 Sh. は末尾強勢; vb. [kən'trækt].

contrast sb. ['kɔntra·st], vb. [kən'tra·st].

convent sb. ['kɔnvənt], vb. (まれ) [kən'vent].

converse sb. ['kɔnvə·s], 一方 Sh., Milton, Pope (常にではないが) は末尾強勢; vb. [kən'və·s].

convert sb. adj. ['kɔnvə·t], vb. [kən'və·t].

convict sb. adj. ['kɔnvikt], vb. [kən'vikt].

convoy sb. ['kɔnvoi], 一方 Milton は末尾強勢; vb. [kən'voi].

costume sb. ['kɔstjum], あるいは動詞のように [kɔ'stju·m, kə-].

†*curtal* (OF *cortald*)「断尾した馬」, 古風; vb. 以前は '*curtal* (Johnson 1773), 現在 *curtail* [kə'teil].

†*curvet* 現在 sb. と vb. どちらの発音でも ['kə·vit, kə·'vet], 以前は異なっていた?

†*damask* sb. ['dæmɔsk]; vb. 以前はエンドストレス (Milton), 現在は実詞と同様.

decrease sb. Ellis は前部強勢, また動詞同様より通例の [di'kr·s] を許容する. increase と対照される時には両者は [di·'kr·s] になるかもしれない.

depute sb. adj. ['depju·t] (Scotch); vb. [di'pju·t].

descant sb. ['deskænt], vb. [di'ska·nt].

desert sb. adj. ['dezət] ((不毛の) 地), vb. [di'zə·t] (見捨てる). ―実詞 *desert* (「美点」< *deserve*) は [di'zə·t].

detail sb. ['di·teil] あるいは [di'teil], vb. [di'teil].

digest sb. ['daidʒest], vb. [di'dʒest, dai-].

discord sb. ['diskɔ·d], vb. [dis'kɔ·d].

discount sb. ['diskaunt], vb. [dis'kaunt, 'diskaunt].

efflux sb. ['eflʌks], vb. (まれ) 末尾強勢.

egress sb. ['i·gres], vb. (あまり一般的ではない) [i'gres] (出て行く).

ensign sb. ['ensain], vb. (廃用) [in'sain].

(*entrance* sb. ['entrans], vb. [in'tra·ns]―これら 2 つは完全に異なる語.)

†*envy* sb. ['envi]; vb. 現在常に ['envi]; 以前は末尾強勢 (Spenser, Ben Jon-

son；Shakespeare はどちらの強勢も）；cf. Wharton *Grammar* 1655：Much harm doth envie, therefore do not envie（嫉妬は多くの害悪をもたらす，ゆえに妬むことなかれ）. Burns はしばしば sb. にも vb. にも末尾強勢.

escort sb. [ˈeskɔ·t]，vb. [iˈskɔ·t].

essay sb. [ˈesei]，一方 Ben Jonson，Dryden，Pope では末尾強勢；vb. [eˈsei].

excerpt sb. [ˈeksə·pt]（抜粋）おそらく [ikˈsə·pt] より頻度は下がる；vb. [ikˈsə·pt].

†*exile*：強勢と [ks, gz] に関して多くの交錯した類推，後者の発音はもともと強勢に依存していた（6.7）；sb.「流刑」[ˈeksail]，まれに [ˈegzail]，Spenser，ときに Sh.，Milton で，末尾強勢；「流人」の意味では，Sh. で，そして現在，常に前部強勢；この意味では，辞書に [gz] の発音は挙げられていない．Vb. [igˈzail]，Ellis 他で，一方 NED [ˈeksail, ˈegzail] のみをもつ．Sh. や Milton は常に末尾強勢，但し *exiled* が限定的に用いられ，それがリズム的な前部強勢を受ける場合は除く：Sh. Lucr. 640 I sue for exiled majesty's repeal（私は追放された王者の威厳の召喚を求めます（高松雄一訳））. ── 形容詞 *exile*「ほっそりした」は [ˈeksail] ないしは [ˈegzail].

export sb. [ˈekspɔ·t]，vb. [iksˈpɔ·t].

extract sb. [ˈekstrækt]，vb. [iksˈtrækt].

ferment sb. [ˈfə·mənt]，Dryden では末尾強勢；vb. [fə·ˈment].

foment sb.（まれ）[ˈfoumənt]；vb. [fouˈment].

frequent adj. [ˈfri·kwənt]；vb. [friˈkwent].

†*hazard* 現在 sb. と vb. とも [ˈhæzəd]；vb. Marlowe，*Faust*. 473 では末尾強勢，Already Faustus hath hazarded that for thee（すでにフォースタス博士はあなたのためにそれを危険を冒してやりました）；Sh. Merch. II. 9. 18, 21, 22 では前部強勢.

impact sb. [ˈimpækt]，vb. [imˈpækt].

import sb. [ˈimpɔ·t]，以前はまた末尾強勢；vb. [imˈpɔ·t].

impress sb. [ˈimpres]，vb. [imˈpres].

imprest sb. [ˈimprest]，vb.（廃絶）[imˈprest].

imprint sb. [ˈimprint]，vb. [imˈprint].

impulse sb. [ˈimpʌls]，Milton，Dryden では末尾強勢；vb.（まれ）[imˈpʌls].

incense sb. [ˈinsens]；vb.「〈香を〉たく」[inˈsens] あるいはもっと頻繁には [ˈinsens]. ── もう 1 つの動詞「怒らせる」は常に [inˈsens].

increase sb. 一般に [ˈinkri·s]，例えば Tennyson 83（2 度），84；18 世紀以前は末尾強勢（Sh. など），今でもときに [inˈkri·s]；vb. 一般に [inˈkri·s]；cf. *decrease*.

indent sb. [ˈindent] より一般には [inˈdent]，前者はきわめて最近のことに思われる；vb. [inˈdent].

infix sb. [ˈinfiks]，vb. [inˈfiks].

ingrain sb. adj. [ˈingrein]（cf. 5.53），vb. [inˈgrein].

ingress sb. [ˈingres]，vb.（まれ）[inˈgres].

†*instinct* sb. [ˈinstiŋkt]，以前は末尾強勢（Sh.，Milton）；vb.（まれ，廃絶）末尾強勢．—NB. adj. [inˈstiŋkt].

insult sb. [ˈinsʌlt]，vb. [inˈsʌlt].

（*levant* sb. [ˈli·vənt]，現在は一般に [liˈvænt, liˈva·nt]，adj.（詩で）前部強勢；vb. [liˈvænt, liˈva·nt]「姿を消す」.）

†*manure* sb. 現在 [məˈnjuə]，以前はまた前部強勢で（Cowper）；vb. [məˈnjuə].

（†*massacre*，現在 sb. と vb. [ˈmæsəkə]；一方 Spenser は sb. で末尾強勢をもっていた；動詞にもあったのだろうか？？）

object sb. [ˈɔbʤikt, -ekt]，Spenser で末尾強勢；vb. [əbˈʤekt].

（*outrage* 現在 sb. と vb. [ˈautreiʤ]；G 1621 はどちらの音節にも強勢を与える；Sh. sb. と Spenser vb. は末尾強勢.）

perfect adj. [ˈpə·fikt]，vb. 以前は [pəˈfekt]，現在一般的には [ˈpə·fikt].

perfume sb. [ˈpə·fju·m]，以前は末尾強勢も；N1784「無頓着にどちらの音節にも置かれた」；vb. [pəˈfju·m]，比較的まれだが前部強勢も，例えば Poe *Raven* で：Then, methought the air grew denser, perfumed from an unseen censer（それから，空気は眼に見えない香炉からの香で満たされ濃密になったように思われた）.

permit sb. [ˈpə·mit]，頻度は低いが，動詞同様 [pəˈmit].

pervert sb. [ˈpə·və·t]，vb [pəˈvə·t].

placard sb. [ˈplæka·d]，vb. [pləˈka·d]．しかし多くの人はこれらのどれかを名詞にも動詞にも無頓着に用いる．

（*portent* sb. [ˈpɔ·tent] また [pɔ·ˈtent]；portend vb. [pɔ·ˈtend].）

preface sb. [ˈprefis]，vb. どの辞書も実詞と同；一方 Lloyd，Phon. St. 2.342 によれば，この語は「明らかに現在，動詞のアクセントを第 2 音節に移すことで，明瞭化と標準化の葛藤を示している．

†*prefect* sb. [ˈpri·fekt]，vb.（廃絶）末尾強勢．

prefix sb. [ˈpri·fiks]，vb. [priˈfiks].

prelude sb. [ˈprelju·d；ˈpri·lu·d]；vb. 以前は常に [priˈlju·d]，一方現在はまた [ˈprelju·d]，これがより一般的な形態になる傾向がある．

premise sb. [ˈpremis]，vb. [priˈmaiz].

presage sb. [ˈpresiʤ，pri·-]．Sh. は末尾強勢，一方 Milton は前部強勢；Tennyson 374 ˈ*presage*，一方 *preˈsageful*；vb. [priˈseiʤ].

present sb. adj. [ˈprez(e)nt]，vb. present [priˈzent]．新しい sb.「銃が発射される時の位置」は [priˈzent].

proceed sb. [ˈprousi·d(z)]，現在しばしば [pro(u)ˈsi·d(z)]；vb. [pro(u)ˈsi·d, prə-].

produce sb. [ˈprɔdju(·)s]，Dryden は末尾強勢；vb. [proˈdju·s, prə-].
progress sb. [ˈprɔgres, -is]（進歩），現在は通例動詞からの影響で [prou-]，vb. [pro(u)ˈgres]（進む）.
project sb. [ˈprɔdʒekt, -ikt, ʻprou-]（事業）；vb. [pro(u)ˈdʒekt]（企てる）.
protest sb. [ˈprɔteat, ˈprou-]（抗議）（*progress* 参照），古い辞書には末尾強勢もある，vb. [pro(u)ˈtest, prə-]（抗議する）.
purport sb. [ˈpə·pɔ·t]（趣旨），vb. [pəˈpɔ·t]（主張する）あるいはもっと一般的には [ˈpə·pɔ·t].
rampage sb. [ˈræmpidʒ]（狼藉），vb. [ræmˈpeidʒ]（暴れ回る），一方両形が無差別にも用いられる.
rebel sb. [ˈreb(ə)l]（謀反人），vb. [riˈbel]（反逆する）.
recess sb. [ˈri·ses]（休息）あるいはより一般には [riˈses]；vb. [riˈses]（休会に入る）.
record sb. [ˈrekɔ·d]（記録），vb. [riˈkɔ·d]（記録する）．以前の実詞での末尾強勢（Spenser，Sh.，Dryden；Byron Ch. H. IV. 83）は今でもスコットランド方言で裁判用語で今でも用いられている（Court of Becord（記録裁判所））；逆に Marlowe, Tamb. 2270 は動詞で前部強勢をもつ.
refuse sb. [ˈrefju·s]（ごみ），vb. [riˈfju·z]（拒絶する）.
regress sb. [ˈri·gres]（後戻り），vb. [riˈgres]（退行する）.
reprint sb. [ˈri·print]（増刷），ときに [ri·ˈprint]（Cent. Dict.）；vb. [riˈprint]（増刷する）あるいは [ri·-].
reset sb.（はめ直し）[ˈri·set]，ときに [ri·ˈset]；vb. [ri·ˈset]（はめ直す）あるいは前後同等強勢で．—Sc の法律用語 *reset*（故買する），そして対応する実詞，どちらも [riˈset]，< F *recette*.
retail sb. [ˈri·teil]（小売り），末尾強勢 Dryden and Bome 18th and 19th c. dict. s；vb. [riˈteil]（小売りする）.
†*revel* sb. [rev(ə)l]（祝宴）；vb. Ellis によれば末尾強勢，一方すべての辞書で [ˈrev(ə)l]（酒宴を催す）.
†*rumour* sb. と vb. [ˈru·mə]（噂），一方 Sh. Cor. I. 2.11 it is rumoured，末尾強勢で.
segment sb. [ˈsegmənt]（分節），vb. [segˈment] か [ˈsegmənt]（分ける）.
†*sepulchre* sb.（地下埋葬所）と vb. [ˈsepalkə]（埋葬する），一方 Sh. Lr. II. 4.127 *seˈpulchring.*
(†)*sojourn* sb. [ˈsoudʒə·n, ˈsʌ-, ˈsɔ-]（逗留），Sh. では前部強勢，Milton では末尾強勢，vb. 現在一般に前部強勢，まれに [səˈdʒən]，Sh. ではどちらの発音も.
subject sb. [ˈsʌbdʒikt, -ekt]，vb. [sabˈdʒekt]；E 1765「vb. は subjéct，同じ頻度で súbject も」.
surtax sb. [ˈsə·tæks]，vb. [sə·ˈtæks] あるいは [ˈsə·tæks].

survey sb. [ˈsə·vei] あるいは，頻度は下がるが，[sə(·)ˈvei]，Marlowe（Faust. 1014），Milton，Dryden，S. Johnson では末尾強勢；vb. [sə(·)ˈvei]；上掲 ally 参照.

torment sb. [ˈtɔ·mənt]（苦痛），vb. [tɔ·ˈment]（苦しめる）.

traject sb. [ˈtræʤikt, -ekt]（横断），vb. [trəˈʤekt]（横断する）.

transfer sb. [ˈtra·nsfə·, ˈtræns-]，vb. [-ˈfə·].

transport sb. [ˈtra·nspɔ·t, ˈtræns-]，vb. [-ˈpɔ·t].

transverse adj. [ˈtra·nsvə·s, ˈtræns-]，vb. [-ˈvə·s].

†*triumph* sb. も vb. も [ˈtraiəmf]；vb. Sh. と Milton で数回末尾強勢.

turmoil sb. [ˈtə·moil]（大混乱），少数の 19 世紀の辞書で末尾強勢；vb. [tə·ˈmoil]（扇動する）あるいはもっとたびたび，[ˈtə·moil].

3 音節以上の語

5.74. これらの語（*reprimand*，*interchange* など）の中には，上掲の sb. と vb. とまさしく同じ区別がみられる．また，他の語（*interest*，*-ate* 形のほとんどの語，*experiment*）では，一般に動詞の最終音節にのみ半強勢が見られる．最後に少数の語で，形容詞は中間音節にリズムアクセントを発達させてきた，というのはその音節がその後にあげてある強強勢の名詞から見ると 2 番目だからである.

alternate adj. [ælˈtə·nit] R；vb. [ˈæltəneit]，以前はまた [ælˈtə·neit]．第一音節はまた [ɔl-].

appropriate adj. [əˈproupriit, -et]，vb. [əˈproupriei t].

associate sb. adj. [aˈsouʃiit, -et]，vb. [aˈsouʃieit].

attribute sb. adj. [ˈætribjut]；vb. 以前は [ˈætribjut] あるいは [ætriˈbju·t]，現在（なぜ？）[əˈtribjut]. *Contribute* vb. も同様に強勢を受け，今も受けている．対応する実詞はない．──派生語 *aˈttributive* や *ˌattriˈbution* は厳密にはリズム強勢である.

（*caricature* 5.64.）

circumspect adj. [ˈsə·kəmspekt]；vb.（古風）末尾強勢.

compliment sb. [ˈkɔmplimənt]，vb. [ˌkɔmpliˈment] ないしは [ˈkɔmpliˌment]，常に [e] で，[ə] ではない.

consummate adj. [kənˈsʌmit, -et] また [ˈkɔnsəmit, -et]；vb. [ˈkɔnsəmeit] あるいは [kɔnˈsʌmeit].

correlate sb., adj. [ˈkɔrileit]，vb. ときに [kɔriˈleit]，とくに過去分詞形 *correlated*，はときに [ˈkɔrileit].

counterbalance sb. [ˈkauntəˌbæləns]，vb. [ˌkauntəˈbæləns].

countercharge sb. [ˈkauntəˌʧa·ʤ]，vb. [kauntəˈʧa·ʤ].

counter-charm，同様に *-check*，*-mand*，*-march*，*-mark*，*-plot*，*-poise*，*-sign*，*-sink*，但し一定の変動がある.

court martial sb. [ˈkɔ·tˈma·ʃəl], *court-martial* vb. [kɔ·tˈma·ʃəl].
decompound sb. adj. [ˈdi·kəmˌpaund], vb. [ˌdi·kəmˈpaund].
domicile sb. [ˈdomisil], vb. ptc. *domiciled* [ˈdɔmisaild], [ai] は第二強勢から生じた； 辞書には [-il, -ild] を挙げるものもあるし，[-ail, -aild] を挙げるものもある.
envelope sb. [ˈenviloup], [ˈɔŋvlop] のように，多少 F の音で発音するものもいる，14.43；vb. [inˈveləp]，おそらく～*envelopment*, cf. *develop*.
estimate sb. [ˈestimit, -et], vb. [ˈestimeit].
exercise sb., vb. [ˈeksasaiz]；vb. Sc. は末尾強勢をもつ (Murray, Dial. 136).
experiment sb. [iksˈperimənt], vb. [-ment].
financier sb. [fiˈnænsiə], vb. [finənˈsiə]；この区別は万人になされるわけではない；実詞は *finance* の影響を受けている.
interchange sb. [ˈintəˌʧein(d)ʒ], vb. [intəˈʧein(d)ʒ].
interdict sb. [ˈintədikt] (禁止 (命令)), vb. [intəˈdikt] (禁ずる).
interest sb. [ˈint(ə)rəst], vb. 以前は [intəˈrest]，これは今でも米国で耳にされる，一方英国では通俗的と考えられている，但し [intəˈrestiŋ] あるいは [ˈintəˌrestiŋ] (と [ˈintəˌrestid]) は英国でも教養人から発せられるかもしれない； 一般には vb. [ˈint(ə)rəst, -rest].
inter-flow, *-link*, *-space*, *-twine* は上掲の *intercliange* と同様； さらに *interleaf* [ˈintəli·f] (合紙(あいがみ)), vb. *interleave* [intəˈli·v] (合紙を挟む) 参照．しかし vb. *interview* は実詞同様 [ˈintəvju·].
intimate adj. [ˈintimit], vb. [-meit].
moderate adj. [ˈmɔd(ə)rit, -et], vb. [ˈmɔdəreit].
ornament sb. [ˈɔ·nəmənt], vb. [ɔ·nəˈment].
prophecy sb. [ˈprɔfisi], vb. *prophesy* [ˈprofisai], [-sai] は第二強勢から生じた；実詞はときに [-sai] と耳にされることがあるかもしれない，次の押韻参照，*prophecies* : *rise*, Tennyson *In Mem*. 92.
quarantine sb. [ˈkwɔrənti·n], vb. [ˌkwɔrənˈti·n] あるいは実詞と同じ.
recollect sb. [ˈrekəlekt], vb. [rekəˈlekt].
†*recompense* sb. も vb. も [ˈrekəmpens] (あるいは？ sb. [-pəns])；Wharton *Gramm*. 1655 : With some small récompens : I will him recompéns (わずかな報酬で，わたしは彼に報いよう).
reprimand sb. [ˈreprima·nd], vb. [repriˈma·nd].
reprobrate sb. [ˈreprəbit, -et], vb. [ˈreprəbeit].
retrovert sb. [ri·trovə·t, ˈret-], vb. [-ˈvə·t].
separate adj. [ˈsep(ə)rit, -et], vb. [ˈsepareit].
supplement sb. [ˈsʌplimənt], vb. [ˈsʌpliment].
さらに sb. *blackberries* [ˈblækb(ə)riz], vb. *blackberrying* [ˈblækberiiŋ].

強勢で（品詞が）区別される他の語

5.75. *August* sb. [ˈɔ·gəst], *august* adj. [ɔ·ˈgʌst].
compact sb. [ˈkɔmpækt], adj. [kəmˈpækt].
gallant 5.8. *instinct* p. 179 を見よ.
invalid 5.8.
minute sb. [ˈminit], adj. [miˈnju·t, mai-].
obverse sb. [ˈɔbvə·s], adj. [əbˈvə·s] あるいは [ˈɔbvə·s].
precedent sb. [ˈpresidənt], adj. [priˈsi·dənt].
supine sb. [ˈs(j)u·pain]「（ラテン語の）動詞状名詞」, adj. [s(j)u·ˈpain]「後ろに傾いた」.
これらの大部分で，エンドストレス語は最近の借用語である（5.8）.

5.8. 最近の F からの借用語は強勢を移動させる時間がなかった．多くの語は母音から最近の借用であることが示される：*-oon* 形の語（8.36）：*baˈlloon*, *draˈgoon* など．*i*＝[i·] の語（8.33）：*maˈchine*, *rouˈtine*, *poˈlice*, *inˈtrigue*, *naïve* など（ˈ*critic* と *criˈtique*, ˈ*artist* と *arˈtiste* を比較せよ），*a*＝[a·] の語：*moustache*．実詞としての *invalid* [ˈinvəˈli·d]（病弱な人）に注意，というのは限定的な形容詞は，「病弱な，病気の」の意味でしばしば [ˈinvəli(·)d̦]，一方 *invalid*「価値のない」は *in*＋*valid* と感じられ [inˈvælid] と強勢される．*-ant* 形の語には未だに末尾強勢をもつものがある：*confidant* [kɔnfiˈda·nt, -ˈdænt], *complaisant* [kɔmpleiˈza·nt, -ˈzænt]. *Levant*, 5.73 を見よ．「女性に親切な」の意味の *gallant* は最近の借用語で，末尾強勢をもつ [gəˈlænt, gəˈla·nt]，一方他の意味では，それは古く，強勢を移動した [ˈgælənt] をもつ．

artisan と *partisan* は比較的最近の語である（16 世紀）．これらは部分的に F の強勢 [ˌ(p)a·tiˈzæn] を保持し，部分的に強勢を移動してきた [ˈ(p)a·tizæn]，ときに最終音節に第二音節なしで [-zən] のことさえある．

5.9. 最後にわたしはここで次の例を集めておく，これらでは様々な強勢規則が多様な（語の）区切りを作り出し，その区切りは，英語では，非強勢の母音の不明瞭化により，他の言語よりも，むずかしいものとなっている．
triumph [ˈtraiəmf]：*triumphal*, *-ant* [traiˈʌmfəl, -fənt]
parent, *-age* [ˈpɛ·ərənt, -idʒ]：*parental* [pəˈrental].
colony [ˈkɔləni]：*colonial* [kəˈlounjəl].
hypoc(h)ondriac [hipəˈkɔndriæk]：*hypoc(h)ondriacal* [hipəkɔnˈdraiəkəl].
commerce [ˈkɔmə·s]：*commercial* [kəˈmə·ʃəl].
industry [‘indəstri]：*industrial* [inˈdʌstriəl].
origin [ˈɔridʒin]：*original* [əˈridʒinəl]
mechanism [ˈmekənizm]：*mechanical* [miˈkænikl].

influence ['influəns]：*influential* [influ'enʃəl].
Milton ['miltən]：*Miltonian*, *-ic* [mil'tounjən, -'tɔnik].
　-ian 形の派生語の強勢については VI 巻 21.15 を見よ.
contemplate ['kɔntəmpleit]：*contemplative* [kən'templətiv].
courage ['kʌridj]：*courageous* [kʌ'reidʒəs].
victory ['viktəri]：*victorious* [vik'tɔ·riəs].
advertise ['ædvətaiz]：*advertisement* [æd-, əd'və·tizmənt]（5.64）.
admire [əd'maiə]：*admiration* [ædmi'reiʃən]：*admirable* ['ædmirəbl].
compete, *competitive* [kəm'pi·t, -'petitiv]：*competition* [kɔmpi'tiʃən].
combine [kəm'bain]：combination [kɔmbi'neiʃən].
condemn [kəndem]：*condemnation* [kɔndem'neiʃən, -dəm-].
exclaim [iks'kleim, eks-]：*exclamation* [eksklə'meiʃən].
accuse [ə'kju·z]：*accusation* [ækju'zeiʃən].
reveal [ri'vi·l]：*revelation* [revi'leiʃən].
resolve [ri'zɔlv]：*resolution* [rezo'lu·ʃən, -zə-].
photograph ['foutogra·f, -æf]：*photography*, *-pher* [fo(u)'tɔgrafi, -fə].
luxury ['lʌkʃəri]：*luxurious*, *-ant* [lʌg'zjuəriəs, -ənt, -ʒu-]

第 VI 章

最初期の変化

弱い *e* の喪失（6.1-6.3）

6.11. 弱強勢音節における OE 完全母音 *a*, *e*, *i*, *o*, *u* を表す，ME の弱い *e* /ə/ の喪失は，英語の歴史全体でもっとも重要な変化の 1 つである．それは北部で始まった—スコットランドではこの変化は Barbour の *Bruce*（ab. 1375）が書かれる前に完了した—が，南部では多くの *e* がもっと長く保持された，これはとくに Chaucer の詩脚に明らかなとおりである．彼にすぐに後続する者たちは韻文で多くの *e* を省いた，一方彼はそれを保った，こうして *e* はその詩が本当に彼が書いたものかを判別する最上の基準の 1 つとなった．これほど多くの非強勢の *e* の喪失の理由は，弱い音節を早口に不明瞭に言う傾向に求められるに違いない，この傾向もまた，言われたことを理解するのに，これらが比較的重要でないことにより引き起こされる．*e* の省略が語や句の意味を変えるのは，まれな場合のみである．Chaucer では非常にたびたび *e* 有りと *e* 無しの形態が無分別に用いられ，これが *e* が一定の意味をもっている場合にも作用した．

6.12. この喪失は同時期にすべての位置で起こったわけではない．初期の例には，文のより価値ある要素（主要な考えを表すもの）に従属しているため，文中で習慣的に強勢を受けない語の場合がある．例えば *but*, ME 初期の *bute*, OE *butan*, *that* conj., OE *þætte*, *þæt þe*, *hence*, *thence*, *whence*, Ch. *hens*, *thens*, *whens*, ME 初期の *hennes*, etc. *once*, *twice*, *thrice*, ME *ones*, *twies*, *thries*（Ch. では一般に 2 音節だが，ときに 1 音節）．*else*, ME *ells*（Ch. ではときに 1 音節，またときに 2 音節，B 3105, 3120, 3161 を見よ）．*pence*, Ch. *pens*, OE *penigas*, おそらく最初 *sixpens* などのような複合語で短縮された．

e を初期に失った語には所有代名詞 *our*, *hir*（*her*）, *your*, *their*, 副詞 *before*, *tofore*, 複数形の語 *some*, 例えば *come* のような過去分詞形，などもある，Ten Brink, Chaucers Spr. §260 を見よ．

6.13. 語尾の *e* は母音で始まる語の前で早くに失われた．Ch. では不定詞 *sitte*

は 2 音節をもっていた，他方 *sitt' on hors*（A 94）など．この特殊な例が，母音（あるいは *h*）の前での *ne* における *e* の喪失である，例えば Chaucer の *nadde* = *ne hadde* など，この生き残りが *willy-nilly*（< *ne will he* あるいは *ye*），そして *the* に見られる *e* の喪失である，例えば *th' array*，*th' angel*，*th' engyn*（Ch.），*þarrke* 'the arc'（Orrm）．The における *e* の省略は初期 ModE でとりわけよく見られた．これは Hart の音声通りに綴られた散文テクストに絶えず生ずる（彼の Pron. p. 112, 122 を見よ），またエリザベス朝期の詩のどの頁にも見られる，この現象は，最も近代の版におけるよりも，原典にもっとしばしば見られる．D 1640 はこの省略はとくに法律家によって用いられると言う．奇妙なことに，Milton は主に強勢母音の前で *the* を削除し，Pope は主に非強勢の母音の前で削除した（Abbott, *Concordance to Pope* XIV）．理由はおそらく，自然な散文において母音前では *the* が完全に発音される傾向の増大にある，但し E 1765 は *th' Omnipotent* を一部で用いられる *thyomnipotent* よりも堅苦しくないと認める（*thy* = [ðj]）．現在，省略形態はときに詩で古風に用いられるが，口語では通俗的以外は用いられない；ロンドンなまりの物語集 "Thenks awf'ly" は *th'air*，*th'ether*（other），*th'id*（head）などをもつ．*e* はまたしばしば *he* で失われた：*h'as*，*ha's* あるいは *has* は Shakespeare の古い版で *he has* の代用としてよく見られた（例えば，Tw. V. 178, 201, 293；Cor. III. 1.161, 162）．*he had* は *h'had*, Marlowe Jew 25，また Chaucer LGW 2700, Milton PL 3.694, Butler Hudibr. p. 59 などを参照．*Be* は省略された：H 1569 は *tu b'aspi·rd*（汝よ大志を抱きなさい）と *houb' it*（とはいえ）．*ye are* と *ye had* は *y'are*（Sh. の多くのパッセージに見られ，それを近代の編集者は *you're* と印刷する；また例えば Rehearsal 35）と *y' had* となった．他の母音の省略については 9.8 を見よ．

6.14.　2 つの連続する音節がそれぞれ弱い *e* をもつとき，Chaucer ではそのうちの 1 つが略された．*louede*（loved），*longede*（longed）などは，常に 2 音節であって（Ten Brink §256），/luved/ か /luvde/ と発音され，次のような二重の形態を引き起こした *clepte* と *cleped*（= called），*made* と *maked*．*e* は同様に 3 音節の他の語でも略される：*banere*（旗幟（きし））に対して ˈ*ban*(*n*)*er*，ˈ*manner*（<*manere*），*millere* に対して ˈ*miller*（粉屋），ˈ*natur*(*e*)，ˈ*bataill*(*e*)（'battle'）など．しかしもし強勢が第二音節に置かれれば，語尾の *e* は Chaucer では依然省略されなかった：*ma*ˈ*nere* など．

6.15.　1400 年頃，残っていた語末の弱い *e* が脱落した，例えば *love*（名詞と動詞），*name* など．同様にときに子音の前でも（Hart の Pron. §49 を見よ），とくに頻用される *i' th'*，*o' th'* = 'in the, on the, of the' において，これらは現在廃用．

6.16.　*e* が喪失した最後は，さまざまな語尾における子音の前の位置だった．Chaucer ではこの e の喪失は弱い音節のあとでのみ起こった："this ˈchanouns cursednesse"（この伴僧の性悪（桝井迪夫訳））（G 1101），一方末尾強勢では "this cha'noun*e*s bechen cole"（この伴僧のぶなの木の木炭（桝井迪夫訳））(G 1196)．こうして彼は *answeres*（3 音節）と並んで *answers* ももつ．他の箇所ではこの *e* を保持する，例えば "Of kinges, princes, erles, dukes bolde"（勇敢な王，王族，公，伯たちのことを（桝井迪夫訳））(B 3839)．一方彼の死後しばらくして，このような語尾の *e* は黙字となった．これは *s* の有声化のあとに起こった（6.61）：*kinges* > *kingez* > *kingz*, *dukes* > *dukez* >(*dukz*) *duks* [dju·ks]. 孤立した生き残りが Shakespeare に見られる："to shew his teeth as white as whales bone"（鯨の骨のように白い歯を見せて）(LL V. 2.332；第 2 二折版の編者たちはこの発音を知らない，それゆえこれを "whale-his" と正した) | Swifter then the moones sphere（月よりも速く）(Mids. II. 1.7) | I see you haue a month*e*s minde to them（どうやらその手紙にひどくご執心のようね（小田島雄志訳））(Gent. I. 2.137；他の例については Jespersen, Studier over engelske kasus p. 200, König, Vers in Sh's dramen 17f. を見よ)．大多数のケースで，エリザベス朝の作家たち（そしてすでに Bale, *Three Lawes* 1538）は語尾（*e*)*s* に *e* をもっていなかった．そして *e* が発音される *-es* は，近代の詩人の間ではきわめてまれな古体である．私は Robert Bridges に一例を見る：*Goddes*（属格）．

6.17. 歯擦音 [s, z, ʃ, ʒ] のあとでは，しかしながら，*e* はその音節主音性を保持する，現在次で [-iz]：*kisses* [kisiz], *roses* [rouziz], *wishes* [wiʃiz], *bridges* [bridʒiz] など．南部方言では *-es* は *st* のあとでも発音される（*beastes*, *ghostes* など），Somerset 方言については Elworthy, Kent 方言については Pegge を見よ．また Sussex 由来の韻文における二重の語尾でも：*bristezez* 'breasts'；*ghosteses*, *posteses*, *toasteses*, *fisteses*, *bisteses*（Trans. Philol. Soc. 1875–76 p. 14)．同様に通俗語（London）でも：Pegge, Anecd. 59 は *postès* と *pòsteses*, *ghostès* と *ghòsteses*, *beastes* と *beasteses* をもつ，そして *Difficult Pronunciations*（London 1833）では私は次を見つけた：「*posts*, *mists*, *fists* などにおける語尾の 3 つの文字ははっきりと 1 つの音節で発音されねばならない．下層民の中にはこれらの語を誤って 2 音節で発音する者がいる」．これは *-sts* を *-s* と発音すること対するネガティブな反応かも知れない．Greene, *Friar* B. 2.130 は *guests* に対して *guess* をもつ，A. W. Ward の注を見よ．

6.18. 語尾 -ed で同じような発達がみられる．比較せよ，*Loved* [lʌvd], *missed* [mist], *ended* [endid], *wasted* [weistid]. 過去形，分詞形，形容詞におけるこの語尾の詳細な説明（そして -edly 形）は VI 巻に見られる（Index を見よ）．

6.19. 4 つの文法的語尾で *e* は現在常に発音される：最上級における *-est*, *weakest*：二人称単数の -est, *thou walkest*；*-ty* のあとの序数における *-eth*, *twentieth*（9.81 を見よ，一方 *seventh*, *seventeenth* と比較せよ）．そして廃用の三人称の *-eth*, *he walketh*. 以前は e を省略する傾向がこれらすべての語尾で強かった．例えば，“The god thou seruest（1 音節）is thine own appetite”（あなたが言う神はあなた自身の欲望だ）（Marlowe F451；thinkgt ibid. 568，572）．VI 巻（Index）を見よ．

6.2. 弱形の e が喪失した結果は多岐にわたる．この喪失は英語に，中国語のような言語に特徴的な単音節語使用に見られる大きな圧縮力を与えた（cf. *Growth and Structure* p. 5ff そして *Linguistica* p. 384ff）．しかしここではわれわれは純粋に文法的な，そして主に厳密に音声的な帰結により関心を払うことにする．

6.21. 弱音節で，e の喪失により，以前は音節主音的ではなかった音が音節主音的になる多くの場合がある．例えば *l*；音節主音的な /l̩/ は S 1568 により *able*，*stable*，*fable* などで，そして H 1569 により *beadle*，*able*，*nobleman*，*single*，*table* ほか多くの語で認められている，これらは 1400 年頃以来音節主音的な /l̩/ をもっていたに違いない．この音は本来語よりは F でより一般的である，しかしながら *fiddle*，*riddle*，*bubble*，*bridle* 参照．元来 /e/ が大多数の場合 /l/ のあとに生じたので，綴り *-le* が類推的に次のようなまれな例に転用された，そこでは /e/ はもともと /l/ に先行している：*bridle*（馬䩭（ばろく））OE *brīdel*．綴りにおける区別が，*muscle*「筋肉」と *mussel*「イガイ」（また muscle と綴られる）の間に，現在しばしばなされているが，どちらも語源的にそして音声的にも /musl/，現在 [mʌsl] ― 他の音節主音的な /l/ については 9.6 を見よ．

母音の前では /l̩/ は容易には音節主音的にはなれない，あるいはその状態にとどまることはできない（その音声的理由については *Lehrb. der Phon.* §13.12 を見よ）．したがって *abler*，*straggler* は常に，そして *quibbling*，*struggling* はほぼ常に，2 音節である．

6.22. 同様に，音節主音の /n/ がある．これは S 1568 により次に認められた，*ridden*，*foughten*，*laden*，H 1569 によっては *spoken*，*taken*，*token*，*happen*，*seventh*，*heaven*，*often* /oftn/ などで．ここで綴りは -en のままであろう，というのは *n* の前に ME /e/ をもつ語が大部分だからである．*fastne* が /fastn/ になったとき，それも -en で綴られた：*fasten*（*-on* については 9.552 を見よ）．*Lessened*，*shortened* などのような形態はかつて，[lesnd, ʃɔ·tnd] になる前，/lesned, ʃortned/ だったかも知れない，Shakespeare 二折版 1623（Ro. I. 2.47，Cor. I. 2.23, II. 2.121）で，綴り *lesned*，*shortned*，*requickned* などを参照．

6.23. 同じ環境下で音節主音の /m/ が見られる，但しまれである：ME *botme*（Ch. B 4291）> *botm*，ModE *bottom*，ME *blosstme*（Orrm）> *blosm*，現在 *blossom* と綴られる．OE *besma* ME *besme* > *besom*，OE *bōs(u)m* > *bosom*．*bottom* では，音節主音の /m/ は，*fathom fadom* OE *fæðm fædm* のように，OE *botm* の音節主音の /m/ から直接継続してきたものとはいえない，むしろ ME *botme* で /m/ の

あとの /e/ が略されたものである．―ME *hem* > *'em* は *let'm do it* などで音節主音であるが，一般に [əm] である．J. 1701 *put'um*, *hit'um* 参照．―語尾 *-isme*，現在 *-ism* と綴られる，では音節主音の [m]：[izm] が見られる，但し通俗的発音は母音を挿入する傾向にある：[ruˑmətizəm] など．綴り "spazzums" を参照，Dickens Dav. Cop. 359 で通俗語として．

6.24. 音節主音の /r/ は明らかに長い間存在していたが，初期の音声学者はそれを認めなかった，但し Hart 1569 や 1570 は例外で，/maˑkr, uaˑtr, dauhtr, faˑðr, faˑdr/ と表記する，そしてはっきりとそれを音節主音の /n/ や /l/ と同じ関係におく．一般にそれは母音 "e" と *r* よりなると感じられた．非常に多くの *-er* 形の語があるので，この綴りは，*-re* をもつほとんどの外国由来の語にも及んだ：*number* F *nombre*. *letter* F *lettre* など．-re が保持された語もある：*sceptre*, *lustre*, *sabre*. そして *-re* が転用されたもの，*acre*, OE *æcer*. *center* が 16–18 世紀に通常の形態だった，その時期に Bailey と Johnson の権威が *centre* をイングランドで通常なものにした．米語では *center* が優勢な綴りである．同様に *theatre* と *theater*.

6.25. 語尾 /jə/ が，e の喪失により同様に縮約された，その結果は当然音節主音の /j/，すなわち /i/ だった，*guilty*（ME *gilti* と *giltie*）のような形容詞の屈折，非屈折の形態はこうして同じになった．さらに次を参照，*thank ye* > *thanky*（*thankee* とも綴られる），*will ye nill ye* > *willy nitty*，そして次のようなけっしてまれではない押韻 *city*：*fit ye*（Pope p. 95）が生じた．

6.26. 同様に /wə/ は音節主音の /w/ になった，すなわち /u/，かくして ME *folwe*, *shadwe*, *sorwe*, *medwe* などは /folu, ʃadu/ などになった．この発音はしばしば以前の正音学者に見られる．例えば H 1569 は /felo/ と並んで，/felu/ と /felu/ をもち，/folo/ と並んで /folu/ をもつ，そして *fellow*, *follow*, *hallow* に対して /halu/ をもつ．

M 1582 は *bellow*, *mellow*, *yallow* の語尾における *-ow* は＝"u quick" という．H 1662 は同様に *-ow*＝*u*：*hollow hollu*, *tallow tallu* など．J 1701 は *follow* に "oo" をもつ．この発音は通俗的な [ə] へと続いた：[fɔlə, gæləs]，そしてこれらの語すべてに採用された綴り *-ow* は，おそらく最初は，音 /u/ あるいはおそらく /uˑ/ と意図された．しかしまもなく別の発音が突然生じた．H 1569 は，言及された /u/ に加えて，さらに /boro/ と /borou/ *borrow* をもつ．G 1621 は /u/ を知らないように思われる，一方 *follow*, *shadow*, *bellow*, *hollow* に /oˑu/ をもつ．J1764 は，follow などの *-ow* を＝"o" と言うが，しかしもし別の母音が後続すれば，それは "ow" だと言う．現在 [o(ˑ)u] が確立した発音である．

6.27. *e* が発音から消えても，それは非常にしばしば綴りに保持された，そして人々は非常に多くの語に余分の *e* を見て書くのに慣れるにつれ，自然にこれまで *e* が発音されたことがなかったところにもしばしばそれを綴り始めた．これはとくに近代の最初の世紀にあてはまるが，1600 年頃から余分な *e* の数は減じ，ついに現代の綴りが確定した．Shakespeare の 1623 の二折版の *Merchant* の最初のページに，私は現在は綴られない 53 の黙字の *e* の例を見出す，すなわち母音の後に 10 個（*doe*，*goe*，*mee*，*wee*，現在の *y* を表す *-ie* と *-ye*）そして子音の後に 43 個．これらのうち 15 個が不定詞で，3 個が動詞の現在形，すなわち ME の動詞屈折で発音される *-e* を表す．43 例のうち 19 が（当時）短母音のあとに現れる（*stuffe*，*selfe*，*grasse*，*runne* など），17 個がある意味で長音あるいは二重母音的とも見られている母音のあとに（*saile*，*peere*，*feare*，*houre*，*streame*，*yeere*，*coole*，など），5 例が他の点で長音とは示されない母音のあとで（*minde* 2 回，*winde* 3 回），そして 2 個は長母音のあとで，この母音は今日では別の意味で長音とされている（rodes＝roads，grones＝groans）．いくつかの例では，当時 *e* がほとんど常に見られた，例えば *wn* のあとで（crowne，frowne）．

6.28. 黙字の *e* はとくに次例の綴りに保持された：

（1）*u* のあとで，これは *u* が母音ではなくて子音 /v/ であることを示すためだった：*liue*，*haue*，*hue*，*gaue* など．この文字は文字 v が子音としてどこでも通例となったあとでさえも，すなわち *e* の存在理由がなくなったあとでも保持された：*live*，*have*，*love*，*gave*．これがなぜ英語で現在 *-v* で終わる語がないかを説明する．（*Slav*（スラブ語）は英語の語とは言えない．）*-gue* をもつ *tongue* に注意，これは *vague* のような F 語からの類推に基づく．他には：*ague*，*due*，*glue*，*indue*，*virtue*．他方で *adieu*（ご機嫌よう），*lieu*（最近の F からの借用語）．

（2）g のあとで，これは [g] ではなく [ʤ] を表すために：*bridge*，*age* など．

（3）c のあとで，これは [k] ではなく [s] を表すために：*defence*，*mice* など（英語の *-ce* については 2.722 を見よ）．

（4）*s* のあとで，これは *s* が屈折の語尾ではないことを示すために；*s* は有声か無声である．*e* が ME /e/ である語もある，また近代になって綴りに加えられたものもある：*curse*（複数形 curs 参照），*else*（ME *ell*(*e*)*s*；複数形 *ells* 参照），*dose*（3 人称単数 does 参照），*nose*（複数形 *noes* 参照），*praise*（3 人称単数 *prays* 参照），*tease*（複数形 *teas* 参照），*rise*，*rose*，*cheese*，*horse*，*worse*，*house*，*mouse*，*sense*，*verse* など．

（5）音節主音 *l* のあとで：*able*，*table* など，そしてしばしば音節主音 r のあとで：*acre*，*sabre* など（6.21，6.24）．

（6）他の子音のあとで，*e* は，先行する母音が長音のとき，とりわけしばしば保持された（あるいは付加された）：*take*，*bite*，*rode* など（同様に *one* で，これは /ɔ·n/ だったから）．しかし，長音をもったことがない少数の語でも *e* が保たれた：*come*，*some*．母音のあとで *e* はよく見られる：*free*，*die*，*fie*，*tie*，*me*，*lie*，*dye*，*rye*， *toe*, *shoe*, *doe*, *foe*, *canoe*, *due*, *hue*, *clue*, *ver iue*, *true*. この中には *e* が，2 文字のみで構成される語を避けたいということによるものがある（cf. 4.96）.

（7）黙字の *e* は，*e* がないと綴りが同じになる語を区別するのに役立つものがある：*bee* n. *be* vb，*doe*（雌鹿）n. 以前は /dɔ·/ 現在 [dou] *do* vb. /do·/ 現在 [du·]，*toe* [tou] *to* [tu·, tu, tə]（cf. 4.96）.

6.29. 綴りの恣意性は次の事実によりよく示される，すなわち同じ名前が Oxford では *Magdalen College* と，Cambridge では *Magdalene College* と綴られる．派生語で，綴りが完全に安定しなかったものがある．例えば *judgement* と *judgment*，*moveable* と *movable*，*loveable* と *lovable* がある．一方常に *changeable*，これは *g* のため．*Love* + *y*，*slave* + *y* = *lovey*，*slavey*；*where* + *ever* = *wherever*，以前はまた *whereever*；一方 *wherein*，*whereon* など．綴り *fine-ish* に注意（a fine-ish woman（すばらしい女性），Meredith E Hair. 227），こう綴られるのは *finish* との混同を避けるため．一定の混乱が *for* と *fore* の間で起こった，これらは長い間，*e* ばかりでなく母音によって区別されてきた（13.353）．*forgo* OE *forgan*「やめる」のかわりに，人々はしばしば *forego* と綴る，これは別の動詞 'go before'（先に行く）を表すものである．

6.31. *e* の喪失は多くの点で英語の文法構造を変えた．OE と ME 初期の与格単数はほとんどの名詞で *-e* で終わった．Chaucer の時代には，一方，与格はほとんど常に主格と同一になった．一定の数の化石化した句で *-e* は生き残った（とくに Kittredge, *Observations on the Language of Chaucer's Troilus* p. 36 ff. と Kluge の *Grundriss* I 1064 を見よ）．かくして *to bedde*，一方 *in his bed*，*on the bed*，*on horse*，他方 *on here hors*，*on honde*，*in honde* など．この与格は現在，唯一の例外 *alive* OE *on life* を除いて喪失した．*life* OE *līf* での無声の /f/ と *alive* における有声の /v/ の間の違いは最初重要ではなかったが，/e/ の喪失のあと大事になった．（また Sc *belive*「速く」参照.）

6.32. 形容詞は限定形態（用法），複数形で *-e* をもっていた：*the gode man*，*gode men*，一方 *a good man*. *-e* が失われると形容詞は不変化になった．*-e* が二次的な変化を引き起こした語があったが，一つの形態だけが生き残った．つまり，*black*，*small*，*slack*，*sad*，*glad* などは以前の *-e* なし形態を表す，一方 *bare*，*tame*，*same*，*lame*，*late*，他は *-e* 形態から派生している（cf. 4.217）．無屈折の形容詞はしばしば無声の，そして屈折形容詞は有声の子音をもった．*rough*，*tough*，*half*，*deaf*，*loth* では前者の形態が，*wise*，*smooth* では後者の形態が優勢となった．*lief*（喜んで）と並んでまた *lieve* もある（とくに頻繁に生ずる比較級 *liever* の影響から）．単数の *enough* と複数の *enow* 間の区別は 17 世紀まで保たれた（II 巻 2.75 を見よ）．OE *-u* 形の形容詞，*-we* と屈折するが，は後者のみを守った：*yellow*，*narrow*， *callow*（OE 主格 *calu* は **cale* を生み出したことであろう）．OE *-en*，屈折形 *-ene* 形の形容詞（分詞）は，ときに両形を示す：*ope*（現在廃用）と *open*，*drunk* と *drunken*（2.425）．II 巻 14.11 と VI 巻 5.22, 5.76 を参照．

6.33. *e* の喪失のさらなる帰結は *long* や *fast* のような形容詞と対応する副詞の区別の放棄である，ME *longe*，*faste*．同様に *-ly* と *-lie*（以前は -liche）の区別．『形態論』の巻を見よ．ME は 2 つの種類の場所副詞をもっていた，1 つは方向や移動を指すもの（he comes *in*，she goes *out*），もう 1 つは静止を表すもの（he is *inne*，she is *oute*）．この区別も *e* の省略により失われた．

6.34. 動詞では，命令形は e をもたなかったが，不定詞，直説法，仮定法現在はもっていた，これらは現在同じになった．さらなる区別が語末の子音の無声化に依在していたところでは，あらたな命令形 *give*, *drive* などが不定詞との類推で形成された．（同様に過去形でも，Caxton の *gaf* と *drof* は *gave*，*drove* により置き換えられた）．

6.35. *-e* の喪失は，同じ語根からの名詞と動詞の区別を捨て去ることにより，語形成にも影響を与えた：*sleep* ME *slep* n. と *slepe*(*n*) vb. や *account* ME *account* n. *accounte*(*n*) vb.　これは新たな動詞＝名詞やその逆の語形成を促進した（II 巻と *Growth* §163ff. を見よ）．多くの動詞では，有声の子音が，現在，動詞と名詞を区別する唯一の，あるいは，主要な方法となった：*house*，*use*，*batlte*，*strive* など（VI 巻 12.1ff）．

6.36. さらに統語的な関係も *e* の喪失の痕跡を示す．ME *atte* < *at þe* は at と同じになった，かくして次のような句での定冠詞の欠如を説明する，*at last*（ME *atte laste*），*at least*，*at best*，*at church*，*at table*，*at bottom*，*at stake*（さらに Chaucer の *pleyynge atte kasard*（さいを振る），C 608）．多くの句で冠詞が再導入されてきた．現在 *at the very root*，*heart*（根本において，心底は），一方 Sh. Cor. II. 1.202 *at very root*，Sh. Cy. 1.1.9 *at very heart*.　この再導入はおそらく最初は厳粛なことばで始まった：欽定訳聖書 1611 には *at the last*，*least*，*length*，*first*，*law*，*table* などが見られる．

動詞の後での *thou* の頻繁な欠如も明らかに，同じ純粋に音声的な発達の結果である：OE *eart þu* > ME *art te* > *art*（*art mad*? 同様に *wilt go*? など）．—16 世紀，ME *go we* 'let us go' はときに *gow* として現れる．—*it to* > *it te* > *it*；これは次の用法を説明する，Sh. Wint. II. 2.38 I'le shew't the King（私はすぐに王様にお見せして（小田島雄志訳）：'t＝it（赤ん坊））| Oth. III. 3.296 He … giu't Iago（イアーゴーにそれを与える）| Oth. IV. 1.160 giue it your hobbey horse（あんたのあばずれに返してやるんだね（小田島雄志訳））| Oth. IV. 1.185 she gaue it him, and he hath giu'n it his whore（奥さんからいただいたハンカチを，なじみの淫売にくれてやっていたとは（小

田島雄志訳)). 現在 *to* がほぼ常に名詞の前に用いられる (一方 III 巻 14.73 を見よ), しかし以前の短縮された表現は *give it him*, *give it her* などに保持されている.

6.37. 同音異義語には弱い *e* の喪失に起源をもつものがある : *heart* OE *heorte* = *hart* (雄鹿) OE *heort*, *well* (泉) n. OE *welle* = *well* adv. (*gild* (金メッキをする) OE *gyldan* = *guild* (ギルド) ME *gild* あるいは *gilde*) | *thrown* ME *throwen* = *throne* (玉座), 一方 *th* については 2.622, 7.24 を参照 | *furs* = *furze* (ハリエニシダ), *links* ME *linkes* = *lynx*, *mews* = *muse*, *pleas* = *please*, *prays preys* = *praise*, *rays* = *raise*, *roes* = *rose*, *paws* = *pause*, *claws* = *clause* | *guessed* = *guest*, *tracked* = *tract*, *tacked* = *tact*, *missed* = *mist*, *chased* = *chaste*, *fined* = *find*, *tied* = *tide*, *tolled* = *told*. 明らかにこれらの同音異義語は予想より多くはないが, これらの特徴は, *e* の省略の傾向は押しとどめることができなかったことを容易に理解させる.

/er/ > /ar/

6.41. 非常に多くの語で /er/ は /ar/ に変わった. すべてではないが一部の語では綴りも変わった. /er/ が一部には *er* と, 一部には *ear* と綴られるにつれ, 結果的に 3 つの綴り *er*, *ear*, *ar* が生じた. この変化は 14 世紀前に始まったようである (Chaucer は一般に *er* をもつ, 一方, 例えば *fart* は *art* や *cart* と押韻する), しかしこの変化は 15 世紀後半になってようやく達成された. もっとも重要な例は *far* ME *ferre*, *star* ME *sterre*, *mar*, *war*, *tar*, *char*, *ajar* である (6.8). 字母 R の名称 : *er* > *ar*, 「擬似的 Ar」 D 1640, 現在 [a·(ə)], *Ker*, 現在 [ka·(ə), kə·], *harry* と *harrow* OE *hergean*, *barrow*, *tarry*, *Harry* ME *Herry* (Ch. A 4358) < *Henry*, *farrier*, *quarrel*, *Derby* [da·bi, də·bi], *starboard* ME *sterbord*, *arbour* ME (*h*)*erber*, *warble* OF *werble*, *yard*, *hart*, *heart*, *smart*, *wart*, *Dartmouth* ME *Dertemouthe* (Ch. A 389), *Hertford* [ha·fəd], 米語では [hə·tfəd], *hark*, また *heark*, *h*(*e*)*arken* とも綴られる, *mark* ME *merk*(*e*), *clerk* [kla·k], ときにイングランドでそして一般に米で [klə·k], 固有名では一般に *Clark* と綴られる, *dark*, *bark* 対 *Berkeley* 現在 [ba·kli] よりもしばしば [bə·kli], *Berkshire* [bə·kʃ(i)ə, ba·kj(i)ə], *farm*, *barm*, *barn*, *darn*, *Cherwell* [ʧa·wəl], また現在 [ʧə·wəl], (Darwin), *carve*, *starve*, *harvest*, *Jervaulx* (Yorkshire で) そして *Jervois* ['ʤa·vis], *marvel*, *dwarf*, *farther*, *-est*, *farthing*, *hearth*, *parsley* ME *percely* (Ch. A. 4350) OF *persil*, *marsh*, *sergeant* ['sa·ʤənt], 現在ときに ['sə·ʤənt], これは英国よりも米でより一般的 ; 固有名としては *Sargent* と綴られる, *charlock*, *darling*, *parlous* < *per*(*i*)*lous* (Sh. など, B 1634 は parls と綴る).

ここで挙げられた [ə·] 形態の, すべてではないが, 大部分は最近の綴り字発音である, 一方, 6.46 参照.

6.42. *person* では, 現在 2 つの語への分割が見られる : *parson* 「聖職者」と *per-*

son「人物」. B 1633 は表記形態 *person* は *parson* と発音されると言う. *person* の /er/ は Lat. と F の知識による, 一方 *parson* の特殊な意味は, われわれが *person* を同一語と感じるのを妨げた. 同様に *arrant*（途方もない）と *errant*（遊歴する）も同一語の 2 つの形態である.

6.43. この変化は以前にはここで挙げた例よりもっと多くの例で成し遂げられた. 生存形に次がある, 固有名 *Marchant*, 学生の俗語の *'Varsity*, そして *sartin* 'certain', *vartue* 'virtue'（以前は *vertue* 11.14 を見よ）のような通俗的発音, *sarmunt* 'sermon', *varmint* 'vermin'（Byron DJ 11.17), *varment* Goldsm. 672, *sarvant* 'servant'（W 1791, GE M 1.326), *vargis* 'verjuice', *astarn* 'astern'（Dickens Do 285), *dezarve* 'deserve', *arnest* 'earnest'（ibd. 338), *parfectly sartain*（Goldsm. 650）など. [a·] を伴う *German* は, 以前は一般的だった, NED を見よ, また *kerchief* に対する *karchar* も同様（C 1627).

6.44. 弱い音節でしばしば *-er* に対して *-ar* と書かれる, しかし両形は同様に /ər, r/, 現在 [ə]（9.7 を見よ), に縮小されるので, この綴りは, 本当の /ar/ がこれまでに発音されたことを証明するものにはならない : *liar*,（*beggar* は *Beghard* に由来, そのゆえ *beg* + 通常の語尾 *-er* から形成されたものではなく, むしろ *beg* が *beggar* から派生したのである), *scholar* ME *scoler*, *grammar*, *pillar*, *vinegar* F *vinaigre*, *sugar* ME *sugre*, *registrar*, *poplar* OF *poplier*, *shepherd* 以前はしばしば *-ar* と綴られた（Bacon で *sheapard*), 固有名 Sheppard 参照, *desarts* は通俗形としての綴り, Fielding TJ 2.147.　*registrar* は現在しばしば綴りから [ˈreʤistra·ə] と発音される.

6.45. 以下の同音異義語は /er/ > /ar/ の変化による : *R* = *are*, *smart* vb.（うずく）OE *smeortan* = *smart* adj. OE *smeart*,（*mark*「しるし」= *mark*「境界」と *mark*「マルク（硬貨)」.

6.46. /er/ > /ar/ の変化は一定の短い音量をもつすべての例で成し遂げられた. /er/ が変化しない例, これは現在 [ə·] になったが, は 3 つの種類に分けられる. 第一に, /e/ や /e·, ϵ·/ をもつ同じ語の別の形態との類推で /er/ が保持されたもの : *heard* 現在 [hə·d] < /herd/ ∾ /he·r/ *hear*. しかし以前は /ar/ も見られた, C 1627 は heard と hard を同義とする, そして B1633 は *hard* を *heard* の新しい発音だと言う, *dearth* [də·þ] ∾ *dear*.　第二に長母音と短母音の両方が存在している語が見られる : これらでは長母音は, 予防的類推（1.7）によって /e/ の音量を守った : H 1560 と G 1621 で *earth*, *learn* は /e·rþ, le·rn/ と /erþ, lern/（E 1783 通俗的 *larn'd*）であった. Gill は次の語でも長音と短音両方の /e/ をもつ, *earl*, *earnest*, *errand*（4.33 を見よ. *arrant* と綴られる Sh. Cor. V. 2.65 ; B 1633 : 一般には *arrand* と発音される).

そして同じためらいが明らかに次の語で存在した，すなわち *ea*（一般に長音 /ɛ·/ のしるし）で綴られる語，例えば *yearn*, *earn*, *earnest*, *rehearse*, *search*, *pearl*, *early* ばかりでなく，また *er* で綴られる語，例えば *were*, *err*, *herb*, *herd*, *chervil*, *swerve*, *fern*, *berth*, *mercy* にも．第三に，われわれは当然ながら，変化 /er/ >/ar/ よりあとで導入されたすべての語で *er* = [ə·] をもつ；これらには以下のものがある，但しこの変化より早期のものもあり第二の類に分類されるかもしれないものもいくつかある：*alert*, *deter*, *refer*, *inert*, *term*, *alternate*. *beard* などについては，13.34 を見よ．

英語における子音の有声化（6.5–6.9）

6.511. 次に扱う音声変化は Karl Verner（Kuhn's Zeitschrift XXIII）により発見された先史時代のゲルマン語に起った有名な音変化にきわめて類似したものである．英語の変化は私は *Linguistica* p. 346ff. で論じた；ここで私は比較的重要な例のみを挙げる．

以下の無声音と無声音の連続は有声音へと変化した：I f > v（6.52），II þ > ð（6.53），III s > z（6.6），IV ks > gz（6.7），V ʧ > ʤ（6.8）．この変化の条件は次の通りであった，音が語頭でないこと，前後が有声であること，それに先行する母音が弱強勢であること．換言すると，変化は強勢（半強勢）母音のあとでは起こらなかったが，子音の直後にくる強勢母音によって阻害されることはなかった．この変化は，少なくとも /f, þ, s, ʧ/ に関する限り 15 世紀に始まり，16 世紀に完了した，一方 /ks/ については 1630 年頃になって完了した．

6.512. /x/ に関しても同じ変化を仮定しなければならない，その結果生じた有声の音 /ɡ/ は先行する母音あるいは二重母音に融合した：*borough*, *thorough*；弱形の *though*（10.25）．

6.52. (I) /f/ > [v]. *of*, ME で /f/ で発音，現在 [ɔv, əv]. 一方 /f/ は ElE で，その語が強勢を受けると保持された．cf. Ml Jew 104 "Which of my ships art thou master of?" "Of the Speranza."（君は，私の船のどちらの船長なのだね？ Speranza の方です）H 1569 では通常形として /ov/ をもつ，一方 /of/ ももち，/huerof, ðerof/（whereof, thereof）では常に．G 1621 は *ov* を自然な発音として，*of* を人工的な発音とする．他の初期の音声学者の大部分は /f/ のみを認める．M1582 は /v/ を伴う前置詞と /f/ を伴う副詞の *of* の区別に初めて言及した．後者は現在 *off* と綴られる，これは *of* よりも富んだ意味をもつ前置詞としても用いられる（*off the coast*（海岸沖に）など），一方，より無色の前置詞 *of* は現在常に [v] をもつ，同様に（類推的に）強勢を受けるところでも．もう 1 つの慣習的に非強勢の語 *if* は，H 1569 で /if/ と /iv/ の両方の発音をもつ．M 1582 は /iv/ のみ，これは依然として多くの方言で（Cheshire, Lancash. など）見られる，但し標準英語は [if] のみ—綴りのためか？

F の語尾 *-if* は ME で *-if*，一方 ModE では *-ive*：*active*，*captive* など．Caxton は依然 *pensyf* ‘pensive’ などをもつ．この音変化は F の女性形 -ive とラテン語形態に助けられた，一方，これらは強勢母音のあとでは優勢となることはできなかった：*brief*. 法律用語 *plaintiff*（原告）は /f/ を保った，一方通常の形容詞は plaintive（悲しげな）となった．*Bailiff*（廷吏），*caitif*，*mastiff* で *-ive* 形の初期の形態は現在喪失した．/v/ を伴う *houswife* は L 1725 に見られる．これは形態 *hussy*（おてんば）の基底形である（7.82 を見よ）．また *goody*，*hasty* なども参照（2.534）．

おそらく Hudibras（e.g. I. 2.1）における押韻 *philosopher*：*over* は変化 /f/ > /v/ を示す．そうすると，[f] は綴りから再導入されたことになる．

6.53. （II）/þ/ > [ð] は *with* に見られる，最初に，[ð] は文中で非強勢のとき発達した，それから *within*，*without*，*withal* へと．のちにすべての位置に広がった，但し [þ] は現在でも多くの人々の *wherewith*，*forthwith* の発音に見られる．[wiþ] は Sc で頻用される．—代名詞的語 *the*，*they*，*them*，*their*，*thou*，*thee*，*thy*，*thine*，*that*，*those*，*this*，*these*，*then*，*than*，*there*，*thither*，*thence*，*thus* における無声の語頭子音はおそらく，母音間の位置に頻繁にはさまれることによって，他の語における子音の有声化が起こる前に，[ð] となり始めていたであろう（Chaucer は *sothe*：*to thee* G 662，*by the*：*swythe* G 1294 と押韻する）．しかし音変化が [ð] を普遍的にした．注意すべきは *this*，*thus* で，[ð] は *to this* のように位置による，一方 [s] は強勢母音のあとで無声のまま保たれた．*Though* では，有声の [ð] は *although* や母音のあとで始まり，のちに一般化された，一方形態 /þɔf/ は 18 世紀によく見られ，依然通俗的に存在すると言われている．私はスコットランドの人々が [þo·] と言うのを聞いたことがある．Sc ではまた *thence*，*thither* で語頭の [þ] をもつ．

6.61. （III）/s/ > [z] は，属格単数や名詞の複数語尾 *-es* に見られる：*sones* /sunes/（= *son's*，*sons*，*sons'*）> /*sunez*/，のちに *e* なしで：/sunz/ > [sʌnz]．同様に動詞の三人称でも：*comes* /kumes/ > /kumez/ > /kumz/ > [kʌmz]．一方 /s/ は強勢音節のあとでは変化しなかった：*dice*，*invoice*（F *envoys*），*trace*（F *traits*），*quince*（F *coyns*），これらでは けっして *e* が見られなかった，そして同様に他の語の前で *e* を失っていた語でも（6.16）：*hence*（Ch. *hens*），cf. *hens*（めんどり）Ch. *hennes* それゆえ現在は [henz]，*thence*，*whence*，*once* [wʌns]，cf. ones [wʌnz]，*twice*，*thrice*，*else* cf. *ells*，*pence* cf. *pens*，*since* cf. *sins*，*truce* ME *trewes*. *-es* が無声音のあとに来たときには，例えば *lockes*，現在 *locks*，では，時系列は /lokes/ > /lokez/ > 母音が喪失するや同化を伴い /loks/ = [lɔks] であったにちがいない．

6.62. 他の語尾での /s/ > [z]：*richesse* > *riches*，のちに複数語尾と理解される．*mistress* > PE [misiz]，ただし [misis] や [mistris] も見られる．*Desirous* などにお

ける語尾 *-ous* は弱強勢のとき /-uz/ に，半強勢をもつときに /-ous/ になった，例えば H 1569，のちに（両者の）折衷により /us/，ここから PE [-əs]．同様に *-ness*：*business* は，ともかく米では，ときに依然として [bizniz] と発音されるかもしれない，しかし *holiness*，*readiness*，*thankfulness* のようなほとんどの語では *-ness* は第二強勢をもった，というのもそれは弱強勢の音節の後にあったから，そしてその第二強勢が /s/ を保持した．同様に *-less* でも．

6.63. 次のような慣習的に弱強勢の語に /s/ > [z] が見られる，*is*，*his*，*has*，*was*，*as*．H 1569 はこれらに /s/ も /z/ ももっていた，主に後続語の語頭の音にしたがい，いずれかの音に制御された（Hart の *Pron.* p. 14ff を見よ）．M 1582 は，*as* と *was* は /s/「と同じくらいしばしば」/z/ をもつと言う．彼はまた，*as soon as* の最初の *as* は /s/ を，2 番目の *as* は /z/ をもつと言う，これは，最初のものは一般に二番目のものよりもより強い強勢を受けるから，自然なことである．Sc では現在でもこのようである：[as hweit əz sna·](as white as snow)．G 1621 はほぼ常にこれらの語すべてで /z/ をもつ．彼の /was/ のすべての例は無声の子音の前に現れている．B1633 は *as*，*was*，*is*，*his* に /z/ のみをもつ．そして PE ではこれらはどこでも [z] をもつ．*us* もまた 2 つの形態をもつ，例えば H 1569 で．しかし現在は強勢形式 [ʌs] からの [s] が弱強勢の [əs] においても耳にされる．一方 Sc は [hʌz] をもつ．

6.64. 非強勢母音と強勢母音の間で /s/ > /z/ が見られる，*design* [di'zain] F *dessiner*，*dessert* [di'za·t] F *dessert*，*resemble* [ri'zembl] F *ressembler*，*resent* [ri'zent] F *ressentir*，*possess* [pə'zes] Lat *possess-*，*absolve* [ab'zolv]，*observe* [əb'zə·v]．これらすべてで，F は [s] をもつ．F と E 両方で [z] をもつ語：*desire*，*deserve*，*preserve*，*resound*，*presume* などでは，[z] は各言語で独自に発達したものかも知れない．無声の [s] は *absolution* で保たれた，というのは /bs/ が半強勢の母音に後続したからだ．一方 *observation* や *observator* では，[z] は *observe* からの類推による．接頭辞 *dis-* は，強勢音節の前で |diz/ となった：*disaster*，*disease*. *dishonour*，*disown*，さらに *ss*，*sc* にかかわらず *dissolve* や *discern* でも．一方 /s/ は，無声子音の前に加えて：*displease*，*distrust*，*discourage*，*disfigure* など，第二強勢のあとでも：*disagree*，*disadvantage*，*disobey* 不変のまま保たれた．一方多くの不安定性が残る，1 つには，多くの語が変化が起こったあとに借用された，あるいは一般的に使用されることがなかったこと，1 つには *dis* が単独の部分と感じられたことによる．かくして，傾向としては [diz] の代わりに [dis] を使うことだった．Walker 1774 は正規の *disable* [z] をもっていたが，一方で *disability* [s]．現在 *disable* で [s] が常に用いられる．*disorder*，*dishonour*，*dishonest* では [s] と [z] のどちらも用いられる．[s] は *discern* にさえ耳にされ始めている，ただしまだ辞書には認められてはいない（現在では辞書にもある）．これはほぼ常に子音の前で見られる：*dislike*，*dismount*，*disrupt* など，ただし [z] も次でまだ聞かれる：*disguise*，*dis-*

gust, *disgrace*. *Mis-* は，その相対的な強勢ゆえ常に [s] をもつ．*trans-* については，無声子音を伴う *transitive* や *transient*，[z] を伴う *transact*，*transaction* にこの規則の影響が見られる．一方 [s] が現在後者の語に類推的に拡大し始めている．*transition* では，正規の [trænˈziʃen] のほかに，現在奇妙な音の置換（ʃ → ʒ）を伴う [trænˈsiʒen] が見られる．（第一音節の母音は [a·] あるいは [ə] とも発音される．VI 巻 27.62 参照．）

6.65. また注意すべきは C 1685 の所見である「容易さから *howsoever* より *howzever* と言う」．[z] 形式は依然 Yorkshire や他の地域で見られる（EDD を見よ）．スコットランド方言は December に [z] をもつ．*philosophic* では，19 世紀中期以前の発音辞典は一般に [z] をもっていた，一方最近のものは [s] をもつ，これは *philosophy* と *philosopher* が /s/ の前に強勢をもっていたことから無声の音を保ったこと，そしてこの語を用いる多くの人々がその起源が *philo*＋*soph-* だと知っていたことから容易に説明される．

6.66. 多くの語で現在強勢母音の前で [s] が見られる：それらの中には音変化が起こったあとに借用されたもの（*assassin*），あるいは，それ以前は口語で一般的でなかったものがある（*assist*）．多くの語で他の語との類推が [s] を守った：*research*, cf. *search*，*necessity*，cf. *necessary*，*assure*，*asunder*，*beside* など．また他の語では，[s] が綴字発音により説明されねばならなものもある，とくに *ss*（*assail*）や *c*（*precise*）．これらの多くは学問的で F や Lat. の形式を意識して発音される傾向にあった．

われわれの規則によると，/s/ は次で強勢母音の前で有声になった，*resign* [riˈzain]，*resort* [riˈzɔ·t]，*reserve* [riˈzə·v]，*resound* [riˈzaund]，*resolve* [riˈzɔlv]，これらは複合語とは感じられていない．一方 ‘again’ の意味の re-＋動詞 *sign*，*sort*，*serve*，*sound*，*solve* を用いて新たな動詞を形成することが可能で，結果は sign などの [s] を保持する：[ˈri·ˈsain, ˈri·ˈsɔ·t] など．これはすでに E 1765 により指摘されていた．

6.67. 次の語尾では強勢母音のあとで規則的に [s] が見られる，*-osity*（*curiosity* など），*-sive*（*decisive*），*-sory*（*illusory*），これらすべてで F は [z] をもつ．弱母音のあとの *-san*，*-son* で，予測通り [z] が見られる：*artisan*，*venison* [venzən] < /venizon/，そして *orison*（Sh. Haml. III. 1.89 で *orizons* と綴られる），但しもっとも最近の辞書は [ɔrisən]（も）挙げる．*benison* OF *beneiçun*，現在 [benisən] は以前 /z/ をもっていた，これは *benizon*，*benzown* のような綴りで証拠だてられる．*garrison* OF *gareison*，現在 [gærisən] は，ときに z を用いて綴られる．これらの語中の最近の [s] を説明することはむずかしい，また *comparison* でも．*Prison*，*reason*，*season*，や同じ種類の他の語では [z] がフランス語と同調する．英語ではこれらは，強勢が最後の音節に置かれていた間に発達したようだ．語尾 -sy で，古い語に

[z] が見られるものがある：*frenzy* < *phrenesy*，*palsy* [pɔˑlzi] < *paralysy*，*quinsy* <. *quinasy*. 同様に縮約された *fancy* < *phantasy* や *courtesy*，*curtsy* [kəˑtsi] では，無声の音はおそらく /t/ のせいによる．*Jealousy* では，[s] は jealous のせいによる．*apostasy*，*heresy*，*hypocrisy*，*leprosy* では，[s] は学問的発音かもしれない．

6.7. （IV）/ks/ > [gz] は III の特別な例に過ぎない．/k/ が完全に有声化されたのかどうか，あるいは半有声の *g* をもつ [ġz] がこの音群の正しい表記ではないのかどうかは疑わしい．*Exhibit* 現在 [ig'zibit]，*exert*，*exertion* [ig'zəˑt，-ʃən]，*exhort* [ig'zɔˑt]，*executor*，*executive*，*exhale*，*example*，*exemplify*，*exact*，*examine*，*Alexander*，これらすべては強勢母音前に [gz] をもつ．一方 [ks] は，強勢（半強勢）母音の後で保たれた：*exhibition* [ˌeksi'biʃən]，*exercise* ['eksəsaiz]，exhortation [ˌeksɔˑ'teiʃən]（訓戒），*execute* ['eksikjuˑt]，ここからまた *executer*，*exhalation* [ˌeksə'leiʃən]．また *luxurious* に注意，ここでは /zj/ が [ʒ] となった，12.33 を見よ．[lʌg'ʒuəriəs]，同様にまた *luxuriance*（豊穣（ほうじょう））；一方 *luxury* ['lʌkʃəri]．NED は唯一最近の類推的 ['lʌkʃəri] を挙げる辞書だ．*anxiety* [æŋ'zaiiti]，一方 *anxious* ['æŋ(k)ʃəs]．名詞 *exile* は常に ['eksail]，動詞は [ig'zail] か ['eksail] かのいずれか．形容詞 *exile* は常に [ig'zail]．*vexation*（いらだたせること）は [ks] を動詞 *vex* から．

6.8. （V）/ʧ/ > [ʤ]．ME *knowleche* > *knowledge*，ME *partriche* > *partridge*，ME *cabach* > *cabbage*，*spinach* > *spinage*；両形が綴りで保持されているが，発音は ['spiniʤ]，*cartouche* > *cartage*，のちに *cartridge*；近代の強勢が第二音節にある *cartouche* は最近の借用語．地名における *-wich*（7.32）：*Greenwich* ['griniʤ]，*Harwich* ['hæriʤ]，*Norwich* ['nɔriʤ]，*Bromwich* ['brʌmiʤ]，*Woolwich* ['wuliʤ]．*Ipswich* の古い発音 ['ipsiʤ] は現在綴り字発音 ['ipswiʧ] にとって代わられ，消滅しつつある．*Sandwich* は変動する．普通名詞としては現在 ['sændwiʧ]，[-wiʤ] よりも普通に使われる．*ostrich* > *ostridge*（Shakespeare では後者か *estridge*）；M 1582 は *ostridge* か *estridge*；綴り *-ch* が優勢となった，そして発音 ['ɔstriʤ]，これは W 1791 や他の多くの辞書で挙げられているが，は現在おそらく [-iʧ] よりも頻度は低い．OE *Bromwichham* > *Brummagem*，17 世紀には *Brummidgham*，*Birmingham* の通俗的な形態（cf. 2.429）；また形容詞としても用いられる "Brummagem goods"（バーミンガムの産品）．

強勢母音の前では一例のみ：OE *on cerre* > *ajar*（少し開いて）．

6.91. この変化に従った語末子音の有声化は，ある程度ほとんどの言語に見られた語末子音の非有声化の傾向によって（すなわち休止の前で少し声帯を開けるという傾向），また部分的には語末の音を次の語の語頭の音と同化させる傾向によって阻止された．後者の傾向は Hart 1569 で明確に言及された，彼は /iz wel, az ani, hiz oˑ(u)n, ðiz weˑ(i)/ と発音し，一方で /is sed, as suˑn, his seˑiŋ, ðis salt/ などと発音する，*Hart's Pron.* p. 14ff. を見よ．これはときに無声音が一般に用いられたことを説明する：Hart の /purpoz, vertiuz/ に対して現在は [ˈpəˑpəs ˈvəˑtjuəs] が用いられる．複数語尾 *-s* は [z] である，但しそれが無声子音に同化した場合は除く：*bishops* など．さらに [s] をもつ少数の語がある，それらはすべて，複数形がしばしば単数と理解される（た）語である（II 巻 5.7 を見よ）：*bodice*（婦人服の胴部），元来 *body* の複数形，*bellows* [ˈbeləs]，*gallows* [ˈgæləs]．後者の 2 つの発音は以前は比較的頻繁だったが，現在実質的に [ˈbelouz, ˈgælouz] に取って代わられた．

6.92. また語末の /ð/ は，起源はどうであれ，[þ] になる傾向がある．多くの近代の [þ] は ME で /ð/ だったにちがいない，しかし正確にいつ，どのように変化が起こったのかを述べるのは不可能である．例えば *earth* [əˑþ] ME *erthe*，*health* [helþ]，*youth* [juˑþ] ME *youthe*，*truth* [truþ]，*sheath* [ʃiˑþ] ME *schethe*，*beneath* [biˈniþ] ME *benethe*，*pith* [piþ] ME *pithe* OE *piða*，*both* ME *bothe*，*fourth seventh twentieth*，*Portsmouth* など，ME *-mouthe*．この変化がきわめて最近のものがある．*wreath* は 18 世紀，19 世紀初期の多くの正音学者で /ð/ をもっていた，一方 W 1791，Jameson 1828，その他は，/ð/ と /þ/ の両方を挙げる，そしてほとんどの 19 世紀の辞書は [riˑþ] のみを登載する．*bequeath*，これは ME で /ð/ をもっていたが，現在は [biˈkwiˑð] と [biˈkwiˑþ] で揺れる．*betroth* は [bitrouð] と [biˈtrɔþ] とで変動する．そして *withe* は [wiþ] と [w(a)ið] で．すべての辞書で *blithe* は [blaið]，一方 Ellis は [blaiþ] を通常形として挙げる（Plea 158，EEP 604）．*booth* は [buˑþ]，まれに [buˑþ]．*tithe*，*lithe*，*scythe*，*smooth*，動詞 *breathe*，*bathe*，*smooth* については有声の発音のみが知られている；動詞ではこれは屈折形態によって支持される：*breathed*，*bathing*，同様にまた形容詞でも（≠*wise* 2.711）．*oaths*，*truths* のような複数形における変化，そして *belief*，*proof* ME *beleve*，*prove* ― これらは純粋に音声的あるいは類推的なものである ― については，VI 巻 12.23f.，16.3 を見よ．

Ekwall，Zor geschichte der stimmhaften interdentalen spirans（有声歯間摩擦音の歴史について）（Lund 1906）は語末の /đ/ は子音あるいは短母音のあと [þ] になった，しかし長母音のあとでは有声のままとどまったとの主張を試みる．

6.93. 休止の前で語末の音を非有声化する一般的な傾向も見られ，すべての語末有声開口子音の半非有声化がある．[v, ð, z, ʒ] は次のような連語で有声である，*have a smoke*，*bathe in the pond*，*nose and mouth*，*no rouge at all*，他方これは，同じ語が休止の前に生ずるときには当てはまらない，例えば *What would you have? He had a bathe. He bleeds at the nose. She has got no rouge.* ここでは声帯が，その上部にある器官が子音を調音している間に，開き始める，そしてときに，音が止む直前に息（breath）位置（通常の無声音の位置）に到達することさえある．アルファベット綴りではこれはおよそ [hævf, beiðþ, nouzs, ruˑʒʃ]，あるいはよりよくは [hævh, beiðh, nouzh, ruˑʒh] と示される，但し次の点ははっきりと理解しておかねばならない，すなわち，ここで二つの完全な音 [v]＋[f] あるいは [h] が存在するというのではなく，1 つの通常音の間に，声帯の有声位置（文字によらない標記では ϵ1）から [f] の息の位置（ϵ3）へのわたりがあり，しばしば [h] にみられる中間段階（ϵ2）にのみ達する．*cabs*，*heads*，*eggs*，*bridge* のような語の最後の音群 [bz, dz, gz, ʤ] では，声帯の運動が音群全体にわたり，その結果 [z] あるいは [ʒ] がそれらのほとんど始まりから ϵ2 の位置をもつのかもしれない．一方 *heads and tails*，*bridge over* では，[dz] と [ʤ] が終止有声である．

第 VII 章

子音群における初期の変化

/ln/ > /l/

7.1. 語末の *ln* はその *n* を A. D. 1400 年頃失った：*mill*（粉ひき場）OE *myln*（Lat. *molina*）ME *milne*. 綴り *mille* は 14 世紀から存在した．*Milnes* や *Milnethorpe* という名前は [milz, milþɔ·p] であると言われている．語尾 *-er* の前で /n/ は固有形 *Milner* の前で保たれた，そして *miller*（14 世紀から）は mill の類推による．OE *eln* に対する綴り ell が Caxton の時代から存在した．*Kiln*（窯）OE *cyline*（Lat. *culina*）ME *kilnei* では，通常の綴りは *n* を保持したが，*kill* は 15 世紀から存在した．また Sh. Wiv. III. 3.86（二折版）*Lime-kill*（煉瓦窯）；Wint. IV. 4.247 *kill hole*（窯の焚口）．自然な発音は [kil] であるが，綴り字発音 [kiln] も現在ときに聞かれる．

同音異義語：*kill* = *kiln*.

Lincoln では逆に *l* が略された [ˈliŋkən]. 一方綴り Lincol は早くも Peterb. Chron. 1132 に存在する．J 1764 は *l* を黙字と言う．*l* の喪失はおそらく強勢の弱さによるものであろう．*Alnewich* や *Alnwick*，現在 [ˈænik] では，子音群の重さにより *l* が失われた，7.78 を参照.

/d, t/ と /ð, þ/

7.2. とくに *r* の前後における /ð/ と /d/ の揺れは歯間閉鎖音により説明される，これは文字によらない表記で $\beta 0^{d}$ と表記される：舌端が上歯の下端とで閉鎖音を形成する．私はこの音を 1899 年，Rev. C. F. Morris の Yorkshire 方言でもっとも明瞭に聞いた，彼はそれを（*e*）*r* の前で *ddh* 綴る．これはまた *loud*(*h*)*er*，*broad*(*h*)*er* のアイルランド英語の発音にも存在するものと思われる．これは通例 [ð] が形成されるところで，あるいは [ð] が誇張され閉鎖音になるとき，一般的には [d] として記述される．

7.21. /rð/ > / rd/ は *burden*（重荷）OE *byrðen*（また *byrden*）に見られる．Marlowe は Tamb. で *burthen* を少なくとも 5 回用いた，一方現在分詞形は *burdening* ibid. 1141. Shakespeare は *burden* より *burthen* をより頻繁に用いた．D 1640 は

「*burthen*，多くの人が Th を *d* のように発音する」と言う．C 1685 は，現今の英語と同様，d を好む．一方 *burthen* はしばしばやや厳粛な文体で綴られる（例えば Beaconsfield Loth. 96,436；Thackeray P I. 117, 198, VF 41, 269；Stevenson Jek. H. 22, 96）．Ellis（Plea 153）は，たとえその語が th と綴られても [d] と発音する，一方 NED は [d] と [ð] の両方を認める．—F の語 *burden*（OF *b(o)urdo(u)n*）「折り返し句」は本来語（*burthen*）と混同され，しばしば *th* が見られる—*murder* は OE *morðor* に由来する．Marlowe はしばしば *murther* をもつが，Jew 1. 1589 では *murder'd*. Shakespeare は *murther* : *further* VA 896 と押韻する，一方 *murder* ももつ ibd. 1031. 現在は *th-* 形態は消滅した，但し通俗的な場合は除く．Thackeray（Ballads 1867 p. 92）はまじめさを装った文体で "I cannot get further, This running is murther"（もう走れない，この競走は殺人だ）；murthered，米俗，Aldrich, Stillwater Tr., 11.—OE *geforðian* は *afford* になった．*d* は 16 世紀から見られる．—*Farthingale*「たが骨」はもともと *fardingale*（1552 verdynggale）< OF *verdugale* だった．

次の語で /rð/ が一定の変動期の後に優勢となった：*further* OE *furðor*；C 1685 "*further* sonatur cum *d*"（further は d と発音される）と言う．B 1633 は *farther*, *farthest* と *farder*, *fardest*, *furder* と *further*, *furdest* と *furthest* を同等の形態としてもつ．*furder* は依然通俗的に存在している，少なくとも米で（MTwain, Mississ. 14, Stockton, Lady 229）. *farthing*；C 1685 *d* と発音される；通俗的に 19 世紀しばしば *farden*（Thackeray など）．

7.22. 同様の変化 /rþ/ > /rt/ も存在していたかもしれない．D 1627 は *mirth* で *h* は黙字であると言う．もしこの発音がとにかく一般的であったなら，[þ] は他の *th* 形の抽象名詞の影響で再導入されたのである．

7.23. 変化 /dr/ > /ðr/ は *father* OE *fæder*, *mother* OE *modor*, *gather* OE *gaderian*, *together. weather* OE *weder*, *hither* OE *hider*, *thither*, *whither* に見られる．ME は *d* をもっていた，Caxton は *d* と *th*, Shakespeare は *th* のみ．この変化はスコットランド方言の非常に多くの語で遂行された，例えば *adder*, *bladder*, *ladder*, *fodder*, *udder*（Murray, Dial. 121），そして Yorkshire で，例えば *consider* など（Wright, Windhill 88）．さらにアイルランド英語でも．—*rudder* OE *rōðor* は現在 [d] をもつ．C 1685 は *th* ではなく *d* が使用されると言う．この語はしたがって逆の変化を示す．

同音異義語：*weather* = *wether* OE *weðr*.

7.241. 変化 /dr/ > /ðr/ に対応して，さらに /tr/ > /þr/ という変化がいくつかの語に見られる：*lantern*, F *lanterne* は非常にしばしば初期の書物で，*lanthern*（Shakespeare, Swift Tub 11）あるいは *lanthorn*（Shakesp. など，16–18 世紀に一般的）

と綴られるのが見られる．後者の形態は一般に民間語源を表すと（∼ *horn*）考えられているが，これは非常にありそうもない．口語形式はおそらく /lanþrn/ だったであろう．ME と OF *autour*（*auctor* とも綴られる），これを H 1569 は依然 /t/ を用いて発音したが，*author* [ɔ·þə] となった．これは一般に綴り字発音と考えられているが，しかし *th* をもつ綴りがどこに由来するのか？ これは，語尾が音節主音的な /r/ へとまとめられ，/dr/ が /ðr/ になった時代から存在する，これは私には自然な音変化を示していると思われる．/tr/ は強勢音節のあとでのみ一体となったのであろう，そして実際 C 1627 と B 1633 は，*h* は *authorise* で黙字だが，一方 *author* ではそうではないと指摘する．Milton は正確な綴り手だが，author（しばしば）と *authoriz'd*（Areop. 32）と綴る，一方で *autority*（ibid. 31）と綴る．後者は現在 *authority*，綴り *th* は類推的に *author* からここに転移され，結局発音に影響を与えた．ME *Caterine*（H 1569 では依然 /t/ を伴って）は現在同じ変化を経て *Catherine* [ˈkæþrin] である，これはまた Gk からの語源的綴りにより支持される．E 1787 は [t] と発音した，そして Sc は（Loch）*Catrin*（カトリーン湖）をもつ．*throne*（2.622）もここに属するのであろうか？？

7.242. 換言すると PE [þ] は疑いもなく綴り字発音である：*apothecary* [əˈpɔþikəri]（薬種屋）；ME *apotecary*；E 1787（vol. I. 10）は /t/ 以外の音を聞いたことがないようだ．*Theobald* では，歴史的な [tibəld] が依然耳にされる，一方 [þiəbɔ·ld, -bæld] が生じていると言われている．他方 *Thomas* [tɔməs]，*Anthony* [æntəni]，*Thames* [temz]，*thyme* [taim] は常に以前の [t] をもつ．

7.243. *Swart* OE *sweart* > *swarth*（ここから *swarthy*）に変化 /rt/ > /rþ/ が見られる．*Dorothy*，これは J 1764 や E 1787 によれば黙字の *h* をもっていたが現在 [dɔrəþi]，では，われわれはおそらく 2 つの形態をもつ，1 つは F からの /t/ をもち，1 つは Gk からの [þ] をもつ．

7.25. *L* の前後でもまた，変化 /ð/ > /d/（cf. OE）が見られる．OE *fiðele* は fiddle になった．*Bethlehem* > *Bedlam* では，同じ変化があるのかどうかは疑わしい，というのは th は /ð/ のようには発音されていなかったと考えられるからだ．現在聖書で用いられる名称は [þ] をもって発音される．

7.26. （音節主音の）*m* の前で，上と同じ音変化（/ð/ → /d/）が *fathom*，OE *fæðm* であったが，現在 [ˈfæð(ə)m] で起こり，16，17 世紀ではしばしば *d* となった：*fadome*（Sh. Romeo 503，Tp. I. 2.396 など）．B 1633 は *fatham*（*-an*）と *fadam* をもつ．D 1640 は「*fatham*，これを fadam と発音する人もいる」という．*Anthem*（2.622）はここに属するのか？—*N* の前で *Bethnal* を挙げることができるかもしれない（Green），これは E 1787 によれば，ロンドン人に Bednal と発音された，現在常

に [beþnəl].

Bermoothes（Sh. Tp. I. 2.229 や同時代の作家たち）では，d = [ð] とする口語スペイン語ゆえに *th* をもつ．現在の形態 *Bermudas* はスペイン語の綴りから．*quod*（言う）と *quoth*（同左）は上で説明された 2.213.

w の喪失

7.31. *w* は，子音と後舌円唇母音の間で，強勢音節において失われた：*two*，ME 初期 /twɔ·/，この /ɔ·/ は *w* のため舌が上がった：/two·/ > /twu·/ > [tu·]. S 1547, H 1569, G 1621 などでは /w/ なしに *sword*，以前は /s(w)u·rd/，現在 [sɔ·d]. *swore* では，D 1640 は，*w* は（*sword* におけるように）控えめにのみ発音されると言う，そして C 1679 は *soar* や *sore* のように発音するが，[w] は *swear* からの類推で再導入されたものである．Sc は [su·r] をもつ．*swoon*（気絶する），ME *swounen*，cf. OE *geswögen*，は長く /su·n/ と発音された（D 1640 *w* は「ほとんど発音されない」という，C 1679, J 1764, E 1787：= *soon*，これは W 1791 によれば通俗的であるという；もう 1 つの形態は /su·nd/ > /saund/ *だった* J 1764)．現在この語はほとんど用いられていない，そして綴りに従って [swu·n] と発音される．同様にまた *swoop*（E 1787：= *soop*，i.e. *soup*)，現在 [swu·p]．どちらのケースでも，同音異義語を避けるという傾向が [w] を再導入するのに働く理由だったかもしれない．さらに *swelter*（暑さにうだる）と並行して *sultry*（蒸し暑い)，*God's wounds* に対して *zounds*（ちぇ，ちくしょう）/dzu·ndz/ を参照．*sough*（風の音）(10.23) ME *swough*. ME *wosen* は *ooze*（にじみ出る）になった，というのは，これは非常にしばしば子音のあとで用いられたからだ (*it*, *blood* など）(Hempl).

W の喪失は 2 対の同音異義語を引き起こした：*two* = *too*, *to* と *sword* = *soared*，ほかには *swoop* = *soup* と *swoon* = *soon*，これらの同音異義性は後に放棄された．

Chaucer の soote < swoote 'sweet' は我々の時代以前にすでに失われていた．—前母音の前では *w* は保持された：*twain*, *twist*, *swing*, *swain*. *Swum* [swʌm] や swung [swʌŋ] はこの動詞の別の形態に原因がある：*swim*, *swing*.

7.32. 弱音節では，*w* の喪失は子音と任意の母音，とくに音節主音の /r/ の間で起こる (9.7)：

answer：*w* は H 1569, G 1621 で依然発音される．C 1685, E 1765 などでは黙字.

conquer, *conqueror* [ˈkɔŋkə, ˈkɔŋkərə]；他方 *conquest* [ˈkɔŋkwest, -ist]，おそらく /r/ が後続しなかったから．下の *banquet* 参照.

liquor [ˈlikə]；一方 Ch. は *liˈcour* をもつ，これは 7.31 に属すると思われる.

-ward：私の知る限りもっとも初期の例は Malory, Morte Darth. 153, *southard* は誤植であろう．18 世紀には *backward*, *forward* は 'baccard, forrard' として身近で

あった，*w* を伴うと，語は重々しかった（E 1787）．Defoe, Rob. Cr. 325 *awkard*. W1791 は *awk'ard* を通俗的と見なす．Ellis は（EEP 1164）「かつての発音 [ˈfɔrəd, ˈbækəd, ˈɔˑkəd] は，ときに教養ある話し手から発音されるかもしれないが，一般大衆間に一般的である」と言う．通俗語を表すために小説等でよく見られる，例えば G. Eliot Mill I. 6 backards and forrards（行ったり来たり）| Dickens Domb. 147（船乗り）out'ard bound（外航の）| Hardy Ironies 209 west'ard | Hardy Wess. T. 160 in my innerds（私の心の中に）| M Twain Mississ. 16 forrard | Dickens Domb. 諸所に Ed'ard. *southward* は Dan. Jones によれば，現在 [ˈsauþwəd]. ── 前置詞 *toward(s)* では，母音のあとで *w* が略される，様々なアクセントについては 5.41 参照：/ˈtuˑ(w)ərd(z)/ > [ˈtɔˑd(z)]（「あたかも *toard* と綴られているかのように，*hoard* と押韻する」W 1791），[tuˈward(z)/ > [təˈwɔˑd(z), twɔˑd(z)]；一方形容詞の *toward* は現在 [ˈtou(w)əd]，cf. froward（つむじ曲がりの）[ˈfrou(w)əd].

-wark：*southwark* [ˈsʌðək]，綴り字発音 [sauþwək].

-worth：NED は *halfpennyworth* に *halporth* 1533，*ha'porth* 1672 を引用する．また *half-pe'rth* (Ben Jonson 3.40) 参照．現在この語は通例 [ˈheipəþ] と発音される，そしてしばしば小説で *ha'porth* と綴られる（H Caine, Christian 371 など；Hardy, Far fr. M. Cr. 278 *hapeth*）．同様にまた [ˈpenəþ, tʌenəþ] など（Hardy, ibid. 260 *penneth*）．──II 巻 7.31 参照．

-wick，*-wich* 多くの地名で．E 1705 and 1787 は Alnwick＝'Annic' で *w* を黙字と言う ── *Berwick*，*Chiswick*，*Stanwix*，*Dulicich*，*Greenwich*，*Ipswich*，*Norwich*，これらは現在 [ˈænik, ˈberik, ˈʧizik, ˈstæn(w)iks, ˈdʌliʤ, ˈgriniʤ（まれに ˈgrinwiʧ), ˈipsiʤ, ˈipswiʧ, nɔriʤ]，綴りが発音をそこない始めてきた．*Bromwich* は [brʌmiʤ]；*Woolwich* [wuliʤ]；*Sandwich* 6.8 を見よ．*Keswick* と *Warwick* は常に [kezik, wɔrik]，そして *Wightwick* は [ˈwitik] と言われている．*Southwick* は [sauþwik] (Jones).

E 1765 と 1787 で *w* が黙字と言及されたいくつかの他の地名では，*w* が，現在では，綴りから一般に再導入されているものがある：*Welwyn*，*Derwent*，*Edyeware*，*Southwell*，*Bothwell*，*Wandsworth*（当時 *Wandsor* と発音），*Goodwin*（*Goodwyn*）．*Tyrwhitt* は依然 [ˈtəˑwit]（綴り字発音）より [ˈtirit] がより頻繁に用いられる．

-wife：*huswife* < *hūs* 'house'＋*wīf* 'wife' は多くの綴りで *w* なしで，とくに「身持ちの悪い女」の意味で，現在一般に *hussy* [ˈhʌzi]，そして「裁縫道具入れ」の意味で，以前はしばしば *hussive*，現在一般に [ˈhʌzif]．語源的な意味（主婦）では一般に [ˈhauswaif] と作り直された，これは E 1765 ではまだ認められていなかった．同様に *goodwife*（主婦）> *goodive*，*goody* [ˈgudi]．*Midwife*（助産師）は以前 [ˈmidif]，現在通例 [ˈmidwaif] と作り直された．

-swain：*boatswain*（水夫長）> [ˈbousn]，Sh. Temp. I. 1.13 *boson*，E 1765：*t* と *w* は黙字，cockswain（艇長）あるいは *coxswain* > [ˈkɔks(ə)n]，現在通例 *cox*.

-wald OE *þerscwald* > *threshold*（Chaucer E 288, 291 *threshfold*）．*Cotswold*（コッ

ツウォルド種の羊)，Sh. では *Cotsale* あるいは *Cotsall* と綴られる．この発音は G 1621 でも言及されている，彼は *w* 付の綴り字発音を好む，これが優勢となってきた．

-*wale* (OE *walu*)：*chainwale* (横静索留板)，現在 [ˈʧænəl] そして通例 *channel* と綴られる．NED は 1769 *Channels* あるいは *Chain-Wales* を引用する．*gunwale* (舷縁)，現在 [ˈgʌnəl]，しばしば *gunnel* とも綴られる；E 1765 では *w* は黙字．

-*will*, -*would*：*it will* >*it'll* [itl]，*John will* > [ʤɔn(ə)l]，*it would* [itəd]，ぶざまに *it'd* と綴られる，*John would* [ʤɔnəd]．母音のあとでは *I will* > *I'll*, *he'll*, *I'd* (ElE *I'ld*)，*he'd* は多分 *w* が子音に後続する例から転移されたのであろう．方言では (SW) *ich will* > *chill* (Shakesp. Lear IV. 6.239，cf. Ancrene Riwle 76 *icchulle*)．

-*women*：G 1621 は /ʤintlimin/ を /ʤentlwimen/ を表す女性用の発音だと言う．

最後に *always* を表す [ˈɔ·liz, ˈɔ·ləs] のような通俗英語における一般的発音 (G. Eliot Mill 1.6 allays，B. Shaw，Plays 2.119 *awlus*)，そして *somewhat* に対する [ˈsʌmət] のような発音 (G. Eliot，ibid，*summut*)．*Ekalled* は *equalled* を表す通俗形，Dickens Domb. 414.

[wʌn] *one* (*a good 'un*) に対する [ʌn] はこの章には属さない，というのは，これはむしろ *w* なし形態の生き残りである，11.3.

7.33. *quoth* 'said' の古い形態は *koth*，*ko* (Roister Doister 44, 54 を見よ)，*ka* であった，多分弱強勢位置で発達したのであろう (*quoth 'she* など)．G 1621 は "koth" と "quoth" を認める，D 1640「*quoth*，*koth* に近い」と言う．J 1701 は両方の発音をもつ．現在この語は綴りを通してのみ知られており，一般に [kwouþ] と発音される．*quod* については 2.213 を見よ．

7.34. [w] は現在 *banquet*，以前は *banket* (例えば Sh. As II. 5.58)，で発音される，そして *language* でも，以前は *langage*，cf. F.；*languor* (倦怠) [læŋg(w)ə] や *languet* (柄舌) [ˈlæŋg(w)et] ではいつも発音されるわけではない．[w] の発音は今挙げた語の両形態が依然発音されていたときに生じた．その頻度が高いのはラテン語化された綴りに原因がある．*Languid* (ものうい)，*languish* (だれる) はかつて [w] なしに発音されたことがあっただろうか？

7.35. /w/ の喪失，つまり /wh/ > [h] の推移は *who* OE *hwā* ME /hwɔ·/，*whom*, *whose*，現在 [hu·, hu·m, hu·z] に見られる．Hart の表記 /huo, huom, huoz, huo·z/ はあいまいである，というのも /huo/ は /hwo| とも /h/＋二重母音を表すともとれるからである．*whole*，*wholly* に対する彼の /ho·l, huo·l, huolei/ を参照 (13.3)．G 1621 は /whu·, whu·m, who·m, whu·z/ をもっていた，ここで *wh* は通常の綴りを尊重している．D 1640 は *w* を次で黙字だという，*who*, *whose*, *whom*, *whole*, *whore*. *who* の母音については 3.522 を見よ．[hw] か [f] を伴う *who* などの形態は Scotland や Northumberland で見られ，[w] を伴う形態は他の北部方言に見られる．

これは Logeman の推測，すなわち，[h] は Scn の影響によるという推測に異論を唱えるものである（Archiv 117.42，cf. Mansion，ibid. 120.156）．/w/ の喪失は，これらの代名詞，とくに関係代名詞に，頻繁に強勢が置かれないこと，さらにこれらが先行する語の子音のあとに頻繁に生ずることによるようである．

ここでさらに *Colquhoun* にも言及しておこう：*quh* は wh の Sc の綴りである．*l* は *wh* の /w/ 要素と共に消滅した，そして Sc で *ou* は不変のまま残った（8.27）：[kəˈhu·n, kouˈhu·n].

語末の /n/ の喪失

7.4. /m/ のあと，語末の /n/ が失われた（/m/ に同化した）：*damn* /dam/，現在 [dæm]，*condemn*，*hymn*，*limn*，*column*，*solemn*，*autumn*.　この喪失は *solembe* のような逆つづり字（inverse spelling）によって示される（Sh LL V. 2.118, 1598 の四折版）．C 1627 ははっきりと *n* は *solemne* や *hymne* で黙字だと言う．*N* は綴りでは，いたるところで保持されている，但し時おりの *dam*（*damned* を表す？：Meredith EH 134 “and dam rum chaps they were!”（いまいましい変な奴らだこと））．

同音異義語：*damn* = *dam*，*hymn* = *him*，*limn* = *limb*，以前は *lim*.

母音の前で，/n/ は保たれる：*damnation*，*condemnation*，*damnable*，*autumnal*，*solemnity*，*-ing* の前で /n/ は以前「*damning*，*condemning* などのまじめくさった発音」において耳にされた（E 1765，また Walker）．現在 [n] なしの発音は類推的にこれらの形態に拡張してきた，但し NED は分詞 *damning* には両方の発音を認める（しかし動名詞には認めない），そして *damned* の詩的な形態として，[dæmd] と並んで，[ˈdæmnid] を認める．

鼻音のあとの語末の閉鎖音

7.51. 語末の /mb/ は /m/ に縮小された，軟口蓋が，引き上げられるのではなく下がった位置に留まった：*lamb* > /lam/，現在 [læm]，*dumb*，*climb*，*womb*，*comb* [koum]，*coomb*，また comb とも綴られる，[ku·m]「クーム（乾量単位）」OE *cumb*，*coomb* あるいは *combe* [ku·m]「深い渓谷」OE *cumb*，*tomb* [tu·m]，*plumb*，*jamb* F *jambe*，*bomb* [bʌm，bɔm].

黙字の *b* は綴りで保たれる，*oakum*（槙肌（まいはだ））は除く（*b* なしは 14 世紀から）OE *ācumba*.　ときに *dum*（Sh. Caes. III. 2.225）や類似の綴りが生ずる．G 1621 は /b/ を発音しない *climb*，*comb*，*lamb* をもつ，そして *b* の黙字性はしばしば以後の正音学者によって言及される，例えば C 1627（*lamb*，*comb*，*thumb* で）や B 1633（*comb*，*dumb*，*lamb*，*thumb*，*woomb*，*tomb* で）．

逆元つづり字は，以前は頻繁だった，例えば *doombe*（Sh. As I. 3.85），*solembe*（7.4 を見よ）．これらは正規の綴りとなって行った，*thumb* OE *þuma*，ME *b* を伴って，*limb* OE *lim*，（*be*）*numb* OE *benumen*，*crumb* OE *cruma*.　しかしながら，これらの中には，実際の /b/ が /mb/ > /m/ の変化前に発達したものがあったと考えられる．同音異義語：*climb*＝*clime*，*plumb*＝*plum*．【逆元つづり字：もともとは綴りも発音も b をもたなかったが，本来 mb を持つ語（tomb，lamb など）の影響で，16–17 世紀に b の綴りが語末に付加されたような現象を言う】

最近の借用語，主に学問的，では [-mb] が発音される：*iamb* [ˈaiæmb]（短調格），*zimb* [zimb]「エチオピア産のハエ」．*succumb*（屈服する）は [-mb] よりも [-m] がよりしばしば用いられる．*rhomb*（菱形）は [rom] と [romb] どちらも．ある名前で [m] のあと [p] が略される：*Beauchamp* [ˈbi·ʧəm]．

7.52. /b/ は /mbl, mbr/ の中間位置で保たれる：*bramble* [bræmbl]，*thimble*，*shambles*（これらすべてで /b/ は屈折形への挿入要素である，cf. 2.11）．*symbol*，*cymbal* | *timber*，*slumber*（2.11）．さらに母音の前で [b] は発音される：*bombard*（5.73），*incumbent* など．*climbing*，*climber* などで，それは通例発音されたと考えられるが，現在は類推により黙字である：[klaimiŋ, klaimə]．*Lambeth* にも注意 [læmbeþ, -əþ] < *Lamb-hȳþ*．

7.53. 変化 /ŋg/ > /ŋ/ は生理学的に /mb/ > /m/ と完全に相似する．したがって次の語末の /ŋ/ をもつ，*sing*，*long*，*tongue*，*harangue* [həˈræŋ] など，これは以前は /ŋg/ と発音された．

7.54. /g/ は /ŋgl, ŋgr/ で保持される：*single* [siŋgl]，*angle*，*England*，*English*，しかしながら後者を [ˈiŋglənd, ˈiŋgliʃ] ではなく [ˈiŋlənd, ˈiŋliʃ] と発音する人もいる．*anger* [æŋgə]，*angry*.. *finger*，*longer*，*stronger*，*younger*． [ŋg] はまた 3 つの最上級にある音でもある：*longest*，*strongest*，*youngest*． これは初期の状態の生残りである，当時の状況では語末の /g/ のみが略された．Gill 1619 は語末に /ŋ/ をもつが，語中では /ŋg/ もつ，*spangle*，*intangle* ばかりか *hanged*，*hanging* などでも（Jiriczek の版 p. XLII を見よ）．われわれは /g/ なし形がゆっくりと拡大しているのを Elphinston 1765 と 1787 に特に明瞭に見ることができる，彼は /ŋg/ を *prolongation* ばかりでなく―ここでは /g/ は依然見られる：[proulɔŋˈgeiʃən]―また *prolonging* や次のような統語的結合にも見い出す，*prolong it*，*sing aloud*，*spring eternal*（常に湧き出る），*strong and mighty*，そしてもっとまれだが，*young Leander*（若いレアンドロス），*long repose*（長い休息）では，/g/ なし発音がこうしてまったく語末の位置に保持されている．これらの句における二重語《同じ語が，単独で語末で /g/ なし形態と統語構造で /g/ あり形態をもつこと》の痕跡は現在完全に消滅した，そして類推の結果 /g/ なしの [ŋ] の使用につながった，*singing* /siŋiŋ/，*singer* など，そしてまた次のようなまれな比較級，最上級で：*cunninger*，*cunningest*，*wronger*．Walker は /g/ なしの *longer* をアイルランド英語の発音としている．

7.55. /m/ のあとの /b/ の喪失，/ŋ/ のあとの /g/ の喪失と並行して，3 つ目の鼻

音 /n/ のあとの /d/ の喪失が予想される．しかしこれは例外的にのみ見られる．OF *lande* > ME *laund*「林間の空き地」，Shakespeare での唯一の形態，これはまた Dryden によっても用いられているが，は *laune* になった（この形態は既に 1548 年に見られる），現在 *lawn*.「芝地」の意味は 18 世紀なって現れた．*scand* > *scan*（精査する），OE *wǣsend* > *weasand*, *wezand*，これらの *d* は，S 1780 や他の正音学者によれば黙字という，一方最近の辞書は [ˈwi·z(ə)nd] のみを認める．トルコ語の *tulbend* は初期の形態 *turbond* をもたらす，これは Shakesp. Cy III. 3.6, や Oth. V. 2.353 に見られる，*Turbond-Turke* は近代の版では一般に *turbaned Turk*（ターバンを巻いたトルコ人）と解釈される，他方これはおそらく複合名詞（＝turban Turk）からであろう．身近な形態 *turban* は，英語の *d* の喪失あるいは F の形態から説明されるだろう（他の初期の形態は *turbant* や *turribant*）．

fin'，*min*' のような形態はスコットランド方言である（Burns），しかしまた米の書籍で卑語としてよく見られる．*pun*'＝*pound* はスコットランド方言である，一方またときに英語の卑語としても見られる（Thackeray, Hogg. Diam. 15）．

D は *and* で非常にしばしば省略される，子音の前では，規則的に，しかしもっぱらというわけではない．Hart 1570 は彼の聖書や信仰上の書き物では /and/ と書き，より口語的なものでは /an/ と書く．

7.61. /d/ の喪失以上に頻繁なのは /n/ の後の /d/ の付加である，とくに /u·/ 現在 [au] のあとで：ME *soun* OF *son*（Malory 56 *sowne*）> Mod *sound*（音），OE *pūnian* ME *poune pounde* Mod *pound* v（連打する），ME *boun*「出発しようとして」Scn *būin* Mod *bound*, ME *horehoune*「ニガハッカ」Mod *hoarhound*, ME *astone astoune*（＝stun）Mod *astound*, ME *expoune*, *compoune* Mod *expound*, *compound*（これらはまた，他の動詞に見られるように過去分詞からの不定詞かもしれない）．*swoon*（気絶する）の初期の頻出する形は *sound* あるいは swound である．通俗語では *-nd* 形の初期の形が依然生き残っている，一方この形は標準英語からは捨て去られてしまった：gown（ガウン）に対する *gownd*（Fielding TJ 1.193, E 1787, Pegge Anecd. 1803 など），*drown*（溺れさせる）に対して *drownd*（過去分詞形 *drownded* Swift Pol. Con. 66, Pegge, Dickens には頻出，Thackeray, G. Eliot など）．Dickens はひょうきんにこの形を次のように解釈する：“Dead?—Drowndead”（死んだ？溺れ死んだ），D. Cop. 31.

他の母音のあとの同じ /nd/：ME *hine*「作男」Mod *hind*, *lawn*「紗織のリンネル布」は，*lawnd*(*e*) あるいは *laund*(*e*)（*Laon* から）の形態で見られる．Rhine 河は通俗的には *Rhind*（Thackeray, P 3.327）と呼ばれた．F *ruban* > *ribbon*，しばしば *ribband*（通俗語源：*band*, *bond*？）；*d* は一般に発音されたに違いない，一方 J 1764 は「d は *ribband* では発音されない」と言う．*ptisan*（麦茶）F *tisane* は d 形の形態をもっていた：D 1640 は *ptisand*（あるいは *ptizon*），*tisand* と発音される，をもつ．*yon*（向こうの）の異形としての近代の *yond* は，ここで言及されてもいいかもしれないが，しばしば *yonder*（向こうに）から説明される．*Poland*，F *Pologne*，Lat. *Polonia*，G *Polen* は，*-d* の付加により *land* に同化した，cf. *Poleland* 7.84.

/d/ の付加による同音異義語：*sound*，*pound*，*bound*，*hind*.

7.62. /n/ のあとに，語尾の /t/ が非常にしばしば付加される：*peasant* OF *paysan*，*pheasant* OF *faisan*，*tyrant*，*parchment*（羊皮紙）F *parchemin*，*cormorant*（鵜）F *cormoran*，*pageant*（見世物）ME *pagin* 後期ラテン語 *pagina*，*truant*（怠け者）F *truand* Welsh *truan*，*pennant*「小旗」< *pennon*（依然見られる）OF *penon*，*margent*（へり），*margin* に対する Shakespeare の形は，通俗的には依然として存在する，*orphant* は 16，17 世紀に *orphan* に対してよく見られた，*surgiant* は Hart 1570 によれば ‘surgian’（外科医）を表す多くの田舎の人々の発音だと言う，そして Pegge 1803 は *sermant*（*servant*），*verment*（*averment*）(6.43)，*surgeon* *‘surgeon’* を通俗的と言う．スコットランド語は *salmon* に対して *saumont* をもつ．しかしこれらの形態のすべてで，*t* は英語の「音規則」によるものとはいえない，というのも，もしそうだとすると，次の語で *t* の欠如を説明するのに困ることになるだろう，*children*，*women*，*fasten*，*golden* など．*t* は外国由来の名詞にのみ見られ，そして OF にしばしば見られる *-nt* 形の単数形と *-ns* 形の複数形の間の交替の類推に基づいて付加されたことは確かである．単数 *merchant*，*sergeant*，*tenant* などが *-ns* 形の複数形に対応したのとまったく同様に，単数 peasant が，-ns 形の複数形に対して形成された（OF はまた *paisant* をもつ），など．*Parchment*（*vermint*，*sarmunt*）では，*-nt* は多分むしろ *ornament* や他の *-ment* 語によるのであろう．*ancient* OF *ancien* では，*-ent* 形や *-ant* 形の分詞による．*alient* が *alien* に対しても見られる．*-nts* 形の複数形は NED の *artisan*，*partisan*$_{1,2}$（16，17，18 世紀から）に見られる．Shakespeare, Wint. T. IV. 3.40 には *currence* ‘currants’ が見られる，そして Walker 1791 は「*currant* と *currants* で *t* は常に黙字だ」と言う．[nts] と [ns] については 7.73 を参照．

7.63. ここでは /n/ 以外の音のあとに付加される /d/ の例を見てみる．*vile*（不快な）はしばしばエリザベス朝の作家達で *vild*, *vilde* として現れる．F *moule* は *mould*（流し型）になった．海事用語 *woold*「〈帆桁を〉ロープで包む」そして *hold*（船倉）はオランダ語の *woelen* と *holl*，*hole* から，後者はおそらく動詞 *hold* の影響から．―*Vizor*（まびさし）F *visière* は 16，17 世紀しばしば *vizard* または *visard* と発音された，同様に Shakespeare でもかなり規則的に，彼はさらに ptc. adj. *vizarded* も．*Lanyard*，*laniard*（締め縄）< *lannier.* *Gizzard*（砂嚢）< ME *giser* OF *g(u)iser.* これらでは，その領域を拡大してきたのはおそらく一般的な接尾辞 *-ard* であろう（*coward*，*drunkard* など）．さらに *scholard* のような 19 世紀の俗語参照 (Pegge, p. 60，G. Eliot，Mill 1.4 と 14，など).

7.64. /t/ は非常にしばしば /s/ のあとに付加される．これは明らかに純粋に音声的な現象である（ドイツ語の *papst*, *palast*, *obst*, *jetzt*, *einst*, *sonst*, デンマーク語の taxt, スェーデン語 *eljest*, *medelst*, (*h*)*varest* 参照), 一方 *whilst* では摩擦音のあとの *te*＝*þe* と考えられる（*lest* < (*þȳ*) *lǣs þe* 参照). この付加はとくに, 副詞形成の *s* のあとよく見られる：*againes* > *against*, *amidst*, *amongst*, *betwixt*, *erst*（最初に）(＝*ere*, 最上級の *erst* とは異なる, 私の *Studier over eng. kasus* 198 を見よ), 俗語 *oncet* [wʌnst]＝*once*, *twyst*＝*twice*（B. Shaw Plays 2.120 を見よ), など. Pegge, Anecd. は通俗的として「*nice* と *nicer* に対する *nyst* と *nyster*；*close* と *closer* に対する *clóst* と *clóster*；since に対する *sinst*；once に対する *wonst*」を挙げる. Kipling は *acrost* 'across' the seas, *chanst*＝chance, B. Shaw *chawnst*, Plays f. Pur. 266 をもつ. 認められた形の中でさらに次のものは言及されてもよい, *list*, これは主に複数形 *lists*「馬上槍試合の試合場」で OF *lice*, *hoist* 初期には *hoise* (Sh. Defoe Rob. Cr. 62), *earnest*「手付金, 保証」< OF *erres*（別の *earnest* OE *eornost* と混同されて), *interest* vb., Chaucer, Spenser などで, *interesse* (OF *interest* 実詞によるかもしれない). 動詞 *to worst* を私の立場では *worse* と同様に説明する (cf. *to better*), 但しもちろん最上級形が動詞の根底にはある（*hest* は疑わしい例である).

7.65. [t] は [f] のあとで付加される, *graft*（接ぎ穂), 以前は *graff* OF *grafe*, *draft draff* の異形, *clift*（断崖）＝*cliff* 16 世紀とその後の世紀に一般的；*tuft*（ふさ）< F *touffe*. Pegge は *paragraph* に対する通俗的 *paragraft* をあげている, *fottygraft* と *telegraft* を参照. Sketchley, Cleopatra's Needle p. 41 と 67.

7.7. 子音はいつでも子音連続で省略されやすい, とくにもしそれが連続の中でもっともきこえ度が低い場合に, これは一般に閉鎖音である. 特殊なケースは, 一方に同器官的な鼻音, 他方に別の子音, の間に挟まれている閉鎖音である. [mpt, mps, nts, ntf, ndz, rjkt, ntl] のような音群と [mt, ms, ns, nj, nz, rjt, nl] のような音群の全体的違いは, 軟口蓋がほんの一瞬早く, あるいは遅く, 持ち上げられることにあるので—われわれのぶかっこうなアルファベット綴りはこの相違を誇張しているが—中間の子音がここでしばしば略されることになるのは当然である. /stn/ > [sn] では, その過程は逆になる, 軟口蓋があまりに早く下がるのである. /stl/ > [sl] では, 唯一の違いは両側の開口部の開放の迅速さにある. 調音における相違がわずかであることが, 中間の子音があるのか否かを決定するのを聴覚的に困難にしている. この節では, これらおよび同類の子音の省略のリストは, 省略される子音にしたがい配列することにする. しかし注意すべきは, 移行運動の間違いが必ずしも常に子音の喪失を引き起こすわけではないことである；それは子音の挿入を引き起こすこともある. これは非常にたびたび米国で見られる. Grandgent (Publ. of Mod. Lang. Ass. of America IV. 63ff.) は次の子音挿入の統計を挙げる, [m] のあとの [p] の挿入, *warmth*, *camphor*, *something*, [n] のあとの [t] の挿入, *answer*, *sense*（＝*cents* となる),

fourteenth，そして [ŋ] のあとの [k] の挿入，*length*，*strength*．イングランドでは同じ現象がときどき個別的に見られる．私は以下の例に気づいたことがある，大学教授（ロンドンの母語話者）：*dreamt*，*warmth*，*France*，*advance*，*sense*，*length* に対して [drempt. wɔ·mpþ，fra·nts，əd'va·nts，sents，leŋkþ].

本節で扱われるような変化の年代学は必然的に不明確である，というのもこれらの変化はいつでも起こりうるからである，そして私の年代順配列システムにおけるこの章の配置の位置も，結果的にやや独断的なものである．

7.71. [p]：音群 /mt, ms, mʃ/ で，多くの不確かさがいつも存在してきた：OE *ǣmettig* ME *emti*，現在 *empty* ['em(p)ti] と綴られる，*prompt* [prɔm(p)t]，*jumped* [ʤʌm(p)t]，*symptom* ['sim(p)təm]，*contempt* [kən'tem(p)t]，*Hampstead* ['hæm(p)sted, -id]，*seamstress* か *sempstress* ['sem(p)stris]，ME *glymsen*，現在 *glimpse* [glim(p)s]，consumption [kən'sʌm(p)ʃən]，*presumption* [pri'zʌm(p)ʃən]，Hampshire ['hæm(p)ʃə]．さらに次の綴りを参照，*Thompson*＝*Thomson*，*Sampson*，*Simpson*；*compter*，*accompt* は *counter*，*account* のフランス語風の綴りである．

7.72. [d]：Batchelor は 1809 年，Bedfordshire に見られる，例えば *strange*，"streynzy" と発音において，-nge に対する発音 [nʒ]（彼により nzy と綴られる）に言及している．彼はさらに次のようにつけ加える，「（教養人のことばで）*d* がこのような場合に発音される，あるいは発音されねばならないのかどうかは非常に疑わしい，というのはそれがない方が，単語が舌からより滑らかに流れ出るからだ」．これは，私が間違っていなければ，/ndʒ/ > [nʒ] についての最初の言及である．のちの音声学者はこの発音に非常にしばしば言及する．この変化は次に見られる，*hinge*，*fringe*，*revenge*，*change*，*strange*，*stranger*，*danger*，*ginger*，*angel*． [d] がとくに非強勢の音節前で存在するのかしないのか、例えば *ginger*，を決定するのはしばしば極めて困難である．

bulge，*indulge*，*divulge* では，[lʤ] と [lʒ] 両方が今日耳にされる．

/d/ は他の子音群でも失われることがある：*Wednesday*，Latimer，Skeat's Specimens III p. 247 *wensdaye*，Sh. Ro 1. 1885 古い版で *wendsday*，*wensday* や *Wednesday*；J 1764，E 1787 などで，*d* は黙字として挙げられている．現在 ['wenzdi] あるいは，綴りに多少影響されて，['wednzdi, -dei]，*dared not* > *daren't*，しばしば過去時制として用いられる，ESt. 23.461 を見よ，*ordinary* [ɔ·nri]，現在は，W 1791 に指摘されている通り，どちらかと言うと通俗的，*studdingsail*（補助帆），['stʌnsl] と発音される，E 1787 は "Wensberry"＝*Wednesbury* と述べる；Ellis は [weʤberi]（sic）あるいは ['wenzberi] を挙げる．

/n/ と別の子音の間で：*Windsor* ['winzə]，*hands*，*pounds*，*stands* など．しばしば [hæn·z, paun·z, stæn·z]，*handsome* ['hænsəm]（J 1764）．*handsel*，また *hansel* とも綴られる ['hænsl]，*friendship* [frenʃip]，*landscape* ['lænskip，-skeip]，*grand-*

father, *grandmother*（もともと *d* よりむしろ *t*), *Caxton* R 74 *graunfadre*, 現在 [ˈgrænfa·ðə など], 省略形 *gran*, *granny* 参照, *handful* [ˈhænful], *errandboy* [ˈerənboi], *landlord*, *landlady* [lælɔ·d, -leidi], *handkerchief* (J 1764 “hankecher”), その後の鼻音の変化で [hæŋkəʧif]. 同様に /l/ のあとで：*Guildford* [ˈgilfəd], *cold-blooded* [ˈkoulblʌdid]. これらの結合の大部分において, [d] の喪失がいつだったのかを推定するのは難しい. 注意深い発音では, [d] は, しばしば語源的感覚, あるいは綴りのため保持される. 比較的身近でない複合語, 例えば *handstroke*, *landslide* では, [d] は通例保持される.「[hʌzbənd] における *d* は子音が後続すると必ず省略される, 例えば [mai hʌzban nouz](my husband know)」Ellis EEP 1161. ―*London* は通俗的にあるいは方言的に [ˈlʌn(ə)n] “Lunnon” と E 1765 は認めていた. ―Sh. Meas. III. 1.96 は *damnest*＝*damnedst*（最上級）をもつ.

7.731. [t]：/nʧ/ は規則的に [nʃ] になる. *French* は Hart の音声表記 1569 で /frenʃ/ と綴られる. J 1701 は *nch* と綴られる *nsh* の音を「すべての語に」認める. E 1787 はいたるところで *t* の省略を説く. 彼の例は *French*, *branch* である. たいていの 19 世紀の音声学者は *French*, *bench*, *wrench* などを [nʃ] で表すが, Soames 女史は一般に [nʧ] で表記する. 新たな音節が続くところでは, 特にもしそれが第二強勢をもつ場合, [nʧ] が [nʃ] よりもより通常に思われる, 例えば *Manchester*, *Winchester*, 但し J 1701 はこれらの語を [nʃ] と発音する. この音群の縮小は /tj/ > [tʃ] の変化前に起こった. それゆえ *venture* は [ˈvenʃə] ではなく [ˈvenʧə] である .

7.732. /lʧ/ から [lʃ] への短縮は Jones により 1701 年に気付かれた, 彼は *Colchester* を唯一の例として挙げる. E 1787 はこの省略を不変の規則としている. 現在, 次で [lʃ] は [lʧ] よりもよく見られる, *belch*, *milch*, これらを Sweet, Soames 女史他は [belʃ, milʃ] と表示する, 一方 *Colchester* [ˈkoulʧistə] ではおそらく [lʃ] は [lʧ] よりもまれであろう.（今では, belch, milch ともに [-ltʃ])

7.733. /stl/ から [sl] への短縮は 16 世紀に始まったに違いない, 例えば *bristle* はときに *brissle* と綴られる (Sh. Tw. I. 5.3 fol.), そして *rustle* もときに *russle* (Sh. Meas. IV. 3.38), 一方, 初期の音声学者は /t/ を省略しない：H 1569 は *castle* や *epistle* で, M 1582 は *whistle* で, S 1567 や G 1621 は *thistle* で *t* をもつ. E 1765 や W 1791 この省略を一般規則だと説く（*nestle*, *jostle*, *castle*, *Astley*, *Westly*, *ostler*, *mistletoe* など), *pestle* では彼らは *t* を発音する. 近代の音声学者は次で [sl] と表記する, *bustle*, *nestle*, *wrestle*, *ostler* など, 一方 Sweet HES §929 によれば, スコットランド語の発音は *castle* で [t] をもつという. *-st* 形の語に *-ly* が付加されると, 語源的意識から [t] がしばしば発音される：*justly* など. Ellis は, しかしながら, [ʤʌsli] と発音した, EEP IV. 1206, そして *jusly* が Thackeray (Burlesques 1869, 107) により通俗形態として綴られた. Sweet はくだけたことばで *beastly* に

[bi·sli] をもつ (Primer of Spoken E.). *Pestle* については Dan. Jones を見よ.

7.734. 同様に /stn/ は [sn] に短縮される. Gill の音声表記 (1621) では, *hasten* や *moisten* は依然 /t/ をもつ. E 1765 はどこでも /sn/ を挙げる, 一方 S 1780 は /sn/ を短母音のあとでのみもつ : *glisten*, *listen*, *fasten*, しかし長母音のあとでは /stn/ をもつ : *hasten*, *chasten*. 現在 [sn] はここで言及された語すべて, そして *christen*, *listen*, *chestnut* などで聞かれる. さらに *mustn't* [mʌsnt], *used not* ['ju·snt], ESt 23.461 を見よ.

7.735. /ftn/ でも /t/ が規則的に省略される. H 1569 や G 1621 は依然 *often* で /t/ を発音する, しかしそれは 18, 19 世紀で常に黙字であったようである, きわめて近年まで衒学者（学者ぶる人）たちは綴りからそれを再導入しようと試みてきた. Pett Ridge, *Son of the State* (1904?) p. 114 では, *of'en* は通俗的な形態と記述されている. *soften* は一般に ['sɔ(·)fn] である, 一方 *swiften* のようななじみのない語は ['swifn] よりはもっと自然に ['swift(ə)n] と発音される, というのはそれは *swift* + *en* を合一したと感じられるであろうからである, 一方 *soften* は, 非常にしばしば聞かれ, 言われるので, 1 つの分割不可能な語と感じられている. *swiftly* は [t] なしで発音されることはほとんどない.

7.736. /t/ は /stm/ で失われる : *Christmas*, E 1765 や W 1791 で *t* なし, 現在 ['krisməs], *Westmoreland* ['wesmələnd]. *Westminster* ['wes(t)minstə], *postman* ['pous(t)mən], *postmaster* ['pous(t)ma·stə] では, *t* はしばしば類推的に再導入された. —*Asthma* と *isthmus* で, 古い発音における *th* は, 依然多くの 19 世紀の辞書や Hyde Clarke, Grammar 1879 に見られるが, /t/ を表した, 一方これは通例省略された, そして ['æsmə, 'isməs] が今でも通例である, 但し綴り字発音 ['æsþmə, 'isþməs] も耳にされるかもしれない.

/t/ は /stb/ で失われた : *wristband* ['risbənd] あるいは有声同化を伴って ['rizbənd].

/t/ は *Hertfordshire* ['ha·fədʃ(i)ə] でも失われる, 船員の発音で captain ['kæpm]. また *boatswain* 7.32 参照. *mortgage* (*t* は黙字, W 1791 など) は, F で *t* が黙字になったあとで借用されたかもしれない. 現在 [mɔ·gidʒ, -edʒ] ; そして同じことが *Montgomery* [mən'gʌməri] でも当てはまる.

7.737. /t/ は口語で, 次のような語結合でしばしば失われる, *must be* ['mʌs(t)bi, məsbi], *must show* [məs 'ʃou], *you must do it* ['ju·məs du· it], *most pitiful* [mous'pitifl], *next month* ['neks 'mʌnþ], *next day*, *next door neighbour*, *last place* ['la·s 'pleis], *last thing*, *last Christmas*, *half past five* ['ha·f pa·s 'faiv], *I've just been* [dʒʌs bi(·)n], *roast beef* [rous bi·f], *almost by heart* [ɔ·lmous bai ha·t], *didn't like* ['didn 'laik], *haven't told* [hævn 'tould], *don't come* [doun kʌm], *can't be helped* ['ka·n bi 'helpt], *won't do* [woun 'du·], *shan't think*, さらに *don't know* ['dou 'nou]（あるいは "dunno"）や同化を伴って *don't go* [douŋ gou] さえも.

7.738. *gemman*, これは1550年頃から口語では一般的である（Roister Doister など），しかしその後通俗的と考えられた（19世紀に Byron, Marryat, Kingsley などで）は，ほとんど *gentleman* に由来するとは言えない，むしろ *gentman* から（OF adj. *gent* < Lat. *genitur*）. Cf. "gennleman", Hardy Life's ironies 78.

E 1765 と 1787 は *Ritchaxon*, *Bobbeson* を *Richardson*, *Robertson* の口語的発音と言う—また *mistress* > "Mrs" [misis, -iz] に注意，とくに固有名の前で，そして「おしゃれな」ことばで同類の *mons'ous*＝*monstrous*（ものすごい），Thackeray に頻繁に.

7.739. /k/ のあと，/t/ が /ktl/ の音群でしばしば省略される：*perfectly*, *exactly*（cf. 12.75），そして /ktn/ でも：*exactness* など. /kts/ はしばしば [ks] に縮小する，これがエリザベス朝の劇作家たちの間で *sect*（その複数形が /seks/ となる）と *sex* の混乱を引き起こす（Nares を見よ）. また Swift, Journal 100 を見よ：See your confounded sect!（＝sex）. J 1701 は *acts*, *facts* を t ありと t なしで発音する. さらに Ellis EEP 1168 ['ɔbdʒeks] 参照. *respeck*, *convick*, *subjic* はしばしば通俗ことばで -ct を表して見られる（Thackeray など）.

slep, *kep*, *swep* は *slept*, *kept*, *swept* を表す通常の19世紀の通俗形態であるようである（Thackeray, Stevenson, Pett Ridge など）.

7.74. /ŋkt/ における /k/ はしばしば保持される，但し [þæŋt, di'stiŋt, pʌŋtjuəl, -tjuəl] は，*thanked*, *distinct*, *punctual* を表すけっしてまれな発音ではない. /ŋks/ など：*anxious*, *anxiety* は一般に ['æŋʃəs, æŋ'zaiiti, -əti], *distinction*, *conjunction* は，多分 [k] なしよりは [di'stiŋkʃən, kən'dʒʌŋkʃən] のほうがより頻用される.

/k/ は /skl/> [sl] で失われる（/stl/ と相似）：*muscle*, J1701 は /sl/ あるいは /zl/, 現在 ['mʌsl], かくして *mussel*（イガイ）と同音異義語となる，これは語源的には前者と同じである. —さらに *asked* のもっとも通例の発音では [a·st] となる. E 1765 は *askt*, *Eskdale*, *arctic* などで /k/ を黙字とする，一方 1787 で彼は，この発音は随意的であるという. Rhys, *Cradle Songs*, p. 40 で，次の押韻がある "Sleep has just *passed*, and me he *asked*". 次の2つの形態で，正しく（押韻が）守られているのだろうか？, "I asts you"（B. Shaw, Cashel Byron 68）と "asted"（Pett Ridge, Son of State 6）. 次例を説明するのは難しい *Cockburn*＝['koubə·n], もしこの名がもともと /k/ をもっていたならば.

7.75. /n/ が *government* でしばしば失われる（*m* に同化される）[ˈgʌvəmənt]，これは E 1787 や Soames 女史 1897 で認められている，一方ほとんどの正音学者により拒否されている．

7.76. /v/ と /f/ はしばしば次で失われる，*twelvemonth*（Bacon *twellmmth*，S 1780，E 1787，W 1791），*twelvepence*（S 1780，E 1787），*twelfth*（E 1787，cf. Thackeray，*Van. F.* 22）．さらに以前一般的だった *fi'pence*，*fippence*（J 1701，E 1765 など），依然ときに [fipəns]．*halfpenny*，*halfpence*，7.78 を参照．

/þ/ は /nþs/ でしばしば失われる：*months* [mʌns·]，*sevenths* [ˈsevns·]．さらに他の序数の複数形で：*sixths* [siks·]．さらに次の身近な発音で，*south-west* や *north-west*（Defoe, Rob. Cr. 1719 p. 13 to the Norward. Dickens Ch. 5 Nor' Wester. H. Caine Manxm. 12 nor-nor-west など）．J 1701 が North は「船員たちに Nor と発音される」と言うとき，彼はおそらくこれらの複合語を念頭においていたのであろう．通俗的には [ˈsmifl] = *Smithfield* や *some'ing*（Pett Ridge, Son of the State 6）で．―/ð/ は *clothes* で失われた，この結果 *close* vb と同音異義的になった．Dryden は *knows*：*cloaths* と押韻する．現在 [klouðz]（綴り字発音）が再導入され始めている．さらに次を参照，"old clo' shops" (for instanct Zangwill, Cosmopolis 1897. 614)．

7.77. /z/ はときに *n* の前で省略される：[int it] は *isn't it* に対して耳にされる，C 1685 は *is not* に対して便宜上 *'ent* をもつ（cf. *aint*）．*wan't* は米で *wasn't* に対してよく見られると言われている．これは *doesn't* の代わりに *don't* [dount] が頻繁に用いられることを説明する，これは単純な形態上の（動詞の人称形態の）交替とは説明されない，というのは *do* は *not* が後続しないとき *does* に取って代わることはないからだ．

7.78. /l/ は *Cholmondeley*（人名）で失われる（J 1764），現在 [ʧʌmli]，そして *Chelmsford*（J 1701，Ekwall §577 を見よ），今でもときに [ʧemzfəd]，また以前は *Dunelm*，*Kenelm* で（J 1701），cf. *Lincoln* 7.1．*Marylebone*（London で）の伝統的な発音は [mæribən, -bən]，一方現在は *l* がしばしば発音される．これらの例は，/au, ou/ と唇音の間での *l* の喪失とは無関係で，おそらくそれよりは以前のことである，10.3．いずれにせよ，後者の場合に /u/ が発達したいかなる痕跡もわれわれはもたない．同様にまた *halfpenny*，*halfpence* [heip(ə)ni, heipəns]，さらに *Ralph* の一発音 [reif]：/a/ はここで，/a·/ の前舌化前に埋め合わせとして長化され，[ei] となった．10.523 参照．―*only* に対する通俗的な *on'y* がどのくらい古いのだろうか？

7.79. /r/ は子音連続で失われた（この初期の喪失はのちの r の省略とは，母音によって示される通り，関係がない，13.2）：ME *par(a)lysie parelisy* > *palsy*，現在 [ˈpɔ·lzi]，*Marlborough*，現在通例 [ˈmɔ·lb(ə)rə]，*forecastle*（船首楼），現在船員の

発音 ['fouksl]，ここで [ou] は初期の r の喪失を示す，*are not* > *ain't* [eint]，*Worstead*（町名），*worsted*（梳毛糸）と綴られる普通名詞として，現在 ['wustid, -əd]，但し町名はときに綴り字発音により ['wuəsted]，*Worcester* > ['wustə]（既に G 1621 で）．*Cirencester*，Holinshed では *Circester* あるいは *Girciter*，Sh. R2 V. 6.3（四つ折り判，二つ折り判）では *Ciceter* > ['sisistə] と ['sisitə]，現在一般に綴り字発音 ['sairinsestə]． *scorch* F *escorchier* > *scotch*「浅く切る」(Ekwall)．この喪失は，*st* の前で，現在通俗的な次の語でよく見られる，*burst*，*first* に対して *bust*，*fust*（母音変化のあとこのように 11.12），*cussed* 参照，これは *cursed* と区別される傾向にある，nurse に対する通俗的な nuss，darse OF dars > dace（コイ科の淡水魚），OE *bærs* ME bars > †*base*，*bace*；近代の形態 *bass* [ba·s]（(魚) バス）は /ar/ > [a·] から説明されるかもしれない．*Harsh* における初期の r の喪失については，Ekwall, Jones §583，そしてそこに引用されている文献を見よ，さらに Pogatscher, Anglia 31.261 も．通俗的な [dessei] < *dare say* にも注意．

7.8. **重音省略**（haplology）は音あるいは音群を二度ではなく一度発音することである．一種の錯覚が生み出され，聞き手によって，音が先行するものばかりでなく後続するものとも結びつけられる ― 重音省略と他の音の消失を区別することは必ずしも容易ではない：弱形態の *saint* はしばしば [sn] となる．*St. Thomas* [sn'tɔməs] では重音省略が見られる，*St. John* [sn'ʤən] では，音の同化を伴う重音省略（下を見よ），そして *St. Paul* [sn'pɔ·l] では [t] の単純な消失．

7.81. [t, d]：OE *eahtatiene* ME *eightetene*（Ch. A 3223 で 4 音節）> *eighteen*，OE *ēah(ta)tig eighty*，ME *honestetee*（Ch. E 422 で 4 音節，OF *honnestete*）> *honesty.* *wet* = *wetted*，*exhaust* = *exhausted*，*frustrate* = *frustrated*，*wed* = *wedded*（*sent* = *sendde*），IV 巻 4.3f. を見よ．*parttaking*，*parttaker* > *partaking*，*-er*，ここから *partake*（参加する）．―*wha(t) to do*，*las(t) time*，*nex(t) time*，*give it (t)o me*，*that would do him good*，早口で [ðæt ə du· im 'gud]，*a goo(d) deal.* ― Sh R2 IV. 1.148 Prevent it, resist it, let it not be so（身をもって阻止なさい，そういうことにならぬように（小田島雄志訳）），おそらく *resist* に対して *sist* を用いるよりむしろ，[tit] に長音の [t·] をもって [pri'vent·, ri'zist it] などと読まれていただろう，Abbott と Herford が提案するように，*put't* Lear IV. 6.189；cf. *that* = *that it* については Franz, ESt. 25. 428；*let (it) go* Sh. Cor. III. 2.18. ここでさらに，身近な *How do?*（Thackeray などで このように綴られる）= *How do you do?* に言及してもいいかもしれない．

7.82. [n]：OE *sunnandæg* > *Sunday*，*Monday*，OE *fēowertēne-niht* > *fortnight.* *sevennight* > ['senit] *profa(ne)ness* と *pro(ne)ness* 16，17 世紀には一般的 (Fitzedward Hall, Mod.E. 189)；一方 *fineness* に対する *fines* は F *finesse* から直接．

7.83. [s]：*phoebus' car*, *princess'＝princesse's* あるいは *princesses, for conscience' sake*, *sense＝senses*, VI 巻 16.7f を見よ．*Missis＝Mistress* に対して *Miss*, C 1685 によって言及される（*Mistris* Magistra に対して *Mis*)，18 世紀から一般的，これは現在未婚の女性に用いられるという点で，完全形とは区別される．*Gloucester*, *Leicester* [ˈglɔstə, lestə] など，*let'(s) sit down*, *yes*, *sir* [jesə]. ── *this is* に対して *this* は以前はきわめて一般的であった，次を見よ，Chaucer A 1091, B 4247, E 56, G 366, Parl. of B 650；Jack Straw III. 1.46, Ml F 1321, BJo I 93, 95, Sh Meas V. 131, Lr IV. 6.187, Cymb II. 2.50；*Leonatus＝Leonatus is* は同書 III 6.89.

7.84. [l]：Chaucer の *humblely*（3 音節，LGW 156）は *humbly*（2 音節）になった，同様に *idly*（Hart 'eidllei'，最初の *l* は音節主音的），*nobly*, *simply* などがある，一方 *wholly*, *solely* では，どちらの l も注意深い言葉遣いで耳にされる．*soly* は Sh. Cor. IV. 7.16 で見られる．他の例（そして *-ly＝lily*）については VI 巻を見よ．OE *Englaland* ME *Engleland* > *England*（依然 Sh R3 IV. 4.263 で例外的に 3 音節），*Poleland*（16 世紀）> *Poland*, 7.61 を参照．Fitzedward Hall, Mod. E. 189 は *examp(le)less* を Ben Joneon から，そして *paralle(l)less* を Beaumont と Fletcher から引用する．

7.85. [r]：OE *berern* > ME *bern* 現在 *barn*, *cirurgien* > *surgeon*, *ore rotund* > *orotund*. 早口あるいは通俗的な発音では *temporary*, *library*, *literary* は縮小される：[ˈtempəri, ˈlaib(ə)ri, ˈlitəri]，綴りは Thackeray で *tempory*, *libery*, *littery*（Pend. III. 350, 62, Van. F. 346）．さらに *February* > [ˈfebri]（r の異化(dissimilation) あるいは *January* との類推で [ˈfebjuəri] も）．さらに Burns I. 193 参照，*whare ye gaun?＝where are ...*；標準英語でもまた [wɛ·əju ˈgouiŋ] が耳にされる．

7.86. 重音省略の他の例：*probably* 通俗 [ˈprɔbli]，OE *twiwinter* > *twinter*（地方で，2 歳の牛など），*wi(th) that*. Sh Tp I. 1.66 Let's all sinke with' King（＝*with the*）（一同，王とともに沈むのだ（小田島雄志訳）），*'had*, *'hath＝he had*, *he hath*, 6.13 を見よ．さらに /ii/ > [i] など 9.81 参照．

7.87. 重音省略に密接に関連しているのは，有声か否かでのみ異なる 2 つの子音の縮小である（有声同化を伴う重音省略）：

/pb/ > [b]：E 1787 で *cupboard*, *Hepburn*, 現在 [ˈkʌbəd, ˈhebə·n] か [ˈhepbə·n], *Campbell* [ˈkæmbəl] か [ˈkæməl], *raspberry* [ˈra·zbəri].

/td/ > [d]：*sit down* しばしば [ˈsiˈdaun], *nex(t) day*, *wha(t) d(o) you say?*, *a grea(t) deal*, *wouldn'(t) do*.

/kg/ > [g]：*blackguard* [ˈblæga·d].

7.9.　綴られるが発音はされない子音には英語音の歴史に属さないものがある．そのようなものに次の黙字の *g* がある，*diaphragm* [daiəfræm]（横隔膜），*apophthegm* [æpəþem]（警句），*paradigm* [pærədaim]（典型），黙字の *ch*，*drachm* [dræm]（ドラクマ；ギリシアの通貨単位），また *dram* とも綴られる，そして *yacht* [jɔt]，*t*，*s*，*n* の前の黙字の *p*，*ptarmigan*（ライチョウ），*Ptolemy*（プトレマイオス），*psalm*（聖歌），*pneumatic*（気体の）など，*d* の前の *b*，*bdellium*（ブデリウム）．*Phlegm*（痰）は初期の *fleme*（OF *fleume*，*flemme*）の学問的綴りである；発音 [flem]．　一方 *phlegmatic*（痰の多い）で [g] は発音される [fleg'mætik].

第 VIII 章

大母音推移

8.11. 大母音推移は，高母音の /i·/ と /u·/ は除くすべての長母音が，全体的に上昇することである，/i·/ と /u·/ は，子音になる以外は，それ以上上昇できないので，/ei, ou/ に二重母音化し，のちに [ai, au] となった．ほとんどの場合，綴りは推移の前に固定してしまっていた，それゆえこれが，英語における綴りと音の乖離の主要な理由の 1 つである：短母音（*bit*, *bet*, *bat*, *full*, *folly*）の音価は全体として不変のままだった，一方長母音（*bite*, *beet*, *beat*, *abate*, *foul*, *fool*, *foal*）の音価は変わった．この変化は /u·/ の場合には隠される，というのも二重字 *ou*（*ow*）が，ME の単母音 /u·/ を表すよりも，近代の二重母音を表すのに適切に思えるからである．【ME hus /hū:s/ は現在 house /haus/ である．ME /u·/ を表すフランス語綴りは ou だったので，それにならって hūs の綴り字が house となった．一方，/u·/ の音は上記の変化に従って，/au/ となったが，この発音を表すのには ou の方が適切に見える．したがって，house の綴り字は，/u·/ → /au/ の変化を見えにくくしている】

この推移は図式的には次のようになる：

```
ai ← i·    u· → au
     ↑     ↑
     e·    o·
     ↑     ↑
     ɛ·    ɔ·
     ↑
     a·
```

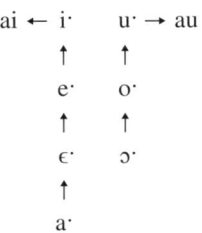

変化 /a·/ > /ɛ·/ は事実上他の変化に類似すると考えられる，但し推移は，他の場合には主に上方へであったが，この場合，主に前方への移動であった．Lehrbuch der Phonetik §147, 162f. 参照．*beat* で /e·/ が [i·, ij] へ変化した後，*beat* と *beet* は同じになった，これについては，11.7 を見よ．

以下は典型的な語の発達の表である．

ME	Mod. spell.	Chaucer	Shakespeare	now
bite	*bite*	/bi·tə/	/beit/	[bait]

bete	*beet*	/be·tə)	/bi·t/	[bi·t, bijt]
bete	*beat*	/bɛ·tə/	/be·t/	[bi·t, bijt]
abate	*abate*	/aˈba·tə/	/əˈbæ·t/	[əˈbeit]
foul	*foul*	/fu·l/	/foul/	[faul]
fol	*fool*	/fo·l/	/fu·l/	[fu·l, fuwl]
fole	*foal*	/fɔ·lə/	/fo·l/	[foul]

もちろん非常に包括的な変化が同時に完了したわけではない．変化は非常にゆるやかで，気づかれないほどの段階をふんで起こったに違いない．そして個々の母音の変化は別々に分けて考えることはできない．それらすべてが明らかに 1 つの大きな言語運動の一部であり，その運動は ME で長母音をもつすべての語に影響を及ぼした．

8.12. この連続のどちらの末端で，この推移は始まったのか？ Luick（*Untersuchungen* p. 78）は，/o·/ が /u·/ へと上昇した地域でのみ /u·/ が二重母音化したので，/u·/ は /o·/ > /u·/ の上昇のため二重母音化したという．推測は決定的であろう．/o·/ はいわば /u·/ を追い払った，そして，このように，二つの音変化の間に因果の連関が生じる．同様に p. 79 で彼は /e·/ > /i·/ の移行を，/i·/ の二重母音化を引き起こした主要な変化だと見なす．そしてこの連関はもう一方の方式でも同じく十分に確立され得る：つまり，/i·/ と /u·/ が二重母音化されたあと，/e·/ と /o·/ が上方向に動き /i·/ と /u·/ になるのを妨げるものがなかった．/u·/ が存続していたところでは，/o·/ は上に移動することは許されなかった．そして推移全体が上端で始まったという，私にとっては，決定的と思われる証拠がある．

8.13. Hart（1569）で，*by*，*find* などに /ei/，*how* などに /ou/，*be* に /i·/，そして *do* などに /u·/ を見出す．彼の *deal* における /e·/ と *go*，*note* における /o·/ は，どのくらいこれら 2 つの音が上昇していたのかを示すものではない，というのもこれらの記号は「広母音」か「狭母音」の変種を示すかもしれないからだ．一方彼の /a·/ はまだ推移による影響は受けてはいなかった：それは依然真の「後舌の」/a·/ だった，これは彼の記述から疑いないように思われる (Hart's Pron. p. 30 を見よ)．

8.14. おそらく以下の議論がいくぶん重要であろう．もし推移が低いレベルで始まったならば，母音間の距離は，始りのときといつでも同じままだったに違いない，あるいはもしそうでなかったならば，それは単に減少したはずである．しかし反対に，もし推移が上端で始まったのであれば，ある特定のときに，一種の空白の余地があり，2 つの隣接する母音間の距離は他の時点におけるよりも大きくなるであろう．ME で，*e* と *o* の各々の文字は 2 つの長音 /e·, ɛ·/ と /o·, ɔ·/ を表した．これは，他の多くの言語でそうでないと同様，特異であるとは感じられなかった，そしてその区別に対して文字上の表現を与える努力もなされなかった．しかし 16 世紀中ごろ，綴り *ie* が *e* の狭音種に用いられるようになった，そして *ia* が口が開いた *e* に，そし

て同時に *oa* が口が開いた *o* 音に対して普通のものとなる．口の開きが狭い *e* はその時期 /iˑ/ に，口の開きが狭い *o* は /uˑ/ に推移していたことが知られている，一方音声学者による口が開いた種に与えられた記述方法は非常にあいまいで，/eˑ, oˑ/ なのか，あるいは /ϵˑ, ɔˑ/ が意図されているのか理解できない．もし *field* における /iˑ/ と too における /uˑ/ の音価が *beast* における /ϵˑ/ と *road* における /ɔˑ/ と共存していると仮定するなら，なぜ人々が，このように大きく互いに乖離した音に，異なる表記を用いるべきであったかを容易に理解できる．

8.21. したがって，私は，最初の一歩は /iˑ/ と /uˑ/ の二重母音化だと考える．長音の /iˑ/ は 1500 年ごろ /ɪi/ を経て /ei/ になったに違いない．それは同時期に S 1547 と H 1569 により書かれたウエールズの賛美歌に *ei* と表記されている，一方 Lambeth fragment 1528 はそれを F *ay* と同一だとする．G 1621 は「それはほぼ二重母音 *ei* である」と言う，にもかかわらず彼は Hart の表記 *ei* を嫌う，そして彼独自の *j* を好む，但し *ei* ‘oculus’ や *ëi* ‘ita’ では除く，ここで彼は，より合理的な二重母音の表示を用いて，3 つの語 *I*, *eye*, *aye* を綴りで区別するが，一方で彼ははっきりとこれらは発音は同じで，意味でのみ互いに異なるという（*solo sensu*（意味のみ）はしばしば見過ごされるか誤って解釈されたパッセージににある，p. 14–15. 一方 p. 30 で彼は，音 *ëi* ‘etiam, ita’ と *thine*, *mine* の音にはわずかな違いがあるという）．Gill は北部人は *ai* と発音する，例えば *faier*「火」で，と言う．これは /æi/ を意味するかもしれない，彼らは「それをあまりに幅広い音を表して乱用し」，［彼らの］*fire* と［彼の］*faire* とを同一視するという Daines の所見に見られるように．言及された著者たちの *ei* は，もちろん，/ei/ か，もっと口を開いた /ϵi/ のどちらかも知れない．Viëtor の Shakespeare の /ɪi/ という発音の表記，すなわち「誇張された［現代の］ロンドン英語（と通常のコクニーなまり）の *be* の *e*」の表記は，*by* と *bee*— これらは当時明らかに /iˑ/ をもっていた— の間にあまりにも小さな距離しか与えない．これらの過去の音声学者（Bullokar など）にいかなる意義も与えられるべきではない，彼らは何が二重母音を構成するのかも分からず，それゆえ（19 世紀においてさえ多くの音声学者に見られたように）この音を「長音の i」と記述し続けたからである．/ei/ あるいは /ϵi/ から，二重母音はおそらく一種の /əi/ へと発達した．そしてこの音は「中舌の」第一要素— これを W 1653 は F の弱い（「女性形の」）*e*，そして C 1685 は *cut* における母音と同じとした— をもっていた．Sweet はこれらの記述を 17 世紀の発音は現在のものと同じだったに違いないことの証拠だとする（HES 1888 §811）．その時，彼は自身の二重母音を中位・中舌・開口の（mid-mixedwide）の母音（t*o*gether と同じ），HES §945，と分析し，一方，現在，彼は最初の部分は *cut* の母音だと考える（これを彼は現在中位・後舌・開口の（mid-back-wide-out）母音と呼ぶ，*Primer of Phon*. 2d ed. §191）．そしてこの音はときどき [a] の方へ引かれる（f*a*ther の音，中位・後舌・開口），とくにコクニー英語ではそうであり，そこではそれはしばしば低位・後舌・開口（F *pâte* の母音）の位置まで低下する．後者の発音は，アイルランド語のものでもあるが，Sheridan の分析（1780）で a[3]（*hall* で）+ e[3]（*beer* で）とされている．Hill 1821 は最初の要素を *cut* の *u* と同じだと見なした．これは J 1764 の「短音の *a*［=æ］と長音の e」や W 1791 の *father* の *a* や *he* の *e* よりはよい分析である．音声表記では [ai] と書くのが通例である，これは，このような二重母音の分析がいかに難しいかを思い起こすと，かなり正確なものである（Lehrb. d. Phon. §212 を見よ）．弱音節で，例えば *my* idea では，2 要素間の隔たりは，強勢時，例えば *eye* の場合，よりも少ない，そしてその時の第一要素はほとんどドイツ語やデンマーク語の弱い e と区別がつかない．第二要素の [ə]（*r*）前での縮少については，13.38 を見よ．

この変化 /i·/ > [ai] の例は 3.12 に挙げられているすべての語である，さらに *child* など 4.22 を参照．

8.22.　この変化のほぼ完全な相似物は *home*，*how* などにおける /u·/ の変化である．

ほとんどの過去の権威者たちは，新たな二重母音を ou として分析する点で一致する，これは /ou/ あるいは /ɔu/ を意味する．例えば the Welsh Hymn（1500 年頃），C 1655，S 1568，H 1569，G 1621．これらの権威の中で Smith は注目に値する，というのも彼は「長音の i」を短母音と記述する，これは，いかに彼が綴りに拘束されているかを示している．Gill についてもほとんど同じことが言える．*Gramm. Angbise* 1625 の著者はより多くの種をあげている：「*ou* は，口を *thou* … *a thousand* のようにいっぱいに開けて，*au* と発音される，これらは *thau*，*a thousand* あるいは *thaousand*；*foule*，*faoule*：*goute*，*gaoute* と発音される」，同様に *flower*，*bower*，*lower* でも．しかしながら，彼がまた *old*，*gold*，*bolte*，*molte* で *l* の前の *o* の発音として *aou* と書いているので，彼の言うことはあまりに盲目的に信ずることはできない．多分彼は北部の発音に言及しているのだろう，G 1621 によれば，それは *goun* に対して *gaun* あるいは *geaun* さえもっていた．他方 P 1530 と B 1588 が正確な観察者だったとは，彼らが単母音 /u·/ を保有しているよう思われるので，信じがたい．/i·/ の場合と同様，Viëtor は Shakespeare の音を /uw/ や /ʊu/ と表記しているが，この 2 つの要素間の隔たりがあまりにも小さすぎる．17 世紀の後半に，PE の二重母音と非常によく一致する記述が見られる：W 1653 は，それは *come* の *o* あるいは *dull* の *u*+*w* である，C 1685 は，それは喉音の *u*（すなわち *dull*，*couple* の音である）+ドイツ語の *u* あるいは E の *oo* であると言う．J 1701 は，それは「*but*，*cut* などにおける短音の *ŭ* と *oo* が一音節にまとめられたものである」と言う．同様に H 1821：*but* の *u*+*bull* や *good* の音．Sweet は第一要素を低位・中舌・開口と分析する（したがって [ai] の始まりより 1 度低い），そしてコクニー英語では，それは低位・前舌・開口，すなわち *hat* の音となると言う，一方，スコットランド語は中位・後舌・狭音（*come* の音）をもち，米語は中位・後舌・開口音（*father* の音）をもつと言う．私は第一要素を *bird* の [ə·] と cut の [ʌ] の中間と分析するほうに傾いている．そして私はスコットランド人がドイツ語の *Gott*（中位・後舌・狭・円唇音）のような「開口の [o]」で発音するのを聞いたことがあると思う，Sheridan（アイルランド英語？）の二重母音＝a^3 (*hall* で) + o^3 (*noose* で) 参照．[au] は，実用的な音声表記において標準的な音のかなり正確な表現である．[ə]（*r*）の前での第二要素の縮少については，13.38 を見よ．

変化 /u·/ > [au] の例は 3.45–47 で挙げられている語である，例外についてはすぐ下で言及する．さらに *found* なども参照，4.22.

8.23. 唇音の前で二重母音は見られない：ME *coupe*，現在 *coop* [ku·p]，*cooper*，固有名としてしばしば Cowper と綴られる，[ˈku·pə] と発音される，しかし現在非常にしばしば綴りから [ˈkaupə]. ON *drupa* > *droop*，ME *loupe* > *loop*，OE *stūpian* > *stoop*，欽定訳聖書 1611 では依然 *stoupe* と綴られる．F *troupe* > *troop*，F *croupe*，E *croup*(*e*)（尻）[kru·p]，また *croop* と綴られる．OE *rūm* Ch. *roum* > *room*，*coomb* と *combe*，7.51 を見よ，*foumart* [u·]，一方米では [au]（綴り字発音），ME *toumbe* > tomb [tu·m]，綴りはフランス語形から作り直されたものと思われる．おそらく *Brougham* [bru·m]（人名）もここで言及されねばならない，10.25 を参照．

8.24. 次の語では唇音の前で短化された /u/ が見られる：OE *plūme* ME *ploume* > *plum* [plʌm]（スモモ）([ʌ] < /u/, 11.6 を見よ)，OE *þūma* ME *thoume* > *thumb* [þʌm]，Scn *scūm* > *scum*，OE *crūma* > *crumb*，OE *sūpan* > *sup*（すする），OE *dūfe*（同族の言語は *ū* をもつ）> *dove* [dʌv]，OE *scūfan* > *shove* [ʃʌv]，(*dumb* 4.222)．おそらく同じ短化が次の F の語に見られる：*couple* [kʌpl]，*double*，*trouble*，*suffer*，(*n*)*umpire*，*number*（他の語における鼻音前での /u·/ > [au] 参照）．—多分唇音前での /u·/ を扱う 2 つの方式の間に連関が確立されるかもしれない，もし二重母音化が，母音が明らかに長音であったときのみ起こったと，そして母音が，唇音の前で，変動する音長をもっていたと仮定するならば．この変動は依然次で見られる，*room* [ru(·)m]；*stoop* 一般に [stu·p]，ときに [stup]. 当時ほとんどの語で /u·/ が二重母音になったとき，異形 /rum, cup/ などの存在が，/u·/ を予防的類推 (preservative analogy) によって，そのままの形で守った．さらに /uf/ における短化も参照，10.23.

8.25. *group* や *soup* における /u·/ は /coop/ におけるように説明されるかもしれない，もしそうでなければ，この案の方がよりありそうだが，これらの語は変化 [u·] > /ou/ のあとで初めて借用されたのであろう．NED における *grope* の最古の引用は 1695 である，そして *soup* はこれより前ではないようである．他の F からの最近の [u·] について，8.35 参照．

8.26. *wound* sb. における [u·] は先行する [w] によると思われる．G 1621 は ü

をもつ，例えば *fool* に，一方彼は，北部人たちは /waund/ をもつと言う．B 1633 は長音の ɯ＝/u·/ をもつ．現在の多くの方言は，また南部におけるものも，二重母音をもつ．EDD を見よ，さらに Hardy, Life's Ir. 212 *wownds*. 動詞形態の *wound* における二重母音は *found* などからの類推によるかもしれない．

8.27. /u·/ の二重母音化は北部の方言では起こらなかった．スコットランドやノーザンバーランドは今でも house などに対して [hu·s] をもつ．cf. *dour* [du·r]（むっつりした），*souter* [su·tar]「靴屋」，*Dougal*(*l*) [ˈdu·gəl]，*Ouse* [u·z]，*Ouseley* [u·zli]． こうして *stoor*（ON *stōr*）（丈夫な）の代わりの *stour* [stu·r] やおそらく *stoup* [stu·p]（大コップ）—これはおそらくオランダ語の *stoop* から—において，Sc 綴りの *ou* がある，cf. Björkman, p. 78. —*brook* [bruk]（小川）OE *brūcan* や *uncouth* [ˈunˈku·þ]（無骨な）は北部方言から取り入れられた．

8.31. 次のステップは狭母音の /e·, o·/ から [i·, u·] への上昇だった．これはおそらく弱音節で始まった．語尾 *-e* と *-ie*（*-y*），これらを Chaucer は彼の押韻で区別したが，14 世紀には時々同じ音になったようである．次の語で i は語源的である，*carry*, *copy*, *energy*, *enemy*, *fury*, *gallery*, *glory*, *malady*, *marry*, *ordinary*, *party*（ME *parti* や *partie*），*tyranny* など，一方 *e* は F の *e* に対応するところで見られる（Lat. *-atem*, *-ata* など），例えば ME *cite*, 16 世紀までこう綴られた，他方で *cety*, *citie*, *citey*, *city* は 14 世紀にはほとんど見られなかった，15，16 世紀にだんだん一般的となり，ついに *city* が最終的に認知された綴りとなった．同様に *beauty*, *bounty*, *cruelty*, *curiosity*, *honesty*, *pity* など．ME *countree* はバラッドで保持された，そして 19 世紀になってさえ人為的に模倣された（Coleridge），一方 *countrey*, *-eie*, *-ai*, *-aye*, *-ye*, *-ie* は 14–16 世紀に見られる，*country* は 16 世紀から．同様に *army*, *destiny* など．語尾 *-ous* が付け加えられると，綴りは今でも昔の *e-* 語と *i-* 語の違いを示す語がある：*duteous*, *piteous*, *bounteous*, 一方 *glorious*, *industrious*, *calumnious*. —形容詞語尾 F *é* はこうして英語の *-y* < OE *-ig* と同じになる； *risky* はあたかも risk から形成されたように見える（misty が mist から形成されたように），しかし実際は F *risqué* から．同様に *easy* < F *aisé*, *tawny* < F *tanné*, *puny*（ちっぽけな）< F *puis né*. *query*（質問）は現在 *-y* 形の名詞に見えるが，実際は Lat. 命令形 *quære*. これらすべての例で綴り *-y* が優勢となった．しかし *l* のあとでは，*-ey* が一般的である：*alley*, *medley*, *motley*, *valley*, *volley*. 同様に n の後でも，*journey*, *chimney*, *money*, 他（cf. *honey* OE *hunig*）．F *estoree* > *story*（階），しばしば *story* < *historia* との混同を避けるため *storey* と綴られる (3.137)．—すべての場合に音は，*-e*（*-ee*）からのものであれ *-i*（*-ie*）からのものであれ（あるいは *very* のように *ai* からであれ）現在同じ，低母音で開口音の [ɪ] は，純正な [i] と [e] のほぼ中間の音である．おそらく /e·/ はここでは，けっして真に高舌の位置には上昇しなかったであろう．注目すべきは，H 1569 では，一般には /i/

と書くが，一定数の /e/ をもつ：/kuntre/（‘country’）長音，/kuriozite，afinite/（‘curisity，affinty’）ほか短音．彼は /komodite/（‘commodity’）と /-ti/ の両方をもつ．──学問的な語，例えば *apostrophe* [ə'pɔstrəfi]，*catastrophe* [kə'tæstrəfi] では，*e* が依然綴られている．さらに 17 世紀に *anemone* [ə'neməni] も──19 世紀には，ときに *anemony* とも綴られた．

believe などにおける短音の /e/ に対する [i] については 9.13 を見よ．

8.32. 強勢音節における変化 /e·/ > [i·]，例えば *bee*，*be*，*meet*，*people* など（例は 3.22 を見よ）は確かに 1550 年前に起こった，但し S 1568 はこの音を「ē とも ī とも聞かない」と記述する，そして D 1640 も同様にそれを大陸の *i* と同じとすることに躊躇する．彼はおそらく書かれた記号に影響を受けたのであろう．さらに決定的なのは 1500 年頃のウェールズ人の *i* の表記，そして H 1569 による /i·/ の表記，さらにはのちの著者たちによる多くの他の証拠である．綴り *ie*（*field*，*fiend*，*belief* など）は，以前はまれであるが 1550 年以降は通例のものである．これらもまた同じ方向への兆候である，おそらく綴り *ei* もまたそうである，これはのちに捨てられた．

変化のあと，母音は *breech*(*es*) [briʧ(iz)]（ズボン）で短音化された，例えば J 1764 やほとんどの辞書で．近年，この語が実質的に廃用となったあと，[i·] と発音する人もいる．*been* では，[bi·n] と比べて，短化 [bin] が頻繁であるのは，明らかに強勢の欠如による．以前の短化は /ben/ と言う形態になっていた．これら 3 つの形態は E 1787 により与えられている（cf. 4.431）．

8.33. 推移 /e·/ > /i·/ のあと F や他の言語から借用された /i·/ をもつ語は，母音を不変のまま保ってきた（/i·/ > /ɪi/ の変化は別だが）．それらの中のいくつかでは，大抵は最古のものであるが，綴りは英語の習慣に整合するようにされた：*redeem*（精算する）．*esteem*，*canteen*，*guarantee*，*lateen*，*fusee*「マスケット銃」F *fusil*，*breeze* 16 世紀 *brise*，*brize* と綴られた Sp *briza*，*veer* Sidney により *vire* と綴られるが，Spenser（Skeat）では *vere* F *vire*，F *gentil*（これは以前に借用されていて，gentle や jaunty になった）は，再び 1600 年頃借用され，それから *gentile* と綴られ，現在のように [ʤen'ti·l] と発音された，しかし 17 世紀から綴り *genteel*（気取った）が優勢となって，Lat. 由来の *gentile* ['ʤentail]「非ユダヤ人」とを区別した．最後に *veneer*（ベニア）G *furnieren*. ──一方次では *ie* と綴られる，*frieze* [fri·z] F *frise*, *mien* [mi·n]（物腰），*tier* [tiə]「列」F *tire*. そして非常に多くの語で綴り *i* が保たれている：*machine* [mə'ʃi·n]，*magazine* [mægə'zi·n]，*marine* [mə'ri·n]，*routine* [ru'ti·n]，*caprice* [kə'pri·s]，*police* [pə'li·s]（18 世紀の語；“what the French call the police”，Swift）．*chemise* [ʃi'mi·z]，*fatigue* [fa'ti·g]，*intrigue* [in'tri·g]，*antique* [æn'ti·k]（より以前の借用語 '*antic* 参照 5.54）．*physique* [fi'zi·k]（体格）（より以前の '*physic*（薬）参照）．*critique* [kri'ti·k]（批評）（より以前の '*critic*（批評家）参照）．*unique*（ju'ni·k），*pique* [pi·k]（立腹させる），*imbecile* [imbi'si·l]（大ばかな），*inval-*

id [invəˈli·d]（5.8 参照），*prestige* [preˈsti·ʒ]，ときに [ˈprestiʤ]，*suite* [swi·t]（より以前の *suit* [sju·t] 参照），*naīve* [na·ˈi·v]，*mosquito* [məˈski·tou]，*guige* [gi·ʒ]，*tige* [ti·ʒ]．注意すべきは *machine*，*chemise* における ch は [ʃ] であり，[ʧ] ではない，そして *guige* や *tige* の g は [ʒ] で，[ʤ] ではない；これもまた新しい借用語の印である．—*Oblige* は特異である．18 世紀に，それは洗練されて [-i·ʤ]（? また [i·ʒ]）と発音されると考えられた，そしてこれは 19 世紀に一部の人たちに続けられた，そしてこのように発音した最後の一人が Wilkie Collins（*The Bookman*, May 1907, p. 58）だった．しかし現在以前の /i·ʤ/ から変化した [-aiʤ] のみが耳にされる．もし Walker—1775 年に [i·] を主張した—が正しければ（1791, p. 15），[ai] 音は Chesterfield 卿の影響による，彼は書簡の中で自分の息子に [i·] を気取った感じがするとして避けるよう強いた．*oblique* における関連する変動は今でも見られるが，[i·] が [ai] よりも一般的である．—F *chagrin* は *shagreen*「サメ皮」と *chagrin* [ʃəˈgri·n]，[-ˈgrin] も，「無念」を生み出した．古い借用語 *artist*，現在 [ˈa·tist]，と共に，異なる意味の最近の *artiste* [a·ˈti·st]「芸能人」がある．同様に *pianist*（強勢については 5.66 を見よ）と共に，最近の *pianiste* [piəˈni·st]，これはとくに女性ピアニスト（F の *e* による，あたかも F は男性形に *e* はもっていなかったかのように）に用いられるが，その奇妙な結果として，性は現在強勢の変化によって示される（NED；異論を唱える人もいる）．

8.34. /e·/ の変化に類似するものに /o·/ > /u·/ がある（現在実際には [ʊu, uw] 11.45 を見よ）．例は 3.521．新しい音の正体はウエールズ語の表記 *w*（S 1500, 1530）や H 1569 ほかによって十分に確立されている，彼らは，それはドイツ語の *u* あるいは F の *ou* に似ているといい，*fool* と *full* の母音を長音と短音として対にする．—綴り *ou* は，*ei* と平行的であるが，—16，17 世紀によく見られたが（*bloud* ‘blood’，*floud* ‘flood’），—その二重字という通常の音価のために，一般には用いられることはなかった．それが定着した唯一の語は *ouzel*（クロウタドリ）あるいは *ousel* であった．OE *ōsel*（**amsala*）は規則的に ME *osel* を生み出し，そして PE の音 [u·zl] を生み出した．

ME /o·/ は *yol* OE *geol* において /j/ のあとで見られた，これはその後 *yule*（クリスマスの季節）と綴られた，というのは /ju·/ が /ju·/ < /iu/ と同一視されたからである．

8.35. /u·/ の推移のあとに借用された /u·/ をもつ語は依然 /u·/ をもつ：*accoutre* [aˈku·tə]（特殊の服装をさせる）（最古の引用 1696，*accoutrement* Sc 1549），*route* [ru·t]，*routine* [ru(·)ˈti·n]．*rouge* [ru·ʒ]，coup [ku·]（政変）．*goût* [gu·]（味），*moustache* [muˈsta·ʃ] あるいは [mə-]，*tour* [tuə]．*blouse* は，しかしながら，[blu·z] のほかに，[blauz] をもつ，綴り字発音．*group* や *soup* については 8.25 を見よ．

8.36. われわれはFからの非常に多くの借用語で *-oon* [-u·n] に強勢を置いてきた：*balloon*, *bassoon*, *batoon*, *boon* (companion)（愉快な仲間）, *bridoon*, *buffoon*, *cartoon*, *cocoon*, *doubloon*, *dragoon*（より以前の *dragon* [ˈdrægən]）, *jestoon*, *galloon*, *gossoon*, *harpoon*, *lampoon*, *macaroon*, *maroon*, *pnntalooti*, *platoon* (F *peloton*), *poltroon*, *pontoon*, *saloon*, *typhoon*. F *-on* は /o·n/ として引き継がれ，その後 [u·n] と変化したと考えられるかもしれない．しかしこれは正しいとは言えない．これらの語の大多数は16世紀の後半あるいは17世紀に借用されたものであり，さらにその後に借用されたものもある．一方この時期には /o·/ が既に /u·/ に変化していた．初期の英語の正音学者の中には，F *on* は /u/ で発音されたとはっきりと言う人もいる (H 1669, B 1588, B 1633)．これは初期の借用語群 (3.47) に見られるのと同じF音（おそらく実際には鼻音化された狭母音の *o*）の認識である：*crown*, *count* など，後者の語のみが大母音推移の前に，前者はその後に借用された．二重語をもつ場合もある，1つにはより以前の借用（*dragon*, *pattern*, 強勢の移動に注意）によるもの，あるいはのちの借用によるもの（*salon*, ?*baton*）である．*Boon* は以前の形態でも見られ，*bone* あるいは *boun* と綴られた．*tone*（音色）はFからというより Lat. から．*tune*（旋律），これは確かにFから取られた同じ語であるが，その変則の母音のため（二重語かどうか）不明瞭である．

8.37. 次にも [u·] が見られる，*who*, *whom*, *whose*, *womb* [wu·m] など3.522; *comb* OE *camb*, 現在 [koum], はまた1700年頃 /u·/ をもつ異形をもっていた，Ekwall §292, Luick, Unters. §66, 68を参照．

8.411. 母音の総体的な推移における次の段階は /ɛ·/ と /ɔ·/ の上昇である．ここで議論する時期の各区分でどの程度これらが上昇したかを，われわれは確実に知っているわけではない，しかし *meat* などにおける /ɛ·/ は，その間ずっと，後に [i·] となった *meet* の母音とは異なっていた．次の2つのグループにおける長音と短音の対 (S 1568, B 1633) —*lead*「鉛」, *bread*「パン」, *heal*「癒す」と，*led*「引っ張られた」, *bred*「～育ちの」, hell「地獄」—の対は，前者では /ɛ·/, 後者では /ɛ/ を示すように思われるだろう，但し *met—meat*, *set—seat* の対もまた W 1653に見られる，そしてその時代には長母音が明らかに /e·/ となっていた：彼はE *e* を男性形のF *é* と同じとする．[ei] をもつのちの借用語については15.22を見よ．

8.412. ここで /ɛ·/ の短化に言及する必要がある，この変化はこの時期，確かに推移 /ɛ·/ > [i·] 以前に，舌尖子音の前で起こった．これらの大部分は J 1701, p. 41で触れられている，彼はまた長音も認める．不定形 *spread* や *dread* における短化は過去形や分詞形からの類推によっている，後者では二重の *dd* が短化を引き起こした，対応する形態には *read* [red] < *rǣdde*, *rǣdd*, や *led* [led] < *lǣdde*, *Iǣdd* 参照，4.312を見よ．しかしこれは他の例には当てはまらない．

bread [bred]，S 1699 により＝*bred*，*dead* [ded] と挙げられている，は Sh で bed と押韻する，*dread* [dred]，*head* [hed]，多分屈折形態から，この場合 /vd/ が /dd/ になった，Sh では *bed* と押韻する．B 1633 は短音とする，但しクリームに対する牛乳の泡としての「転移した意味」の場合は除く．*lead* sb.「鉛」[led], *red* adj. [red], *shred* [ʃred]，*spread* [spred]，*thread* [þred]，*tread* [tred]．一方次の見たところ類似の例で長母音が見られる：*bead* [bi·d]，*knead* [ni·d]，*lead* vb. [li·d]，*mead* [mi·d]，*plead* [pli·d]，*read* inf. [ri·d].

短化による同音異義語：*bread*＝*bred*，*lead*＝*led*（*bred* と *led* はどちらも古い短化である）．

fret [fret]，ElE はしばしば /ɛ·/ を伴って（Viëtor Shakesp., p. 38），もともと *eat* を含む複合語，*eat*（*ate*）過去形 [et]，*let* [let] OE *lǣtan*，*sweat* [swet]，おそらく過去形 *threat* [þret] から，cf. *threaten* [þretn]，ここで /tn/ が短化を引き起こしたのかもしれない．これらに *get*，ME *gete* が同類とされるかもしれない．一方次では短化は見られない，*beat* [bi·t]，*eat* inf [i·t]，*heat* [hi·t]，*meat* [mi·t] ほか．

ten と *thirteen* などの違いは容易には説明できない．

s の前で次のような短化が見られる，*less* OE *lǣs*，*lǣssa* や接続詞 *lest*，1800 年頃まで least，OE（*þȳ*）*lǣs þe* ME *lǣste*，現在 [lest]．また *breast* [brest] OE *brēost* 参照．

/þ/ の前で：*breath* [breþ]，*death* [deþ]，G 1621 では長音，一方 B 1580 では短音．次では短化しない，*heath*，*sheath*，*underneath*，*wreath*.

/f/ のまえでの *deaf* [def] における同じ短化は *deafness*（子音群）の類推によって説明されるかもしれない，一方 *leaf* や *sheaf* では [i·] をもっている．

18 世紀に *leap* はしばしば /lep/ だった，おそらく leaped，leapt [lept] との類推で：現在 [li·p]．アイルランド人はまだ “to lep a horse across a ditch”（馬に溝を跳び越えさせる）と言う．

8.42. *Oak*，*toe*，*hope* などにおける /ɔ·/ については，/ɛ·/（8.411）に関するのと同じ問題がある：この時期それは *laud*，*lord* における現在の [ɔ·] の低母音とはほとんど言えず，おそらく，それと F *rose* の狭音 [o·] の中間の音であったであろう．Floris 1611 は *bone*，*dog*，*flow*，*god*，*rod*，*stone*，*tone* の音をイタリア語 *vuole*，*torre* vb.，rosa sb. の広母音 *o* と同じだとする，しかし不幸なことに彼のあげている E の語は当時明らかに異なった音を含んでいた：ME short /o/ あるいは /ɔ/：*dog*，*god*，*rod*，ME /ɔ·/：*bone*，*stone*，*tone*，そして ME /o·u/：*flow*．S 1568 は *smock* と *smoke*，*horse* と *hoarse*，*hop* と *hope*，*sop* と *soap*，*rob* と *robe* などを短音と長音の対としている，また他の初期の正音学者もこれらの語の間に音長的違いしか感じていないようである．B 1633 は *cost coast*，*for fore* で，音色（quality）は同じだが，音長（quantity）は異なると言う．──綴り *oa* については 3.54 と 8.14 を見よ．*brooch* と *broach* は 2 つの語源的にそして音声的に同じ語における綴りの違いを示す，現在 [brouʧ]．── 現在の二重母音 [ou] < /ɔ·/ については 11.4 を，*r* の前での発達については 13.35，*cloth*，*gone*，*broad*，*groat* における [ɔ·] については 10.8 を見よ．*Yawn*（あくびをする）OE *gānian* ME *yone* では音の模倣がおそらく /ɔ·/ の上昇を妨げてきた．

8.43. /o·/ を伴う一定数の最近の F の借用語がある，現在 [ou] で *au*，*eau* と綴られる：*hautboy* [houboi]（オーボエ）．*bureau* [bju'rou]，*beau* [bou]，*beauty* 3.83 を参照，*Beaumont* [boument]，*Beauclerc* ['bouklə·k，-klϵ·ə]（もしこれらの名前がイングランドで古いものであれば，それらは「再フランス語化」されたに違いない）．

8.51. 初期の /a·/ の変化は，/e·/ や /ϵ·/ の変化と異なり，主に舌の上昇ではなく，前方への移動であった，その結果，舌と硬口蓋が最も接近した：PE *father* における [a·] のような後母音の状態から，前母音となった，それは最初はおそらく /æ·/── 長化された PE m*a*n── それから F *fête* における /ϵ·/ となった；現在は [ei]，11.3．例：*ape*，*lade*，*same*，*able* など，3.34ff を見よ．

8.52. 16 世紀に後舌音が H 1569 により明確に記述されている（Hart についての拙著，p. 30f. を見よ），そして /a·/ も P 1530 や S 1547 に見られる発音だった．一方同時に，より前舌の発音が，少なくとも全住民の一定部分で，現れ始めていたに違いない．これは，Lambeth fragment 1528，G 1532（F *e* は「ほとんど英語の *a* と同じくらい開口音」），そして E 1605（*ale*＝F *esl*（s は黙字），一方 *after* はほぼ＝F *Baptiste* の *a*）に見られる F の *e* との比較から見られるとおりである．G 1621 は *Mal* と *male* の間に音色の区別をしない，2 つとも *mall* における "*a* latum"（開口の *a*）と対照して *a* を "a exile"（弱い *a*）と名付けた．一方彼は前舌化を女性的気取りと述べる：/laun，ka·mbrik，ka·pn/ ではなく /le·n，ke·mbrik，ke·pn/ あるいはほぼ /ki·pn/ を認める；彼はそれを /mϵ·t/ *meat* に対する /mi·t/ と同類とする．B 1633 は *man* と *mane* における *a* との間に音色の違いを認める，これは *shin* と *shine*，*tun* と *tune* との間の違いに相似するものである，一方 *beck* と *beak* の違いは音長のみであると言う．H 1662 はこう言う「英語の *a* は 2 つの異なる音をもつ，1 つは Abraham，Alabastre のように開口的で豊かなもの，もう 1 つは圧迫的で，いわば半ば口を開いた気取ったもの，例えば Ale cerveza（エールビール），Awake など」．C 1685 は *ken* と *cane* を対応する短音と長音として同じ類に分類した最初の人である，この対は *can*（短）と *cast*（長）の他の対とは異なる．この時期の後，すべての文法は，E の *ā* が F *ai*，*e* やドイツ語の *ä*，*e* などと同等であるとみなす点で一致する．"a" の二重母音的性質については 11.4 を見よ．弱音節における /a·/ > [i] については 9.14 を見よ．

8.53. F *crêpe*（*crespe*）は *crespe* として引き継がれた（1633），しかし 1685 年

から E の綴り *crape*（クレープ）が見られる．これは現在 *crépe*（ちりめん）とは区別されている．

8.61. 短母音は通例母音上昇には加わらなかった．しかしここで言及すべき孤立した（例外的な）例がある，但し推移全体との因果関係は疑わしい．

/j/ のあとでの /e/ >/i/ は，例えば *yes*，*yesterday*，*yet*，しばしば G 1621 から B 1809 までに言及されている，しかしながら後者はそれを *yes* においてのみ認めている．*chemist* で /k/ のあと，現在 E 1787 で，[e] と [i] の両方をもつ．一方 F *chimiste* 参照；*togither* で /g/ のあと，以前は *together* として頻繁に，さらに *agin*，*aginst*（J 1764）．また get に対する *git* 参照，C 1685 でよく見られた，現在通俗的．/ʤ/ *Jemmy* のあとで，現在 [ˈʤimi]，*Jenny*，現在 [ˈʤini, ˈʤeni]．*devil* に対する *divel* は，開音節の形態における短化された /iˑ/ かもしれない，一方 /e/ は *devle-* の屈折形から．標準発音がこれらの語に [e] を再確立した．

8.62. /a/ > /æ/ > [e] は通俗的に [k] の前後で，*cab*，*catch*，*carriage*，*thanks*，*bank* に [keb, keʧ, keriʤ, þeŋks, beŋk]；これはどのくらい古いのか？ N 1784 は *catch*，*thank* に e を発音する，そして W 1791 は *ketch* を認める，これは Smollett（Storm）では通俗的とされている．*keg* は *cog* に対して認められている．NED での最古の引用は 1632．*gather* に対する *gether*（N 1784 など）は，[g] あるいは together からの影響によると思われる．―*E* をもつ *radish* については 3.114 を見よ．[e] をもつ *many*，*any* については 3.213 を見よ．

8.63. 私はこのセクションで初期の /a/ > [æ] の包括的な変化に言及したい，これにより短音の後舌 /a/ が英語から失われた．ここで採用する，ME が /a/ をもっていたという説に対して，次のようにしばしば反論されてきた，すなわち，前舌の /æ/ をもつ OE *sæt* > 後舌の /a/ をもつ ME *sat* > 前舌の [æ] をもつ Mod *sat* への変化と再変化を仮定することは不自然であること，そしてもっと自然には，OE の母音が変化することなくすべての時期にわたり保持されたと仮定し，フランス語化された綴り *a* が代わりに用いられているに過ぎないという反論である．しかし留意しなければならないのは，われわれはこの音のみを問題にしているのではなく，OE *a*（*crab*），*ea*（*shadow*，*half*），*ā*（*hallow*），*ēa*（*chapman*），Scn の *a*（*hap*），F の *a*（*act*）それぞれの末裔も問題にしているのである．ME と初期あるいは後期 ModE におけるこれらの音の間に差異の痕跡はない，そしてもし ME /sæt/ を仮定するならば，すべての他の例にもまた /æ/ を仮定しなければならない．この *a* は常に長音の *a*（*name*，*able* など）と同時に存在する．Hart の注意深い分析 1569 は，彼の短音の *a* の後舌性を指摘する．後舌音を支持するものとして，*woman* [wumən] と *women* [wimin] の違いを挙げることができるかもしれない，後者の前母音が元来の /i/ を前者と同様の /u/ へと変えられることから守った（wifmen > women であった）．さら

に *w* のあとでの [ɔ]（後舌円唇母音, 前舌円唇ではない）への変化 (/a/ → [ɔ])（10.9），そして弱音節での異なる取り扱い，つまり，短音の *a* が，他の後母音と同様 [ə] になり，一方長音の *a* は [i] となること，これについては，9,14，9.21 を見よ．（また PE の *half*，*arm*，*pass* などにおける長音の [a·] 参照，10.5，10.6.）初期の権威者の大部分は，短音の *a* を他の言語の *a* と同じだとする，そして E の *a* を E の *è* などと同じだとする人々は，*a* のアルファベット値を，すなわち長音，と考える．しかし 17 世紀の後半に，短音 *a* の前舌の発音の兆候が見られる．例えば Wallis 1653 は *bat* などにおける弱い *a* (a exile）を口蓋母音（vocales palatinae）に含まれると記述する（12.61 における引用参照），そして M 1688 は「*hat*，*cap*，*mad* における *a* は短音の *ai* あるいは広母音の *e* で発音される」と言う．一方，Nares 1784 のような優れた権威は，短音の *a* は「他の言語でもわれわれと同じである」と言う，他方彼の *gasp*，*advance*，*alms* などにおける “open *a*”（広母音の a）はイタリア語の *a*，F -*age* の *a* であり，彼の *author* などにおける “broad-a”（広い *a* 音）は通常の F 長音の *a*（イタリア語には見られない）である．これは次のことを示すのであろうか？，すなわち，*man* における短音の *a* が，当時一定の話し手に関して，イングランド北部でそれが依然しばしばもっているのと同じ音 [a] もっていたのであろうか．

第 IX 章

非強勢の母音

9.01. 英語音韻論の本章はおそらく他の章に比べてより大きな問題を提供する，というのは最近に至るまで，ほとんどの正音学者は自然な発音を無視し，非強勢音節の母音を，あたかもそれらが，強勢を受けたときの完全で明瞭な音と同じ音をもつかのように表示してきたからだ．例えば，ほぼすべての発音辞典は *accommodate* や *natural* のような語に "akkom´mod-āt" や "nat´u-ral"，つまり [æk'kɔmmədeit, nætju·ræl] を与える，これらが，[ə'kɔmədeit, nætʃərəl] ではなく，*lack*, *odd*, *you*, *Alp* の完全母音で発音されると，奇妙な効果をもたらす．本当に信頼できる弱音節の表記を与えるのは，最新の音声学者のグループ―Ellis や Sweet から以降―のみである．Bell の表示ですら過度の朗読調の趣を与え，信頼できるものではない．そしてどこにも完全に体系的な議論がなく，いわんやこれらの母音の歴史的な扱いもない．したがって，以下は，試みの議論で，将来の研究からおそらく多くの修正を必要とするであろう．

9.02. 弱音節においては，短母音になる傾向がある―とくに子音が後続しているとき―そして，言葉がはっきりしなくなる傾向がある，舌ははっきりと後ろに引かれないし，またはっきりと前寄りにされることもなく，はっきりと上昇されることも下降されることもなく，中立的なあるいは受動的な位置近辺に留まる ("indifferenzlage", "mid-mixed")．この中位位置への接近度合いは，主に周囲の環境によって決定される，容易に結びつく 2 つの子音間では，母音はしばしば完全に失われる，その結果，子音の一方が音節主音的になるか，または，母音の喪失から生じる子音連続の性質にしたがって，音節の数が減じられる．

9.03. ほぼすべての正音学者の表示の点から，弱母音の不明瞭化はきわめて近年の，例えば 19 世紀の中頃の発達であったと想像されるかもしれない．しかし非常に多くの事実が，それは 16 世紀，あるいはそれ以前に始まったに違いないと証明している；本章で提示される綴りの多くを見よ．Gill in 1621 が *Cotsal* を *Cotswold* の通俗的発音として挙げるとき，あるいは "I pre *ya* gï *yar* skalerz lïv *ta* plë" を気取った女性ことばの見本として挙げるとき，この *a* はおそらく，現在の [ə] に類するある母音が意図されたのであろう．Hart についての拙著 p. 20 で解釈されているような，彼の *scholar*，*person* などについての所見 p. 14 参照，18 世紀から不明瞭化傾向への多少とも紛れのない証拠が見られる．Jones 1701 は既に引証されている，1.44 を見よ．ポルトガル人 Jacob de Castro（1750 年頃，Evans, Spelling Experimenter II 31ff を見よ）は，fing*e*r，f*o*rgive，physici*a*n，c*o*ndition，aut*u*mn，Aar*o*n，fire (faiar) などにおける弱音節でのイタリック部を *a* と書く．これは，ポルトガル語の短音の *a* が，PE *bird* の不明瞭な母音に似て，不明瞭な母音であることから見て重要である．Johnston 1764 は，語尾 *-on*，*-our*，*ous*，*-re*，*-some*，*-ceous*（*-cious*，*-tious*）> *-cian*（*-sion*，*-ssion*，*tion*），*-sion*，*-ure*，*-xion*，*-xious* は，*-un*，*-ur*，*-us*，*-er*，*-sum*，*-shuss*，*-shun*，*-zhun*，*-ur*，*-cshun*，*-cshus* と発音されるべきだ，という規則を挙げる．Elphinston 1765 は次のように言う：「閉音節の母音は弱く言われると非常に不明瞭になるので … 区別を意図的に明確にしたいという目的で発話される場合を除いでは，特に流音のような非常に強い語末音に吸収される時には，耳はほとんど 2 つの音を区別できない．次の対の後者を見よ，*Hanun* と *Canaan*，*Salem* と *Balaam*，*Abel* と *Nabal*，*alter* と *altar*；*tartar*，*barter* と *martyr*；あるいは *abbat* と *abbot* … このように音に大きな相違がないので，*tormenter*，*persecuter* などを形成し，あるいは *tormentor*，*persecutor* などを借用する，そして（あるとしても）耳にはほとんど違いが聞き取れないのに，*sailer*（帆船），そして *sailor*（船員）を形成することがある．この結果 *briar*（イバラ）と *brier*，*caterpillar*（毛虫）と *caterpiller*（キャタピラー）など間で混乱が生ずる … さらに *lier*（横たわっている人）と *liar*（嘘つき），*begger*（懇願する人）と *beggar*（乞食）などの間の区別に加え偶然の一致が生ずる」．W 1791 は，すべての母音は弱化され「単純な喉音の声音，母音を区別する諸器官によってはまったく変更できない音」になる … *what's o'clock*=*what's a clock*」．そして彼によると，*tolerable*，*toleroble*，*toleruble* は同じように聞えるだろうと言う．

9.04. 非強勢母音のここでの議論は，明らかな理由で，厳密には年代順ではありえない．私はまず母音が，不明瞭にせよ，明瞭にせよ，保持されている場合を議論する，それからそれが失われた，あるいはほぼ失われた場合 ── /n, l, r/ の近辺にあることから，この場合，多くの語でこれらは音節を構成することなる，あるいは他の原因から ── を扱う．本節では，音の非音節主音化（i > j など）による音節の喪失も扱う．

前母音

9.111. 末尾音節で /e/ はしばしば [i] となる，便宜的にここでは低下した弛緩の [ɪ] で示す．Chaucer に見られる押韻（*confounded*：*ywonnded*：*thy wounde hid*，B 102，*speres*：*her is*，Parl. 59 など）は，その音が 14 世紀にすでに [i] であったことを示しているようである─現在この母音は語尾に見られる：

-es [iz], *kisses*, *wishes* など．また *riches* [ritʃiz] < *richesse.* /s/ > [z] については 6.62 を見よ．

-ess [-is], *duchess* [dʌtʃis], *hostess* など．*Mistress*, 名前の前でないとき [mis-tris], 名前の前で（*Mrs.*）, [misiz braun] も．—J 1701 と S 1780 はここに [i] を認める．

-ness [-nis], *hapiness* など．S 1780 により認められている．多くの正音学者は今でも [-nes] を与える，これは厳格に形式的な発音でも耳にされるかもしれない．Shelley（Sens. PL I 9 や Prom. I. 742）は次の対を押韻させる，*bliss* : *wildeness*, *wildernesses* : *blisses* : *kisses*, *-ness* がリズム半強勢をもつ場合でも同様である．一方他の場合は *recess* : *loveliness*, *wildernesses* : *tresses.* しかしながら，[-nis] ではなく [-nes] と発音する人もいる．

-less [-lis], *regardless* など．S 1780 により認められている．*-ness* についてと同じことが言える．

-est [-ist], 最上級で（*latest*）, 動詞で（*thou likest*）, その他（*modest*, *honest*, *forest*）.

-ed [-id], *ended*, *wanted* など．C 1627 は「(ed) に対して (id) と，例えば *vnit-ed* に対して *vnitid*」と発音しないように注意する．彼はそれをスコットランド風とし，vnity に対する vnitee と同じであるとする．詩人はめったに *-ed* と *-id* を押韻させない（Wordsworth p. 359 *splendid* : *attended*; Tennyson *Burleigh* 同）, そして両者の区別をし（想像し）, *-id* は *ed* よりもより明瞭な（より高位前舌）の音をもつとする人もいる．[r] のあとで（例えば *kindred*, *hundred*, *Alfred*）, [i] をもつ人もいるし，また [ə] の人もいる，とくに *hundred* で，これは通例 /hundrd/ でもあった．C 1685 : 便宜上 *hundurd* と呼ばれる．Tennyson（*Charge of the Light Brigade*）はこれを *blunder'd*, *thunder'd*, *wonder'd* と押韻させる．—*forehead* は口語で [fɔrid] となる，Sweet, Wyld, Soames 女史ではそのように表記されている，ただしのちに女史は [fɔred] と記す，同様にまた Rippmann も．有名なわらべ歌で，それは *horrid* と押韻する，13.64 参照．

-e(d)ge [-idʒ] : *college*, *privilege*, *knowledge.*

-et [-it]. *-et* と *-it* の音が同じになるのは *summit* < F *sommet*, や *coverlet* < F *couvrelit* で示される．*basket*, より一般的には [-et] より [baskit]; 同様に *hamlet*, 但し固有名 Hamlet は完全な [-et] でよく発音される．Dorset ['dɔ·sit]. -let 形の指小語（*booklet*, *budlet*, *streamlet* など）は [-let] も [-lit]（さらに [-lət]）ももつ．— 同音異義語 : *prophet*（預言者）= *profit*（利益）（C 1627 と E 1765 にはすでに）, *rabbet* = *rabbit.* —[ai] のあとで [ə] が見られる，おそらく音の区別のために : *quiet* [kwaiət], *diet* [daiət]. 同様に *piety* [paiəti], *anxiety* [æŋ'zaiəti], *society*, *variety*, 一方 [-aiiti] がときに発音される．—*asset* [æset, -it], *claret* [klæret] に注意.

-eth [-iþ], 動詞語尾で : *loveth* [lviþ] など．*twentieth* などについては，9.81 を見よ．

9.112. [e] と交替する /e/ > [i] をもつ他の語：*Essex* [esiks], *prospect* [prɔspikt].

9.113. 語尾 *-ible*, 例えば *possible*, *sensible*, は非常にしばしば通常の [-ibl] ではなく [-əbl] と発音される．C 1685 は「便宜上 *possable*, *terrible* と言われる」と言う．逆に J 1764 は *-able* を *-ibl* と発音されるものとして挙げる．音 [-əbl] は同義の語尾 *-able* との混同から容易に説明される，例えば *passable*, *comfortable*, *eatable* など．しかしながら *principal* と *principle* はしばしば [prinsəpl] なので，[ə] は単に唇音によるのかもしれない．

9.12. 語中の弱音節で，多くの場合 e > [i] が見られる：*implement* [implimənt], *element* [elimənt], *elegant*, *consequence*, *elevation*, *heresy*, *remedy*, *mathematics*, *vinegar*（元来 *vin*+*ϵ·ger*, cf. *eager*), *telegraph*, *telephone*. 同音異義語：*complement*（補足物）=*compliment*（賛辞）．しかしながらこれらの語中音節で，例えば *unity*, *ability* などで，[i] はしばしば多少中位になり，[ə] に似る傾向にある．

9.13. /e/ は F の接頭辞 *en-* や *em-* で [i]（[ɪ]）となった，これらは Lat. の原型 *in-* や *im-* と不可分なほどに混同された．G 1621 は両形をもつ，そして H 1662 は「*E* と *I* は英語で非常に友好的なので，それらはときに互いの位置を交換し，分け隔てなく用いられる，例えば *Enterchange* あるいは *Interchange* … *endure* または *indure*, *endevor* あるいは *indevor*」と言う．*enquire* も *inquire* も，*enclose* も *inclose* も，*endorse* も *indorse* も依然このように綴られるが，*intire*, *intreat* などは，17, 18 世紀にはよく見られたが，現在標準的な正書法から消え去った，他方発音は一般に [in-] である．J 1764 は *i* を次で e の音として挙げる，*embark*, *embellish*, *embroidery*, *enable*, *enchant*, *encouragement*, そしてこれは依然として正しい．同じ混同が長い間 F *enter-* と Lat. *inter-* 間に存在していた，これらは現在 [entə-, intə-] として区別されている．さらに *des-* と *dis-* を参照：*despiteous* と *dispiteous*；*dispatch* は通常の語であった，その後 *despatch* が，偶然に Johnson の辞書に入り込んだため通常となった（Murray)．—次のような語，*emit* と *immit*, *emerge* と *immerge* は，とくに非常に学者ぶった注意深い発音を除き，同じである，そして *emotion* や *immediate* は同じ音で始まる．

次の弱い接頭辞には [i] が見られる，*be-*, *de-*, *re-*, *pre-*, 一部分はすでに H 1569 にあげてある．OE *be-* は実際に bī > by の弱化した形態である．ElE で，しばしば綴り *bycause* が見られる．例：*before believe*, *deliver*, *declare* [di'klϵ·a]（一方 ˌdecla'ration では [e], これは第二強勢による), *resist*, *receive*（一方，次では [e], *ˌreco'llect*, *ˌrepe'tition* など), *prefer*, *prepare*（一方 *ˌprepa'ration* で [e])．—長音で完全に強勢のある *re* をもつ新しい語がある：*re-cover* ['ri·'kʌvə]（再び覆う）は，*recover* [ri'kəvə] 'get back'（回復する）とは異なる，*Growth and Struct*, p. 117 と vol. VI 28.2 を見よ．

弱い *ex-* もまた [i] をもつ（学者ぶって [e]）: *exist* [igˈzist], *extreme* [iksˈtri·m], *example* [igˈza·mpl] など．一方 *exhibition* [ˌeksiˈbiʃən], *expectation* では，第二強勢のため [eks-].

9.14. ME の非強勢の /a/ は，1 つには [ə]，1 つには [i] となった，この説明は次のようになる，[ə] は初期の短音の /a/ に対応し，[i] は初期の長音の /a·/ に対応する．これは，真の後舌短母音と前寄り長母音 /a· > æ· > e(·)/ > [i] の違いを指し示す．強勢音節で 16 世紀に生じた違いを参照（8.5）．/a/ の前舌化は，それが強勢音節で始まる前に，弱音節で起こったにちがいない．

9.141. 強勢のない長音の（前舌化された）/a·/ は，[i] となったが，語尾に見られる：

-age：G 1621 は /mesadʒ/ と /mesa·dʒ/ をもつ．J 1764 は *-age*＝*-ige* を挙げる．現在 *village*, *image*, *passage* [vilidʒ, imidʒ, pæsidʒ] など．*marriage* では 2 つの母音（i と a）が合わさる [mæridʒ]．*mortgage* [mɔ·gidʒ, -edʒ]．さらに音節が続くと，/a/ はおそらく短音だった．*messenger*, *passenger* の [n] については，2.429 を見よ．

-ate．*scarlet* < (*e*)*scarlate* では綴りが変更されたが，以下の語では不変である．H 1569 は /palet/ *palate* をもつ，C 1679：palat of the mouth（口蓋）＝pallet「わらぶとん」（発音が同じ）．J 1764 は *ducat*（ダカット（硬貨））は *duckit* と発音されると言う．E 1765 によれば *senate*＝*sennight*．S 1780 は *aggregate*（総計）などのような実詞では e¹(*bet* における音）をもつ ― 現在 *-ate* 形の動詞は第二強勢があるため [eit] をもつ（5.62, 5.74 を見よ），一方形容詞と実詞は [-et]，もっと頻繁には [-it] をもつ：*separate* vb. [sepəreit], adj. [ˈsep(ə)rit], *unfortunate* [ʌnˈfɔ·tʃənit, -tju-]．副詞では /a/ は早期に短化されたようである，いずれにせよ現在しばしば [sep(ə)rətli, ʌnˈfɔ·tʃənətli]．*palate*（口蓋）は [pælət] < /-at/ より頻繁には [pælit] < /-a·t/；*scarlet* は [ska·lit] とともに，ときに [ska·lət]；*ducat* は現在 [dʌkət].

-gate 形の地名は非常にしばしば [-git] と発音される：*Highgate*, *Margate* [haigit, ma·git]，[-gat] はまれ，一方「注意深い話し手は」しばしば [-geit] を保持する．強勢から 1 音節分離されると，例えば，*bishopsgate*, *-gate* はほぼ常に [geit]．― *shipmate* 通俗 [ʃipmit]，教養ある人の間で [ʃipmeit]；Dickens *Domb*. 206 *shipmet*.

9.142. *-ace* はしばしば /a·s/ をもっていたように思われる，これは [-is] になったが，さらにはしばしば /as/ > [əs]．これは以下の -ass と容易には切り離すことはできない．標準的な綴り *crevice*（裂け目）< ME と OF *crevace*，そして同じ名前の 2 つの形態 *Wallace* と *Wallis* に注意．W 1791 は *palace*, *solace* などに *-us* をもつ．彼の唯一の例外は *furnace*＝*furniss*（もともと *-aise*；固有名 *Furness* と *Furniss* に注意）．Sweet, Fuhrken, その他は *palace* を現在 [pælis] と表記する，Soames 女史は [pæləs]，一方 *surface* を彼女は [sə·fis] と表記する．*Preface* [prefis]．最後に

purchase [ˈpə·ʧis]，もともと *chase* /ʧa·s/ [ʧeis] の複合語.

-ade（これが強勢を受けて [eid] か [a·d] をもつものは除く）は変動する：*decade* [dekəd, dekid, dekeid]，*comrade* [kɔmrəd, -rid, -reid] あるいは [kʌm-].

ane：*counterpane*（ベッドの上掛け）[kauntəpin, -pein]，*membrane* [membrein, -brin].

他の *a*＝[i] の例，多分 /a·/ から，は *orange* [ɔrin(d)ʒ]，S 1547 *ei*（例えば *damage*），*landscape* [læn(d)skeip, -skip]，以前はまた landskip と綴られる．この語は 1600 年頃オランダ語 *landschap* から借用された．*Israel* 現在 [izriel, -əl]，[-rei-] も並存.

9.143. 語の中には，とくに [k] の前で，[i] が見られる，これは元来の /a·/ であるとはほとんどいえないが，[ə] と交替する．Sweet は *character* を [kæriktə] と発音記号で書き，そして次のように言う（Storm の Engl. Phil. 432 で）「[kærəktə] が予期される発音である．しかしながら，これは完全に非英語的である」．[kæriktə] はまた Soames 女史でも（彼女は [kærəktəˈristik] をもつ），Edwards そして Fuhrken でも．一方 D. Jones（1907）は [kærəktə] をもつ，そして Jeaffreson や Boensel は両方の母音をもつ．Sweet はまた *oracle*，*spectacles* に [orikl, spektiklz] をもつ，これらを他の近代の音声学者は [ɔrəkl, spektəklz] と発音する．*Stomach* に対して，通俗的な "stummick"，*barracks* に対して "barricks"（Kipling で頻繁に）参照．[k] の影響を参照せよ 8.62.

後母音

9.211. 語尾における短音の /a/ > [ə]（9.14 で挙げられているもののほかに）;

-al：*equal* [i·kwəl]，*several* など（さらに 9.64，音節主音の /l/ を見よ）．一方 *-al* に半強勢を与え，/aul/ > [ɔ·l] へと変える傾向があった．H 1569 は /radikaul, severaul, spesiaul/ をもつ，一方，大抵の形容詞では /al/. 対応する 2 つの形態が G 1621 に *-âl* と *-al* として現れる．B 1633 は all に対応する例として *shall*，*admirall*，*generall*，*severall* を挙げる；そして 17，18 世紀の詩人はしばしばそのような形容詞を fall などと押韻させる．*Shall* は好例だ．強勢形態（H 1569 shaul）は，現在なら *[ʃɔ·l] となったであろうが，消失した．非強勢のとき，それは [ʃəl] となった，そしてあらたな強勢形 [ʃæl] が類推的に形成されている.

-an： *Roman* [roumən]，*human*，*ruffian* など；

-ant： *indignant* [inˈdignənt]，*ignorant*，*elephant* など；

-ance： *distance* [distəns]，*inheritance* など；

-and： *brigand* [brigənd]，*garland*.

これらすべてに対して，音節主音の /n/ も 9.5 参照.

-am： *madam* [mædəm]，*William*（J 1701 "um"）.

-able： *honourdble* [ɔnərəbl]，*eatable* など；

-ass： *embarrass* [im'bærəs]，*compass*，*trespass*.

-at： *combat* [kɔmbət, -bæt, kʌm-]，*ducat*（9.141）.

a が語末の音のときも同様：*drama* [dra·mə]，*umbrella*，*armada*，*area*，*sofa*，*India*，*America* など（まだ英語にほとんど取り入れられていない語では [ə] と [a] の両方が耳にされる：*Mahratta*（マラータ族），*Magenta*（マジェンタ（地名）），など）.

9.212.　/a/ に対する [ə] はまた一定の複合語に見られる：

-man： *woman* [wumən]，*gentleman*，*Englishman*，*countryman* など．あまり用いられない複合語では，[mæn] が保持される．

-mas： *Christmas* [krisməs]，*lammas*：

-land： *England* [iŋglənd]，*Holland*，*island*，*midland*，*inland*.　新たに形成された複合語では [lænd] が見られる：*dreamland*，*stageland* など：

-fast sb.，*breakfast* [brekfəst]，adj. *steadfast* [stedfəst]；

-fal，offal [ɔ(·)fəl] のみ；

-pan，*saucepan* [sɔ·spən] のみ．

（一方 *hand* は常に [æ] を保つ：*shorthand*，*beforehand* など．）

9.213.　語中の音節で /a/ は [ə] になる，e.g. *contradict* [kɔntrə'dikt]，*magazine* [mægə'zi·n]，*conspiracy* [kən'spirəsi]，*relative* [relətiv]，*literature* [lit(ə)rətʃə].

9.214.　さらに非強勢の語頭の音節で：ago [ə'gou]，*abed*，*ajar*（etc. < *on*）．同様　に *anon*（OE *on an*），*alone*，*agree*，*account*，*appear*，*attract*，*admire*，*career*，*parental*，*tradition*，*grammarian.*　子音群の前では，[æ] が耳にされるかもしれない：*ambition*，*campaign* など，但し [ə] が一般的である，いずれにせよ文中では．語が口語的でなければないほど，より頻繁に完全母音が保持される，例えば *campestral*，*sanguineous*，*spasmodic.*

9.215.　弱い文強勢をもつ語における [ə] < /a/ の例：*an hour* [ən 'auə]，*a year* [ə 'jiə]（ここで米人はしばしば [ei] と言う，おそらく Sc の *ae* から），*at once* [ət 'wʌns]，*you and I* ['ju ənd 'ai]，*just as good* ['dʒʌst əz gud]，*I shall go*（9 211），*things that you know* ['þiŋz ðət ju 'nou]，*I doubt that he will* [ai 'daut ðət i 'wil]，*what am I to do*? ['hwɔt əm ai tə 'du·]，*it was good* [it wəz 'gud]，*it had been supposed* [it əd bin sə'pouzd]，*he would have seen it* [hi· wəd əv 'si·n it]，*I can see* [ai kən 'si·].

後円唇母音

9.221.　非強勢の /o/ と /u/ は一般に [ə] となった．この 2 つの母音は分離して考えることができない，そしておそらくどの /o/ も [ə] になる前に /u/ の音を経たであろう，cf. H 1569 /kingdum, ueizdum/，OE *-dōm*．古い綴りが常に保持された．しかしながら ME *husbonde* > *husband* [hʌzbənd]；綴り *a* は古く，多分民間語源によっているのだろう．さらに *carfax* [ka·fəks]（十字路）< ME *carfoukes* OF *carrefourgs*．語末音節で子音前の /o, u/ の例：*gallop* [gæləp]，*abbot*，以前はまた *abbat* [æbət] とも綴られた，*parrot* [pærət]，*gamut* [gæmət]，*bullock* [buløk]，*Norfolk*, *Suffolk* [nɔ·fək, sʌfək]，*kingdom* [kiŋdəm]，*custom* [kʌstəm]，*welcome* [welkəm]，*canon*＝*cannon* [kænən]，*Plymouth* [pliməþ]，*Jesus* [ʤi·zəs]，*focus* [foukəs]，*curious* [kjuəriəs]，*purpose* [pə·pəs]，*waistcoat* [we(i)skət]，*petticoat* [petikout, -kət]，*cupboard* [kʌbəd]，*Westmoreland* [wesmələnd].

9.222. 語末の *o* や *ow* は一般に保持される，そして現在多かれ少なかれ明瞭な二重母音である：*hero* [hiərou]，*potato* [pa'teitou]，*grotto* [grɔtou]，*sorrow* [sɔrou]；6.26 を参照，*widow* [widou]，fɔllow [folou]．*Fellow* は不注意な日常の発音ではしばしば [felə] となる，小説などで *feller*，*fella* と綴られる．一方 [ə] がはっきりと通俗的な例もある：*pillow* [pilə]，*window* [wində] 13.27 を参照．Hall Caine, *Christian* 376 で *the Borough* 通俗 [ðə bʌrə]，"Burrer" と綴られる．[bʌrə, bərə] は地名で通常の教養ある人の発音である，例えば *Peterborough* ['pi·təb(ə)rə] など．さらに注意すべきは *Edinburgh*，この *-burgh* は同じ語尾の異形にすぎない：['edinbʌrə, -b(ə)rə]，地域によっては [embrə]．*thorough*，*thoroughly* は一般に [þʌrə, þʌrəli]，そして Soames 女史は [þʌro, -ou] を誤った発音と考えさえする．

9.223. 語中音節で，身近な語すべてに [ə] が見られる：*innocent* [inəsənt]，*apologize* [a'pɔləʤaiz]，*chocolate* [ʧɔk(ə)lit]，*introduce* [intrə'dju·s]．それほど身近でない語では [ou] が常に発音される，但し [ə] もよく見られる：*chronological* [krɔnə'ləʤikl, -nou-]，*coronation* [kɔrə'neiʃən, -rou-]，*advocate* [ædvəkeit, -vou-]．母音の前では一般に [ou]：*heroism* [herouizm]．*nobody*，*somebody* は非常にしばしば [noubədi, sʌmbədi]，一方，*anybody*，*everybody* では，リズム半強勢が [ɔ] を [ə] になることから守る．[sʌmbədi] は B 1809 により認められていた．

9.224. 語頭で，多くの語に *o* や *u* に対して [ə] が見られる，*con-*，*com-*，*cor-* をもつ多数の語で：*connect*，*contend*，*commit*，*command*，*compel*，*correct* など，*sub-*，*sup-* をもつ語で：*submit*，*suppose*，*suppress*，*suffice* など．*ob-* に関しては，通常の語すべてで [ə] が見られる，いずれにせよ文中で：(you will) *oblige* (me) [ə'blaiʤ]，*obey*，*obedience*，*obtain*，*object* vb.，*observe*．身近ではない語では，とくに重子音群の前では，[ɔ] も耳にされる，例えば次でしばしば，*obsequious*，*obtuse*，*obsess*，次では [ə] ほどではないが，*obscure*，*obstruct*，*obtrude*，*obscene*，[ou] が次で耳にされる，*oblige*，*obey*，*obedience*．*occasion* は一般に [ə'keiʒən]，ときに [ou-]，*official* [ə'fiʃəl]，*October* [ək'toubə] あるいは [ɔk].

pro- では [prou] と [prə-] の両方が耳にされる：*proceed*, *produce*, *profess*, *pronounce*, *proportion*, *propose*, *provide* など．[prə-] がより口語的である，[prou-] は，とくにもし長いわたりの二重母音と共に発音されると，やや芝居じみている．同様に *position*, *society*, *opinion*, *phonetic*, *Cologne*, *romance*, *voracious*. *potato*, *tobacco*, *tomato* では，[pou-, tou-] はまれである，一般に [pə'teitou, tə'bækou, tæ'ma·tou]，米 [tə'meitou]．J 1701 はすでにこれらの語に "u" をもつ．もし [ə] が大きく減じられると [pteitou, tbækou] になる，さらに子音群が簡略され，よく知られた，あるいは，通俗的な [teitou, teitə, bækou, bæki] となる．注意すべきは，これらで *a* がもともとの母音であることである．

9.225. 弱強勢の語で /o/ と /u/ > [ə]：*of* [əv]，*of* (*the*) *clock* (*o'clock*) に対する綴り *a-clock* は 17，18 世紀に非常に一般的であった (Ben Jonson, Swift, Defoe；B 1634)．C 1627 は of の代わりに *a cup a wine* と綴らないよう警告している．子音前で *to* [tə] (母音前については 9.82 参照)：*glad to see you* など，*but* [bət]：*not you*, *but he* など … *us* [əs]：*tell us your opinion* (9.94)，*some* [səm]：*have you got some paper*? *Let us have some more claret*. 注意すべきは，少数の一般的な名詞の前では，これらは十分な重要性をもたないが (cf. 5.21)，*some* は完全な母音をもつ：*he must come some day* ['sʌm ˌdei]. *No one spoke for some time* [fə 'sʌm 'taim] あるいは ['sʌm 'taim].

二重母音

9.31. 弱強勢音節で，もともとの *ai* /æ·i/ は一般に [i] となる；cf. money [mʌni], *verai* > *very* [veri], *harnais* > *harness* [ha·nis], *frankeleyn*, Ch., > *franklin*, (*journey* など，AF *-eie* = 中央方言 *-ée* [ʤə·ni])．さらに注意すべきは *forfeit*, *surfeit*, *counterfeit* の綴り，すべて〈*fait* など〉[-fit] に対する *benefit* [benifit] の綴りである．H 1569 は *counterfeit* に対して /konterfet/ をもつ．ElE はしばしば *surfet* などと綴る．*Calais* [kælis], *Sunday* や他の曜日の名前は一般には [séndi, mʌndi] などである，これはすでに W 1791 により認められていた，彼は「これらの語で，*day* のもっとはっきりとした曜日の発音は北部方言の標識である」と言う．*Whitsunday* (聖霊降臨日) は [hwit'sʌndi] ないしは ['hwitsəndei] のいずれか 5.45 である．*Holiday* は一般に [hɔlidi]，一方ここで [-dei] は *Sunday* などよりもよく聞かれるかもしれない，しかしそれは現在かなり学者ぶったように思われる．一方，他の複合語，例えば *weekday* では，*-day* 完全音 [-dei] をもつ．*always* は口語では [ɔ·lwiz]，一方 [ɔ·lweiz] は文語調に響く．*Norway* は，おそらくより頻繁には，[-wi] ではなく [nɔ·wei] である．弱強勢の *maister* (とくに名前の前で) [mista] となる，*Mister* (*Mr.*)，cf. *mistress* (*master* については 10.67 を見よ)．*n*, *l* 前での *ai* については 9.5, 9.6 を見よ．

9.32. J 1764 によれば，弱い /oi/ は [i] になったという，例えば，*avoirdupois*（最初の oi：常衡（じょうこう）（貴金属の重量単位）），*porpoise*，*tortoise*（陸生ガメ）；そして W 1791 によれば，*connoisseur*，*avoirdupois*，*shamois*，*tortoise* で．これらは現在 [ævədə'poiz]（[ə] < ir）> [pɔ·pəs]（*Swift Polite Convers.* 176 *Porpus*），[kɔni'sə·]，[ʃæmi, -moi]（セーム皮）（さらに動物（玲羊）を表すより学問的な発音 ['ʃæmwa·, 'ʃæmwɔ·]）．Jervois [ʤa·vis]．*Tortoise* については 9.332 を見よ．

9.331. 弱い /iu/ はいくつかの語では 2 つの音を保った，但し，初期の /i/ > /j/ への縮減（reduction）を伴っているが：*value* [vælju(·)]，*fortune* [fɔ·tju(·)n]． /u/ はしばしば語尾を除き [ə] へ弱化した：[fɔ·tjən, fɔ·tʃən]；[tʃ] については 12.41 を見よ；*accuracy* [ækjurəsi, -kjə-]，*reputable* [repjutəbl, -pjə-]，*regulate* [regjuleit, -gjə-]，*prejudice* [preʤudis, -ʤə-]． 同様に口語発音で *r* 前で規則的に：*nature* [neiʧə]，学者ぶって [neitjuə]（12.41）；*literature* [lit(ə)rəʧə]，また [-tjuə]；さほど身近でない語では [-tjuə] がおそらく [-ʧə] よりもより一般的である，例えば *judicature* [ʤu·dikətjuə]（司法）；*caricature* ['kærikətjuə] では語末強勢形態（5.64）が [-tjuə] の頻度を説明できる．また lsju] > [ʃu] 12.22，/zju/ > [ʒu] 12.31 参照．

valuable は著者によっては [væljuəbl] とされる（Soames 女史；Edwards *Maitre Phtm.* 1901, p. 74），一方，しばしば [uə] は [væljubl]（Dan. Jones）ないしは [væljəbl] となるが．後者の形態は Sweet や Jeaffreson により与えられる．Ellis は，*Glosik*, p. 104 で [væljubl] を挙げたが，1888 年 Storm（E. Ph. 440）に：「[væljəbl] を私は知っているが，[væljuəbl] と私は言う．[væləbl] も耳にされるかもしれないが，一般に言われることはない」と手紙を書いた．*continual*，*annual* などはけっして 2 つの母音を融合することはない：[-njuəl] 15.63 あるいは（よりまれ）[-njwəl]．——*virtuous*（むしろ *vertuous*）では，/iu/ と語尾の /u/ が結合する傾向があった．H 1569 は /vertiuz/ と /vertiu·z/ をもつ．Sh はこの語を 2 音節とする（Mcb IV. 3.19 A good and vertuous nature may recoyle（善良で高潔な人間でも節を曲げることもある（松岡和子訳））．現在は 3 音節で [və·tjuəs, və·ʧuəs]．

9.332. /iu/ で第二要素が失われ [i] になった例もある；*minute* sb. [minit]，*lettuce* [letis]；C 1679 は次をもつ，*lettuce* = *lattice* = *Lettice* 女性名，*biscuit* [biskit]，Sh. As II. 7.39 *bisket*，18 世紀によく見られる綴り（Defoe），*conduit* [kəndit, kʌn-]，*u* は黙字 C 1627，E 1787，*Beaulieu* [bju·li]．これが次を説明する *pedigree* < *pied de gree*． この [i] は以前は，今日，教養のある人の間で用いられているよりももっと一般的であった：C1679 は次を同音異義語（ほぼ同音異義語）として挙げる，*nephew*，*navew*，*navy*；*valley*，*value*，*volley*． C 1685 は「便宜上の語彙」の中に *scrupelous* をもつ，そして W 1791 は「われわれはよく *singular*，*regular*，*particular* を，あたかも *sing-e-lar*，*reg-e-lar*，*partick-e-lar* と綴られているかのように発音されるのを耳にする」と言う，これらを彼は通俗的とする．B 1809 は /edikeyt/ を

educate の通俗的発音としてもつ．小説家が通俗ことばを次のように綴るのを参照，*fortune* に対する *fortin*（Goldsmith），*value* に対する *vally*（Stevenson），*nephew* に対する *nevvy* あるいは *nevy*（G. Eliot, Dickens, B. Shaw），*impidence*（Dickens），*verjuice* に対する *vargis*，*argifying*（Kipling）など — *Tortoise* [ˈtɔ·tis, -tiz] はここに属する，というのも *oi* は元来 *u*，ME *tortuce*，F *tortue* だからだ．Dan. Jones は [ˈtɔ·təs] をもつ．

Beaulieu における [-li] については，おそらく *Beauchamp* における [i·] と同じであると考えられる：強勢が移される前に /biuˈʧamp/ > /biˈʧamp/，その後 [ˈbi·ʧam] となったか？あるいはそれは F の方言形態 /be·ʧamp/ からからか？，F *Belfort* [befɔ·r] 参照．

9.333. 非強勢の /iu/ の第三の発展では，第一要素が失われる．他のケースでの /i/ の喪失については 9.83 を参照．Hart の表記 /natiur/ があるが，/natural/ は語中音節で /i/ が喪失したことを示唆する，一方，それは語末音節では保たれた．また E 1765 を参照，彼は次で語中の母音がしばしば黙字だと言う，*natural*，*oracular*，*miraculous*．もしこれがある時期普遍的であったなら，純粋に音声学的な結果として [neiʧə, næt(ə)rəl] を生み出すであろう，そしてわれわれは近代の形式，教養のある [neiʧə, næʧərəl] と通俗的 [neitə, næt(ə)rəl] を異なる方向への一様化として説明する必要があろう．実際，語末音節における /iur/ に対する /ər/ が非常に一般的であったに違いないことを示す多くの証拠がある．B 1633 は *jointer* と *jointure*，*order* と *ordure* を（ほぼ）同じとする．C 1679 は同様に *border* と *bordure*，*censer*，*censor* と *censure*，*gesture* と *jester*，*order* と *ordure*，*pastor* と *pasture*，そして S 1699 は *manner* と *manure*，*order* と *ordure*，*pastor* と *pasture*，*censer*，*censure* と *censor*，*tenor*，*tenour* と *tenure*．これらの初期の同音異義語のリストの中には，しかしながら，類似性だけは立証するが，絶対的な同一性は証明しないものもある，発音 /ə(r)/ の証言者はポルトガル人 de Castro である，彼は 18 世紀の中頃，*ure* で終わるすべての語はポルトガル語の ar（すなわちあいまい母音をもつ [ər]）のように聞こえると言う，例えば，*nature*，*venture*，*procedure*，これらは *neitar*，*ventar*，*prosid* と聞き取られるであろう．彼はまた *fingar*，*ginjar*（‘ginger’）などと綴る．Swift, *Pol. Gonv*. 88 は通俗発音を示すため *creeter* と綴る，これはまた 19 世紀の小説家によりしばしばなされた．Wordsworth, Poet W. 215 は *master*：*pasture* と押韻する．一方 *nature* の発音 [-tə(r)] がどれほど行きわたっていたにせよ，私は近代の標準的な形態 [-tjuə, -ʧə] が完全に綴りによるという Ellis の次の考えが正しいと信ずることはできない．もし仮にそうだとすると，[ʧə] 形態はほとんど見られなかったであろう．もっとありそうなことは，/tiur/ と /tur/ が，最初はわずかにのみ異なる発音様式として，併存していたかもしれないということである．— *Figure* は依然 [figə] で，[figjə] ではない（一部の米人は除く）．一方 [gə] が下記に言及される変化，12.6，による可能性もある．Browning 他は *bigger*：*figure* と押韻する．綴りは *ar-*

mure OF *armeure* > *armour* と変化してきた，あたかも接尾辞が別のもので置き換えられたかのように．

Hart の *instrument* などについては，彼の発音についての拙著 p. 28，33 を見よ．

明瞭な母音

9.41. 非強勢の音節で，[ə]（あるいは [ɪ]）にあいまい化されなかった「顕著な」母音がある．これは複合語に当てはまる，とくにその第二要素が依然感じられる場合である：*handful* [ˈhændful]，cf. *careful* 9.65，*door-step* [ˈdɔ(ə)step]，*dumb-bells* [ˈdʌmbelz]，*woolsack* [ˈwulsæk]，*nurseryman* [ˈnə·srimæn]，*Englishman* 9.212 を参照．*ransack*（くまなく探す）と *acorn*（どんぐり）[rænsæk, eikɔ·n] は民衆間で *sack* と *corn* をもつと感じられている．関連する語が母音の完全性を守るケースがある，例えば *cashier* [kæʃiə] では *cash* のため，*abstract* adj. [ˈæbstrækt] では動詞 [əbˈstrækt] のため，*contrast* sb. [ˈkɔntra·st] は vb. *contrast* [kənˈtra·st] のため．5.7 の名詞と動詞における強勢のリストに多くの例がある．同様に *Norwegian* の *or* は *Norway* [ˈnɔ·wei] のため [ɔ·]；*information* と *transformation* は頻繁に用いられるので，それらはしばしば [infəˈmeiʃən, trænsfəˈmeiʃən] となる，一方 [inˈfɔ·m] や *transform* から [-fɔ·ˈmeiʃən] とする人もいる．

9.42. 最後に学問的な語に明瞭な母音が見られる，例えば *syntax* [sintæks]，*index* [indeks]，*vortex*（渦）[vɔ·teks]，*dialect* [daiəlekt]，*diadem* [daiədem]，*dialogue* [daiəlɔg]．次では完全母音が通例である，一方 [ə] が，ときに早口のことばで耳にされる：*pathos* [pæþɔs, peiþɔs]，*chaos* [keiɔs]，*tripos* [traipɔs]，*æon* [i·ɔn]，*phenomenon* [fiˈnɔminɔn].

母音等の喪失

9.50. 音 /n, l, r/ はしばしば 母音の喪失により音節主音的になった．これらは，この順に本節で取り上げる，同時に密接に関連している現象についても議論する．音節主音の [m] は時々生ずる，例えば *circumstance* [sə·kmstəns]，*tiresome* [taiəsm]，*welcome* [welkm]；一方，一般には弱母音は m の前で発音される：[sə·kəmstəns, taiəsəm, welkəm]. この [ə] は o や m として綴られる，もともとは i をもっていた語においてさえ：*venom*（毒液）ME *venim*，*vellum*（子羊）ME *velim*（2.414）；9.552 で言及される綴字参照．

音節主音の /n/

9.51. /n/ の前の /i/ はしばしば喪失した：*cousin* [kʌzn]（E 1765 i 黙字），動詞 *cozen*「だます」参照，G 1621 /kuzn/，これはおそらく前者から派生した，*basin* [beisn]，*raisin* [reizn]，*Latin* [lætn]，W 1791 によれば一般にこのように「学校で

発音される」と言う．

9.52. /e/ + /n/ は多くの例で [ən] あるいは [n] となる：*leaden* [ledn]，*ridden* [ridn]，*ashen* [æʃ(ə)n]，*aspen* [æsp(ə)n]（*children*，9.75 参照）．J 1701 は次で “un” をもつ，*chicken*，*linnen*，*Stephen*，*garden*（そして *coffin*，*basin* など）．一方 [in] と発音される語もある，あるいは [ən] のこともある：*woollen* Sweet [wulin]，また [ən]，*Ellen* はおそらく常に [elin]，*Allen* [ælin] と言う人も [ælən] と言う人もいて，これは Allan と同音異義語になる．*Owen* [ouin]，kitchen [kiʧin]，*linden* [lindin] Sweet，他では [-ən]，*chicken* [-(ə)n] よりもよりしばしば [ʧikin]，*linen* [linin]，*women* 常に [wimin]．このように一種の母音調和があるようである，つまり，強勢音節の [i] のあとで [i] が好まれる．さらに注意すべきは，*women* [wimin] と次のような [man] をもつ複合語との違いである，*noblemen*，*gentlemen* など── 語尾 *-ent* と *-ence* は [-ənt, -əns] をもつ：*silent* [sailənt]，*talent* [tælənt]（また [-lnt]），*different* [dif(ə)rənt]，silence [sailəns]，experience [iks'piəriəns]，*absence* [æbs(ə)ns]．同様に *-ency*：*tendency* [tendənsi] など．*halfpence*，*twopence* [heip(ə)ns, tʌp(ə)ns]，*halfpenny*，*twopenny* [heipəni, tʌpəni]，あるいは [heipn-i] などを参照．一方 *-ment*，一般には [-mənt]，は [-mint] と発音する話し手もいる，一方，語によって [-mənt] と発音したり，[-mint] と発音する人がいる．Ellis（p. 1167）は *ornament* [-mynt] をもつ，これは＝本書の [-mint]，一方（p. 1206）*element* [-mənt]．Sweet は *moment* [moumint]，一方他のすべての語では [-mənt].

9.53. /æi/ + /n/ はときに [n] あるいは [ən] となる，ときに [in]．綴りは必ずしも古い母音を示しはしない．F *soudain* > ElE *suddain*（例えば Defoe Rob. 36），現在 *sudden*，[sʌdn]，[sʌdin] より頻繁に．F *solain* > *sullen* [sʌlin, -lən]，*barram* > *barren* [bærən]，F *guardein* > ElE *wardeyn*，現在 *warden* [wɔ·dn]，F *mitaine* > *mitten* [mitn]，F *mizaine* > *mizzen* [mizn]，F *douzaine* > *dozen*，G 1621 /duzn/，現在 [dʌzn]，F *levain* > *leaven* [levn]，*Britain* [britn]，G 1621 /britain/，*captain* [kæptin, -tən, -tn, kæpn, kæpm]，*certain* H 1569 /serte·n/ と /serten, sertenli/，G 1621 /sertain/，C 1627 通俗語として *certen*，現在 [sə·tin]，もっと一般には，[sə·tn]，副詞はほぼ常に [sə·tnli]，*mountain* [mauntin, -tən]，*fountain* [fauntin, -tən]，*chamberlain* ['ʧeimbəlin]，固有名としてまた Chamberlin と綴られる，*scriveyn* > *scriven*，現在 *scrivener*，*villain* [vilin, -ən]．名前の前で *Saint* [sin(t)] あるいは，もっとしばしば，[s(ə)n]：*St. Paul's*；*St. John* [sn'ʤɔn] あるいは ['sinʤən]；*St. Glair* > *Sinclair* [siŋ'klɛ·ə, 'siŋklɛ·ə]；E 1787 は *Sinclair*，*Sinjon* を，複合語で *ai* が *i* に短化した例として挙げる．*boatswain*，*cockswain* [bousn, kɔksn]，7.32 参照，*sovereign* [sʌvrin, sɔvrin]；Milton の綴り *sovran*，*foreign* [fɔrin] 参照．注意すべきは *curtain* で元来の *-ine* が見られることだ．現在 [kə·tn] が多分 [kə·tin] よりも適切である．

9.54. /n/ の前での /a/ の喪失は例えば次に見られる，*important* [im'pɔ·tnt], *pedant* [pednt], *pleasant* [pleznt], *Metropolitan* [metro'pɔlitn], *Puritan* [pjuəritn]. 一方 [ən] もまたこれらすべてで見られるようだ，[im'pɔ·tənt] など．

9.551. /n/ の前で /o/ や /u/ は失われるか [ə] となる．S 1568 は音節主音 n の例として *Waldon*, *London* を挙げる，現在 [wɔ·ldən, lʌndən], [d] の前の子音により [-dn] とはならない．H 1569 は *capon* /ka·pn/ をもつ．M 1582 は *capon*, *weapon* で "*e* passant"（つかの間の *e*）という言い方をする，これらを彼は *cheapen*, *threapen* 'threaten' と比べる，おそらく音節主音の /n/ を意図していると思われる．G 1621 /persn/ と発音した，一方彼は語源から *person* と綴ることを好んだ．他の例：*poison* [poizn], *prison* [prizn], *mason* [meisn], *pardon* [pa·dn], *Brighton* [braitn], *Morton* [mɔ·tn]：*Whitsuntide* [(h)witsntaid].

同音異義語：*lesson*＝*lessen* [lesn], *baron*＝*barren* [bærən].

9.552. この位置での /o/ の弱化は，/n/ の前にもともと別の母音をもっていた語に綴り *-on* が頻繁に見られることから間接的に示される：OE *wǣpen* > *weapon*, OE *īren* > *iron*, OE *bēacen* > *beacon*, cf. beckon, OF *recenian* > *reckon*, OE *gamen* > *gammon*, *boatswain* > ElE *boson*, *riban*(*d*) > *ribbon*, *safran* > *saffron*, F *cramoisin* > *crimson*, F *chirurgien* > *surgeon*, AF *secrestein* > *sexton*, F *coussin* > *cushion*. *Martin* では，同様に以前に綴り *martoune* が見られた．逆に *latoun* F *laton* は現在 latten と綴られる．さらに綴りで *e* の代わりに *a* が使われる例がある：OE *þūsend* > *thousand*, OF *fisicien* > *physician*, OF *istorien* > *historian* (Lat. 綴り参照). F *musicien* > *musician*. ―さらに綴り *fathom*, *blossom*, 6.23, そして *venom*, 9.50 参照．

9.553. [ʃ, ʒ] のあとで [-ən] ではなく [in] と発音する傾向がある．これは綴り *urchin* ME *urchon* < OF *ireçon*「ハリネズミ」に示されている．J 1701 は次で "in" を，*pigeon*, *punchion*, *luncheon*, *nunchion*, 次で "een"（おそらく同じ音）をもつ *burgeon*, *pigeon*, *truncheon*, *cushion*. W 1791 は *cushion*（これはもともと *-in* をもつ，上を見よ）で [ə] よりも通常 [i] をもつ．彼は次で [i] をもつ，*scutcheon*, *escutcheon*, *pigeon*, *widgeon*, 一方 [ə], *surgeon*, *sturgeon* など．現在これらの語では [in] は通俗的と考えられる．

9.56. /n/ のあと，/o/ が *not* の頻繁な形式 *n't* で失われた：*did not* > [didnt], さらに [iznt, wudnt, kudnt] など．母音のあと，[n] は当然非音節主音である：*aren't*, *can't*, *shan't*, *won't*, *don't* [a·nt, ka·nt, ʃa·nt, wount, dount]. 短縮形態は ElE 期に始まったようだ，一方，Shakespeare で，このように読まれなければならない例は非常にまれである．例えば Oth. IV. 2.82 "Are not you a strumpet? No, as I am a

Christian,"（淫売ではないと？ええ，私がキリスト教徒である限り（河合祥一郎訳））．これは自然には /arnt/ と読まれなければならない．van Dam and Stoffel, *Shakespeare Prosody and Text*（Leiden 1900）p. 155 により引用された例の大部分は，私には疑わしく思われる．しかし 17 世紀中に，短縮形はより頻繁に用いられるようになり，綴り *n't* により印刷で表された，例えば Villiers Rehearsal（1671）41 *that won't do*；Congreve，Swift などに多く見られる，C 1685 は *'ent = is not* を彼の簡易形の 1 つとして挙げる．Addison は *mayn't*，*can't*，*sha'n't*，*wo'n't* に言及する，これらは「英語を非常に乱し，それを子音で詰まらせる」（*Spectator* No. 135）と述べた．これらの形態は Fielding や以降の小説家，劇作家によく見られる．．

9.57. 音節主音の [n] をもつ [tn, dn] と [tən, dən] の間の違いは生理学的には舌の位置にある，前者では舌は同じ位置に留まっている，一方，後者ではそれは口蓋から移動されている，たとえきわめて短い時間であっても．もし母音が [d, t] に先行するなら，[ə] は一般に存在しない：*mutton*，*Eton*，*Lytton*，*Snowdon*，*leaden* [mʌtn, i·tn, litn, snoudn, ledn]，一方子音のあとでは，[tən, dən] が一般的である：*Gladstone*，*Brixton*，*Parkestone*，*instant*，*instance*，*London*，*tendency*，*correspondent* [glædstən, brikstən, pakstan, instənt, instəns, lʌndən, tendənsi, kəri'spondənt]. —[t, d] 以外の他の子音のあとでは，[n] か [ən] のどちらが音声表記に記されるべきかを決めるのは難しい，というのは，舌はとにかく位置を移動しなければならず，[kn, gn, zn, sn] と [kən, gən, zən, sən] 間の調音上，音響上の差異は非常にわずかだからである，例えば *vacant*，*taken*，*shaken*，*bacon*，*beckon*，*reckon* など，*elegant*，*pleasant*，*peasant*，*basin*，*mason*，*lessen*．さらに *blossom* の [s(ə)m]，bosom の [z(ə)m] など参照．[ʃ] や [ʒ] と [n] 間には感知できるほどの母音が一般に生成される：*mission*，*nation*，*physician*，*musician*，*vision*，*decision*，*precisian* [miʃən, neijən, fi'ziʃən, mju'ziʃən, viʒən, di'siʒən, pri'siʒən].

9.58. 母音で始まる語尾が，音節主音の [n] をもつの語に付加されると，その音節主音的な効果は，/n/ の長化によってのみ維持される，一方自然な傾向は，/n/ を非音節主音にして，音節の数を減らすことである（Lehrb. d. Phon §201）．例えば Shakesp. に次のような多くの例が見られる，Macb. IL 2.29 *Listning*（2 音節）their feare, I could not say Amen（その恐怖の声を聞きながら，俺はアーメンとは言えなかった（松岡和子訳）），あるいは Wint. V. 1.189 Whiles he was *hastning* in the chase, it seemes（彼は（二人の）あとを追われてお急ぎでしたが（松岡和子訳））．E 1765 は次で，語中の母音が省略されると言う，*maddening*，*reasoning*，*ravenous* など．*evening*，これは以前 /i·vn·iŋ/，は現在 [i·vniŋ]．*reasonable* はしばしば [ri·znəbl]（3 音節）と発音される，そして *gardener* は [ga·dnə]（2 音節），少なくとも [ga·dn-ə]（3 音節）と同じ頻度で生起；*consonant* はときに [kɔnsnənt]．— さらに ME *chestaine + nut* > *chestennut* > *chestnut* [ʧesnʌt]，*fortnight* 7.82，*partener* > *partner*，*vintner*，*re-*

menant > *remnant*, *cheminee* > *chimney*.

音節主音の /l/

9.61. /l/ の前の /i/ は，しばしば [ə] となるか，とくに /s, z, v/ のあとで，失われる．綴りも少数の語で変えられている：*cockle* [kɔkl]（ザルガイ）< ME *cokille*, F *coquille*, *purfle* [pə·fl] < *pourfile*, *subtle* [sʌtl] < ME *sotil* OF *soutil*. *Devil* [devl]，すでに C 1685，E 1765 で．*evil* [i·vl]，すでに G 1621，E 1765 で，*civil* は一般に [sivl]，音節主音の [l] をもつ *civilisation* [sivl-(a)i'zeiʃən]，あるいは [siv-il-] を参照，*easily* はしばしば [i·zl-i]，あるいは [i·zili]，これは形容詞により影響を受ける，*pencil* [pensl]，*pupil* はしばしば [pju·pl]，*not till to-morrow* はしばしば [nɔtltə'mɔrou]．さらに *will* の短縮を参照，例えば *it' ll be seen* [itlbi'si·n]．*Smithfield* 7.76. ──[r] のあとでは母音は失われず，一般に [ə] が発音される，例えば *April* [eiprəl]，まれに [il]．J 1701 は次で "u" あるいは "e" をもつ，*nostril*, *mongril*（現在 *mongrel* と綴られる）．現在通例 [nɔstril, mʌŋgrəl] と発音される．

9.62. /l/ の前の短音の /e/ は /ə/ になるか，失われる：*lintel* [lint(ə)l]．OF *mantel* は現在綴りで区別されている：*mantle*「外套」と *mantel*「炉額（ろびたい）」，どちらも [mæntl, təl]，*gospel* [gɔsp(ə)l]，*vowel* しばしば [vauəl]，一方 [vauil] も；ときにこれはほぼ [voil] を示唆するように発音される．

9.63. /l/ の前の /æ·i/ は [ə] となるかしばしば失われた．これはしばしば綴りに表されている：ME *batayle*, *batail(e)*，現在（16 世紀から）*battle* [bætl] と綴られる；ME *boteille*, *bottelle*，現在 *bottle* [bɔtl]；F *tramail* > *trammel* [træm(ə)l]（馬枷（うまかせ）），ME *opposayle*, *apposaile* > *puzzle*. F *travail* は現在 *travel*「旅」と *travail*「陣痛」に分かれた，どちらも自然に [træv(ə)l] と発音される．この区別は Shakespeare の時代にはまだなされていなかった．H 1569 は /traveler, trave·ling/ をもつ．F *vitaille*, ElE *vittle*，現在はラテン語化された綴りで *victual(s)* [vitl(z)]（食品）．counsel「相談；擁護者」< F *conseil* と *council*「集会」< F *concile* は以前は絶えず混同された，そして区分は主として人為的である．どちらも一般には [kaunsl] と発音される．非常に多くの語で，*-al* は現在 *-ail*（*-aille*）に代わって綴られる，これが音の変化を示している：*espousal* [i'spauzl], *funeral* [fju·nərəl], *removal* など．*towel* や *fuel* < *tou aille* / *feuaille* では，通例の発音は [tauil, fju·il]（中檣帆（ちゅうしゅうほ）），また [-al] も耳にされる，cf. *vowel*．本来語の中では /æ·il/ > [(ə)l] の例は *topsail*, *mainsail* などのみ，船員ことばで [topsl, meinsl] など，そして *wassail* [wɔsl]，また [wɔsil]，あるいは綴りから [wɔseil].

9.64. 短音の /a/ は /l/ の前で省略された，後者は音節主音となる：*fatal*, *natal*，現在 [feitl, neitl]．さらに注意すべきは *offal* < off+*fall* [ɔfl]．綴りの相違が現在

metal「固体」と *mettle*「気概」，もともとは同じ語で，どちらも [ˈmetl] と発音された．*mental* のように 2 つ以上の子音のあとでは，[əl] が音節主音の [ɫ] よりも頻繁である．[n] のあとでは [ə] が発音されるか省略される：*nocturnal* [nɔkˈta n(ə)l]，*final* [fain(ə)l]，*infernal*，*spinal* など，一方 [pə·s(ə)nəl, ræʃənəl] が [-nl] よりもよいようだ：*personal*，*rational*.

同音異義語：*medal*（記章）と *meddle*（干渉する）[medl]，*naval*（海軍の）と *navel*（へそ）[neivl]，*cymbal* と *symbol* [simb(ə)l]，*principal* と *principle* [prisipl]．もちろん綴りから人為的な区別がなされている，[prinsipæl, -pəl].

9.65. 形容詞語尾 *-ful* で，/l/ の前の /u/ はしばしば省略される：*careful* [kϵ·əfl]，*cheerful* [ʧiəfl]，*beautiful* [bju·tifl]，*graceful* [greisfl]，*awful* [ɔ·fl]，またしばしば [-fəl]；*-fully* 形の副詞では，非常に短い [ə] が一般に耳にされる [ʧiəfəli, ɔ·fəli]，また [ʧiəfl-i] 3 音節，一般的には [ɔ·fli] 2 音節．一方名詞では，*-ful* は常にその [u] を保持する，というのは語源的価値が依然としてそこに感じられるからだ：*spoonful*，*mouthful*，*basketful* [spu·nful, mauþful, ba·skitful] など（9.41）．次の点に注目するのは興味深い，Keats は彼の *Eve of St. Agnes* の MS で *painful* に対して *painfle* と綴った．

9.66. /l/ の前の /o/ は一般に [ə] となった，あるいは喪失した：*symbol* [simb(ə)l]，*carol* [kærəl]，*pistol* [pistl, -təl]．*Idol* の自然な発音は [aidl]，*idle*（怠惰な）と同一である．

9.67. 母音の前では音節主音の /l/ は非音節主音になる自然な傾向がある（cf. 9.58）．例えば *idle*＋*ly* > [aidli]，*nobly* など 7.84，*idle*＋*er* > *idle*r [aidlə]，*settle*＋*ing* > *settling* [setliŋ] など．同様に *Magdalen* /maudəlen, maudl-en/ > [mɔ·dlin]，*boteiller* > *butler*，*martelet* > *martlet*，ME *percely* > *parsly*，*gobelin* > *goblin*，*excellent* 頻繁に [ekslənt]，*devilish*，17，18 世紀にはしばしば *dev'lish*，*victualler* [vitl-ə] ではなくしばしば [vitlə]，*absolute*，Sh. Macb. IV. 3.38 で 2 音節，現在ときに [æbslu·t] も，*miraculous* > *mirac'lous*（E 1765「しばしば」と言う），*similar* > *sim'lar*（E 1765「かろうじて許容できる」と言う），*recollect*，通俗的 “reck'lect”．—— 逆に Shakespeare で，*assembly*，*juggler* ほかが音節主音の /l/ を伴って生ずる，一種の作り直しといえる（cf. 9.78）．

音節主音の /r/

9.71. 音節主音の /r/ は多くの場合，母音の喪失により始まった．しかしながらそれは H 1570 でのみ認められる，彼は次でもともとの *-er* に対して /r/ をもつ，/dauhtr, delivr, evr, fa'dr, fi·dr, givr, ma·kr, mu·ðr, murðr, strandʒr, u·ðr, remembr, undr, ua·tr/，*re* に対して /bri·ðrn/ ‘brethren’ や /ʧildrn/，そして *ur* に対して /la·br/,

彼は 1569 年，これを /la·bur/ と表記した．/r/ の舌尖顫動音としての明確な子音的構音は既に弱まり始めていたので（11.11），その結果は，この音節主音的な /r/ は，多少舌尖上昇は保持された中舌あいまい母音（mid-mixed vowel）とほとんど区別ができなかった，そしてほとんどの正音学者はこれを不明瞭な母音＋弱められた *r* と理解した．同一語，あるいは，次に続く緊密に結合する語の母音の前では，子音の /r/ はけっして失われなかった．(idea of のような場合)

9.72. *r* 前でのすべての弱母音の混乱（あるいは見境のない省略）は綴りにおける大きな変動により示される．*-ar*，*-er* について上の 6.44 参照．昔の語尾 OE *-ere*（例えば *baker*），F *-ier*（例えば *prisoner*），F *-aire*（例えば *vicar*，*popular*），Lat. *-or*（例えば *actor*），F *-our*，*-ear*（例えば *tailor*）はすべて同じになった，そしてその結果 or が他の語尾に置き換わった，*bachelor* F *bachelier*，*chancellor* F *chancelier*，*warrior*（Bacon *worrier*，Ch *werreyour*）F *guerrier*，*proprietor* F *propriétaire*．また次を参照，*an auger* OE *an nafogar*，*ancestor*，以前はまた *-er*，*-our*，< ME *ancestre*．綴りにおいて *sailor*「船員」と *sailer*（帆船）の間に区別がなされた．比較的少数の語で，綴り *-our* が行き渡った：*honour*，*labour*，*candour*，*vigour* など（OF *-our*，ModF *-eur*），*harbour*（ME *herber(w)e*），*neighbour*（ME，*neghebur*）．一方米人は最近これらの語で *-or* と綴り始めてきた，理由は様々あると言われている：ラテン語への接近，初期の英語綴りの復活，インクや労力の節約など．

9.73. これらの語尾における音の同一性は，綴りによって示されているが，ずっとのちまで文法家たちには一般に認められてはいなかった，但し真の事実を示している，いくぶんはっきりしないいくつかの徴候が見られる．例えば Gill は 1621 年，語源を学んだ者は自分の説にしたがって，*skolar*，*onor*，*kungurer* のように綴るべきだと言う．一方彼は無教養な人々が自分の耳にしたがって *skoler*，*oner*，*kungerer* と綴ることには異を唱えない．つまり，彼は，これらの例で教養ある発音と通俗の発音の区別については何も述べない，そして実際彼自身 *colour* を *kuler* と綴る．*Strong* 1699 については上の 9.333 を見よ．J 1764 はこう言う，*altar*，*alter*，*latin*，*common*，*future*，*martyr* の語の弱母音は「それら自身の音で発音されるのが適切かもしれない ...，あるいはそのような母音は，任意の他の非強勢短母音で発音されることすらあるかもしれない．例えば，*altar* は *alter*，*altir*，*altor*，*altar*，あるいは *altyr* と発音されるかもしれない．なぜならこれらの非強勢の音節の音は弱く，発話においてそれらの母音は互いにほとんど区別できないからである」．そして Walker (General Idea, 1774, p. 17) は，「子音，とくに *r*，で終わる語末の音節で非強勢の母音は，ほとんど短音の *u* に近いあいまい母音をもつ．例えば *liar*，*lier*，*mayor*，*martyr* などはこのように綴られ，語の音に何か知覚できる変化なしに *liur*，*liur*，*mayur*，*martur* などと発音される」．

9.74. 同音異義語：*altar*（祭壇）= *alter*（変更する），*anchor*「錨」= anchor†「隠者」= *anker*（アンカー（液量単位）），*auger* = *augur*，（*caster* = castor），*cellar* = *seller*，*censer* = *censor*，*choler* = *collar*，*dire* = *dyer*，*hire* = *higher*，*liar* = *lier* = *lyre*，*licker* = *liquor*，*meddler* = *medlar*，*miner* = *minor*，*raiser* = *razor*，*sucker* = *succour*，（*stationery* = *stationary*，*litoral* = *literal*）．たとえ *correcter*「より正確な」= *corrector* を加えても，われわれは，本当に誤解を引き起こすほど非常に多くの同音異義語をもっているのではない，というのも語の中には口語的とはいえないものがあったり，また中には，とくに動詞から派生し動作主を示すものに，ときどきにしか用いられないものもあるからである（*raiser*（飼育者），*sucker*（乳飲み子））．

9.75. /r/ + 母音 + /n/ あるいは /d/ の連結で，一般的な発達として /rn, rd/ > [ən, əd] が見られる，一方また /rən, rəd/ もある，特に綴り字発音で．早くも 15 世紀には（Malory）*hundred* に対して *honderd* のような綴りが見られる，そして C 1685 p. 74 は，*r* が次で o のあとに発音されるという，*apron*，*citron*，*environ*，*gridiron*，*iron*，*saffron* など．ME *southren*（Ch. I 42）> *southern* [sʌðən]．OE *iren* > *iron*，G1621 /eiern/ > [aiən]，18，19 世紀にまた [airən]，*environ* [inˈvaiən] より頻繁には [inˈvairən]，*apron* [eiprən] あるいは [-pən]，W 1791 ‘apurn’，*saffron* G 1621 と J 1701 ‘safern’，W 1791 ‘saffurn’，現在 [sæfrən]，*citron* J 1701 ‘-ern’，W 1791 ‘-urn’，現在 [sitrən]，*children* と *hundred* W 1791：「口語では -urn，-urd，一方厳粛なことばでは *e* の前に *r* を保つ」．現在 [ʧildrən, ʧuldrən, hʌndrəd]，通俗語で [ʧildən]．同様に *caldron*，*chaldron* J 1701，*brethren* H 1570 /bri·ðrn/，現在 [breðrin]，F *patron* は *pattern* [pætən] になった，一方，より学問的な（Lat.）*patron*（弁護人）は [peitrən pætrən]，ElE *entred*（Sh. Cor. I. 2.2, II. 2.114）現在 *entered* [entəd]．さらに *heron* > 古風な *hern* 参照．同様に *construed* > [kənstəd]，ここから *conster*，以前はこのようにしばしば綴られた（例えば Sh. As I. 2.277），そして依然男子生徒によって発音されているようである（Bern. Shaw, Cashel Byron 7: constering from cribs（古典の翻訳本によって解釈する））．一方，*barren*，*barrel*，*quarrel* では常に [rə] が見られる：[bærən, bærəl, kwɔrəl]．

9.76. 母音の前では，もともと母音 + /r/ から始まる音節主音の /r/ は自然に非音節主音になりがちである（cf. 9.58，9.67）．*every* は 3 音節であった，そして依然 [evəri] と発音される，一方，語中母音の喪失のあと，音節の数はほとんど減少することとなった：/evr-i/ > [evri]．次の語の各々は同様に過去 300 年間，音節の数が変動している，例えば詩人の慣習に示される：*general* [ʤen(ə)rəl]，*generous*，*several*，*delivery*，*misery*，*miserable*，*desperate*，*difference*，*suffering*，*muttering*，*wandering*，*interest*．W 1791 は「非強勢音節で *r* の前の *e* は韻文で音節としてはけっしてみなされない［あまりに強過ぎる表現］… それでも … *dangerous* は散文で常に 3 音節をもつ」と言う．同様に他の元来の母音についても：*timorous* [tim(ə)rəs], *barbarous*, *endeavouring*, *labouring*, (*murmuring*), *favourite*, *favourable*, *honourable*, *Canterbury* [kæntəb(ə)ri], *Peterborough* [pi·təb(ə)rə]. *Strawberries* はしばしば [strɔ·briz]；同様に Sh R3 III. 4.34 で：I saw good strawberries in your garden there（庭先にみごとなイチゴがなっているのを見た）.

9.77. たとえ音節の縮少が生じなくても，*mystery* と *history*，そしてまた *bursary*，*nursery*，*cursory* は正確な韻を形成する．そして当然のことながら綴りは一定の混乱を示す．*accessory* とともに accessary がある．*contributary*（F *contributarie*, *-taire* から）は現在 *contributory*（F *-torie*, *-toire*）に位置をゆずった．Marlowe, *Faustus* 1. 350, 1604 年版は *-tory* をもつ，1616 年版は *-tary*. *depositary*（F *-taire*）「受託者」と *depository*（F *-toire*）「保管所」の間の違いは必ずしも常に維持されない，NED における引用を見よ．しかしながら注意すべきは，米国では，*-ary*, *-ory* 形の多音節語で，もともと強勢を受けた語尾から 2 番目の音節は依然第二強勢をもつ．例えば *ordinary*，これはイングランドで [ɔ·dinri, ɔ·dnri, 通俗的 ɔ·nri]，米では [ɔ·(r)dn-eri]（4 音節）である．*necessary*，*solitary*，*dormitory*，*category* はイングランドで [-s(ɔ)ri, -t(ə)ri, -g(ə)ri]，米では [-seri, -teri, -tɔri, -gɔri] である（5.63）.

9.78. *general*，*generous* などの 3 音節語と 2 音節語の間の変動は，もともとは子音と /r/ の間に母音がなかった一定の例で，音節が加えられることを引き起こした．3 音節の *monstrous*（Sh. Macb. III. 6.9）では，もちろん，*monster*＋*ous* の新たな構造をもつかもしれない．そして同じ説明が Sh で 3 音節語として時おり生ずる *entrance*，*empress*，*angry* にも当てはまる．一方，*Henry* が 3 音節になると（例えば Shakespeare のもっとも初期の戯曲で，そして依然通俗的に），同様の説明は当てはまらない．[n] と [r] 間の舌尖の最小の弛緩あるいは [r] の最小の引き延ばしが，余分の音節があるという印象を生み出すであろう．同様に *umbrella* でも，これを Sweet は [ʌmbəˈrelə] と表記する，そして *Gib*(*e*)*raltar*（ジブラルタル）で．しばしば微小な母音が忍び込んだか否かを判別することはほとんど不可能である（*Lehrb. d. Phon.*, p. 150，注）.

alarm と並んで *alarum* はおそらく顫動音 *r* による外国発音の模倣を表している．現在区別が立てられている：*alarum*「警報」そして *alarm*「恐れ」.

9.79. *r* の前での母音の喪失は，語の第一音節ではまれである．OF や ME *coroune* < *crown*；ここから ElE の大衆的な *crowner* が派生した，これはより正式の coroner によって取って代わられた，但し *croumer* は方言で保持された（Hardy, *Far from the Madd. Cr.* 77）．ME *spiˈrit* > *sprite*，また *spright* と綴られる（cf. *sprightly*），*thorough* > *through*（cf. 5.41）．*Perhaps* は口語で /pr-æps/（2 音節）を経て単音節語 [præps] となった，一方，[pəˈhæps, phæps] もまたしばしば耳にされる．Dickens, *Nickl* 317，は貴族的な上品な発音として *p'raps* と綴る．*pram* は *perambulator*（乳母車）に対する口語的な短縮である．*Career*，*correct* などが同様に短縮されると，語頭の音群は，一般に *cry* などとは異なって，[r] について完全音を保った，一方後者の音群 [kr] では [r] はせいぜい後半部分で発音される（拙著 *Articulations of Speech Sounds*, p. 54，*Lehrb. d. Phon.*, p. 102 を見よ）．

隣接する母音

9.811.　2 つの類似した母音が一緒になると，常にその 1 つが失われる一定の傾向がある．序数語尾 *-tieth* はかくして /tiþ/ となった：G 1621 は /tuentiþ, þirtiþ/ をもつ，B1634 /twentiþ/．Shakespeare では *twentieth* は 2 音節をなす（現在では 3 音節）．一方 W 1791 は次のように言う，「母音は別個のものとすべきだ．第一要素は広母音の *e*（つまり [i]），例えば *twenty* の y，第二要素は短母音の *e*，例えば *breath* で耳にされる」．Hyde Clark 1879 は *twen-ti-eth* あるいは *twen-tith* を認める，しかし 2 つの母音の合一は現在なくなっているようである．綴りや語源的な感覚から両母音が耳にされるとき，前者を緊張母音にする傾向があり，これはその後非音節主音の [j] となるであろう（9.85），そして後者はもっと広母音（開口音 [ɪ] あるいは [ə]）となる；こうして現在発音 [tɪɪþ]（Sweet），[tiɪþ]，[tjɪþ]，[tiəþ]，そして [tjəþ]（Rippmann）が実際に存在している．—同様に詩的な *carrieth* など—最上級の *-iest* については，Shakespeare はすべての例の 93% で一音節とする（König）．現在は両方の母音が耳にされる：*happiest* は，上と同様に [hæpɪɪst] あるいは [-piɪst, -pjɪst, -piəst, -pjəst]．

Series と *species* は一般に [siəri·z, spi·ʃi·z]，あるいは [-riz, -ʃiz]，これより頻繁ではなく [-riiz, -ʃiiz]．(*He carries*，*varies*，複数形 *stories* など，常に [-riz].)

9.812.　語尾 *-ing* は Shakespeare で，ほぼすべての例で /i/ のあとで短縮される：*burying*，*carrying*，*envying*，*studying*，*journeying*，*lackeying* など．*-ying* は 3 回のみ 2 音節とされ，3 例とも行末である（König）．17，18 世紀では *currying* の代わりに *curring*，*tarrying* などの代わりに *tarring* をもつ書籍が頻繁に見られる．しかし現在，語源的感覚や綴りが [-iiŋ] を一般的なものにしている，一方 *being* に対して 1 音節の [bi·ŋ] がしばしば耳にされる．

9.813.　[iiʤ] の代わりの [iʤ] は *carriage*，*marriage* [kæriʤ, mæriʤ] においては常態である．*voyage* は，[voiidj] の代わりに，これはすべての辞書に見られるが，しばしば [voi·ʤ] あるいは [vɔ·iʤ]，ここでは音長が二重母音の最初の方に移動する．同様にときに *royal* は，[roiəl] ではなく [rɔ(·)il]．*miniature* は [minitjuə, -tʃə]．*parliament* は [pa·limənt] あるいは [pa·ləmənt]；この語はけっして /ia/ をもつことはなかった，cf. F *parlement*.

vehement，*vehicle* の 2 つの母音さえも，これらは理論上 *h* によって分離されてい

るが，しばしば合一する [vi·mənt, vi·kl]；「vehement は ve’ment に圧縮される」E 1765.

9.82. 2つの異なる母音が一緒になっている時，その最初のものが同様に ElE で消失しがちであった．すでに *the* に対する *th’* には言及した（6.13）．*how be it* は Sh で常に2音節である，cf. Hart の *houb’it*. *To* は短縮された：Sh. Lear II. 2.81 *t’ intrince*, *t’vnloose* | Cor. V. 6.7 *t’appeare* | Hml. I. 1.37 *t’illume* | Cy. III. 3.3 *t’ adore*（二折版で），非強勢の母音の前でのみ．Milton Com. 538 *t’inveigle*. Villiers Rehearsal 77 *t’attaque*.

18世紀にはこの省略はまれになり，現在は消え去った．E 1765 は，*to* は「その母音を隠す」と言う，例えば *t’obey*, 一方 *twobey* と言う人もいると言う．現在母音前の the と to は [ði, tu] となる，一方，早口のことばでは [i, u] は非常にしばしば非音節主音となる，というのはどんな高母音も比較的響きの高い母音の前でそうなる傾向があるからだ，その結果は，例えば Elphinston の “thyomnipotent（‘the omnipotent’），twobey（to obey）”：*the only*, *to all* [ðjounli, twɔ·l]（9.85, 9.86）に見られるように [ðj, tw] である．—*So* は ElE の *howsoever* の発音で *o* を失う：*hows’ ever*, また *howzever* C 1685. —*do on* > *don*, *do off* > *doff*, *do out* > *dout*, *do up* > *dup*, 現在方言以外では古風．ElE *d’understand* など，*much good do it you* > ElE *muskiditti* あるいは *muchgoditio*（Ellis 1.165, III. 744）．*they*, *thee*, *thou*, *ye*, *you* の短縮については，*Progress in Language* 256ff. PE では母音が類推的に再導入された．

a は次で，別の母音の前で失われる，*extraordinary* [iks'trɔ d(i)nri] や *Pharaoh* [fɛ·ərou].

9.83. 語尾 *-ous* の前で，おそらく同じ省略の例がある．注意すべきは *i* あるいは *e*+*-ous* の /u/ は，二重母音 /iu/ と同じ，あるいは /iu/ のように取り扱われる結合を形成した．B 1634 は *cur‘ously* と綴る（‘ は彼の黙字 e の記号である），*ser ‘ously*, *provisi‘on*, しかし韻文でのみ．散文では彼は *seriously*, *curious* と綴る．E1787 は卑語として *equestr’an*, *cur’osity*, *cur’ous*, *immater’al* をもつ．Pegge 1803 は同様に *curosity* や *curous*；そして *curous* は Gilbert, Plays 106 でも通俗的と記されている．しかし他の語では，*-ous* と *-ious* の共存は別の説明が必要に違いない．*laborous*（NED 1386 から 1782 の引用を見よ）は OF *laboros* から，一方 *laborious*, 生き残っている形態，は F *laborieux* Lat *laboriosm* から．多くの例で /us/ は F /o s/, そして /ius/ は F /o·s/ から．Chaucer は *pitous* /pi'tu·s/, *hidous* をもつ，これらは，現在は *piteous*, *hideous* [pitiəs, hidiəs, -jəs]；Caxton R 55 *pietous* 56 *pyteous*；G 1621 *hideus*. Milton は *stupendious* をもつ，これを Pegge 1803 は *stupendous* の通俗語として挙げる．*Tremendious* は *tremendous* に対してしばしば耳にされる（Thackeray P 2.222 *tremenjuous* は通俗的として，Hall Caine Manxm. 125

tremenjous, Etern. City 29 *Tre-mtn-jous!* said the American）．*Enormious* は廃絶（NED を見よ）．*coveteous* は通俗語として E 1787，*covetious* Alford Queen, Engl. 45 そして Bernard Shaw, CashelByr. 234. *Barbarious* Kipling Barrack R. 45. 私は [heiniəs] を聞いたことがある．── 最後に *righteous*，以前は *rightwise*（Caxton R 114 *vn-ryghtwys*）参照．

9.84. 同様に *-iour* と *-our* は F /ø·r/ と /u·r/ に遡る．*saviour* と *pavio(u)r* は *savor*（*saver*）と *pavour*（また *pavier*）に取って代わった（また *behavior* 参照）．Pegge は *lover* の代わりの *loveyer* を通俗的と，*tailor* に対する *taylyour* を北部の州で見られると言及する．Storm, E. Ph. 818，通俗的な *faviour* などの例をもつ．

これらの交替は，類推的に，*-al* ではなく通俗的な *-ial* の導入を引き起こしたものと考えられる，例えば *mortial*（Trollope, Old Man's Love 54, Kipling Barr. 43）や *disposial*（G. Eliot Mill 1.292）．

/i/ > /j/

9.85. いかにしばしば母音が別の母音の前で省略されたとしても，この位置での消失はけっして普遍的なものにはならなかった．大部分の語には両形が並存していたに違いない，おそらくは同一話者の発音においても，上の Butler 1634 参照．しかしもしこのように保たれると，[i] は別の母音の前で当然非音節主音，すなわち [j] になるであろう．このような縮小の始まりは Chaucer に遡る（3 音節語としての *specially* A 15. E 765：一方 E 760 *special* /i/ を伴って 3 音節で）．しかしこれは ElE まで通例のこととはならなかった．Shakespeare（König, *Vers* p. 41 を見よ）では，次で *i* に対して [j] をもつ，*Amazonian*，*Bohemia*，*cordial*，*immediate*，*radiance*，*Daniel* など．*opinion* は 50 回 [j] をもつ，[i]（4 音節）は 5 回のみ．*familiar* では [j] を 18 回もち，[i] は 3 回．完全な分節は行末に最もしばしば見られる，ここでは発音の速度を「緩める」のがまったく自然だからだ．他方で Shakespeare は [i] も次で独立した音節であると知っていた，*William*，*pavilion*，*battalion*，*companion*，*onion*，ここでは [lj, nj] は F の口蓋化した子音を表す．

[i] と別の母音が，隣接した統語関係にある異なる語に属する場合，同じ音節の縮小が生ずる：*many a*，*worthy a*，*holy a*，*boldly and*，*merry as* などは Shakespeare やのちの詩人で 2 音節として生ずる，これは自然な日常の発音と一致する．

9.86. PE では次の発音が通例だ，但し [i] を好む人もいる：*Arabian* [aˈreibjən]，*audience* [ɔ·djəns]，*behaviour* [biˈheivjə]，*genius* [ʤi·njəs]，*genial* [ˈʤi·njəl]，*idiot* [idjət]，*Italian* [iˈtæljən]，*junior* [dju·njə]，*simultaneous* [siməlˈteinjəs]，*tedious* [ˈti·djəs]（/dj/ > [ʤ] などについては，12.5 を見よ）．*pitiable* のような語では [pitjəbl] への傾向は語源的な感覚により阻止されるかもしれない，後者は [piti-əbl] を好む．── さらに *many a day* [ˈmenjəˈdei].

一方もしこの [i] の前に多子音連続があるならば，それは独立した音節として容易に維持される：*axiom* [æksiəm]，*suppliant* [sʌpliənt]，*colloquial* [kəˈloukwiəl]，*envious* [enviəs]（この語は Shakespeare でときに 2 音節）．[r] のあとでは [i] が通例のようだ，但し最近の音声学者には [j] と表記するものもいる：*glorious* [glɔ·riəs, -rjəs] など，13.45． 一方子音のあとでは常に [ri]：*pedestrian* [piˈdestriən]，*Calabria* [kəˈleibriə]，*Cambria* [kæmbriə].

9.87. 音節縮小の特別な場合が /s, z/ のあとの /ion/ と /ius/ である．Shakespeare はしばしば [i] を完全音節としてもつ，例えば *admission*，*confusion*，*affection*．しかし他方で，彼は次で音節縮小をもつ，*complexion*，*exception*，*potion*，*intrusion*，*mansion*，*audacious*，これらは /sj, zj/ と読まれなければならない．これはのちに [ʃ, ʒ] となる，12.2 を見よ．Milton の前期に彼は音節主音の [i] を何度か用いる，例えば Co 613 *legi-ons*，614 *appariti-on*，212 *consci-ence*，Nativ. Ode 163 *sessi-on*，一方 Par. Lost では音節主音の [i] はこれらの語尾でけっして用いられない．—*ocean* におけるもともとの /e/ は /i/ を経て（同様の例については 9.12 と 9.13 参照）/j/ となった，現在 [ouʃən] 12.2.

9.88. 強勢あるいは半強勢の母音の前で，[i] は音節主音で留まる：*idiotic* [idiˈɔtik]，*physiology* [fiziˈɔləʤi]，*pronunciation* [prəˌnʌnsiˈeiʃən]，*filiation* [filiˈeiʃən]，*associate* [əˈsouʃiˌeit]（[ʃ] については 12.24 を見よ）．*deviate* [ˈdiviˌeit]．一方 *seniority* と *familiarity* は [si·niˈɔriti, fəmiliˈæriti] の他にしばしば [si·nˈjɔriti, fəmilˈjæriti]，これは *senior*，*familiar* [si·njə, fəˈmiljə] による．

/u/ > [w]

9.89. 母音前で /u/ あるいは /o/ の非音節主音 [w] への縮小は /i/ から [j] へのものと比べまれである．Shakespeare はときに，*halloing*，*arguing*，*valuing*，*usual*，*sumptuous*，*virtuous* を 2 音節としてもつ．*to obey* > *twobey* については上の 9.82 を見よ．*to us*，*to answer* はしばしば [twʌs, twa·nsə]．*following* はしばしば [ˈfɔlwin]，古形を参照．Soames 女史は *annually* を [ænjwəli] と表記さえする，ここではたいていの人々は 4 音節で [ænjuəli] と発音するであろう．また *acquaint* など 2.514 参照．

語中母音の消失

9.91. 語中の音節の母音は次の例で失われた（/n, l, r/ に先行するものは除く，上掲）：*chapiter* > *chapter*，16 世紀以前 *cap(i)tain*，*webbestre* > *webster*，*lobbestre* > *lobster*，*hydropisie* > *hydropsy*，*dropsy*，*courtesy* > *curtsy*，これは Sh でしばしば 2 音節，但し，より一般には 3 音節； 現在区別されている：*courtesy* [ˈkə·tisi, ˈkɔ·tisi]「礼儀」，*curtsy* あるいは curtsey [ˈkə·tsi]「女性のおじぎ」，*phantasy*，Ben

Jonson はしばしば *phant'sie* > *fancy*；現在日常語 *fancy* はより文語調の *phantasy* や *fantasy* [fæntəsi] とは異なると感じられている，*medicine*，Milton Areop. 22 *med'cins*，E 1787 *medcine*，現在一般に [medsin] あるいは [medsn]． Fuhrken（*Phonetic Readers* II）は [medsn]「薬」，一方 [medisn]「医術」，*procuracie* > *proxy*，*procurator* > *proctor*，*forecastle* > *fo'c'sle* [fouksl]，*bodikin* > *bodkin*，F *parchemin* > *parchment*，Shakesp. の *venison*，2 あるいは 3 音節で，E1787 'venzon'；現在 [venzən]，*paralysie* > *palsy* [pɔ·lzi]，*Salesbury*，*Salisbury* [sɔ·lzb(ə)ri]，ここでは /l/ のあとの母音は /al/ > /aul/ の変化前に失われたに違いない，というのはこの変化は子音の前でのみ起こったからだ，*damisel* > *damsel*，*cramoisin crimesin* > *crimson*，OF *tanaisie* > *tansy*，*coronel*（*colonel* と綴られる）> [kə·nəl]，*Cholmondeley* > [ʧʌmli]，*nominative* しばしば [nɔmnətiv]，*business* > [biznis]；既に G1621 "biznes"，しばしば Sh. では 2 音節；新しく形成された語は 3 音節 "busyness" [bizines, -is]（3.138），これのもっとも初期の言及は（NED の引用前）E 1787 に見られる：「*bizzines* から出たとしても，*biznes* は完全に異なる：前者は抽象名詞；後者は 1 音節短縮され，仕事や用事を表す．dhe bizzines ov dhe ideller（その怠け者の忙しさ）あるいは bizzy-boddy（お節介な人）．He never minds his own buznes（彼はお節介だ）」．*dowary* > *dowry*，*dirige* > *ditge*．また *coppice* > *copse*，おそらく複数形 *copses* から始まった，そして *wemyss* [wi·mz]．

9.92. /e, i/ の語中音消失は最初の子音が /r/ のときは起こらない：*Hereford* [herifad]，*charity* [ʧæriti]，*verity*，*sincerity*，*heritage* [heritiʤ]，*territory*，*ceremony* [seriməni]．*heresy* [herisi]．*Meridith* [merədiþ, -ri-]．/r/ の母音化（13.2, 3）はこうしてこれらの例で防がれる．

9.93. 強強勢母音のあと，弱母音はしばしば省略される：*poesy* > *posy*，*creature* Chaucer /'kre·a'tiurə/，G 1621 /kre·tiur/，　現　在 [kri·ʧə]，*creance* G 1621 /kre·nz/ あるいは /kreanz/，*Vaughan* > [vɔ·n]，*diamond* W 1791：しばしば *dimond* と綴られるかのように発音された，現在 [daimənd] や [daiəmənd] は綴り字発音，*violent* E 1765 *vi'lent*，現在一般に [vaiələnt]，phaeton [feit(ə)n]，（*vehement* 9.813 を見よ）．

9.94. ElE で，it の /i/ はしばしば失われた：*on't*，*in't*，*for't*，*to't*；Sh. Mcb. II. 1.3 I take't, 'tis later, Sir（（月の入りは）もう過ぎたのでは（松岡和子訳））．これは現在 Sc のみに見られる，一方詩人は依然 *'tis* を好む．同様に *'s* = *his*：Sh. All II. 2.10 Put off's cap, kiss his hand（母音は *s* のあと保たれる，これは属格語尾と同様）| Cor II. 2.160 May they perceive's intent（みんなにも（彼の意図が）分かるだろう！（松岡和子訳））など（cf. *Progress in Language* §253）．ここで完全形 [(h)iz] は現在常に復元される．しかし *is* は現在次のように扱われている：*it's* [its]，*John's* [ʤɔnz] *going away*（しかし [s, z, ʃ, ʒ] のあとでは常に [iz]）．*us* は ElE でその母音を失った，*upon's*，*among's*，*upbraid's*，*behohld's* など．PE では奨励の意で *let's* [lets] のみをもつ（*let's go* など＝ME *go we*）．他の場合では *let us* [let əs] が一般に用いられる（*let us know the time of your arrival*＝inform us）．

語頭音喪失（Aphesis）

9.95. 語頭における短音の非強勢母音の喪失は，これに Dr. Murray は *aphesis*（語頭音喪失）という術語を作ったが，もっぱら音声的な現象ではない，弱い母音を脱落させる傾向は，語頭の母音，一般に *a* や /ə/，をもつ形態と，もたない形態が，英語に共存することから，様々な理由により，強化される．非常に多くの例で，2 語がほぼ同じ意味で用いられ，一方は接頭辞 *a-* で形成される：*arise*（< **urrisan*，*ur-* < *uz-*）と *rise*，*awake*(*n*)（*a* < *on*）と *wake*(*n*)，*around* < *on*）と *round*，*abide*（*a* < *uz-*）と *bide*；*a-* はまた OE *ge-* を表す，これは一般に *y-* となる（cf. *afford*），例えば分詞 ME *adon* と *don*（*done*），*aleft* と *left* は同じ意味をもつ．F の語にも同様に二重の形態，接頭辞をもつものともたないもの，がある：*aggrieve*（悪化させる）と *grieve*，*account* と *count*，*await* と *wait*.「それゆえ，これらすべての *a* 接頭辞はついに観念上はごっちゃにまとめあげられ，結果的に生じた *a-* はなんとなく強調的，修辞的，口調のよい，あるいは古風でさえある，さらにはまったく無駄なものと見なされた」(Murray)．この感覚は，他の状況でも *a* は，意味を大きく変えることなく，ときに用いられ，ときに省略されたという事実により強化された．cf. "he was a captain" と "he was captain of the crew," この結果自然に "he is apot(h)ecary"（彼は薬剤師だ）や "apprentice"（見習い工）の "he is a pot(h)ecary" や "prentice" への分割に至った．最後に *spy* と *espy*, *state* と *estate*，*squire* と *esquire* などにおいて，語頭の *sp*，*st*，*sk* と *esp*，*est*，*esk* 間の交替が見られる．多くの語で，2 つの形態を一緒に使うのは煩わしく一方のみが生き残った，他方で両形が依然存在しているものもある．これらが多少なりとも差別化されてきている場合には，以下のアルファベット順リストで二重の星印で印をつけてある，このリストを完全なものと主張するつもりはない．

9.96. ***back*（14 世紀から）< *aback* | *bash* ElE < *abash*，cf. *bashful* | *bate* < *abate* | ***bet* < *abet* | *biliment* ElE < (*h*)*abiliment* | '*bout* ElE，現在通俗的 < *about* | '*bove* ElE，現在通俗的 < *above* | '*cademy* 通俗的（しばしば G. Eliot で）< *academy* | *cater* < *acater*，*acatour* | '*cept* 通俗的（Kipling など）< *except* | *clipse* または *clypse* ElE < *eclipse* | *claw* 通俗的，with *a claw*（大喝采で）(Lytton, What Will he Do 2.92) ＝with *éclat* | *cloy* < *accloy* | '*cute* < *acute*，Goldsmith により用いられる (Globe ed. 617, 631)，通俗英語で一般的．米では「(短縮形の方が) その特有の意味において完全形よりも強く，もっぱら Yankee（米国北東部）に対して適用される」(De Vere, cf. Storm E. Philol. 861)．G. Eliot はまた "a 'cutish chap"（機敏なやつ）

をもつ，Mill 2.164 | *down* < *adown* | *'fore* ElE，現在通俗的 < *afore* | *'fraid*< *afraid*，Swift Journal 143 | *'gain*，*'gainst* ElE，現在通俗的 < *again*(*st*) | *gin*，*gan* ElE < *onginnan*，*ongann* | *'gree* ElE < *agree* | *lack-a-day* < *alack-a-day*（ああ悲しいかな）| *larum* ElE < *alarum* | *limbeck* < *alembic* | *limn*「描く」< OF *enlumine* | ***live* << *alive* OE *on līfe*；*live* はほぼ常に限定的に用いられる，*a live eel*，*live eels*，*live coals*（火のついている石炭）；叙述的に：*the eel is alive*；よい例は Jack London, White Fang 81 "there were live things and things not alive. He must watch out for the live things. The things not alive remained always in one place; but the live things moved about."（生きている物と生きていない物がいた．彼は生きている物に気をつけねばならない．生きていない物は常に 1 つの位置に留まっていた；しかし生きている物は動き回った）| ***lone* < *alone*（*all*＋*one*），また *lonely*，*lonesome* 参照，Sc *my lone*（私だけで）など | ***mend* < *amend*，また学問的な *emend*（校訂する）参照 | Merryker 通俗語 < *America*；同様に *the Merrykins* | *'mid* < *amid* | *'mong*，*'mongst* ElE，現在主に通俗 < *among*(*st*)，*muck* < *amuck*，Malay *amoq*，*āmuk*「逆上して無差別殺人の犯行に走る」；Beaconsfield, Lothair 145 は "run a muck"（怒り狂う）と書く，Murray は Dryden から runs an Indian muck を，Byron から running mucks at every bell を引用する | *noint* ElE < *anoint* | *parel* EE < *apparel* | *paritor* ElE < *apparitor* | *peach*「密告する」< *apeach*＝*impeach*（告発する）| ***peal*「大音響」< appeal | ***pert*（ずぶとい）< *apert* | *'point* ElE < *appoint* | **pose*「難問を出して困惑させる」< *oppose*，これより *puzzle* < *opposaille* | *potecary*，Ch. C 852, 859, ElE < *apothecary* | *'prentice* ElE，Goldsmith など，依然一般的 < *apprentice* | *'quittance* G. Eliot, Mill 1.331 ほか < *acquaintance* | *'quit* ElE < *acquit* | ***rear* < *arrear*（後方に）（同義語（*a*)*back* 参照）| *rest* ElE < *arrest* | *rithmetic* 通俗的 < *arithmetic*，次を参照 the three R's，*i.e*，*reading*，(*w*)*riting*，*rithmetic* | ***sample* < *asaumple* OF *essemple* = *example* | *say* < *assay* Lat *exagium* | *scape*，cf. scapegoat < *escape* | *scholar* < *escoler* | *'scuse* ElE < *excuse*，*escuse* | ***size* < *assize*（"The standard magnitude of an article of commerce was settled by an 'assize' or sitting of some constituted authority. Hence the standard or authorized magnitude of anything was called its assize or size,"「商品の標準的価値は当局の基準によって定められた．それゆえ何かの基準あるいは公認の価値は，その法廷売価あるいは定額と呼ばれた」Bradley）；G. Eliot assizes に対する俗語として many 'sizes ago（数度の巡回裁判の前に），Mill 2.62 | *sparagus* ElE，*sparrowgrass* に転訛した < *asparagus* | ***special* < *especial* | ***spouse* < *espouse* | *sprain* < OF *espreindre* | ***spy* < *espy* | ***squire* < *esquire* | *stable* < *estable* | *'stablish* ElE < *establish* | ***state* < *estate* | *stonish* ElE < *astonish* | ***story* < *estory*，history | ***strange* < *estrange* | ***stray* < *estray*（逸走家畜）（法律用語）| ***tend* < *attend* | *'tendance* EE < *attendance* | *tire*「頭飾り」< *attire*，cf. ElE *tiring-house*（楽屋）など | *twit*（責める）< ME *atwite* OE *ætwītan* | *'tween*，*'twixt* ElE，現在主に通俗 <

atween, *atwixt* | ***vantage* < *avantage*, 現在 advantage | ***venture* < *aventure*, 現在 *adventure*, *at aventure* 参照, 現在 *at a venture*（運まかせに）と理解される | ’*void* ElE < auoid | *vouch* < *avouch* | *vow* < *avow*, cf. Skeat, Chaucer V. 286 | ME *vowtre*「姦通」< *avowtre* OF *avoutrie*；また *voutriere*「姦婦」| *wayward* < *awayward*.

9.97. *avail* は「単純な *vail*（F *vaille*）から形成されたようだ，まるで語頭音喪失（aphetic）形態であるかのように」(Murray).

ing 形の前での *a* の省略については，(*set the clock* (*a*)*going*, *go out* (*a*)*hunting*) VI 巻形態論を見よ.

9.98. 関連する現象は子音で始まる接頭辞の省略である，例えば ***fend* < *defend*（防ぐ）| ***fence* < *defense*（防護）| *spite* < *despite* | *sport* < *disport*（楽しませる）| *stain* < *distain*（よごす）| cern ElE < *concern*（関心）| ***plot* < *complot*（共謀）| *long* ElE < belong. ―上で言及された形態 ’fore, ’gin, ’tween, ’twixt は現在次の短縮形と感じられている *before*, *begin*, *between*, *betwixt*. ―最後に ***vie*（競う）< *envy*（ねたむ）参照.

第 X 章

子音の消失と [a·, ɔ·] の出現

/c/ の消失

10.11. *high* では語尾の /c/（2.92）は，屈折形態 *highe* の影響により早くに失われた，ここでは *gh* は有声音 /hijə/ > /hi·(ə)/，Ten Brink *Chaucer* §21e を参照．この語はかくして *hie*「急ぐ」ME *hien* OE *higian* と同音異義になった．

10.12. *t* の前で，古い /c/ はスコットランド語で依然保たれている，[lect, rect] *light*，*right*. 15，16 世紀の標準英語では次の 2 つの発音が共存していた，/ic/ と /i·/，のちに /ei/ > [ai]，ここでは /i/ が，/i·/ が二重母音化する前に，埋め合わせで長化された．S 1568 は *liht* に *lït* を認める，ここで ï は /i·/ から帰結する二重母音を表す彼の記号である，I = eye のように．一方 H 1569 は /ic/，*jh* と綴られる，ここで *j* は二重母音を意味する，例えば *ljf* 'life'．B 1633 は常に「長音の i」すなわち次の語に見られる二重母音をもつ：*nigh*，*sigh*，*high*，*bright*（*gh* は黙字，ただし，北部方言では正しく発音される）．Shakespeare が次のように押韻するように，*white* : *downright*，*fight*，*night*，*sight*，疑いなく彼は /c/ なしでここで二重母音を発音していた．

10.13. *gh* の消失は当然人々が不要な所にも *gh* を綴るよう促した．例えば *bite* に対して *bight* Sh. As II. 7.184 二折版；*spight* や *despight* は，ElE で *spite*，*despite* に対してよく見られた．同様に *hie thee*（急げ）に対して *high thee*. Spencer は *twite* ME *atwite*「責める」に *twight*. *Strait*（海峡）（ME *streit* OF *estreit* = ModF *Strait*）と straight（まっすぐな）（OE *streht*）はしばしば混同された，例えば Sh. Merch. II. 4.25 二折版：I'le be gone about it strait（よし，こっちもすぐに取り掛かる（松岡和子訳））．同様に *plight*，OE *pliht*，*plihtan*「誓う」，そして *plit*(*e*) AF *plit*「状態」が混同された．どちらも現在は *plight* と綴られる．偽の *gh* は *delight* ME *delit* OF *delit* で固定した（Chaucer は *appetit*，*whit* と押韻させた，けっして *-ight* 形のものではないが），そして *spright*（ここから *sprightly*）でも固定した，これは *sprite* < *sp*(*i*)*rit*「精神，魂，妖精，気分」の異形である．

10.14. *i* のあとの *gh* 消失による同音異義語：*might*＝*mite*（ダニ），*right*＝*rite*（儀式）（ElE でしばしば混同された，特に *rights of love*＝*rites of love*（愛の儀式）），*sight*＝*site*（場所），*wright*（大工）＝*write*. これらのいくつかは（*mite*, *rite*, *site*, *wright*），あまり用いられなかったので，誤りはそんなに頻繁にはなかった．C 1627 は *wright* と *write* は音が同じだと言う，*weight* と *wait*, *nay* と *neigh* でも同様．さらに，*weigh*＝*way* がある（*get under weigh*（出発する），しばしば way と混同される）．

10.15. *sennight*（一週間）では，埋め合わせの長化は起こらなかった，というのは音節が非強勢だったからだ，[senit]；*fortnight*（2 週間），これは現在儀礼的なことばで [fɔ·tnait]，は通俗語で対応する形態 [fɔ·tnit] をもつ，Jacobs, *Lady of the Barge* 108 で *fortnit* と綴られる．*lit*, *light* の過去分詞形については VI 巻 5.1$_3$ を見よ．*Mihelmas* の /h/ については NED と Hart に関する拙著を見よ p. 73f. さらに *Milemas*, Greene's Friar Bacon, ed. Ward, p. 204 を参照．

10.16. 音 [þ] が [c] の代わりに用いられた，後者は音響的に [þ] といくぶん似ている，*Keighley* は，一般に [ki·þli] と発音される，一方，地域的にはこれは [ki·cli] あるいは [ki·þli] と発音される（Ellis vol. V.61*）．また Dan. Jones を見よ．これは *fortnight* の方言的発音 [-niþ] を説明する（Yorksh. など，EDD を見よ）．

/x/ の消失

10.21. 次の 2 つの引用は /x/ に関して興味深い：Coote 1627 は言う：「語尾で /x/ を完全に発音する国もあればまったく発音しない国もある．*plough*, *slough* と言う人もいれば，*plou*, *slou*, *bou* と言う人もいる．その上 *burrough* と綴る人もいれば，*burrow* と綴る人もいる：しかしもっとも正当なことは，それらを綴りかつ発音することだ」．彼の「堕落した」発音のリストで，*daughter* に対して *dauter* がある．そして Butler 1633 はこう言う，北部方言は「依然 *gh* を正確に発音する，そして彼らはそれを最も上手に行う，*baughkin drooge* と言うときにはまるでウエールズ人のようだ．しかしこの文字の通俗的な発音はさまざまな特異点をもつ．もっとも一般には，それは 1 つの滞気音，すなわち [h] のように発音される．例えば *nowght*, *naught*, *bowght*, *caught* … ときに F のように，例えば *laugh*, *cowgh*, *tough*, *enough*，これらは一般には *laf*, *cof*, *tuf*, *enuf* と聞える．そしてときにこれはまったく発音されない，例えば *bough*, *plough*, *weigh*, *right*, *sight*」．これは今日の標準発音の分布と非常によく一致する．

10.22. /x/（円唇形態で）以下の語で [f] となった．OE *dweorg*, 15 世紀には *dwerf*，のちに *dwarf*（小人）(6.4)．ME *draught*(*e*) は 2 語に分裂した *draught* と *draft*（草稿），但しこの区別は非常に明確にはなされていない．どちらも現在 [dra·ft]

と発音される，一方，二重の綴りは 2 つの発音に対応していたかもしれない．Walker は 1775 年，こう言う「*draught* は口語では *craft*，*waft* などと押韻する，一方詩では *caught*，*taught* などともっとも頻繁に押韻する」．*laugh* > [la·f]，*laughter* [la·ftə]；これは *after* と押韻する，Sh. Tw. II. 3.41 や Ben Jonson Volp. III. 2. *daughter* 現在 [dɔ·tə]，一方方言的には [f] を伴う，EDD を見よ（Yorkshire, Norf., Dev.），また D 1640 や他の 17 世紀の音声学者においても；Sh. は次のペアを押韻させる，*daughter* : *slaughter* Lucr. 953 : *after* Shr. I. 1.243 と Wint. IV. 1.27；道化の用いる韻 Lr. I. 4.341 は厳密に正しいとはほとんど意図されていなかった．*Auchinleck* "Affleck" E 1765 と発音された，現在辞書によれば，[æˈflek, ˈæflek, ɔ·xənˈlek].

10.23. *-ough* が以前の /u·x/（OE *ūh* あるいは *ōh*）を表すところで，現在 [ʌf] < /uf/ < /u·x/（短化については 8.24 参照）が見られる：*rough* [rʌf]，Sh. Macb. V. 2.9 二折版 *vnruffe*「ひげのない」，*tough* [tʌf]，*slough*「蛇の脱皮」[slʌf]，*enough* [iˈnʌf]，Sh. Macb. IV. 1.71 で *Macduffe* も押韻する：G 1621 *inuf* や *inuh*，*chough*「ベニハシガラス」[ʧʌf]，*Hough* [hʌf]，Westmoreland で *Brough* [brʌf]，*Loughborough* [lʌfbərə]（最後の 3 例，すでに E 1787），*Hougham* [hʌfəm].

10.24. 以下の語で *-ough* は現在 [ɔ(·)f]；*ou* は元来 /ɔ(u)/ だった：*cough* [k ɔ(·)f]，M 1688 は "kâff" をもつ；Sh. Mids. II. 1.54 *coffe* は *loffe* 'laugh' と押韻する，明らかに農民の発音を表したもの，*trough* [trɔ(·)f]（かいば桶），*Gough* [gɔ(·)f].

10.25. /f/ は依然多くの語に見られた，一方それは現在消失あるいは方言でのみ耳にされる．gh が，後続の母音のため，あるいは強勢の欠如で有声化したところでは，[f] は見られない（6.512 を見よ）．名詞 *plough* は [f] をもっていただろう，しかし動詞 *ploughe*(*n*) や名詞の屈折形は有声音をもっていた，ここから [plau] が一般化した；Burns の *Death and Dr. Hornbook* では明らかに両形がある，スタンザ XXIV で *pleugh*（：*laugh*，*eneugh*，*sheugh*），そしてスタンザ XXIII で *plew*（：*now*，*true*，*grew*）．同様に *duff*「だんご」あるいは（方言）「（パンなどの）生地」と *dough* [dou] は同じ語形変化表の 2 つの形態である，*clough*（狭い谷）[klʌf] と（まれに）[klau] と *sough*（風の音）[sʌf, sau] も．さらに *enough* [iˈnʌf] やその古風な複数形 *enow* [iˈnau] 参照．*bough* [bau]（大枝）と *slough*「ぬかるみ」[slau] は屈折形から．*Brougham*（ブルーム型馬車）は常に [bru·m] であった，Wordsworth 364 では次と押韻する：*groom*．Ellis は言う（p. 153），この語は「Brougham 卿により話されているように [bru·m] であるが，馬車はしばしば [brouəm] と呼ばれる」．後者の発音は，非常に通俗的と考える人もいるが，明らかに綴り字によっている．[bru·əm] と [broum] も聞かれるかもしれない．*thorough* [þʌrə；-ou] では，以前はしばしば

thorow と綴られたが（Defoe など），弱強勢の影響が見られる，*through* [þru-] でも同様．*though* は現在 [ðou]，ここでは両子音は弱強勢による発展を示している．しかし一方強強勢形態 [þɔf] は，以前は非常に一般的であった（E1787；Fielding など）．これは現在も通俗的用法で見られる（6.53 を見よ）．綴り *tho'* は，/f/ が常に聞かれていたとき，散文で一般に用いられた．現在これは単なるたわいのない詩的な表現としてのみ．

10.26. T の前で /x/ は，すでに言及したものは除き，消失した，そうして，そこには現在 [ɔ·t] が見られる（10.73）．しかしながら，これらの大部分で /f/ が存在してきた，あるいは存在している，いずれにせよ方言的な異形として．Shakespeare (?) は Pass. Pilgr. で *oft* を *nought* と押韻する，但し彼は一般には—*ought* 形の語同士を押韻する．Fielding で，*ought* と *thought* は oft と thoft と表されている．bought に対する boft は Cornwall などにある，EDD を見よ．*drought*（干ばつ）OE *drūgaþ* ME *drughte* では，[aut] がある，これは /u·/ の通常の発展形である．J 1764 は /drʌft/ あるいは /drauþ/ をもつ．*doughty* では [au] は説明しにくい，というのは OE は *dyhtig*，*dohtig* をもっていたからである．*Archiv* 106.42ff. を見よ．

10.27. *hough* [hɔk]（飛節）については 2.324 を見よ．*hiccough*（しゃっくり）は，誤って cough と関連づけられた疑似的な語源綴りである．より古い綴りは *hick-up*（例えば Marlowe J 1931），*hiccup* あるいは hickop である．発音は [hikʌp] である．私は *showghts*（Sh. Macb. III. 1.94 folio），「一種の毛深い犬」（Al. Schmidt），「われわれが現在 shocks（ぼさぼさの毛）と呼ぶもの」（Johnson）の説明ができない．

furlough（賜暇(しか)）はオランダ語の *verloof* から．E 1765 は言う，これは平凡に *furluf*, *furlof* あるいは *furlow*，現在は [fə·lou] のみ，これは「逆つづり字（inverse spelling）」によるに違いない．—*yacht* は [jɔt] と発音される．これはオランダ語から，/x/ が E から消えてしまったあと借用されたようだ，[ɔ] は太く低い短音のオランダ語の a の模倣．

10.28. 変化 /x/ > [f] に関して，一語にのみ見出される類似の変化 /u/ > [f] はこれと同類と分類されねばならない：*lieutenant* /liu'tenant/（中尉）；G 1621 では *lïftenant*（ï＝/i·/）：B 1633 では「母音 u を子音 v に変えて：*lievtenant*」，W 1791 では *levtenant* あるいは *livtenant*；現在 [lef'tenənt]，米 [l(j)u'tenənt]．この変化に関して，ロシア語の前置詞 *za*＋*utro* 'morning' からの *zaftra* 'to-morrow"，*zaftrak* 'breakfast' を比較．

/l/ > /ul/

10.31. 英語の /l/ の「こもった（hollow）」性質のため，これは舌背が高められることと，舌尖のうしろの舌の前部が押し下げられて空洞が作られることから引き起こされる，その際舌尖は歯茎に触れている．この性質により /u/ が，強勢のある /a/ や /o/ と /l/ の間で（15 世紀に？）発達した．

10.32. /aul/ の例：*all*，*also*，*always*，*call*，*fall*，*gall*，*small*，H 1569 により次のように表記される /aul, aulso, aulue·z, kaul, faul, gaul, smaul/；*talk*，*walk*；*balk* は *baulk* とも綴られる．*caulk* はおそらく *calk*「（船の）水漏れを防ぐ」よりもより頻繁に用いられる綴りである．同様に（形容詞の）語尾 *-al* も，もし半強勢で発音されるならば；H 1569 は /radikaul, severaul, spesiaul/ をもつ，そして対応する発音（後で [-ɔ·l]）はしばしば初期の時代の音声学者によって言及されている．詩人はしばしばこれらの語を small などのような語と押韻させている．現在の発音 [rædikəl] などは弱強勢の /-al/ から発達した．同様に *shall* は /ʃaul/（H 1599 *shaul*），のちに強勢がある時 /ʃɔ·l/，そして非強勢時 /ʃal/ をもっていた．後者の形態は近代の非強勢の [ʃəl, ʃl] を生み出した，一方近代の強勢形態 [ʃæl] は弱形態の増幅版である．また *alone* [əˈloun] と *all* [ˈɔ·l] を対照せよ．

haul（17 世紀から＝以前は *hall*(*e*)）では綴字が変更された，これは hale の異形．

/al/ > /aul/ により生み出された同音異義語：*all*＝*awl*，*ball*＝*bawl*，*bald* adj（元来 *balled*）＝*bawled*，*wall*＝*waul*.

10.33. /l/ の前の /ɔ·/ から帰結した形態 /ɔ·ul/，例えば *old*，*hold*，*sole*（OE *sole*「足裏」さらには F *sol* ‘alone’ そして F *sole* ‘fish’），/o/＋/l/ から，例えば *folk*，*bolster*，*toll*（OE *toll* ‘tax’ そして ME *tollen*「鐘を鳴らす」），そして最後に /ld, lt/ の前の /u/ から，例えば *shoulder* OE *sculdor*，*boulder* < **bulder*，*coulter* OE *culter*，*poultry* F *pouleterie*，*poultice* 以前は *pultesse*，*boult* OF *bulter*；これらの場合で /u/ > /o/ はおそらく ME 期に属する．同様に *won't* < /wul not/，現在 [wount]. ―H 1570 は次のような語で /o·u/ と表記する：/bo·ul, ho·uld, mo·ul, so·ul/ *bowl*，*hold*，*mole*，*sole.* G 1621 彼の正誤表で，彼の以前の表記 /go·ld/ を /go·uld/ に正した，同様に /fo·uld, ho·uld/ なども．*bowl* においては綴りが変更された（17 世紀から，16 世紀には *boul*，OE *bolla*，ME *bolle*；*boll* や *boal*，*bole* と以前しばしば綴られた，そして「鉢」の意味でこの語は依然として *boll* と綴られている）（現代では違う）；さらに *mould*，*shoulder* で，そして残りはもともとの /u/ をもつ．

この変化によって生み出された唯一の同音異義語は *sole*（3 語）と *soul* である．

10.34. /l/ が母音に後続されると，/u/ は発達しなかった，そしてわれわれは /a/，現在 [æ] をもつ：*alley* [æli]. *Alice* [ælis]，*Allan* [ælən]，*gallows* [gæləs, -ouz]，*fallow* [fælou]，*palace* [pælis, -əs]. 同様に *squalid* /skwalid/，現在 [skwɔlid]. さらに：*follow* [fɔlou]，*collar* [kɔlə]，*volley* [vɔli] など．*Scallop* [skɔləp] は説明できない，これは *scollop* < F *escalope* とも綴られる．

10.35. /u/ なしの語尾の *al*＝/al/，現在 [æl]，は少数の例のみに見られる（*shall*，10.32 を見よ）．*Hal* は，*Har* の代わりで，一種の愛称あるいは子供らしい崩した形態で，*Harry*＝*Henry* から； 同様に *Sarah* に対して *Sal*, *Mary* に対して *Mai*（M 1582 は「一定の子供らしい用語，例えば *Marie* に対して *Mal*, *Lal*, *Dal* ほか」に言及する）．さらに /al/ > /aul/ の変化後に取り入れられた新しい借用語で：近代の俗語で pal（仲間）（ジプシーの語；最古の引用 1681）；*cabal*, *canal*, *Natal* [kə·ˈbæl, kənæl, nəˈtæl]. 同様に次で *ol*＝[ɔl], *doll*, 元来 *Dorothy* に対する愛称 *Dol*；*Poll* そして *Mary* に対する *Moll*；*loll*（起源不明）；*parasol* 近年の借用語．*Revolt*（反乱）は [riˈvoult] と [riˈvɔlt] のどちらも，すでに E 1787 で．

10.36. 唇音の前で /al/ > /aul/ が見られる，最初に現在 [ɔ·] をもつ語で：*Albans* [ɔ·lbənz], *Albany* [ɔ·bəni], *Marlborough* [mɔ·lbərə], *r* 黙字については 7.79, *Malvern* [mɔ·vən]. 第二に現在 [a·] をもつ語で，10.43, 10.6. 一方以下の語で現在 [æl] が見られる，いずれにせよ現在 /u/ の痕跡はない：*Albert* [ælbət], *album* [ælbəm], *Albion* [ælbiən], *Albemarle* [ælbima·l], *scalp* [skælp], *scalpel* [skælpəl], Cheshire の *Malpas* [mælpəs], *Alps* [ælps]. *Galveston* は [gælvistən] あるいは [gævistən], *salvage* [sælviʤ], salvation [sælˈveiʃən], *Alford* [ælfəd]. *Alfred* [ælfrid], *alphabet* [ælfəbit], *Balfour* [bælfuə, -fɔ·ə]. これらには最近の借用語も含まれている（変化 /al > aul/ のあと）．これは確かに *salver*「盆」に当てはまり，これは 17 世紀に Sp. *salva* から引き継がれた．

最近の（そして文語的）借用が，次のような語で [æ] を説明する，*algebra*, *neuralgia*, *altitude*, *heraldic*, *talc*, *palpitate*, *recalcitrant*. [æl] と [ə(·)l] < /aul/ の両方が次に見られる，*altercate*, *altercation*, *alternate*, *alternative* や他の派生語；これはもちろん，強勢をもつ *al* と非強勢の *al* をもつ，語と形式の混成から説明されるかもしれない．

/l/ の喪失

10.41. /l/ は /au/ や /ɔ·u/ と /k/ や唇音の間で失われた．/aulk/ > /auk/, 現在 [ɔ·k]：H 1569 は /ʧalk/ をもつ，一方，これは唯一の例で一度のみ現れるので，この変化が起こらなかったと疑いなく証明することはできない．M 1582 は *talk*, *walk* に対して *tauk*, *wauk* をもつ．G 1621 は /ʧâk/ *chalk* をもつ．*talk* や *walk* について彼は /tâk, wâk/ を自然な発音と認める，一方，教養人はこれらを /tâlk, wâlk/ と読み，ときにそう発音する．B 1633 は，*l* は *a* と *k* の間で黙字とする一般規則を述べる．W 1653 は *talk*, *walk* で /al/ を好む，そして *wan'k*, *tau'k* を不注意なものと見なす．18 世紀の正音学者は現在と同じように発音する．なかなか消えない /l/ の発音が 19 世紀の初めから記録されている．Carlyle は Coleridge についてこう言う：“he can only tal-k (so he names it) … I never hear him tawlk without feeling ready to worship him.”（彼は *l* を入れて語る（tal-k，この語は彼の創作）… 彼が tawlk ‘talk’ するのを耳にすると必ず，私は彼を崇拝したい気になる）（Coleridge の Campbell 版，p. CXIV を見よ）．

この変化により影響を受けた語は *balk* や *baulk*, *calk* や *calkin*「蹄鉄のスパイク」; 後者は [kɔːkin] のほかに現在 [kælkin], *calk* や *caulk*「(船の) 水漏れを防ぐ」, *chalk*, *stalk*, *talk*, *walk*. さらに *Halkin* (例えば B 1633, *al*=*au* という注釈付きで) 現在通例 *Hawkin*, *Malkin* (B 1633=*Mawkin*), また *mawkin* と綴られる, 一方複合語 *Grimalkin*, *Graymalkin* は現在 [-ˈmælkin] あるいは綴りから [-ˈmɔːlkin]. E 1787 は *Malcolm* を 2 つの *l* とも黙字であるとする. 現在 [ˈmælkəm].

10.42. /ɔːulk/ > /ɔːuk/, 現在 [ouk] : *folk* [fouk], *Norfolk*, *Suffolk* [nɔːfək, sʌfək], *yolk* [jouk].

10.431. 唇音の前で /aul/ > /au/. Hart は残念なことにこの種の例を挙げていない. M 1582 は *calm*, *balm*, *calf*, *calves*, *salves* を *talk* などと同等であるとする (l は黙字, *au* あるいは *aw*). G 1621 は *balm* と *half* についても *talk* についてと同じ所見をもつ. B 1633 は *f*, *v*, *k*, *l* (*l* は原文通り, *l* について彼は *all*=*aul* を考えている), *m* の前で *al*=*au* をもつ. D 1640 はこう言う「*half* と *calf* を *l* を省いて発音する人がいる, 例えば *haufe*, *caufe* のように ... これを私は認めない」, そして別の場所で「*alf*, *alk*, *aim*, *alp* では *l* がしばしば省略される, 例えば *calf*, *walk*, *calm*, *scalp* のように」. H 1662 によれば「*a* は, *lm* の前に現れるときに *l* をかき消し *u* に変える, 例えば *calme* は *caume* と, *psaline* は *psaume* と, *balme* は *baume* などと発音される, 一方 *a* はそれによりより広母音的になる, まるで 2 音からなる 1 音節であるかのようになる」— ここはむしろ次のように読まれるべきだ : 2 音が 1 音かのように, 二重母音ではなく短母音かのように —「広母音的 (open)」という語に関して, 注意すべきは, 彼は *Abraham*, *Alabastre*, *Spanish* で *a* は「広母音的で完全な」音をもつと言う, 一方, *ale* では「圧迫的でいわば口が半開で気取った風に」発音されると言う.

これらすべての引用は次の点を示す, すなわち, 17 世紀の間, *talk* の音と *calm* の音の間の現在の区別は存在していなかった. 現在 [aː] をもつ語は, 現在 [ɔː] をもつ語と同じ "au" をもっていた.

10.432. PE [aː] をもつ関連語のリストが 10.6 で見られる. E 1787 では *almanac* や *almug* は「開口音の (braud) a」すなわち [ɔː] をもっていた. これらは現在 [ɔːlmənək], まれに [æl-] と [ælmʌg] である. *Almost*, 現在 [ɔːlmoust]. 以前はまた儀礼的なことばで [ˈɔːmouat, ɔːˈmoust] (例えば E 1765, N 1784), これは依然通俗的に見られる.

b の前では *l* の喪失の例はない, しかし W 1791 は *l* が黙字の *talbot* を挙げる, 現在 [tɔːlbət].

v の前では *Malvern* [mɔːvən] がある, 10.36 参照.

f の前では /ul/ が次でその /l/ を保ってきた, *palfrey* (乗用馬) (OF *palefrei*), 16

世紀にはしばしば *paulfrey*, *pawlfre* と綴られた，現在 [pɔ·lfri] あるいは綴り字発音で [pælfri].

10.44. 唇音の前で /ɔ·ul/ < /ɔ·u/（ここでは便宜上 ou と表記）: *holm* [houm], 地名に頻出，*Holmes* [houmz], *Solms* [soumz], 現在しばしば *Soames* と綴られる．D 1640 は言う「*olm* では *l* が略される，例えば *Colmes*, すなわち *Comes*, また *Colman*, すなわち *Coman*」．もし私が間違っていなければ，これらの名称は現在 [koulmz, koulmən]—*Holborn* [houbən]. 廃用の *holp*, *holpen* では，*l* は以前黙字であったが，*help* との類推で再導入されたと考えられるかもしれない．おそらく *f* の前での *l* の消失と思われる例がある，*oaf*（薄のろ）（1625 *ophs*, 1638 *oaf*, NED), これは *auf* < *aulf* の異形.

10.451. *t* の前で，/au/ のあとにある /l/ を省略する古い傾向が確認される．*l* は W 1653 によれば黙字であった，*malt*, *salt*. 現在標準英語は [l] をもつ，[mɔ(·)lt, sɔ(·)lt] など 10.72. —[ou] と [t] の間で [1] は常に発音されてきたようだ：*bolt*, *colt*, *moult* など.

10.452. *n* の前で /l/ が失われた，*sha'n't* あるいは *shan't* [ʃa·nt] や *won't* [wount]; *walnut* では，E 1787 によれば，*l* は黙字だった，現在 [wɔ·lnʌt]. *Colnebrook* は現在 [kounbruk], また，よりまれだが，[koulbruk]. Wiltshire では *Calne* は [ka·n]. Elphinston は「厳粛な場で」*already* の *l* も黙字とする．これはスコットランド語かもしれない.

10.453. /l/ はまた少数の一般に弱強勢動詞形態で失われた，*should*, 強勢のない [ʃəd], 現在強勢のある [ˈʃud], *would* [wəd, ˈwud], *could* [kəd, ˈkud]. 後者の動詞は，その *l* は，ModE 初期には発音されていたが，他の動詞のおかげである．(ME coude であり，could の l は should, would の類推によって 16 世紀頃から導入された）H 1569 は /kuld, ʃuld, (w)uld/ をもつ，G 1621 は /ku·ld, shu·d, wu·d/. B 1633 は *would*, *could*, *should* は長音 *oo* をもっていたと言うが，*l* については触れていない；同様に D 1640, C 1685 は同音異義語として *could* 'possem'（〜できる）＝*cool'd* 'refrigeratus'（冷やした）を挙げる．一方すでに Marlowe で，ときに綴り *wud* (Jew 647, 2274) が見いだされる．現在 *I'd* [aid] の縮約は ElE で *I'ld* と綴られた．shall でも /l/ はときに脱落する，cf. Ben Jonson, folio p. 11 : didst thou not see a fellow here in a what-sha'-call-him doublet!（君はここでいわゆるダブレットを着た奴を見なかったかね！）Sweet, Primer p. 80 [whiʧ ˈtrein ʃə wij gou bəi] (Which train shall we go by?).

同音異義語：*would*＝*wood* [wud], E 1765 により挙げられる.

10.46. /l/ は語末で保たれる：*all*，*ball* など，*toll*，*knoll*，*droll* など，一方 *poll*（folio 1623 では *pole* と書かれる）参照，この語は Ophelia の歌で（Sh. Haml. IV. 5.196（a Scotch song?)）*snow* と押韻する．さらに *d* の前で：*bald*，*scald* など；*bold*，*fold*，*sold* など；*s* の前で：*false*，*also*，また *bolster*；z の前で：*palsy*，*Salisbury* [sɔ·lzbəri].

10.47. 方言では /l/ の消失が標準英語よりより広範に見られる，EDG §253 を見よ．この消失はスコットランド方言でとくに頻繁である，ここでは *all*，*call*，*full* などに対して *a'*，*ca'*，*fu'* が見られる．標準英語で *foumart*（ケナガイタチ）（OE *fūl*＋F *marte*）はスコットランドの形態かもしれない，また Skeat によれば *pony*（< OF *poulenct*，*poulain* 'colt' の指小語）も．*hals*「首，喉」はスコットランド方言で *hause*，*hawse* [hɔ·s] になった，ここから *hause*「山道，峠」．海事用語の *hawse*（*hawse-hole*）（錨鎖口）もまた hals から．NED は [hɔ·z] と発音する，他の辞書は [hɔ·s]；*hawser*（大索）は F *haucier* からのようである，しかし *hawse* < *hals* と関連づけられてきた．S 1780 と W 1791 はそれを *halser*，al＝[ɔ·]，として挙げる．Sc の *golf* の発音は [gouf] である，標準的発音は綴り字から [gɔlf] あるいは疑似的な Sc [gɔf]. *Chalmers* は，多くの語で *l* が黙字になったあとの *Chambers* の逆元つづり字である．発音は [ʧa·məz, ʧɔ·məz]，一方南部人はそれを [ʧa·lməz] とする．── Pewsey（Wiltshire 州，Kjederqvist による）の方言に興味深い区別がある：*kio* 'kill'，*seo* 'sell'，*riembo* 'ramble'，一方，母音の前では *kil ə fɔks* 'kill a fox'，*sel əm* 'sell them'，*ræmlən* 'rambling'.

付加された /l/

10.48. 多くの英語の語で２つの形態，/l/ を伴うものと伴わないもの，が並立して存在していたころ，/l/ が，以前はこれを有していなかった多くの語に，導入された．これはとくに F の語に当てはまる，ここでは語源にある *l* がしばしば綴られた．したがって近代の発音は類推的でもあり，また綴り字発音でもある．

10.481. *t* の前で：F *faute*，以前はしばしば *faulte* と綴られた（Lat. **falta*），ME *faut(e)* と *fault*，ModE *fault*（誤り），/faut/ と発音された H 1569，黙字の *l* を伴って D 1640，S 1780，E 1787；Pope や Swift では thought，wrought と押韻する．*l* の発音についてのもっとも初期の言及は Gill 1621．Johnson 1755 は会話では *l* は一般に発音されないと言う．J 1764 は *l* を発音する．W 1791 は，*l* は「ときに発音されないが，これは俗語的となっている」と言う．現在 [fɔ(·)lt].

vault（丸天井）は上と同様；*l* は黙字 J 1764，S 1780，E 1787；W 1791 は両方の発音をもつ．現在 [vɔ(·)lt].

assault（襲撃）は /l/ をいくぶん早くに取り入れた．J 1764，E 1787，W 1791 はこれを発音する．現在 [ə'sɔ(·)lt].

Walter (F *Gualter Gautier*) : D 1640「これをわれわれは擬似 Water と呼ぶ」. S 1699 は *Walter* と *water* を同音異義語とする．また短縮された *Wat*, *Watt* (既に Ch で) (*Watson*, *Watts*, *Watkin* と共に) 参照．現在 [wɔ(·)ltə].

altar (祭壇) : F 形態 *autre* が，13–16 世紀一般的だった (Caxton R 47 *awter* など). この語では *l* 形態は主にラテン語 (OE *altare*) からの直接的借用による．現在 [ɔ·ltɔ]. さらに *psalter* (詩編)，ME しばしば *sauter*, *psauter* ; *psaltery*, ME *sautrye* 参照．

fealty (忠誠) : 古い形態は *fewte*, *feaute* など，一方早くも 14 世紀には *fealte* も見られる．現在綴りから [fi·əlti].

moult「(羽毛を) 脱ぐ」ME *mouten* OE *mūtian* ; 疑わしい．

10.482. *d* の前で : *cauldron* (大釜)，また *caldron* と綴られる．ME *caudroun*, *-dron*, *-dren*; 17 世紀になると *cawdron* と綴られる．現在一般に(常に？) [kɔ·ldrən]. 同じ起源の *caudle* (薄いかゆ) 参照，ここには *l* はけっして挿入されなかった．

chaldron「チャルドロン (乾量単位)」，実は *cauldron* (中央フランス語から) の異形 ; ME *chaudron* ; *l* は黙字 E 1787, W 1791 ; 現在 [ʧɔ·ldrən] あるいは [ʧa·drən].

baldric (飾帯)，以前は *baudric*, *bawdric* ; 現在 [bɔ·ldrik].

herald (紋章官) : 15 世紀以前 *l* なし形のみが存在，*heraud*, *herowd*, *herod*(*e*), そしてこのような形態が依然 17 世紀にも見られる．現在 [herəld].

ribald (卑猥な) : ME と F *ribaud*.

(*scaffold* (足場) F *esckafaut* ; NED に *l* なしの 2 つの形態がある).

emerald (エメラルド)，以前は (17 世紀まで) *emeraud*(*e*) ; *l* はここでは非語源的 (Lat. *smaragdus*)，しかしスペイン語の *esmeralda* にはある．

solder (はんだ) F *souder* (< *solidare*) ; G 1621 や他の 17，18 世紀の権威者は *l* なし ; 依然通例の発音は [sɔdə], また，もっとまれに，[sɔ·də] (Ellis). 一方，綴りから [sɔldə] も耳にされる．

soldier ME *soldiour soudiour saugeour* など，OF *soldoiery soudoier*. J 1701 p. 64「*Souldier* は *Soger* と発音される」. W1791 は *so-jer* を「正確な発音とは言い難い」と言う．*Sojer* は依然しばしば小説で通俗的あるいは方言形態として綴られる．発音は [souʤə, sɔʤə]. 現在一般に認められている発音は常に [soulʤə].

10.483. 他の子音の前で : *falcon* (鷹) ME *faucoun* F *faucon* ; B 1633 *al* = *au* ; *l* は黙字, J 1764, W 1791. 現在 [fɔ·kən] あるいは [fɔ·lkən]，とくに Wyld, *Hist. St. of Mother Tongue*, p. 364 を見よ．

falchion (広幅湾刀)，16 世紀まで *l* なしで綴られる : *fauchoun* など．*l* は発音される S 1780. 現在 [fɔ·lʃ(i)ən].

(*balm* (香油)，ME *baume* では *l* はおそらくけっして発音されたことがないだろう).

realm (領域)，OF *reaume*, ME *reaume* や他の形態 ; *l* ありの綴りが通例となる，

1600 年頃．H 1569 は /re·m/ をもつ．Ben Jonson は *ream* of paper（1 連の紙）と語呂合わせをする（Euery Man in his Humour V. 1），そして両語が Mulcaster 1582 p. 136 で相並べられた．C 1627 は *ream* を通俗的とする．現在 [relm].

10.484. *Bristol*：古い形態は *Bristow*（OE *stōw* ‘place’），Bacon によりこう綴られる．*l* 形の綴りは 17 世紀に流行った，しかし J 1701，J 1764 や E 1787 によれば *l* は黙字だと言う，後者は，*l* は見せかけで，効力をもつことはないと付け加えたが，実際には発音されるようになっている．現在 [brist(ə)l].

PE [a·] の出現

10.51. PE [a·] について理論化する前に，この音の生起の領域全体を概観するのがよかろう．以下では，文字 E と N が，Elphinston（10.64）と Nares（10.63）によりこの音をもつとして挙げられた語を示す．

これはまず *r* の前の初期の /a/ に対応して規則的に見られる（*r* は現在大部分消失した，13.2）：*barge*（はしけ）[ba·ʤ]，*dart* [da·t]，*charm* [ʧa·m] | *far* [fa·(ə)]，*heart* [ha·t]，*clerk* [kla·k]（< *er* 6.4）．

10.52. 次に [a·] は /aul/ < /al/ に対応する多くの場合に見られる．

10.521. *m* の前で：*alms*（施し物）EN [a·mz]，*almoner*（医療福祉係）E，現在 [a·mnə]，また綴り字発音で [ælmənə]： まれな almonry はおそらく常に [ælmənri]，*almond* E（彼はこう付け加える：むしろ *ammon*）N [a·mənd]，*balm* N [ba·m]，*calm* EN [ka·m]，*Malmesbury* [ma·mzbəri]，*malmsey* [ma·mzi]. *palm* EN，*palmer* E，*Palmerston* [pa·məstən]，*psalm*（聖歌）[sa·m]．E もまた *salmon* で /a·/ をもつ，この他に “sammon”，後者は唯一の生存形態 [sæmən] になる．*malm*（泥灰土）は [ma·m] も [mɔ·m] もあり；*halm*（茎）は，また *haulm* とも綴られるが，[ha·m] とも [hɔ·m] とも発音される．*shalm*（ショーム（楽器））も，*shawm* とも綴られるが，（OF *chalemie*），現在 [ʃɔ·m]；*qualm*（突然の不安），N /a·/，現在 [kwa·m]，[kwɔ·m] よりより頻繁，後者の [ɔ·] は [w] によるかもしれない．派生語の *psalmist* や *psalmody* は現在 2 つの発音を許す，歴史的な [sa·mist, sa·mədi]（後者はまれ），と綴字発音 [sælmist, sælmədi].

10.522. *v* の前で [a·] < /al/：*calve* vb（分娩する）[ka·v]. *calves* pl（子牛）[ka·vz]，*halve*（半分にする）[ha·v]，halves（半分）E [ha·vz]，*salve*「軟膏」，B 1633 や D 1640 は *au* あるいは「完全で開口音の *a*」をもっていた，これは PE [ɔ·] となった，一方 J 1764，N 1784，W 1791 では [a]；現在一般に [sa·v]，但し Sweet HES 379 は [sælv] を挙げる．cf. *salvage* など 10.36. *Valve*（弁）は，Walker によれば，*calve* と押韻した．現在常に [vælv].

10.523. *f* の前で [a·] < /al/ : *calf* EN [ka·f], *half* [ha·f] EN, 関連して *behalf*, *Ralph*, E [a·] を伴って，また [reif] (7.78) や [rælf].

10.53. 第三に，[a·] は [f, ð, þ] の前で.

10.531. 語末の *f* の前で [a·] : *chaff* N [ʧa·f], *draff* N, *graff* N, *laugh* N, *staff* N と *distaff* で. *quaff* では [a·] と [æ] や [ɔ(·)] ([w] のため) のどちらも耳にされる. *-graph* (*telegraph*, *photograph*, *epigraph*, *paragraph* など) では，[a·] は現在 [æ] よりはおそらくより通常；N は *paragraph* で /a·/ をもつ. *epitaph* [-a·f, -æf].

語末の ft の前での [a·] : *abaft* [ə'ba·ft] (船尾に). *aft*, *craft* N, *daft*, *draft* あるいは *draught* N, *graft*, *haft*, *raff* N, *shaft* N, *waft*.

-fter 前で [a·] : *after* N [a·ftə], *laughter* [la·ftə], *rafter* N. /f/ は以前は非常にたびたび省略された，そして通俗的，方言的発音で [a·tə] が依然非常に一般的である. Dickens (Do 223 など) における綴り arter 参照，*a'ternoon*, Hardy (Far fr. the Madd. Cr. 261).

10.532. [a·], [ð] の前で : *father* EN, [fa·ðə], *rather*. さらに複数形で : *paths*, *laths* [pa·ðz, la·ðz].

10.533. |a·], [þ] の前で : bath N [ba·þ], *lath* N, *math* (そして *aftermath*), *path* N. Nares は *catholic* にも /a·/ をもつ，現在 [kæþəlik], *rath*, *scath*, これは現在辞書で [skæþ, skeiþ, skeið]. *Wrath* 10.93 ; *swath* 10.93. *Hath* は [hæþ], というのはそれがしばしば非強勢だからか，あるいはそれが発音などのよくわからない書物から学んだ語 (book-word) で，*has* [hæz] によって影響を受けたからである.

10.54. 第四に，[a·] はしばしば [s] の前に見られる.

10.541. [a·], 語末の [s] の前で : ass [a·s] (ロバ), 例えば N, また Sweet HES p. 285 ; 多くの人々は発音 [æs] を好む，おそらく *arse* [a·s] との連関を避けるために. *bass*「マット」, *brass* N, *class* N, *glass* N, *grass* N, *morass*, *pass* N. Nares は *alas*, *lass*, *mass* で /a·/ をもつ，これらは現在常に [-æs] をもつ. *cuirass* (胴甲) は [-æs] のみをもつようである. ―[s] が語末でないときは [æs] となる : *passage*, *passenger*, *classic* など，但し類推的に，例えば *classes* [kla·siz], *passing* [pa·siŋ] など屈折形では例外―*bass*「低音」は [beis] < /ba·s/, *base*, これは同語の唯一の異綴り形である，と *pace* 参照，固有名 *Bass* は [bæs].

10.542. [a·], 語末の *st* の前で : *aghast* [ə'ga·st] (こわがって) N, *ghastly* と共

に N, *blast* N, *cast* N, *caste*, *contrast* N, *fast* N, *mast* N, *past* = *passed* N, *repast* N.

[aˑ], 語末ではない st の前で：*alabaster*（雪花石膏）N, *castor*, *disaster* N, *disastrous* と共に, *master* N, *pastor* N, *pasture* N, *plaster* N, *bastard* N, *dastard* N, *nasty* N, *vasty* N, *mastiff* N, *elastic* N, *plastic* N, *castle* N. これらの中には（*bastard*, *dastard*, *mastiff*, *elastic*, *plastic*）現在 [æ] で発音する人もいる，後者は他方で [aˑ] をもつ．Nares は次でまた /aˑ/ をもつ，これらは現在ほぼ常に [æ] をもつ：*pastarn*, *pilaster*, *poetaster*, さらに *bombast*（豪語），これは現在 [bɔmbəst, bʌmbəst] をもつ，そして *pasty*（糊のような），これは現在 [peisti]. *Astrolabe*（アストロラーベ），*olivaster*（オリーブ色）などの学問的な語には常に [æ] をもつものがある，同様に *enthusiastic*. *hast* は [hæst], cf. *hath*.

10.543. [aˑ], 語尾の sk の前で：*ask* [aˑsk] N, *bask* N, *basque*, *cask* N, *flask* N, *hask*, *mask* N.

[aˑ], 語末ではない *sk* の前で：*basket* [baˑskit] N, *casket* N, *rascal* N, *paschal* N, *pasquin* N, *masculine* N, *cascade* N. *masquerade*, *Nebraska*. また *Glasgow* 参照．最初の 3 例を除き，すべては南部人の発音でもしばしば [æ] をもつ．

10.544. [aˑ], 語末の *sp* の前で：*asp* [aˑsp]（エジプトコブラ）N, *clasp* N. *gasp* N, *grasp* N, *hasp* N, *rasp* N.

[aˑ], 語末ではない sp の前で：*jasper*（碧玉）N, 現在一般に [æ]；固有名 *Jaspar*, *Jasper* は [æ] あるいは [aˑ] をもつ．また *raspberry* 参照，現在一般に [raˑzbəri].

10.545. [aˑ], *sf* の前で：*blaspheme*（冒涜する）N [blaˑsˈfiˑm] *blasphemous* [ˈblaˑsfiməs], *-phemy*. また [æ] を伴って．

10.55. 最後に，[aˑ] は鼻音の前で見られる．

10.551. [aˑ], [m] の前で：*example* N [igˈzaˑmpl]. N はまた次でも /aˑ/, *ensample*, *sample*；後者は現在 [sæmpl], [aˑ] よりより頻繁に．*ma'm*, *madam* の短縮形もまた [maˑm], 但しかなり通俗的には “marm” と表される．一方次の語では [æ] のみが見られる：*ample*, *camp*, *campaign*, *champ*, *champion*, *clamp*, *trample* | *am*, *cram*, *dam*, *damn*（*damned* については以下を見よ），*dram*, *ham*, *jam*, *ram*, *sham*.

10.552. [aˑ], 語末の *nt* の前で（以下の *-aunt* 参照）：*ant* N；現在 [aˑ] をもつ人がいるが (Sweet, Hyde Clarke)，大多数は [æ] を好むようである，おそらく次と区別するために，*aunt*, *chant* EN, *enchant* と共に N, *complaisant* N, *confidant*, *cou-*

rant「クラント（ダンス）」N, *gallant* N, *grant* EN, *levant*, *plant* N, *slant* N *aslant* と共に.

さらに次の縮約形で *nt* の前に [a·] が見られる：*can't* [ka·nt] E = *cannot*, *sha'n't* あるいは *shan't* [ʃa·nt] E = *shall not*. 同様に *am not* は [a·nt] になる，これは Elphinston で言及され，依然口語でしばしば耳にされる．これはおそらく古い作家たちによって，綴り *an't* あるいは *a'n't* により意図されている発音であろう（例えば Congreve, Merm. Ser. 250, 251, Swift, *Journal and Polite Convers*, 諸所に，Sheridan, Miss Austen），但しこの綴りはまた *ain't* [eint] と同じものを意味しているかも知れない 7.79. 19 世紀の作家たちにおいては，この [a·nt] は一般に *I arn't*, あるいは *ar'nt* のように綴りに表示された，そして r の喪失により複数形 are + not と同じになった（例えば GEliot, Anthony Hope, Pinero, Benson, Oscar Wilde ほか）．さらに *have not* あるいは *has not* は *ha'n't*（aunt と押韻する，Walker 1775）となった，これは現在，消失したようだ，そして [(h)eint] あるいは，より慎重なことばで，[hævnt, hæznt] に取って代わられた．Walker も，同じ母音 [a·] を伴って *and it* に対して *an't* を挙げる．これもまた消失した．—*amn't* > [a·nt] と並行的なものに分詞 *damned* > [da·nd], これは *darned* と表記される（例えば Meredith, *Rich. Fev.* 18 Heer's another darn'd bad case（もう 1 つの忌まわしいひどい事件がある）: Conan Doyle, *Study in Scarl*. 195, 209），一方 Hempl 教授は私に，アメリカ人の中にはここで [r] を発音する者もいると言った，この場合われわれののしり語で非常によくある気まぐれな音置換の一例をもつのかもしれない．Herrick, *Memoirs of an Am. Cit*. 1905 p. 339 はこう書く "Darn his paper"（彼の記事なんかくそくらえだ），分詞以外に私がこの *r* を目撃した唯一の例である．

次は [æ] のみをもつ：*cant*, *decant*（*decanter* と共に），*descant*, *rant*, *recant*, *scant*（*scanty* も），*shant* 通俗的．イングランドでは *pant* で [æ] が普遍的のようである，米の辞書では [a·] が挙げられている（Funk-Wagnalls, Hempl）.

[a·]，語末ではない *nt* の前で：*advantage* [əd'va·ntidʒ] N, *gantlet* N. 一方，次では [æ] のみ：*antic*, *frantic*, *romantic*, *mantle*, *pantomime*, *pantaloons*, *pantry*, *phantasy*.

10.553. 綴り *au* は *nt* の前で依然次の語で見られる：*askaunt*（斜めに）N, *aunt* EN, *avaunt* N, *daunt* EN, *flaunt* N, *gaunt* EN, *gauntlet* EN, *haunt* EN, *jaunt* EN, *jaunty* N, *saunter* EN, *taunt* E, *vaunt* EN. これらの中で *aunt* が現在もっぱら [a·] をもつ唯一の形態である．18 世紀の権威者である Elphinston と Nares は，彼らが言及するすべての語で [a·] をもつ．同様に Walker も，例外は *vaunt*（自慢する）と *avaunt*（立ち去れ！）のみ，これらで彼は [ɔ·] を与える，というのは，これらは「主に悲劇に限られる」からである — これが，舞台発音としての [ɔ·] を説明する．Sheridan 1780 は次で [ɔ·] をもつ，*daunt*, *gaunt*, *taunt*, *vaunt*, 一方以下では [æ], *aunt*, *flaunt*, *gauntlet*, *haunt*, *jaunt*. 19 世紀に [ɔ·] が流行るようになった，おそ

らくは綴り字のため；Soames 女史は次で [ɔˑ] をもつ，*daunt*, *haunt*, *saunter*, 一方 *gauntlet* では [aˑ]；Sweet は [hɔˑnt] をもつ，NED は次をもつ，[əˈskænt, aˑnt, əˈvɔˑnt əˈvaˑnt, dɔˑnt, flɔˑnt, gɔˑnt gaˑnt, gɔˑntlit gaˑntlit, hɔˑnt haˑnt, ʤaˑnt ʤɔˑnt, ʤaˑnti]，このようにかなり一貫性を欠いている．— ここで固有名 Gaunt についても言及されなければならない（Shakespeare はこの語を *gaunt*（やつれた）と絡めてふざけて用いる），現在 [gaˑnt] あるいは [gɔˑnt]；*Staunton* = [staˑntən], *Taunton* [tɔˑntən, taˑntən].

10.554. [aˑ]，語末の [ns] の前で：*advance* [ədˈvaˑns] N, *askance*（dance と韻を踏む，W 1775；[aˑ] Soames 女史；[æ] NED），*chance* N, *dance* N, *enhance* N, *France* N, *glance* N, *lance* N, *prance* N, *trance*. 一方 *expanse*（語尾 *-anse* で終わる唯一の語），*finance*, *romance* は [æ] のみをもつようだ．*Penzance* については，私は [æ] と [aˑ] の両方を聞いたことがある．

[aˑ]，語末ではない [ns] の前で：*answer* [aˑnsə] N, *Frances*. *Francis*. *Lancelot*, また *Launcelot* と綴られる，*transit* N, *transact* や *trans-* と合成する他の語．これらの *trans-* 語では [æ] が *answer* におけるよりもより頻繁に見られる．またときに [ə]，これは前部が完全に非強勢の場合．

以下の語では，[æ] のみが耳にされる：*ancestor*, *fancy*, *rancid*, *ransom*.

10.555. [aˑ]，語末の [nd] の前で：*command* [kɔˈmaˑnd] EN, *countermand* N, *demand* N, *remand* N, *reprimand* N. *grand* では [æ] が容認発音である，これは *grandfather*, *-mother* などにおける短母音を伴う頻繁な生起によると思われる（4.37 参照）．Sweet が [graˑndʌŋkl] に [aˑ] をもつ唯一の著者である，*Primer of Sp. Engl.* 95，一方彼の *Handb. of Phon*. p. 120 で彼は [grænmʌðə, grænfaˑðˑ] と記した．*expand*, *bland*, *gland* では常に [æ]，これらは非常に新しい借用語なので綴り *aun* はけっして見られない．[æ] は F 由来ではない語に見られる唯一の音である：*and*, *band*, *hand*, *land*, *sand*, *stand*, *strand* など．

[aˑ]，語末以外の *nd* の前で：*Alexander* [æligˈzaˑndə] N，短形の *Sander* も，また *Saunder* とも綴られる，E, *Alexandra*, *chandler* N, *Flandeis*, *glanders* N, *slander*. N. *salamander* では Nares は [aˑ] をもっていた．現在常に [æ] であると思われる．次では [aˑ] ではなく，[æ] のみが見られる，*abandon*, *blandish*, *brandish*, *candid*, *dandelion*, *germander*, *meander*, *pander*, *random*, *sandal*, *scandal*, *standard*.

10.556. *nd* の前で綴り *au* が依然見られる：*jaundice*（黄疸）E, N, Walker [aˑ]，同様に Wyld も；[ɔˑ] Sweet；NED [aˑ, ɔˑ]；ここで *au* は < *al* 3.96 で，3.97 で言及された *au* ではない，*laundress*, *laundry* N, Walker [aˑ], Soames 女史 [aˑ], また [ɔˑ] も，NED [aˑ, ɔˑ], *maund*「編かご」Walker [aˑ], NED [ɔˑ]. *Maundy*

Thursday EN [a·]，Walker は [a·] を好む，しかし [ɔ·] が一般的，NED [ɔ·]．*maunder*「ダラダラ話す」N [a·]，NED [ɔ·]．上の *Sa(u)nder* 参照．

10.557. [a·]，[nʃ] の前で，綴り *nch*：*blanch*（漂白する）N. *Blanche*，*branch* EN，*ganch*，*planche* N，*ranch*「引っかく」，*scranch*，*stanch* EN. ― 語末以外で：*franchise* [fra·nʃiz, -ʃaiz] あるいは，-nch が語末の時よりは頻繁に，[a·] ではなく [æ].

10.558. 綴り *au*，これは以前一般に用いられたが *craunch*（パリパリ砕く）には依然見られる，Walker [a·]，NED [ɔ·, a·]．*haunch*，E，N，Walker，Sweet，Soames 女史 [a·]，Sheridan [ɔ·]，NED [ɔ·, a·]，*launch*，E，N，Walker，Soames 女史 [a·]．NED [ɔ·, a·]，*paunch*，E N，Walker [a·]，Sheridan [ɔ·]，NED [ɔ·, a·]．Elphinston と Nares は *staunch* と綴る，これは現在稀である．私は [ɔ·] の発音に遭遇した記憶がない．

10.56. [a·] はまた次の語で見られる，これらは多少間投詞的な性格をもつ：*ah* N，*aha* N [ɔ'ha·]，*ha* N，*hurra* あるいは *hurrah* [hu'ra·, hʌ'ra·]，もっと一般的には [ei] で発音される，これはしばしば *hurray*，*hooray* と綴られる，*amen* ['a·'men]，また ['ei'men]；Nares は両音をもつ，*papa* EN [pə'pa·]，*mamma* EN [mə'ma·]．後者の 2 語はまた，とくに米で，第一音節に強勢が置かれる．これらは F からの借用語で，以下の語と一緒に置かれなければならない．

10.571. [a·] は無数の最近の借用語に見られる．F から：*moustache* [mu'sta·ʃ, mɔ-]；以前には *mustachio* も，おそらくイタリア語から，*mirage* [mi'ra·ʒ]，*spa* [spa·]，[spɔ·] も．-ade [-a·d] 形の語：*charade*，*gallopade*，*promenade*，*roulade*．ここで [eid] も耳にされる，これは同じ語尾をもつより以前の語と同様である（*barricade*，*brigade*，*crusade*，*escapade* など）．-oir で終わる語，例えば *memoir*，*reservoir*，*troitoir* は [wa·(ə)] か [wɔ·(ə)] のいずれかで発音される，これらのうち [ɔ·] は 10.91 で説明される．*Vase* は現在通例 [va·z]，一方また [veiz]，とくに米語で；以前はしばしば [vɔ·z]，これは依然アイルランドで（B. Shaw, John *Bull's Other Isl.* 35 vawse）．これらの形態はおそらく様々な時期に繰り返された借用による．*eclat*（光輝）は一般に [e(i)'kla·]，より以前の発音は [ɔ·] をもっていた，9.96 参照．

10.572. [a·]，最近のイタリア語からの借用語で：*adagio* [a'da·dʒiou]，*bravado* N，現在また [ei]，*bravo*，*brava*，*cantata* N，また [ei]，*lava*，*sonata* N，また [ei]，*volcano*，現在通例 [ei]，上流階級を除いて．

10.573. [a·]，他言語からの借用語で：*saga*，*drama* N，[dra·mə]，また

[dræmə]，通俗的に [dreimə]，*panorama*，同様に *tomato* [tə'ma·tou]，米語でしばしば [ei]，*ranch*(*o*)，*banana*，*guano*，*salam* [sə'la·m]，*sultana*，[ei] も，*llama*，*lama*，*mahdi*，*Brahma*，*brahmin*，*rajah*，また [ei]，*kraal*，[ɔ·] も．—*Cincinnati*，*Chicago* [ʃi'ka·gou]，米で非常に頻繁に [ɔ·]，*Madras*，[æ] も，や他の地名で．Elphinston は *Barbadoes* に言及する，これは現在 [ba·'beidouz].

10.61.　様々な [a·] の検討はすんだので，次にこれらの起源を説明してみよう．一般に受け入れられている説は，[a·] は 18 世紀の [æ·]（PE *can* の母音に対応する長音である）の 19 世紀における発達であるというものである，これは一部の米国人の発音に保たれてきた，そしてこれはさらに以前の /æ/ の長化である，この /æ/ は依然イングランドの北部で耳にされる（実のところ，北部は前舌母音 [æ] はもっていなくて，短音の後舌 [a] をもっている，おそらく若干調音点が前寄り）．しかしこの説は，この長化の理由について何も述べていない．なぜこれが，通常は短母音を好む子音群（*nt*，*sk* など）の直前で起こるのか？ もしわれわれに，北部では短母音，南部では長母音をもつ，*plant*，*grasp*，*ask*，*example* など，という事実しか頼りになるものがなければ，自然な推測は，北部がこれらの語で，以前は長母音だったものを短化したということであろう．

さて，私は確信するのだが，長音の [a·] は，一般に考えられてきたよりもずっと古いものだ，但し証拠は決定的なものとはいえない．これは主に初期の正音学者の欠陥のある音分析によっているからである．彼らの大部分は，この音を認識しなかった，というのは，1 文字に 3 つの音価を仮定したり，あるいは表示することで困難を味わっていたためである．彼らは，母音が短音か長音のいずれかであるという仮定の下で育った．短母音の *a* として彼らは *can* の音を，そして長母音の *a* として *cane* の母音をもっていた； 後者が，きわめて異なる音 /e·/ あるいは /ei/ になったあとでも，彼らは依然それを当然のごとく *a* の長音と見なした，そして新たな [a·] の認識に至らなかった，[a·] が見られる語の大部分が /a/（あるいは [æ]）か /e·/（あるいは [ei]）で発音されるようになっても，その傾向がますます強まった．19 世紀の少数の例が，音声の専門家でない著者たちが，この音を扱うのにいかに当惑したかを示している．“The Rhymer’s Lexicon, Andrew Loring ［あるいは Lormy，p. XXXIX では名前がこのように綴られている］，G. Saintsbury による序がついている”（London，日付なし，しかし 1892 以降，というのは Kipling の *Barrack-Boom Ballads* が引用されているから）では，次の記述が見られる：「短音 *a* の狭い音と口が開いた音，それぞれ “cat” と “car” に現れる」．Enfield, *Pronouncing Dictionary*, 10th ed. 1829 は，こう言う：「読者は，短音の印がつけられた a，つまり ă は，直後にアクセントが置かれることによりその発声が伸ばされた，例えば shă'rp，bă'th，ă'ss など，ことに，気づくだろう」．このようであったから，以前の正音学者が十分に明瞭に自分の考えを述べなかったのは不思議なことではない．

10.62. Batchelor 1809 は「Jones 氏が名付けた「上品ぶった現代的な気取り」と呼ぶものにより，*lass*，*palm*，*part*，*dance* などが *pan*，*mat*，*lack*，*fan* と同じくらい軽率に見逃がされた」と述べている．これは Walker 1791 の言と比較されるべきである：「中世の，あるいはイタリア語の *a* の長音［*car*，*psalm*，*bath*，*father* などで］… この *a* の音は以前は，現在よりももっとしばしば鼻音的流音 *n* の前に見られた，とくにその後に *t* や *c* が続くとき，例えば *grant*，*dance*，*glance*，*lance*，*France*，*chance*，*prance* など．その上に，スー音 *s* はこの音 *a* のしるしであった … *glass*，*grass* … *last*，*fast* などのように，しかしこの *a* の発音は，数年間，*hand*，*land*，*grand* などで耳にされるように，この文字の短音の方向へ進展していったようである，そしてこの *a* を *after*，*answer*，*basket*，*plant*，*mast* などにおいて，*half*，*calf* などと同じ長さで発音することは，ほぼ俗語と境を接していると言ってよい，… 但し *command*，*demand* などの語尾 *mand* … は依然長音を不可侵的に保持している.」(10.76 の引用を見よ)．このことを私は，これらの例で *a* の長化ではなく，短化の始まりを意味すると考える．

10.63. Nares は 1784 年，この音を「広母音の *a*（open *a*）」と言い，「それはイタリア語における同母音に固有の音であり，しばしば F における同音にも与えられた，例えば語尾 *-age* など」，一方次の「広い *a*（broad *a*）」，*all*，*water*，*author* などは「F の長音 *a* の正統な音」と同一であると言う．現在 F では，*-age* は [a·ʒ]（前寄りの [a·]）をもつ，これは E [a·] とはそんなに離れてはいない，一方，ほとんどの長い（あるいは以前は長かった）*a* は後ろ寄りの，つまり低音の [ɑ·] をもつ，これは E [ɔ·] に似ているが同一ではない．Nares の広母音 *a* はそれゆえ PE [a·] と同じである．彼の完全な語リストは次の点で興味深い，すなわち，依然 [a·] をもつ語の大部分のほかに，現在 [æ] をもつものも含まれている（10.5），これは長音の [a·] から離れる，「へ向けての」ではなく，移動をさらに示すものである．

10.64. Elphinston（1765 と 1787）は音 *ah* について述べ，*wall* における開口の *a* に対して，長く弱い *a*（long slender *a*）と名付ける．しかし彼の記述は明瞭でない．彼はこの音を *man* などにおける *a* の長音と見なすようである，この音は強勢を受けると「自然にやや引き延ばされる，特に流音，気息音やその他の音群の前で；これは次の語の完全発音で見られる，*mal*（通俗的には *mall*），*bar*，*man*，*dram*，*pass*，*staff*，*bath*，*crash*，*abash*，*mateh*，detach，*badge* など，そして次の語でさらに *part*，*pard*，*parse*；*grant*，*grand*，*dance*，*lamp*，*asp*，*fast*，*ask*，*shaft*；*crasht*，*abasht* など．

Johnston 1764 は彼の「長い鋭音の ä (long acute ä) を，音色に関する限り，*at* の *a* と同じとする．それは現在 [a·] をもつ語とほとんど同じ語に生ずる，但し少数の他の語でも生じる，例えば，*chamber*，*sauce*，*staves*，*groat*（開口の a でも）．

10.65. [aˑ] のもっとも初期の言及は Cooper（1685）に見られる，彼はこれらの語における自分の *a* をこう記述する：「この音は舌央を口蓋のアーチ型部分に少し上げる」，これは，[a] の位置を [æ] の位置と同様であると指摘していると解釈できるかもしれない．彼は自分の a を *animal*，*demande* においてウエールズ語の *a* や F の *a* と同一視した，一方，彼はその音がドイツ語には「稀にしか，あるいは決して」見られないとする，そうするとおそらく彼の *a* は実際に [a] で，いく分前寄りだが，[æ] ほどではなく，ドイツ人の [ɑ] とは異なることになろう．語の分布は現在の分布と正確に対応している，*bar* における *a* は除く，これは以下で言及する：彼は次で「短音の a（a brevis)」をもつ，*blab*，*cap*，*cat*，*dash*，*flask*，*gash*，*grand*，*land*，*mash*，*pat*，また *pass by* でも（文強勢のない場合)；「長音の a（a longa)」*r* の前で，*carking*，*carp*，*dart*，*tart*，*s* の前で，*blast*，*cast*，*flasket*，*gasp*，*mask*，そして *past*，*passed* と発音される，*th* の前で，*path*，*n* の前で，*grant*，*lanch*；最後に彼は「弱い a（a exilis)」をもつ，これを彼は *ken* における *e* の長音と見なし，*a* とは見なさない（“a longum falso denominator”（誤って長音の *a* と呼ばれている)，*bare*，*blazon*，*cape*，*care* など，これらはみな現在 [ei] あるいは *r* の前で [ϵˑ] をもつ．

これは音 [aˑ] を，/aˑ/ から前母音への変化の直後の時代に引き戻す（8.5)．一方短音の *a* は依然後母音だった（8.63)．

10.66. 私の説は，[aˑ] は第一に初期の /aˑ/ の生き残りであるするものである．/aˑ/ が通常に前寄りになる（そして持ち上がる）とき，この変化は，様々な状況でいくつかの例で抑制される．間投詞的な語の場合では（10.56)，これらの語を変化しないままに保つ，すなわち好きな時にこれらを新たに形成する，傾向があることを思い起こす必要がある．生理学的な原因が，言語学の伝統とはまったく別に，人々に，一定の感情の影響を受けて，口を大きく開け，唇や舌を後ろに引いて，[aˑ] を発音させようとする，そしてこれが，この音と調音を存続させることになる，言語本来に /aˑ/ を変えようとする傾向があるにもかかわらず．

10.67. しかしもっと重要なことは保存的類推の影響である．多くの語が短音と長音の /a/ を，同じ形態で，あるいは異なる屈折的形態でもっていた．F の多くの語の音色が変動した．典型的な例は F *pas*（*passer*）である．E は，動詞と名詞を区別する *-e* の省略後，無差別に /pas/ と /paˑs/ をもっていた．そして前者の類似性が後者の母音 /aˑ/ を保持したのであろう，こうして，/aˑ/ の通常の変化のあと，3 つの共存する形態を得る：/pas, paˑs, pæˑs/，これらは PE [pæs, paˑs, peis] になった．*pass* と *pace* の綴りの違いは長期の躊躇のあとやっと確立した．*class*，*vast* ほか多くの F の語では，同様に /a/ と /aˑ/ の共存を仮定しなければならない．H 1569 は /master/ と /maˑster/ のどちらも挙げる，現在 [maˑstə]．*ask* では，長短の揺れはおそらく OE に遡る．一定の語には，音長上の二重語が，子音群が，全てではないが一定の形態に存在していたという事実から，生じた（4.321：子音群の前では短母音になった）．*father* は /a/ と /a·/ をもつ，H 1569；後者は通俗の [feiðə] へと続く，一方，折衷的 [fa·ðə] が標準形態となった．G 1621 の *water* は短音と長音両方の /a/ をもつが，折衷的な /a·/ が普及した，これはその後 [ɔ·] となった，10.91．同様に Gill は /raðer/ と /ra·ðer/ をもつ．通常の発達をした後者の形態は，通俗の [reiðə] となった．一方標準の [ra·ðə] は折衷形を表している．同じ変動が，他の語では，開音節と閉音節の違いによっている（4.2，とくに 4.217）．ME は /baþ/，pl. /ba·ðes/，不定詞 /ba·þe(n)/ をもっていた．これは /baþ, ba·ðz, ba·ð/ となった．最後の語では /a·/ は [ei] になった：[beið]，しかし名詞では，折衷形が PE 形態 [ba·þ, ba·ðz] に至った．同様に *path*，*paths* [pa·þ, pa·ðz]．複数形における長音の /a·/ の規則的な継続は *staves* [steivz] に見られる，一方，単数 staff は /a·/ の影響を受け，現在 /sta·f/ である．D 1640 は staffe に /a·/ をもっていた．*grass* は複数形は /a·/ をもった（Orrm の *gresess* における長母音参照），一方その希少性から，新たな /a·/ が単数形に与えられることは，/a·/ > [ei] をもった vb *graze* のサポートなしにはおそらくなかったであろう．*last* では，*late*（*latest*）の影響が [a·] を説明する，但し可能性としては，それはまた，その形態が縮約（latest > last）される前の時代から /a·/ をもったかもしれない．*gap* と *gape* の折衷形は [ga·p] だった，これは S 1780 ほかで言及されている（*gaup* < *galp* も見られる，NED と EDD）．*after* における [a·] は 2 つの形態 /after/ と /a·ter/ によるのかもしれない，現在の通俗形 [a·tə] 参照．

10.68. 他の例では [a·] は /a/ と /au/，あるいは /au/ から帰結する短母音の折衷形のようである（10.71）．例えば /half/ と /hau(l)f/ あるいは /haf, hɔ·f/ は，[ha·f] になった，そしておそらく /laf/ と /laux/ あるいは /lauf/ は [la·f] になった．これは answer における [a·] の説明になるかもしれない（*aunswer* 8.97）．*example*，*branch* などでは，/a/ と /a·/ の変動はむしろ，他の F の語におけるものと同じと見なすことができる，そこでは /a/ と /a·/ がどちらも F 中央方言から来たもので，初期の Anglo-French からの /au/ とは別である（3.98）．H 1569 は現在 [a·] をもつ一定の語に /au/ をもっていた：*advancement**，*chancelor**，*chandler**，*chanter*，*command*，*enchantment*，（*answer*），一方また現在 [ei] をもつ語でも：*ancient*，*dangerous*；* 印の語にでは彼は /a/ と /au/ で揺れた，*change* では /a/，/a·/，/au/ で揺れた．G 1621 も同様の不確定性を示す：彼は次で /au/ をもつ，*aunt*，*command*，*demand*，*grant*，*laund*，*vaunt* ほか，次では /a/ をもつ，*Alexander*，*answer*，*branch*，*chancellor* ほか（また *chamber*，*change*，*strange*），次では /â/（all におけるのと同じ）をもつ，*advance*，*France*；彼は *chance* /au, a, â/ や *dance* /a, â/ で揺れる．その当時の二人の最上の権威者に見られるこれらの揺れは，私の説を支持するように思われる．

10.69. 一定の例では，[a·] は単に埋め合わせの長さに過ぎないかもしれない，

例えば *can't* < *cannot*（や *shan't* < *shall n't*，但しこれは **shaunt* になったかもしれない）；[ma·m] < *mad'm*. W 1775 はまた *an't*，つまり *and it* の縮約性，そして *ha'n't*，これは *has not* あるいは *have not* の短縮形で，*aunt*，つまり *can't* と押韻する，も持つ．[a·] < *ar* もまた埋め合わせの長音かも知れない，但し [a·] は確かに /r/ の完全な消失の前でも見られたが．*r* が語末のときには，/a/ は母音で始まる語の前では短音だった（*r* の前の母音の /a/ のことと思われる）（短音の /a/ 参照，現在 *carry* の [æ] など，13.28）．これは C 1685 が *bar*，*car*，*tar* を「短い *a*（*a* brevis）」（*cap* などにおけるのと同じ音）の例として挙げていて，一方 *barge*，*carking*；*dart*，*tart* が *blast* など 10.65 におけるような「長い *a*（*a* longa）」をもっていて，10.65，これは「弱い *a*（*a* exilis）」とは異なり，[ei, ϵ·ə] となった，という Cooper は，もちろん *bar*，*car*，*tar* が子音で始まる語の前で「長い *a*（*a* longa）」をもつことについては何も言っていないが，そのようなことが正しいと仮定しても許されるにちがいない．もちろんその後，この区別は水平化され（消失し），[a·] が *bar it*，*bar-ring* などでも確立した — ここで PE [a·] について提示された説明は，[a·] が見られるすべての例に当てはまるのではない，そして残された例の説明については，次の説明が一番妥当であると考える，すなわち [a·] が一定の語から — そこではそれは上で言及された事情のどれかによっているのだが — 同様な音声構造（*s*，*st* などの前など）をもつ語に拡張された，加えて，同じ音をもつ外国からの最近の借用語でも用いられた．さらに密接に類似した PE [ɔ·] の発生にも注意せよ，本書は次に，これに関心を向けていく．例の中にはなぜ最終結果が [ɔ·] ではなく [a·] だったのか，あるいはこの逆だったのかを説明するのが非常に難しいものがある．

PE [ɔ·] の発生

10.71. /au/ は *half* などを除き，すべての例で [ɔ·] となった（10.52，10.68）．例えば *saw* [sɔ·]，*law*，*awe* で；cause で；all [ɔ·l]，*ball*，*bald* = *balled* [bɔ·ld] で，*talk* [tɔ·k]，*walk* [wɔ·k] で．

初期の音声学者はこの点で明確ではない．S 1567 は *w* は *awe* で黙字であると言う．H 1569 はほとんどの例で /au/ と表記する（cf. F 語における彼の *au* については 3.98），一方彼は /talk/ や /half/ をもつ．G 1621 は次で /â/ をもつ，*ball*，*baule*（= *bawl*），*tall*，*talk*，（/tâlk/ よりもっとしばしば /tâk/），そしてこう言う，この音 /â/ はドイツ語 *maal*，*haar* における *aa* である，そして *laun*，*paun* における彼の *au* はこれと同じであると，一方彼は *awe*，*auger*「錐（きり）」などでは，つまり *l* の前を除くすべての場合で，/au/ と表記する．（F の）*Alphabet* 1625 では次で「長音の a（'a long'）」，*author*（=*athor*），*paune*（=*pane*），*saw*（=*sa*），*daw*（=*da*），*raw*（=*ra*），*walke*（=*wake*），*talke*（=*take*）を持つが，*Thomas* や *short* の短音の *o* を *à*（=*thames*，*shart*）と同じとする．D 1640 は，*au*=Latin *au*，但し *baume* は除く，ここでは *au* は（フランス人が発音するように）*A* の完全な音に聞こえる，と言う，そして，*slaughter*（=*slater*），*law*，*bawd*，*daw*「あたかも *w* を失ったかのように」

や，*Alderman*，*mall*，*all* について論じる時に，同じ言い回し「フランス人の言い方に倣って，広く完全な音で」をしている．Viëtor は，この音をドイツ語やフランス語の *a* と同じだとする外国の文法家を引用する，そして次の結論を導く，この音は 17 世紀には /ɑ/ であって /ɔ·/ ではなかった，但し，彼らの記述から推測される唯一の点は，その音は多少なりともドイツ語やフランス語に見られる広い /o/ よりも /ɑ·/ に近かった，これは近代の音 [ɔ·] に符合する記述であるということである．他方，W 1653 によると，*aw* における *w* は完全に抑圧されるという，さらに彼以降の多くの音声学者が，この音は *not* の短母音に対応する長音だと言うとき，これは明確に [ɔ·] を指し，[ɑ·] を指すものではない．

10.72. /au/ からの [ɔ·] の代わりに，われわれは現在，一定の例で，短音の [ɔ] か，少なくとも半長の [ɔ.] のいずれかをもつ．これは [lt] の前であてはまる：*assault*，*Baltic*，*Baltimore*，*fault*，*falter*，*halt*，*halter*，*malt*，*Malta*，*Maltese*，*palter*，*paltry*，*psalter*，*salt*，*vault*，*Walter*． 最古の言及はアメリカ人 Hale 1799（Grandgent, Mod. L. Assoc. XIV. 220）にある，彼は次に短音の *o* をもつ，*fault*，*halt*，*malt*，*vault*． さらに [ls] の前で：*false*，*also*． これらに加えてさらに *want*，現在 [wɔnt]，以前の辞書ではしばしば [wɔ·nt]，も数え上げねばならないであろう．[ɔ·] は，当時，*grant* や *answer* の音に匹敵する，円唇の（10.91）/a·/ であるに違いない．*walnut*，*walrus* では，[ɔ·] は [ɔ] よりもずっと一般的である．固有名 *Waller* は短音の [ɔ] をもつ．*laurel* では，一般に [ɔ] が見られる，これは *au* 形態に加えて，ME *lorer*，*lorel* に対応している．*laudanum*（アヘンチンキ）は一般に [lɔdənəm]（その 3 音節性から？ 4.33），両語で，NED は soft におけると同様の「中くらいのあるいははっきりしない長さの」母音をもつ（10.74）．最後に *Maurice* [mɔ(·)ris] の異形としての *Morris* [mɔris] に注意せよ．

10.73. [ɔ·] は一定の語で /x/ の前で本来の /au/ も表す，この /x/ は現在消失した（10.26）：*caught*，*laught*，*slaughter*，*fraught*．これらは /ɔux/ の例（3.63）とは不可分のものである．*aught* や *ought*，否定の *naught* や *nought*（さらに派生形容詞 *naughty*）では，OE（*n*）*āwiht* と（*n*）*ōwiht* の混同がある．G 1621 は /nouht/ と /no·uht/ をもっていた．*fought* では綴りは *o* をもつ，但し ME は *a* をもっていた：*faught*(*e*)，OE *feaht* あるいは *fæht*； 逆に *daughter* は現在 a で綴られる，OE *dohtor* ME *dohter doughter douhter* にもかかわらず．*O* をもつ綴りは次で常に一定である，*bought* [bɔ·t]，*brought*，*ought*，*sought*，*thought*，*wrought*．これらの過去形における [ɔ·] は C 1685 で最初に言及されたようである．J 1701 は次の固有名をこれらの部類に分類した，*Broughton*，*Droughton*，*Houghton*，*Loughton*，*Stoughton*，しかし少なくともこれらの中には，例えば *Houghton* のように，発音が現在 [au] か [ou] のものがある．様々な地域発音については Ellis V p. 43, 45, 50 を見よ．

10.74. 長音あるいは半長音の [ɔ·, ɔ.] がしばしば [f, þ, s] の前で見られる．J 1764 は彼の「長音の鋭音の *ō*」を認める，それを彼は *hot* における *o* の長音，そして次例に見られる「ほぼ *au* のようなもの」と説明する，*George*，*order*，*border*，*exhort*，*dormant*，*fortify*，*fortune*，*forty*，*born*，*frost*，*cost*，*tost*，*cloth*，*loth*，*cloths*，*broth*，*moth*，*wroth*，*bought*，*ought*，*sought*，*thought*，*wrought*，*fought*，*nought*．一方 *f* の前では，*off*，*oft*，*often*，*cough*，*gough*，*hough*，*trough* において，彼は短音の *o* のみもつ，例えば *odd* に見られるように．

Kenrick 1773（Ellis p. 1050）は *call*，*hawl*，*caul*，*George* におけるのと同じ音を *soft*，*oft*，*cloth* に認める，そしてそれを F *âme*，*pas* と同じとする．以下のリストで，N は，Nares 1784 が [ɔ·] と指摘していることを意味する．

[f] < /x/（10.24）の前で：*cough* N；M 1688 は “kâff” をもつ．*trough* N.

本来の [f] の前で：*off* N，*doff* N，*scoff* N，—*oft*，*croft*，*loft* N，*aloft* N，*soft* N，—*often* N，—*coffee* N，*offer* N，*office*，*officer*，*profit* N，*prophet* N，*proffer* N．最後の類で（ここでは *f* が弱母音に先行する）音が長いのは今日比較的稀である，但し *coffee* と *office* は除く，ここでは，しかしながら，この長さは多くの教養ある話者に拒絶される．注意すべきは，*coffee* では，*o* は外国の *au* あるいは *aw* を表すようである，これはほとんどの他のヨーロッパ語では *a* へと変わった．

10.75. [þ] の前で [ɔ·] あるいは [ɔ.]：*broth* N，*cloth* N，*froth* N，*moth* N，*wroth*．ほぼ廃用の *troth* の発音は [trɔ·þ, trɔþ, trouþ]；これは ME *trouthe*，実は *truth* の異形である．*Goth* と *Gothic* はおそらくけっして [ɔ·] はもたないであろう，常に [ɔ].

10.76. [s] の前で [ɔ·] あるいは [ɔ.]：*cross* N，*dross*，*gloss*，*loss* N，*toss* N．*moss* では短音の [ɔ] のみが見られるようである．[st] の前で（C 1685 参照：「ほとんどの場合，*st* の前で *o* が生成される」）*cost* N，*crossed*，*front* N，*lost* N，*tost* や *tossed* N．[sp] の前で N は次で [ɔ·] をもっていた，*hospital*，*prosper*，*prospect*，これらは現在短音の [ɔ] のみをもつ，W 1791 は *s*，*ss*，や *s* と黙時の前で *o* を長化する傾向について論じ，「日々次第に俗化している：そして *castle*，*mask*，*plant* の *a* を *palm*，*psalm* などの *a* のように発音するほどに粗野になるにつれ，*moss*，*dross*，*frost* における *o* を，あたかも *mawse*，*drawse*，*frawst* と綴られるかのように発音するのが，それと同程度に例外的となるであろう」と述べている．

10.77. [ɔ·] は，*r* の前の初期の短音 *o* の通例の代表形である：*for* [fɔ·(r)]，*horse* [hɔ·s]，13.2，13.35.

10.81. [ɔ·] と [a·] の相似は明らかである，但し英語自体で一貫しているわけではない．2 つの音は低－後母音である，そして E. A. Meyer（Engl. Lauldauer, 16.38）

の測定によれば,「短音の」低母音は比較的長く，しばしば「長音の」高母音よりも長い．[aː] と [ɔː] は短母音＋*r* の規則的な発展形である．これらはしばしば [f, þ, s] の前で生ずる，これは，開口的な子音の前の母音は一般に閉鎖音前のものよりも長いという Meyer の結果と一致する．どちらの場合も，/u/ がしばしば関与する，cf. *laugh*, *half*（*haulf*）: *cough*. しかし [ɔː] の場合，*-nd* などの前で [aː]（*command*, *grant*, *example*）に対応するものはない．語の中には，上で挙げた [aː] の説明と似た説明が当てはまるものがある．OE *clāþ*, ME /klɔːþ/ は，母音の規則的な発達では *[klouþ] となっていただろう，例えば OE *lāþ* > *loth*, *loath* [louþ] のように．pl. *clothes* [klou(ð)z] と vb. *clothe* [klouð] 参照．一方短化した形態 /klɔþ/（この短化については *death* 8.412 参照）は，保存的類推から /ɔː/ が押し上げられ二重母音化されるのを妨げた．G 1621 は短音の /kloþ/ をもっていたが，北部人は長音の ö をもっていたと言った（例えば *clothe*, *clothier*, *nose* の母音など）．*broth* OE *broþ* では，[brɔþ]，屈折した *[brouðz] が予期されるであろう．現在 [brɔþ] 以外に [brɔːþ] も見られる，後者は両者の一種の混成かも知れない．同様に，長化された OE *o* が /ɔː/ だった時期に屈折 *crŏss* : *crōses* が確立される．/ɔ/ と /ɔː/ の存在が，後者が [ou] となるのを妨げた．われわれはさらに非常に類似した他の例にとりかかることができる：OE（*ge*)*gān* は clāþ と同じ母音をもっている，そして *bān* > *bone* などのように当然 [goun] となったであろう．C 1555 は *gone*, *mone*,（i.e. *moan*），*bone* で同じ母音をもつ，これらを彼は *fond*, *bodi*, *bond* に見られる母音の長音と見なす．G 1621 は *moan* と同様 *gone* ももっていた．しかし，*o* から生じた /ɔː/ は [gɔn] へと短化した（*been* における短化参照，8.32)，そしてその形態が，未だに存在している /gɔːn/ の /ɔ/ が [ou] になることを妨げた，かくしてわれわれは今日まで [gɔːn] と [gɔn] をもつ．同様に OE *scān* > *shone* [ʃɔːn, ʃɔn]. また *broad* [brɔːd] < OE *brād* 参照．おそらく /brɔːd/ は短化した形態，現在廃用，のため変化しなかった．短化は当然子音群の前で起こったであろう，例えば *broadly*, *broadcloth*, *broadness* で，一方，語末の *d* の前ではけっして前代未聞というのではない（cf. *dead*, 8.412).
Groat はかつて [ɔː] をもっていた，例えば E 1765 や多くの辞書で，一方，現在の通例の [grout] を挙げるものもある．[ɔː] はこれと短化形の折衷形かもしれない，短化形はときに *grotte* や *grott* と綴られた．*frost* では，長化を *froze*, *frozen*（*frore*）のためであるとできよう，*lost* では *lose*, *lorn* のためであるとできよう．

これはともかく，留意すべきは，[aː] の場合と同様，長音の [ɔː] は以前は現在よりも多くの語で見られた（Naree and Walker 10.76 参照）．*coffee*, *lost* における短母音あるいは半長の母音は，かくして *salt*, *false* や *plant* などのそれと同じと考えられる（10.72）．われわれは，おそらく，元来の短母音の最近の長化よりもむしろ短化や永続的な（長か短かの）揺れをもつかもしれない．そして *soft*, *brought* では，音長は OE からでさえ，ずっと不安定であったと考えられる（OE *softe*, *brohte*, 元来の *ō* < *an* をもつ）．米国人には *brought* を *not*, *hot* と押韻させるように発音する人もいる，16.39 参照．

10.82. *sauce*, *saucer*, *saucy*, *sausage* では [ɔˑ] が予期される，これはまた現在 *sausage* を除き標準的な音である．一方，これらは以前しばしば [aˑ] をもっていた．J 1764 は *saucy* に [ɔˑ] を，*sauce* と *saucer* に [aˑ] と [ɔˑ] を与える，一方，*sausage* には [a]（あるいは *hat* のように [æ]?）を与える．E 1787 は *sauce* と *sausage* に [aˑ]（つまり，彼の言う「わずかに口を狭くして長く伸ばす音」）をもつ．W 1791 によれば，*sauce*, *saucer*, *saucy* で [ɔˑ] が正しく，[a] は *sauce*, *saucer*, *saucy* では通俗的，一方，*sausage* は通俗的には短音の *a* をもっていた．この通俗的な [sæsiʤ] は依然見られる．（俗語の *sassinger* も注意，これは恐らく複数形から，2.429 を参照）そして米語の俗語で “sass”（生意気），[saˑs] がある．*sausage* の標準的発音は [sɔsiʤ]，ここでの短化の起源は 3 音節の複数形にあった．Pegge（p. 56）はこう言う，「daater, saace, saacer, saacy は，俗語というよりは気取った洗練の気味がある」と．

10.83. Luick（Vnters. p. 49–51）は次のように仮定する，すなわち，*ough* をもつ *bought* などの語で [ɔˑ] 音は，南部地区の西部方言と，中央方言で最初に発達した，ここから標準英語へと取り入れられた，そこから，新たな借用過程により，東部方言に取り入れられた．私はこれらの借用（entlehnungen）に関しては非常に懐疑的だ，というのも，Luick は，Ellis の必ずしも信頼できない様々な英語方言からのデータをもとに熱心に確立しようとしているからだ．

/wa(ˑ)/ > [wɔ(ˑ)]

10.91. /w/ は後続の /aˑ, a/ を [ɔˑ, ɔ] へと円唇化する—*a* の後舌性を支持する 1 つの論拠である．長音の例は：war /war/ > /waˑr/ > /wɔˑr/ > [wɔˑ(ə)]，あるいはおそらく /war/ > /wɔr/ > [wɔˑə], *wart*, *quart*, *swart*, *swarthy*, *warn*, *warm*, *swarm*, *warp*, *warder*, *dwarf*, *wharf*, *water*, *swath* [swɔ(ˑ)þ]. *qualm* では，現在 [kwɔˑm] と（よりしばしば）[kwaˑm] の両方が見られる．F 語，例えば *memoir*（10.571）では，2 つの発音が見られる：[-wɔˑ(ə)] 英語での変化を受けて，そして [-wa(ə)]，F 音の最近の模倣による．さらに通俗語の *jennisquaw* 参照（Thackeray, Hogg. Diam. 124）= *je ne sain quoi*（私は何も知りません）．

10.92. 短音の /a/ の円唇化は次に見られる，*swap* [swɔp], *waddle*, *quadruped*, *quadrangle* など，*what*, *watch*, *swamp*, *wamble*, *sioan*, *wander*, *wand*, *squander*, *want* [wɔnt]（10.72），*wanton*, *was* [ˈwɔz], *wast* [ˈwɔst], *wasp*, *wash*, *quash*, *quashee*, あるいは *quashie* [kwɔʃi], *quassia* [kwɔʃiə],（この語の学問的性格から）[kwæsiə, kwæʃiə], *quality*, *qualify*, *swalimo*, *wallow*, *wallet*, *squalid*, *squalor*, *quarrel* [kwɔrəl], *warrant*, *warrior*, *quarry*, *quarantine* [kwɔrəntiˑn], *Quaritch* [kwɔriʧ], *Warwick* [wɔrik].

10.93. *wrath* [rɔˑþ]（OE *wræþþu*, ME *wraþþe*；*moth*, *cloth* と押韻する，

Walker）円唇化は円唇の *r* ＜ /wr/ によるように見える，但し adj. *wroth*（激怒して）（OE *wrāþ*，ME wrɔ·þ，現在 [rouþ, rɔ·þ rɔþ]）の影響が [ɔ(·)] を併発する共同して働く原因だったと考えられる．Sweet，HES 785 は *wrap* の通俗的発音 [rɔp] に言及する，これは標準英語では [ræp].

10.94. いつこの円唇化は起こったのか？ 間違いなく Shakespeare の時代の後である．彼の押韻（*watch* : *match*，*granting* : *wanting* *war* : *afar*，*bar*，*scar*，*warm*，*harm* など）は，より近年の詩人たち見られる伝統的な押韻よりも確実である（Wordsworth *chatters* : *waters*．Byron *wand* : *expand*，*land* *war* : *far*，Tennyson *scant* : *pant* : *want* など）．もっとも初期の円唇母音の言及は Daines 1640 に見られる（*ward*，*wharf*，*dwarf*，*warme*，*swarme*，*warne*，*warp*，*warres*，*quart*，*wart*，*swart*，*thwart*；彼の表現は「完全で広い（full and broad)」，「完全な（full)」，「*aw* のように」）．さらに C 1685（のど音の *o*（guttural *o*）），J 1701（いつものように非常に明瞭ではない），J1764（*all* … *quart*，*want* スコットランド方言やフランス語の *a*），S 1780，E 1787（広い a）など．Buchanan 1766 は次で [ɔ·] をもつ，*ward*，*warn*，*want*，*wasp*，*wash*，*watch*，一方，次では /æ/（あるいは /a/），*wabble*，*wad*，*wallop* など（EEP 1082）．古い非円唇の音は 18 世紀の終わりまで，時おり，あるいは個人の発音として，生き延びたようである．Enfield 1790 は彼の発音では *wash* などを *hat* の母音と同じとして挙げる，そして *water*，*wart*，*dwarf* を *half*，*ass* の母音と同一であるとする，一方，Walker 1791 はこう言う，われわれは頻繁に *quality* を，*jollity* の母音ではなく，*legality* の母音で耳にすると．

10.95. 後子音や /f/ の前では円唇化は起こらなかった：*wag* [wæg]，*quagmire* [kwægmaiə]，*swagger* [swægə]，*quaggy* [kwægi]，*quack* [kwæk]，*whack* [hwæk]，*wax* [wæks]，*twang* [twæn]，—*waft* [wa·ft] *quaff* [kwa·f] あるいは [kwæf]，稀に [kwɔ(·)f].

swam では，英国で知られている唯一の発音は [swæm] である，一方，米では [swɔm] も耳にされる；後者は規則的な音声発達である，一方，[swæm] は他の過去形からの類推による：*began*，*drank* など．

第 XI 章

17 世紀の母音変化

本章と次の章で，1700 年以前に起こった残りの変化を扱う．これらの章のタイトルは，言及される変化の中には 16 世紀に起こった，あるいはいずれにせよ始まっていたものがあることからして，不正確である．

/r/ の前の母音

11.11. OE と ME の /r/ はおそらくいたるところで強く震え音の舌尖子音だった．/r/ の弱化の最初の指摘は 16 世紀の終わりごろに見られる．B 1588 は，母音間の *rr* は E におけるより F で強かったと言う．F では（したがって E ではない）それは「激しく舌を震わせて発音されねばならない」．Ben Jonson（†1639）が最初に位置による相違を認めた：「語頭ではしっかりと発音された，そして語中，語尾ではより流音的に：例えば *rarer*, *viper*．語頭の /r/ を彼は明確に舌尖が震えると記述する．/r/ の前のわたり音は，それより以前にでも，別個の母音 [ə] と感じられていた，とくに /i·, u·/ に取って代わった新たな二重母音のあとで．これは，いくつかの場合，*ow* のあとの綴りによって示される：*shower* < OE *scūr*, *bower* < OE *būr*, *cower* < Scn *kūra*, *lower*, *lour* < Scn *lura*「陰気そうな」と共に，*tower* < F *tour*；*flower* や *flour* については 3.49 参照．同様に *i* のあとで，*brier*, *briar*, *frier*, *friar*, ME *brere*, *frere*；*fiery*, *fierie*, 初期の *fyry*, *firy* に対して *fyeri*（16 世紀から）．わたりの母音 [ə] は Hart の音声表記 1569 でも示される：/feiër/ *fire*（/heiër/ *higher* のように），/meier/ *mire*, /o·er/ *oar*, /piuër/ *pure*, /diër/ *dear*, /hier/ *here*（*hier*, これも生ずるが，誤植かもしれない）．

G 1621 も "fjer"（j = /ei/）*fire*, 現在の綴り *fiery* や，"jern" *iron* の綴りをあげている．Shakespeare では *fire* はしばしば 2 音節である．これは *liar* と押韻する，Ro I. 2.94；*hire* は 5 カ所で 2 音節，したがって = *higher*（これは W 1791 §192 によっても認められている）．

11.12. 現在の，*birth*, *myrth* における /ir/, *cur*, *word*, *journey* における /ur/, そして *her*, *herd*, *heard*, *earl* における /er/ の合一（coalescence）は 2 段階で起

こった，最初の2音は1600年頃から同じになった，一方，これらは依然3番目とは別であった，後者はおそらく他の音より低かったであろう；/ir/ と /ur/ は，高，ないしは中-中舌-狭母音をともなって，/ïr/ か /ër/ になったであろう，一方，/er/ は中-中舌-広，ないしは中-低母音をもっていた．しかしながら，昔の記述はあまりにもあいまいで，それらを現代の音声用語に転換することはできないこと，そして2つの音は早い時期に混乱状態へと向かったことを認めなければならない．

11.13. Shakespeare は次を押韻する，*first* : *accurst*, curst, *stir* : *incur*, *spur*, 一方 *er* と *ur* は通例押韻しない．Erondell 1605 は E *murtherer* 'murder' の *u* は，E *music* の *u* より F *u* /y/ により近いと考える．A 1625 は次のように言う，子音が後続する *r* の前の *i*，例えば *bird*, *thirst*, *first* は，*e*- 音をもつ，そして *church* を，彼のフランス同国人に *tcheurtch* と転写したと．C 1627 は *durt*, *gurth*, *sur* を *dirt*, *girth*, *sir* を表す通俗形として挙げる，一方また，*her* に対して *hur* をもつ．B 1633 は *ur* を *first*, *third*, *bird* における新奇な音 (novel sound) として挙げる；「古い音は一部の人に，一部の地域でのみ残されている」；彼は *stir* に対して *stur*, *thirst* に対して *thurest* を用いる場合を除いて（これは語源的な理由からである）*ir* と綴ることを好む．D 1640 p. 30 は *er*=*ir* を挙げる．*ur* は「平唇あるいは不明瞭な音で短音である，ここで音節の発音は主に *r* が軸となっている，例えば *demurr'd*」(これは音節主音の非顫音（せんおん） /r/)．W 1653，*r* の前の *e*，例えば *vertue*, *liberty* は，F 女性語尾 *e* の音をもち，F *serviteur* のほぼ *eu* に似ていると言う．C 1685 は *prefer* に *ur* をもつ（*adder*, *slender* と同様に)，そして *pertain* の *er* と *purpose* の *ur* を同一視する．J 1701 は *ur* の音を，*ur*（=*ear* と綴られる）ではなく，*er* と綴る．完全な合一は J 1764 により初めて明確に述べられた：*service*, *sermon*, *hermite*, *earnest*, *heard*, *first*, *third*, *thirty*, *firm*, *thirst*,「これらは *survice* などと綴られたかのようにも発音される」(同じ著者が異なる音，*set* の *e* の長音を次の語でもつ，*serge*, *serjeant*, *verjuice*, *servant*, *dark*, *dearth*, *hearth*, *search*)．一方翌年，Elphinston は，非強勢音節での同一性は，強勢音節での同一性を保証するものではないと言う．それゆえに，そのような発音をする人がいたに違いない．彼自身は *per*secute と *pur*suivant を，*per*son と *pur*slain を，*pearl* と *purl* を，*her* と *Hur* を区別する，一方，彼は「実質的には」*ir* を *ur* と同一視し，*bird* と *word* は完全な押韻であると言う．W 1791 は次の音，*earl*, *earth*, *dearth*, *vermin*, *vernal* を *virtue*, *virgin* と同一視する．*ur* はしばしば耳にされ，「確かに真の音と非常に近いが，厳密に同じではない」と言う．*bird*, *dirt*, *shirt*, *squirt* では，しかしながら，彼は，*i* がまさに u の音を獲得していると言う．*mirth*, *birth*, *firm* は *i*=*e* をもつ．*fir* は *ferment* の第1音節と完全に類似している，但ししばしば *fur* のように崩れて発音される．しかしながら，これには人為的な面もあるかもしれない．さらに Storm, E. Ph. 456 を見よ．

11.14. *ir*, *ur*, *er* の合一は綴りに一定の変化を引き起こす．現在 *ch* のあとで *ur* と綴る 3 つの語がある：*church*, OE *cyrice cirice*, ME 一般に *chirche*. *churche* は早くも 13 世紀には見られるが，u はそこで /y/ を示していると考えられる，かくしてわれわれの音変化とは何も関係がない．*churn*（攪乳器）は OE *cyren*, ME *chyrne*, そして *churl*（田舎者）は OE *ceorl*, ME *cherl* だった，一方，どちらも 16 世紀から *u* を伴って綴られている．*flirt* と *spurt* は以前しばしば *flurt* と *spirt* と綴られた．*kerb*「縁石」は *curb* の異なる綴りである．*turpentine*（テルペンチン）は F *térébenthine* から，そして *urchin* は F *hérisson* から．*tureen*（鉢）は以前は *terreen* だった，Phillips, ed. 1706（Skeat）では *terrine* と綴られる．PE の発音 [tjuri·n] は綴りからで，[təri·n] の代わりである．*Virtue* は ME で vertue, *vertew* であって，F からの母音 /e/ を伴っていた．H 1569 は /vertiu/ と発音する，そして E 1787 は依然 *virtue* と綴る．しかし，*ir* と *er* の合一後，ラテン語の綴り *i* は広く行き渡っている．

同音異義語：*fir*（モミ）= *fur*（毛衣），*birth*（出生）=*berth*（寝台），*pearl*（真珠）= *purl*（刺繍する）．

添頭音 [w] と [j]

11.21. [w] がときに円唇母音の前に付加された．もっとも重要な場合は *one*, *once* である．OE *ān*, ME /ɔ·n/ は規則的に *only* [ounli], *alone* [əˈloun], *atone* [əˈtoun] に継続して見られる．同じ発音 /ɔ·n/ が H 1569 と G 1621 により *one* に与えられた．一方，彼らの時代前に，ともかくも散発的にではあったが，綴り *wone* が見られた（Zupitza, *Guy* 1. 7927 を見よ）．*one* の前での *a* の使用はこの同じ方向を示す：Shakespeare は規則的に *a one* をもつ，そして 2 回のみではあるが *an one*, これは，しかしながら，文学で今日まで擬古体として保持されている．他方，Shakespeare は *one* を *bone*, *loan* や類似した語と押韻させる．そしてそのような押韻は Dryden（V. 227 throne : one）の頃まで見られる．[w] のあとでの母音の発達は難しい；様々な種類が見られる：

（1）/æ/.　J 1701 は *one*, *once* の方言形として /wæn, wæns/ を挙げる，これらは Shropshire や Wales に見られる，そして同じ母音が現在 Somerset や Devon（EDD）に見られる．B. Shaw はアイルランド語法として，*once* に対して *wanse* や *wanst* と記す（John Bull's Other Island 32, 39）．

（2）/ɔ/.　H 1570 は *uonli* を *o·nli* の稀な形態としてもつ．Dyche 1710 は /wɔn/ や /ɔn/ をもつ．J 1764 は *won*, *wonce* を挙げる，*odd*, *on* と同じ母音を伴って．同様に S 1780.

（3）/u/, のちに [ʌ], 現在の容認発音で [wʌn, wʌns].　この発音は 1695（Writing Schoolmaster, Ekwall §291 に引用）と Lye 1677 に通俗的とされた（wun）．それは F 1768 と Walker の発音だった．—/u/ と [ʌ] と *none*, *nothing* を比較せよ．さらに次の身近な表現における *one* の [w] のない形も：*the bad 'un*, *a good 'un*. これらの形態は E 1765 により言及されている．また注意すべきは通俗的な *summun*（=*some one*，Di DC 331）．

非常に類似した場合が非標準的な方言に見られるとして C 1685 により言及されている：*wuts* ‘oats’，*hwutter* ‘hotter, calidior’．

11.22. 添頭音 *w* の他の例は完全には相似物ではない．*woof* [wu·f] ME *oof* OE *owef* はおそらくその *w* を次に負っているのだろう，*web*，*weave*，*warp*．*whole*（全部の）は /wh/ を伴って 18 世紀まで発音された，そして多くの方言が *w*- 形態をもつ（EDG を見よ），一方，綴りにかかわらず，標準英語は OE *hāl*，ME *hool* の直接の継続を保持してきた．H 1569 は /huo·l, huolei/ ばかりか，/ho·l/ ももっていた．現在 [houl]． *whore*（売春婦）（OE *hōre*）もまた，綴りは以前の発音 /hw/ を示すが，しかしこれは標準的な [hɔ·(ə)] にも方言にも保持されなかった．*wormwood*（ヨモギ）OE *wermōd*，現在 [wə·mwud]；民間語源（worm＋*wood*）は論外のようである．Pegge 1803 は，*neighbourhood*，*knighthood* などで，コックニー発音で，*-hood* を *-wood* と言う，に言及する．*Hoop*（わーい（擬音語））や *hooping-cough*（百日咳）（< F *houper*，おそらく OE *hwōp* と混成）は *wh*- とも綴られる（*whoop*）．容認発音は [hu·p hu·piŋkɔ(·)f]． EDG には次の語で *w*- を伴う方言形態が言及されている，*hoard*，*hold*，*home*，*hope* など．

11.23. 前母音前の添頭音 [j] は，後母音前の [w] と相似的に，いくぶん方言的あるいは通俗的形態に見られる．C 1627 と J 1701 は *yern* を *herb* の通俗形としてもつ．B 1633 は *yarn*（< /jern/）‘earn’ と *yecre* ‘ear’ をもつ：C 1679 は耳 *ear*＝*year*，*east*＝*yeast* をもつ．Goldsmith, p. 650 は *yeating* ‘eating’ を通俗的と記す．Soames 女史は [jiə] を（トウモロコシの）*ear* の標準的な発音として挙げる．彼女は an ではなく形態 a をその前に置く，こうして *a ear* と *an ear*（耳）と区別する．一方，これは *yerb* ‘herb’ の変化とは無関係かも知れない，*year*，*here* における /i·ə/ > [jə·] 参照，13.332.

スコットランド語は現在，形態 [jɛn] < /ɛ·n/ *ane* ‘one’ をもつ．これは奇しくも南部における [wʌn] < /o·n/ の展開に対応する．

ここで論じられた添頭音 [w, j] の例は，12.6 で扱われる現象と関係をもっているようには思われない．

/a·/ と /æ·i/，/o·/ と /ɔ·u/ の合一

11.31. *ail*（苦しみ）と *ale*（エール）の音は 16 世紀には厳格に区別されていた．S 1568 は *ai* の 2 つの変種を述べる，1 つはより洗練されており，2 つの要素間の隔たりがより小さい，おそらく /e·ɪ/ ないしは /e.ɪ/，もう 1 つは，より粗野で要素間が大きく隔たっている，多分 /a·i/ ないしは /æ·i/ (Hart についての拙著，p. 37ff を見よ)．Hart 1569 は *ai* を /e·/ と表記する，しかしおそらく /e·i/ を意味する，ibid. p. 33–42 を見よ．G 1621 はこの二重母音を多くの語で /ai/ とも /a·i/ とも表記する（*day*, *clay*, *may*, *way*, *lay*, *pay*, *maid*, *praise* など), 一方他の語では /ai/ のみ (*faith*, *obey*, *paint*, *play*, *plain* など). しかし, 両方の例で, 彼はおそらく同一の二重母音 /æi/ を意味しているだろう, その時第一要素が半長ないしは震え音である. 彼の /ei/ は, *either*, *neither*, *they*, *their* でより稀な /e·i/ と交替するが, おそらく同じものを意味するだろう, というのも彼ははっきりと /ðe·i/ ないしは /ða·i/ p. 50 そして /ðai/ あるいは /ðei/ p. 34 と言っているからである. 彼の躊躇は, 第一要素が彼の言う通例の /a(·)/ と /e(·)/ の間にあったこと, そして「南部人 (australes)」のみがはっきりとした /a·i/ をもっていたこと, p. 32, を示しているように思われる.

11.32. 17 世紀に *a* と *ai* の合一の最初の形跡が見られる. C 1627 は *their* と *there* を同一視する, これは *r* によるものであろう. B 1633 は, *ai* はときになまって *e* のように発音されるという, 例えば *may*, *nay*, *play* など. D 1640 は例外として *haire* を挙げる,「これは *hare* と綴られたかのように発音される, しかしちょっとキビキビと, あるいは *heare* のように発音される」. そしてもう 1 つ *say* をあげる,「これをわれわれは簡潔に *sa* と呼ぶ」. W1653 は合一については言及していない, 一方, Coles 1679 は次の対を「一致した」語としてあげる, *ale ail*, *Dane deign*, *fane faine*, *fair fare*, *hail hale*, *hare hair* など. しかしながら, これは同一性の絶対的な証拠ではない, というのは彼のリストは, 単に音が類似していたに違いない語も含んでいるからである. Cooper 1685 は *ai* がやさしく引き延ばされて *cane* の *a* のように聞こえると認める,「強く発音されると完全な二重母音 *ai* の形態をとる, 例えば *brain*」. これは Smith における /e(·)i/ と /æ(·)i/ と類似した区別を意味するように見える, 彼は, Smith がけっして文字 *a* の二重母音の発音をもたない点においてのみ Smith とは異なる, すなわち, 別のところで Cooper は, *cane*, *pain*, *day*, *convey*, *obey* などに, *ken* における *e* の長音が見られと言う, そしてまた別の場所で, 一般に身近な会話で, 不注意に話す人は *ai* を *cane* の *a* として発音すると言う.

11.33. 同時に, 同じ混乱を示す綴り字が現れ始める. *waist* (ウエスト) は ME *wast*, *waaste*, そして Shakespeare の二折版 1623 で *waste* と綴られる. 一方, 17 世紀には近代の綴りが現れる, これは見た目にはこの語を *waste*「浪費」と区別する. *gate* は 17 世紀には 2 つの語 *gate* と *gait* に分かれた. 後者の綴りは 1700 年以前は稀である. *mail* は 17 世紀以前は常に *male* と綴られた, cf. OF *male*, ModF *malle*「バッグ」. 新たな綴りにより, それは *male* 'masculine' OF *mask* と区別された, しかし *mail*「よろい」OF *maille* と混同された. 逆に, Sh. に *topsail* ではなく, *toppe-sale* が見られる, Tp. I. 1. 7 二折版. 注意すべきは, ここで音は非強勢であること, PE は母音なしの [topsl] をもつことである. *trace*「(馬車の) 引き革」は元来 F *trais*, *traits*.

11.34. 18 世紀に大部分の音声学者ははっきりと *pain* と *pane* などを同じ音と

している（例えば J 1764，E 1787）．Walker も彼の辞書で，これらの語に同じ音を与える，但し彼は，*eight*，*freight*，*weight* の音は厳密には「*a* の最初の音」ではなく，その音と *e* の組み合わせで，「可能な限り密接に発音された」ものだという．しかしこの区別は「非常に繊細」である．

a と *ai* の合一による同音異義語：*ail*＝*ale*，*bail*＝*bale*，*bait*＝*bate*，*deign*＝*Dane*，*fain*，*feign*＝*fane*，*laid*＝*lade*，*lain*＝*lane*，*maid*＝*made*，*mail*＝*male*（上を見よ），*maize*＝*maze*，*pail*＝*pale*，*pain*＝*pane*，*plaice*＝*place*，*plain*＝*plane*，*raiser*＝*razor*，*raise*，*rays*＝*raze*，*sail*＝*sale*，（*steak*＝*stake*），*tail*＝*tale*，*trace*＝*trace*（*traits*），*vain*，*vein*＝*vane*，*vail*，*veil*＝*vale*，*wail*＝*wale*，*waive*＝*wave*．*r* の前での *ai*＝*a* をもつ同音異義語，現在 [ϵ·ə]，については 13.323 を見よ．

11.35. *said*，*says*，*saith* [sed, sez, seþ] における /ϵi/ から [e] への短化は，おそらく“said 'he” などにおける頻繁な非強勢の用法に帰される．これは D 1640 と C 1685 により述べられている（弱強勢は sez sed の発音を引き起こす）．北部では [ei] が依然耳にされる，そして過去分詞の限定用法で（*the said witness*（前述の証人）など）では，南部でも [seid] が [sed] の代わりに時に聞かれる．

/ϵ·i/ の他の短化が方言や通俗的にしばしば起こった，*pray thee* > *prethee*，*prithee* 3.114；*may be* > *mebbe*．アイルランド英語は *sted*＝*stayed* をもつ（B. Shaw, John Bull’s Other Isl. 34）．さらに 4.312 と 4.36 参照．

11.36. *o* と *ow* /ɔ·u/ の同様な合一が同時期に起こった．B 1633, p. 12 は *cloak*，*most* における *o* と *bestow*，*below* などにおける *ow* を同一視しているようである．C 1679 は次をペアに組む，*groan* と *grown*，*mowne* と *moan*，*one* と *owne*，*sloe* と *slow*，*so* と *sow* など，しかしこれは類似性を意味し，完全な同一性があると言っているわけではない．一方，18 世紀には完全な同一性の十分な証拠がある．

初期の *fellow*，OE *felg*「外縁」に対する綴り *felloe* は，これによりこの語は同音異義の *fellow* と区別されたが，17 世紀に遡る（その形式の NED におけるもっとも初期の引用は 1688）．私は綴り *throe*（激痛）（OE *þrawu*）がどれほど古いのか知らない．この綴りは動詞 *throw*（OE prāwan）とその語を区別する．

11.37. この音合一により生み出された同音異義語：*dough*＝*doe* [dou]，*grown*＝*groan*，*low*＝*lo*，*mown*＝*moan*，*owe*＝*oh*，*owed*＝*ode*，*row*＝*roe*，*rowed*＝*road*，*rode*，*slow*＝*sloe*，*sow*（*sew*）＝*so*，*thrown*＝*throne*，*tow*＝*toe*，*yolk*（10.42）＝*yoke*.

遅い二重母音

11.41. 一般に次のように考えられている，*a* と *ai*，*o* と *ou* が合一すると，帰結する音は単母音である，そしてこの単母音が 19 世紀の後半に二重母音化された．

しかし私は，合一は単母音的音の二重母音化によって引き起こされたという方がよりありそうだと考える．この 2 つの見解は次のように対照される：

	16 世紀	17 世紀，18 世紀.	19 世紀
ale：	*a·l*，*æ·l*	*ϵ·l*	*ϵ·il*
ail：	*æ·il*	*ϵ·l*	*ϵ·il*
moan：	*mɔ·n*	*mo·n*	*mo·un*
moun：	*mɔ·un*	*mɔ·n*	*mo·un*

そしてもう一方の見解では：

ale：	*a·l*，*æ·l*	*ϵ·il*	*ϵ·il*
ail：	*æ·il*	*ϵ·il*	*ϵ·il*
moan：	*mɔ·n*	*mo·un*	*mo·un*
mown：	*mo·un*	*mo·un*	*mo·un*

11.42.　これらの 2 案のうち，後者が明らかに，より少ない変化を伴っているとして，普遍的に選ばれたであろう，仮に 18 世紀や事実上 19 世紀前期・中期の文法等に挙げられた音の記述が，二重母音を無視し，*ale* に加え *ail*，*moan* に加え *mown* におけるすべての音を単母音であると言うことがなければ，そうであったであろう．二重母音的特徴は，70 年代の Sweet の最初の音声学研究の出現まで一般に認められなかった．しかし，これらの音を単母音として一般に記述することは十分に立証されているのではない，というのはこの種の二重母音は，長い第一要素とゆっくりとした上方へのわたり音をもっていて，観察が容易でない，あるいは単母音と区別することが難しいからである．Ellis のように秀でた音声学者でもいくつかの場合で彼自身の発音の中にこれらを観察できなかった（Hart についての拙著，p. 42 を見よ）．そして 1569 年，Hart は *grow*，*know* などの音を単母音的な /o·/ と捉えた，これを 1570 年に /o·u/ と表記した（ibid. p. 35）．さらに遡って二重母音の由来をたどることができればできるほど，/e·i/ が最初 /e·/ となり，それから再び /e·i/ となったというのではない説の可能性が大きくなるであろう．さて，私は以前の研究（*Fonetik*, Copenhagen 1897, p. 32f.）で，[e·i] と [o·u] は 1809 年，Smart の 30 年前に Batchelor によって認められ，そして [e·i] は 1821 年に T. W. Hill によって認められたことを明らかにした．前者は，彼の序，p. VI でこう言う．1806 年［彼の説がすでに完成されていた］，「偶然に，私のもとに Grammar of the English Tongue の第 4 版がやってきた，これは J. Roberts, Warwick-Lane の手によって 1721 年，匿名で出版された，そしてその注に（多くの正しい観察もあれば誤りもあった）以下の頁のテーマをなす理論のほぼ全体が含まれていた」．残念なことに，私はここで述べるほどの文法を見出し確認することはできなかった，したがって，それが Batchelor の二重母音の記述に先行しているのか，あるいは彼の音声分析の他の論点に過ぎなかったのかを判断することができなかった．

11.43. 一方，私は18世紀から，ある程度興味深い1つの証拠を挙げることができる．18世紀中期，ポルトガル人 Jacob de Castro が *ei* を次で表記した，*pain*, *stain*, *quail*, *rain*, *vain*, *praise*, *dispraise*, *feign*, *reign*, *champain*，これらを彼は */pein, stein, quéil, réin, véin, préiz, dispréiz, féin, réin, xempéin/* と転写した，そして *said*, *pay* では，*/séid, péy/* と，それればかりか *nature* では /neitar/ と．注意すべきは，ポルトガル語は ei と éi の2つの二重母音をもつ，これらは現在 Vianna によって [ɐi]（[ɐ]＝E *a*, *above* における）と [ɛi] とそれぞれ分析される，*Portugais, Phonétique et Phonologie*, Leipz. 1903, p. 13，しかしこれらは当時おそらく [ɛi] と [ɛ·i] であったであろう．しかしながら，Castro は一貫していなかった，というのは，彼は次で *e* あるいは *é* を用いた，*made*, *game*, *cage*, *crazy*, *acre*, *danger*, *gaol*, *great*, *vexation*, *patience*, *saved*, *nation*, *determination*, *Canaan*, *hate*, *exchange* に対して /mede, guem, quége, crézi, écar, dénjar, gel, grét, vékéxian, péxience, séved, néxian, determinéxian, Kénean, ét, exchénge/，そして *chaise*, *they* に対して /xés, thé/. R の前では，彼はけっして二重母音はもたず，常に *e* か *é* だった：*fair*, *pair*, *bear*, *tear*, *wear*, *swear*, *care*, *fare* に対して /fer, per, ber, ter, uer, suer, quér, fér/. R は上方向にわたる二重母音（13.3 を見よ）を阻止する傾向にあるので，これは，われわれが，ei ないしは éi の彼の観察に信頼を置く気にさせてくれる（さらに彼の非強勢の母音 9.03，そして [ʌ] 11.62 参照）．

11.44. 二重母音 *ei*，これは1750年に確立したように思われるが，この存在は，Cooper 1685（*lenius prolata*, *fortius*，上で解釈されたように）を通して，現在の発音を，Smith1568 によって記述された16世紀の古い二重母音の発音と結びつけるのを可能にする．例えば PE *mow* [mo·u] は Hart の /mo·u/ からずっと継続している発音である．唯一の違いは，同じ二重母音が，16世紀には *ale*, *moan* などの単母音もっていたすべての語に，17世紀に，拡大したということである．

J 1764 は，強勢のない *ow* と強勢のある *ow* を区別する，前者では *w* は一般に発音されないが，もし母音で始まる語尾が付加されるならば，後続の音節の最初の文字としては発音される，例えば *follower*, *hallowed*, *wallowing* のように．そして後者では，たとえ次のような語尾の前でも，*w* は発音されない．例えば，*blower*, *knouwing*, *sowed*, *sowing*．もしこの観察が正しいとすれば（Johnston は注意深い観察者ではないが），それは2音節における発音 /fɔlwə, hælwid, wɔlwiŋ/ のかなり不正確な記述と考えられるかもしれない．

11.45. Batchelor は *ale*, *ail*, *moan*, *mown* における母音を二重母音と記述するばかりか，他の「長母音」全てについてもそう述べる，但し *bard*, *task* における *a* や *order*, *offer* における *o*（そして *burn* における *u*）は除く，そしてこう言う，*seen*, *wade*, *bite*, *hoyl* における母音は，「母音と語末の子音の間に y の挿入により」，*sin*, *wed*, *but*, *hol* における母音とは異なる，そして同様に *w* の挿入が *pond*, *pull* の母音，そして *broke* の地域的な短い発音を *pound*, *pool*，そして広く

受け入れられた *broke* の発音に変える．この点で彼は，Sweet の *seen* や *pool* の音を [sijn] や [puwl] と分析することに先んじる，一方，*ale* や *moan* の二重母音に関しては，今日すべての人が，[j, w] の子音位置には達していない点で一致する．現在発音されている *seen*，*pool*，*wade*，*broke* の音の本質的特徴は，比較的長い要素から比較的短い要素へのゆっくりした上方への移動であるが，始発の位置と最終位置間の隔たりはかなり変動する，そして表記 [ij, uw, ei, ou] は近似的なものに過ぎない．二重母音的特徴は一般に，[ij, uw] では [ei, ou] に比べてそれほど顕著ではない，したがって表記 [i·, u·] が十分に正当化される（これらの二重母音についてはさらに E. A. Meyer, *Engl. Lautdauer*，そして 15.22，15.7 を参照）．

oi を表す [ʌi, ai]

11.51.　*oi* の代わりに，「長音の i」，すなわち [ai] あるいはそれに似た二重母音で取り換えることは，一般に /u/ > /ʌ/ の変化（11.6）に関係づけられる．Sweet HES §854 を見よ，「（ui）の（u）は規則的な変化を受け（ɐ）[＝現在の ʌ] に変わった．結果と生じた（ɐi）はそれから（əi）へと水平化した，その結果 *boil* と *bile*，*toil* と *tile* などが混同された」，さらに Luick, Anglia 14.294 を見よ．これは，しかしながら，確かなこととは言えない，というのも 1 つには，新しい [ai] が，/u/ を表す /ʌ/ のもっとも初期の痕跡よりもいく分以前に，すなわち D 1640 によって，言及されていることと，もう 1 つは，[ai] は，/ui/ をもっていたとはけっして思えない *oi* の類に属する語にも見られるからである（上の 3.7 を見よ）．

11.52.　D 1640 は，*oi* は，*void*，*destroid*，*joine* において，Gk のように発音されると言う．一方，F 由来の多くの語で，「*oi* は F の発音をより模範とするが，それとはちょっと異なる，*purloin* などとちょっと似ている，そこでは，英語の *I* に近いが，いく分声量豊か，あるいは鈍い音である」．W 1653 は *boy*，*toys* に開口の *ŏ*（*ŏ* apertum）をもつ，一方 *boil*，*toil*，*oil* では暗い *ò*（*ò* obscurum）をもつ，これらを開口の *o* で発音する人もいる．C 1679 は *bile*（胆汁）と *boile*（波立つ）を同一視する；*isle*＝*I'le*＝*oyl*，*line*＝*loyn*．他の同時代の音声学者が Ellis, p. 134f に引用されているが，2 つの *oi* の発音として，挙げられている例はかなり異なっている．

11.53.　17，18 世紀の詩では，非常にしばしば *oi*- 語が *ī*- 語と押韻するのが見られる，例えば Butler で，*toil*，*purloin*，*enjoyn*，Dryden で，*join*，*joy*，*toil*，*spoil*，*coin*，*purloin*，Pope で，*enjoy*，*join*，*doit*，*paduasoy*．E 1765 は，*oi* は（すべての語で！），実際上 *ī* と同じ「発声機能より構成されている」，「が，より長く発せられるので，構音は明瞭である」と言う．彼は，*ī*- 二重母音は急速の *au*（*au* rapid）＋短い *i* よりなると言う．おそらく，*oi* に対して [ai] が標準語に属すると認めた最も最近の正音学者は Kenrick 1773 である（Ellis p. 1052 を見よ），彼は，「*boil*，*join* を *bik*，*jine* 以外の発音で発音することは今ではきざっぽく見られるだろう，一方，他の語，例えば *oil*，*toil* では，それは「不快な習慣」だが，「一般的な会話に広く行き渡っている」と言う．19 世紀に，*bile*，*pison*，*rile*，*pint*，*j'in*，*v'yage* が，*boil*，*poison*，*royal*，*point*，*join*，*voyage* に対して，通俗的発音として頻繁に生じる．[ai] は米国でも卑俗な言葉遣いとして頻繁に見られる，MLN，June 1896 を見よ．上品な話し言葉で oi に対する [ai] が消失したことが，綴りの影響によることは確かである．

11.54. 以前の *i* に対して現在 *oi* が見られる語がある：OE *byle*「はれもの」，ElE *byle*（Shakesp.）ないしは *bile*，現在 *boil*（NED のもっとも早い引用は *boyle* 1529）．ME *giste* < OF *giste*（現在 *gîte*），現在 *joist*（根太）（*oy* をもつ最初期の引用 1494；B 1588 は /iui/ をもつ；B 1633 は *juice*「液汁」のように発音された *joice* をもつ）．初期に oi 綴りが生起していたことは，一般に受け入れられていた説明，すなわち，これらの形態は，oi が [ai] になったあと，i の［直し過ぎの（hypercorrect）］発音によるとする説を反証する．3 つ目の例は ME *grynd*(*e*)，early Mod. *grine*，*gryne*，現在 *groin*「鼠蹊部」である．groin のもっとも初期の例は Sh. *Ven*. 185，しかしながら，そこでは，それは swine と押韻する．*oi* は *loin*（腰部）によるのかもしれない．

Eyelet < *oilet*，F *œillet* は *eye* に影響を受けた．

/u/ > [ʌ]

11.61. 変化 /u/ > [ʌ]，これにより /u/ がおそらくまず非円唇化して高・後舌・広母音になり，それから舌が下降したのだが，この変化は 17 世紀に起こったに違いない．B1633 は依然 *sun*，*soon*，*too*，*much* などに同じ母音をもっている．一方，W 1653 は彼自身の *u*（*but*，*cut*，*bur*，*burst*，*curst*）を F *eu*（*serviteur*）と同等と見なし，さらにそれは F 女性語尾の *e* と，より少ない開口で発音される点でのみ，異なっていると言う．彼の書物からの他の例は *turn*，*bunt*，*dull*，*come*，*some*，*done*，*company*，*country*，*couple*，*covet*，*love*．これらの例に見られるように，この変化は *ur* > /ər/，現在 [əˑ]，の変化と切り離せない，11.13 を見よ．さらに非強勢の *u* > [ə] への変化とも関連している，9.2 を見よ．

11.62. Wallis の F *eu* と *e* との，すなわち前舌・円唇母音との比較は，PE の音に対しては正しくない．われわれは次の de Castro（ab. 1750，9.03，11.43 を見よ）の表記を見るとき，PE 音にはるかにより近くなっているからである，彼は *hug*，*gum* などを "hag, gam, sache, jage, ran, jast, dam, flacs, sam, blad, flad, válgar, hángar, náquil（*knuckle*），lav, láved, énaf" と転写する．特に，次のことを思い起こす時に PE 音に近いと思う，つまり，ポルトガル語の *amanos* における *a*（これは鮮明な *á* とは異なる）が，今では「鈍い」あるいは「くぐもった（muffled）」*a* 音であり，これを Sweet（Spoken Port, 1883, p. 1, 4）が低・中舌・広（low mixed wide）と分析し，「*how* における二重母音の最初の要素とほぼ同一である」としている，一方，Vianna（*Portugais*, 1903, p. 7）は，それを *Maítre Phonétique* のアルファベットで [ä] と記述し，それを中舌（mixed）と分析する，つまり，それを E の *above* の *a* と同じであるとみなしていること．これらのことから，おそらく Castro はこれらの語に PE 音を聞いたはずである．

11.63. この音 [ʌ] は Bell などによって，中・後舌・狭と分析されている，一方，*father* の [a] は中・後舌・開口と．Sweet, 1902（*Primer of Phonetics* 2d ed., p. 77）は 2 つの変種を中・後舌・開口と中・後舌・狭と記述し，前者はより一般的であるとするが，「方言では完全な中・後舌・狭や明らかに低・後舌・狭のものも聞かれる」と言う．さらに *The Sounds of English*（1908）p. 70 参照，ここで彼は「外寄りの中・後舌・狭」はより古く，より広範に広まった発音で，標準的なものと見なされうる，一方，中・外寄りの後舌・開口（これも見られるが）はそれに非常に似ており，訓練された耳をもつ音声学者ですらそれらを区別するのが難しいと言う．白状すると，私は Sweet の「母音を外に移す」（“out”）新しい説を十分に理解しているのではないし，依然，E の *sun* を中・後舌・*開口*と見なす私の古い分析に固執している，一方，E *father* における [a] は，私には，低・後舌・*狭*である，閉音節におけるすべての E の短母音は開口的で，開音節におけるすべての E の長母音は狭である，もし私が誤っていなければ．後舌母音の生理学的分析の不確かさにかんがみて，確実に主張できる唯一の点は，*sun* などの [ʌ] は現在 [a] 音に非常に似ているということである．外国人向けの多くの文法書は依然この音を一種の *ö* と記述するが，素朴な外国人は [ʌ] を自分の *a* と同一視しがちである．Sweet はロンドンのドイツ人給仕について次のように語る，彼は独力で *butter* を，ドイツ語の *a* で発音することを思いついたと，同じ発見はデンマーク人の地理学者 E. Erelev によってもなされた（彼の *London, Köbenhavn* 1888 を見よ）．インド語（東インド（諸島の）言語）では，短音の *a* は同じ [ʌ] になった，その結果英国人により *u* と綴られる：*pundit*（*pandit*）（賢者），*Punja*(*u*)*b*（*Pandjab*, これをドイツ人は *Pandschab* と綴る），*Calcutta*, *bunder*「埠頭」，*bungalow*（*bangla*），*punka*「うちわ」（*pankha*），*Djumna*（河川名？）（Sanskrit *Jamuna*），*curry*（Tamil *kari*, cf. F *cari*, Danish, *karri*）．

11.64. 変化 /u/ > [ʌ] は（以下で指摘される例外はあるが）17 世紀に存在するすべての短音の /u/ に影響を与える，例えばすべての以前の /u/ 3.4，そして過去に短化されたもの，4.3，e.g. *husband*, *us* など．さらに比較的最近の短化についても．Early Mod /u·/ = ME /o·/ は一定の語で短化された，とくに舌尖子音の前で（/ɛ·/ の短化 8.412 参照）：*stud* [stʌd]「馬群」OE *stod*，そして *rudder* [rʌdə] OE *rōðer* では，この変化は綴りに反映されている．同様に *must* OE *mōste*, H 1569 と G 1621 /must/, 現在 [mʌst]. *blood* と *flood* OE *blōd*, *flōd*, ElE しばしば *bloud*, *floud* と綴られる，G 1621 と B 1633 で短い /u/, 現在 [blʌd, flʌd]. *doth*, *does*, *doest*, *done*：H 1569 had /du(·)þ, du(·)n/, G 1621 /du(·)þ, duz, du(·)st, dun/；現在 [dʌþ, dʌz, dʌst, dʌn]；*done* はしたがって *dun*（こげ茶の）と同音異義的になった．新しく現れた形態 [du·iþ, du·ist] については，Morphology の VI 巻を見よ．*other*, *mother*, *brother* では，短化は，子音群 /ðr/ による，とくに屈折形に生ずるとき．H 1569 は /u(·)ðer, mu(·)ðer/ で変動する長さをもつ．同様におそらく G 1621 でも（p. 18, l. 3 を参照，moðer は誤植に違いない）；現在 [ʌðə, mʌðə, brʌðə]；さらに *smother* [smʌðə] 参照，これは語源的に明らかではない．ME は *smorðer*, *smorðren* をもっていた．*Monday* OE *mōnandæg*, 現在 [mʌndi]；*month* OE *mōnaþ*, G 1621 /munþ/, 現在 [mʌnþ]．唇子音の前で *gum* OE *gōma*, 現在 [gʌm], *twopence*（ME *ō*, 3.522 を見よ），現在 [tʌpəns], *glove* OE *glōf* G 1621 /gluv/, 現在 [glʌv]. *enough* などの [ʌf] < /o·x/ も参照，10.23 を見よ．

11.65. 最後に，2 語で，われわれは OE *ā* に対応する同じ [ʌ] をもつ，：*none*, H 1569 と G 1621 /no·n/, B 1633 短音の /u/, 現在 [nʌn]（*run* と同音異義的），と *nothing*, H 1569 と G 1621 /noþiŋg/, 現在 /nʌþiŋ/ cf. *one* [wʌn], *once* [wʌns] 11.21, 一方 *for the nonce* については [nɔns]；Ellis（p. 1042）によれば，Lediard 1725 は *none* は [ʌ] をもつという．ここで *unless*, 現在 [ʌn'les], 以前は *on lesse*（*on* < *an* 前置詞），そして依然通俗語で [ən'les], そして欠如の *un-* 例えば *undress*, *unlock* についても，言及できる．この欠如の *-un* は，OE *on-* 元は *and-*, Germ. *ent-* 参照，で，否定の *un-* OE *un-* とは異なるが影響を受けている，German *un-* 参照．（逆に，否定の *un-* に対して，俗語では *on-* を持っている，ただし，Dickens や他の作家が俗語的性格と表すために *oncommon* などと言うのを我々が信用できるのであればだが）

唇子音の前でも，次の 2 語で，OE の短音の *o* に対応して [ʌ] が見られる：*oven* OE *ofen*, 現在 [ʌvn], そして *shovel* OE *scofl*, 現在 [ʃʌvl]．さらに *hovel* や *hover*, これらの語源や以前の形態は不明である，現在 [həvl, hʌvl; hʌvə, hɔvə]. *sloven* [slʌvn] はオランダ語由来のようである．

11.66. さてわれわれは，PE が多くの語で円唇の [u] を保持している場合に至る，これは唇子音のせいによる，/u/ が唇子音と /l/ の間に置かれたときに規則的にそうである．この位置に [ʌ] があるのは学問的な語では常に綴り字発音であるように思われる．

[b]：*bull* [bul], 現在全ての意味で，一方 E 1765 は，[bul]「牡牛」と *bull* /bʌl/「勅書」を区別する．*bullock* [buləək]（若い雄牛），*bully* [buli]（ガキ大将），*bullet* [bulit]（弾），*bulletin* [bulitin], *bullion* [buljən]（金塊），*bulrush* [bulrʌʃ]（ホタルイ属の植物），*bulwark*（堡塁）[bulwək, -wɔ·k], *Bulwer*（人名 [bulwə], *Boleyn* [bulin], *Bolingbroke* [buliŋbruk], も綴りから [bɔl-]. ――一方 *bulb* [bʌlb] や *bulk* [bʌlk] では [ʌ].

[p]：*pull* [pul]，*pulley* [puli]（滑車），*pullet* [pulit]（若い雌鶏），*pulpit* [pulpit]（説教壇），*Pulborougk* [pulbərə]，*Pulman* [pulmən]．──一方 *pulse* [pʌls] で [ʌ]，*impulse* などで，*pulp* [pʌlp] で，*pulmonary* [pʌlmənəri]．

[f]：*full* [ful]，*fuller* [fulə]，*Fulham* [fuləm]，*Fulton* [fultən]．──一方 [ʌ] *fulgent* [fʌlʤənt]，*fulminate* [fʌlmineit]，*fulvous* [fʌlvəs]．

[w]：*wolf* [wulf]，*wool* [wul]，4.216 を見よ，*Woolwich* [wuliʤ]，*Wolseley* [wulzli]，*Wolseey* [wulzi]，*Wollstonecraft* [wulstənkra·ft, -æft]，*Wolstan* [wulstən]，*Woherhampton* [wulvə'hæmtən]，*Wolverley* [wulvəli]．

唇子音と /l/ 以外の他の子音の間ではしばしば [u] が見られる：*bush* [buʃ]，*ambush* [sembuʃ]，*bushel* [buʃl]，*butcher* [buʧə]，*puss* [pus]，*push* [puʃ]，*put* [put]，しかし *put*「田舎者」,「売春婦」では [pʌt]；ゴルフ用語としても同様（北部の発音に由来する），*pudding* [pudiŋ]，*wood* [wud] 4.216 を見よ（*would* [wud] 10.453 を見よ），*woman* [wuman] 3.43 を見よ，*worsted* [wustid] 7.79 を見よ．*Worcester* [wustə] ibid.，*Wotton* [wutn]，現在一般に綴りから [wɔtn]．S 1780 は *wont*（＝will not）/wunt/ と発音した；現在 [wʌnt] あるいは [wount]，この語は廃れ，大部分の人は書物からのみこれを知る．

cuckoo [kuku(·)]（カッコウ）の [u] は擬音（echoism）により保存されてきた；同族の語 *cuckold*（不貞な妻の夫）[kʌkəld, -kld] 参照．

11.67. 現在見られる語に，初期の /u·/ の短化の結果として [ʌ] ではなく，[u] をもつものがある，これは，次の仮定から容易に説明できるように思われる，すなわちこの短化は変化 /u/ ＞ [ʌ] が起こった後で生じたと．しかし一定のケースで，早くも *blood* の短化と同じ頃に短化が言及されているので，[u] はむしろ保存的類推によるものであろう：つまり，[ʌ] への変転が起こったとき，これらの語は長音の /u·/ と短音の /u/ のどちらももっていた，そして長音の形態がこの音が非円唇化するのを妨げた．かくして次の語の舌先子音の前で：*good*，H 1569 は /gu·d/ よりも /gud/，G 1621 は /gud/ のみ；B 1633 は明らかに *good*，*hood*，*wool*，*wood*，*blood* を同等に扱う；現在 [gud]，*hood* [hud]，*stood* H 1569 /u·/，現在 [stud]，*-hood* [hud]，*could* H 1569 /kuld/，G1621 /ku·ld/，現在 [kud]，*should* と *would* は同様に H，G で，現在 [ʃud，wud]（*w* については上を参照）．*-ood* 形の語で現在 [u·d] をもつものは *brood*，*food*，*mood*，*rood* のみである．

foot G 1621 /fu·t/，現在 [fut]，*soot*，J 1701 /u/，J 1764 blood におけるのと異なって，[ʌ] ではない，W 1791 では通俗的には [sʌt]，「その長音の規則的な音をもっていたはずだ」，現在 [sut] または [su·t]，米ではしばしば [sʌt]．

bosom（胸）現在 [buzm]，と *cushion* [kuʃən] もおそらく初期の /u(·)/ から説明されるかもしれない．*gooseberry* [guzbəri] < /gu(·)z-/，cf. *goose* [gu·s]．

11.68. 保存的類推は，明らかに．[k] の前で規則的に生ずる [u] の説明となる，

この音は *book*, S 1568 と G 1621 は /u·/, H 1569 はかつて短音，一般に /u·/, J 1701 は単母音，現在 [buk], *brook* [bruk], *cook* [kuk], *crooked* [krukid], *forsook* [fə'suk], *look* [luk], *rook* [ruk], *shook* [ʃuk], *took* [tuk], H 1569 は長音の /u/ も短音の /u/ も．北部の英語では，昔の音長が依然一部保存されている，Lloyd は [bu·k, ru·k] をもつ，一方 [luk]. —/g/ の前でわれわれは *sugar* /siu·gr/ > [ʃugə] で対応する短化をもつ．

11.69. 一定の語で PE における短化の始まりを目にする，この結果は当然ながら [u]：*broom* は一般に [bru·m]，一方 [brum] と言う人もいる *room* [ru·m] あるいは [rum]，複合語では一般に短音，*bedroom* [bedrum], *spoon* は同様に [spu·n] や [spun]，特に複合語では *teaspoon* [ti·spun]．Lloyd は *footstool*（足台）に [futstul] ももつ．

比較的少ない母音上昇

11.71. 上（VIII 章）で言及した大母音推移は，音の間の間隔がそのまま保たれていたから，母音同士の衝突を引き起こさなかった，一方でこれから言及する変化は，それまで別個の 2 つの音 ME /ϵ·/ と /e·/ を混乱させた，これらは ElE で /e·/ と /i·/ となったもので，エリザベス朝の押韻では厳格に区別されていた．ところで /e·/ は [i·] へと上昇した，一方以前存在していた [i·] は不変のままであった．

Sweet, HES §822. Franz その他はこの変化を 18 世紀中期に位置づける，一方 Ellis I 88 は，the Exp. Ortb. 1704 を，*ea* に対して [i·] であると述べた最初の研究として挙げる，実際，それを 17 世紀に遡ることが可能である，なぜならば S 1699 は次の対を同音異義語として挙げているからである，*heel* = *heal*, *steel* = *steal*, *deer* = *dear*, *a peer* = *appear*, *flee* = *flea*（ノミ），さらに *cheer*「ごちそう」や *chear*「歓喜」，これらは実際に同じ語である．おそらく変化は r の前ではもっと以前にはじまっていたと考えられる，というのは B 1633 は，/e·/ と /i·/ をほとんどの場合で厳密に区別する一方，前者を短音の e と組み合わせる（*bed bead*, *beg beagle*, *best beast*, *bet beat*)，そして ee を F *i* と同一視し，「新規の音」として，*dear*, *ear*, *hear* に対する *deere*, *eere*, *heere* をあげる．彼はまた（p. 29)，*tear*（涙），*year*, *appear* において，*ea* が「乱暴に」*ee* の代わりに綴られ，次の語と同じ音をもつ *beer*, *heere*, *neere*, *deer*（ダマ鹿属）が，一方次とは異なる *bear*, *fear*, *tear*（裂く）と言う．次では両発音が許容される，*dear*（親愛なる），*weary*, *hear*, *ear*.

11.72. 18 世紀には J 1701 により，古い区別が依然なされていた，Pope の次の押韻 *tea* : *away*, *tea* : *obey* はよく知られている，しかし多分これらは他の語における彼の発音について何も明らかにしない，（私は彼の韻について多くのページを検討したわけではないが，次の語の間の韻を見つけた：*between* : *mean*, *mean* : *spleen*, *seize* : *these*，これらは，彼が必ずしも *meat-* 類と *meet-* 類を区別しているわけではないことを示す）．*tea* は当時新しい借用語であった，したがって /e·/ の全般的な上昇とは無関係に，2 つの音の間で変動があったかもしれない．時を経て 1790 年には (Enfield, *The Speaker* p. XIX)，私は，「他の地域的な発音の誤りの中に」，「*sincere*, *tea* におけるように *e* の *a* への変化」を見出す．もっと重要なことは，Walker の証拠である，彼は 1774 に，次のように記す，「*proceed*，*succeed* などでは最後の音節はまさに名詞 *seed* のように発音される，一方 *procede*，*succede* などと綴られると，これらの音節は *bead*，*mead* などと押韻するだろう，この相違はわずかではあるが現実のものである」．これはおそらく *ea*（と *cede*）に対する，下降した [i·]（非アルファベット的には γ35）のようなものを意味する，これは *ee* に対する真の高音の [i·]（非アルファベット的には γ3）とはわずかに異なる．さらに 1791 年に彼はこう言う「*ee* は，長音で開口の e（つまり，開音節の *e*）の締め付けられた（squeezed）音である，すなわち，母音を単独で発するよりも，舌を口蓋へとより密着させて形成される音である，これは，動詞 to *flee* と to *meet*，名詞 *flea* と *meat* の異なる音において，すぐれた耳には区別できる．これはこれまで常に私の見解だったが，ときに優れた話者，とくに Garrick 氏に尋ねると，これらの語における音の違いを判別できなかったので，私はその見解を自信をもって一般に提示する自信はない，ともかく，相違はわずかで，それゆえ私はそれを長・開口の *e* に等しいと見なすことにする.」彼の同時代人やのちの人はこの区別を認めていない．

11.73. アイルランド人は古い [e·] を /ϵ·/ 語で用い続けている．シェリダン 1780（彼自身アイルランド人）はこう言う，アイルランド人は，*ea* と綴られている時，（*beer* のように）e^3 ではなく，a^2（例えば *hate*）と発音する：*deceit*，*recreive*，*supreme*，*sincere*，*replete* など，これらはすべて古い /ϵ·/ 語である，に加えて，*tea*, *sea*，*please* でも，彼はさらに逆元の発音（inverse pronounciations）について次のように付け加える：「アイルランドの紳士は，英国にしばらく居住したのち，一般的規則に従う傾向にあり，次の語（*great*，*pear*，*bear*，*siveartear*，*wear*）をあたかも *greet*，*beer*，*sweer* などと綴られたかのように発音する．アイルランド語の [e·] はしばしば小説や戯曲で次のように表示される，例は B. Shaw's *John Bul's Other Island* から：*ather* ‘eater’，*tay*，*wake* ’weak’，*mane*，*lave*，*dale* ‘deal’，*taitch*, *aisy*，*craycher*.　同様にアイルランド系アメリカ人でも，Habberton（作家）で：*belave* ‘believe’（正しいか？ ME /e·/），*sphakin* ‘speaking’，*clane* ’clean’.

ここでのアイルランド英語はイングランド南西部の方言と一致する，例えば Fielding による *meaning*，*beat* を表す *maning*，*bate* のような綴りや（Tom Jones 3.9 から），Hardy による，*mean*，*spaik* を表す *mane*，*speak* や，*clean* を表す *clane* のような綴りに表されている．

[ei] ではなく逆向き発音の [i·]（本来 [ei] であるものが [i·] となっている場合）もアイルランド用法として挙られる：*leedies*，*grecious*，*estete*（Thackeray's *Pendennis* に出てくる Costigan のことば），*engeegement* Shaw の戯曲で．

11.74. 以下の同音異義語が /e·/ > [i·] によって生み出された：*beach* = *beech*, *bean* = *been*, *beast* = *beest*†, *beat* = *beet*, *breach* = *breech*（短化については 8.32 参照），*creak* = *creek*（しばしば短化されれる），(*dear* = *deer*)，*feat* = *feet*, *flea* = *flee*, *heal* = *heel*,（*hear* = *here*），(*lea* = *lee*)，*leaf* = *lief*†, *leak* = *eek*, *mead*† = *mede*, *meed*†, *meat* = *mete*†, *meet*, *knead* = *need*（*kn* については 12.7 参照），*peace* = *piece*, *peal* = *peel*, *quean*† = *queen*, *read*（3.246）= *reed*,（*rear* OE *rǣran* = *rear* *F arriire*），*sea* = see, *seal* = *ceil*, *seam* = *seem*, *shear* = *sheer*, *steal* = *steel*, *team* = *teem*†, *weak* = *week*, *weal*† = *weel*, *wean* = *ween*†, *wheal*† = *wheel.* この変化が起こった時にまれな語，あるいは廃れかかっていた語には † 記号が付されている．このように一致するようになった一般的な語の大部分は異なる品詞に属するので，この衝突により引き起こされる混乱はけっして大きな影響をもたらすものではなかった．このリストにはおそらく次の語が含められるべきであろう，これらは，この音変化が起こった頃に英語に取り入れられた：*mien* = *mean*, *pique* = *peak*, *tier* = *tear*（泣く）．

11.75. われわれが [i·] を予測するところで現在 [ei] をもつ少数の語がある．*great* や break で，これはしばしば *r* のせいによるとして説明されるが，これは妥当ではない，次の語で *r* のあとに *ea* が来ても [ei] とは発音されないからである：*read*, *treason*, *breach*, *grease*, *cream*, *preach* など．Walker は，ここにはある種の音表象（sound-symbolism）が関わっているのだろうと考える（つまり，[ei] が，形容詞の great をより深く表現豊かにしているように，breek よりも brake と発音する方が，時々，気取って発音されるので，行為の意味をより豊かに表現する）．Luick は，いつものように，方言の影響があるのではないかと考えるが，なぜそれがこのような 2 つの日常語にとくに強く働くのか理解しがたい．17 世紀に *great* が *cheat* と押韻したことが *Hudibras* からの 2 行の有名な詩行によって示されている．(Doubtless the pleasure is as great, In being cheated as to cheat（間違いなく，騙すことと騙されることの楽しみは同等である））Pope は *great* を *state* と *fate* と押韻させる，さらに *eat* とも．B 1766 と S 1780 は *great* に通例の ā- 音をもつ，一方われわれは，この語は 18 世紀しばしば /i·/ 音をもっていたとする多くの証拠をもっている．ただ私は，いくぶんの疑念はあるが，保存的類推であると考える，つまり，変化 /e·/ > [i·] が遂行されていた時期に，短化された母音が比較級の形態に依然存在していた (Chaucer *gretter*, H 1569 短音の *e*, Shakespeare この語を *better* と押韻する)，そしておそらく *greatly*, *greatness* にも．これらの形態は，*gret*(*t*) が 14 世紀から 16 世紀まで一般的であった，そして依然として方言に見いだされる原級に影響を及ぼした，それでこれらの /e/- 語が *great* において /e·/ の上昇を阻害した，そしておそらく *break* の母音が [i·] になることを妨げたのは *breakfast* の短音の [e] の保存的影響による，但し [i·] が 18 世紀にしばしば耳にされたけれども (B 1766, S 1780)．— *great* はこうして現在 *greet* ではなく *grate* と同音異義となっている，そして *break* は *brake* と．

steak は現在［steik］，これは Scn 音（3.614 を見よ）の規則的継続形態である，但し綴りは不規則である．S 1568 は /eˑ/ をもっていた，もしそうなら，これは規則的には［iˑ］になったであろう．―*yea*（3.602）は ME 狭音 /eˑ/ をもっていた，これは C 1653，C 1685，Exp. 1704 で /iˑ/ となった．一方 /ϵˑ/ もまた存在していた，例えば S 1567，G 1621，H 1570．J 1701 は両形をもっていた，これは［jiˑ］となり，19 世紀の中頃まで見られた．現存の［jei］は多分，この語が常に *nay*（*yea and nay*）と対比されたことによるのであろう，一方で *yes* の影響も同時に存在した原因かもしれない．

11.76. *r* の前で，PE はしばしば［ϵˑ］をもつ，例えば *bear* 実詞で，［bϵˑə］，*pear*［pϵˑə］，*swear*［swϵˑə］，*tear* 動詞［tϵˑə］，*wear*［wϵˑə］：これらはみな OE の開音節での短音の *e* である（*beran*，*bere*，*peru*，*swerian*，*teran*，*werian*），一方 *spear*（槍）OE *speru* は［spiə］となった．さらに *ere*［ϵˑə］OE *ǣ*（*æ*＝ゲルマン語のウムラウトした *ai*），そして OE *ǣ*＝ゲルマン語の *ǣ*：*there*［ðϵˑə］OE *þǣr*，*were*［wϵˑə］OE *wǣron*（短化した形態も 4.432），*where*［hwϵˑə］OE *hwǣr.* これらの中で *there* と *where* は，16 世紀に /iˑ/ ももっていた，おそらく，*here* との類推で；Exp. 1704 は *ere* と *pear* に /iˑ/ を与える．最後に短縮形 *e'er*＝*ever*，*ne'er*＝*never*（2.533）．13.323 を見よ．一方われわれは，13.331 で言及される語に［iə］をもつ．

11.77. 綴りで，*ea* は，音が短化されても保持される，これは，*ea* が短化の際 /e/ 音の記号であると感じられていたことを示す．かくして *stealth*［stelþ］，*meant*［ment］，*dealt*［delt］，その他は，*depth*，*slept*，*kept* などにおける元来閉鎖音の /eˑ/ の短化形態と対照をなす．

11.78. 元来 /ϵˑ/ である /eˑ/ の［iˑ］への上昇の特殊なケースは *few*，*neuter*，*beauty* などに見られる /ϵˑu/ ＞ / iˑu/ である．A 1625 はこう言う「*ew* は次で発音される，*you*，…*few*，*dew*，*ew*」，これは後年になって初めてわが国の権威者により言及された変化を予期しているようである，D 1640（3.83 を見よ）そしておそらく J 1701 も，2 つの二重母音 /ϵu, iu/ を区分しているが，C 1685 はそれらを混同している．

ew のこの変化により生み出された同音異義語：*dew*＝*due*，*few*＝*feu*，*hew* OE *hēawan*＝*hue*（OE *hĭw*，F *hue*）．

11.79. この /iˑu/ も もう一方の /iu/ も，現在標準的な発音では，強勢がより聞こえの良い母音へ移動することにより，［juˑ］になっている，3.819 を見よ．弱音節ではこの強勢移動はもっと以前に生じていた，9.331 と 12.25 を見よ．この［juˑ］のいくつかの場合で［j］が消失したことついては 13.7 を見よ．

W 1791 は，*ewe* と *yew* の音を現在［juˑ］におけるものと同一だとする，但し後者を［jiuˑ］とする人もいる．一方彼は，*ewe* の通俗的な発音を *yoe* とも言い，後者は *doe* と押韻する．

第 XII 章

17 世紀の子音変化

12.11. 2 つの母音間の [t] はときに [r] に変わる，急速な口の運動のため閉鎖が不完全になるからである．例えば *porridge* < *potage*（Chaucer B 3623）あるいは *pottage*. 後者の形態は聖書の綴りに保たれている：selling one's birthright for a mess of pottage（つまらないもののために大切なものを失う，の意味）この変化は，Marlowe の *Faustus*1604 年版 1.1030 が *potage pot* をもち，1616 版が *porridge-pots* をもつのに見てとれる．*Jew of Malta* では *porredge* 1. 1329 と 1371 が見られ，一方 1354 では *pottage*； Shakesp. Lr. III. 4.54 quartos に *pottage* が見られる．引き続いて *porredge* が見られる．*Porrege* は，既に Bale's *Com. cone. Three Laves*（1538）1. 1566 に見られる．J 1701 は言う：「*pottage* は *porrage* のように発音される；*porridge* と綴るものもいる」．

12.12. 人が酔っていることを表すために，しばしば英語の書物で *t* の代わりに *r* が用いられる，例えば Dick. *Dav. Cop.* 338 neverbe*rr*er（< never better（最高さ）），338 I'mafraidyou'reno*r*well（not well）（さらに *n* に代えて *r* の 2 例もある）．Anstey, *Vice V.* 329 wha*rr*iplease（whanne please（いいところで言って））； 例えば tha*rr*again（thank again（先ほどはどうも））．Meredith, Rich. Fev. 272 No*r a* bi*r*（bit）of it.（Engl. St. 34.371 も参照）．Jerome の *Three Men in a Boat* p. 64 に同様の例が見られる，ある男が突然たたき起こされてこう言う "Waserma*rr*er?"（= What is the matter?）．さらに S. Grand's *Heavenly Twins* p. 23 の "*Shurrup*（shut up）" を参照．

12.13. 一定の方言では [t] に代えて母音間で [r] が規則的に生起することについては，とくに Wright Windhill p. 87f., Hargreave, Adlington 67f. を見よ，Ellis vol. V. 420；Hall Caine, *Manxman* 27 *Kirry*, 181 *perrikut.* さらに Sc. *carritch*（*es*）< *catechize* 'catechism'. —[d] に代えての [r] については Mrs. H. Ward, *D. Grieve* 1.17 で *nobory*, Meredith, *Evan Harrington* 22 *madam* に対して *Maram.*

歯擦音化（Assibilation）

12.21.　この名称の下に，ここで 2 つの尾変化 /sj/ と /zj/ > [ʃ, ʒ]，/tj/ と /dj/ > [ʧ, ʤ] を含めることは都合がよい．前者では 2 音の完全な同化をもつ．後者では，多少口蓋化した閉鎖音 /t, d/ からの出わたりが歯擦音へと発展した，これらはほとんどの場合後続の /j/ を吸収した．どちらの変化も強勢母音の前よりも強勢音節と非強勢音節の間で，より容易に生ずる．*si*，*se* などに後続する母音が強勢をもつ，あるいは半強勢をもつ時には，/i, e/ は /j/ にならなかった，その結果変化は起こらなかった，にもかかわらず，そのような語にしばしば [ʃ, ʒ] が類推でみられる．この変化の始まりは 1600 年頃に遡るに違いない．その変化はほとんど主として，綴りを意識することによって調べることができる．稀なあるいは文語的語では，その変化は日常語におけるほどには顕著ではない．

12.22.　強勢のない母音の前で /sj/ > [ʃ]：*nation* [neiʃən] や *-tion* 形の他の語で，これらは /sj/ をもっていた，9.87 を見よ：*duration*，*secretion*，*perdition*，*motion*，*solution*，*portion*，*exception* など．

mission [miʃən] や *-ssion* や *-ssion* 形態をもつ語で，子音のあとで：*pension*，*mansion*，*compulsion* など，*connexion* [kə'nekʃən] など．但し *commission* と *commissioner* は [kə'miʃən, kə'miʃənə]，*commissionaire* は [kəmisjə'nɛ·ə]，というのも F からの最近の借用であるから．

ocean [ouʃən]，*logician* [lo(u)ʤiʃən]，*Venetian* [vi'ni·ʃən]，*musidan* [mju'ziʃən] など．—S 1780 は *halcyon* [hælʃən]，しかし現在 [hælsiən]（綴字発音）か [hælʃiən] のいずれか．

special [speʃəl]，*social* [souʃəl]，*judicial* [ʤu'diʃəl]，*provincial* [pro(u)'vinʃəl]，*essential* [e'senʃəl, i-]，*partial* [pa·ʃəl]，*substantial* [səb'stænʃəl] など．

ancient [einʃənt]，*patient* [peiʃənt]，*sufficient* [sə'fiʃənt]．*sentient* はおそらく [senʃənt] よりもより頻繁に [senʃiənt]．*transient* [trænʃənt, tra·nsiənt].

Asia [eiʃə]，*Prussia* [prʌʃə]，*Bussia* [rʌʃə]，*acacia* [ə'keiʃə]，*fuchsia* [fju·ʃə]，*militia* [mi'liʃə]，*inertia* [i'nə·ʃə, -ʃiə].

Portia は [po·ʃə]，[pɔ·ʃia, -ʃiə] よりも頻繁に．*quassia* は [kwæʃiə, kwɔʃiə]，また [-siɔ]；*cassia* 一般に [kæsiə].

ratio [reiʃiou, -ʃjou, -ʃou]，*axiom* [ækʃ'iəm, -siəm, -sjəm].

species [spi·ʃiiz, -ʃi·z, -ʃiz].

patience [peiʃəns]，*conscience* [kɔnʃəns]．学問的な *nescience*（不可知論）と *omniscience*（全知）は [-ʃəns] より頻繁に [neʃiəns, ɔm'niʃiəns].

suffidency [sə'fiʃənsi].

vidous [viʃəs]，*officious* [ə'fiʃəs]，*specious* [spi·ʃəs]，*ambitious* [æm'biʃəs, əm-]，*efficacious* [efi'keiʃəs]，*nauseous* [nɔ·fəs]，*anxious* [æŋ(k)ʃəs] など．—*-ius* 形の L の名称については，最も知られたものは [-ʃəs] で，それに加えて [-sias, -sjas] を

もつ：*Cassius* [kæʃəs, kæsiəs, kæsjəs], *Lucius* [lu·ʃəs, lu·siəs, lu·sjəs].

/iu/ の前で：*luxury* [lʌkʃəri], *sexual* [sekʃuəl], *sensual* [senʃuəl], どちらもまた [-sjuəl], *issue* [iʃu], しばしば [isju], *tissae* [tiʃu, tisju]. *insular*, *insulate*, *peninsula* はおそらく [-ʃu-] よりも [insjulə, insjuleit, pi'ninsjulə].

12.23. 半強勢の母音の前，次で [ʃi] をもつ形態が見られる，*otiose* [ouʃious], *associate* [ə'souʃieit] vb で [-ʃiet, -ʃiit, -ʃiət] adj. sb., *appreciate* [ə'pri·ʃieit], *negotiate* [ni'gouʃieit], *propitiate* [pro(u)'piʃieit], *nauseate* [nɔ·ʃieit] ほか．──動詞から派生した *-able* 形の形容詞は [-ʃəbl] か [-ʃiəbl, ʃjəbl]：*appreciable*；同様に *insatiable* [in'seiʃ(i)əbl].

12.24. 音節主音の /i/ が全強勢をもつ明瞭な母音に先行する例：*pronunciation* [pro(u)nʌnsi'eiʃən, prə-], まれに [-ʃi'eiʃən] と発音される，というのは，対応する動詞 *pronounce* が J 1764 で [ʃi] をもっていたから．*enunciate* は [ʃi] をもつにもかかわらず，*enunciation* [inʌnsi'eiʃən], おそらくこの語の学問的性格のためと *pronunciation* からの類推のためであろう．[inʌnsi'eiʃən] という人もいる．次の語では *-siate* [-ʃieit] 形態の動詞との類推が，[ʃi] を頻繁にし，[si] を稀にした：*association* [əsouʃi'eiʃən], *dissociation*, *negotiation*, *propitiation.*

類推はまた次で [ʃ] を選ぶ：*oceanic* [ouʃi'ænik] ∾ *ocean* [ouʃən], また，頻繁ではないが, [ousi'ænik]. *Asiatic* [eiʃi'ætik] あるいは [si-], *conscientious* [kɔnʃi'enʃəs], *partiality* [pa·ʃi'æliti], *officiality* [əfiʃi'æliti], *sociology* [souʃi'ɔləʤi, -si-], *otiodty* [ouʃi'ɔsiti].

12.25. 強勢音節の前で，そして同様に弱第 1 音節の前で，/sj/ は [ʃ] に変化しない：*suit*, *assume*, *supreme superficial* など，この説明は次の通り，/iu/ は，強勢音節の後と同じくらい初期の時代には，まだ /ju(·)/ とはなっていなかったからである (9.331, 11.79). [sju] に対する [su] ついては，13.6 を見よ．しかしながら /sj/ > [ʃ] の例が若干見られる，しかしこれらはフランス語由来の語で /iu/ の前，日常語でのみである：*sure* /sju·r/ > [ʃuə, ʃɔ·(ə)], 母音 13.37 を見よ，*assure* [ə'ʃuə, ə'ʃɔ·(ə)], *sugar* [ʃugə]；これらで [ʃ] は，C1685 の「調音の容易さ」と呼ぶものに含まれている．*sewer*「下水構」F *essuier*（拭く）> /ʃu·r/, これは [ʃɔ·(ə)] となった．J 1764 はそれを *doe* におけるのと同じ母音を用いて "shoer" と発音する，；E 1765 は *sewer*「下水溝」と shore（海岸）を同音異義語とする，W1791 は「常に shore と発音した」, この発音はロンドンの *Shoreditch* の綴りを決定し，依然生き残っている (Ellis, *Plea* 1849, p. 175, Hyde Clarke, *Grammar* 39, Bridges, *Milton* の *Prosody* 9 を参照), 一方一般には通俗的と見なされている(Mayhew, Hoppe's Suppl. lex., Storm 394 に引用). 私は [sjua] を聞いたことがある，例えば Haymarket Theatre 1893 での公演の Ibsen の *Enemy of the People* では常にそうであった，Tennyson や Kipling はそれを *pure*

や *cure* と押韻させる．[sɔ·ə] と言う人もいる．*sumach* はしばしば辞書で [ʃu·mæk] と記載されている，一方 [sju·] とする人もいる．

12.26. この [ʃ] への変化のもっとも初期の証拠は綴り *shue* と *shooter*, Shakespeare の LLL（folio, III. 206, IV. 1.110, だじゃれで）であるように思われる，これらは当時 [ʃ] ではなく [sj] をもつ．アイルランド人は標準英語におけるよりもより多くの語で [ʃ] と発音する傾向をもつ，例えば S 1780 は *suicide* と *assume* で [ʃ] をもつ．B 1809 はそれが *supreme*，*superficial* や *suit* に見られると言う．Hyde Clark は *suit*＝*shoot* で．George Eliot の *Mill* の中の Bob Jakin は *shupercargo*（船荷監督）と言う．

12.27. [s] で終わり [j] で次の語が始まる場合，早口ではしばしば [ʃ] か [ʃj] となる．これは B 1809 で言及されている，例えば *they pass your field*, *tell us your will*, そして Rapp, *Physiol, der spr.* HI. 1840, p. 186, “gòd blèsh ju” で．他の例は *We shall miss you* [miʃ(j)u]，*this year* [ðiʃjiə].

12.31. 非強勢の母音の前での /zj/ > [ʒ] : *vision* [viʒən]，*collision* [kəˈliʒən]，*decision*，*precision*，*fusion* [fju·ʒən]，*cohesion* [kouˈhi·ʒən]，*occasion* [ɔˈkeiʒən]，*abscission* [abˈsiʒən]，*transition* [tænˈsiʒən] あるいは [-ziʃən] 6.64 参照.

glazier [gleiʒə]，*brasier* [breiʒə]，*osier* [ouʒə]，*hosier* [houʒə]．一方 *easier* [i·ziə, i·zjə] は類推による．

gymnasium で発音は [dʒimˈneiziəm, -zjəm] が [-ʒəm] よりもよりしばしば耳にされる，というのはこの語は依然やや学問的だからだろう，*symposium* [simˈpouziəm, -zjəm]，[-ʒəm]?

/iu/ の前で : *disclosure* [disˈklouʒə]，*composure* [kəmˈpouʒə]，*measure* [meʒə]，*pleasure* [pleʒə]，*leisure* [leʒə, li·ʒə]（語尾については 2.735 参照），azure [eiʒə, æʒə]，*usual* [ju·ʒuəl, -ʒwəl]，*casual* [kæʒuəl]，*visual* [viʒuəl]，また [vizjuəl]．*Parisian* では [ʒ] は頻繁には耳にされない，一般に [pəˈrizjən]．*Jesuit* [dʒezjuit] では完全音節 [-it] が [zj] の原因かもしれない，他方 [dʒeʒuit, dʒeʒwit] も耳にされる．

12.32. これらの語における，（そして英語の発話における独立した発話音としての）もっとも初期の [ʒ] の認識は Miege 1688 による．彼の例は *usual*, *leisure*, *osier.*

12.33. 強勢音節前で，この [ʒ] の唯一の例は : *luxurious* [lʌgˈʒuəriəs]，ここで [ʒ] は *luxury* の類推によるかもしれない．W 1791 はこの発音を非難する，そして [-zju-] が依然しばしば耳にされる．*presume*，*resume* に対する Sheridan の *prezhoom*，*rezhoom*，現在 [priˈz(j)u·m, riˈz(j)u·m] は，おそらくアイルランド語法

であろう．

[ʒ] は *physiology* [fizi'ɔlədʒi] には見られない，これは [ɔ] に強勢があることによる，これは [i] の音節主音性を保護する．

12.34. 語の末尾の [z] と次語の語頭の [j] がしばしば，早口で [ʒ] を生み出す．これは B 1809 で言及された，次の例で：*it was your own, glaze your windows*（君の窓にガラス板を嵌めなさい）．他の例は *as yet* [ə'ʒ(j)et]，*as usual* [əʒ'ju·ʒuəl].

12.41. 弱音節前での /tj/ > [ʧ] の例：*question* [kwestʃən]，[kwestjən] と言う人もいる，通俗的には [kwesʃən, kweʃən]，*digestion* [d(a)i'dʒestʃən, -tjən]，*Christian* [kristʃən]，[-tjən] よりもより頻繁に，通俗的には [kriʃtʃən]，*righteous* [raitʃəs]，やや学者ぶって [-tjəs, -tiəs]，*courteous* [kɔ·tʃəs] か [-tjəs]．*duteous*，*piteous*，*plenteous*，*bounteous*，*beauteous* では [-tʃəs]，これは W 1791 により認められたが，現在は消えつつある，それは綴りも対応する *-ty*，*duty* など形の語も共に，[-tiəs, -tjəs] を好むからである．W 1791 も *question* などで [ʧ] をもつ，この語では J 1764 は [tj] のみをもつ，但し彼は，「あたかも *richeuss* と綴られたかのような」*righteous* を認めている．*frontier* は多くの発音をもつ，['frʌntiə, 'frɔntiə] のほかに [frʌnʧə, -ʧiə]．これら前者の発音は，強勢を後者よりも長い間語末の音節にとめ置いた形態から始まった．現在 ['frɔntiə] が綴りゆえ最良の発音と考えられている．

非強勢の /(i)u/ の前で，/tj/ > [ʧ]：*creature* [kri·ʧə]，Browning の *Christmas Eve* で *preacher* と押韻する，*nature* [neiʧə]，例えば B 1809，(*ad*)*venture* [(əd)venʧə, -nʃə]，*feature* [fi·ʧə]，*future* [fju·ʧə]，*manufacture* [mænju'fækʧə]，*furniture* [fə·niʧə]，*forfeiture* [fɔ·fiʧə]，*moisture* [moisʧə]．比較的長い文語的な語の中には，[-ʧə] のほかに [tjuə] が比較的自然であるものもあるかもしれない，例えば *literature*（文学），*judicature*（司法権）(9.331)．しかしすべての日常語で [-ʧə] が唯一の自然な発音である，[-tjuə] を再導入しようと努力した一定の学者ぶった趣味の教師の努力にもかかわらず，それはしばしば奇妙な結果に終わった，これは Grandgent, Mod. Language Notes, May 1894, p. 272 に報告されている：アメリカの教室で [ti·ʧə] と [ti·tjuə] のどちらが正しいかと尋ねたところ，大多数が後者の形態を選ぶという結果になった！

manufacture は *manufactory* に影響を与える，これはしばしば [mænju'fækʧəri] と発音される，Soames, *Phon. St.* V. 231.

century [sen(t)ʃəri].

fortune は一般に [fɔ·tʃən]，*fortunate* [fɔ·ʧənit]，*actual* [æktʃuəl]，[-tjuəl] よりもより頻繁に．*actually* はしばしば早口で [ækʧli] と円唇音の [ʃ] で発音される，*textual* [teksʧuəl]，*punctual* [pʌŋ(k)ʧuəl]，*virtual* [və·tjuəl]，*eventual* [i'venʧuəl]，*mutual* [mju·tjuəl]，*perpetual* [pə·'peʧuəl]，これらすべて [-tjuəl] とも．

virtuous [və·ʧuəs, -tjuəs]，*presumptuous* は，Miss Soames 女史によれば [pri'-

zʌmtjwəs]，「誤発音されて」[-zʌmʃəs].

[tj] は [tʃ] よりもより頻繁に：*actuary* [æktjuəri]，*obituary*（死亡記事）[oˈbitjuəri]，*statue* [stætju, -tʃu]，*virtue* [və·tju, -tʃu].

12.42. *-ture* に対する発音 [-ʧə] は 18 世紀の間に現れたようである．J 1701 はまだそれを知らなかったようである．E 1787 は ‘creture’ に対する ‘crechur’ を「下品」と見なす，一方 W 1791 は *bestial*（獣性の），*beauteous*（美麗な），*righteous*，*frontier* に加えて *nature*，*creature*，*feature*，*fortune* でも [ʃ] を認めている．

12.43. 強勢音節の前で，[ti] が保たれる．*Christianity* [kristiˈæniti]．一方 *punctuation* [pʌŋ(k)ʧuˈeiʃən]，*punctuality* [pʌŋ(k)ʧuˈæliti]，というのは /i/ が音節主音的ではなかったからである．

12.44. 強勢のある [tju] は規則的に保たれた：*tune* [tju·n]，*tunic* [tju·nik]，*opportunity* [ɔpəˈtju·niti]，通俗的に [-ʧu·-]，*tutor* [tju·tə]，*stupid* [stju·pid]，*student* [stju·dənt]．同様に弱強勢の第一音節で：*Teutonic* [tju(·)ˈtɔnik]（チュートン族の），*stupidity* [stju(·)ˈpiditi]，そして半強勢の，あるいはほぼ半強勢の語尾 *-tude* で：*solitude* [sɔlitju·d] など．[tju·] ではなく [tu·] については 13.6 を見よ．これらでは [ʧ] はアイルランド用法であるようである．S 1780 は [ʧ] を次にもった：*tune*，*tutor*，*tumult*（大騒ぎ）など，しかしこれは W 1791 に非難された．B. Shaw は *Tuesday* や *stupid* に対して，*Choosda* や *schoopid* とアイルランド英語で綴った（John Bull’s Isl. 12, 38）．

12.45. B 1809 で，一語が [t] で終わり，次の語が [j] で始まる [tj] が言及されている．彼の例は：*it hit you hard* や *’Tis not your horse.* 小説では次のような綴り *youbdcherlife*（= you *bet you life*）や *don’tcherknow*（don’t you know）がしばしば通俗語で見られる．そして [ʧ] に近い音が，口語では，ともかくよく聞かれる，例えば *right you are* [ˈraiʧuˈa·ə]，*I shall meet you there* [aiʃˈmi·ʧuðɛ·ə]，*next year* [nekstʃiə].

12.51. 非強勢母音前で /dj/ に対して [ʤ] の例：*soldier* [soulʤəa]，*immediately* [iˈmi·ʤətli]，[-dj-] よりもより頻繁に．一方口語的でない場合には *intermediate* [dj] が [ʤ] よりもより頻出する．Sweet は *medium* [mijʤəm] と転写する．概して今では [ʤ] は衰えているようである：*cordial*，*tedious*（退屈な），*India*，*Indian* は現在 [kɔ·ʤəl, ti·ʤəs, inʤə, -n] よりはむしろ [kɔ·djəl, ti·djəs, indjə, -n]．Walker の語（1791 §293）は特徴的である：「*tedious*，*odious*（憎むべき），*insidious*（潜行性の）… あたかも次のように綴られている *te-je-us*，*o-jee-vs*，*in-sij-e-u* かのようである．この *d* の音は英語の発音の類推にとても調和しているので，われわれが用心してい

ないかぎり，発声器官は自然にその方向に移って行く．しかしながら，これが最も丁寧な発音だと言っているわけではない．類推の観点からはそうであることが望ましいであろうが，しかし文字の真の力を知らないことが，正書法に可能な限り近づけようとする見上げた願望と結びついて，*d* が *j* に変わることを妨げる傾向にある，そしてわれわれに *o-de-us*，*te-de-us* などと聞こえるようにさせる … 庶民は，この場合，本能的に正しいが，後続の音節を非常にきっちりと縮めて *o-jus* と，*te-jus* と言う傾向がある」．小説家たち（Thackeray ほか）はしばしば *India* に対して *Injee*，*odious* に対して *o-jus* と，通俗的にあるいはアイルランド用法として，綴る．廃語の *a nidget*（白痴）< an *idiot*（NED：1579 *nigeot*，1603 *nigit* など）参照．

12.52. /iu/ の前で [ʤ] は，他の母音のまえでよりもより頻繁である：*grandeur* [grænʤə, -djə]（壮大）．*verdure* [vəˑʤə]（新緑）．*procedure* [proˈsiˑʤə, -djuə]，*gradual* 非常にしばしば [græʤuəl]，*individual* [indiˈviʤuəl, -djual]；通俗語として Dickens Domb. 394 で *individgle*，*educate*，*education* 頻繁に [eʤukeit, eʤuˈkeiʃən]（上品に *ed-jucation* W 1791）．一方 *assiduous*（粘り強い）では [-ʤuəs] よりむしろ [əˈsidjuəs]．W 1791 は強勢により次の区別をする，*produce* sb [ˈpɔˑʤuˑs] と vb [ˈprɔˑˈdjuˑs]；現在前者が類推により [ˈprɔdjuˑs]．

同音異義語：*verdure*（緑の草木）= *verger*（聖堂番）．

12.53. 強勢音節では [dju] は [ʤu] にはならない：*Duke* [djuˑk]，*reduce* [riˈdjuˑs] など．[duˑ] については 13.7 参照．しかしながら通俗語は，[ʤ] をもつ，次の綴りを参照 *injuiced*（Thackeray, Burlesques 107）や *introjuced*（Wells, Twelve Stories 91）．Shaw は *Jetuce*，*introjoocing*，*introjoored* をアイルランド英語の *deuce*，*introducing*，*endured* の発音として綴る．

12.54. 連声（sandhi）においては，B 1809 が [-d j-] に対して [ʤ] を挙げる：*you had your own* や *he led your nag.* 現在 *would you mind* はしばしば [wuʤu ˈmaind] となる，そして *do you believe* はしばしば [ʤubiˈliˑv] と発音される．ヴィクトリア女王の祝祭の機会には *Jubikeve it* のような綴りがマンガ誌に見られた．Shaw は *did you*（*ye*）*escape* や *did you*（*ye*）*ever get* に対して，彼のアイルランド人に *dijjescape* や *did jever get* と言わせている．

12.55. [ʒ] や [ʃ] の後で，[j] あるいは [i] は弱母音の前で省略される，あるいは取るに足らないわたりになる傾向がある，例えば *religion* [riˈliʤɔn]，*religious* [riˈliʤɔs]，*contagion*（感染）[kənˈteiʤən]，*collegian* [kəˈliˑʤən]（大学生），*allegiance* [əˈliˑʤəns]（忠誠），*luncheon* [ʌn(t)ʃən]（昼食会）．*Eulogium*（称賛）や他の同様な学問的な語は [i] を保つ：[juˈlouʤiəm] あるいはそれを [j] にする．*Jew* [ʤuˑ] < /ʤiu/ 13.76 参照．

12.56. 強勢母音の前で同じ縮減が以前 *geometry* に見られた，D 1640 により *jometry* と言及され，口語的では Swift により *Jommetry* と綴られた（Polite Conv. 32）．W 1791 は *jography* や *jommetry* を「発音における怪物」と呼ぶ，しかし彼は *georgics*（農耕歌）に対する *jorgics* を「修復の余地なく定着した」と考える．現在教育のある人の発音では常に [ʤiˈɔmitri, ʤiˈəgrəfi, ʤiˈɔ·ʤiks].

/kj, gj, pw, bw/

12.61. 発音 /k, g/ は 17 世紀に前母音の前で口蓋化された，また *can* において a の前でも，しかし call では *a* の前でも起こらなかった，この結果は /kj, gj/ ときわめて類似している，現在のユトランドやアアイスランドの発音を参照．これは W 1653 p. 41 ではじめて言及された：「*y* は，母音に続いて口蓋閉鎖音 *c*，*g* に結合されることがよくある，*can*，*get*，*begin* は，*cyan*，*gyet*，*begyin* と綴られることがある」，のちの版で（1765，おそらくもっと前か？），さらに続けて「*can* は，スコットランド人や北部人には *kan* と聞こえるが，南部人は *kyan* と言う」，これは南部の前母音 [æ] と北部の短い後母音 [a] の間に現在見られる違いを示している，Wallis ははっきりとこう言う，「“cy, gy” は他の母音の前には見られない，したがって次では見られない，*call*，*gall*，*go*，*gun*，*goose*，*come* など」．

この /kj, gj/ は 18 世紀にはしばしば言及される．Nares はこれを認めないが，S 1780 は *guide*，*guile* に「あたかも gy[1]i[2]de, gy[1]i[2]le と書かれているように」これを認める，彼は *card*，*garden* ではこれを発音しなかった．E 1787 は奇妙な文体でこの音について次のように書いている「ほっそりした，流れるような ... 静かな小さな声（音）で，実際，記号で表すのには微妙すぎる唯一の英語の放出音である．繊細な耳だけが，繊細な音声器官が伝達できるものを知覚できる」．彼は それを「開口の *i*，閉鎖の *a*，ir と書かれる *ur*」，つまり，[ai, æ, a] の前に見出す，例：*kind, guide*，*card*，*gard*，*skirt*，*gird*，*sky*，*Guy*．彼によれば，*skirt*（これは *skyurt* のようになるべき）や *curt*，*gird* や *hurdy-gurdy* を同じように発音するのは粗野である．W 1791 は言う，*card*，*cart*，*guard*，*regard* などは，礼儀正しい発音では *ke-ard* のようである（§92），そして同じ挿入が次の語で *g*，*k* と *i* の間に見られる：*sky*，*kind*，*guide*，(*dis*)*guise*，*guile*，*beguile*，*mankind*．彼はそれを [i, e, æ] の前では認めないが，口蓋母音が，これは /k, g/ の変化を引き起こすが，後舌母音あるいは中舌母音で始まる二重母音に変化された場合に，それを主として保持している．

12.62. 19 世紀には，この口蓋化した /k, g/ が引き続き残り，最終的には消失した．O 1806 は，*kind*，*guide* などばかりでなく，*can*，*calm*；*gap*，*gape*；*card*，*guard* などでもこの音をもっている．彼はこう言う，英国人は「この短い *i* を非常に速く，それでも非常に認知できるように」発音しがちだ，さらに彼らが他の言語を話す際にもそうであって，例えばイタリア語の *caro* をあたかも *chiaro* であるかのように発音する．B 1809 は言う「*guard*，*guide* などで発音する人がいる *y* は，長音 *u* (yuw）の初頭の音である，その他の部分が棄却された音である，しかし Walker が許容する *card*（kyard）や *kind*（kyuynd）の中の *y* は，この種の弁明を認めない」. H 1821 は次で /k, g/ のあとに “y” をもつ：*card*, *guard*, *kept*, *care*, *gain*, *gay*, *get*, *insignificant*, しかし *begin* ではもたない．/kj/ や /gj/ は，Rapp, *Physiol, der Sprache* 1840, III 177 によって次に指摘されている：*kite*（kjeit），*kibe*, *kind*, *kine*, *sky*, *guide*（gjeid），*guile*, *guise*, *guard*. “Comic Engl. Grammar” 1840 で，私は次の一節を見出だす，「演劇界のハイカラ男たちは *sky* を ske-eye と言う」. Hyde Clarke 1879s は言う「アイルランド人は誤って *a* の前で *c* に *cy* の音を与える，例えば *card*」(p. 38)，そして彼らは誤って *g* を *gy* に代える，例えば *gyuide*（p. 40)，そして *kind* を *kyittd* と言う．Thackeray は彼の創出した人物 Costigan に *character* に対して *cyarkter* と言わせている．

米国では，Grandgent によれば，南部バージニア東部の多くの地域で，*α* と ä（= ə·）の前で *k* と *g* がときにあまりに前寄りに発せられる，その結果 *j*- わたり音が閉鎖音と母音の間に聞かれる：*card* = *kjad*, *kind* = *kjaind*, *guard* = *gjad*, *guide* = *gjaid*, *girl* = *gjal*. この発音は，以前は一般的であったが，絶えつつある．

12.63. 語 *girl* は難しい．J 1765 はこれを，発音された（？）*r* の前で，短音の *a*（すなわち *add* におけるような）をもって発音する．これは今でも通俗形態 [gæl] あるいは [gæ·l] として保たれている発音と考えられる．Ellis は [gjæl]（あるいは *gj* ではなく口蓋音の *g* を伴う）ものを「慎重な発音」(studied pronunciation）と呼ぶ．彼自身は [gjə·l] と発音する：「私はしつこく（*g*）を（gəəlz）と口蓋化するが，これは私の耳には不快に聞こえるおそらく唯一の音である（p. 1219, p. 1156 も参照)．これと同じ「不快感」は，明らかにヴィクトリア中期の小説家たちが *gurl* と綴って，愚かなあるいは通俗的な発音を暗に示したいと思ったものである．私も耳にしたことがあるが，とくに俳優たちがこの語を，音はまったく同じでないにせよ，*here* [hiə] ときわめてよく似た発音で，[giəl] と発音した．これは口蓋化した *g* の最後の生き残りかもしれない．[gεəl] も耳にされていたが，現在教養のある話し手にもっともよく聞かれる発音は，[gə·l] であり，*pearl*, *curl* などと押韻する．Storm EPh. 361, 453 参照．

12.64. 旧式の /kj, gj/ が，ロシア語の [k, g] の口蓋化，これはしばしばほとんど [kj, gj] のように聞こえる，と同等と見なされるとまさに同じように，次の展開は，後舌円唇母音の前の [p, b] のロシア語の口蓋化，これはしばしば [pw, bw] に似ている，と同等とみなすことができる．Sweet, *Russian Pron.*（Transact, of the Philol. Soc. 1877–79 p. 550）参照．この現象もまた Wallis 1653 により初めて気付かれた，彼はこう言う：「*W* が唇子音 *p*, *b* に接続されることがある，開口の *o* の前で発音される，例えば *pot*「土鍋」，*boy*「少年」，*boile*「調理する」など．あたかも次のように書かれたかのように聞こえる *pwot*, *bwoy*, *bwoile* など」．これは類縁の 2 語 *boy* と

buoy の形態を説明するのに役立つかもしれない，前者「少年」は H 1569 で /bue·/ である，これは PE [bwei] をもたらしたことであろう，Hart についての拙著 p. 111 参照．B 1633（3.7 で引用）は F *oi* と比較する，これは当時おそらく /wɛ/ だった．C 1685（Ellis, p. 134；残念ながら現在私は原典を利用できない）は言う「*boy* の純粋な異音節はもちろん（b*u*Ai）である」（Ellis の表記）．この語の特異性についてのこれ以降の言及を私は知らない，後者は現在 [boi]，現在 buoy と綴られる海事用語については，H1569 はこれを /buei/ と発音，これは PE では [*bwai] をもたらしたであろう．発音 [bwoi]，これは B 1809 p. 58 で挙げられているが，はより通例の [boi] と並んで依然存在する，後者は現在船員間で普通である（NED）．[bwoi] の形式は，Koeppel が彼の本 p. 50 で仮定しているのと異なって，綴り字発音とみなす必要はない（そこで彼は S1780 は奇妙な /bwü/ をもつと言う．しかし私の所有する版では Sheridan は [bwoi] のみ）

/kn, gn, kl, gl/

12.71. /n/ の前での語頭の /k, g/ の消失は 17 世紀に始まった．C 1627 の次の所見を理解するのは容易ではない，すなわち *gnaw*，*gnat* は通俗的には *knaw*，*knat* と発音されていた，そして D 1640 の所見も：「*kn* はちょうどラテン系の人が彼らの *Cn* を少し鼻音的にあるいは上口蓋で発音するように発音せよ」：これは /kn/ か /kn̥/ か /tn̥/ かもしれない，あるいは実際どれでも．いく人かの外国の文法家が *kn* の発音を /tn/ として挙げている，これはもちろん非常に自然な同化である．例えば，*Twickenham* はイギリスの権威によりしばしば /tn/ と発音されると述べている，さらには Twittenham や Twit'nam（Pope, Globe ed. 271）と綴られさえする．/kn/ と [n] の中間に位置するもう 1 つの音は，これは昔の文法家たちは十分な音声学の知識が欠如していたため言及することはなかったが，無声の /n̥/ であり，これは依然 Cumberland（Ellis V. 542）やその他の地域で *knock*，*know* などで用いられている音である．したがってこの発達は /kn̥/ > /tn̥/ > [n] あるいはより直接的に /kn̥/ > /n̥/ > [n] のいずれかであったかもしれない．C 1679 は次の同音異義語を挙げる *knave*（悪漢）= *nave*，*knight* = *night*，*need* = *knead*（こねる），*not* = *knot*．　他の同音異義語は：*knag* = *nag*，*knap*（割る）= *nap*，*knell*（鐘声）= *Nell*，*knew* = *new*，*knit* = *nit*，*know* = *no*．

/k/ の消失は語 *notion* が *know* を連想させるようにさせる，そしてこれが語 *notion* の使用の拡大と，意味の若干の変化に貢献したかもしれない，つまり Shakespeare ではこの語は知力（intellect）のみを意味するが，現在この語はむしろ「知られていることを意味する」，（"I have not the slightest notion"（全く分からない）など）．

12.72. *gn* については，D 1640（p. 42）が比較的明確である：「*gnat*，*gnaw*，*gne*，*A-gnes*，*gnit*，*gno*，*gnu*．　この連結で *g* は *n* の力に屈する」．J 1701 は，*gn* の *g* は発音されないと言う．

gn の連結例はきわめて少ない：*gnarl*，*gnash*（歯ぎしり），*gnat*（ぶよ），*gnaw*（かじる）．GK 語では，*gnostic*（グノーシス主義の），*gnosi*（霊知），*gnomon*（指時計），*gnomik*（金言の），そしてホッテントット語の *gnu* では，その発音は現在 [n] である：[nɔstik, nousis, noumɔn, noumik, nu·]，一方少数の最近の借用語では [gn] が聞かれる：ドイツ語から *gneiss* [nais, gnais]（片麻岩），アイルランド語から *gneeve* [gni·v] *gniomh*「田畑の 1/12」．

12.73. 先行する母音が次の語で /k, g/ を守る：*acknowledge* [əknɔlidʒ]，*agnostic* [æg'nɔstik, əg-]，*diagnosis* [daiəgnousis].

12.74. 2つの語で異なる綴りが見られる *knick-knacks*（装飾的小物），あるいは *nick-nacks*（骨董品）（例えば Dickens Do 253），*nic-nac*（B. Shaw, *Cashel Byron* 48）．*nit* OE *hnitu*（シラミのたまご），cf. G. *niss*，あるいは *gnit*（点火する）（まれ，*gnyttus* pl 1483 から，N E D）おそらく北欧語 *gnit* から（ON *gnit*，Dan. *gnidder*），これはもともとは ge＋*nit*.

12.75. 変化 /kn/ > /tn/ は /kl/ > [tl] や /gl/ > [dl] の変化と同じである．D 1640 は既に *glory* が *dlory* と発音されることを挙げている．*bantling*（小僧）（最古の引用 1593）は G の bankling（ベンチ（bank）の上で生まれた子供）から来ていると言われる．19 世紀の音声学者の中には（Ellis, Lecky）[tl, dl] と綴る人もいる：*climb* [tlaim]，*cleave* [tli·v]，*meekly* [mi·tli]，*weekly* [wi·tli]，*glove* [dlʌv]，*glitter* [dlitə] など，私はしばしばその発音を聞いたが，それは（調音の）位置の完全な同化を含意していて，*likely* と *lightly* を同一視する（/kl/ > /tl/ の変化参照）．しかしながら，もっと普通の発音は緊密に類似した発音で，そこでは，舌先がすでに [l] の位置にある一方で，舌の後部は [k, g] の位置にある．[l] 音に当然伴う側面のすき間はそれほど大きくはないので，この [l] 位置はしばしば事実上 [t, d] の閉鎖となり，そこでは側面接触（side-contact）が [k, g] の閉鎖にまで後退する．その接触が緩むと，側面の開口が普通の [l] に対するほどには前部に移動することがない．[kl] と [tl] との類似性の古い証拠は韻 litle : mickle に見られる，Roister 32；cf. Many a little makes a mickle（塵も積もれば山となる）．Thackeray's Newc. 366 で，ある子供が *Clive* に対して *Tlive* と言う．

上で記述したのと同じ長音が，*ctl* が綴られるところで見られる，例えば *perfectly* [pə·fikli, -itli]，*exactly* [ig'zækli, -ætli]，一方 *first class* や *get clear* では，[k] はしばしば完全に消失する．

時々 *tl* は [kl] と発音されると言われる．例えば Sayce, Princ. of Comp. Philol. 2d ed. 49「われわれの *at least* の一般的な発音は *a'cleast* である」．彼はおそらく上で述べた中間的な発音を意味しているのかもしれない．さらに Dickens, Chuzzl. 466 参照「Bartlemy's の Prig 婦人，あるいは Barklemy's と言う人もいようが，あるいは Bardlemy's とも」．

/wr/ > [r]

12.81.　/wr/ > [r] の変化は 17 世紀の中期に起こったに違いない，これは 16 世紀の音声学者たちや，G 1621 や D 1640 には知られていない，一方 C 1679 は次の対を同音異義語として挙げる：*wrest* = *rest*，*wrung* = *rung*，*wry* = *rye*.　J 1701 は言う「この子音連結は *wr* と発音されるかもしれない」，もしこれが信頼できるならば，これは古い発音の最後の残余である．この変化は 1 つの音節中で [w] と [r] を結合するのが困難であることによる，この困難は恐らく [r] が震え音でないときより大きい．人は，この消失を，*answer* や *conquer* における音節主音 /r/ の前での /w/ の消失（7.32）と関連づけたがる．

以下は /w/ の消失により生じた同音異義語の完全なリストである：*wrap* = *rap*，*wreak*† = *reek*，*wreck*（難破船）= *reck* †，*wrest* = *rest*，*wretch* = *retch*（まれ），*wring* = *ring*，*write* や *wright*（まれ）= *rite*（まれ）や *right*，*wry*（ねじれた）= *rye*.

12.82.　次の点は極めてありそうである，/w/ が，最終的に完全に脱落する前に，/r/ を円唇化した /r/ に変えた，これは French Alphabet 1621 における所見の意味を示しているのかも知れない，すなわち，*written* が *rouitten* と発音されるように，*wr* は *rw* と発音されるが，これは馴染みのない音群 [wr] を模倣する F 流のぎこちない方法でもあるかもしれないという所見である．Pewsey, Wilts. の方言では，[wr] が保持され，さらに他の語頭の [r] にまで拡大してきてさえいると Kjederqvist は言う．これは実際に円唇化した [r] 以上のことを意味するのだろうか？　教育を受けた多くの南部人は慣習的に [r] を全て円唇化する，これは古い /r/ と /wr/ がこの中間的な音に合一したことによるのかもしれない．非常にしばしばこの円唇化した [r] からその舌尖要素が失われ，一方，舌と歯茎の距離は増大し，その結果，その音は [w] とほとんど区別ができなくなった．B 1809 p. 26 は，*r* に *w* が当てられることがイングランド北部の地域で見られることを報告している（彼は *burr*（(英国北部地方（ノーザンブリア）などの）口蓋垂を振動させる r 音）と混同しているのであろうか，13.46)，*wright* に対して *wight*，*wrong* に対して *wong* と，*perhaps* に対して *puwaps* などである．H. Christmas は，彼の Pegge's Anecdotes の版 1844 p. 66 でこう言う，*r* を発音できない人々は常に *w* に置き換える：*Wichard*，*twact*，*Carewus*（Carus），*Twinity*．この置き換えられた *w* は一定の作家において，高貴な名士のことばの典型的な特徴と見なされている，例えば Thackeray, Pend. II. 6 で *gwandfather*（grandfather），*thwee*（three）；9 *scweeching*（screeching）；19 *wight*（right），*cwied*（cried），*Fwank*（Frank）；226 "Notowious（Notorious）old wogue（rogue)," he pronounced the words, thereby making them much more emphatic（と彼はこれらの語を発音し，それによりこれらをより強調的にした)．Meredith, E. Harr. 175：The Countess repeated his name, which in her pronunciation was "Hawington"（伯爵夫人は彼の名を繰り返した，それは彼女の発音では「Hawington」だった：実際は Harrington)．Cf. Storm EPh. 383；Mrs. H. Ward の David Grieve III 107, 135, 186,

この *w* は幼児語の特徴として用いられる．逆に Charles Darwin は子供の頃 *w* の代わりに *r*［円唇音？］を用いた：white，*wine* に対して *rite*，*rine* (Life and L. 1141)．

12.83. *pretty* では舌尖要素はしばしば消失した，通例は [r] を正しく発音する人の発音でさえも．こうして（この語の）二重母音 [ui] か [uy] が生み出された，これらはこのお気に入りの語の早口の発音で [u] となり得る，こうして小説や漫画誌で *pooty*，*putty* となる．さらに注意すべきは，この語がしばしば発音される優しい音色が円唇あるいは唇を突き出すことを好んだことである．

第 XIII 章

18 世紀の変化

/iŋ/ > /in/

13.11. 後鼻音 /ŋ/ の舌尖鼻音 /n/ への置換は 18 世紀に，非強勢の語尾 *-ing* で非常に一般的であった．これは文法家たちにより以前は言及されていないし，そして *-in’* というアポストロフィの使用は 17 世紀の著者たちによって通俗性を示すため用いられているのではないようなので，この置換は分詞の *-nde* と動名詞の *-nge* とのかつての混同と関連付けることはほとんどできない，J 1764 は分詞の語尾は *-in* と発音されると言う：*reading*, *hearing*, *writing*, そして他のところでは，非音声学的な言い方であるが，*g* は「語尾 *ing* で休眠している，*reading*, *writing* などにおけるように，これらは一方では発音されもするかもしれないが」と言う．Rice 1765 p. 50 は *hearin*, *gettin*, *lookin* などに言及する．「しかしこれは不正確で不明瞭な発音方法で避けるべきものだ，これらの方式では *hearing* はおそらく *herein*, *looking* は *look in* と，*getting* は *get in* と間違われるかもしれないからである．しかもなおこの発音方式は我が国の多くのグラマースクールで教えられている」．W 1791 は言う「我が国の最高の話者たちでも分詞の *ing* を，*sing*, *king* や *ring* と押韻するように必ず発音するわけでもない」．ほとんどの動詞で彼は [-iŋ] を好んだ，例えば *writing*, *reading*, *speaking*, とりわけ [n] のあとで，*sinning*, *pinning*, *beginning*；しかし動詞が [ŋ] で終わるときは，「連続する音節で響き渡る音を繰り返すことは，耳に不快な影響を与える；それゆえ，*ringing*, *bringing*, *flinging* ではなく，我が国の最上の話者は，*sing-in*, *bring-in*, *fling-in* と発音するのが耳にされる」（同様に彼の *Hints for Improvement in Beading* 1783 p. 36）．同様に B 1809 は [ŋ] の後で [in] を認める，「これは一本調子の音を阻止するからである」．他の場合には，彼はこれを通俗的とみなしている．

13.12. 当今 [in] は明確に，学校での影響にもかかわらず，頻繁にすべての動詞で耳にされる．オックスフォードの Napier 教授はかつて，それが彼にとってこの語尾を発音する唯一の自然な方法であると私に言った．そして A. J. Ellis も頻繁に同じことを言った．貴族たちや，いわゆる「馬好きの」（金持ちの）人たちは一般に [in]

を好むと言われているが，これは婦人の間では明らかにあまり用いられない．A Looking Glass, by Philips, p. 173 で，ある婦人が日記に書く「一体どうして男性たちはいつも *huntin'—yachtin'* と言うのかしら．彼らは *somethin'—nothin'* とは言わないし，a horse's *kickin'* に苦情を言ったり，a partner's *valsin'* をほめたりしないのに」．私はこの区別が実際の観察に基づくものかどうか知らない．

13.13. いくつかの韻が，この発音 [-in] が以前は流行っていたことを示す：例えば Garrick（*Prologue* to the *School for Scandal* 1777）は *flirting* : *curtain* や *willing* : *villain* をもつ．Wordsworth（214）は *Helwellyn* : *dwelling* を，Byron（*Don Juan* 2.43.）は *children* : *bewildering* を，Shelley（*Arethusa*）は *pursuing* : *ruin* をもつ．Tennyson（*Lord Burldgh*）は *treading* : *wed in* をもつ．

13.14. 少数のケースは特別に言及する必要がある．ラグランドの *Piers Ploughman* で *pudding* は *-ing* をもつ．*p* と *-ing* の両方が F *boudin* のアイルランド英語の *putog* への同化によるものかもしれない？ Swift の *Polite Conversation* ではそれはくり返し *pudden* と綴られている（109, 110, 142, 145）．*Maudlin* は *Magdalene*（3.92）の一般的形態である．一方限定的な使用では（Maudlin looks＝「涙もろい，感傷的な」）分詞と理解された，そして *-in* を取り払って *maudle* [ma'dl] という新たな動詞が形成された．*Tarpaulin*（防水シート）は元来 *tar* と動的名詞の *pall* の複合語であった，しかし現在は必ず *-in* と綴られる．—*midden*（ごみの山）ME *myddyng* では，*-n* を伴う綴りが早くも 16 世紀の初期に時々見られる．

13.15. 逆元の発音（inverse pronunciations），これによると [-in] は [-iŋ] と発音された（自ら完璧な話者と認める人たちによって），は一般的であった．例えば，Thackeray, *Van. F.* 445 を見よ "I little thought one of that family was a goin' to *ruing* me ... *linning*"（＝linen）（その一統のうちの一人に破産させられようとは夢にも思いませんでした（三宅幾三郎訳））; ibid. 47 *ribbing* 'ribbon'，*Newcomes* 484（従僕の言葉）*Brighting* 'Brighton'; Dickens, *Dav. Copf.* 147 *a Orfling* 'an orphan'（cf. 廃用の *orphelin* < OF *orfelin*）参照；他の近代の小説家から私が気づいたもの，*parding* 'pardon'，*certingly*，*suffering* 'sovereign'，*kitching* など．

13.16. [g] と [k] の前での [n] と [ŋ] の分布について若干の補足を加えた方がよかろう．E 1765 は次の一般規則を挙げる，すなわち，[n] は，[ŋ] は違うが，「語の前に置かれる」*in* や *con* では発音される．一方 W 1791 は強勢を受けると *con* には [ŋ] が伴われるという，例えば *congress*，*congregate*，*concourse*（中央広場），[n] は非強勢のとき，例えば *congratulate*，*congressive*，*concur*． これはほとんどの近代の正音学者の *ocn-*，*en-*，*in-* や *syn-* に関するルールである．例えば，すでに挙げた例のほかに，[ŋ] : *conquest* ['kɔŋkwist]，*conchord* ['kɔŋkɔ·d]，*syncope* ['siŋkəpi']， *synchronism* [ˈsiŋkrənizm], *idiosyncrasy* [idjəˈsiŋkrəsi]; *income* [ˈiŋkʌm] (Sweet) でさえも, [ˈinkʌm] に加えて; さらに *handkerchief* [ˈhæŋkətʃif] も参照. 一方 [n]: *conclude* [kənˈklu·d], *encounter* [inˈkauntə, en-], *enlosure* [inˈklouʒə, en-], *encourage* [inˈkʌridʒ], *engage* [inˈgeidʒ], *iquiry*, *enquiry* [inˈkwaiəri], *ingredient* [inˈgri·djənt], *inquisitive* [inˈkwizitiv], *synchronical* [sinˈkrɔnikl]. さらに *bronchia* [ˈbrɔŋkiə] とも比較, 一方 *bronchitis* [brɔnˈkaitis]; *conch* [kɔŋk], 一方 *conchology* [kɔnˈkɔlədʒi] (腫瘍学); nincompoop [ˈniŋkəmpu·p] (まぬけ), *Anchises* [ænˈkaisi·z]. しかしながらこの規則が常に守られるわけではない. 1 つには, 類推が [n] を導入する傾向にある, 例えば: *concrete* [ˈkɔnkri·t], *increase* sb [ˈinkri·s] (動詞も参照), もう 1 つには, 多くの人々はいたるところで発音器官上容易な [ŋ] を用いる, 少なくとも身近なことばでは, 例えば: *conclude*, *engage*, *encourage* (例えば Fuhrken). *nightingale* は一般に [ˈnaitiŋgeil], 一方 Bradley や近代の辞書には [-ng-] が見られる (2.432). *melancholy* は時々 [meləŋkəli].

length, *strength* では, [ŋþ] や [ŋkþ] ではなく, 類推により [nþ] をもつことがある. S 1780 はアイルランド英語として [lenþ, strenþ] を, そして英語流に [leŋkþ, streŋkþ] を与える.

/r/ と /r/ の前の母音

13.21. 上の 11.1 で, *r* の弱化とその先行する母音への影響の最初の徴候を扱った. 17 世紀の初期, *r* は, おそらく, 母音前で (スコットランド英語のように) 舌尖の震え音 /ʀ/ だった. そして子音前では震えのない子音の /r/ で, 現在イングランド南部で母音前の r に与えられる音に非常に近いものだった. その後 *r* は両位置で相対的に弱まって, 前者の位置では震えを次第に失っていった, 後者の位置では舌尖が明確に子音的な位置に次第に上昇していった. それが先行する母音を変え始めたとき, これはおそらく最初は, 現在一定の方言で, とくに南西部 (とアメリカの一部) で起こったのと同じ方式で, すなわち母音それ自体の発音時 (あるいはその後半部で), 舌尖が上方へ向けられることにより (但し完全に子音的な位置まででではない) 生じたのであろう. この変化は, それが正音学者たちに認められるずっと前に始まったと考えられる, 彼らの多くは, *her* や *fur* の *er*, *ur* が実は短音の *e*, *u* + 本物の *r* であると信じ続けた (依然ほとんどの発音辞典がそうであるように).

/r/ の全般的な弱化と推移 /t/ > /r/ 12.1, /wr/ > /r/ 12.8, そして d /rju/ > /ru/ 13.7 の間には何か関係があるのかもしれない; これらすべての変化で発音の軽量化を見るからである.

13.22. /r/ は次の短母音のあとに見られた: /a/: card, /o/: horse, そして *i*, *t*, *u* の混同から生じた (恐らく) 混合母音 (mixed vowel) (11.12): *first*, *turn*, *earl*. これらすべてで, 子音的な /r/ は, 現在, 先行する母音へ吸収されている, この母音は長化されている: [ka·d, ha·s, fə·st, tə·n, ə·l]; /r/ が保持されたのは母音をしたがえるときのみである：*far away* [fa·r a'wei]，*war office* [wɔ·r ɔfis]（陸軍省），*prefer it* [pri'fə·r it]．他の位置では /r/ の唯一の痕跡は，r が語末にある時に [a·] や [ɔ·] の後で見られる非常に弱いわたり音 /ə/ である：far [fa·ə]，war [wɔ·ə]，15.52 参照．

13.23. 同様に音節主音の /r/ が，これは様々な非強勢の母音 + *r*（9.7）の結果として存在するようになったが，休止や子音の前では [ə] となり，母音の前では [ər] となった．この [ə] は，弱音節で /a/ から帰結したあいまい母音と同じものだが（9.21），この同一性は Browning 女史が彼女の Chaucer の翻訳で用いた韻を正当化する "Now grant my ship that some smooth haven *win her*; I follow Statius, and next *Corinna*" = (and let my ship come safe to the haven. First I follow Statius, and after him Corinna)（*win her* と *Corinna* の押韻）．Whittier, p. 204 は，*Eva* を *leave her*，*give her*，*receive her*，*never*，*grieve her*，*believer*，*river* と次々と押韻させる．一方もちろん，このような押韻は文法家たちには好まれなかった：そして Tennyson は手紙（Life and Letters II 49）で次のように書いている：「"Eudora" "before her," "vista" "sister" のような韻を踏む語の中にその音を大事に納めるよりも，むしろその結構な考え方を捨てたいと思う」

2 つの興味深い綴りが標準英語に見られる：*salver* [sælvə] 'plate'（銀製の盆）< スペイン語で *salva*，と *geneva* < Dutch *genever*（オランダ産のジン）（イギリスで 18 世紀に同様に綴られていた）．

[ə] = *er* の開音性がしばしばそれを本物の [a] に似せる，特にそれが引き延ばして発音される時には．こうして次のような風刺画的な綴りが生ずる：*pikckah* = *picture*，Dickens，Thackeray などで頻繁に．

13.24. 母音のあとの弱化した /r/ は 18 世紀には消滅したに違いない．Viëtor は *mart*，*borough* [??]，*parlour*，*scarce* [?] で，黙字の *r* に言及した最初の文法家として Arnold 1718 を挙げる．König 1748 は *r* を *horse*，*parlour*，*partridge*，*thirsty* で黙字だとする．黙字性を認めた最も古いイギリス人は，Walker だと思う，彼は 1775 に，「*aunt*，あたかも *arnt* と綴られいたかのように」「*haunch* は，ほぼ *harnch* と綴られていたかのように」発音される，そして 1791 に「イングランド，とくにロンドンで，*bard*，*card*，*regard* などで *r* は，［これらはみな母音 [a] をもつ事に注意］，喉の深奥で発音され，ほとんど中舌のあるいはイタリア語の *a* と同然で，*baa*，*baad*，*caad*，*regaad* のように長化されて発音される．ロンドンではそれはときに完全に聞こえない」．Hill（1821）は言う「*r* は，今望みうる以上に，後代のためにもっと注意深く保存されるべきである，もし首都の地方第一主義者たちやその無風流な模倣者たちが，*fawn* と *morn*，*straw* と *for*，*grass* と *farce* のような押韻に，読者の忍耐の限界まで，寛容であってほしいと願うのであれば」．Alfred Austin はどこかで *vase*：*Mars* を押韻させていると言われる．

13.25.　/ar/ > [a·] 変化の結果として，*ar* は [a·] を一般に示す唯一の方法であると言えるかもしれない，人々が Iago を “Yargo” あるいは “E-argo” と発音するよう教えられる時（Brewer, *Did. of Fable*），あるいは *answer* を *arnser*（Hyde Clark 1879）と教えられる時のように；さらには他の言語の疑似音声学的転写における時のように．Richard Davey は，Decline of the Art of Singing, in the “XlXth Century” で，こう書く「言うまでもなく *A* は大ざっぱに言って文字 R のように発音されるべきだ」．このようにして，綴り *ma'm*（*madam*）に対する *marm* も説明されるにちがいない．例えば Conan Doyle, Sherl. Holmes I 43.　*I arn't* 10.552 を参照．標準的な綴りで，*r* は *harslet* ME *hastlet* OF *liastekt*「焼かれる一片の肉」や，*parsnip*（パースニップ）ME *passenep* におけるように綴られる．NED での最古の *r* 綴りはそれぞれ 1585，1539 からである．さらに Archiv CIV. 46ff. も参照．

13.26.　この変化は，*farther* と *father* [fa·ðə]，*arms* と *alms* [a·mz]（施しもの），さらに *arse*（まぬけ野郎）と *ass* [a·s] の同音異義性を引き起こす，最後の場合は多くの人は後者を [æs] と発音することによって，これを無効にする．さらに Tristram Shandy，Storm EPh. 555，からの引用を見よ．

13.27.　音結合 *or* では，母音の音長が W 1791 により認知されている，彼によれば，*for*，*former* における *or* は「二重母音 *au* と完全に等しく，これらは *four* ないしは *faurmer* と綴られるかもしれない」と言う．B 1809 は *order* と *law* の音を同一とする．「Dickens が Count *Smorl Tork*（Smorl Tork 伯爵）と書いたとき，彼は Small Talk を意味していた．そして普通の読者であればこれらを区別することはないであろう」（Ellis I 196）．Thomas Hood は次を押韻する，*morns*（あさ）：*prawns*（エビ），*ought*：*quart*.　Keats は次のように押韻する，*crosses*：*horses*（vol. IV 138）．賛美歌 136 で次の一節を見る：“He bids us all to tell *abroad*, How the lost may be *restored*.”　Whittier（p. 386）はこう綴る：“For the *Lord*, On the whirlwind is *abroad*”，そして Longfellow は次のごとく押韻する，*marauders*（襲撃者）：*orders*，*quarter*：*water*，*corn*：*lawn*.　Kipling は次のごとく押韻する，*Court*：*wrought*：*report*（Departm. Ditties 33），*sought*：*court*（Barrack R. Ballads 113，俗語においてではない），*slaughters*：*waters*：*quarters*（Puck 67），そして *straw*：*corps*（Seven Seas 201）．さらに次の伝承童謡の押韻：*cock-horse*（揺り木馬）：*Banbury cross*.　もし詩人が自分の眼ではなく，耳（と若い頃教わった教師）を大胆にも信用するならば，このような韻は今でも比較的頻繁に使用されることだろう．Hydo Clark（Grammar 1879）は言う「*au* と *aw* はほぼ *or* のように発音される ...，*broad* ではその音は *or* である ... *ss* は，*cross*，*loss*，*toss* におけるように，*rs* の音を持つ．*cloth*=*clorth*，*lost*=*lorst*，*ought*（*ort*）」ここで文法上真面目に教えるべきことは，教育のない人々の逆元の綴り（inverse spellings）によりしばしば示される：例えば，*water* に *warter*，*daughter* に *dorter*，*ought to* に *orter*，*hospital* に *orsepi-*

tal, *gone* に *gorn* 等．同音異義語については，13.354 を見よ．

window が *windoor*（B 1634 p. 16, 17）と綴られるとき，われわれは純粋に音声学的な現象と言うよりもむしろ民間語源の一例をもつ．Hudibras 116 参照：“Love is a burglarer, a felon, That at the windore-eie does steal in”（愛は泥棒であり，重罪犯人であり，窓からこっそり入り込む）（*Door* は一般に dore と綴られる）．E 1787 は *windowr* を通俗的と言う，現在通俗形は [wində]，小説では *winder* として表される，*feller*=*fellow* 9.222 と 13.42 参照．

13.28. 母音が /r/ に後続する場合，/r/ に先行する短母音はその通常の発音を維持する，例えば：

/ar/=*narrow* [nærou]，*barrow*，*barrier* [bæria]，*carry*，*Harry*，*tarry* vb [tæri]，alarum（目覚まし装置）（寄生的母音（u のこと）はおそらく F *alarme* をより正確に模倣したいとする願望のせいによる，/r/ の後，子音の前で弱化した）[əˈlærəm]，*character* [kæriktə]，*parasol*. —*quarrel* [kwɔrəl] については 10.92 を見よ．

[er]：*herring* [heriŋ]（ニシン），*error* [erə]，*very* [veri]，*sherry* [ʃeri]，*ferry* [feri]，*Ferret* [ferit] は特異だ，F *furet*.

[ir]：*spirit* [spirit]，*stirrup* [stirəp]，*chirrup* [ʧirəp]，cf. *chirp*，*miracle*，*pyramid*，*irritate*.

[ɔr]：*sorrow* [sɔrou]，*sorry* [sɔri]，*borrow*，*horrid*，*orange* [ɔrinʒ]，*origin*.

/ur/ > [ʌr]：*furrow* [fʌrou]，*curry* [kʌri]，*hurry*，*thorough* [þʌrou, -rə]，*concurrent* [kənˈkʌrənt]，([ur] や [uər]：*courier* [kuriə, kuəriə] F の模倣から？．

この位置で母音を曖昧化する傾向が，一定の正音学者によって一定の語に与えられた発音によって示される：*miracle*，*stirrup* など（u，すなわち [ʌ] あるいは [ə·] ？）；例えば C 1685，J 1701，W 1791． 19 世紀の多くの辞書で *sirup*，*rirrah* には [ə·] が与えられている．

弱音節では：

/ar/ > [ər]：*around* [əˈraund]，*parenthesis* [pəˈrenþisis].

/er/ > [ər, ir, er]：erratic [eˈrætik]，[i, ə] よりも頻繁に，*terrific* [təˈrifik].

/ir/：*irrational* [iˈræʃənəl].

/or/ > [ɔr, ər]：*original* [əˈridʒinəl, ɔ-]，*voracious* [vɔˈreiʃəs]（大食いの），*forensic* [fɔˈrensik, fə-]． 9.224 参照．

/ur/ > [ʌr, ər]：*curriculum* [kʌrikjuləm, kə-].

13.29. 類推が，派生語と感じられる語に長母音を引き起こしている．例えば形容詞：*tarry*（タールを塗った），*starry*，*currish*（野良犬のような）[ta·ri, sta·ri, ka·riʃ]，そして *ing* 形：*barring* [ba·riŋ]（を除いては），*erring* [ə·riŋ]（不貞の），*concurring* [kənˈkə·riŋ]（同意する），*stirring* [stə·riŋ]（感動的な）．

bar it については 10.69 参照．

13.31. ElE の長母音や二重母音の後で，/r/ は完全に消失するのではなく，休止や子音の前で [ə] へと変化した，[ə] はさらに，母音に先行していて保持される [r] の前でも発達した．この [ə] は，他のどの [ə] とも同様（13.39），大部分の近代の長母音に非常に典型的である上方へのわたりを阻止する（11.4），そして結局 [ə] が一般に母音自体の低母音化を引き起こす．B 1809 p. 59 ははっきりとこう言う，‘y’ と ‘w’ は（彼は *ale*，*feel*，*fole*，*fool* における二重母音の最後の要素をこう綴るが）*r* の前で弱化する．

13.321. ME /aː/+*r* と /aːi/+*r* は，したがって /ϵːi/（11.3）+*r* とはならず，[ϵːə(r)] となった，この音は低・前・狭・長母音で始まり，短・低舌混合母音へとわたる，これは非常に明瞭にではないが，たとえ [r] が子音的な音価を保持していても，見られる．この結合における /aː/ と /æːi/ は既に同一である，C 1685．例：*mare* [mϵːə]，*hare*，*dare*，*care*，*fare*，*spare* | *Mary* [mϵːəri, mϵːᵊri]，*wary*，*sparing*，*parent*，*barbarian*，*aeronaut* | *fair* [fϵːə]，*stair*，*their*，*air*，*heir*，*hair* | *fairest* [fϵːərist, fϵːᵊrist]，*fairy*．さらに同様に *mayor* OF *maire* [mϵːə]，*prayer*（祈り）OF *preiere* [prϵːə]，*layer*（層）[lϵːə]．*aorist* [ϵːərist]（不定過去）では，[ə] が *o* に対応するのか，*r* 前の単なるわたりか見分けるのは不可能である．

13.322. 語が [ei] 形の語から接尾辞 *-er* により再形成されると [eiə] と発音することが可能となる：*prayer*（祈る人），*layer* [leiə]（積む人），*ratepayer* [reitpeiə]（地方税納付者），しかしここでも傾向は上方へのわたりをあまりはっきりさせることはなく，その結果音はほぼ [ϵːə] となる．

13.323. 二重母音 [ϵːə] も *r* 前で（11.76）/ϵː/ から生じる：*bear* [bϵːə]，*bearing* [bϵːəriŋ, bϵːᵊriŋ].

こうしてわれわれは以下の同音異義語をもつ：*air*=*heir*=*ere*=*e'er* [ϵːə], *bare*=*bear*, *fair*=*fare*, *hair*=*hare*（野ウサギ）, *mayor*=*mare*（雌馬），*pair*=*pare*=*pear*, *stair*=*stare*，*sicare*†=*swear*，*tare*=*tear*，*their*=*there*，*ware*=*wear*.

13.331. [ij] もっと正確には [ɪˑi]，後者は一般に ME /eː/ や /ϵː/ から生ずる，の代わりに，*r* 前の母音は，低下して半長ないしは短母音 [ɪ] となった，15.15．例えば *deer*=*dear* [dɪ.ə, dɪə] で，より便宜的には但し正確度は低いが [diə] と表記された，*tear*（涙）[tiə]，*peer*, *pier* [piə]，*leer* [liə]，*here*，*spear* 11.76．保持された [r] の前で [ə] は決定的に短音である，そして [i] は明らかに音節の核である：*dearest* [diərist]，*peering* [piəriŋ]，*hero* [hiərou]．しかし [ə] が語末のとき，それはしばしば長化され，音節の核となる傾向がある．

13.332. この傾向は *year* で特に強い，[i] がここで [j] に吸収されるからである：[ji.ə] > [jiə.] > [jə·]．同様に教会で用いられる引き延ばされる発音でも：「*hear* [hiə·, hjə·] するための *ears* [iə·z, jə·z] をもつ人」(Bell, Essays and Postscr. 24 参照)．Thackeray はしばしば *here* の通俗語として *year* や *yere* と綴る，さらに *ears* に対して *years* と．Soames 女史はこうして，この語の前に定冠詞の *a* を用いて，とうもろこしの *ear*（穂）を [jə·] と発音した，(一方聴覚器官の *ear* の前ではこうはしない)．

13.333. *deer* などの [iə]，もっと厳密に言えば [ɪə] は，非強勢の /i/＋別の非強勢母音から生ずる結合，例えば：*Anglia*，*Caspian*，*duteous*，*genius* などとは，次の点で異なる，すなわち後者の [i] は音量がない（thin）（narrow（狭い））であり，15.14，それゆえ，[j] になる傾向にある，とくに [r] 以外の単一子音のあとで，例えば [æŋgliə, kæspiən, dju·tiəs, -tjəs, ʤi·niəs, -njəs]，さらに *hideous* [hidiəs, hidjəs]，mania [meiniə, -njə]，*idiomatic* [idiəlmætik, idjə-]，同様に *nd* のあとでも：*India*，*Indian* [ndiə(n)，-djə(n)]．この違いは *serious* [sɪəriəs] に明瞭に見られる，[-rjəs] については 13.45 参照．

13.34. 一定の語でかつて，/e·r/ と /er/ を伴う音量上の二重語（doublet）があった，これらは PE [iə] と [ə·] を生み出したが，現在は一般に一方のみが生き残っている：*beard*，これは現在常に [biəd] < /be·rd/，以前は [ə·] < /berd/ ももっていた，例えば S 1780，他方 W 1791 はそれを「演劇に限られると思われる」「転訛，なまり（corruption）」だと言う．*fierce* 現在 [fiəs] は，Walker 1775 により *verse* と押韻すると言われた，しかし 1791 で彼は言う，[fiəs] がもっとも一般的で，[fə·s] は主に舞台で耳にされると．*pierce* [piəs] もおそらく同様の異形をもっていた．さらに次を参照，*tierce* [tiəs] と *terce* [tə·s] < F *tiers*，*ters*；*tiercel* [tiəsəl] と *tercel* [tə·səl] < F *tiercel*，*tercel*；さらに *tassel* < *tarcel*（6.4，7.79）．heard，現在 [hə·d]，では，[iə] を伴う通俗形態は，E 1787 によれば，類推によると言う．逆に通俗語は不定詞形 [hə·] (hear) ももつ．

13.351. *r* 前の長母音の ME /ɔ·/ で 2 つの相反する傾向がみられる．1 つには他の /ɔ·/ と同様に，上方に向かう傾向があった，これらの /ɔ·/ は /o·/ [ou] となった (8.42，11.4)，もう 1 つには，*r* は舌と口蓋の距離を大きく保つ，あるいはそれを増大させる傾向にあった．大抵の正音学者は *boar*，*oar*，*door*，*floor*，*board*，*force*，*porch*，*coarse*=*course*，*court* などの母音を「*no* の長母音の *o*」と同じものとして扱った；しかしそれは明らかにけっして [o·u] へと二重母音化されることはなかった．前者の音の *no* の音との同一性は有名な船員の発音 *forecastle*（船首楼）“fo’c’sle”，i.e. [fouksl] により示される，ここでは *r* は後続の子音群のために脱落した (7.79)．

13.352.　この音 /ɔ·/ は長い間 *horse* などの音とは，長音で狭音である点で区別されたが，他方 もう一方の音は短音で開口的だった（たとえば G1621 で），この違いは，後に開口度の異なる 2 つの母音の違いとなった，さらにおそらく元の長母音から生じたさらに明確な [ə] も含めてであるが．このように，例えば，Walker の次の所見を理解しなければならない，*forge* はほぼ *foe*，*urge* として発音される，一方 *gorge* は *gawrge* のように発音される．私が昔の音の違いの痕跡を観察できた話者は，両音を長音で発音するが，異なる開口度をもっていた，*oar*，*board*，*hoarse*，*mourning*，*fourteen* などにおける母音はデンマーク語の åre（γ 75，*Fonetik* p. 474，*Lehrb*. d. *Phon*. p. 155）とほぼ同じ音であり，他方 *horse*，*morning*，*forty* におけるものは完全に低母音であった（γ 7）．しかし 19 世紀にはこの違いは，もっとも標準的な南部発音で消失した（他方，北部，スコットランド，アイルランド，アメリカの大部分では保たれた）．かくして初期の ōr と ŏr が最終的に合一した音は [ɔ·] であり，明らかに舌の位置を決定的に低く（あるいは特に低く）保っている．

13.353.　こうして以前は同じ語の異なる形態であったものが，現在同じ母音をもつ：*for* /for/ や *fore*（以前の *forefinger* などにおける，4.219）/fo·r/，現在 [fɔ·(ə)]，*forty* /forti/ や four /fo·r/，*fourteen* /fo·rte·n/（ここで /o·/ は類推により保たれた），現在 [fɔ·ti, fɔ·(ə), ˈfɔ·ˈti·n]．*born* /born/ と *borne* /bo·rn/ の間の音声学的区別は，現在はどちらも [bɔ·n]，実際のものであったに違いない，これは多くの独立した観察者によって指摘されている．それは屈折形態 *borne* pl. ME /bornə/ と主格 *boren*，ME /bɔ·rən/ 間の違いに始まりがあった，それゆえわれわれは短母音が綴り *borne* と，そして長母音は *born* と関連していると思うであろう．しかしながら 2 つの現在ある綴りが安定すると，*e* が長母音の標識と感じられるようになった，そして *borne* が /bo·rn/ の綴りとなった．その後，異なる意味が 2 つの形態に付与されたことは概して人為的である，NED を見よ，われわれはもう 1 つの区別 *fŏrm*（形式）と *fōrm*（ベンチ，クラス）をもつ，E 1765 他．Ellis（p. 861）はこの区別は依然一定の人々によりなされると言う．現在は標準的な発音で [fɔ·m] が，両方の意味で用いられている．

13.354.　既に指摘した同音異義語のほかに，次の例が /o·r/ と /or/，そして /au/ が [ɔ·] へ合一したことによる：*forth* = *fourth* [fɔ·þ]，*horde*（大群）= *hoard* [hɔ·d]（群衆），*corps* pl.（部隊）= *cause* [kɔ·z]，*court* = *caught* [kɔ·t]，*fort* = *fought* [fɔ·t]，*lord* = *laud* [ɔ·d]（賛美する），Trelawny, Recollections, p. 105 参照「they lauded and my-lorded him [Byron] to his heart's content（彼らは彼を称賛し，彼の心ゆくまで丁寧にもてなした）」，*lorn* = *lawn* [lɔ·n]，*orphan* = *often* [ɔ·fn]，*source* = *sauce* [sɔ·s]．次例では，同音異義性は完全なものではない，というのは語末の音 [ə] の発音のために：awe [ɔ·] = *or*（強勢あり）= *oar* [ɔ·ə]，*floor* = *flaw* [flɔ·(ə)]，*whore* = *haw* [hɔ·(ə)]，*lore* = *law* [lɔ·(ə)]，*more* = *maw* [mɔ·(ə)]，*nor* = *gnaw* [nɔ·(ə)]，*pour*，*pore* = *paw* [pɔ·(ə)]，*roar* = *raw* [rɔ·(ə)]，*sore* = *saw* [sɔ·(ə)]．

13.355. 語尾 *-er* が [ou] 形の語（13.322 [ei] 参照）に付加されると，類推によりときどき二重母音が保持されるが，一般には [ə] の影響が強く，率直に言って，[ɔ·ə] さもなくば折衷形を生み出す．例えば *lower*（低くする）では，W 1775 はすでに，これは "lore" と発音されると言っている，現在 [louə, lo·ə, lɔ·(ə)] が耳にされる．*low* の比較級ではこれらの中の最初のものがおそらく，もっとも一般に用いられるものである．*rower*（漕ぎ手）＝*roar* が耳にされるかもしれない，同様に *sowery*．弱強勢音節，例えば *follower* では，[ɔ·(ə)] はまれで，一般には，[folo(u)ə].

13.36. 注意すべきは，現在 [ɔ·(ə)] となっている *ōr* をもっていた語の多くは，もともと /u/，おそらくは半長の /u/ をもっていた，というのは *tower* などのように [au] にならなかったからである．こうして *mourn* OE *murnan*, *bourn* OE *burn(a)*, *sword* [sɔ·d] OE *swurd* 7.31, *court*, *course*, *source*, *discourse*, *gourd*（D 1640：u がないと o は長音）．これらに本来短音の /o/ をもつ語も同化した：*afford* OE *geforoðian*, *forth* H 1569 /furþ, forþ/, G 1621 *fürth*（*ü*＝long /u/），そして *ou* や *ōw* をもつ一定の語も：*four*, *pour*, H 1569, G 1621, B 1633 は /ou/ を持つ：*towards*（第一音節に強勢，5.41），現在 [fɔ·(ə), pɔ·(ə), tɔ·dz]．これらの *or* については Luick, Anglia 16.455ff. を見よ，彼はここの /o·/ は最初常に /u·/ となり，そしてその後低められたと考える．E 1787 は "soorce, coorse" を通俗的な発音と言う．W 1775 は 'soorce' をもつ，しかし 1791 で彼は *soarce* に *no* の母音を与えた．*Whore*（売春婦）は S 1568 によれば *cook* などにおける /u·/ をもっていた，例えば *moor*（そして固有名 *Moore*）は現在 [muə] と [mɔ·(ə)] のどちらでも，前者の発音が多くの人により最も良いと考えられている，一方 E 1765 は *more* と *moor*（荒野）を厳密な同音異義語として挙げる，そして Byron の韻は彼が（Thomas）Moore に ō をもっていたことを証明する．Tennyson（298）の押韻 *moor*：*before* 参照．*poor* の容認発音は，現在 [puə]，しかし [pɔ·(ə)] もけっしてまれではない（Kipling B 12, Anstey V 310 pore）．さらに Tennyson（Works 234）は *store*：*poor*：*more* を押韻させる．これらすべてが door [dɔ·(ə)] の歴史的分析を困難にする（OE *duru*（＝door), *dor*, 4.216 参照）．

上の所見は *Anglia Beiblatt* の June-number 1908 が出版されたときに書かれた．そこには Mutschmann の試みが収められていて，それは *door, floor, sword* などに対して boor, *moor*,（*mourn*）に [uə] が存在することを，語頭の唇子音から，説明しようとするものであった．

13.37. もともとの /iu/＋*r* で，われわれは舌を下げる同じ傾向に出会う．*your* は *you* [juw] に見られる上方わたりの二重母音もつことはけっしてなく，[juə] である——もっと正確には [jʊ.a] であり，[ʊ] は低められた半長の広母音——あるいは，よくあるように，あるいはもっとしばしば，[jɔ·(ə)]＝*yore*； 非強勢の形態は [jə] ないしは＝[jȯə] で [ȯ] は中・混合・円唇母音である，Sweet によれば後者の形態は強勢と共にも用いられる．*sure* は [ʃuə]，ないしは，非常に一般的には [ʃɔ·(ə)]，*shaw* と

Thackeray（Van. F. 336）により綴られ，*shore* と同音異義的である．それほど頻繁には用いられない語，例えば *pure*，*cure* などでは，同様の低下が見られる（B. Shaw, *Plays* 2.92 はこの発音を表すために *peeorr* と綴る），一方では [pjuə, kjuə] がよりよく維持されている，*renewer* におけるように，語形成の生きた感覚が感じられる場合にも同じように．別の音節が続くと，例えば *curious*，*curiosity*，[ɔ·] にはめったに至らないようである．一般に [kjuəriəs, kju(ə)ri'ɔsiti]，あるいは，高前円唇母音 [y] を伴って何か次に近い音に [ky·riəs, ky·ri'ɔsiti]．*during* はしかしながらときどき [djɔ·riŋ].

13.38. 二重母音 [ai, au] < /i·, u·/ もまた後続の *r* あるいは [ə] によっていく分変更されている，上方への移動は *fire* [faiə], *Ireland* [aiələnd], *priory* [praiəri]，*our* [auə]，*power* [pauə] では，*high* [hai] や *how* [hau] におけるよりもより低い位置で止められている．これは通俗的発音でとくに顕著である，これは *fire*，*our* をほぼ [fa·(ə)，a·(ə)] とする，[a] が独特に変更されていて，これは後者の語では低・混合母音（low-mixed vowel）に似ている．一方 [oi] は *employer* [im'ploiə] でほとんど変更を受けていないようである．

13.39. *r* の前での母音の低下は実は，子音 [r] によるものではなく，そこから生ずる [ə] によっている，さらに他の [ə] の前にも見られる．この点は *Noah* のような例によって示される，これを Lloyd は彼の Northern English で [no·ʌ] と転写した（ʌ＝現代の ə)，しかしこれは南部では [nɔ·ə] と発音された（＝*gnawer*)，*boa* [bɔ·ə] ＝*bore*.　さらに：*idea* [ai'dɪə] は *dear* と同じ音である．*Beatrice* [bɪətrɪs]，*theatre* [þɪətə]，*scarabæus* [skærə'bɪəs]，*museum* [mju'zɪəm] も同様，*real* [rɪəl]，さらにしばしば *reappear* [rɪə'piə]，これと共により強調的な [ri·ə'pɪə]；*really* はときに通俗語で *raly* と綴られる (Dickens, Dombey 375)；これはおそらく [i] の低下にほかならない．Wilkie Collins は "railly"（The Bookman 1907 p. 58）と発音したと報告されている．*theatre* と *museum* はときに実際に [i·]＋[ə] をもつ，しかししばしば [þɪətə, mju'zɪəm] も，半長の低下した [ɪ] を伴って．*they are*＝[ðɛ·ə]＝*their*；そして早口の発話で *they assent* も [ðɛ·ə'sent] となる．*Layamon* は [lɛ·əman] と聞える．*pious*, *pioneer*，*violet*，*quiet* [paiəs, paiə'niə, vaiəlit, kwaiət] における [ai] の変更は *fire* と同じである，そして *avowal*，*allowance*，*gowan* [ə'vauəl, ə'lauəns, gauən] における [au] の変更は *our*，*power*，*coward* における場合と同じである．

[ə] のそれと類似した効果がときに非強勢の [i] によって生み出される，これは低下した [ɪ] でいく分 [ə] に似るように舌が後にしばしば引っ込められる．*going*，*rowing*，*poem* は，通常の [ou] に特徴的な舌の上昇なしに発音されるが，[ɪ] の直前に半長の第 1 要素を伴っている，その結果は *noise* の二重母音 [oi] などに類似したものである．Fuhrken は彼の転写で率直に *going* [gɔiŋ] と *noise* に同じ記号を用いている．さらに *vowel* 9.62，*voyage*，*royal* 9.813 参照.

13.41. 子音的な [r] は母音の前で保持されるので，次のような二重語が見られる：

here below [hiə bi'lou]—*here and there* ['hiər ən 'ðɛ·ə].
dear Paul [diə 'po·l]—*dear Ann* [diər 'æn].
their things [dɛ·ə 'þiŋz]—*their all* [ðɛ·ər 'o·l].
your friend [j(u)ə 'frend]—*your aunt* [juər (jər)'a·nt].
more meat ['mo·(ə)'mi·t]—*more of that* ['mɔ·r əv'dæt].
far West [fa·(ə)'west]—*far away* ['fa·r ə'wei].
better paid ['betə 'peid]—*better off* ['betər'ɔ·f].

13.42. これは必然的に，同じ音の1つで終わる語と母音で始まる語との間に非語源的な（語源にはない）[r] の挿入に至る．私の知る限りもっとも初期にこのことに言及したのは E 1787 である，彼は言う．「語尾の弱々しい母音性が民衆たちが（つまり，通俗語で）口語で *r* を帯びるようにさせた，*idea* と *window* に対して idear と windowr のように」（1787 II 264）．同じ著者が通俗語の実例の中で "low feller ov the causey"（feller = fellow）と書いている．

私は後の著者たちからとった引用を追加する；用いられる表現における徐々に起っている変化に注目するのは興味深い：つまり，最初のうちは *r* の挿入は通俗的として非難される，他方，比較的最近の著者たちは，これらの大部分は優れた観察者であったが，この現象が教育のある人々の間で頻繁に起こることに言及している．

Enfield, *The Speaker* 1790, XIX：他の地域的な誤り，例えば *fellow*, *window*, *the law of the land* において *ow* の *er* への変化，あるいは *aw* の *or* への変化を述べている．

Walker, *Pron. Dict.* 1791：通俗語では *ow* を短化し *o* を曖昧に発音する，そしてときに *r* を従えているかのように，例えば *window* や *fellow* に対して *winder* や *feller*；しかしこれはほとんど気付かれない．

Comic Grammar 1840, 25：コックニーで "1 sor (saw) him." "Dror (draw) it out." "Hold your jor (jaw)."

Ellis, *Ess. of Phon.* 1849, 37：*r* が，*a* [= ə], a·, ɔ· のあとで，母音が後続する場合，しばしば挿入されると言う；例えば "the law*r* of the land, Jemima*r* Ann, Sarah*r* Evans." これは，ロンドン人は *law* を *lawr* と *Sarah* を *Sarahr* と発音したという考えを引き起こした，しかしこれは正しくない．

同書，EEP I 1869, 201：文盲の話者は通例 [r] を後舌母音 [a, a·, ə] と後続の母音の間に挿入する，例えば [drɔ·riŋ, lɔ·r ə-ðə-lænd, windər ə ði aus]．さらに彼の所見，Transact. Philcl. Soc. 1880–81, 1317 参照："dhu law-r uv dhu land, pupah-r un muhma-r in dhu drau-r-ing room" のような許されない顫動音の挿入は平俗性の極致である．さらに EEP V (1889) 234 参照 ...「音調のよい reuphonic r」と名付けられているが，それは不快な効果を生み出す，しかし高度な教養のある人でさえしばしば [ði aidiər əv ə þiŋ] という言い方をする．

Hullah, *Cultivation of Speaking Voice* (1st ed. 1869) 35：2つの連続する母音の間を（r）によって接続することは耐えられないほど通俗的だ．p. 45 ... コックニー育ち丸出しで，例えば Maidarill（= Maida Hill）—乗合馬車の車掌では許容できるが—教育のある紳士にはまったく許容できない．

Alford, *The Queen's English*, 8th ed. 1889, 35：気息音を落とす以上に悪い過ちは語尾を *a* や *aw* で発音することである，あたかもそれらが *ar* で終わるかのように．立派な国会議員たちも *lawrr' of the land*, *scawn the idear* という言い方を全くとがめられることもなくするかもしれない．

Murray, *Dialect … Scotland* 1873, 120：draw-*r*-ing, Sarah-*r*-Ame, Maida-*r*-ill, idea-*r* of things, law-*r* of England これらは教育のある人たちでさえ恥ずかしくもなく，意識することもなく用いる表現である．

J. Lecky, *Phonetic Journal* 26 Febr. 1886：挿入は実際には起こる，通俗的なコックニー英語だけでなく，上流社会の言葉でも，著名な職者や大学教授の発音において．先日私は Flower 教授が，彼は South Kensington の博物学館の館長であり，我が国の指導的生物学者の一人で，りっぱな講演者であるが，長い講演をするのを聞いた．その中で繰り返し歴史にはない *r* を，乱暴に，つまり目立つ方法ではなく，容易に自然に，挿入した．

Sweet, HES 1888, 278：通俗語では常に，標準英語ではしばしば，語尾の [ə] は [ər] と同じになり，別の母音の前では [r] を加える，例えば [aidiər əv] *idea of.* 通俗語は [a·, ɔ·] を同様に扱う，例えば [a·r ai doun nou] *ah, I do not know.*—Primer of Sp. E. 1890, 12. 不注意なことばで，Storm, Engl. Philol. 357 参照：Sweet が学会で発表していたとき，「あるウェールズ人が突然彼に質問をした 'Why do you say *idear of*?' Sweet は答えた，これらの発音は皆さんには知られていないが自分にはよく知られたものだ」．

Jeaffreson and Boensel, *Engl. Dialogues* 1891, 95 では：aidiər əv，奇妙な言い誤りであるが，十分教育のある人々によってさえしばしば犯されるものである．

Soames, *Intr. Phon.* 1891, 111：これらのいわゆる誤りの中には，例えば *dhi aidiar av it*，教育のある英国人にきわめて一般的なものがある．彼女の所見，*Engl. Studien* XVI, 112 (1891) 参照：私の見るところ教育のある南部人の間で 90% の男性が，そして女性の半数がこの *r* を嵌入する，私自身はこれを用いないが，しかしこの *r* の使用は明らかに通俗性の標識ではない—しかしながら Storm, p. 416 を見よ：かつて私は Soames 女史が講演の中で an aidiar əv main と言うのを聞いたことがある．

Grandgent, *English in America* (Neuere Spr. H 1895) 455)：2 つの母音の間でその最初が ə のとき，不注意な話者はほぼ常に [r] をそう入する (*soda and salt* = so·dərənsɔ·lt, *Louisa Alcott* = ləwi·zarɔ·lkət, *Emma Eames* = emərе·mz)．同じそう入が，ときに，最初の母音が a· か ɔ· のときにも行われる (*the Shah of Persia* = ðəʃa·rəvpə·ʒə, *raw oysters* = rɔ·rɔ·istəz, *drawing* = drɔ·riŋ)．

Fuhrken, *Phonetic Readers* 1907 I p. 17, II p. 70, 109, 113 は次のように書いている：ði aiˈdi·ər əv gɔiŋ | ə draˈmər ɔn ˈsæmsən | put ə ˈkɔmər a·ftə hedˈma·stə | əˈbrait aiˈdiar əˈkə·d—彼が生徒に推奨する発音形態である．

13.43. 私自身が観察した例の中で次のものに言及したい：*the law* [lɔ··r] *of Heredity*（遺伝法則）(Mrs. Annie Besant) | this dogma [dəgmər] of *mine*, *Britannia* [briˈtænjər] *of the market*, idea [aiˈdiər] *of* (Ruskin について婦人の講演者) | *I didn't see much of China* [ʧainər] *either* (Cambridge 大教師) | *you have no idea* [aiˈdiar] *unless* … (Miss Beatrice Harraden) | *there is but one flaw* [flɔ·r] *in this house* (Mrs. H. K., London) | *he saw* [sɔ·'r] *a great deal* (Oxford 修士)．

文学において嵌入（かんにゅう）の *r* はしばしば通俗性の標識と指摘された．おそ

らく最古の例は Smollett (quoted by Storm, EPh, 919) で：your *aydear* is；the *windore* opened (cf. 上記 13.27). Thackeray はこれを頻繁に用いる，例えば Pend. Ill 47 *Ameliar-Ann* | ibid. 333 Shall I drownd *yer* in that pail of water? | Van. F. 47 I *sor* her | Burlesques 106 *Ideer* of | Anstey, Vice V. 312 *droring*-room | Sketchley Cleopatra77 *alkerol*.

英国人はこの *r* を非常に自然に感ずるので他の言語を話す際にも挿入してしまう．例えば私はイギリスの婦人がデンマーク語で “det braende(r) ganske-r op” と言ったり，for “lukke op” に対して “lukk-r op” と言うのを聞いたことがある．さらに Vietor がイギリス人がドイツ語で同様の発音をしたという観察を報告している，“hatte-r ich, sagte-r er”.

13.44. 次の点はおそらくこの嵌入の [r] に反対する反応であろう，つまり，話者は実際には先行する語に属する [r] を発音するよりむしろ，母音の前でわずかな休止を入れる．これは次の場合にとくに当てはまる，2 つあるいはそれ以上の [r] が互いに接近して現れる場合，例えば：[ðə ˈhɔrə av ðæt ˈmoumint] そして [ðə ʃʌdə ʌndər əuə fijt]，どちらも Sweet，*Primer of Sp. Engl*. p. 62.

13.45. これまで見てきたように，子音的な [r] は別の子音の前には生じない．しかしときにわれわれは [rj] という音連結をもつが，この場合は例外ではない，というのは英語の [j] は明確な子音の舌の位置をもたず，むしろ非音節主音的な [i] と考えられるからである，15.14 参照．近年の音声学者は常に [ri] と書く：*serious* [siəriəs]，*various* [vɛ·əriəs]，*glorious* [glɔ·ˈriəs]，period [piəriəd]，*Victoria* [viktɔriə]，*Muriel* [mju·riəl, mjuəriəl] など，さらに [rj]：[siərjəs] など．また *erudite*（博学な），*querulous*（不平たらたらの）[erjudait, kwerjuləs] 13.71 も参照．子音のあとでは [ri] を用いる，9.8.

13.46. 方言では，/r/ は様々な発展を遂げてきた．スコットランド方言では震え音の舌尖音 [ʀ] は一般に保持されている，子音の前でも．想起すべき興味深い点は，Ruskin で，1819 年ロンドン生まれで，両親ともスコットランド人であったので，生涯スコットランドの巻き舌の *r* を保持した（Harrison, *Buskin* 93；*Daily News*, Jan. 22.1900）．これは方言と標準語の関係について一定の洞察を投げかける ── Northumberland やもっと詳しく言えば Newcastle やその周辺では，「内部調音の *r*」が舌尖の *r* に取って代わってきた．前者は舌の背や根元の収縮あるいは上昇により生み出された，多少の口蓋垂の震えを伴っている．母音の後ではこの震えは一般に衰退していった，これはノーザンブリアの burr（‘r’ 音）である，この分布については Murray, Dial. of Southern Counties of Scotl. 86 と Ellis V 641ff. を見よ．NED の *burr* の最古の引用は 1760 から．一方この現象は Defoe により *Tour*（1724-26）で言及された，彼はそれを *wharle* と呼ぶ，Davies, *Supplementary Glossary* 参照．Leicestershire, Carleton の住民は以前同じ音と同じ名前をもっていた，同書，Holland の

Camden and Fuller からの引用，さらに Grose, *Provincial Glossary,* 2d ed 1790, Leicestershire（Carleton warlers）と Northumberland（*bur* や *harling* の名前が挙げられている）のところの記述を見よ．

/wh/ > /w/

13.51. この移行—無声の [ʍ] の有声化，つまり声帯のより開いた位置（ϵ2）から有声の位置（ϵ1）へのわたり音の省略—は J 1701, p. 118 により初めて言及された：“*what*, *when* などを *wat*, *wen* などと発音する人がいる」．J 1764 はこう言う，*wh* で *h* が「ほとんど聞き取れない」．E1787（彼自身スコットランド人）は *wat* や wen をイングランドで見られる悪い発音だと言う，そして通俗用法の彼の表示では：*wite*, *wine*, *from wence*, *wat*, *wile* の語がその変化を表している，他方 *wing* に対しての *whing* は逆元の発音（invere pronunciation）だと言う．W 1791 は [w] のあとで *h* を発音しないことをロンドン人の誤りとみなす．しかしながら，今日これは [h] の省略ほど悪くもなく通俗的でもないとみなされていて，実際大部分の人にほとんど気付かれてもいない．事実大多数の「良い話者」は常に [w] を発音するし，[hw] を粗野あるいは方言的とみなす．しかしながら，一定の学校で，とくに女子校で，後者が最近支持されている．有声音は [h] の省略が見られる地域とほぼ同じ地域で見られるようである，13.681；スコットランド人やアイルランド人，さらには大部分のアメリカ人も一般に [hw] を保持する，しかし多くが強強勢の音節でのみで用いて，強調的に [ˈhwɔt?]，[ˈhwiʧ?] と言うが，[wɔˈtevə, witʃˈevə] や [wɔ ðə ‘dikinz] と言い，さらに疑問詞の [ˈhwai] と間投詞の [wai] も区別する，例えば “Why anyone can tell you that”（そんなこと誰でも知っているよ）(Mod. Language Notes, May 1891, 310)．強勢の前の [wh] とその他の位置での [w] の区別はヴェルネルの規則に比肩できるかも知れない (6.5ff.)．

アイルランド語法として古い音の保持を示すために，Shaw は綴り *hwat* や *hwy* を用いている (John B. 9.77)．

13.52. 以下の語は /hw/ > [w] により同音異義語になった：*whale* = *wail*, *whales* = *Wales*, *wheel* = *weal*, *when* = *wen*, *where* = *ware*, *were*, *whet* = *wet*, *whether* = *weather*, *wether*, *whey* = *way* と *weigh*, *which* = *witch*, *whig* = *wig*, *while* = *wile*, *whin* = *win*, *whine* = *wine*, *whit* = *wit*, *white* = *wight*.

/h/ の喪失

13.61. いくつかの様々な現象がここで区別されねばならない，その中には普遍的なものがある一方，通俗語や方言に属するものもある，それらが最初に現れた時期も様々である．ME のテキスト，例えば Dame Sirith に，多くの省略された *h* の例を見出すとき，これは近代の「*h* の省略」と比肩されるべきではなく，これは明らかにノルマン人の写字生が /h/ を発音できなかったことに帰される．だからこの現象は英語の音の歴史に関わるものと考えることはできない.

13.62. /h/ は，一般に代名詞の弱形や助動詞 *have* で，早口言葉において，省かれる．ElE やその後における *he* の一般的な形態は *a* や *'a* である（Ben Jonson, Goldsmith など）．*I've*（ElE *lue*），*I'd*（ElE *Ide*），*you'd* などは，それぞれ *I have*，*I had*，*you had* などを表す，長い間口語的な日常語で一般的な綴りであった．しかし省略が同じくらい一般的である他の例では，綴字化されることはなかった．C 1685 は次例の斜字を同音異義語として挙げる，*pickt her*＝*picture*（現在では異なる，9.333，12.4），*spider*＝*spi'd her*，*tire*「投げ縄」＝*ty her*. J 1701 は h の省略を子音のあとでのみ認める：*take 'im*，*stop 'is horse*，*beat 'er*，*stop 'er.* T. W. Hill は彼の音声転写（1820?）で次の例をもつ，これらを私は，彼の表記のまま記し，私の解釈を付けている：*ui uv truid* [ai əv traid]．$ʎ^{0}$ro *iz pal'ki* [þrou iz pælki]，*set im li*^{2}*v im tw iz feit* [li·v im tu iz feit]，*u pursn hi*^{2}*r w gyets* [ə pərsn hi·r u gjets]，*eg-zhib'it imself*，*hav'in*^{8} *iz hed* [hæviŋ iz hed]，*br*$ʌ^{2}$t *im* [brɔ·t im]，*ren'durd im* など．近代の例は：*you must have seen him* [ju ˈmʌst əv ˈsi·n im]，*she told his sister* [ʃi ˈtould iz ˈsistə] など．さらに母音のあとでも：*tie her* [taiə(·)]，*we saw him* [wi ˈsɔ· im]，*not to have looked* [ˈnot (t)u əv ˈlukt] など．*r* と非強勢の *h* が共に生ずると，後者が消失する：*it is good for him* [its ˈgud fɔr im]．しかしもし *h-* 語が強勢されると，[h] は保たれる：[its ˈgud fə ˈhim]．さらに OE *hine*（him）に対する方言的な *'un* 参照．*it* と *'em* は 2.942 で言及；*'em* は *'um* とも綴られる．J 1701 他はそれをあたかも *th* が略されたかのようにみなす．

Chaucer（B 102）は次の韻をもつ *wounde hid*：*confounded*，*ywounded*，これは同じ *h* の消失を示している，これは現在では許容されないであろう．

13.63. 次に，[h] は多くの複合語の第二要素で消失した，とくに個々の要素が独立語とは感じられないもので，例えば次のような地名：*Chatham* [ʧætam]，*Fulham* [fuləm]，*Clapham* [klæpəm]，*Nottingham* [notiŋəm]，*Cheltenham* [ʧelt(ə)nəm] など，これらではさらに母音の後でも：*Graham* [greiəm, greim]，*Brougltam* 8.23 [bru·əm, bru·m, broum]．E 1787 は *Clapham* で h は黙字だと言う．さらに *gozzard*（ダチョウの飼育者）（4.39）；*shepherd* [ʃepəd]，これらは N 1784 や E 1787 で言及された．前者は *goatherd*，*neatherd* で *h* は黙字ではないと言い，口語の早口で *hill* や *house* との複合語では黙字だと付け加える：*dunghill*，*greenhouse*，*playhouse*. E 1765 もまた *play-house*，*coffeehouse* で *h* を黙字とし，現在 *hill* や *house* は教育のある人の発音で，複合語で [h] を保つ．現在 [h] 無しにしばしば耳にされるかもしれない複合語として，*hedgehog* [heʤ(h)ɔg]，*househol* [haus(h)ould]，*Wadhurst* [wɔd(h)əst] が挙げられれる．さらに *falsehood* 参照，これは [fɔlshud] よりも [fɔlsud] と発音される．Threshold は *-hold* の複合語ではない（7.32）．これは現在 [þreʃəld] あるいはより一般に [þreʃould]，ときに語源的誤りにより [breʃhould].

13.64. [r] の後で *h* はときに複合語で省略される．例えば *-ham* 形の語では常に：*Durham* [dʌrəm], *Norham* [nɔrəm]. *Haverhill* は [hævəril] あるいは綴りから [hævəhil]. *forehead* は本来 [fɔred] か [fərid]（9.111），E 1787 は "forred" を当然の発音と見なす．Ellis（*Plea f. Phon. Sp.* 155）は [fɔ·əhed] はけっして耳にされることはないと言う．しかし現在，ともかくこの発音は女性教師の間でよく聞かれる．私は *figure-head* [figəred]（船首像），*shreholder* [ʃɛ·ərouldə]（株主），*neighbourhood* [neibərud] を聞いたことがあるが，しかしこれらの発音を大部分の教師は拒絶する．強勢のある母音の前でさえ [r] は [h] を犠牲にして保存される，しかしきわめて一般的な *perhaps* [pəˈræps] あるいはもっと一般的な [præps] においてのみ．他方，強い帯気音 [p] を伴う，[pəʼhæps] [pˈhæps] [phæps] も非常にしばしば耳にされる．

13.65. いくつかの綴り字発音について言及する必要がある，例えば *Eltham*（エルサム宮殿）はときに [eltəm] ではなく [elþəm] と発音される，そして *Bentham*（ベンサム）は [bentəm] ではなく [benþəm]，あるいは *Horsliam*, *Walsham*, *Lewisham*, *Feversham* はしばしば [hɔ·səm, wəlsəm, lu·isəm, fevəzəm] ではなく [hɔ·ʃəm, wəlʃəm, lu·iʃəm, fevəʃəm] と発音される．*Evesham*（イーヴシャム；地名）は地域的に [i·səm] と発音される．[i·vzəm] も存在する，しかし現在はもっぱら [i·vʃəm]. *Gresham* については，私は [greʃəm] しか知らない，そして [ʃ] は適正である．

13.66. 強勢のある母音と弱い母音の間で *h* は一般に消失する，例えば *annihilate*（全滅させる），*vehement*（激烈な），これらは J 1764 の指摘．そして *vehicle*（cf. *playhouse*, *Graham*），これは E 1765 の指摘．これらの語は現在 [ənaiileit, vi·imənt, vi·əmənt, vi·ikl]； 9.813 を見よ，そして *nihilism* [naiilizm], *Mohican* [mouikən], *rehabilitate* [riəˈbiliteit], *prehistoric* [pri·iˈstɔrik] を参照．強勢母音の前では [h] は保持される，*vehicular* [viˈhikjulə], *prehensible* [priˈhensibl]. *Abraham* は弱末尾音節を伴って [eibrəəm, eibrəm] となり，綴り Abram 参照．第 2 強勢を伴うと [ˈeibrəhæm] あるいは [ˈeibrəhəm]. 様々な明瞭度の [h] と末尾の母音が耳にされる．さらに 14.92 参照．

13.67. 弱強勢の母音前の語頭の *h*，例えば *historical*, *hibernal*, *Hibernia*, *Hungarian* などは，一般的な表現で，直前に休止がなければ，しばしば黙字となった：*some historical paintings* [sʌm iˈstɔrikl peintiŋz]. 一方 *Historical plays* [hiˈstɔrikl pleiz]（アメリカ発音については例えば Grandgent）．これが，このような場合に，*a* の代わりに *an* が広範囲に使用されることを説明する．これは，他の場合に *h* を省略するとは思えない多くの著者により推奨されている．

13.681. これまで言及されてきたケースにおける [h] の省略は教育のある人のことばに属しているが，ここで，われわれは，次に英語方言のすべて，但し最北部

（ノーザンバーランドやさらに北部 Durham と北部 Cumberland，EDG §357）を除く，あらゆる種類の語で無差別に生ずる消失を扱うことにする．これらの地域では [h] は音組織の重要な部分から完全に失われている，同じことは町場の通俗ことばにも当てはまる．

13.682. *h* が一般に省略されるときにはいつでもすべての国に見られる付随的な現象がある，すなわち誤った [h] の挿入である．この種の例は，私の *Fonetik*, p. 323ff., *Lehrbuch der Phonetik*, p. 99 に，ノルウエー，スウェーデン，フィンランド，ベルギーフランス等から集めである．人々が [h] の示差的な音としての感覚を失うと，母音がどのように始まるかは重要でないことになる．彼らは [ha]— 声帯のより開いた位置からのわたり音を伴う（ϵ 2-1）— と単純な [a]— 沈黙から急速な声帯の振動（ϵ 1）への推移をもつ — とを聞き分けられなくなる．多くの小説家は，我々に気息音を省略する人々は，[h] をもたないすべての母音の前に偽りの気息音を置くと信じ込ませようとするであろう．しかしながら，そのような体系的な誤用は人間の本性に合わない．しかし人々は，無意識に 2 つの母音の間に（子音の後ではめったにないが）[h] を置くことが時々ある，特にその語が特別の強勢を受ける時で，もちろん，その語が「h」を持つ「べき」かどうかとは無関係である．観察者というものは，しかしながら，[h] があるか，ないかは彼にとって重要ではないので，彼自身の規則に合致している語には（[h] があっても）気がつかないが，合致していない例に出会うと驚いて，その例から体系的誤用の印象を受けるのである．（“Am an’ heggs”（ham and eggs））

13.683. [h] は強調の印と感じられ，そしてそのように用いられるのは，Elworthy の次の所見にはっきりと示されている（Dial. of West Somerset，E. Dial. Soc. 19, p. 162），すなわち，比較級や最上級はしばしば *h* を供って発音される，というのはこれらが強調的だからである，それゆえ，方言によっては [akti] ‘active’ ではなく，[haktiə, haktiist] となることがある．さらに（ibd. 165）“ugly as the devil”（ひどく醜い）は [hʌgli z ðə devl] と発音され，「気息音が比較の一部をなす」と言う．さらに次の見解に注意（*Comic Grammar* 1840, p. 42）：同じ方言（コックニー）では，冠詞 an が厳密に適切に語に先行しなければならないとき，*n* を省略し，快音調や優雅さのために，語の前に気息音を配置するのが，通例である．例えば：*a hegg*，*a haccident*，*a hadverb*，*a hox*. しかしときに語が *h* で始まり，その前に冠詞 *a* があるとき，気息音は省略されるが，文字 *a* は不変のまま残る，例えば：*a ’ogg*，*a ’edge*，*a ’emisphere*，*a ’onse*. 通例の談話では，冠詞の変化や *h* の省略と使用は，当該の語の発音のし易さに従って，コクニー話者により決定されることを憶えておく必要がある．例えば “though himpudent, he warn’t as impudent as Bill wur.”（彼はあつかましいが，Bill がほどではなかった）．ここで，語 *impudent* は母音に後続するとき，*himpudent* として発音するのがもっとも容易である，一方その同じ語が子音の後に来ると，同一文中でさえ普通に発音する方がより容易である．この場合，最初の *impudent* は 2 番目のものよりも当然強調的である．さらに Dickens's *Nicholas Nickleby*, p. 518 : "This is the hend [= end], is it? continued Miss Squeers, who, being excited aspirated her *h*'s strongly!（これで終わりですか，Squeers 婦人は続けて言った，彼女は興奮していたので彼女の *h* を強く発音した）．Vachell, *The Hill* p. 290 : "It's all hup, sir,"（すべて終わりました，ご主人様）と執事は言った．一瞬の興奮ののち，Dumber は気息音を誤って配置したり，省略した ── 強調の影響は Alford の逸話にも見てとれる : "A barber, while operating on a gentleman, expresses his opinion that after all the cholera was in the *hair*. "Then," observes the customer, "you ought to be very careful what brushes you use." "Oh, sir," replies the barber laughing, "I didn't mean the *air* of the *ed*, but the *hair* of the *hatmosphere*."（床屋はある紳士の頭を刈っている時，けっきょくコレラは蔓延してしまったという，自分の見解を述べる．すると客がこう述べる「君はどのようなブラシを用いるかに十分気を付けてくれ」．床屋は笑ってこう答えた，「私は頭の様子を意味したのではなく状況の様子を意味したんですよ」）

非語源的な [h] は現在 *yellowhammer*（キアオジ；鳥）に認められる，後半部（*hammer*）は OE *amore*（キツツキ），German *ammer*.

13.684. 語頭の [h] はスコットランド，アイルランド，アメリカで保持される．"The Yankee never makes a mistake in his aspirates,"（アメリカ人は気息音でけっして誤りを犯さない）と Lowell（Biglow P.）は言う ── 但し私はどこかでアメリカのある女給の逸話を聞いたことがある，彼女は自分を英国女性と偽るために "happlesauce" と言ったという．

13.685. この英語の [h] の消失がどれほど古いのかを知るのは容易ではない．この現象の地域への大拡大から，非常に古いと見なしたい気になるであろう，但し，どうして近年の音変化が大規模に急速に拡大しないのだろうか？ 事実，私はこの現象について 1787 よりも古い言及に出会ったことがない．エリザベス朝そして 18 世紀の作家たちでさえ ── 彼らは非常に頻繁に通俗語法を用いるが ── *h* の省略や誤配置を下層階級のことばとして用いていないようである．E 1787（vol. 2.254 ff.）はこの点で（h の消失）今日遭遇するのとまったく同じ誤りに不満を述べている : *ils*, *ouzes*, *earring the owls in dhe hevening*, *orse*, *art*, *arm* など．W 1791 はロンドン人の過ちについて語っている :「*h* を発音されるべきところで発音しない，またその逆のこともある」．B 1809 p. 29 は言う :「気息音 *h* はしばしば不適切に用いられる，そして用いられれるべきところでしばしば略される．*Give my orse some hoats*（私の馬に燕麦をあげてくれ）はコクニーからの逆の誤りの例として挙げられてきた」．

この音声的特異性に付随する社会的重要性は，Oliphant の所見にはっきりと示されている : "Few things will the English youth find in after-life more profitable than the right use of the aforesaid letter"（「イギリスの若者が晩年に，上述の文字の正しい

使用法以上に有益と感ずるものはほとんどないであろう）（The New English II. 226）.

Bernard Shaw が *Candida* で Burgess に，*used to* ではなく *huseter* と，*one another* を *hwun another* と発音させたのが正しかったのかどうかわからない.

次の点は英語の綴りの非音声的な特徴の奇妙な帰結である，すなわち，黙字の *h* で綴られる語の前に [h] の付加を綴りで表すことはきわめて難しい，そして作家達はそうするために奇妙な工夫を用いる；"you do me *H*honour … your *h*honoured name"（「僕に敬意を表してくれないかな，ねえ君」）（Thackeray, *Netccomes* 11），"*h*onour"（Dickens, *Dombey* 344），"for howers"（＝hours, Pett Ridge, *Nearly* 5 *Million*, 175）.

13.686. *h* の脱落によって生じる同音異義語：*hart heart*＝*art*，*ham*＝*am*，*hair hare*＝*air heir*，*harm*＝*arm*，*hand*＝*and*，*hat*＝*at*，*had*＝*add*，*hell*＝*L, ell*，*hen*＝*N*，*heat*＝*eat*，*high*＝*I*，*hill*＝*ill*，*hold*＝*old*.

/ju/ > [u]

13.7. 18 世紀の中頃，一定の音結合の中で /ju·/ の中で /j/ あるいは /i/ を省略する傾向が始まった，/ju-/ < /iu/ については 14.73 を見よ.

13.71. /r/ の後ではもはや /j/ のいかなる痕跡もない．J 1764 は迷いながらこう言う，*u* は *d*，*l*，*n*，*r*，*s*，*t* のあとしばしば ū［*full* における *u* に対する彼の記号］あるいは *oo* と発音される；p. 50 で彼は ū の例として rude を挙げる，しかし辞書自体では，彼はそれを [ju·] と発音する．S 1780 は *crude*，*crucify*，*cruet*，*cruise*，*crew*，*true*，*fruit*，*rue* などを [u·] をもつとして挙げる．しかし E 1787 は，この融解（liquefaction）を *peruse*，*rule* に用い，per-ooz，rool とするのは，通俗的な怠惰あるいは粗野であると言う．W 1791 は *oo*（move におけるのと同じ音）を *true*，*bruise*，*cruise*，*fruit*，*ruby*，*rude*，*crew* などに認める．B 1809 はこう言う「長音の *u*（yuw）は，適正に発音されると，同じ音節で，*r* の直後にはけっして現れない」．しかし Enfield は次に [u·] を認める：*cruciate*，*crucify*，*crude*，*true*，一方 crew，*crucifix*，*cruel* などには [ju·] をもつ，この区別に法則はないようである.

[j] は現在弱音節でのみ耳にされる：*erudite* [erjudait]（博学な），*querulous* [kwerjulas]（ぐちっぽい）（13.45），ここでは，しかしながら，/rju/ > [ru·] になる以前は，[jə] がおそらく一般的な発達形であったであろう．したがって，この変化は当時これらの場合に影響を与えることはできなかった，[u] はのちに綴りに従って [ə] に取って代わった．次の相違に注意せよ：*garrulous* [gærjuləs]（多弁な），*garrulity* [gəˈru·liti]（おしゃべり）.

13.72. 別の子音に先行されている /l/ のあとで，例えば *blue*，*blew*，*clue*，*glue*，*sluice*，[u·] が現在一般的である：[blu·, klu·, glu·, slu·s]．J 1764 は上記で揺れが見られる，しかし S 1780 はこれらの語で due（*beer* における $u^3 = e^3 +$ *noose* に

おける o[3]）と同じ二重母音をもつ．Comic Grammar 1840 では，“ble-ew” が *blue* のおしゃれな発音として挙げられている．

13.73. /l/ に子音が先行していないときには，/j/ は省略されにくい．J 1764 はこれらの例を上記と同じのように取り扱うが，大抵のあるいはすべての 19 世紀の辞書は [lju·] のみを与える，非常に多くの人が *lute*，*lucent*，*Lucy*，*luminous*，*salute*，*revolution* などで [lju·] と言う，他方 [lu·] と言う人々も多い．同じ人が両方の発音をすることもある．例えば私は William James が講演で次のように言ったの思い起こす：最初の語に大きな強調を置いて，[ˈæbsəˈlju·t ju.niti] と，それから一分後に，強調は弱くして，なぜならそのアイデアは聴衆にはもはや新ではなかったからだが，同様に明確に [ˈæbsəlut ˈju.niti] と言った． Bernard Shaw の Cashel Byron, p. 37 に私は次を見出す：“His name [*Lucian*], as she uttered it, always stirred him vaguely. He was fond of finding reasons for things, and had long ago decided that this inward stir was due to her fine pronunciation. His other intimates called him Looshn.”（「彼の名前［Lucian］，彼女がそれを発音すると，常に彼をわずかに動揺させた．彼は物事の理由を知るのが好きだったので，随分前にすでにこの心中の動揺は，彼女の立派な発音によると判断していた．彼の他の親しい知人たちは彼を *Looshn* と呼んだ」）

13.74. /s/ や /z/ の後で，/ju·/ の /j/ を隠すのと同じ傾向がみられる．この位置の [ʃ, ʒ] については 12.2 参照．J 1764 を *Susan* を彼の例の 1 つとして挙げる，そして彼自身は [su·] と発音するようである，但し「多くの上手に話す人」は [sju·] と発音すると言う．E 1787 は「通俗的な怠惰や粗野」が歯音のあとでさえ [j] を省略し，“new tunes are due from Sue” を “*noo toons* are doo from Soo” と言う．別のところで彼は “resoom’d” を通俗的（London）とみなす．B 1809 は言う，*suitor* に対して [suwtər] と発音するのが好ましいようである，「あたかも sootur と綴るように，—というのは（s）と（y）の音色を柔らかくして区分し，*sh* のイメージが残らないようにするのはほとんど不可能だからである」．最も優れた英語の話し手は *sure*，*surely*，*sugar* に [ʃ] をもつ，一方アイルランド人は一層一貫して，同じ音を次の語にも拡張する：*suit*，*supreme*，*superficial* など．Thackeray は市長 Pendennis に *pursoo* と言わしめている，一方彼のアイルランド人は *conshume*，*preshoom*，*tra-juiced* などと言う．現在 [su·] が，教養ある人々によって頻繁に発音される，但しこの傾向は一定の語で他の語よりも強く見られるようだ．[su·zn, suˈpri·m, su·pəˈstiʃən] *Susan*，*supreme*，*superstition* と言う人が，注意深く言うなら [sju·t, sju·] *suit*，*sue* と発音するだろう．私が [u·] と耳にしたことがある他の例は [əˈsu·m, su·it, priˈzu·m] *assume*，*suet*，*presume* である．中には中道的な方式をとり，[s] を口蓋化し，ロシア語の *avos’*（perhaps）の s’ のようにし，[j] も [i] も後続させない人もいる．おそらく比較的まれな *resume* などにおける [zj] は，[sj] よりもよりよく保存されている．

13.75. [t, d, n] の後での [j] の省略は，これまで言及してきた例に比べあまり一般的ではない．J 1764 と E 1787 はこれらの音結合について他の場合と同じことを述べている，後者は *doo*，*toonic* を通俗形として挙げ，*dubiousness*（怪しげなこと）は「しばしば *doobusnes* と聞える」と言う．一方 W1791 は *dew*，*new* における *oo* を主にロンドンの「堕落した発音」とする，そして同様に *tutor* に対して “tshootur” や “tootor” と言わないよう警告する．19 世紀には，この位置での [j] を省略する傾向はイングランドではうまく阻止されてきた，但し *deuced* に *dooced* と言うのは，おそらく「上品ぶっている」と思われる．(Thackeray における Major Pendennis，同様に Pinero における貴族，Sec. Mrs. Tanqueray 40 “dooced serious”（ひどく重大な），そして Vachell における，The Hill 17 “doosid unfair”（ひどく不公平な））．しかしアメリカでは，すべての階級で，*due*，*new*，*Tuesday*，*Teutonic* に対してきわめて一般的な発音は [du·, nu, tu·zdi, tu·ˈtɔnik] である．イギリスでは *studio* に対して [stu·diou] がしばしば耳にされる．おそらくイタリア語の発音を真似てであろう．そして *student* に対して確かに [stu·dənt] がより一般的である．*manoeuvre* に対して [məˈnu·və] が認められている，ここでは *manure* [məˈnjuə]（こやし）のように，[nju] が予期されるところである，これは前者と語源的に同じ語である．—[þ] の後でしばしば [u·] が見られる，例えば *enthusiasm*，*enthusiastic* [inˈþ(j)u·ziæzm, inþ(j)u·ziˈæstik].

13.76. /ʃ, ʒ/ の後で，/j/ の省略は上で分析された場合とは若干異なる，それは *religion* における省略，12.55，と同類に違いない．こうして *Jew* [ʤu·]，*juice* [ʤu·s]，*jewel* [ʤju·əl, -il]，*chew* [ʧu·] が得られる．さらに *choose*，*chuse* 3.602 も参照.

13.77. 母音に関しては，注意すべきは [ju·] で [u·] は非常にしばしば，実際の発音では，純粋の [u·]（後母音）ではなく，中舌位置へいく分前寄りであり，ノルウェー語の *hus* の *u* によく似ている，これをわれわれは音声学的には [u̇] で表す．これは *value*，*issue* などの弱強勢の [u] の場合にとりわけ顕著である．これが，/u/ が前舌の /j/ と部分的に同化してできた最近の発達か，あるいは本来の音の生き残りかは，はっきりしない：つまり，ME /iü/ < OF の中舌の混合の /ü·/ か，あるいは前舌の /y·/ < Latin /u·/ か．現在 [j] が省略される場合，この [u̇] の前寄りの特性を保持する話者がいる：*true*，*cruel*，*Jew*，*blue* など，かくして *rood* [ru·d] と *rude* [ru̇·d]，*room* [ru·m] と *rheum* [ru̇·m]，*broom* [bru·m] と *brume* [bru̇·m]，*through* [þru·] と *threw* [þru̇·]，*soot* [su·t] と suit [su̇·t] とを区別する，これらは他の話者にとっては同音異義語である，というのは，すべての場合に [u·] をもつからである.

13.78. 完全に非強勢の母音の前で，[ju] の中の [j] は省略されない，*erudite*（博学な）参照 13.71；*value* [vælju, -ju·]；*absolute* 13.73 を見よ，そこでは [l] の前に音節の区切りがある．しかしながら注意すべきは，*instrument* [instrumənt, -strə-] は，

H 1569 によれば，/ju/ も /u/ ももっていたという．現在の形態は後者の発音から由来している．この位置で次の変化が見られる /sj, zj, tj, dj/ > [ʃ, ʒ, ʧ, ʤ] 12.2，3.

[v] と [w]

13.8. 18 世紀の終わり頃，通俗語における [v] と [w] の混同の最初の言及が見られる．E 1787 は *ve*，*wulgar*，*vonc't*，*ven*，*ve vas*，*prowide* をロンドンにおける通俗語法とする．Enfield（The Speaker 1790, XVIII）は言う：「発音における最も一般的な誤りの 1 つは，文字 *v* と *w* の音の入れ替えである」．W 1791 はロンドン人の過ちについて言及する．「彼らは *w* に対して *v* の発音をする，そしてもっと頻繁には *v* に対して *w* の発音をする」．Pegge 1803 p. 76 は言う「ロンドン人の発音でもっとも顕著で気に障る誤りは，私が思うに，文字 W と V の入れ換えによる使用にある，彼らはいつも *veal* ではなく *weal*，*vinegar* ではな *winegar* と言う，一方で *wicked* に対して *vicked* も耳にされる―*wig* に対して *vig*，さらにいくつか」．別の所で Pegge はこれをケント語法であるとする（EDS CH III p. 12）．*w* と *v* の入れ替えはピックウィックペイパーズやサッカレーの書物の読者には馴染み深い．しかしそのような一貫した入れ替えは心理学的に考えにくいので，説明はおそらく中間の音が存在したということではないか（たとえば，中期ドイツ語の *schwester*，*quelle* における *w*，あるいは頻繁に見られる *aber* の発音，スペイン語の *b*，α2[b] のような発音，*Lehrb. d.Phon.* §14.20）．これは，[w] と [v] の厳密な区別に慣れた人には，各語で予期される音とはやや異なると印象を与えるだろう，そして当然ながら彼らはその中間的な音を，各々の場合に，誤った音として解釈するだろう．

これがどのようであっても，この現象は 19 世紀の中頃には消えていったようである，というのも最近の音声学者はこの現象を現実の経験からは知らないからである．ときどき最近の小説に *v* に対して *w* が見つかる（*diwinity*，Hall Caine，Christian 423；*wagabone*，Anstey, Vice Versa 288）が，それはむしろ現実の観察と言うよりは Dickes 的なユーモアの回顧を表している．後者の語には民間語源や地口が反映されているかも知れない．

[ð, þ] > [v, f]

13.9. [ð, þ] と [v, f] の間には大きな音響的な類似性がある，これは両者の音の間の調音の類似性の自然な帰結である：空気の流れは舌の上を流れる，舌は口腔内の底に平らになっている，空気の流れは最終的には同じ形で，同じ位置で形成されるすきまを通って排出される，この時同じ硬い上縁で歯と，柔らかい下縁を用いる，唯一の違いは，この柔らかな縁が，一方では舌尖であるが，もう一方では下唇であるという点である．どちらの場合も空気は歯の隙間を通る二次的な出口をもつ．このためどの言語でも 2 つの音の入れ替えが見られる（cf. Russian *Marfa* < Martha，Lat. *fumus*（蒸気）= Gr. *thumos*，OHG *fliohan* = Goth. *þliuhan*，OF *estrif* ここから E *strife*（争い）< Germanic *striþ*）．通俗英語では [þ, ð] に対して [f, v] を用いる傾向が強

まっている．もっとも古い言及は E 1787 にある，彼は言う（vol. I. 94）「下賤な者（rif-raf）は *Rotherhithe*（ロンドンテムズ川に臨む地名ロザーハイズ）を “Redrif” と発音する—ここで [e] はおそらく OE *y* のケント語法であろう，ウムラウト変化した *o* であり，*dr* < *ðr* cf. 7.21．この発音は，[rɔdriþ] や綴字発音の [rɔðəhaið] と共に依然として存在する，一方 Elphinston により挙げられた [rʌðəhiþ] は消滅したようである．Dickens は *nothing* の通俗形態として *nuffin* を用いる，そして Thackeray は *oaths*，*mouth* に対して *oafs*，*mouf* を用いる（Storm, EPh 825）．当時 [v] も [ð] の代わりに用いられたかどうかは不確かである．それは今にもロンドンで耳にされるかもしれない，そして最近の著者では，*with* に対して *wiv*（B. Shaw, Plays f. Pur. 220, 262）や *father* に対して *Farver* のような綴り（Hall Caine, Th e Christian 340）を，通俗的なことばを示すために，用いるのはけっしてまれではない．子供のことばでは，*throw*，*three* に対して *frow*，*free* がきわめて普通にみられる．

ever : *heather* などのような押韻は，いくつかの詩に見い出されるが，これはここに示す発音交替を示めすものと考えるべきではなく，単に不完全な押韻である．

第 XIV 章

現代英語の音　子音

子音

14.01. 英語の音変化の歴史を述べ終ったので，この歴史的発達の結果としての現代英語の音声体系を記述する仕事が残っている，音は II 章，III 章で扱われた順に扱う．まず長音について述べ，そして典型的な例を挙げて，様々な音結合における音の出現（occirrenece）を示す．私は本来語と外国語のデータを峻別する必要はないと考える．

14.02. 英語音の記述で，私はアルファベット表記を用いる．これは *Fonetik*（Kobenhavn Copenhagen 1897–99）と *Lehrbuch der Phonetik*（Leipzig 1904），さらに *Articulations of Speech Sounds*（Marburg 1889）でさらに詳細に説明されている．この方式の主要な特徴は次の通り：各音の調音がその個別の構成要素に分析される，各調音器官の典型的な位置が式型によって表示される．

ギリシア文字（α から ϵ）は調音器官を表す，α 唇，β 舌尖つまり，舌先，γ 舌背，δ 口蓋帆，つまり軟口蓋の可動部，ϵ 声帯（ζ は様々な程度の強勢を表す記号として用いる）．（下図は軟口蓋の一部）

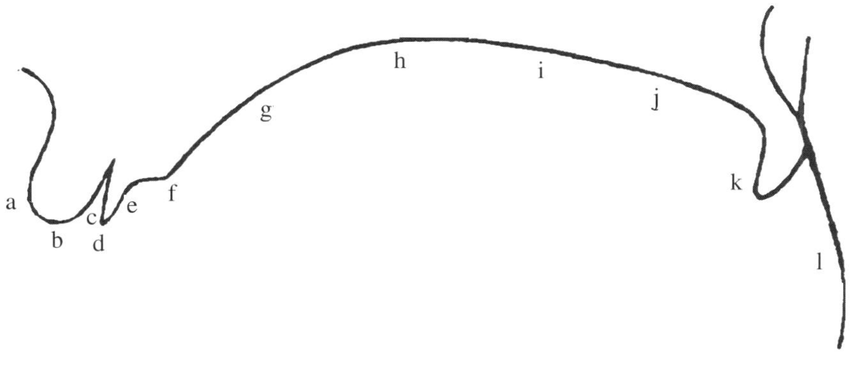

ラテンアルファベット（a から l まで）は調音場所（最大の近似点）を示す，これらの文字は一般に数字の上部や脇に添え字や指数として配置される．もし 2 文字が用いられているときはそれらの中間地点を表す（例えば ef は f よりも e に近い，fe は e よりも f に近い，など）．

数字は開口（aperture）の大きさと形を表す．0 は閉鎖；1 と 2 は開口子音で，1＝狭い摩擦通路，裂け目や割れ目，2＝比較的平板で広い開口；$\delta 2$ 鼻音の通常の程度の開口；$\epsilon 1$ 有声，$\epsilon 2$ 声門摩擦音（glottal fricative）[h]；3 他は，より大きな開口：$\alpha 3$, $\alpha 5$, $\alpha 7$ は [u, o, ə] のような円唇の開口音；$\alpha 4$, $\alpha 6$, $\alpha 8$ は [i, e, ee] のような非円唇音；$\gamma 3$, $\gamma 5$, $\gamma 7$ は狭い（narrow）母音開口，そして $\gamma 4$, $\gamma 6$, $\gamma 8$ は広い（wide）母音開口を持つ，これらは Bell の体系の 3 つの異なる高さを示している；$\epsilon 3$ 無声（breath）．

アラビア数字の代わりに [l] におけるような脇の開口を表すのに，I が用いることもできる，そして V，これはスプーンやヤカンに見られるような窪みの状態を表すこともできる，－はある位置から別の位置へのわたりの移動を表す．„ は発声器官の中立的あるいは受動的な状態を意味する．

[ʃ]- 音に見られる窪みを表す V の使用は，Holger Pedersen の示唆に負っている．私はそれを補足し，ギリシア文字に星を付けて，舌の活動的部分は，器官が休止状態の時に通例その反対側にある場所では，少し前であろうと少し後ろであろうと，調音をしていないことを示した．こうして，私は 2 種の [ʃ] を表す新たな記号をもつ（*Fonetik* p. 242ff., *Lehrbuch der Phonetik* p. 47ff. を見よ）．β*1 γ V となる（窪みはは英語で通常通り，すき間の後），そして β V γ* 1（窪みはすき間よりもっと外側，つまり舌の下面，下顎，と唇の間）．V はへこみ [1] を表す式にも用いられる．

口と鼻孔の両方が閉鎖される子音（閉鎖音）

[b]

14.11. 調音：唇は閉じられる（$\alpha 0$）．舌は口腔底で休止（β „ γ „）；口蓋帆は鼻腔を閉じる（$\delta 0$）；声帯は一般的に振動し音を有声にする（ϵl）．これは有声音で常に当てはまる，例えば *robber*, *to begin*. 文頭では，例えば休止の後で，*begin* では振動は，しかしながら，唇が開く（ϵ—）まで始まらない；文末では休止前の *rob* におけるように，声帯は [b] の最初の部分でのみ振動する，それから次第に振動しなくなる（ϵ—）．ダッシュ（—）は両方の場合でわたりの運動を表すが，方向は逆である．前者では休止に見られる息（$\epsilon 3$）の位置から，有声の振動の産出に必要であるほぼ閉じた位置への移動，後者の場合は逆に，先行する音 ϵl から休止の $\epsilon 3$ への移動である．後者の種類のわたりはおそらく無声音の前でも見られるだろう，例えば *lobster* [lobstə], *webster* [webstə].

出現：[b] は常に初期の /b/ に対応する，*depth* におけるものは除く，これは，より通例の [depþ] ではなく，おそらく ϵ— を伴って [debþ] と発音する人もいる．

学門的な [b] の再導入が *subject*, ME *suget* F. で起こった．

[b] の例：*be*, *bee* [bi·], *bring* [briŋ], *blow* [blou] | *abbreviate* [əˈbri·vieit], *so-*

ber [soubə], *ebbing* [əbiŋ], *bramble* [bræmbl], *timber* [timbə], *cabs* [kæbz] | *web* [web], *ebb* [eb], *bulb* [bʌlb].

綴り：一般に *b*, *bb*；例外的に *pb*, *cupboard* [kʌbəd] 7.87.

黙字となった *b* は依然 *m* のあとで綴られる：*lamb* [læm] など (7.51). *b* は *bramble* [bræmbl] や 類似した語 (7.52) では発音される.

決して発音されることのない *b* が *thumb* [þʌm] など (7.51) では綴られる，そして学問的正書法によるもの：*bdellium* [deliəm]（ブデリウム；没薬（もつやく））(7.9) や *debt* [det], *doubt* [daut], *subtle* [sʌtl], ME *dette*, *doute*, *sutil* OF *dette*, *doute*, *soutil*, cf. Latin *debita*, *dubito*, *subtilis*. *debt* に関して Sh LL L V. 1.23 参照，これは *b* を発音する学者ぶった努力を表わしている. *subtle* と共に綴り *subtile* が生じた，これは時々 [sʌtil] や [sʌbtil] と発音された. 心の機微に *subtle* を用い，物の巧さには *subtile* を用いて，両者を区別する人もいる. *subtility* では *b* は常に発音される：[sʌbˈtiliti].

[p]

14.12. 調音：[b] と同様，唇，舌，軟口蓋が関与する ($\alpha 0\ \beta,,\ \gamma,,\ \delta 0$). 声帯は振動しないが，開いた息の位置にある (ϵ3). 唇が互いに離れると，次の音の音声が聞えはじめる前に，弱い帯気音 (h の音) が生じる.

出現：[p] は常に初期の /p/ に対応する.

[p] の 例：*pound* [paund], *prick* [prik], *plough* [plau], *speed* [spi·d] | *appear* [əˈpiə], *open* [oupn], *happy* [hæpi], *apple* [æpl], *espy* [iˈspai], *companion* [kəmpænjən], *simple* [simpl], *hopped* [hɔpt], hops [hɔps] | *ape* [eip], *cap* [kæp], *hemp* [hemp], *help* [help].

綴り：*p*, *pp*, 例外的に *hiccough* [hikʌp] で *gh* 10.27.

mpt, *mps* において時々耳にされるが常ではない [p] については 7.71 を見よ：*empty* [em(p)ti], *contempt* [kənˈtem(p)t], *glimpse* [glim(p)s].

現在は黙字である *p* は *cupboard* [kʌbad], *Campbell* [kæm(b)əl], *raspberry* [ra·zbəri] では綴られる，7.87 を見よ.

正書法的な *p* はこれまで発音されたことがなくても，次で綴られる：*receipt* [riˈsi·t], cf. *conceit*, *decereit*, これらは昔の *p* 無し綴りを保持している，ME *receite*. 黙字の *p* は Gk 由来の語でも，*n*, *s*, *t* の前で綴られる：*pneumatic* [njuˈmætik]（空気の），*psalm* [sa·m]（讃美歌），*Ptolemy* [tɔlimi]（プトレマイオス）(2.12)，そして最後に *p* がフランス語で黙字になったあと借用された少数の F の語：*corps* [kɔ·(ə)]（兵団），一方 *corpse* [kɔ·ps]（死体）は同じ語のより古い借用語を表す，そして *coup* [ku·]（政変）.

phth と書かれる音群における [p] と [f] の交代については 2.542 を見よ. したがって，*diphtheria* で [dipˈþiaria] と言う人もたくさんいるが，[dif-] と言う人もいる.

[d]

14.21. 調音：唇は開いている（α,,），舌尖は歯の裏側で歯茎の所で閉鎖を形成する（$\beta 0^{f}$），アメリカの発音では，例えば *dry*，*hard* におけるように，*r* の前や後では，この音はさらに後舌である（$\beta 0^{fg}$ あるいは 0^{gf}）；舌面は平たい（γ,,）；軟口蓋は鼻腔を閉じる（δ0）；声帯は振動する（ϵ1），いずれにせよこの音が有声音に囲まれているときには，例えば *ado*，*I do* [ə'du·, ai'du·]，そうである；休止の後で，*Do!*，あるいは休止の前で，何も後続しない *bad* のように，上の *b* と同様，有声のわたり（ϵ—）が見られる．有声から（無声音）へのわたりはおそらく無声音の前でも見られる，例えば *breadth* [bredþ]．Wyld は彼の音声表記で *midst* を [mitst] と綴る．

出現：[d] はある場合には古い /ð/ を表す，例えば *burden* 7.21．[d] は *sound* F *son* では本来のものではない 7.61．*glory* などで [gl] ではなく [dl] と発音する人もいる 12.75．音連結 [ʤ] については 2.73 と 14.73 を見よ．

[d] は Lat. 形に倣って一定の語に挿入される：*advice* [əd'vais] ME *avis* F *avis*，*advis*e，*adventure*，*advance*，*advantage*．*admiral* では *d* は誤った語源による，あたかもアラビア語由来ではなく Lat. *admiror* からと考えて．Malory の *Morte Dartkur*（アーサー王の死）では *d* なしの形態が見られる，一般に p. 96 より前では，*auys*，*auenture*，その後では形態 *aduys*，*aduentur*e と一般に印刷されている．

Rippmann は彼の音声表記でしばしば *hadn't*，*couldn't* などの *n't* に [nd] を用いる．私はこの発音がどれほど広範に見られるのか知らない．Elphinston 1787 p. 17 は "Dedfoard" に *Deptford* の発音を与える．cf. *depth* 14.11．

[d] の　例：*do* [du·]，*dream* [dri·m]．（*glory* [dlɔ·ri]），*dwell* [dwel] | *addition* [a'diʃən]，*body* [bədi]，*soda* [soudə]，*adder* [ædə]，*sudden* [sʌdn]，*bridle* [braidl]（頭部馬具），*meddle* [medl]，*thunder* [þʌndə]，*hundred* [hʌndrəd]，*elder* [eldə]，*children* [ʧildrən]，*heads* [hedz] | *side* [said]，*glad* [glæd]，*add* [æd]，*bold* [bould]，*bond* [bɔnd]．

綴り：*d*，*dd*．音連続 [ʤ] は *j* と綴られる，例えば *joy*，さらに *g*，例えば *giant*，あるいは *dg*，例えば *bridge*．

黙字となった *d* は *handsome* [hænsəm] やその他の語で綴られる（7.72），[n(d)ʒ] 例えば *hinge* などについては 7.72，そして *a good deal* [a'gudi·l] については 7.81．

[t]

14.22. 調音：唇，舌，そして口蓋帆に関する限り（α,, $\beta 0^{f}$ γ ,, δ0），[d] と同じ；声帯は振動せず，息のため開いた状態にある（ϵ 3）．帯気音については［p］と同様．

出現：*peasant* [peznt]，*against* [ə'genst, ə'geinst] などに付加された [t] については，7.62，7.64 を見よ．音群 [tl] は [kl] と交替する，例えば *cleave* [kli·v, tli·v]，12.75 を見よ．音 [t] がしばしば語群 [ʧ] に見られる，2.74 や 14.74 を見よ．

[t] の例：*tooth* [tu·þ]，*tree* [tri·]．（*cleave* [tli·v]），*twist* [twist]，*stand* [stænd]，*strong* [strɔŋ] | *attack* [ə'tæk]，*water* [wɔ·tə]，*better* [betə]，*after* [a·ftə]，*written*

[ritn], *kettle* [ketl], *hats* [hæts] | *hat* [hæt], *heat* [hi·t], *but*, *butt* [bʌt], *gift* [gift], *west* [west], *missed* [mist], *felt* [felt], *hunt* [hʌnt], *locked* [lɔkt].

綴り：*t*, *tt*；まれに *th*：*Thomas* [tɔməs], 2.622 を見よ．*eighth* [eitþ] については 4.94 を見よ．*missed* などにおける *-ed* については 6.18 や「形態論の巻」を見よ．

現在黙字の *t* は次の語で綴られる，*castle* [ka·sl], *hasten* [heisn], *often* [ɔ(·)fn], Christmas [krismas], *Hertfordshire* [ha·fədʃə], *must be* [məsbi] ほか，類似の場合，7.733ff. を見よ．さらに *-nch*, *-kh* = [nʃ, lʃ] 7.731, 7.732 を参照．

英語でこれまで発音されたことのない *t* も最近のフランス語からの借用語で綴られる：*bouquet* [bu·ˈkei]（花束），*depot* [ˈdepou, ʻdi·pon, diˈpou], *goût* [gu·], *hautboy* [ˈhouboi]（いちご）．*restaurant* [restorɔŋ, -stə], *trait* [trei]（特色），アメリカでも [treit], *surtout* [sə·ˈtu·]（マント），*valet* [ˈvælei], また [vælit]．(*mortgage* [mɔ·giʤ]（住宅ローン））．

[g]

14.31. 調音：唇は開いている（α,,）；舌先は口の底で安定している（β,,）；舌の背は軟口蓋，硬口蓋の境界で閉鎖を作る，正確な接触点は周囲の音により決定される，一般には後続の母音（$\gamma 0^{\text{th}}$）；口蓋帆は鼻腔を閉じる（$\delta 0$）；声帯は一般に振動する（ϵ 1），ともかく [g] が有声音で発音されるとき：*ago*, *I go* [əˈgou, aiˈgou]，一方休止の前後では（例えば *Go!* や完全休止の前 *egg*），上の [b] の場合と同様有声のわたり音が見られる．有声から息（あるいは息へ向っての）へのわたりが，おそらく無声音の前でも見られるだろう，例えば *magpie* [mægpai]（カササギ），*bagpipe* [bægpaip]（バグパイプ）．

出現：[g] はほとんど常に初期の /g/ に対応する．examine における [gz] の発達については，6.7 を見よ．*impregnable*（難攻不落の）ME *imprenable* では [g] は誤って導入された．

[g] の例：*go* [gou], *guest* [gest], *ghost* [goust], *grow* [grou], *glass* [gla·s] | *aggressive* [aˈgresiv], a*gain* [əˈgen, əˈgein], *figure* [figə], *bigger* [bigə], *ague* [eigju], *anger* [əŋgə], *giggle* [gigl], *figs* [figz], *examine* [igˈzæmin], *luxurious* [lʌgˈʒuəriəs] | *dog* [dɔg], *egg* [eg], *vague* [veig].

綴り：*g*, *gg*；さらに *gu*, *gh* (2.312)；*ckg*, *blackguard* [blægəd]（ごろつき）7.87.

黙字になった *g* は *n* の後で綴られる：*sing* [siŋ], *singer* [siŋə], *tongue* [tʌŋ] など，7.53，そして語頭の *n* の前で，*gnaw* [nɔ·] など 12.7.

黙字になった *gh*（本来 /c, x/ と発音される）は，*high* [hai], *plough* [plau] などの多くの語で綴られる，10.1, 10.2.

黙字の *g* は *-gm* 形の Gk 語で綴られる：*diaphragm* [daiəfrəm]（横隔膜）7.9，そして F 語で *n* の前で：*sign* [sain] など，2.423.

[k]

14.32. 調音：[g] と同じ（α,, β,, λ γ0^ih^ δ0）；但し声帯は振動しない（ϵ 3）. [p] におけると同じ帯気音.

発生：いかなる新たな [k] も近代英語では他の音から発達したことはなかった．しかし [k] が一定の語で学問的な作り変えにより，追加された，例えば *perfect* ME *parfit*，後者は C 1627 では依然として用いられたが，「堕落した」用法と呼ばれた．Milton はほぼ常に *perfet*，*imperfet* と綴った．Dyche 1710 は言う，*c* は「*perfect* /perfit/，*perfected* /perfited/，perfedness /perfitness/ で失われた，しかし *perfection*，*perfective* で発音される」．現在は常に [pə·fikt]． 同様に *subejct* ME *sujet*，Caxton R 80 *subgettis*，現在 [sʌb'ʤikt, səb'ʤekt]，*verdict*（D 1640 c 黙字）．現在 *ex-* [eks-, iks-] で始まる単語には，以前 OF *es-* をもっていたものがある，*exploit* ME *esploit, exchange* ME *eschange*，同様に *exchequer* [iks'ʧekə]（財源），但し *ex-* 形のラテン語はない：ME *escheker* OF *eschequier* < *scaccarium.*

[k] の 例：*can* [kæn]，*kind* [kaind]，*character* [kæriktə]，*creep* [kri·p]，*climb* [klaim，tlaim]，*queen* [kwi·n]，*skin* [skin]，*school* [sku·l]，*scratch* [skræʧ]，*sceptic* [skeptik]，*squire* [skwaiə] | *account* [ə'kaunt]，*acquire* [ə'kwaia]，*coquette* [ko'ket]（男たらし），*acknowledge* [ək'nɔlidg]，*naked* [neikid]，*thicker* [þikə]，*echo* [ekou]，*liquor* [likə]，*sicken* [sikn]，*fickle* [fikl]，*thinker* [þiŋkə]，*distinct* [distiŋ(k)t]，*anchor* [æŋkə]，*conquer* [kɔŋkə]，*conquest* [kəŋkwist]，*seeks* [si·ks]，*cocks* [kɔks]，*sex* [seks]，*accent* [æksənt]，*luxury* [lʌkʃəri]，*act* [ækt]，*baked* [beikt] *locked* [lɔkt] | *seek* [si·k]，*sick* [sik]，*ache* [eik]，*critique* [kri'tik]，*critic* [kritik]，*ask* [a·sk]，*think* [þiŋk].

綴り：*k*，*c*（*a*，*o*，*u* や子音の前で），*q*（*u* の前で，これは [w] か r 黙字），*ch*，*ck*，*cq*，*cc*；*gh* は *hough*（飛節）でのみ，2.324. [k] は x の音の 1 つでもある．*qu* ＝[k] [w] は伴わないは，最近の F 語でよく見られる：*quarte* [ka·t]「ピケットで一続きの 4 枚のカード」，*quarte* や *cart* はフェンシングで（古い借用語 *quart* /kwart/，現在 [kwa·t] 参照），*bouquet* [bu'kei]（花束），*coquette*，*croquet* [kroukei]（クロッケー）など，そして特に -*sque* 形の多くの語：*arabesque* [ærə'besk]（アラベスク），*burlesque* [bə·'lesk]（道化の），*picturesque* [pikʧə'resk]（絵のような）など.

現在黙字の k，c は依然次の語で綴られる，*know* [nou] 12.71 や *musle* [mʌsl] 7.74. 学問的語 *ctenoid*（櫛形の）現在 ['ti·noid] で *c* はおそらく発音されたことはないだろう．*victuals*（飲食物），9.63 を参照，学問的綴りが発音を変更することはかった [vitlz].

鼻音

[m]

14.41. 調音：唇は閉じられている（α0）．舌は口内底部に留まる（β,, γ,,,）．口蓋帆は下げられ呼気が鼻をとって排出される（δ2）．声帯は振動する（ϵl）.

[f, v] の前では，例えば *nymph*, *pamphlet*, *comfort*, *triumph*, *triumvir*, *circumvent* [nimf, pæmflit, kʌmfət, traiəmf, traiˈʌmvə, səˑkəmˈvent]，[m] の閉鎖が両唇によるのではなく，下唇のみでしばしば形成される，後者は上前歯の下縁にあてがわれる，これは H 1821 により気づかれた．

出現：新たな [m] は近代には発達しなかった，ただし非常な早口での同化の比較的まれな例を除いて，例えば *by and by* [baimbai]，Hardy, Far from Madd. Cr. 256 で *bymeby* と綴られた, *bread and butter* [bremˈbʌtə], *cup and saucer* [kʌpmˈsɔˑsə], *don't believe* [doumbiliv], *Edinburgh* 2.412 参照；*captain* [kæpm] 9.53.（2.414 *brimstone*（硫黄）< *brinstone* が言及されるべきだった，現在 [brimstən]）．

[m] の例：*man* [mæn], *smell* [smel] | *amount* [əˈmaunt], *commit* [kəˈmit], *humour* [juˑmə, hj-], *hammer* [hæmə], *timber* [timbə], *thimble* [þimbl], *simple* [simpl], *empty* [em(p)ti], *alms* [aˑmz], *summed* [sʌmd] | *am* [æm, əm], *solemn* [sɔləm], *comb* [koum], *came* [keim].

綴り：*m*, *mm*（*mn*, *mb*）．

黙字 *m* はギリシャ語の *mnemonic* [ni'mɔnik]（記憶を助ける）では綴られる．

[n]

14.42. 調音：唇は開いている（$\alpha_{,,}$）．舌先は閉塞を作る（$\beta0^{f}$）．舌面は平らな状態である（$\gamma_{,,}$）．口蓋帆はさげられている（$\delta2$）．声帯は振動する（$\epsilon1$）．

Hill 1821 p. 24 によれば，*anthem*, *panther* [ænþəm, pænþə] の [þ] は調音を前寄りに引く（$\beta0^{d}$，いやむしろ $\beta0^{e}$）．Ellis も，*earthen*, *heathen* [əˑþn, hiˑðn] のような，[þ, ð] の後の [n] に関して同様の見解をもつ：「事実，舌を *þ* 位置から *n* 位置に引っ込めるのに困難がある，そして私は気づいたが，私自身の方法は，舌を引っ込めるのではなく，舌先を歯の位置に留めておくことである，そして丁度その後の部分を，歯茎や口蓋に触れるように，舌先が *n* の通例の位置に来るまで引き上げる」．Pron. f. Singers 78；これは非アルファベット的には同時に $\beta2^{e}$ と $\gamma0^{f}$ である．

出現：新たな [n] は我々の時代には他の音から発達することはなかった，[n] や [ŋ] の分布は 13.1 を見よ．

例：*no*, *know* [nou], *gnaw* [nɔˑ], *pneumatic* [njuˈmætik], *snow* [snou] | *annoy* [aˈnoi], *many* [meni], *dinner* [dinə], *wonder* [wʌndə], *answer* [aˑnsə], *land* [lænd]. *Lent* [lent], *pens* [penz], *pence* [pens] | *man* [mæn]. *inn* [in], *written* [ritn].

綴り：*n*, *nn*（*kn*, *gn*, *pn*）．

もはや発音されない *n* は *kiln* [kil] 7.1 で，そして *damn* [dæm] におけるように *m* の後で綴られる 7.4.

[ŋ]

14.43. 調音：唇は開いている（$\alpha_{,,}$）．舌先は下の歯の後ろにある（$\beta_{,,}$）．舌の背は [g] が形成されるのと同じ場所で（$\gamma0^{ih}$）閉鎖を作る．口蓋帆は下げられ（$\delta2$）声帯は振動する（ϵ1）.

出現：2.43，7.53，そして 13.1 を見よ.

さらに，この音は，最近の借用語で F の鼻音の代用として，通常の英語の発音で用いられる，最高の教育をうけた層では多くが F の音を模倣できるし，そうしようとする．*en passant*（ところで）はしばしば [ɔŋpa·'soŋ] や *enceinte* [ɔŋ'sæŋt] と発音される．ときに [ɔn] が F *an*，*en* の代わりに用いられる（た？）．*rendezvous*（会合）は F 音で発音されるか，あるいは [rɔŋdivu-, rɔn-] と，第二音節に [dei] をもつ発音か，あるいは最後に完全に英語化された ['rendivu·] と発音される．*envelope*（封筒）は現在一般に ['enviloup, -və-]，一方 ['ɔŋviloup, 'ɔn-]，これらは以前は通例の発音であったが，依然耳にされる．*avalanche* は ['ævə'læŋʃ] あるいは ['ævə'lɔŋ‚ʃ]；*blancmange* [blə'mɔŋʒ, -'mɔ·nʒ, -'ma·nʒ].

[ŋ] の例：*singer* [siŋə]，*finger* [fiŋgə]，*anchor* [æŋkə]，*handkerchief* [hæŋkəʧif]，*anxious* [æŋ(k)ʃəs]，*anxiety* [æŋ'zaiəti, -iti]，*think* [þiŋk] | *sing* [siŋ]，*begging* [begiŋ].

綴り：*n*，*ng*.

摩擦音

[w, hw]

14.51. 調音：唇は少し突き出され，小さな丸い開口部（すきま）を形成する（$\alpha 1^{ab}$ あるいは 1^{a}）．弱音節では *wayward* [weiwəd] の 2 番目の *w* のように，開口部は若干大きい（Sweet；$\alpha > 1$ あるいは $\alpha 3$），舌は休止し，一般にわずかに引っ込められる（βf）．舌の後は軟口蓋の方に引き上げられ，ほとんど [u]（$\gamma 3^{j}$）のようになる．口蓋帆は持ち上げられ鼻腔を閉じる（$\delta 0$）．声帯は振動する（ϵ1）．[hw] では ― もしそれが [w] と区別されるならば，13.5 を見よ ― 有声の振動をもたず，その音の全期間を通してではないが，声門の開いた位置から有声の位置へのわたりがある（ϵ—），あるいは音を通して息（ʍϵ3）がある．有声のわたり音は次の音群にもしばしば見られる [tw, kw, sw, þw].

出現：現在母音の前でのみ，二重母音 [uw] 11.45 と 15.62 の最後の音は除く．/r/ の代わりの [w] については 12.32 を見よ．[w] は，早口の発音でも，母音前で [ou] の代わりに耳にされる：*folowing* [fɔlwiŋ]，*poetical* [pwetikl].

language [læŋgwiʤ] では綴り *u* と音 [w] はラテン語形態（つまり，*lingua*）の名残，ME は Caxton でも *langage* をもっていた；H 1569 /langaʤ/. G 1621 は /u/ をもっていた．*languor*（倦怠）は [læŋwə] あるいは [læŋgə] であり，一方 *languid*（うつろな），*languish*（衰える）は常に [w] を伴う.

例：*water* [wɔ·tə]，*which* [(h)wiʧ]，*sweet*, *suie* [swi·t]，*persuade* [pə'sweid]，*twin* [twin]，*thwart* [þwɔ·t]（妨げる），*dwell* [dwel]，*queen* [kwi·n]，*squire* [skwaiə]，*reward* [ri'wɔ·d]，*languish* [læŋgwiʃ]，*conquest* [kɔŋkwist]，*memoir* [memwa·ə, -wɔ·ə].

綴り：*w*,（*wh*），*u*；*one*, *once* [wʌn, wʌns] に注意 11.21, *choir* [kwaiə] 2.51, *oi* 10.571.

黙字になった *w* は, *wry* [rail] などで 12.81, *two* [tu·] などで 7.31, *answer* [a·nsə] 7.32, *who* [hu·] などで 7.35 で綴られる.

[v]

14.52. 調音：下唇は上歯に接近し広い開口を作る（$\alpha 2^{d}$）. 舌は休止している（$\beta_{,,}$ $\gamma_{,,}$）. 口蓋帆は鼻腔を閉じる（$\delta 0$）. 声帯は振動する（$\epsilon 1$）. 休止前でのわたり音については 6.93 を見よ.

先行する [b], 例えば *obviotts* [əbviəs], *subvert* [səb'və·t], はしばしば [v] を引き延ばし上昇させる, この場合, 下唇の一部が歯の縁に触れる, あるいはほとんど触れそうになっているが, その部分は, 上端ではなく内側の表面である.

出現：少数の場合で, [v] は強勢母音の後では初期の /f/（6.52）：*of* /of/ > [ɔv, əv]. [ð] を表す vg [v] については 13.9 を見よ.

[v] は, 現在, 語頭に語尾に, さらに語中に用いられる, 語中の位置は, この音が本来語でもともと見られた唯一の位置である. *of* を別にすれば, 語尾での生起は *-e* の喪失による（6.1ff.）か, あるいは類推によるかである. 後者は, 例えば命令形 *gif*, *drif* や過去形 *gaf*, *drof*（Caxton では依然）が *give*, *drive*, *gave*, *drove* になった場合である, このように同じ動詞の他の形態に同化されたものであるが, これらの形態は母音が後続していたので有声音をもっていたのである. 屈折における [f] と [v] の交替, 例えば *wife*, pl. *wives*, 属格単数形も以前は *wives*, と [f] 形の名詞と [v] 形の動詞の違いについては「形態論の巻」を見よ.

[v] の例：*vein*, *vain* [vein] | *avoid* [avoid], *heavy* [hevi], *nephew* [nevju], *navvy* [nævi], *over* [ouvə], *heaven* [hevn], *evil* [i·vl], *silver* [silvə], *anvil* [ænvil] | *have* [hæv], *of* [ɔv, əv], *move* [mu·v].

綴り：*v*；例外的に *of* で *f*, *nephew*, *Stephan* で *ph*, *navvy*（土木作業員）で *vv*.

[f]

14.53. 調音：[v] と同じ, ただ声帯は息の位置にある（$\epsilon 3$）.

[p] の後で, 例えば *hopeful* では [f] は [b] の後の [v] と同じように変更される, 14.52.

出現：多くの語で [f] は初期の /x/ に対応する, 例えば *laugh* [la·f] 10.2, 一語で初期の /u/ が見られる：*lieutenant* [lef'tenant]（中尉）10.28, [þ] の代わりの vg [f] については 13.9 を見よ.

[f] は, ときに無声音の前で早口での同化により [v] の代わりに用いられる, 例えば, *have to do*, *you have taken*, *I've told* ['hæftə'du·, ju·f-'teikn, aif'tould]. 一方, 有声わたり（ϵ—）の方が完全な音同化よりも恐らく頻繁であろう.

古い派生語では, 周囲の音が有声の場合には /f/ は /v/ に変わった；この名残が

leavy（*leafy*），これは Tennyson ほかにより詩的な形態として用いられている．一方それ以外では類推的な *leafy* が取って変わった．Shakespeare の *wolvish* は *wolfish* に取って代わられた．*elfosh* と *elvish* の両方が見られる．有声音は *lively* [laivli] や *livelihood* [laivlihud] で保存されてきた．しかし Shakespeare や Milton の *liveless* は現在 *lifeless*.

[f] の例：*find* [faind]，*free* [fri·]，*fly* [flai]，*sphere* [sfiə] | *defend* [di'fend]，*affair* [ə'fɛ·ə]，*offer* [ɔfə]，*profit*, *prophet* [profit]，*soft* [sɔ(·)ft]，*diphthong* [difþɔŋ] 2.542，*laughs* [la·fs]，*soften* [sɔ(·)fn]，*palfrey* [pɔ·lfri] | *off* [ɔ(·)f]，*leaf* [li·f]，*stiff* [stif]，*rough* [rʌf]，*cough* [kɔ(·)f]，*shelf* [ʃelf]，*nymph* [nimf].

綴り：*f*, *ff*, *ph*,（*u*）*gh*；例外的に *u*.

黙字になった *f* は *halfpenny* [heip(ə)ni]，*halfpence* [heip(ə)ns] 7.78 で綴られる，また 7.76 も参照.

これまで発音されたことのない *ph* は *th* の前の語頭で綴られる，2.542.

[ð]

14.61. 調音：唇は開いている（α,,）．舌先はときに上歯の縁に近づくが，一般には歯の裏に（β2[d]，一般に 2[e]）．舌面は平（γ,,）；鼻腔は口蓋帆で綴じられる（δ0），声帯は振動する（ϵ1），但し休止の前で有声わたりが見られる，6.93 を見よ．

[ð] と [z]，そして対応する無声の音 [þ] と [s]，との間のもっとも重要な違いは，調音位置ではなく開口部の形である．[ð, þ] は巾広の隙間が特徴であり，一方 [z, s] は狭いすき間が特徴である．この違いは，片手を口と密接した位置に置くと容易に感じられる．[s] は薄い空気の噴射のように感じられる，一方 [þ] は [f] のように，幅広く，それほど強くない空気の流れが感じられる（「幅」は左右に，「強さは」垂直に測られる）．外国人が [þ] を学ぶもっとも容易な方法は，歯間でそれを形成することである（β2[d]），空気が吐き出される間，舌先が歯の間に突き出され，上前歯の縁に軽く触れる，この [þ] の発音方法は教育的な観点からも推奨される．教師は生徒が正しい発音を習得したことを見ることができるし，他の生徒に示すことができる．しかしこれは英語の母国語話者の通例の音ではない，後者では舌先が歯の間に挟まっているのは見えず，むしろ歯の裏側に保たれており，呼気が，舌と歯の間の間から流れ出るばかりでなく，歯がお互いにあまりにも密接にくっついていなければ，歯の間の隙間からも流れ出るのである．これは非アルファベット的には β2[e]． Lloyd（*Neuere Spr.* III 50）は言う，「私は外国人，子供，教えている先生たちにおける歯の間の変異（β2[d]）を観察したが，しかしこの発音方式は，大人の英語話者の普通の言葉にはほとんど見られない ... この音が完全に習得されると，舌が上歯の端を超えることは，あるとしても滅多にない．もちろん，次の点は認めなければならない．舌がこの位置にあるときには，その尖端はしばしば下歯の縁から少し前に出ていて，顎の下に一発食らうと舌を噛んでしまうことになる．これがイギリスの子供たちの間で流行った悪ふざけの元になっている」.

2つの調音，巾広のものと狭いものは併存している，例えば *births* [bə·þs]，*deaths* [deþs]，*paths* [pa·ðz]，*bathes* [beiðz]，*kiss the book* [kis ðə buk]，*he is thinking* [hi'z þiŋkiŋ]，*the blacksmith's shop* [ðə blæksmiþs ʃɔp].

出現：[ð] は現在語頭，語尾，語中に見られる，一方以前はこの音は語中のみに見られた．語頭や *with* での出現は，6.53（さらに 2.612 参照）で記述された音変化による．語尾での出現は -*e* の消失（不定詞 *bathe* におけるような）か類推による（例えば同じ動詞の命令形との）．初期の /d/ に対応する [ð] については 7.23 を見よ；[klouðz] に対して [klouz] における消失については 7.76 を見よ．[d] の代わりの俗語の [v] については 13.9 を見よ．[þs] や [ðz] の複数形，そして [þ] 形の名詞と [ð] 形の動詞の区別は「形態論の巻」で扱われる．

[ð] の例：*they* [ðei]，*the* [ði, ðə] | *feather* [feðə]，*father*, *farther* [fa·ðə]，*heathen* [hi·ðn]，*worthy* [wə·ði]，*paths* [pa·ðz]，*clothes* [klouðz] | *clothe* [klouð]，*bathe* [beið]，*with* [wið].

綴り：常に *th*.

[þ]

14.62. 調音：唇，舌，口蓋帆に関しては [ð] と同様．声帯は振動しない（ϵ3）.

出現：[þ] は一般に 初期の /þ/ で，変化なく保存されてきた，*author* [ɔ·þə] については 7.241 を見よ，*earth* [ə·þ] などにおける語尾の [þ] については 6.92 を見よ；*Keightly* [ki·þli] については 10.16 を見よ．子音群で [þ] を省く一定の傾向がある，例えば *months* [mʌn(þ)s]，7.76 を見よ．

古い派生語でこの音は一般的規則に従い周囲が有声であれば有声であった，これは今でも *heath* [hi·þ] に対して *heather* [heðə]，そして heathen [hi·ðn] に見られる，もしこれが *heath* の派生語であればだが，この点は議論の余地がある．さらに，*northern* [nɔ·ðən] と *southern* [sʌðən] では，*north*, *south* [nɔ·þ, sauþ] に対して，そして worthy [wə·ði] では *worth* [wə·þ] に対して．しかしたいていの語では類推が [þ] を導入する．*healthy* [helþi]，pithy [piþi]，*length*y [leŋþi]，一方 *smithy* はより頻繁な [smiþi] と比較的まれな [smiði] で揺れる．さらに *earthen* [ə·þn]，*lengthen* [leŋþn]，*strengthen* [streŋþn]；-*ly* 形はみな：*earthly* [ə·þli]，*deathly* [deþli]，*fourthly* [fɔ·þli] など；-*less* 語では：*worthless* [wə·þlis]，*breathless* [breþlis]，-*ful* 語では：*faithful* [feiþf(u)l]，*healthful* [helþf(u)l].

[þ] は Gk からの非常に多くの借入語に見られる：*method*, *anthology* など．これらのいくつかの再形成については 2.622 を参照．*amaranth* [æmərənþ]（常世の花（枯れることのない想像上の花））は *th* をもつ，あたかも Gk *anthos*（衰えない）と関連しているように，他方それは F *amarante*（アマランサス）である．

[þ] の　例：*think* [þiŋk]，*throw* [þrou]，*thwart* [þwɔ·t] | *pithy* [piþi]，*method* [meþəd]，*healthy* [helþi]，*earthen* [ə·þn] | *bath* [ba·þ]，*length* [leŋþ]，*wealth* [welþ]，*fifth* [fifþ]，*dxth* [siksþ].

綴り：常に *th.*

[z]

14.71. 調音：唇は開いている（α,, 一般に α6）．舌端（舌尖のちょうど後）は歯茎に対して持ち上げられ薄い隙間を作る（β1[f]）．舌面は平（γ,,）．口蓋帆は鼻腔を閉じる（δ0）．音は有声（ϵ1）．他の有声摩擦音と同様，休止の前で有声わたりが見られる（ϵ—），6.93 を見よ．

出現：[z] は現在語頭で（もっとも頻繁には外国語からの借入語に），語中に，語尾に見られるが，一方元来は語中にのみ見られた．語尾の生起は，語尾の *-e* の消失（例えば（*wise* など）あるいは 6.6 で言及された変化（*sons*，*is* など）による，あるいは 3 つ目には類推による（例えば命令形 *rise*，*choose* や過去形 *rose*，*chose*，これらは元は *rīs*，*cēos*，*rās*，*cēas* で /s/ を伴う，一方動詞の他の形態の大部分は /z/ をもつ，というのは母音が後続するから）．*house* や *houses* における [s] と [z] の交替，そして名詞 [s] と動詞 [z] 区別については「形態論の巻」を見よ．

[z] の 例：*zeal* [zi·l]，*zero* [ziərou]，*Xerxes* [zəksi·z] | *design* [di'zain]，*dessert* [dizə·t]，*discern* [di'zə·n]，*anxiety* [æŋ'zaiiti]，*houses* [hauziz]，*hazy* [heizi]，*noisy* [noizi]，*dizzy* [dizi]，*sissors* [sizəz]，*thousand* [þauznd]，*risen* [rizn]，*dozen* [dʌzn]，*husband* [hʌzbənd]，*wisdom* [wizdəm]，*hazel* [heizl]，dazzle [dæzl]，*gosling* [gɔzliŋ]，crimson [krimz(ə)n]，*pansy* [pænzi]，*palsy* [pɔ·lzi]，*observe* [ɔb'zə·v]，*exist* [ig'zist]，*exhibit* [ig'zibit]，*spasm* [spæzm]，socialism [souʃəlizm]，*gazed* [geizd] | *wise* [waiz]，*graze* [greiz]，s*uffice* [sə'faiz]，*buzz* [bʌz]，*is* [iz]，*kisses* [kisiz]，*Mrs.* [misiz]，*cleanse* [klenz]，*sons*, *son's*, *sons'* [sʌnz].

綴り：*z*，*zz*，*s*（有声音に囲まれているとき）；*x*（語頭，そして *anxiety* で，*x*＝[gz] に加えて，6.7 と 7.74 を見よ）．例外的に *c* 2.712，*ss* 2.712 と 6.64，*sc* 6.64；*cz* は *czar* [za·ə] でのみ，これは外国様式の綴りの誤解から．

黙字の *z* は F 語の *rendezvous* で綴られる，14.43 を見よ．

[s]

14.72. 調音：[z] と同様，但し声帯は振動しない（ϵ 3）．

出現：近代期には音変化で新たな [s] は生じなかった，一方多くの [s] が他の音へと変わった [z, ʃ, ʒ]．しかしながら *used to*「習慣であった」の意，における同化に注意せよ /iuzd to/ > [ju·stu, -tə]，この結合から [s] が *usedn't to* [ju·sntu, -tə] へ拡大した：そして *newspaper* [nju·speipə]，cf. *news* [nju·z].

古い派生語で，[s] は有声音に囲まれると [z] になった，次例はこの変化の名残である：[breizn]，cf. *brass*（一方 *glazen* は廃）；*grazier* は現在 [ʒ] を伴って；*gosling* [gozliŋ]（ガチョウの子），cf. *goose* [gu·s]；(*wisdom* [wizdəm]，cf. *wise*，以前は /wi·s/)；そして *lous*y [lauzi]，cf. *louse* [laus]（シラミ）；*greasy* [gri·si] は [gri·zi] よりも頻繁．他の例すべてで類推的な [s] が見られる：*glassy* [gla·si]，*lessen* [lesn]， *loosen* [lu·sn], *nurseling* [nə·sliŋ], *useless* [ju·slis] など.

[s] の　例：*soon* [su·n], sent, *cent, scent* [sent], *schism* [sizm], *sleep* [sli·p], *snake* [sneik], *swim* [swim], *speak* [spi·k], *spring* [spriŋ], *split* [split], *stand* [stænd], *stream* [stri·m], *skill* [skil], *screw* [skru·], *squire* [skwaiə] | *assault* [əˈsɔ(·)lt], *espy* [iˈspai], *estate* [iˈsteit], *escape* [iˈskeip], *ascribe* [əˈskraib], *esquire* [iˈskwaiə], *pursuit* [pə·s(j)u·t], *except* [ikˈsept], *horses* [hɔ·siz], *gossip* [gɔsip], *missing* [misiŋ], *basin* [beisn], *nuisance* [nju·səns], *handsome* [hænsəm], *whisper* [(h)wispə], *sister* [sistə], *Gloucester* [glɔstə], *mistress* [mistris]. *ask* [a·sk], *dropsy* [drɔpsi], *exhibition* [eksiˈbiʃən], *proxy* [prɔksi], *excrescent* [iksˈkresnt], *sixth* [siksþ], *expedition* [ekspiˈdiʃən] | *gas* [gæs], *hiss* [his], *pass* [pa·s], *horse* [hɔ·s], *goose* [gu·s], *mouse* [maus], *pace* [peis], *Christmas* [krisməs], *practice, practise* [præktis], else [els], *pence* [pens], *sense* [sens], *six* [siks], *locks* [lɔks], *banks* [bæŋks], *caps* [kæps], *tramps* [træmps], *hats* [hæts], *hints* [hints], *belts* [belts], *beasts* [bi·sts].

綴り：*s*, *ss*, *c*（e, i, y の前で）, *sc*（前者と同じ母音の前で）；*x* はしばしば＝[ks]；*sch*＝[s] *schism*（不和）とその派生語で.

黙字の *s* は 2.713 で言及された例で綴られる，さらに F からの最近の一定の借入語で：*apropos* [æproˈpou]（適切な），*basrelief* [ˈba·riˈli·f]，また [ˈba·s-]，*chamois*「セーム革」[ʃæmi]，動物の名前として [ˈʃæmwa·, -wɔ·] も，さらに 9.32 も参照，*corps* [kɔ·ə]. これで注意すべきは複数形は同じ綴りだが，発音は [kɔ·(ə)z]，*debris* [ˈdeibri·]，*pas* [pa·]，*rendezvous* 14.43 を見よ．同様に一定の北米の名称も，これらは F の綴りで借用された：*Illinois* [iliˈnoi]，*Iroquois* [iroˈkwoi]，*Arkansas* [ˈa·kənˈsɔ·]（州名，一方 [a·ˈkænsəs] さらに *Kansas* [ˈkænzəs]）．イギリスではしかしながら，このような名称はしばしば綴りから発音される [iliˈnoiz, a·ˈkænses]. *St. Louis* は [spˈlu·i] あるいは [-is]. ここでさらに *Sioux* に言及しなければばならない，この *x* は F の正書法にしたがって *ou* の後で用いられている：[su·, sju·].

[ʒ]

14.73. 調音：唇は開いている（$\alpha_{,,}$），ときに円形に（α5 あるいは α7）；舌の左右の平らな舌葉（ブレイド）は薄い隙間を形成する，[z, s] が形成されるところよりさらに奥で．しかし舌葉は舌が休んでいるときに，向かい合っている口の天井部分には近づかない（β*I^f, 14.02 を見よ）．舌面は隙間の背後で空洞を作り（γ V）シュー音を作る（*sifflant* に対する F *chuintant*（シュー音）），口蓋帆は鼻腔を閉じる，声帯は振動する（ϵ1），但し休止の前は除く，この場合には有声のわたりが見られれる，6.93 を見よ．

出現：以前の例のほかに（2.731），音群 [ʤ] は，現在，以前 /ʧ/ をもつ語に見られる，例えば *knowledge* [nɔliʤ], *Harwich* [hæriʤ], 6.8 を見よ，そして以前の /di, dj/ を表す他の語に：*soldier*, *verdure* [soulddʒə, və·dʒə], 12.51, 12.52 を見よ．*re-*

ligion [ri'lidʒən] では /dʒi, dʒj/ の代わりに [dʒ] をもつ，12.55 を見よ．*gyve* [dʒaiv] では綴りがこの語が用いられなくなったあと発音に影響を与えた．*g* は元来 /g/ を表す．

[d] のない [ʒ] は以前の /zi, zj/ から発達した，例えば *vision*, *measure* [viʒən, meʒə]，12.31．さらに cf. *luxurious* /luk'siurius] > lug'zju·rius/ 6.7 > [lʌg'ʒuəriəs], 12.33．さらに [ʒ] は *change* [ʧeinʒ] などの /n/ の後で以前の /dʒ/ を表す，7.72，そしてさらに一定の F からの借入後に見られる．これらは /dʒ/ が F で [ʒ] になったあとで借用された：*bijou* [bi'ʒu·]（宝石），*jeu d'esprit* [ʒə·des'pri·]（謎なぞ遊び）；*manège* [ma·'neiʒ, mə-]，*ménage* [mei'na·ʒ]，*mirage* [mi·'ra·ʒ]，*garage* [ˡgæra·ʒ]（[-ridʒ, -radʒ]），*prestige* [presˡti·ʒ]，*rouge* [ru·ʒ]，tige [ti·ʒ]「茎，心棒」；*badinage*（冗談）や *menagerie*（動物園）は変動する：[ba·diˡna·ʒ, 'bædinidʒ, mi'lnædʒeri, meiˡna·ʒeri].

[dʒ] の例：*joy* [dʒoi]，*Jew* [dʒu·]，*gentle* [dʒentl] | *ajar* [ədʒa·ə]，*suggest* [sədʒest]，*exaggerate* [ig'zædʒəreit]，*major* [meidʒə]，*legend* [ledʒənd, li·dʒənd]，*cudgel* [kʌdʒəl]，*verdure* [və·dʒə]，*budget* [bʌdʒit]，*judg(e)ment* [dʒʌdʒmənt]，*soldier* [souldʒə]，*grandeur* [grændʒə] | *edge* [edʒ]，*age* [eidʒ]，*purge* [pə·dʒ]，*college* [kɔlidʒ]，*knowledge* [nɔlidʒ]，*Harwich* [hæridʒ].

[ʒ] の　例：*vision* [viʒən]，*glazier* [gleiʒə]，*tranrition* [træn'siʒən, træn'ziʃən]，*measure* [meʒə]，*usual* [ju·ʒuəl]，*azure* [eiʒə]，*luxurious* [lʌg'ʒuəriəs]，*angel* [einʒəl] | *rouge* [ru·ʒ]，*change* [ʧeinʒ].

綴り：[dʒ] は *j*, *g*, *dg* と綴られる．まれに *d*（*u* の前で），*de*, *di*, *ch*. 次の近年の綴りの区別に注意せよ，*sergeant*「下士官」と *serjeant*「法廷弁護士，守衛官」，母音については 6.40 参照.

[ʒ] は *g*, *d*, *zi*, *s*（u の前で），z（u の前で），*j*, 1 語で *ti*；[gʒ] 1 語で *x* と綴られる．

[ʃ]

14.74. 調音：唇，舌，口蓋帆に関しては [ʒ] と同じ；声帯は振動しない（ϵ3）.

出現：古い [ʃ] や [ʧ] の例を別にすると，[ʃ] は *mission* など，12.22，*sure* など，12.25 における初期の /si, sj/ と，bench など，7.73 における初期の /ʧ/ から発達した．さらに，[ʃ] は最近の借入語，F の変化 /ʧ/ > [ʃ] の後に借用されたものでは，綴り *ch* も見られる：*chagrin* [ʃə'gri·n] 8.33，*chaise* [ʃeiz]（語源的に以前の借入語 *chair* [ʧϵ·ə] と同じ），*chamade* [ʃə'meid, -ad]，*champagne* [ʃæm'pein]，*chandelier* [ʃændi'liə]，*chaperon* [ʃæperoun, -rɔn]，*charade* [ʃə'ra·d]，*charlatan* [ʃa·lətən]，*Charlemagne* [ʃa·limein]，*Charlotte* [ʃa·lɔt]（しかし *Charles* は古い，それゆえ [ʧa·lz] と発音される．2 つの愛称に注意，*Charlie* [ʧ] を伴って男性形，[ʃ] を伴って女性形），*Chamois* 14.72 を見よ，*chateau* ['ʃa·tou]，*chauvinism* [ʃouvinizm]，*chef* [ʃef]（料理に関連，以前の借用語 *chief* [ʧi·f] と同じ），*chemise* [ʃemi·z]，*chemisette* [ʃemiˈzet], *cheniller* [ʃiˈni·l], *chevalier* [ʃevəˈliə], *chic* [ʃi(·)k], *chicane* [ʃiˈkein]（シケイン（自動車レースの S 字カーブ）), *chiffon* [ʃiˈfɔŋ]（シフォン）, *machine* [məˈʃi·n], *marchioness* [ma·ʃənis], *mustache* [muˈsta·ʃ, mə-], *douche* [du·ʃ], *cartouche* [ka·ˈtu·ʃ]. [ʃ] と [ʧ] は *champaign* [(t)ʃæmpein] と *champignon* [(t)ʃæmˈpinjən] に見られる．*debauch*（堕落させる）は [ʃ] をもっていた．しかし現在一般に綴りから [diˈbɔ·ʧ]. *chivalry* は古い借入後（Chaucer など）であるが現在は一般に [ʧ] ではなく [ʃivalri] と発音される：騎士制度自体が廃絶すると，この語は実際のことばから消えた，そして甦った時には *chevalier*（騎士）となった．*ch* = [ʃ] をもつ語のなかに，一定のアメリカの固有名を挙げておかなければならない：*Chicago* [ʃiˈka·gou, ʃiˈkɔ·gou] や *Michigan* [miʃigən]，この綴りはこの地域のフランスによる支配に遡る．—ドイツからの最近のいくつかの借用語で [ʃ] は *sch* と綴られる：*schnapps* [ʃnæps]（シュナップス（オランダ産の強い酒)), *schlich* [ʃlik]（鉱泥）; 同様に *schist* [ʃist]（片岩）でも，一方 *sch* は Gk からの語では [sk] と発音される．*schedule* [ʃedjul] の [ʃ] はおそらく学術的な綴りによる：古形は *scedule*（Sh LL I. 1.18 四折り版：sedule)．米人は [skedjul] という．

次の語では新しい [ʧ] が /ti/ に対応する：例えば *nature*, *question* など，12.4.

[ʃ] の例：*shake* [ʃeik], *sure* [ʃuə, ʃɔ·ə], *champagne* [ʃæmˈpein], *schedule* [ʃedjul], *shrift* [ʃrift] | *ashore* [əˈʃɔ·ə], *machine* [məˈʃi·n], *bishop* [biʃəp], *cushion* [kuʃən], *Asia* [eiʃə], *nausea* [nɔ·ʃə], *mission* [miʃən], *nation* [neiʃən], *ocean* [ouʃən], *conscience* [kɔnʃəns], *special* [speʃəl], *anxious* [æŋ(k)ʃəs], *issue* [iʃu, isju], *luxury* [lʌkʃəri] | *wash* [wɔʃ], *English* [iŋgliʃ], *Welsh* [welʃ], *milch* [mil(t)ʃ], *bench* [benʃ].

[ʧ] の例：*child* [ʧaild] | *achieve* [əˈʧi·v], *kitchen* [kiʧin], *merchant* [mə·ʧənt], *righteous* [raiʧəs], *nature* [neiʧə], *venture* [venʧə], *franchise* [fra·nʧaiz], *mischief* [misʧif], *question* [kwesʧən] | *church* [ʧə·ʧ], *teach* [ti·ʧ], *stretch* [streʧ].

綴り：[ʃ] は一般に *sh* ほか，いくつかの組み合わせで *s*, *ss*, *si*, *ssi*, *ti*, *se*, *ci*；非常にしばしば *ch*；1 語で [kʃ] が *x* と綴られる．

[ʧ] は一般に *ch*, *tch*；語によっては *t*, *ti*, *te* と綴られる．

[l]

14.81. 調音：唇は開いている（$\alpha_{,,}$)．舌尖は歯茎に触れる，その結果両側にかなり大きな隙間が開く（βI^{f})．接触点の背後の舌面はスプーンのように窪み，[ʃ] に似た腔を作る，この空隙の背後で後舌がほぼ [u] のように持ち上げられる（$\gamma V3^{j}$)．口蓋帆は鼻腔を閉じる（$\delta 0$)．声帯は振動する（$\epsilon 1$)，但し [pl, tl, kl] の二重音では，例えば *please* [pli·z], *Clyde* [klaid, tlaid] では，一般に一瞬の有声わたり音が [l] の発音の間に見られる，これは終わりの頃にのみ有声化する．完全に有声の [l] が同じ位置で見られるが，*police* [p(ə)ˈli·s, pli·s] や *collide* [kəˈlaid, klaid]. のような語を早口の発音で言う時に，弱母音が消失することによって生じる．

これまで記述した「うつろな [l]」(hollow [l]) は，大陸言語（フランス語，ドイツ語，デンマーク語など）の「平板な [l]」(flat [l]) とは，舌の形状が異なる．しばしば，うつろな [l] は，英語では，母音の後で，例えば，*well*，*oil*，*sale*，*all* や，子音が後続する場合 *hold*，*shelves*，*help*，*halt* など，そして，[l] が音節主音である *apple*，*able*，*fiddle* などにのみ見られると言われる．これ以外の場合には，例えば，*lead*，*wily*，*blind*，*glove* などではそうではなく，これらは平板な [l] を含んでいると言われる．しかしながら，この見解は私には誤りのように思われる．英語の [l] は常に同じうつろな [l] であると思われる，ただし，うつろさ (hollowness) の程度は *lead* などではやや目立たないが，それは音節中の位置や音全体の長さがが比較的短いことによる．[l] のうつろな特徴は，その音が，躊躇の [wel …] におけるように，長く引き伸ばされる時に最も明確に聞き取れる．

Children には特に注意が必要である．[ʃ] は音と調音において [i] といくつかの類似性を持っているので，この語では [i] が [ʃ] に吸収される傾向がある，もっと厳密にいえば，[ʃ] の位置から [l] の位置への急速な移動に必要とされる距離を最小限にする傾向がある．この傾向は次の事実によって促進される：[l] は，ここでは，音量の規則 (16.35) に従うと長く，非常に母音的音を持つので，音節の中核 (top) に特に適合するようになる．その結果として生じた [tʃ(i)ldrən] や [tʃ(j)ldrən] で，[i] や [j] の要素は，[l] の [u] に似た要素ほどには支配的ではなく（影響力がなく），そして，耳は，すべての強音節に母音があると予測するので，[tʃuldrən] のような結合を知覚する．このようにして，本当の [u] を伴って，この語は次の世代の人々に模倣されるのかしれない．この発音は，特に女性や子供によく見られるように思われる．Sweet は，常にこの語を [tʃuldrən] と表記する．*Milk* でも，[l] はしばしば [i] を圧倒し，その結果，[mjlk] あるいはほとんど [mjulk] となる．この位置，つまり [k] の前では，[l] はしばしば，舌先が不活性 (passive) で，舌の後部は側面の開口部と中心線を挟んで接触するように発音される (β,, γI^{hi})．

出現：初期の /l/ はしばしば失われたが，新たな [l] は発達しなかった，但し 10.48 で言及した例は除く：*fault* など．

例：*loud* [laud]，*blow* [blou]，*play* [plei]，*glow* [glou, dlou]，*clean* [kli·n, tli·n]，*flesh* [fleʃ]，*slay* [slei] | *ally* [əˈlai]，*follow* [fəlou]，*early* [ə·li]，*medley* [medli]，*elder* [elda]，*English* [ingliʃ]，*elbow* [elbou]，*help* [help]，*sold* [sould]，*world* [wə·ld]，*salt* [sɔ(·)lt]，*milk* [milk]，*film* [film]，*filth* [filþ]，*also* [ɔ(·)lsou]，*false* [fɔ(·)ls]，*falls* [fɔ·lz]，*measles* [mi·zlz] | *kill*，*kiln* [kil]，*fall* [fɔ·l]，*sale* [seil]，*earl* [ə·l]，*cruel* [kru·əl]，*apple* [æpl]，*meddle* [medl].

綴り：*l*，*ll* (*ln*)．

黙字になった *l* は多くの場合綴られる，7.1 を見よ，*Lincoln*，10.4 *talk*，*balm*，*should* など（さらにリスト 10.5 と 10.6 を見よ）．

[r]

14.82. 調音：唇は開いている（*α* ,,），しばしば円形に，これにより音は [w] に近づく，12.82 を見よ．舌尖は，一種の巾広の開口部を作るため歯茎のもっとも奥深い部分に対して持ち上げられる．[r] は，しかしながら，単にさらに口奥で形成される [ð] と見なすことはできない，というのも [r] では舌の本体はしばしば中央線に向かって右左から圧縮される，これにより開口部が中央においてよりも両端でより大きくなる，この開口の形は非アルファベット的に 2 を逆転させた（$\beta ꝇ^{fg}$）で示される．この音にはいくつかの変種がある．しかしこれらはお互いに大きく異ならない．[t, d] の後では，開口部は他の場合よりも小さく，したがって，*tried*, *drove* [traid, drouv] は時々 *chide*, *Jove* [tʃaid, dʒouv] に似る．短母音の後では，*very*, *hurry*, *carrot* [veri, hʌri, kærət] におけるように，r 位置への移動と戻りが非常に速く，舌尖震え音に近いという印象を与える，もっとも真の震え音が生成されるのではない．[b, p] の後では，例えば，*bring* や *proud* のように，同様の変種が普通に見られるが，この位置で真の舌尖震え音が聴かれることは珍しいことではない．語頭と長母音の後では，例えば *rye*, *roll*, *roaring*, *curious*, *vary* [rai, roul, rɔ·riŋ, kjuəriəs, vɛ·əri]，前後への移動は比較的緩やかで，それゆえに，舌尖震え音との類似性ははるかにはっきりしない．米語発音では舌尖はさらに反転（奥に引っ込んで）していて，動きは一般にすべての位置で比較的緩やかである．逆にスコットランド方言の *r* は一般に真の舌尖震え音である．舌背は若干窪むが，[ʃ]（*γ*,,）ほどではない；口蓋帆は鼻腔を閉じる（*δ*0）；声帯は振動する（*ϵ*1）；無声音の後では，例えば，*pry*, *try*, *cry*, *fry*, *shrill* [prai, trai, krai, frai, ʃril]，しかしながら声の振動は先行する音の直後には始まらず，短い有声わたりの後で初めて始まる，このわたり音がこれらの結合を，次の語の早口の発音で弱母音の消失から生ずる音結合から区別する：*career*, *correct* [k(ə)ˈria, kriə, k(ə)ˈrekt, krekt]，これらの [r] はずっと有声である，9.79 を見よ．

出現：新たな [r] は *porridge* に見られる，12.1.　今日 [r] は母音の前でのみ生ずる，他の位置のすべての /r/ は [ə] になった，ないしは完全に失われた，13.2，13.3. 非語源的な [r] の挿入については 13.4 を見よ．

[r] の　例：*ride* [raid], *ring*, *wring* [riŋ], *bring* [briŋ], *priest* [pri·st], *spread* [spred], *drive* [draiv], *tree* [tri·], *stream* [stri·m], *green* [gri·n], *creep* [kri·p], *scream* [skri·m], *friend* [frend], *three* [þri·], *shrift* [ʃrift] | *arrear* [əˈriə], *errand* [erənd], *very* [veri], *fury* [fjuəri], *starry* [sta·ri], *warrior* [wariə], *curious* [kjuəriəs, -rjəs], *country* [kʌntri], secret [si·krit] | (*far away* [fa·r əˈwei] 13.4).

綴り：*r*, *rr*（*wr*）.

黙字になった r は子音や休止の前で綴られる．さらに 7.79 を参照．

[j]

14.91. 調音：唇は開いている（*α*,,），少数の場合で円唇母音の間では，例えば *New York* [nyu·ˈjɔ·k] のように多少円唇的：舌尖は不活発（passive）（*β*,,）：舌の前部は硬口蓋の方へ持ち上げられ広い空隙を作る．一般にその舌の接近は，ドイツ語の [j]（γ^{2g}）におけるように子音の摩擦を生み出すほど狭くなく，むしろ [i] のそれに近い（$\gamma 3^{g}$）．口蓋帆は鼻腔を閉じる（δ0），声帯は振動する（ϵ1），但し無声音の後では，例えば *pure*，*tube*，*cure*，*few* [pjuə, tju·b, kjuə, fju·]，ほぼ常に開放位置から有声位置へ（向って）の有声わたり音が見られる：そして同じわたりが huge [hju·ʤ] の中の [hj] にも見られる．

出現：昔の [j] に加えて，現在新たな [j] が見られる，それは *opinion* [ə'pinjən] におけるように，初期の音節主音の [i] から生じたものである，9.85．同様に [ju·] < /iu, eu/ 11.79．多くの場合で発音は次の 2 つの間で変動する [sj, tj, dj] と [ʃ, ʧ, ʤ]，12.2ff. を見よ．[iə] の代わりの [jə·] は 12.33 で言及，[l, s] の後で [u] の前の [j] の消失は 13.7.

[j] は二重母音 [ij] の末部の要素である，11.45 と 16.13 を見よ．これは，後続する母音なしに [j] が見つけられる唯一の場合である．

[j] の例：*year* [jiə]，*yesterday* [jestədi]，*you*，*ewe*，*yew* [ju·]，*union* [ju·njən]，*Europe* [juərəp]，*humour* [ju·mə, hju·mə]，*beauty* [bju·ti]，*pure* [pjuə]，*pewter* [pju·tə]，*due*，*dew* [dju·]，*tutor* [tju·tə]，*cue*，Kew [kju·]，*mews* [mju·z]，*news* [nju·z]，*view* [vju·]，*few* [fju·]，*enthusiasm* [in'þ(j)u·ziæzm]，*resume* [riz(j)u·m]，*assume* [ə's(j)u·m]，*lurid* [l(j)uərid]，*huge* [hju·ʤ] | *hallelujah* [hælilu·lujə]，*opinion* [ə'pinjən]，*genius* [ʤi·njəs, -niəs]，*William* [wiljəm]，*regular* [regjulə, -gjə-]，*fortune* [fɔ·tjun, -tjən, -tʃən]，*serious* [siərjəs, -riəs].

綴り：*y*，*i*，*hallelujah* では *j*. [j] はさらに次の一部もなす：*u*，*eu*，*ew*，*ieu*，*iew*，*eau*. 最近の少数の F 語で *gn* は [nj] と発音される：*vignette* [vin'jet]（唐草模様）．

[h]

14.92. 調音：唇と舌はほぼ常に後続の母音と同じ位置をとる，あるいはいずれにせよその位置の方向に動く．鼻腔は閉じられている（δ0）．声帯は概して互いに離れている（ϵ2，無声音 ϵ3 ほどではない），そしてそれらが互いに近づけられている間振動しない．振動が始まるや，母音が始まる．これが休止の後や，さらに他の多くの例，特に語が強調されている時に見られる，[h] の記述である．しかし [h] が母音の間で強調なしに生ずると，例えば *behind* [bi'haind]，*anyhow* [enihau]，有声の振動は完全に止まるのではないが，それらはあまり目立たなくなり，おそらく速度も減速される．ϵ2 の位置まで十分に達しておらず，そしてわれわれはこの「有声の h」あるいはもっとよい言い方では「半有声の h」をアルファベット記号 ϵ >1（>「より大きい」）で表記する．ここから [h] の完全な省略へ至るほとんど気づかれない推移が見られる，例えば *vehement* [vi·(h)iment]（激烈な），13.66.

出現：[h] は母音前でのみ見られる．近代では新たな [h] は発達していない，但し [h] < /hw/ 7.35 を例外とすればだが．米国で [h] はスペイン語の [x] を真似て用い

られる，例えば *Vallejo* [və ˈleihou]，*San Joaquin* [sæn hwa·ˈki·n].

[h] の　例：*hard* [ha·d]，*who* [hu·]，*whole* [houl]，*huge* [hju·ʤ]（*what* [hwɔt, wɔt] 13.51）| *behind* [biˈhaind]，*falsehood* [fɔ(·)ls(h)ud].

綴り：*h*，*wh*（7.35，11.22）.

黙字の *h* は多くの語で綴られる，2.943 と 13.6 を見よ．

14.93. 声門閉鎖音 [ʼ]，声帯の閉鎖（ϵ 0）で生み出される，は英語の音体系では標準の要素ではない，ときに母音前で語の始まりに耳にされるかもしれない．但し南部英語ではきわめてまれである．スコットランド人やアメリカ人はこの位置でそれを用いる傾向がある，但しこれはドイツ北部におけるように規則的に生起するものではない．母音の後ではこれはかなりしばしばイギリス北部，スコットランドで，とくに教育のない層に見られる，しかしけっして方言話者に限られるものでない．同一人物が，それなしに発音する語に，すぐ後で同じ語にそれを入れることが時々ある，これはその語に強調を与える手段であるように思われる．この音は [p, t, k] の直前にのみ見られる，それはわたりを聞こえなくする．私は Sheffield で，次の語でそれを聞いたことがある：*tha'ʼt*（非常にしばしば），*can'ʼt*，*thin'ʼk*，*po'ʼpe*，*boo'ʼk.* Lincoln（イングランド東部）では *migh'ʼt*，*cer'ʼtainly*，*u'ʼp*，*wha'ʼt*，*bough'ʼt*，*thin'ʼk*，*si'ʼt*；Glasgow では *don'ʼt*，*wan'ʼt*，*o'ʼpen*，*go'ʼt*，*tha'ʼt*，*brigh'ʼtening*，*no'ʼt.* Edinburgh でも非常に多くの同様の語で見られる．時々さらなる発展が見られ，water に対して [wɔʼər] のように，閉鎖音が省略されることがある (Edingburgh).

第 XV 章

現代英語の音　母音と二重母音

母音と二重母音

本章では，私は，第 XIV 章の議論の取り決めから逸脱している，というのは私は例において（あるいはその大部分において）現在の発音につながっている様々な段階を示すのが好ましいと考えたからである．本章はかくして先行章の大部分の要約と言える．多くの斜線や括弧を使わないために，私は最古の発音の前に / を用い，現今の発音の後に] を用いてそれを示す．/eŋgland > iŋgland > iŋglənd] はかくして /eŋgland/ > /iŋgland/ > [iŋglənd] を意味する．/ʃip] は，14 世紀から今日までこの発音は変化していないことを意味する．場合によっては，様々な形態が相前後する順はまったく安定しているのではない．

音の記述で，私は最初に Bell-Sweet の体系に従い，各母音の定義を挙げる，hfw = high front wide のような短縮表現を用いる．すなわち

h = high（高）
m = mid（中）
l = low（低）
f = front（前）
x = mixed（中央）
b = back（後）
n = narrow（thin）（狭）
w = wide（broad）（広）
r = round（円唇）

ゆっくりした二重母音 [ij, ei, uw, ou]（最初の要素が長い）は最初の要素と同じところに配置されている．一方，動きの速い二重母音 [ai, au, oi] は本章の末尾に配置されている．

開口の [ɪ]

15.11. 調音：hfw.　唇は非円唇（α4）；舌尖は下前歯の後で静止，舌の前部は硬

口蓋に持ち上げられる（γ4^{g}）．—口蓋帆は鼻腔を閉じる（δ0），そして声帯は振動する（εl）．全ての英語の母音は後者 2 つの特徴を共有しているので，以下の母音の記述でそれらを繰り替えす必要はない．—音声表記 [ɪ]，これにより狭い（narrow）[i] と区別される，は必要な場合を（15.14）除いては用いていない．

出現：[ɪ] はたいていの場合初期の /i/，3.11，さらに初期の短化した /i·/ を表す，4.311，4.35 を見よ．のちの短化は *breeches* やしばしば *been* 8.32 に見られる．*children* や *milk* については，14.81 を見よ．

例：

ship /ʃip].

nymph /nimf].

England /eŋgland > iŋgland > iŋglənd] 3.113.

sieve /siv].

busy /byzi > bizi] 3.131.

build /byld > bild] 3.131.

threepence /þre·pens > þri·pəns > þrip(ə)ns] 4.35.

breeches /bre·ʧes > bre·ʧez > bri·ʧiz > briʧiz] 8.32.

women /wivmen > wimen > wimin] 3.43.

綴り：*i*，*y*；まれに *e*，*ie*，*u*，*ui*，*ee*，*o*.

低位の [ɪ]

15.12. 調音：上述の [ɪ] と同様，ただ舌面がやや下がっている点が異なる．*pity*，*steady* [pitɪ, stedɪ] の末尾音は，同語の強勢母音（[i] と [e]）間のほぼ中間である（γ46^{g} あるいは ^{gh}），8.31 参照．

出現：強勢のない音節でのみ，ここではこの音は初期の前母音（さらに /a·/ > /æ·/ も）に対応する，あるいは 1 つの前母音を伴う二重母音，もっとまれには短音の /a/ に対応する，第 IX 章を見よ．

例：

family /family >fæmli].

families /familis > *familiz* > fæmiliz].

benefit /benefæit > benifit] 9.31.

sennight /sennict > senit] 10.15.

dudy /diute > diuti 8.31 > dju·ti].

very /veræ·i > veri] 9.31.

roses /rɔ·zes > rɔ·zez > rɔ·ziz 9.111 > rouziz].

ended /ended > endid] 9.111.

happiness /hapines> hæpinis, -nes] 9.111.

apostrophe /aˈpostrofe(·) > əˈpɔstrəfi(·)] 8.31.

elegant /elegant > eligənt] 9.12.

before /be'fo·r(e) > bi'fo·r 9.13 > bi'fɔ·(ə)]
scarlet /skarla·t > skarlit 9.14 > ska·lit].
woollen /wulen > wulin, -ən] 9.52.
women /wivmen > wimen > wimin] 9.62.
brethren /breðren > breðrin] 9.75.
Hereford /hereford > herifrd 9.92 > herifəd].
forfeit /forfæ·it > forfit 9.31 > fɔ·fit].
alley /ale > ali 8.31 > æli].
money /munæ·i > muni 9.31 > mʌni].
forehead /forhed > fɔred, fɔrid] 9.111.
message /mesa·ʤ > mesæ·ʤ > mesiʤ] 9.14.
separate adj. /separa·t > separæ·t > sep(e)rit] 9.14.
character /karakter > kæriktə] 9.143.
marriage /maria·ʤ > mariæ·ʤ > mariiʤ > mæriʤ] 9.813.
Sunday /sundæ·i > sundi > sʌndi, -dei] 9.31.
always /alwæ·is > alwæ·iz > alwiz 9.31 > aulwiz > ɔ·lwiz].
mountain /mu·ntæ·n > mu·ntin, -tən 9.53 > mauntin, -tən].
shamois /ʃamoi > ʃæmi, -oi] 9.32.
tortoise /tortius > tortis, -tiz 9.332 > tɔ·tis, -tiz].
minute sb. /miniut > minit] 9.332.
biscuit /biskiut > biskit] 9.332.
Beaulieu /beauliu > biuli 9.332 > bju·li]

綴り：*i*, *ie*, *y*, *e*, *ei*, *ey*, *a*, *ay*, *ai*；比較的まれに *ea*, *ia*, *oi*, *u*, *ui*, *ieu*.
i は *business* [biznis], *medicine* [medsin] や他で黙字となっている，9.91；*religion* [ri'liʤən] など，12.55；さらに *he is* > *he's* [hi·z] や *it is* > *it's* [its], 9.94.

[i·, ɪj]

15.13. 調音：一般に二重母音，例えば *ship* における [ɪ] で始まり，ゆっくり上方に，狭い [ɪ] や [j] の方向にわたる（移動する），11.45；比較的にまれに *pire* における F *i* のように長音で狭い [i] の方向に移動する．表記 [i·] は純粋に実用的動機から採用された．

出現：[i·] は初期の /e·/ に対応する，/e·/ は大母音推移で上昇した，8.32（/e·/ > /i·/)，そして初期の /ϵ·/ に対応する，これも後に上昇した，11.7．さらに，[i·] は F からの多くの借入語にも見られる，これらは /e·/ >[i·] の変化のあと借用されたものである，8.33.

例：
be /be·> bi·] 8.32.
these /ðϵ·z > ði·z] 11.7.

complete /komˈplϵ·t > kəmˈpli·t] 11.7.
bee /be·> bi·] 8.32.
redeem /riˈdi·m] 8.33.
people /pø·pl > pe·pl 3.25 > pi·pl].
sea /sϵ· > si·] 11.7.
seize /se·z > si·z].
key /(kæ·i) ke·> ki·] 3.618.
quay /(kæ·i) ke· > ki·] 3.618.
field /fe·ld > fi·ld] 8.32.
mien /mi·n] 8.33.
machine /maˈʃi·n > məˈʃi·n] 8.33.
suite /swi·t] 8.33.
Beauchamp /bi·tʃəm]（固有名）3.83.

綴り：*e*, *ee*, *ea*, *ie*；一定の語で *ei*, *ey*, *i*；まれに *eo*, *eau*. 学術語で *æ* と綴られるものがある：*Æneid* [i·ˈni·id, ˈi·njid], しかし一般の語すべてで, Lat. *æ* の代わりに *e* が綴られる.

狭い（thin）[i]

15.14. 調音：F *qui* におけるような hfn, 狭いという点で例えば, ship の [ɪ] とは異なる. 空気の通路は比較的狭い, 口蓋の大部分は気道の両側で舌に触れている.

生起：別の母音の直前の弱音節でのみ, 音は一般に短化した [ɪj] と見なされる, そして非音節主音, すなわち [j], となる強い傾向を示す. さらに 9.85ff., 13.45 を参照.

例：
happiest /hapiest > hæpiɪst].
twentieth [twentiɪþ, -tjɪþ, -tiəþ, -tjəþ] 9.811.
various /va·rius > va·riəs > vϵ·ᵊriəs, -rjəs].
chariot /ʧæriət, -rjət].
pitying /pite(·)iŋg > pɪtiɪŋ].
the other /ði ʌðə, ðjʌðə].
reality /re(·)ˈalite > riˈælɪtɪ].
atheist [eiþiɪst, -þjɪst].
Israel /izra·el > ɪzriel, -riəl], さらに [-reiel].

綴り：*i*, *y*, *e*；例外的に *a*.

[ɪə]

15.15. 調音：この二重母音は半長あるいは短音の広母音 [ɪ] で始まる, 例えば, ship, 15.12 で言及された音のように, しばしば低下化する, それから [ə] へとわたる，15.41 参照．変化 [ɪə] > [jə·] については 13.332 を見よ．この二重母音は，便宜上一般に [iə] と綴られる．

出現：[iə] は [i·, ɪj] の代わりに用いられる—これは初期の /e·/ あるいは /ϵ·/ を表すかもしれない，あるいは後期の借入語の [i·]+[ə] であるかもしれない，この [ə] は初期の *r* あるいは非強勢の後舌母音から生じたものである，13.33，13.34 を見よ．*girl* の通例の [gə·l] の代わりの [giəl] については 12.61 を見よ．*ordeal* では，これはもともと *deal* の複合語であるが，ドイツ語の *urtei* 参照，多くの人は後半の音節を，[ɔ·di·l] ではなく，*e*+*a*：[ɔ·diəl] をもっているかのように発音する．

例：

here /he·r > hi·r > hiə].
hero /he·ro > hi·ro· > hiərou].
deer /de·r > di·r > diə].
dear /dϵ·r > di·r > diə].
beard /bϵ·rd > bi·rd > biəd].
year /jϵ·r > ji·r > jiə, jə·].
pier /pe·r > pi·r > piə].
tier /ti·r > tiə] 8.33.
fakir /fa'k·r] fa'kiə].
idea /i·'dea > ai'diə > ai'diə] 13.39.
museum [mju'ziəm].
ratafia /rata'fi·a > rætə'fiə].
spiræa [spai'riə].

綴り：*e*，*ee*，*ie*，*ea*，*æ*，*r* や非強勢の *a*，*u* の前でまれに *i*.

[e]

15.21. 調音：mfw. 唇は円唇ではない，一般に [i] よりももっと開口的（$\alpha 6^{b}$）；舌先は下前歯の背後で休止（βe）；舌の前部は硬口蓋へと持ち上げられるが，[i] に対するよりも大きな開口部を残す（$\gamma 6^{gh}$）．

出現：[e] は概して初期の /e/ に対応する，3.21；一定の語で，それは短化した /ϵ·/，/e·/，や /æ·i/ である．*again*，*against* 4.312，*waistcoat* 4.36 で [ei] と交替することが見られる．さらに次のような最近の借入語にも見られる：*nonpareil* ['nɔnpə'rel]（無比の）．

例：

ebb /eb].
health /helþ] 3.211.
breakfast /brϵ·kfast > brekfəst] 4.36.
bread /brϵ·d> bred] 8.412.
jeopardy /ʤøpardi > ʤepardi > ʤepədi] 3.25.

Leicester /læ·isester > lestə] 4.312.
friend /fre·nd > frend] 4.312.
said /sæ·id > sed] 11.35.
says /sæ·iz > sez] 11.35.
any /eni] 3.213.
Thames [temz] 3.213.
bury /byrie > beri] 3.212.

綴り：一般に *e*，しばしば *ea*，比較的まれに *eo*，*ei*，*ie*，*ai*，*ay*，*a*，*u*.
非常に多くの *e* は現在黙字，6.11ff. を見よ．

[ei]

15.22. 遅い二重母音，上で記述した [e]（長音）で始まり，常に広い [ɪ] までは達することはないが上方に移動する．ときに特に多くの米人の発音で，末尾音はデンマーク語の *se* のような狭い [e] よりも高い位置にあることはほとんどない．半強勢あるいは非強勢の音節では，第一音と第二音の距離は一般に強勢音節におけるよりも小さい．例えば *separate* [sepəreit] などにおける動詞語尾 *-ate* のように．

通俗的発音では，第一音はかなり低められ，学術ことばの [ai] の音に近づく．通俗的な二重母音は一般にこの二重母音と同一であると考えられる，ここからマンガにおける *day*，*lace* に対する綴り *die*，*lice* が生ずる．しかし通俗の人々は 2 つの二重母音を混同はしない，つまり，*ī* 二重母音は，[ai]（教育のある人の *oi* に似る）へと，あるいは，ほぼ短母音的な [a·] 音へと変化した；さらに，通俗的な ā 二重母音は，第一要素がより長く，全体の運動は教育のある人の [ai] よりも遅い．私が気づいたこの移行（運動）についての最初の言及は（まったく確かというのではない），Pegge (†1800, Anecdotes, 1814, p. 260，初版 1803 にはない）である：「低階級の人々には，bottle が国の大臣と同様に ‘libel’ されるという人がいる」(libel は /laib(ə)l/ で大臣が名誉毀損されるの意味，一方，bottle は label (/leib(ə)l/) でラベルを貼るの意味)：Trelawny は，彼の Shelley や Byron（1858：Dowden’s ed. p. 128）の回想で，常に *freight* の代わりに *frite* と発音するある船長に言及する．しかし Dickens や彼の同時代人は，通俗ことばにおけるこの [ai] を知らないようである．

出現：[ei] は規則的に初期の /a·/ や /æ·i/ に対応する，11.3.　さらにこれは，外国の多少開口の *e* 音を模倣しても見られる，例えば *écarté* [eika·ˈtei]，*éclat* [eiˈkla·]，*naïveté* [na·ˈi·vˈtei]，さらに *-ty* に同化した語尾と共に [na·ˈi·vti]，*roué* [ru·ˈėi]，*soirée* [swa·ˈrei, swɔ·ˈrei]，通俗用法では [swɔri]，Dickens では *swarry*，*ballet* [ˈba·ˈlei, ˈbælei] また [ˈbæliti] も，*bouquet* [ˈbu·ˈkei]，*valet* [ˈvælei, -lit]，*fête* [feit]，*tēte-à-tēte* [ˈteita·ˈteit]，*manège* [ma·ˈneidʒ, mə-].

例：
ale /a·le > a·l > eil] 11.3.
halfpenny /halfpeni > ha·(f) peni > heip(ə)ni] 7.78.

bass, *base* /ba·s > beis] 10.541.
crape /kreip] 8.53.
ail /æ·ile > æ·il > eil] 11.3.
day /dæ·i > dei] 11.3.
they /ðæ·i > ðei] 11.3.
eight /æ·ict > æ·it > eit] 11.3.
steak /stæ·ik > steik] 11.75.
great /grϵ·t > greit] 11.75.
yea /jϵ· > jei] 11.75.

綴り：*a*，*ai*，*ay*，*ei*，*ey*；まれに *ea*；近年の借用語で *e*，*é*，*ê*，*è*．さらに *gaol* [ʤeil]＝*jail* 2.732；*gauge* [geiʤ] 3.37 に注意．*Gaelic* で，*ae* は [ei] か [æ] と発音される．

[ϵ·ə]

15.23. 調音：第一要素（長音）は lfn：両唇は広く分離，非円唇（<$\alpha 8^b$）．舌先は下前歯の少し背後にある（β ef）．舌の前部は下がり（$\gamma 78^h$），おそらく F *fête*，*père* におけるよりもわずかに低く，さらに押し込められている．この位置から舌はゆっくりと [ə] の位置へ移動する，後者の位置は短時間のみ保たれる，とくに真の [r] が後続するときに（このあとに母音が現れる）．

出現：[ϵ·ə] は /r/ の前の初期の /a·, æ·i, ϵ·/ に対応する，13.321ff. を見よ．[ə] が *r* 以外の別の音から由来することはめったにない，13.37． [ei]＋*er* をもって作られた新造語については，13.322 を見よ．

例：
mare /ma·re> ma·r > mϵ·r > mϵ·ə].
Mary /ma·ri > mϵ·ri > mϵ·ᵊri].
mayor /mæ·ir > mæ·iər]> mϵ·ə].
fair /fæ·ir> fæ·iər > fϵ·ə].
their /þæ·ir > ðæ·ir > ðæ·iər > ðϵ·ə].
there /þϵ·r > ðϵ·r > ðϵ·ə].
bear /bϵ·r > bϵ·ə].
e'er /ever > evr > ϵ·r > ϵ·ə].

綴り：*r* の前で *a*，*ai*，*ei*，*ea*，*r* の前で *e*；*or*，*er* の前で *ay*；*ae* は *aerie* [ϵ·ᵊri] また [iəri]，*aerate* [ϵ·ᵊreit]，*aeronaut* [ϵ·ᵊranɔ·t] や類似語でのみ，さらに *faery*，ときどき Spenser [fϵ·ᵊri] をまねて *fairy* と綴られる．

[æ]

15.3. 調音：lfw；唇は幅広く分離，非円唇（$\alpha 8^b$）．舌先は下前歯の背後で休止（βe）．舌の前部は非常に下がっている，その最高地点は [ϵ·] に対するよりかなり前

寄りである [ϵ·]（γ8[h] あるいは [hg]）.

出現：[æ] は初期の短音 /a/ に対応する，8.63．この /a/ は /r/ 前の ME /e/ である場合がある，6.41 を見よ．

例：

sat /sat > sæt].

alley /ale > æli] 10.34.

Albert /albert > ælbət] 10.36.

passage /pasa·ʤ > pæsiʤ] 10.54.

ample /ampl > æmpl] 10.551.

carry /karie > kari > kæri] 13.28.

Harry /heri > hari > hæri] 6.41，13.28.

wag /wagə > wag > wæg] 10.95.

have /ha·ve > ha(·)v > hæv] 4.432.

salmon /saumon > samən > sæmən] 3.33.

綴り：*a*；ゲール語の語においてのみ *ai*：*plaid* [plæd]，また [pleid]；*plait* [plæt] さらに [pli·t]，3.618.

[ə]

15.41. 調音：mxw．唇は開いている，非円唇，但し，緩んだ不明確な種の円唇に近くなっている，というのも唇の調音も他の調音器官もゆるんで，はっきりしない傾向がある（α ほぼ 6[b]）からである．舌先は歯からわずかの距離で保たれている（β fg）．舌の中央はわずかに持ち上げられている（γ 6th）．語尾の位置でこの音はときにくぐもった *a* に近い，13.23 を参照．

この完全な [ə] のほかに，縮小した（reduced）[ə]，いやもっと正確に言うと 2 つの縮小した [ə] がある．母音の後では，音量に関する限り縮小した [ᵊ] を持つ，例えば，*Mary* [mϵ·ᵊri]，休止の前の *far* [fa·ᵊ] のように，それぞれの二重母音のところを見よ．子音の後では，しばしば [ᵊ] を持つが，これは単に別の短い [ə] ではなく，完全な [ə] とは異なる方法で調音されたものである．つまり，舌は通例のように全く十分に引き下げられるに十分な時間をもたない；その結果は単なる有声のわたりで，これは確定した音構成をもたない，そして早口ではこの [ᵊ] は完全に消失する傾向にある．このパラグラフ以外では，私は [ᵊ] ではなく [ə] や [(ə)] と表記した；9.57 や他を見よ．*collect*，*career* [klekt, kriə] における有声の [l, r] においては，[ᵊ] は完全に消失した，14.81, 14.82 を見よ．同様に，われわれは *connect* に [kᵊˈnekt] ではなく，有声の [n] の [kn] をもつ [knekt] をもつかもしれない．無声音の間では，[ᵊ] はしばしばその音を完全に，あるいはほぼ，喪失する，例えば *suppose*，*potato* [sᵊpouz, pᵊteitou]；非アルファベット的には ϵ(1)，すなわち全音 ϵ1 に達することなく，有声位置へ往復する運動.

出現：[ə] は二重母音の末尾要素として生じる，[iə, ϵ·ə, a·ᵊ, uə, ɔ·ᵊ]，そして音節のトップとして．それは部分的に初期の音節主音的な /r/，あるいは母音に先行された /r/ に対応する，部分的には一定の非強勢の母音，一般には後母音，にも対応する，第 IX 章を見よ．

例：

（*deer*，*poor* など，15.15，15.23，15.64 を見よ）
ever /ever > evr > evə].
labour /la·bur > la·br > leibə].
collar /kolar > kolr > kɔlə].
bachelor /baʧeler > baʧelr > bæʧilə, -ələ].
pattern /patron > patrn > pætən].
iron /i·ren > i·rn > aiən].
children /children > [（ʧildrn > ʧildən） ʧildrən].
every /everi > evr-i > ev^{ə}ri, evri].
Canterbury /kanterbyri, beri > kantrbr-i > kæntəb^{ə}ri].
Peterborough /pe·terburu > pe·trbr-u > pi·təb^{ə}rə].
Edinburgh /edinburu > ed(i)nb^{ə}rə].
figure /figiur > fig(j)ur > figə].
avoirdupois（体重）/avoirdiu'poiz > avrdu'poiz > ævədə'poiz].
shower /ʃu·r > ʃour, ʃouər > ʃauə] 11.1.
fire /fi·r > feir, feiər > faiə].
several /several > sev^{ə}ral].
Roman /rɔ·man > roumən].
idea /i·'de·a > ai'diə].
contradict /kontra'dikt > kontrə'dikt].
ago /a'gɔ· > ə'gou].
husband /huzbond > huzbənd > hʌzb^{ə}nd].
valuable /valiuabl > valjuəbl > væljuəbl, -jubl, -jəbl].
mountain /mu·ntæ·in > mauntin, -t^{ə}n].
gallop /galop > gæləp].
welcome /welkum > welk^{ə}m].
wisdom /wizdo·m> wizdum > wizd^{ə}m].
Sufforlk /su(þ)folk > sufək > sʌfək].
innocent /inosent > inəs^{ə}nt].
somebody /sumbodi > sumbədi > sʌmb^{ə}di].
connect /ko'nekt > k^{ə}'nekt].
to set /to· 'set > tə 'set, t^{ə} 'set].
waistcoat /wa·stkɔ·t > wa·stkot > wa·s(t)kət > weiskət, weskət].
Plymouth /plimu(·)ð, -þ > pliməþ].

curious /kiurius > kiuriəs > kjuəriəs].
thorough /þurux > þuru > þurə > þʌrə].
gamut /gamut > gamət > gæm^{ə}t].
suppose /su'pɔ·z > sə'po·z > s^{ə}'pouz].
fortune /fortiun > fortjun > fɔ·tjun, -tjən, -tʃən].
regulate /regiula·t > regjulæ·t > regjuleit, -gjəl-].
hundred /hundred > hundred, -rəd > hʌndrid, -rəd].
quiet /kwi·et > kwaiət].
silent /si·lent > sail^{ə}nt].
twopence /two·pens > to·pens > tup^{ə}ns > tʌp^{ə}ns].
woollen /wulen > wulin, -l^{ə}n],
possible /posibl(e) > pɔsibl, -əbl].
April /a·pril(e) > eipril, -rəl].

綴り：*r*，大部分の母音，母音結合で *r* を伴う場合も，伴わない場合もある．

[ə·]

15.42. 調音：lxn. 唇は広く離れている，非円唇（α 8^{b}），但しかなりの英国人がこの母音を多少顕著に円唇化する（α 7^{b}）．舌先は奥に引っ込んでいて（β fg），しばしば少し持ち上げられる，昔の子音の *r* 位置のこの生き残りはときどき，対応する舌先上昇母音 *ar* や *or* をもたない人々の発音に見られる，舌先後の舌面はかなり平らであるが，もしどこか持ち上げられいるとするなら，それは中央部である（γ 7th）．New York では，短音の [ə·] ではなく，特異な二重母音が見られる，これは [ə·] あるいは [ə] で始まり，やや舌が引っ込んだ [i] で終わる．

出現：[ə·] は初期の強勢のある /er, ir, ur/ に対応する，11.12 と 13.22 を見よ．これはまた最近の借入語で F [ö] を真似て用いられる，例えば *douceur* [du·'sə·]，*hauteur* [(h)ou'tə·, (h)ɔ·'tə·]，*liqueur* [li·'kə·]（昔の借用語 *liquor* ['likə] を参照），*connoisseur* [kɔni'sə·]，*amateur* [æmə'tə·]；これらの語で多くは [-juə] と発音する．

例：
birth /birð(e) > birþ > bə·þ].
myrtle /mirt(i)l > mə·tl].
heard /he(·)rd > herd > hə·d].
err /ere > er > ə·].
were /wɛ(·)re > wer > wə·] 並行して /wɛ·r > wɛ·ə].
cur /kurre > kur > kə·].
word /wurd > wə·d].
journey /ʤurne· > ʤurni > ʤə·ni].
colonel /kur(o)nel > kə·nəl] 2.825.

綴り：*ir*，*yr*，*er*，*ear*，*or*，*our*，*ur*；例外的に *ol*(*o*)．

[ʌ]

15.51. 調音：mbw，11.63 を参照．唇は開いている，非円唇（α 6^{b}）；舌先は引っ込められ（βfg）；舌の後部は鈍い [a] よりも若干持ち上げられる（γ 6^{jk}，さらに [a] 位置よりも若干前寄りであろう 6^{j}?）．通俗ことばでは明らかに舌を突き出す傾向がある，これは [æ] や [e] に似た音を作る，ユーモア作家は後に（約 1890 以降）*other* に *ether*，*mother* や *governor* に *mather* と *gavner* と書き始めた，わざと通俗的発音であることを表すために．

出現：[ʌ] は初期の /u/ の規則的な継続形態である，元来短いか短化したものだが，さらに /o/ か /ɔ·/ の代りを表す少数の場合も見られる，11.65．[ʌ] はまたヒンディー語の *a* 音を表すためにも用いられる，11.61． [ʌ] を使うか [ɔ] を使うかの躊躇については，3.442 を見よ．

例：

sun /sunne > sun > sʌn].
plum /plu·me > plum > plʌm].
stud /sto·d >stu·d >stud > stʌd].
pundit [pʌndit].
son /sune > sun > sʌn].
dove /du·ve > duv > dʌv].
done /do·n > du·n > dun > dʌn].
does /(do·ez) > du·z > duz > dʌz].
one /ɔ·n > o·n > uon > wun > wʌn] 11.21.
none /nɔ·n > no·n >nun > nʌn].
oven /oven > ovn > ʌvn].
blood /blo·d > blu·d > blud > blʌd].
twopence /two·pens > tu·pens > tupəns > tʌpəns].
couple /kupl > kʌpl].
rough /ru·x > rux > ruf > rʌf].

綴り：*u*，*o*（とくに 3.48 で言及された場合で），*oo*，*ou*，(*oe*)．

[a·, a·ᵊ]

15.52. 調音：lbn． 唇は開いている，非円唇（α6^{b} もっとまれに 8^{b}）；舌先は歯から後ろに引かれ（β fg），後舌は口が広く開いている間，軟口蓋方向に少し持ち上げられる（γ 7^{jk}）．その音は中位の *a* で，F *patte* の *a* と *pâte* の *â* の中間音である．この音が全くの末尾にある場合は，一般的な発音は（Sweet 他により表されているが）それを短かく，そして目立たない [ə] や [ə] わたりで終わるようにすることである．これは，*far* のように以前に *r* があった所ばかりでなく，*papa* のような語にも見られる．子音の前ではこの [ə] は通常の発音では見られない：farther = father [faðə].

出現：10.51ff を見よ．一定の最近の借入語，例えば *eclat*，*spa*，*vase* では [a·]

と [ɔ·] で揺れがあったものである（外国の [a] 音をまねて），しかし現在は [a·] が普及している．*vase* [veis] も初期の借用によるか綴り字発音による，同様に多くの *-ade* 語は [eid] も [a·d] もどちらももつ．*-oir* については 10.571，10.91 を見よ．通俗的な，後ろ寄りの，あるいは円唇の [a·] は，ときに小説家に *aw* と表された：*glaws*（ガラス），*chawnce* (Hall Caine)，*cawnt*（＝*can't*，B. Shaw）．

例：

barge /bardʒ > ba·dʒ].
far /ferre > fer > far > fa·ᵊ, fa·].
father /fa(·)der > fa(·)ðr > fa·ðə].
farther /ferðer > farðer > farðr > fa·ðə].
calf /kalf > kaulf > kauf > ka(·)f > ka·f].
staff /staf > sta(·)f > sta·f].
laugh /la(u)x > la(u)f > la(·)f > la·f].
demand /(deˈmaund) deˈma(·)nd > diˈma·nd].
aunt /(aunt) a(·)nt > a·nt].
papa /paˈpa· > pəˈpa·, pə·pa·ᵊ].
mirage [miˈra·ʒ].
heart [herte > harte > hart > ha·t].

綴り：*a*，*au*，*ea*（*ar*，*ear*）；*baa* における *aa*.

黙字になった *a* は *creature*，*diamond* 9.93 で綴られる，さらに 9.54，9.64，9.813，9.82 参照．

[a]

15.53.　調音：[a·] と同じ，短音のみ．

出現：強勢音節前の無強勢音節において最近の [a·, a·ᵊ] の短化によって生じる，すべての場合で [a·] は許容できる発音である．

例：

artistic /arˈtistik > a·ᵊˈtistik > aˈtistik].
barbaric [baˈbærik].
partition [paˈtiʃən].
sarcastic [saˈkæstik].
naive [naˈi·v]，15.91 参照．

綴り：*ar*，*a*.

[ɒ]

15.61.　調音：hbwr. 唇はやや前に出され，円唇（$\alpha 3^{ab}$）；舌先は下前歯から後ろに引かれる（βg），舌の背は高位の広い位置へと引き上げられる（y 4^{j}），*value* [vælju] におけるように，弱音節では舌は一般にやや中舌方向に前寄りに置かれる，そして母音はそれに伴てノルウェー語の *hus* における *u* に似る．*book* の音声表記では，[ʊ] ではなく [u] が一般に用いられる．

出現：[ʊ] は，唇音と [l] の間の初期の /u/ である 11.66，あるいは，/u/ が [ʌ] になった時 11.67，/u/ と /u·/ が二重発音になった（いずれも同様に用いられた）結果生じたものである．一定の語では，[ʊ] は最近の短化による，しかし概してこの音は PE では比較的まれである．

例：

full /ful].

value /valiu > valju(·) > vælju(·)].

regulate /regiula·t > regjulæ·t > regjuleit, -gjə-].

sugar /siuger > sju(·)gr > /sugə].

wolf /wulf].

woman /wi(v)man] > wuman > wumən].

wool /wulle > wul] 4.216.

wood /wude > wud].

good /go·d > gu·d > gu(·)d > gud].

book /bo·k > bu·k > bu(·)k > buk].

room /ru·m > ru(·)m].

should, /ʃu·lde, ʃuld > ʃud] 10.453, 11.67.

綴り：*u*，*o*，*oo*，まれに *ou*.

let's，*-ful* における *u* の省略については，それぞれ，9.94，9.65 を見よ．

[u·, ʊw]

15.62. 調音：一般に二重母音で，*full* におけるように [ʊ] で始まり，ゆっくり [w] の方向へ移動する，ただし [w] の位置に到達する必要はない，あるいは，狭い [u] の方へ移動する，F pour におけるような長音の狭い [u·] の方へ向かうのはさらにまれである．[u·] の表記は便宜上用いられている．前寄りの [u·] については 13.77 を見よ．

出現：[u·] は，初期の /o·/，8.34，と唇子音の前では二重母音化しなかった初期の /u·/ に対応する，8.23；/u/ も初期の /iu, eu, eau/ の後半部であった，これらはすべて [ju·] になった，11.78，11.79．多くの場合，[u·] の前の [j] は消滅した．[u·] は最終的には多くの最近の借用語に見られる，8.35，8.36 参照，そしてさらにもっと最近の時代から，とりわけ *bijou* [bi·ˈʒu-, ˈbi·ʒu·]，*billetdoux* [bileiˈdu·]，*boudoir* [ˈbu·dwa·(ə)]，*roué* [ru·ˈei]，*rouleau* [ru·lou]，*trousseau* [tru·ˈsau]．―*Hindu* や *Hindoo* [hindu·].

例：

fool /fo·l > fu·l].

balloon /baˈlu·n] 8.36.

cooper, Cowper /ku·pə] 8.23.
room /ru·m > ru(·)m] 8.23, 11.69.
do /do· > du·].
womb /wo·mb > wo·m(b) > wu·m] 3.522, 8.37.
who /hwɔ· > hwo· > hu·] 3.522, 7.35, 8.37.
shoe / ʃo· > ʃu·].
group /gru·p] 8.25.
wound sb. /wu·nd] 8.26.
Ouse /u·z] 8.27.
ouzel, ousel /o·zel > u·zl]
Brougham /bru·xam > bru·(ə)m] 8.23, 10.25.
you /iu >> ju·].
hue /hiu > hju·].
rude /riud > rju·d > ru·d]
blue /bliu > blju· > blu·].
Susan /siuzan > siuzən > sju·zən > s(j)u·z(ə)n].
nuisance /niusans > nius(ə)ns > nju·s(ə)ns].
sluice /slius > slju·s > slu·s].
Jew /ʤiu > ʤju· > ʤu·].
few /feu > fiu > fju·].
view /viu>vju·].
rheum /reum> rium> rju·m> ru·m].
neuter /neuter> neutr> niutr> nju·tə].
beauty /beaute> beuti> biuti> bju·ti].
yew /iu> ju·].
yule /jo·l>ju·l] 8.34.

綴字：*oo*, *o*, *oe*, *ou* (*ow*), *u*, *ue*, *ui*, *eu*, *ew*. [ju] は次のように綴られる：*u*, *ue*, *ui*, *eu*, *ew*, *eau*, *iew*, *you*, *yew*, yu.

狭い [u]

15.63.　調音：hfnr, [ʊ] とは狭窄 (narrow) の点で異なる.

出現：この音はまれで，別の母音の直前で，非強勢の音節でのみ見られる，それは短化された [u·, ʊw] である，そして時に本当の [ʊw] が，時には [w] も耳にされる.

例：
whoever [huˈevə].
tuition [tjuˈiʃən].
construing [kɔnstruiŋ].
annual [ænjuəl].

Louise [lu'i·z].
綴り：*o*，*u*，*ou.*

[uə]

15.64. [uə]，より正確には [ʊə] は，半長あるいは短音・開口の，*full* におけるような [ʊ] で始まり，その位置から [ə] 位置へとわたる．15.41 参照．第一要素の低下については，その結果は [o·ə] であるが，13.36 と 13.37 を見よ．

出現：[uə] は，[ə] の前で [u] の代わりに見られる，この [ə] はほとんどの場合以前の /r/ を表す．*doer* (*evil-doer*)，*fewer*，*truer* のような最近形成された，あるいは再形成された語では，[uə] でなく 2 音節として [u·a, uwə] と書くのがより正確であろう，[ɔ·ə] と発音する傾向はここでは広まっていない．

例：

poor / po·r > pu·r > puə].
doer /do·er > do·(ə)r > du·(ə)r > duə].
tour /tuə].
your /iur > ju·r > juə].
cure /kiur > kju·r > kjuə].
sure /siur > sju·r > ʃuə].
steward /stiuard > stiu(ə)rd > stju·(ə)rd > stjuəd].
fewer, /feuer > feu(ə)r > fiu(ə)r > fjuə].
truer /triuer > triu(ə)r > trju(ə)r > truə].
subdual /sub'diual > səbdiuəl > səb'djuəl].
renewal /re'niual > ri'niuəl > ri'njuəl].

綴り：*oo*，*oe*，*ou*，*u*，*eu*，*ew* + *r* または *a.*

[ou]

15.7. 調音：この緩慢な二重母音の第一要素は，一般に mbnr あるいは mbwr，唇は円唇で，もしあるとしても若干前に押し出されている（α 5^{ba} または 5^{b}），舌先は後ろに引っ張られている（β^{gf}），奥舌部は中位置で，広音であれ狭音であれ，不安定（γ 5^{j} あるいは 6^{j}）であるようである．この位置から上方へのわたりがある，これはとくに唇に顕著であるが，口内ではそれほど明らかではない．最後の位置はしたがって真の [u] あるいは [ʊ] ではない，但し大まかに [u]（α $35^{ba}o^{r\ b}$ あるいは γ 53^{j}）と示すことができる．非強勢の音節では，二重母音的移動は比較的わずかである，但し休止の前ではその存在に疑念はない，例えば "He is a nice fellow"．強勢音節前の語中ではその移動はしばしばまったく存在しない，そして日常語では [ə] が [ou] に取って代わる，9.222ff を見よ．—非常にしばしばこの二重母音は実際には「後舌」ではなく，中舌に向っていくぶん突き出されている，これによりある程度 [ö] を想起させる音を生み出す．これは強勢音節においてより，非強勢音節においてより頻繁に見られる，Sweet（Primer of Phonetics §201）によれば，この中舌音は「しばしば丁寧なあるいは慰撫的な挨拶で用いられる，例えば [ou nou] や [ȯu̇ nȯu̇] = *oh no* が同じ話者から聞かれれることがある．前者は，より断固とした独断的な陳述において．俗語では，初めの音と終わりの音の間の距離は，教養人の言葉におけるよりもさらに大きくなる（[ei] を参照）．第一要素はその円唇性を失い，二重母音全体は [æ·o] あるいは [a·o] に似る．それは，*how* の [au] の丁寧な音に近づいているので，俗語の音は，*old* に対して *ould* の綴りで表される（Dickens には，早くもすでに Dombey に数回現れる），あるいは *wrote* に対して *wrowt*，*don't* に対して *downt*，*so* に対して *sow*，*owe* に対して *ow*，*though* に対して *thow*，また *ow* が用いられない場合には *know* に対して *knaow*，*nowhere(s)* に対して *naowheres*，*no* に対して *naow*，など（これらすべては B. Shaw から）の綴りで表される．―[ə] の前の [ou] については 13.355 を見よ．

出現：[ou] は初期の /ɔ·/ と /ɔu/ に対応する，この 2 つは合体した，11.3．さらに，[ou] は /l/ の前で現れることもある，10.33，そして，/l/ はその後失われることもあった（10.42 と 10.44）．最近の借用語では [ou] は F [o(·)] を真似て用いられる，8.43 を見よ．他の例は：*château* [ʃa·ˈtou]，*chaperon* [ˈʃæpəˈroun,-rɔn]，*hauteur* [ˈhouˈtə·]，[ˈhɔ·'-] も，これは次の影響による：*haughty*，*trousseau* [tru·ˈsou]，*vaudeville* [voudvil]，*apropos* [æproˈpou]，*depot* 14.22.

例：

oak /ɔ·k > ouk].
toe /tɔ· > tou].
hope /hɔ·p(e) > houp].
brooch, broach /brɔ·ʧ > brouʧ].
old /ɔ·ld > ɔ·uld > ould].
folk /folk > fɔ·lk > fouk].
toll /tol > tɔ·ul > toul]
Holmes /holmes > holmez > holmz > houlmz > houmz].
won't /wulnot > wɔ·ulnt > wount] 10.33.
shoulder /ʃuldcr > ʃuldr > ʃɔ·ulda > ʃouldə]
soul /sɔ·ul > soul].
blow /blɔ·u > blou].
dough /dɔ·u(x) > dou].
debauch /deˈbo·ʃ > diˈbou(t)ʃ] 8.43.
beau /bo· > bou]:
follow /folwe > folu > fɔlou] 9.222.
grottȯ /grɔtou].
produce /pro(·)ˈdius > prouˈdju·s, prə-] 9.224.

綴り：*o*，*oo*，*oa*，*oe*，*ou*，*ow*（*ol*），*au*，*eau*.　*shew* = *show* [ʃou]，その他につ

いては 3.602 を見よ．

開口の [ɔ] ([ɔ̀])

15.81. 調音：lbwr. 唇は大きく開き，円唇（$\alpha 79^b$），舌先は引っ込められ（βg），後舌部は非常に低く下げられる（$\gamma 8^k$）．米国では円唇化は一般になくなっていて，一種の低舌の [a] となっている．

出現：[ɔ] は非常にしばしば初期の短音 /o/ である，3.51. 円唇の /a/ である場合もある 10.92，この /a/ はときに以前の /e/ である，6.4. 一定の語では [ɔ] は短化した /o·/，/ɔ·/，あるいは /ɔ·u/ であり，短化は様々な時期に生じた．揺れがある例や疑わしい長さの例は 10.72–10.81 で扱った．F *an, en* を表す [ɔŋ, ɔn] については 14.43 を見よ．

例：

hop /hop > hɔp].
horrid /horid > hɔrid].
doll /dol > dɔl].
holiday /hɔ·lidæ·i > hɔlidæi > holidi, -dei].
gosling /go·zliŋg > gozliŋg > gazliŋ].
Gloucester /glɔ·usester > glɔstə] 4.39.
knowledge /knɔ·uleʧ > knɔleʤ > knɔliʤ > nɔliʤ] 4.39.
swan /swan > swɔn].
what /hwat > hwɔt > (h)wɔt].
quarrel /kwerel > kwarel > kwarəl > kwɔrəl].
false /fals > fauls > fɔ·ls > fɔ(·)ls] 10.72.
laurel /laurel > laurəl > lɔ·rəl > lɔrəl] or /lorel > lɔrəl].
sausage /sausa·ʤ > sausiʤ > sɔ·siʤ > sɔsiʤ] 10.82.
because /be'kauze > bi'kauz > bi'kɔ·z > bi'kɔz].

綴り：*o*，*a*，*au*，まれに *ou*，*ow*.

[ɔ·, ɔ·ᵊ]

15.82. 調音：lbnr. 唇は円唇で，大きく開放，但し短音の [ɔ] ほどではない（$\alpha 7^b$）．舌先は [ɔ] と同様（β g），一方奥舌部はそれほど低められていない（あるいは狭低，$\gamma 7^k$）．休止の前で，この音は，しばしば見られる発音では，とりわけ Sweet の表示では，短い，あまりはっきりしない [ə] わたりで終るとされる，後者は，以前，母音が *r* を従えているところで見られる，例えば *nor*，ばかりでなく，*law* のような他の例でも見られる．子音の前では [ə] は標準発音では発音されない，これが *lord* = *laud* [lɔ·d] をもたらす．

出現：[ɔ·] は非常にしばしば以前の /au/ を表す，これは古い /au/ であることがある，3.9，また別の場合には /l/ の前の古い /a/ であることもある，10.32，[ɔ·] はま

た初期の /au/ に対応する，3.63 と 10.73，あるいは円唇化された /a·/ に，10.91，あるいは /r/ の前で長化された /o/ に対応する，13.22．そして最後に [ɔ·] は後舌円唇母音の低下の結果という場合もある．この低下の原因は [ə] である，これはほとんどの場合初期の *r* に対応する，13.35ff.

lessor，*vendor*，*donor* など ['le'sɔ·，'ven'vɔ·，'dou'nɔ·] の最近の形態に注意せよ，*lessee* などとの対照を際立たせるためであるが，一方，*-or* は一般には非強勢の [ə] である．

例：

horse /hors > hɔ·əs > hɔ·s].
before /be'fo·re > bi'fo·r > bi'fo·ᵊ, -fɔ·].
cloth /klɔ·þ > klo(ˋ)þ].
off /of > ɔ(·)f].
soft /softe > soft > sɔ(·)ft].
cross /kros > krɔ(·)s].
gone /gɔ·n > gɔ(·)n] 10.81.
floor /flo·r > flɔ·(ə)].
oar | ɔ·r > o·r > o·ᵊ, ɔ·].
Noah /no·a > no·ə > nɔ·ᵊ, nɔ·] 13.39.
broad /brɔ·d],
court /ku·rt > ko·rt > kɔ·ət > kɔ·t].
four /fɔur? > four > fɔˋ, fɔ·].
your /iur > ju·r > juə, jɔ·ᵊ, jɔ·].
sought /sɔuxt > sɔut? > sɔ·t].
taught /tauxt > taut > tɔ·t].
awe /aue > au > ɔ·, ɔ·ᵊ].
yawn /jɔ·n] 8.42.
Magdalen /maudale·ne, -læ·ine > maudlin > mɔ·dlin] 3.92.
all /al > aul > ɔ·l].
talk /talk > taulk > tauk > tɔ·k].
salt /salt > sault > sɔ·lt > sɔ(·)lt].
Albans /albans > albənz > aulbənz > ɔ·lbənz].
Marlborough /marlburu > malburu > maulbərə > mɔ·lbərə].
water /wɔ(·)ter > wa(·)tr > wa·tə > wɔ·tə] 10.67.
quart /kwart > kwa(·)rt > kwa·t > kwɔ·t] または /kwart > kwɔrt > kwɔ·t].
memoir /memwa·r > memwa·ᵊ, -wɔ·ᵊ, -wɔ·].
sure /siur > sju·r> ʃu·r > ʃuə, ʃɔ·ᵊ, ʃɔ·].

綴り：*o*，*oo*，*oa*，*ou*，*au*，*aw*，*a*：*i* と *u*，最後の 2 例においてのみ．

狭い [ɔ]

15.83. 調音：lbnr，上の音と同じ，短音でのみ，*hop* における母音とは，狭いと言う点で異なる．

出現：この [ɔ] は非強勢音節における [ɔ·] が最近短化したもの，すべての例で長音が容認可能であるである．

例：

authority /au'torite > au'þoriti > ɔ·þɔriti > ɔ'þɔriti].

同様に *audacity* [ɔ'dæsiti]，*autumnal* [ɔ'tʌmnəl]，*causatioa* [kɔ'zeiʃən]，*Australia* [ɔ'streiliə]，さらに開口の [ɔ] を伴って，*Norwegian* [nɔ'wi·ʤən].

綴り：*au*，*or.*

[ai]

15.91. 調音：一般に mx(w?)，[ə]，あるいは類似した音，しばしば [ə] と [ʌ] の間の音，＋いくぶん低い開口の [ɪ]，8.21 を見よ，そこで私は，二重母音が非強勢のとき，両要素間の距離が比較的短いことについて述べた．[ə] の前で，上方への運動は弱まる，13.38，13.39 を見よ．通俗ことばでは，第一要素は不鮮明な（dull）（あるいは後舌化した）[a] であるように思われる，そして上方への運動を排除し，全体をほぼ単母音的にする著しい傾向がある：小説家はこれを *I* に対して *aw* や *ah* などの綴りで表す人もいる．

出現：[ai] は一般に初期の /i·/ に対応する，3.12，8.21．/i·/ は /ic/ に由来するのかもしれない．一部の人々の発音では，新たな [ai] が [a·]＋[i·] から生ずる，例えば *naïve* [na·'i·v, 'na·i·v, naiv]．*aye* もしくは *ay* 'yes' では H 1821 と多くの後の正音学者は，われわれは，*father* におけるような長音で明瞭な [a·] で始まる異なる二重母音，すなわち [a·i] を持っていると主張する．このように発音される語はおそらく代名詞 *I* に他ならない，"Will you ...?" のような問のあとの答えの最初に用いられる "I"（＝I will）の *I*，のちに他の答えにまで広まったものである．エリザベス朝期の綴りは *I* だった（cf. OF *oje*＝*hoc ego*）．*ay* [ei] は「常に」完全に異なる語である．

例：

bite /bi·te > bi·t > bait].

child /ʧi·ld > ʧaild].

fire /fi·r > fai(ə)r > faiə].

briar, *brier* /bre·r > bri·r > brai(ə)r > braiə] 3.125.

choir（*quire*）/kwe·r >- kwi·r > kwai(ə)r > kwaiə].

high /hie, hije > hi· > hai].

light /lict > li·t > lait].

delight /de'li·t > di'lait] 10.13.

quiet /kwi·et > kwi·ət > kwaiət].

die /di·e > di· > dai].

by /bi· > bai].
dye /di·e > di· > dai].
tyre /li·re > li·r > lai(ə)r > laiə].
buy /by > bi· > bai] 3.131.
eye /i·e > i· > ai] 3.123.
height /(hect) . . hi·t > hait].
aisle /i·l? > ail] 2.713.

綴り：*i*（*ie*），*y*（*ye*），まれに *ai*，*ay*，*ey*，ei（*height* の音 [ai] は *high* による）.

[au]

15.92. 調音：第一要素は非円唇中央母音，若干の奥に引っ張られる，8.22 を見よ．第二要素は後舌の円唇母音，pull における開口の [ʊ] とは異なる，但し舌はそれほど持ち上げられていない，そしてさらに大部分の場合で若干前寄りでもあるだろう．弱音節では第一要素は，*however* におけるように，強勢を受けたときより，やや高い．[ə] の前で末尾要素（つまり [u]）が弱化することについては 13.38，13.39 を見よ．通俗ことばでは短母音化へ向けての同じ傾向が，[ai] の場合と同様，観察される．ユーモア作家は，通俗性を出すために，*about* を *abart* と，*mouth* を *mahth* と，*How do you do* も *Ahdedoo* と綴る．

出現：[au] は初期の /u·/ の規則的な継続形態である，3.45ff.，8.22.　*sauerkraut* [sauəkraut]（ザウアークラウト，漬物）ではドイツ語の *au* に似る，少数の例で，これは [a·]＋後舌円唇母音から生じる，例えば，*Maori* [mauri]，これを 3 音節で，[ma·ori] と発音する人もいる，そして *caoutchouc* [kautʃuk]（カウチューク）は古い発音辞典では，[ka·u(·)tʃuk] あるいは [ku·tʃuk] とされている．さらに *Giaour* [dʒauə] も参照．スコットランドの名前 *Macleod* [mək'laud] では [au] はおそらく二重母音 [eo] や [eu] に似せる役目を果している．*compter* [kauntə] については 2.422 を見よ．

例：
house /hu·s > haus].
our /u·r > au(ə)r > auə].
plough /plu·e > plu· > plau] 10.25.
drought /dru·xt > dru·t > draut] 10.26.
how /hu· > hau].
allowance /a'lu·ans > a'lu·əns > a'lauəns].

綴り：一般に *ou*，*ow*；*au*，*ao*，*aou*，*eo* については上の出現の記述を見よ．

[oi]

15.93. 調音：mbwr＋低い [ɪ]，[ai] におけるような．第一要素は，顎（唇，舌）が比較的低くなっていない点で，*hot* における [ɔ] とは異なる．それはしばしば中位と低位置の中間である，そしてしばしばそれは，この二重母音の性格が「ゆっくりとした二重母音」の性格に近づくと，長音である．H 1821 は [oi] を *sort* や *all* の長音の [ɔ·]+[i] の合成と分析する，*voyage* については 9.813 を参照．

出現：[oi] は初期の /oi/ を表す，/u/ をもつ以前の形態（3.7）は消失した．[oi] に対する通俗的な [ai] については 11.51 を見よ，[oi] < /ai/ については 11.54 を見よ．*embroider* では，[oi] は，/o/，cf. F *broder* と，/æ·i/，cf. ME *breiden* OE *bregdan*（そして OE ptc. *brogden*）の折衷形態のように思われる．

例：

point /point].

boil sb [bi·l > bail > boil].

joy /ʤoiə > ʤoi].

buoy /b(w)oi].

綴り：*oi*，*oy*（*uoy*）．

第 XVI 章

結　論

16.1. 上の議論から辿り着いた現在の英語の音体系は，次のように表にできる：

I. 子音

調音器官	調音位置	閉鎖			中央隙間		両脇隙間
		有声	有声	無声	有声	無声	有声
唇など	唇	m	b	p	w	(hw)	
	歯				v	f	
舌尖	歯				ð	þ	
	歯茎	n	d	t	r		l
舌葉	歯茎				z ʒ	s ʃ	
前舌部	硬口蓋				j		
後舌部	軟口蓋	ŋ	g	k			
		鼻音	非鼻音				

II. 母音

	前舌	中舌	後舌	
高	i (i·)			u (u·)
中	e (ei)	ə	ʌ	(ou)
低	æ	ə·	a·	ɔ, ɔ·
	非円唇			円唇

二重母音：遅い：i (ɪj)，ei，u· (ʊw)，ou；
ə で終わる：iə，ɛ·ə，u·ə (a·ᵊ, ɔ·ᵊ)；
速い：ai，au，oi

16.2. 私は，ここで，緊密に関係している音によってお互いに区別される語の比較的重要な例を集めることにする．そこで挙げるリストは，上で様々のところで挙げた同音異義語のリストを補うものである．というのは，それらは現在保持されている区別が撤廃されたならば，どのような同音異義語の組み合わせが作り出されるかを示すからである．したがって，それらは，将来起こると想像されるかもしれない音変化のいくつかに対する対抗力を示している．つまり，言語というものは，同音で異なる意味を持つ語から生じる多義を，一定の数しか許容できない，それ故に，言語が語を区別するためにこれまで利用してきた音声的区別の程度が，その言語の音変化の方向を決定するのにいくらかの影響を持つからである．フランス語では，英語ではさらにいっそう，最後の音が有声であるか無声であるかのみでお互いに区別できる組み (pair) の長いリストを挙げることは容易である．したがって，末尾音の [b] と [p]，[d] と [t]，[g] と [k] は厳密に区別される．ドイツ語では，他方，そのような組みはほとんどなかったので，したがって，語末の子音を無声化する自然な傾向に対抗するものは何もなかった（*Phonetische Grundfragen* 1904, p. 174ff. の私の指摘を参照)．これまでの節で挙げられた同音異義語のリストを調べると，重大な誤りを引き起こすような可能性が多い場合はほとんどないこと，その音が合体された時期には，2つの語の中のひとつが，時代遅れになっているか，すたれかかっているかであったことが，しばしばあったこと，がわかるであろう．

16.21. 最初に有声子音と無声子音によって区別される語のリストを挙げてみよう．

[b, p]：*balm* [ba·m] *palm*, *bare bear* [bɛ·ə] *pare pear*, *bath* [ba·þ] *path*, *b be bee* [bi·] *p pea*, *beach* [bi·ʧ] *peach*, *beak* [bi·k] *peak pique*, *beer bier* [biə] *peer pier*, *bleed* [bli·d] *plead*, *blot* [blɔt] *plot*, *bound* [baund] *pound*, *bride* [braid] *pride*, *buy by* [bai] *pie*—*amble* [æmbl] *ample*, *crumble* [krʌmbl] *crumple*, *rabid* [ræbid] *rapid*, *cymbal* [simbl] *simple*—*cab* [kæb] *cap*, *cub* [kʌb] *cup*, *hob* [hɔb] *hop*, *robe* [roub] *rope*.

[d, t]：*dare* [dɛ·ə] *tare tear*, *dear deer* [diə] *tear*, *die* [dai] *tie*, *do* [du·] *too*, *doe dough* [dou] *toe*, *done dun* [dʌn] *ton tun*, *door* [dɔ·ᵊ] *tore*, *down* [daun] *town*, *dry* [drai] *try*, *Dutch* [dʌʧ] *touch*—*ladder* [lædə] *latter*, *meddle* [medl] *metal nettle*, *ridden* [ridn] *written*, *sadder day* [sædə dei] *Saturday*, *udder* [ʌdə] *utter*, *wedded* [wedid] *wetted*—*add* [æd] *at*, *bad* [bæd] *bat*, *bed* [bed] *bet*, *bud* [bʌd] *but butt*, *cad* [kæd] *cat*, *card* [ka·d] *cart*, *feed* [fi·d] *feet*, *God* [gɔd] *got*, *had* [hæd] *hat*, *hard* [ha·d] *hart heart*, *heed* [hi·d] *heat*, intend [in'tend] *intent*,

knead need [ni·d] *neat*, *lade laid* [leid] *late*, *lend* [lend] *lent*, *lid* [lid] *lit*, *made maid* [meid] *mate*, *plod* [plɔd] *plot*, *ride* [raid] *right rite wright write*, *road rode* [roud] *rote wrote*, *sad* [sæd] *sat*, *said* [sed] *set*, *send* [send] *sent cent scent*, *side sighed* [said] *sight site*, *tend* [tend] *tent*, *tied* [taid] *tight*.

[g, k] : *gain* [gein] *cane Cain*, *ghost* [goust] *coast*, *glad* [glæd] *clad*, *glass* [gla·s] *class*, *goal* [goul] *coal*, *gold* [gould] *cold*, *grain* [grein] *crane*, *grape* [greip] *crape*, *greed* [gri·d] *creed*, *gum* [gʌm] *come*—*niggers* [nigəz] *nickers*, *younger* [jʌŋgə] *younker*—*bag* [bæg] *back*, *bug* [bʌg] *buck*, *clog* [klɔg] *clock*, *dog* [dɔg] *dock*, *dug* [dʌg] *duck*, *frog* [frɔg] *frock*, *hog* [hɔg] *hock*, *rag* [ræg] *rack*.

[v, f] : *vail vale veil* [veil] *fail*, *vain vane vein* [vein] *fain fane feign*, *van* [væn] *fan*, *vary* [vɛᵊri] *fairy*, *vast* [va·st] *fast*, *vault* [vɔ(·)lt] *fault*, *veal* [vi·l] *feel*, *veer* [viə] *fear*, *very* [veri] *ferry*, *vetch* [veʧ] *fetch*, *vie* [vai] *fie*, *view* [vju·] *few*, *vile* [vail] *file*, *vine* [vain] *fine*, *viol* [vaiəl] *phial*—*believe* [bi'liv] *belief*, *calve* [ka· v] *calf*, *five* [faiv] *fife*, *halve* [ha·v] *half*, *leave* [li·v] *leaf lief*, prove [pru·v] *proof*, *save* [seiv] *safe*, *serve* [sə·v] *serf surf*.

[ð, þ] : *thy* [ðai] *thigh*.—*soothe* [su·ð] *sooth*.

[z, s] : *zeal* [zi·l] *seal*, *z* [zed] *said*—*advise* [əd'vaiz] *advice*, *dies* [daiz] dice, *does* sb *doughs doze* [douz] *dose*, *ells* [elz] *else*, *excuse* vb [iks'kju·z] *excuse* sb, *eyes* [aiz] *ice*, *falls* [fɔ·lz] *false*, *fens* [fenz] *fence*, *hens* [henz] *hence*, *his* [hiz] *hiss*, *house* vb [hauz] *house* sb, *knees* [ni·z] *niece*, *lies* [laiz] *lice*, *ones* [wʌnz] *once*, *peas* [pi·z] *peace* piece, *pens* [penz] *pence*, *phase* [feiz] *face*, *seas sees seize* [siz] *cease*, *sins* [sinz] *since*, *spies* [spaiz] *spice*, *use* vb [ju·z] *use* sb.

[ʤ, ʧ] : *gin* [ʤin] *chin*, *jest* [ʤest] *chest*, *Jew* [ʤu·] *chew*.—*age* [eiʤ] *h*, *edge* [eʤ] *etch*, *large* [la·ʤ] *larch*, *ridge* [riʤ] *rich*.

16.22. 次の例では２つの子音の間の違いは口の位置による.

[v, w] : *vail vale veil* [veil] *wale wail* (*whale*), *vain vane vein* [vein] *wain*, *veal* [vi·l] *weal* (*wheel*), *vent* [vent] *went*, *verse* [və·s] *worse*, *vest* [vest] *west*, *vile* [vail] *wile* (*while*), *vine* [vain] *wine* (*whine*).

[v, ð] : *van* [væn] *than*, *vat* [væt] *that*, *vine* [vain] *thine*, *vie* [vai] *thy*.

[f, þ] : *fie* [fai] *thigh*, *fief* [fi·f] *thief*, *fin* [fin] *thin*, *first* [fə·st] *thirst*, *fought* [fɔ·t] *thought*, *free* [fri·] *three*, *fresh* [freʃ] *thresh*, *fret* [fret] *threat*, *frill* [fril] *thrill*, *fro* [frou] *throe throw*—*deaf* [def] *death*, *loaf* [louf] *loath* [louþ].

[ð, z] : *bathe* [beið] *bays*, *breathe* [bri·ð] *breeze*, *clothe* [klouð] *close*, *scythe* [saið] *sighs size*, *seethe* [si·ð] *seas sees*.

[þ, s]:*thick* [þik] *sick*, *thigh* [þai] *sigh*, *thill* [þil] *sill*, *thin* [þin] *sin*, *thing* [þiŋ] *sing*, *thought* [þɔ·t] *sought*, *thumb* [þʌm] *some sum*, *thunder* [þʌndə] *sunder*, *forth fourth* [fɔ·þ] *force*, *tenth* [tenþ] *tense*, *worth* [wə·þ] *worse*.

[s, ʃ] : *said* [sed] *shed*, *sake* [seik] *shake*, *sallow* [sælou] *shallow*, *same* [seim] *shame*, *save* [seiv] *shave*, *sea see* [si·] *she*, *seat* [si·t] *sheet*, *self* [self] *shelf*, *sell* [sel] *shell*, *sere* [siə] *sheer shear*, *sew so sow* [sou] *show*, *sift* [sift] *shift*, *sign* [sain] *shine*, *sin* [sin] *shin*, *sock* [sɔk] *shock*, *son sun* [sʌn] *shun*, *soot* [su(·)t] *suit* [s(j)u·t] *shoot* [ʃu·t], *sort* [sɔ·t] *short*, *sot* [sɔt] *shot*, *soul* [soul] *shoal*—*ass* [æs] *ash*, *lass* [læs] *lash*, *mass* [mæs] *mash*, *mess* [mes] *mesh*, *puss* [pus] *push*.

[dj, ʤ] : *deuce* [dju·s] *juice*, *dew due* [dju·] *Jew*.

[dr, ʤ] : *dram* [dræm] *jam*, *drew* [dru·] *Jew*, *drill* [dril] *gill Jill*, *drove* [drouv] *Jove*, *drug* [drʌg] *jug*.

[tr, ʧ] : *trace* [treis] *chase*, *train* [trein] *chain*, *trap* [træp] *chap*, *trip* [trip] *chip*, *true* [tru·] *chew*.

[n, ŋ] : *ban* [bæn] *bang*, *done dun* [dʌn] *dung*, *fan* [fæn] *fang*, *kin* [kin] *king*, *pan* [pæn] *pang*, *ran* [ræn] *rang*, *run* [rʌn] *rung wrung*, *sin* [sin] *sing*, *son sun* [sʌn] *sung*, *ton tun* [tʌn] *tongue*, *win* [win] *wing*. しかし他のケースでは，[n] と [ŋ] は無頓着に用いられる，13.1.

16.23. [ʃ, ʧ] : *share* [ʃɛ·ə] *chair*, *sheaf* [ʃi·f] *chief*, *shear sheer* [ʃiə] *cheer*, *sheep* [ʃi·p] *cheap*, *sheet* [ʃi·t] *cheat*, *shin* [ʃin] *chin*, *ship* [ʃip] *chip*, *shoe* [ʃu·] *chew*—*hash* [hæʃ] *hatch*, *mash* [læʃ] *match*, *wash* [wɔʃ] *watch*, *wish* [wiʃ] *witch* (*which*).

16.24. 同様の母音の対応するリストでは，まず，多かれ少なかれ，純粋に音量に依存する区別を取り上げる.

[i, i·] : *bid* [bid] *bead*, *bin* [bin] *bean* (*been*), *bit* [bit] *beat beet*, *chick* [ʧik] *cheek*, *dim* [dim] *deem*, *din* [din] *dear*, *fill* [fil] *feel*, *fist* [fist] *feast*, *fit* [fit] *feat feet*, *hid* [hid] *heed*, *hill* [hil] *heal heel*, *hit* [hit] *heat*, *ill* [il] *eel*, *is* [iz] *ease*, *it* [it] *eat*, *knit* [nit] *neat*, *list* [list] *least*, *mid* [mid] *mead meed*, *mill* [mil] *meal*, *pill* [pil] *peal*, *pick* [pik] *peak pique*, *pit* [pit] *peat*, *sick* [sik] *seek*, *sin* [sin] *scene seen*, *sit* [sit] *seat*, *still* [stil] *steal steel*, *wick* [wik] *weak week*.

[e, ei] : *bet* [bet] *bait bate*, *bread bred* [bred] *braid*, *den* [den] *Dane deign*, *edge* [eʤ] *age*, *ell* [el] *ale*, *fell* [fel] *fail*, *hell* [hel] *hail hale*, *let* [let] *late*, *men* [men] *main mane*, *met* [met] *mate*, *pen* [pen] *pain pane*, *read red* [red] *raid*, *sell* [sel] *sail sale*, *tell* [tel] *tail tale*, *test* [test] *taste*, *well* [wel] *wail*, *west* [west] *waist waste*.

[æ, a·] : *am* [æm] *arm*, *bad* [bæd] *bard*, *cant* [kænt] *can't*, *cat* [kæt] *cart*, *had* [hæd] *hard*, *hat* [hæt] *hart heart*, *pat* [pæt] *part*. しかし他のケースでは，[æ] と [a·] は同じ語で区別なく用いられる，*plant* など，10.5 を見よ.

[ʌ, a·] : *busk* [bʌsk] *bask*, *come* [kʌm] *calm*, *cuff* [kʌf] *calf*, *duck* [dʌk] *dark*, *huff* [hʌf] *half*, *hut* [hʌt] *hart heart*, *luck* [lʌk] *lark*, *some sum* [sʌm] *psalm*.

[ʌ, ə·] : *bud* [bʌd] *bird*, *bun* [bʌn] *burn*, *cull* [kʌl] *curl*, *fun* [fʌn] *fern*, *gull* [gʌl] *girl*, *hut* [hʌt] *hurt*, *spun* [spʌn] *spurn*, *stun* [stʌn] *stern*, *ton tun* [tʌn] *turn*.

[u, u·] : *full* [ful] *fool*, *pull* [pul] *pool*, *wood would* [wud] *wooed*.

[ɔ, ɔ·] : *cod* [kɔd] *chord cord*, *cot* [kɔt] *caught court*, *fox* [fɔks] *forks Fawkes*, *God* [gɔd] *gored*, *hock* [hɔk] *hawk*, *knot not* [nɔt] *nought*, *nod* [nɔd] *gnawed*, *odder* [ɔdə] *order*, *rod* [rɔd] *roared*, *shot* [ʃɔt] *short*, *sod* [sɔd] *sword soared*, *spot* [spɔt] *sport*, *wan* [wɔn] *warn*.

16.25. 次のペアでは主要な違いは舌と口蓋の距離にある.

[i, e] : *bill* [bil] *bell belle*, *bit* [bit] *bet*, *bliss* [blis] *bless*, *did* [did] *dead*, *din* [din] *den*, *fill* [fil] *fell*, *filt* [filt] *felt*, *fin* [fin] *fen*, *hill* [hil] *hell*, *him hymn* [him] *hem*, *kittle* [kitl] *kettle*, *lid* [lid] *lead led*, *lift* [lift] *left*, *litter* [litə] *letter*, *middle* [midl] *meddle*, *pin* [pin] *pen*, *rid* [rid] *read red*, *sinned* [sind] *send*, *till* [til] *tell*.

[e æ] : *ate* [et] *at*, *bed* [bed] *bad bade*, *bet* [bet] *bat*, *head* [hed] *had*, *kettle* [ketl] *cattle*, *lead led* [led] *lad*, *lend* [lend] *land*, *men* [men] *man*, *merry* [meri] *marry*, *pen* [pen] *pan*, *send* [send] sand, *set* [set] *sat*.

[iə, ϵ·ə] : *dear deer* [diə] *dare*, *fear* [fiə] *faire fare*, *peer pier* [piə] *pair pear*, *rear* [riə] *rare*, *tear tier* [tiə] *tare tear.*

[u·, ou] : *blew blue* [bru·] *blow*, *boon* [bu·n] *bone*, *boot* [bu·t] *boat*, *choose* [ʧu·z] *chose*, *cool* [ku·l] *coal*, *crew* [kru·] *crow*, *do* [du·] *dough*, *doom* [du·m] *dome*, *flew* [flu·] *flow*, *fool* [fu·l] *foal*, *mood* [mu·d] *mode*, *moon* [mu·n] *moan*, *rood* [ru·d] *road rode*, *root* [ru·t] *rote wrote*, *shoe* [ʃu·] *show*, *soup* [su·p] *soap*, *tomb* [tu·m] *tome*, *too* [tu·] *toe*, *whom* [hu·m] *home*.

[ei, ai] : *ay* [ei] *aye eye I*, *bate* [beit] *bite*, *bay* [bei] *buy by*, *brain* [brein] *brine*, *claim* [kleim] *climb dime*, *Dane deign* [dein] *dine*, *day* [dei] *die dye*, *fail* [feil] *file*, *fate* [feit] *fight*, *freight* [freit] *fright*, *gay* [gei] *guy*, *hate* [heit] *height*, *hay* [hei] *high*, *lace* [leis] *lice*, *lain lane* [lein] *line*, *lame* [leim] *lime*, *late* [leit] *hight*, *main mane* [mein] *mine*, *mate* [meit] *might mite*, *may May* [mei] *my*, *nay neigh* [nei] *nigh*, *nail* [neil] *Nile*, *pail pale* [peil] *pile*, *pain pane* [pein] *pine*, *pay* [pei], *pie*, *play* [plei] *ply*, *raid* [reid] *ride*, *rate* [reit] *right rite wright write*, *sane* [sein] *sign*, *say* [sei] *sigh*, *stale* [steil] *stile*, *tail tale* [teil] *tile*, *tame* [teim] *time*, *wail* (*whale*) [weil] *wile* (*while*), (*way weigh*) *whey* [(h)wei] *why*, *wait weight* [weit] *wight* (*white*).

[ou, au] : *beau bow* [bou] *bough bow*, *boat* [bout] *bout*, *coach* [kouʧ] *couch*, *crone* [kroun] *crown*, *dote* [dout] *doubt*, *drone* [droun] *drown*, *foal* [foul] *foul fowl*, *know no* [nou] *now*, *known* [noun] *noun*, *lower* [louə] *lour*, *rose* [rouz]

rowse, *rote wrote* [rout] *rout*, *row* [rou] *rote*, *sew so sow* [sou] *sow*, *slow* [slou] *slough*, *though* [ðou] *thou*, *tone* [toun] *town*.

16.26. その他のペア：

[æ, ʌ]：*bad* [bæd] *bud*, *cab* [kæb] *cub*, *cap* [kæp] *cup*, *carry* [kæri] *curry*, *cat* [kæt] *cut*, *dam damn* [dæm] *dumb*, *gnat* [næt] *nut*, *ham* [hæm] *hum*, *Harry* [hæri] *hurry*, *lack* [læk] *luck*, *mad* [mæd] *mud*, *ram* [ræm] *rum*. 注目すべきは，動詞において [æ] と [ʌ] の形態が過去形で無差別に用いられる（*shrank shrunk* など）ものがあり，一方過去形と分詞形を区別するものもあることである（*drank drunk*），「形態論の巻」を参照．

[ʌ, ɔ]：*bug* [bʌg] *bog*, *bus buss* [bʌs] *boss*, *cub* [kʌb] *cob*, *cuff* [kʌf] *cough*, *cut* [kʌt] *cot*, *done dun* [dʌn] *don*, *duck* [dʌk] *dock*, *dug* [dʌg] *dog*, *dull* [dʌl] *doll*, *fund* [fʌnd] *fond*, *gun* [gʌn] *gone*, *gut* [gʌt] *got*, *hut* [hʌt] *hot*, *luck* [lʌk] *lock*, *lung* [lʌŋ] *long*, *nut* [nʌt] *not*, *one won* [wʌn] *wan*, *pump* [pʌmp] *pomp*, *rub* [rʌb] *rob*, *rung wrung* [rʌŋ] *wrong*, *rut* [rʌt] *rot*, *shun* [ʃʌn] *shone*, *shut* [ʃʌt] *shot*, *suck* [sʌk] *sock*, *strung* [strʌŋ] *strong*, *sung* [sʌŋ] *song*, *utter* [ʌtə] *otter*, *wonder* [wʌndə] *wander*. しかし *hovel*, *hover* は [ʌ] でも [ɔ] でも発音される．

[æ, ɔ]：*black* [blæk] *block*, *cad* [kæd] *cod*, *cat* [kæt] *cot*, *gnat* [næt] *knot not*, *hap* [hæp] *hop*, *pad* [pæd] *pod*, *pat* [pæt] *pot*, *sat* [sæt] *sot*, *tap* [tæp] *top*.

[ə·, ɔ·]：*bird* [bə·d] *board bawd*, *curse* [kə·s] *coarse course*, *firm* [fə·m] *form*, *heard* [hə·d] *hoard*, *word* [wə·d] *ward*, work [wə·k] *walk*, *worm* [wə·n] *warm*.

[ϵ·ə, a·ᵊ]：*air e'er ere* [ϵ·ə] *are R*, *bare bear* [bϵ·ə] *bar*, *care* [kϵ·ə] *car*, *mare mayor* [mϵ·ə] *mar*, *pair pear* [pϵ·ə] *par*, *stare* [stϵ·ə] *star*, *tare tear* [tϵ·ə] *tar*.

[ai, oi]：*buy by* [bai] *boy*（*buoy*），*file* [fail] *foil*, *fine* [fain] *foin*, *isle* [ail] *oil*, *line* [lain] *loin*, *tile* [tail] *toil*, *vice* [vais] *voice*.

[u·, ju·]：*ado* [ə'du·] *adieu*, *coo* [ku·] *cue*, *do* [du·] *dew due*, *food* [fu·d] *feud*, *moot* [mu·t] *mute*, *ooze* [u·z] *use*, *pooh* [pu·] *pew*, *pool* [pu·l] *pule*, *poor* [puə] *pure*, *soot* [su(·)t] *suit* [s(j)u·t], *who* [hu·] *hew hue*. しかし [u·] と [ju·] のどちらも耳にされる場合もある，13.74f.

音量（Quantity）

16.31. 現代英語の音量はとくに Sweet により研究されてきた，彼は自分の耳のみを信頼した，それゆえ相対的な指摘のみに留っている，そして E. A. Meyer（Englische Lautdauer, eine experimental-phonetische Untersuchung, Uppsala u. Leipzig 1903）は，測定機によって，2 人の英国人の発音における一連の典型的語の音量を測定した．次節で私が挙げる数値は Meyer からのものであり，その数値は 100 分の 1 秒である．音量は（1）歴史上の音の長さに（併し留意すべきは多くの「長母音」は現在実際は二重母音である），（2）音自体の音質に，（3）音の位置，つまり強勢音節中にあるのか，非強勢音節の中にあるのか，節末にあるのか，あるいは中位にあるのか，有声音の前にあるのか，あるいは無声音の前にあるのか，に依存していることが示される．

16.32. 上の数章で扱われた音変化でもっとも重要なもの，15 世紀の初頭以降，音量に影響を与えたものは，次の通り：

単一子音と二重子音（長子音）の古い区別の放棄，4.87，
非強勢音節における短化，IX 章参照，例：/aː/ > /i/ 9.14，
/c, x/ の消失，10.1，10.2，
/au/ > /ɔː/ の変化を伴う /l/ の前での /u/ の発達，10.3f.，
新たな [aː] と [ɔː] の発達，10.5ff.，
/r/ の弱化と /ar, er, ir, ur, or/ > [aː, əː, ɔː] の変化，13.2ff.

16.33. 子音に関して，私はまず Meyer によって得られた音価の表を挙げる．最初の 3 つの列は単音節語の音量を示す，最後 2 つは，2 音節語のそれを示す．

	語頭	語末		中間	
		長母音の後	短母音の後	長母音の後	短母音の後
p	11,5	12,6	14,8	8,0	10,2
t	11,2	10,1	11,9	7,9	9,0
k	10,5	12,0	13,3	8,9	10,6
b	10,0	8,8	10,1	6,2	7,1
d	9,1	6,2	7,9	4,9	5,7
f	11,2	13,1	13,5	7,3	8,7
s	13,2	14,1	14,5	9,3	9,5
V	10,3	9,8	10,5	4,9	4,8
l	10,6	13,6	17,4	7,2	7,5
m	10,2	15,5	17,8	7,9	8,6

16.34. この表から次の点が見てとれる，語末の子音は，長母音の後でよりも，例えば *feet*, *chirp*, *course*, *harsh*, *wall*, *mane*, *league*, *aid*, *leave*, *knows*, 短母音の後の方が長い，例えば *fit*, *hop*, *kiss*, *smash*, *well*, *man*, *big*, *give*, *is*. Sweet はこれを次のルールに定式化した「単音節語は常に長い，母音か子音かのいずれかが長いから」．2 音節語では，Meyer によって挙げられた数値は，同じ関係が存在することを示す，但しその差は全体としてより小さい．次の点に注目するのは重要である．例えば lady や ladder（2 音節語）における [d] の位置（中間）での子音の長さは，例えば laid，lad ような，短音節語におけるよりもかなり短い．

16.35 語末の有声子音前の子音は，無声子音前よりもかなり長い．*build*, *felled*, *mend*, *pens* における [l, n] の持続時間は 19.4 であるが，*built*, *meant*, *pence*, *tense* では，せいぜい 12.2 である．

16.361. 母音もまた，語尾の有声子音前で , 対応する無声の子音前よりも長い，時間差は Myer によれば 40 p. ct. に達する．これは長母音の場合にとくに顕著である，例えば以下の対で，ここでは記号 [·] は「長い」，[.] は「半長」を表すが，もちろんこれはおおよそのもので，せいぜい「相対的により長い，より短い」を表す．

bird [bə·d]—*hurt* [hə.t]
hard [ha·d]—*hart* [ha.t]
chord [kɔ·d]—*caught, court* [kɔ.t]

同様に二重母音：*seize* は大雑把に [si·z]，*cease* は [si.s]，より正確には [sɪ.i.z] あるいは [sɪ·iz] や [sɪis]．*raise* は [re.i.z] あるいは [re·iz]，一方 *race* は [reis]．*code* は [ko.u.d] あるいは [ko·ud]，しかし *coat* [kout]．*use* vb は [ju·z]，*use* sb は [ju.s]，もっと正確には [jʊ.u.z, jʊ·uz] や [jʊus]．これらすべてで運動は比較的ゆっくりと，とくに第一要素は無声音より有声音の前で長い．同様に *eyes* [aiz]，*cows* [kauz]，*boys* [boiz] では，両音に，少なくとも第 1 要素に，[ais]，*house* [haus]，*voice* [vois] におけるよりも時間が置かれている．これに対して，後者では運動全体が非常に迅速である．さらに *joins*，*whined*，*cold* [ʤoinz, hwaind, kould] におけるゆっくりした穏やかなわたりにも注意，ほぼ [ʤo.i.n.z, hwa.i.n.d, ko.u.l.d]，次の迅速な運動と比較 *joint*，*pint*，*colt* [ʤoint, paint, koult].

16.362. この区別には少なくとも 200 年の歴史があるようである．その最初の兆候を私は C1685 に見出した，彼は *can* と *cast*，*cane* と *ken*，*weal* と *will* などにおけるのと同様の方法で，*meet* と *need* を短長の組み（pair）とみなす．しかしながら，この違いをかなり明確に観察した最初の人は，私の知る限り，Elphinston，この分野における唯一の Sweet の先駆者，である．彼は 1765, p. 14 で次のように言う：「*ou* も，*oo* と同様に，例えば *how*，*howl*，*loud*，*louder* におけるように，開口節（末尾の音節）の場合であれ，有声音の前の場合であれ，無声音の前，例えば *out*，*outer* のような，の場合よりも長い」．そして p. 12 で，彼は *oo* について述べる，「この母音は，他の母音と同様に，*woo*，*loo*，*coo*，*too* のように，開音節では長い．同様に，流音や有声音の前でも長い，そしてこれらの音は母音を狭めるよりもむしろそのままにしておく傾向がある，例えば，*fool*，*woo'd*，*groove* のように．それ故に，この母音は，*hoop* や *boot* のような無声音の前では，短じかく発音されるに違いない，同様に *hooping, booty* などにおいても．ところが実際には，（有声音の）*d* の前でもこの母音は短い，*hood*，*wood*，*good*，*stood* や，*hooded*，*woody* などでも．」そして，再び，1787, vol. I p. 143 において，今度は最後の点に関してより明快に述べる：「音声は有声の閉鎖音の前よりも無声の閉鎖音の前の方がいくぶん短い．無声音は音を終わらせ，有声音は音を継続する傾向がある … 同じ母音が，他の品詞の場合よりも，動詞においてより長い．*Close* 名詞と cloze 動詞；*fop* と *fob, proof* と *proov* がよい例である … *food* は，このような理由から，*foot* ばかりでなく，*hood, good* や *stood* よりも長い．

16.37. Meyer は法則を確立した，それはおそらくすべての言語に見られ，私はこれは低母音を発音するのに必要な顎などの比較的大きな運動の直接の帰結だと思うが，その法則は，母音の絶対的持続時間は，高さの程度と一定の比例関係をもつということである．例えば [u] の平均値は 13.3，[i] については 13.9，一方 [ɔ] については 20.1，[æ] については 22.4，対応する長音の数値は [i·] 20.1，[u·] 21.3，一方 [a·] と [ə·] 29.2，[ɔ·] 29.8，これらすべて [p, t, k] の前の位置の場合である．次の点が観察される，短音の [æ] は長音の [i·] よりずっと長い．これは [i, u] よりも [a, ɔ] を長化する大きな傾向を説明する，4.212，4.52，4.62，4.722，10.5，10.74ff. を見よ．さらにしばしば次のことが観察される，低母音をもつ *man*，*dog*，*God* のような語で，語末子音の長さが，母音や子音に平等に分配される，例えば [mæ.n., dɔ.g., gɔ.d.]，あるいは完全に母音に移される，例えば [mæ·n, dɔ·g, gɔ·d]．これは中母音には比較的見られない，例えば *egg*（但し *yes* はしばしば [je·s, je··s] と発音される，躊躇あるいは請け合う返答で），そしてこれは *give*，*full* のような高母音をもつ語では決して見られないであろう．―他言語での [i, u] の短さと消失の可能性については Meillet, Mém. Soc. Linguistique XV. 265 を見よ．

16.38. 他の条件が同じならば，母音は閉鎖音の前よりも摩擦音の前でより長い．例えばこの摩擦音の前の位置で [i] の平均的長さは 17.3，[u] のそれは 20.8，[ɔ] は 23.2，[æ] は 28.1（この数値を 16.37 で挙げられているものと比較せよ）．―これは [f, þ, s] 前での長音の [a·, ɔ·] への傾向の説明となるかも知れない，10.531，10.74ff. を見よ．―[l, m, n, ŋ] の前での持続時間は，Meyer によれば，無声の摩擦音の前と同じである．

16.39. 2 音節語では強勢音節の母音は明らかに単音節語におけるより短い．Meyer は 3 音節語は検討しなかったが，われわれは短さへの古い傾向があることを見出した（4.33，4.71），他方，非強勢音節では母音は予想より長かった．例えば，*giddy*，*lady* などの語尾の [ɪ] は平均 24,0，steamer，bitter などで [ə] は 24,8；同様に cattle などで音節主音の [l] は 21,8. Sweet はすでに *pity* における語末の [ɪ] に着目していた，とくに感嘆表現 [wɔt ə piti··] で．注目すべきは，これらの語末の母音は，一般に，2 音以上の音群（*-y* < *-ig*，[ə] < *er*），あるいは長音（*pity* < Chaucer の *pi'tee* など）がもとになっていることである．Meyer は *barbaric*，*authority* での短化は検討しなかった，15 53，15.83 を見よ．

米語での音量は多くの点で英国で見られる規則から逸脱している，Grandgent, Neu. Sprachen II. 163ff を見よ．長音と短音の [æ], [a]（短音の [a] は英国の [ɔ] に対応する）と [å] の違いは，Tuttle によって検討された，彼は自身の発音に対して次の数値を見出した（100分の1秒）．[æ·]：*passes* 22，*mannish* 21，*mashes* 21，*the man is* 19，*had part* 19．[æ]：*passage* 14，*banish* 14，*gnashes* 13，*the ban is* 12，*bade part* 12．[a·]：*barring* 22，*calmer* 21，*ardor* 22，*cartage* 19．[a] *sorry* 14，*comma* 12，*odder* 13，*cottage* 11．[å·]：*daughter* 23，*taught it* 23，*taught so* 20，*cougher* 21．[å]：*water* 14，*caught it* 14，*thought so* 12，*coffer*，*coffee* 12．彼は言う「私にもっともなじみ深い発音では，これらの差異は完全に明確であるばかりでなく，時に示差的である（意味が異なる），例えば：*bad—bade*，*halve—have*，*hand*（名詞）—*hand*（動詞），*band—banned*，*cougher—coffer*，*coughin'—coffin*，*[n]aught*（代名詞）—*[n]aught*（数字），*all so—also*」．

音節構成（Syllable Construction）

16.41. 一連の音連続の中で，聞き手は，比較的聞こえの低い周りの音に比べて，はっきりわかるほどの聞こえ（sonority）の音の型の数と，丁度同じ数の音節があるという感じを持つ．相対的に最も聞こえのよい音が音節の「頭（トップ）」であり，周辺の「非音節主音的」音とは反対に，「音節主音的」（syllabic）であると言われる（Fonetik p. 525ff., Lehrb d. Phon. p. 186ff.）．

16.42. 英語には他の多くの言語同様，1つの母音をもつ音節もあるし，また2つや3つの母音をもつ音節もある，後者は二重母音や三重母音を形成する，そして最後に，母音のない音節がある．この音節では子音が音節のトップとなる，例えば *bottom* [bɔtm] 6.23 や *cicumstance* [sə·kmstəns] 9.5 では，音節主音は [m] である，但しここでは [əm] がより一般的である，さらに *socialism* [souʃəlizm]，*rhythm* [riðm, -þ-] などでも同様である．音節主音の [l] は *able* [eibl] 6.21，*devil* [devl] 9.61ff. などに見られる．音節主音の [n] は *ridden* [ridn] などに 6 22，そして *cousin* [kʌzn] など 9 51ff. に見られる．もし母音で始まる語尾が，音節主音の子音で終わる語に付加されると，[l, n] を非音節主音にして，音節の数を減らす傾向が常にある，9.58 と 9.67 を見よ．これに対応する過程が，*opinion* における [i-on] > [jən] の変化で起こった，9.85. —*particularly* は，早口では，しばしば [k] と語末の [i] の間に唯一の長く伸ばした [l] の調音を含むように発音される，この場合，正確な音節の数を決定するのは不可能である．

16.43. 子音重複が見られるのは，次の場合である．もし長子音が発音される間に，知覚できるほどの聞こえの減少があって，その後に新しい音節の初めを構成すると感じられる聞こえの減少が続く場合である（下記の例を参照）．古い子音重複は遠い昔に消え去っている，4.87，そして，非常に多くの例で，二重子音は綴られているけれども，英語では常に単音として発音されてきたことは明らかである：*manner*（ME *manere*），*annoy*，*announce*，*connect*，*annal*，*innovate* など．二重子音は，

現在，2 つの要素が一緒に置かれ，言語直感では依然として独立していると感じられる場合にのみ見られる．例えば，

[nn] *penknife* [pennaif] もっと正確には [penˌnaif]，*unnamed* [ˈʌnˈneimd]，*unknown* [ˈʌnˈnoun]，*cleanness* [ˈkliˑnnis]，*meanness* [ˈmiˑnnis]，*innate* [ˈinˌneit] または [ˈineit]．同様に *in*＋*n* の他の例：*innervate*，*innocuous* など．強調の *cannot* は [ˈkænˌnɔt]，但しいく分強調的でないと [ˈkænɔt]．

[mm]：*home-made* [ˈhoumˌmeid]．*imm-* では通常の発音はただ一つの [m] をもつ：*immortal* [iˈmɔˑtəl] *immoral* [iˈmɔrəl]．*some more bread* はしばしば [səˈmɔˑ(ə) ˈbred]．

[ll]：*ill-luck* [ˈilˈlʌk]，*ill-looking* [ˈilˈlukiŋ]，*guileless* [ˈgailles, -lis]．*l*＋*ly* の少数の副詞で重複子音が耳にされる：*wholly*，*solely*，*coolly* [houlli, soulli, kuˑlli]，しかしすべての通常の語では，1 つの [l] のみが発音される：*fully* [fuli]，*beautifully* [bjuˑtifuli, -fəli]，*morally* [morəli]，cf. *idly* < *idle*＋*ly* [aidli] など，7.84，9.67．*il*＋*l* では [1] が 1 つのみ発音される：illogical [iˈlɔʤikl]．

[ff]：*half-full* [ˈhaˑfˈful]．一方 *offal* [ɔfəl] はもはや *off*＋*fall* とは感じられない．

[ss]：*horse-stealer* [ˈhɔˑsˌstiˑlə]，*misstate* [ˈmisˌsteit]．一方 *Miss Saddler*，*Miss Stephens* はしばしば [miˈsædlə, miˈstiˑvnz] と発音される．

[dd]：*head-dress* [ˈhedˈdres]．

[kkl：book-case [ˈbukˈkeis]．

さらに重音脱落（hapology）については 7.8 参照．

16.44. 音節構造においては，母音が後続する子音と結合する様式にも注意すべきである．英語では近接した接触が見られる，子音が，母音の最大力の瞬間にその母音をすばやく遮断するのである—例えば，強勢短母音の後で，*come* [kʌm]，*bet* [bet] のように．その結果，われわれは次の語の音群で，はっきりした音節の境界をもたない，例えば *coming* [kʌmiŋ]，*better* [betə]，*copy* [kɔpi]，*filthy* [filþi]，*enter* [entə]，*candle* [kændl]，*sister* [sistə]．16.37（*man*，*dog*，*God*）で言及したように，末尾の有声子音の長い音量が，完全にあるいは部分的に，母音に移行する時には，緊密な接触があるのか，緩い接触があるのかははっきりしない．しかし疑いの余地なく緩い接触，これをここでは | で示すが，は　長母音や遅い二重母音の後で見られる，例えば：*path* [paˑ|þ]，*horse* [hɔˑ|s]，*curl* [kəˑ|l]，*feel* [fiˑ|l]，*ail* [ei|l]，*move* [muˑ|v]，*old* [ou|ld]，さらに強勢の前の非強勢の音節の後で：*direct* [di|rekt]，*beset* [bi|set]，*authority* [ɔ|þɔriti]．緩い接触をもち，子音が母音を従えると，音節の境界は子音の前にあると感じられるだろう：*father* [faˑ|ðə]，*curly* [kəˑ|li]，*moving* [muˑ|viŋ] など．これが，音節の区分がしばしば語源的な結合と合わない理由である：*upon* [ə|pɔn]，元来 *up*＋*on*，*alone* [ə|loun]，*another* [ə|nʌðə]，*enable* [i|neibl]，*within* [wi|ðin]，*without* [wi|ðaut]，*whenever* [we|nevə]，*whatever* [wɔ|tevə]，*whereas* [wɛˑ|ræz]，*mistake* [mi|steik]，*disaster* [di|zaˑstə]，*dissolve* [di|zɔlv]，*not at all* [nɔtə|tɔˑl]，*at* *home* [əlt(h)oum], *as if* [əlzif]. *some more* 16.43 も参照. これはさらに *atone* [ə'toun], 元来 *at*+*one* ME /at ɔ·n/ の複合語を説明する； 廃絶の *the tone*, *the tother* < *thet* (=*that*) *oon*, *thet other*; *surround*, もともと F *sur-onder* ‘over-flow’ は *round* の複合語と理解されていた, その結果意味が修正された. さらに 2.426 で言及された *u-* 置換の例； 最後に *t-* 置換：*tawdry* ['rɔ·dri] (けばけばしい), *St. Audrey* から (NED を見よ).

16.5. 強勢については第 V 章を見よ.

英語の抑揚 (tone) は語を互いに区別するために用いられるのではない, ただ発話全体の感情的あるいは論理的特徴, つまり「表現」を限定 (修正) するために用いられる.

索　引

1. この索引への一定の追加については p. 389 を見よ．
2. 項目はアルファベット順に並べられている．æ は ad と ai 間に；ð は d と e；ə は e と f の間に；ŋ は n と o の間に；ɔ は o と p の間に；ʃ は s と t の間に；þ は t と u の間に；ʌ は u と v の間に；ʒ は z の後に配置してある．
3. 数字は章番号やセクション番号を示す．f. は次のセクションに続く，ff. は以降のセクションに続くの意味．

[B]

[C]

[D]

[E]

[F]

[G]

[H]

[K]

[L]

[N]

[O]

[P]

[Q]

[R]

[S]

[U]

[V]

[W]

[X]

[Y]

[Z]

索引への追加

訳者紹介

丸田 忠雄 （まるた　ただお）

1951年　北海道生まれ.
現在： 山形大学名誉教授.
職歴： 新潟大学，山形大学，東京理科大学.
著書：『使役動詞のアナトミー──語彙的使役動詞の語彙概念構造』（松柏社，1998）［1999年度市河賞受賞］，『日英語の自他の交替』（須賀一好との共編，ひつじ書房，2000）［文部省出版助成図書］，『範疇（II）名詞・形容詞・前置詞』（平田一郎との共著，研究社英語学モノグラフシリーズ，研究社，2001）.
論文： "The Semantics of Depictives," *English Linguistics* 12, 1995. 他多数.
翻訳：『イェスペルセン　近代英語文法 VI』（開拓社，2022）.

イェスペルセン　近代英語文法 I

ISBN978-4-7589-1381-2　C3382

著作者　Otto Jespersen
訳　者　丸 田 忠 雄
発行者　武 村 哲 司
印刷所　日之出印刷株式会社

2025年2月14日　第1版第1刷発行

発行所　株式会社　開 拓 社
〒112-0003 東京都文京区春日 2-13-1
電話 （03）6801-5651（代表）
振替 00160-8-39587
https://www.kaitakusha.co.jp